Mexique

Guatemala et Belize

© Robert Frerck/Odyssey

« Et lorsque nous vîmes tant de villes et villages habités... nous fûmes saisis d'admiration, et nous disions que ces choses semblaient nées par enchantement... et certains de nos soldats disaient même que ce qu'ils voyaient était sorti des rêves, et il ne faut pas s'étonner que j'écrive ici de cette manière, car il y a tant à célébrer en tout cela que je ne sais comment le rapporter : voir des choses jamais racontées, ni même rêvées, comme nous les voyions. »

Bernal Díaz de Castillo

Histoire véritable de la conquête de la Nouvelle-Espagne (16e s.)

Comment utiliser ce guide

Le Mexique est présenté en neuf régions, alors que Guatemala et Belize forment chacun un chapitre indépendant. Chaque **entrée principale** contient les données relatives aux villes, les références sur les cartes et les informations touristiques 🅸. Les **conditions de visite** (adresses, horaires et tarifs) sont indiquées *en italique* dans le texte. Pour la ville de Mexico, on trouvera des **digresiones**, lieux de détente pour se reposer des visites, identifiés dans le texte par une barre violette et sur les cartes par le symbole ❶ Des symboles existent aussi pour le métro Ⓜ, le stationnement 🅿, la restauration ✗ et les campings ⛺.
Les lettres entre crochets (**BX**) indiquent les coordonnées d'un point d'intérêt sur la carte.
$ correspond au peso mexicain, sauf lorsqu'il est précédé de Q (quetzal guatémaltèque), de BZ (dollar de Belize) ou USD (dollar américain).
Le texte en PETITES CAPITALES se réfère à des lieux, événements ou personnes pour lesquels les entrées principales se trouvent ailleurs dans le guide ; on consultera l'**index** pour les numéros de page.

Conditions générales de visite

Ce guide indique les conditions de visite notées au moment de sa rédaction. La nature du tourisme fait que certaines de ces données ne seront peut-être plus actuelles, ce que les lecteurs auront l'amabilité de comprendre.
Les chiffres de la population de ce guide sont fondés sur les recensements officiels des organismes suivants : **Mexique** : INEGI, 1995 ; **Guatemala** : INE, 1994 ; **Belize** : CSO, 1996.

Tarifs – Seuls les tarifs pour adultes figurent ici, mais de nombreux sites proposent des tarifs réduits pour étudiants, enseignants, enfants et personnes du troisième âge.

Monuments religieux – Ils sont ouverts en général de 8 h à 13 h et de 16 h à 18 h ; certains prolongent leurs horaires le dimanche. Dans les régions chaudes, les horaires d'ouverture sont souvent avancés. *Les visiteurs sont priés de respecter le culte.*

Musées – Ouverts de 10 h à 17 h, mais dans les villes de province, ils ferment au moment du déjeuner. Fermés les lundis et les jours fériés *(p. 363)*. Prix moyen : $10. En général, gratuit le dimanche.

Bâtiments publics – Ouverts tous les jours de 8 h à 20 h, sauf les jours de fête nationale.

Sites archéologiques – Dépendant tous de l'Institut national d'archéologie et d'histoire (INAH), ils ouvrent tous les jours de 8 h à 17 h. Prix moyen : $10 ; gratuit le dimanche.

Parcs nationaux – Plusieurs parcs sont ouverts 24h/24h ; mais il est recommandé de les visiter le matin.

Offices de tourisme – En général, ils sont ouverts du lundi au vendredi de 9 h à 14 h et de 16 h à 18 h. Certains sont ouverts le samedi à partir de midi.

Sommaire

© Robert Frerck/Odyssey

Légende

★★★ **Vaut le voyage**
★★ **Mérite un détour**
★ **Intéressant**

Curiosités

Itinéraires conseillés, point de départ

Église, chapelle
Ville faisant l'objet d'une description
Lettre indentifiant un site
Autres curiosités
Mine – Grotte
Moulin à vent – Phare
Fort – Mission
Bâtiment décrit
Autre bâtiment
Petit édifice, statue
Fontaine – Ruines
Information touristique
Bateau – Épave
Panorama – Vue

Autres symboles

5 Autoroute fédérale
45 D Autoroute fédérale à péage
180 Autre route

Autoroute, pont
Autoroute à péage, échangeur
Route à chaussées séparées
Route principale, route secondaire
18 Distance en kilomètres
655 Col *(altitude en mètres)*
△ 1917 Point culminant *(altitude en mètres)*
Aéroport – Aérodrome
Car-ferry: voitures et passagers
Bac: passagers seulement
Chute d'eau – Écluse – Barrage
Établissement viticole
Grande artère urbaine
Voie à terre-plein central
Voie à sens unique
Tunnel – Rue piétonnière
Marches, porte
Parc de stationnement – Bureau de poste principal
Gare ferroviaire – Gare routière
Cimetière – Zone marécageuse
Frontière internationale
Limite d'État fédéral
Station de métro
Bonnes adresses

Loisirs

Télécabine, télésiège
Croisière sur mer ou sur lac – Marina
Station de ski – Golf
Stade
Parc, jardin – Zone boisée
Réserve naturelle
Parc zoologique
Sentier, chemin de randonnée

Abréviations

PG Palais du Gouvernement
PM Hôtel de ville
PN Parc National
Pol. Bureaux de la Police

Abréviations particulières à ce guide

Site archéologique
Métro de Mexico
Marché couvert
Toilettes
BX Repères sur la carte
Hippodrome

Toutes les cartes sont orientées au Nord, ou montrent une flèche de direction.

The World (1635) Historic Urban Plans

Liste des cartes et plans

Principales curiosités

VAUT LE VOYAGE ★★★

Mérite un détour ★★

Intéressant ★

Les noms de lieux en caractères noirs indiquent les villes et sites décrits dans ce guide *(voir Index)*.

● Ville décrite — ■ ▲ Autres curiosités

Route décrite

0 — 200 km
0 — 100 mi

Cartes des excursions figurant dans le guide

- A Chemin de fer Chihu
- B Cuernavaca
- C Mérida
- D Pátzcuaro
- E Puebla
- F Tlaxcala
- G Toluca

Querétaro
Tequisquiapan
San Juan del Río
Ixmiquilpan
Metztitlán
Actopan
Huasca
Parque Nacional El Chico
Mineral del Monte
Pachuca
Tulancingo
Tula
Epazoyucan
Tapeapulco
L. Huapango
Lerma
Atlacomulco
TEPOTZOTLÁN
Acolman
TEOTIHUACÁN
Cuautitlán
Chiconcuac
Angangueo
Arcos del Sitio
Chapingo
MEXICO
Cacaxtla-Xochitécatl
Tlaxcala
Toluca
PN Desierto de los Leones
Chalco
IZTACCÍHUATL
Huejotzingo
Valle de Bravo
Parque Nacional Nevado de Toluca
Amecameca
Cholula
Cuernavaca
Tepoztlán
PUEBLA
POPOCATÉPETL
Malinalco
Atlixco
Xochicalco
Yecapixtla
GRUTAS DE CACAHUAMILPA
TAXCO
40 km
20 mi

GOLFE DU MEXIQUE
Golfe du Campeche
Cancún
Isla Mujeres
Mérida
CHICHÉN ITZÁ
Puerto Morelos
X'Caret
Playa del Carmen
Valladolid
Cobá
Isla Cozumel
UXMAL
Loltún
Xel-Ha
Kabah
Tulum
Campeche
Ruta Puuc
Felipe Carrillo Puerto
Edzná
MER DES ANTILLES
Dzibanché y Kinichná
Bacalar
Chetumal
Los Tuxtlas
Comalcalco
Usumacinta
Ruta Río Bec
Honda
NORTHERN CAYES
Villahermosa
PALENQUE
TIKAL
Belize City
(Caribe Mexicano)
Agua Azul
Belmopan
CAÑÓN DEL SUMIDERO
BELIZE
SAN CRISTÓBAL DE LAS CASAS
Yaxchilán
Placencia
Tuxtla Gutiérrez
Bonampak
Punta Gorda
Golfo de Tehuantepec
Grijalva
PN Lagos de Montebello
GUATEMALA
Huatulco
Ciudad Guatemala
Motagua
COPÁN
Jicatuyo
HONDURAS
Tapachula
Tegucigalpa
ANTIGUA GUATEMALA
San Salvador
PACIFIQUE
EL SALVADOR
NICARAGUA

STATES OF AMERICA
FORT WORTH
DALLAS
Brazos
Colorado
HOUSTON
SAN ANTONIO
Nueces
Zit
Rio Grande
Río Bravo
Chihuahua
Piedras Negras
Nuevo Laredo
Hidalgo del Parral
Ciudad Jiménez
Pozas de Cuatro Ciénegas
Rio Salado
Monclova
Zona del Silencio
Bustamante
Mina
Reynosa
Matamoros
Grutas de García
MONTERREY
Puente de Ojuela
Torreón
Parras de la Fuente
Saltillo
Cola de Caballo
Dunas de Bilbao
Conchos
Linares
Iturbide
Parque Natural El Tecuán
Durango
Sierra de Órganos
Copala
Concordia
Sombrerete
Alta Vista
Real de Catorce
Matehuala
Ciudad Victoria
ZACATECAS
G
R. San Pedro
San Luis Potosí
TAMPICO
La Quemada
Puerto de San Blas
Aguascalientes
Ciudad Valles
Pánuco
Tepic
Lagos de Moreno
LEÓN
Misiones de la Sierra Gorda
GUANAJUATO
San Miguel de Allende
Puerto Vallarta
Irapuato
Guadalajara
EL TAJÍN
Lerma
Yuriria
Cuitzeo
Cuetzalan
Xalapa
Cempoala
Nevado de Colima
Tzintzuntzan
Uruapan
Morelia
Veracruz
Barra de Navidad
Córdoba
MEXICO
Manzanillo
Colima
PÁTZCUARO
Cuyutlán
Costa de Michoacán
Balsas
Cajones
Lázaro Cárdenas
Ixtapa
Zihuatanejo
Yanhuitlán
OAXACA
MONTE ALBÁN
Mitla
Acapulco
Tehuantepec
PN Lagunas de Chacahua
Puerto Escondido
Puerto Ángel
Bahías de
OCÉAN
P

D STATES OF AMERICA
Rio Grande
DALLAS
FORT WORTH
CIUDAD JUÁREZ
Brazos
Nuevo Casas Grandes
Colorado
SAN ANTONIO
Rio Grande
Río Bravo
Chihuahua
Conchos
Piedras Negras
Nueces
Nuevo Laredo
Río Salado
Monclova
Grutas de García
Torreón
Monterrey
Matamoros
Dunas de Bilbao
Parras de la Fuente
Saltillo
Culiacán
Conchos
Parque Natural El Tecuán
Durango
Sierra de Órganos
Real de Catorce
Matehuala
Copala
Concordia
Sombrerete
Mazatlán
Alta Vista
Zacatecas
R. San Pedro
La Quemada
San Luis Potosí
Tampico
Aguascalientes
Ciudad Valles
Pánuco
Puerto de San Blas
Tepic
Lagos de Moreno
R. Grande de Santiago
LEÓN
Misiones de la Sierra Gorda
San Miguel de Allende
Guanajuato
Poza Rica
Puerto Vallarta
Guadalajara
Irapuato
Querétaro
El Tajín
Lerma
Yuriria
Tula
Pachuca
L. Chapala
Cuitzeo
Cuetzalan
Nevado de Colima
Pátzcuaro
MEXICO
Tlaxcala
Barra de Navidad
Uruapan
Toluca
Libres
Colima
Acatzingo
Manzanillo
Cuyutlán
Morelia
Cuernavaca
Puebla
Córdoba
Taxco
Costa de Michoacán
Yanhuitlán
Balsas
Lázaro Cardenas
Teposcolula
Ixtapa/Zihuatanejo
Monte Albán
Chihuahua-Pacifique
Acapulco
Puerto Escondido
OCÉAN

Itinéraires régionaux recommandés

○ ○ Villes décrites dans le guide *(voir Index)*

Ville-étape possible

Liaison par bateau – liaison aérienne

★★★ **Puebla** Ville ou région avec plan ou carte dans le guide

Baja California – Tijuana, Guerrero Negro, La Paz, Los Cabos:
10 jours – 2524 km

Chihuahua, Ciudad Juárez, Hermosillo:
6 jours – 1840 km et 14 heures en train

Zacatecas, Torreón, Monterrey, San Luis Potosi:
8 jours – environ 1760 km

Zacatecas, Guadalajara, Mazatlán, Durango:
13 jours – environ 1740 km

Guadalajara, Manzanillo, Puerto Vallarta:
8 jours – environ 1250 km

Querétaro, Tampico, El Tajín:
10 jours – environ 1690 km

Mexico City, Taxco, Acapulco, Morelia:
14 jours – environ 1585 km

Querétaro, Zacatecas, Guanajuato, Morelia:
16 jours – environ 1400 km

Puebla, Oaxaca, Veracruz, Cuetzalan:
Puebla – Tlaxcala: 5 jours – 235 km
Puebla – Veracruz: 6 jours – environ 600 km
Puebla – Oaxaca: 9 jours – environ 900 km

Villahermosa, San Cristóbal de las Casas:
7 jours – environ 1110 km

Yucatán - Mérida, Campeche, Chetumal, Cancún:
15 jours – environ 1860 km

Bienvenue au Mexique !

Vue sur le Pic d'Orizaba – © Robert Frerck-Odyssey

Mexique : Pays de l'inattendu

Du Pacifique aux Caraïbes, du désert à la forêt tropicale, des hauts plateaux aux volcans enneigés, le Mexique ouvre la porte d'un monde différent, monde de magie et de tradition, en plongeant le visiteur dans **le temps et l'espace mexicains**.

Pays de contrastes – En plus de sa frontière politique avec les États-Unis, délimitée par le Río Bravo, au Nord, et avec le BELIZE et le GUATEMALA (délimitée en partie par le Río Usumacinta) au Sud, le Mexique possède de nombreuses frontières naturelles et sociales. Ici les paysages – volcans neigeux, étendues désertiques, hautes chaînes montagneuses, vallées immenses, plages au sable blanc, mers aux multiples nuances de bleu, bois, forêts, rivières et cascades – se conjuguent avec le passé indien et le métissage, né de l'arrivée des Espagnols et poursuivi par les interventions américaine et française. Le Mexique offre une étonnante diversité de traits physiques et culturels, qui en font un pays de contrastes, où réalité et fantaisie se rejoignent.

Les Mexicains – Connaître les Mexicains est toute une expérience : c'est un peuple joyeux, hospitalier, ingénieux, courageux, expansif, peu formel et insouciant.
Les Mexicains ont leur propre conception du temps et on entendra fréquemment *ahorita* (à tout à l'heure) ou *al ratito* (à tout de suite) en guise d'évaluation imprécise du temps, minutes, jours, ou peut-être jamais... On peut dire que le Mexique est le pays de l'inattendu ; ce n'est pas un hasard si ce pays a été qualifié par André Breton de « surréaliste ».

© Robert Frerck/Odyssey

Promenade dans le Bois de Chapultepec, Mexico

Physionomie du Mexique

Superficie	1 958 200 km² (5ᵉ rang d'Amérique) 10 000 km de côtes (2ᵉ rang d'Amérique) et 5 073 km² d'îles
Population	91 158 290 habitants (55 % de Métis, 20 % d'Indiens, 15 % d'origine européenne et 10 % d'autres origines)
Heure officielle	GMT - 8, - 7, - 6 et - 5 ; on applique l'horaire d'été en Basse Californie du Nord (voir FUSEAUX HORAIRES)
Langues	L'espagnol est la langue officielle ; langues et dialectes indiens.
Capitale	Mexico *(Ciudad de México)* – District Fédéral
États	31 + le District Fédéral *(voir carte p. 44)*
Gouvernement	République démocratique, parlementaire et fédérale. Le pouvoir exécutif appartient au Président de la République, le législatif aux sénateurs et députés, le judiciaire à la Haute Cour de Justice et aux tribunaux.
Religion	Catholique (prédominante). Liberté de culte.
Climat	Variable, de désertique au Nord à tropical au Sud (voir RENSEIGNEMENTS PRATIQUES : AVANT DE PARTIR).
Économie	Principales sources de revenus : les services (dont le tourisme), l'industrie, les mines, le pétrole, l'agriculture, l'élevage et la pêche (voir ÉCONOMIE).

Géographie

Forme et relief – *Carte p. 16*. La physionomie capricieuse du relief mexicain suit la forme d'un triangle inversé, qui s'élargit du Sud-Est vers le Nord-Ouest, et se resserre au niveau de l'**isthme de Tehuantepec**, autrefois appelé Nudo Mixteco (seuil mixtèque) du fait de son orographie complexe et de son origine géologique.

Des extrêmes opposés Nord et Sud de cet ensemble continental se détachent deux péninsules de forme singulière, la Basse-Californie et le Yucatán. Presque séparées du reste du territoire, ces bandes de terre y sont rattachées par d'étroits couloirs de 150 km de large seulement. La **Basse-Californie**, baignée par l'océan Pacifique et le golfe de Californie (mer de Cortés) est une étroite langue de terre de plus de 1 000 km de long formée de falaises vertigineuses, de baies montagneuses et de zones désertiques, dont la largeur moyenne ne dépasse pas 100 km. A l'extrême Sud-Est, le parallélogramme du **Yucatán** est constitué d'une vaste plaine calcaire de plus de 100 000 km^2, baignée par les eaux du golfe du Mexique et la mer des Antilles (mer caraïbe mexicaine), avec de grandes plaines côtières, d'innombrables lagunes, marais et barrières de corail.

Montagnes, plaines et plateaux – Vu du ciel, le sol mexicain ressemble à un papier froissé, avec des centaines de cours d'eau qui courent entre ses montagnes plissées, ses profonds canyons et ses grands ravins, où il est encore possible de découvrir des régions entièrement vierges. Ce paysage occupe 60 % du territoire mexicain, là où s'étendent de vastes et imposantes chaînes montagneuses parallèles au littoral du Pacifique et du golfe du Mexique. Ces chaînes sont, par ordre d'importance et de longueur, la **sierra Madre occidentale** et la **sierra Madre du Sud**, la **sierra Madre orientale** et la **sierra volcanique transversale**, qui suit le 19e parallèle de latitude Nord. On appelle aussi cette dernière l'**axe néovolcanique**. C'est là que se trouvent les plus hauts sommets du pays, formant une barrière naturelle dans le sens Est-Ouest : le **pic d'Orizaba** (5 747 m), connu également sous le nom de Citlaltépetl, « Montagne de l'Aube », point culminant du pays ; le **Popocatépetl** (5 452 m) ou « Colline qui fume » ; depuis 1994, le mont, avec l'accroissement de son activité volcanique qui recouvre le ciel de fumée dense, rend justice à son nom ; l'**Istaccíhuatl** (5 386 m) ou « Femme endormie » ; et le **Nevado de Toluca** (4690 m) appelé également Xinantécatl, « Montagne du couchant » ou « Lieu des neuf collines enneigées ». Ces volcans ont leur cime couverte de neige toute l'année, bien qu'ils soient situés sous une latitude subtropicale ; une forêt exubérante couvre leur pied, paradoxe analogue à celui des paysages désertiques qu'on découvre sous les Tropiques, telle la dépression du Río Balsas moyen sur le versant Pacifique.

Ces grandes chaînes montagneuses encadrent d'immenses plateaux : le **haut plateau mexicain** (2000–2500 m) au Centre-Nord, et, juste au Sud, cerné de contreforts, le **plateau de Anáhuac** (2240 m). Des plaines basses de moindre importance s'étirent sur les côtes du golfe et du Pacifique, correspondant respectivement aux versants extérieurs des sierras Madre orientale et occidentale.

Régions naturelles et flore – Dans les zones arides du Nord du pays s'étendent les déserts caillouteux de **Basse-Californie** et les déserts sablonneux de Sonora et Sinaloa, peuplés pour l'essentiel de cactées. Par contraste, les montagnes, sierras et plaines qui traversent la République mexicaine présentent une grande richesse forestière, constituée de forêts mixtes de pins et de chênes. Les versants des sierras, qui offrent en général des pentes abruptes jusqu'au niveau de la mer, alternent forêts de haute et de moyenne futaie, noyées dans le brouillard presque toute l'année, en particulier les versants de la sierra Madre orientale appelés **huastèques**, au niveau de San Luis Potosi, Hidalgo, Tamaulipeca et Veracruz. Sur le **haut plateau mexicain**, surtout à Chihuahua, Coahuila, Durango et Zacatecas, on rencontre les vastes étendues arides du *chaparral* et des pâturages qui se mêlent à des bosquets secs de figuiers de barbarie et d'agaves, ainsi que de grands espaces utilisés pour l'élevage extensif. Ils sont coupés de formations rocheuses isolées, telles que *bernales* et *bufas*, roches géantes modelées par l'érosion.

Le **plateau de Anáhuac** présente de vastes plaines bordées de contreforts montagneux de moindre importance, comme les bassins lacustres de Chapala, Yuriria et Cuitzeo (dans le Bajío) que caractérise une grande diversité d'activités agricoles. Les plaines bénéficient des eaux du Río Lerma-Santiago qui arrose les terres jusqu'à son embouchure sur le Pacifique à San Blas, Nayarit, et du Río Moctezuma Pánuco, qui naît au Nord de la vallée de Mexico pour finir sa course dans le golfe du Mexique. Tout au long des **côtes du Pacifique et du golfe**, on rencontre la savane, des zones de taillis épineux, d'arbustes ou d'arbres de taille moyenne comme les fromagers, les palmeraies de *sabal palmetto*, les mangliers et les joncs. Ces savanes sont arrosées, côté golfe, par les rios Grijalva, Usumacinta, Papaloapan et Coatzacoalcos, et côté Pacifique par le Río Balsas (important pour la production d'énergie électrique) qui partage les États de Guerrero et du Michoacán.

Les sols calcaires du **Yucatán** sont couverts d'un tapis végétal de forêts basses au Nord et de forêts de moyenne futaie au Sud, pour la plupart encore inexplorées. Le littoral de ce plateau présente des lagunes d'origine calcaire et corallienne, reliées à la mer en surface et par le sous-sol. On ne voit pas de cours d'eau s'écouler sur la péninsule à cause des phénomènes d'infiltration, qui donnent lieu à la formation des **cenotes**, puits naturels caractéristiques.

SAN DIEGO
PHOENIX
Gila
Colorado
ÉTATS - UNIS
PÉNINSULE DE BASSE CALIFORNIE
3078
Golfe de Californie
(Mer de Cortés)
Ciudad Juárez
Río Grande
SIERRA MADRE OCCIDENTAL
Hermosillo
I. Cedros
Chihuahua
3102
1996
Sierra Tarahumara
Altiplanicie Mexicana
23°27′ Tropique du Cancer
2164
Durango
Cabo San Lucas
2856
San Luis Potosí
R. Gde de Santiago
GUADALAJARA
19°
Cabo Corrientes
Lerma
Nevado de Colima
V. Tancítaro
Sierra
SIERRA
OCÉAN PACIFIQUE
Nevado de Colima
4240 m/13911 ft
Volcán de Fuego
Volcán Tancítaro
3860 m/12664 ft
5000 m
16404 ft
2000 m
6562 ft
Río Tepalcatepec
Río Cutzamala
Niveau del la mer
Océan Pacifique
Dépression du Balsas
Coupe suivant le 19e Parallèle Nord

0 500 km
0 250 mi
D'AMÉRIQUE
DALLAS
Jackson
Rio Colorado
Brazos
Mississippi
Alabama
HOUSTON
NEW ORLEANS
Rio Bravo
SIERRA MADRE ORIENTAL
MONTERREY
Matamoros
GOLFE DU MEXIQUE
4054
Tropique du Cancer
23°27'
Tampico
Pánuco
Moctezuma
Meseta del Anáhuac
Cancún
Mérida
I. Cozumel
Baie de Campeche
Península de Yucatán
MEXICO
Iztaccíhuatl
V. de Toluca
V. de Malinche
Popocatépetl
Puebla
Veracruz
Pico de Orizaba
19°
Volcánica Transversal
Balsas
1879
Chetumal
MER DES ANTILLES
Usumacinta
Grijalva
Istmo de Tehuantepec
3414
2784
Oaxaca
Belmopan
Acapulco
MADRE DEL SUR
Golfe de Tehuantepec
Sierra Madre de Chiapas
GUATEMALA
Ciudad Guatemala
Iztaccíhuatl 5230 m 17159 ft
Popocatépetl 5465 m 17930 ft
Pico de Orizaba 5610 m 18406 ft
Sierra de Monte Alto
Nevado de Toluca 4690 m 15387 ft
Ajusco 3930 m 12894 ft
Volcán de Malinche 4461 m 14636 ft
Vallée de Toluca
Vallée de México
Vallée de Puebla
Niveau de la mer Golfe du Mexique

© Lynn M. Stone

Ara

Faune – On répartit sommairement la faune américaine en deux grands domaines : la zone **néarctique** et la zone **néotropicale**, qui trouvent leur frontière sur le sol mexicain à la hauteur de la chaîne volcanique et des dépressions du Sud, formant ce qu'on appelle la **zone de transition mexicaine**, permettant aux deux familles de se mêler pour former une combinaison zoologique complexe. Au nombre des mammifères du domaine néarctique figurent **ours, loups** et **coyotes**, tandis que la zone néotropicale est peuplée de **singes, cerfs, jaguars** et **tatous**. Certains animaux comme le **puma**, l'**ocelot** et le **lynx** appartiennent aux deux domaines américains. On n'oubliera pas la grande variété de **reptiles**, comme les **caïmans** des lagunes du littoral, ni les oiseaux au beau plumage, comme le **flamant**, l'**ara** et le perroquet.

Parcs nationaux – La grande richesse de la flore et de la faune du territoire mexicain a motivé la création de nombreux parcs nationaux, mais tous n'offrent pas les conditions requises pour le camping. La mission de ces parcs est de délimiter des réserves de vie sauvage pour éviter l'extinction des espèces, de préserver les ruines archéologiques, grottes et zones d'intérêt géologique, de réglementer la chasse et de contrôler l'exploitation forestière, en particulier pour certaines espèces comme les bois précieux tropicaux. Parmi ces parcs, on distinguera ceux de BASASEÁCHI (Chihuahua) ; LAGOS DE MONTEBELLO (Chiapas) ; EDUARDO RUIZ (Michoacán) ; LAGUNAS DE CHACAHUA (Oaxaca) ; GARRAFON (Isla Mujeres).

Économie

Tourisme – Les activités les plus importantes pour l'économie nationale sont les **services** (commerces, restaurants et hôtels) qui comptent pour 65,5 % du produit intérieur brut (PIB). Le tourisme est un secteur prioritaire pour la croissance économique du Mexique. Il vient au troisième rang pour la recette extérieure après le pétrole et les produits manufacturés.
Le flux annuel des visiteurs étrangers s'élève à 22 millions de personnes, en majorité en provenance des États-Unis. Le Mexique dispose d'une infrastructure hôtelière et de services appropriés, notamment pour les sites les plus visités. Les touristes sont attirés par les vestiges de l'art préhispanique, les villes coloniales, les plages, les cultures indiennes et les couleurs de l'artisanat.

Industrie – Composant 28,8 % du PIB, l'activité industrielle arrive au second rang des ressources économiques du pays. Parmi les principales industries figurent le textile, l'agro-alimentaire, la production de fer et d'acier, de matériel de transport, les industries chimiques et mécaniques. Elles se répartissent dans les grandes villes comme le District Fédéral, Monterrey, Guadalajara, Puebla et Veracruz.
Les **entreprises de sous-traitance** (ou *maquiladoras*) situées dans les principales villes de la frontière Nord du pays forment une autre part importante du secteur industriel. Elles ont pour tâche l'assemblage de matières premières et l'assemblage de matériel électrique, de vêtements ou de matériel de transport, qui sont importés temporairement pour retourner dans leur pays d'origine (essentiellement les États-Unis) une fois le produit fini réalisé.

Industrie minière – La richesse minière ancienne du Mexique est liée à la structure géologique du pays. Les plus importants centres miniers se situent dans les régions montagneuses du Nord. Même si l'importance de cette activité a diminué, le Mexique est encore au premier rang mondial pour la production d'**argent** et fait partie des cinq premiers producteurs de zinc, mercure, fluorine et soufre.

Pétrole et **gaz naturel** sont les ressources majeures du sous-sol au Mexique. Leur exploitation est contrôlée par **Petróleos Mexicanos (PEMEX)**, la plus grande entreprise du pays. Aujourd'hui, les gisements principaux se trouvent au Sud du pays (Tabasco, Chiapas et plate-forme océane du Campeche) et sur la zone côtière du golfe (Tamaulipas et Veracruz), et produisent 2,8 millions de barils de pétrole brut par jour. Le Mexique se trouve parmi les cinq premiers pays exportateurs d'« or noir » du monde.

Agriculture – En dépit du développement urbain et industriel du pays, l'agriculture continue d'être une des principales sources de revenus de nombreux Mexicains : 60% de la population active travaille dans l'agriculture, qui est extrêmement diversifiée. On cultive toutes sortes de produits, dans les régions tropicales aussi bien que dans les

© Bob Schalkwijk

Cueillette du maïs à Oaxaca

zones tempérées et fraîches. Les six principaux produits sont le **maïs**, les **haricots**, le **blé**, la **canne à sucre**, le **café** et le **sorgho**. Les deux premiers constituent la base de l'alimentation des Mexicains, et presque la moitié des terres cultivables est employée à leur production. Le blé et la canne à sucre sont également des produits de consommation générale. Le café, en revanche, est le principal produit agricole d'exportation. La culture du sorgho a pris depuis peu une part essentielle dans le grand développement de l'élevage de volailles et de porcs.

L'élevage – Dans presque toutes les régions du Mexique, les conditions naturelles favorisent le développement de l'élevage, pratiqué partout dans le pays. L'élevage des bovins revêt une importance commerciale. Il est pratiqué notamment au Nord du pays (Chihuahua, Durango, Sonora et Zacatecas) où une partie considérable des bovins est exportée sur pied aux États-Unis. Dans le reste du pays, l'élevage se réduit à l'approvisionnement du marché interne.

Pêche – Les zones de plus grande production sont les côtes du Nord-Ouest (Ensenada, Guaymas, Mazatlán, La Paz), où sardines, thons, crevettes, palourdes et langoustes se trouvent en abondance. La **crevette** représente, en valeur, plus du tiers des prises nationales. C'est le principal produit d'exportation de la pêche. Les autres ports importants sont Tampico, Veracruz, Progreso et Cozumel.

Repères chronologiques

Origines

50 000 avant J.C. Les premiers habitants d'Amérique arrivent d'Asie par le détroit de Béring.

12 000 L'homme de Texexpan. Ce sont les restes humains les plus anciens découverts au Mexique.

9 000 Début de la culture du maïs.

7 000 Début probable de la vie sédentaire et de l'agriculture.

Époque précolombienne

1800-200 avant J.-C. **Époque préclassique**
Des communautés s'établissent au centre du continent, la Méso-amérique ; elles vivent de pêche, de cueillette, de chasse et d'agriculture (en particulier maïs, haricots, piments et courges).
Développement de la **culture olmèque** au Sud du golfe du Mexique, dont l'influence s'étend rapidement sur d'autres communautés et d'autres peuples.
Premiers peuplements des terres basses mayas ; construction des plates-formes de Monte Albán.

200 avant J.-C. 900 après J.-C. **Époque classique**
Apogée du développement des civilisations préhispaniques et consolidation des caractéristiques des cultures mésoaméricaines dans l'art, la céramique, l'écriture, le calendrier, la médecine, les mathématiques et l'astronomie. Formation de castes théocratiques dirigeantes. La **religion polythéiste** devient le pôle intégrateur de tous les aspects de la vie indienne.
Splendeur de Teotihuacán, Monte Albán (zapotèque), Mitla (zapotèque), Uxmal, Palenque, El Tajín, Cobá, Bonampak, Yaxchilán ; déclin des grandes villes de Cacaxtla et Xochicalco.

900-1521 **Époque postclassique**
La croissance démographique, l'appauvrissement des paysans et l'invasion des groupes nomades venus du Nord provoquent une crise qui ne s'arrêtera que deux siècles plus tard, avec l'implantation de **gouvernements militaires**, qui instaurent le culte de dieux sanguinaires exigeant des sacrifices humains. Naissance de la métallurgie. La Mésoamérique atteint le sommet de son expansion. Grand développement de la civilisation toltèque à Tula. Apogée de Mitla (mixtèque) et de Monte Albán (mixtèque).

1325 **Fondation de Mexico-Tenochtitlán.** Début de la domination mexica à l'intérieur et à l'extérieur du territoire mésoaméricain.

Peinture murale de Diego Rivera, L'Épopée du Mexique, Palacio Nacional

La conquête (La Conquista)

1511 Un bateau espagnol fait naufrage près de la Jamaïque et les membres d'équipage sont capturés par les Mayas du Yucatán ; parmi eux se trouve **Jerónimo de Aguilar**, qui rencontrera plus tard **Hernán Cortés** et lui servira d'interprète.

1517 Expédition d'exploration d'**Hernández de Córdoba** sur la côte du Yucatán.

1518 **Juan de Grijalva** navigue au large de la côte mexicaine, de l'île de Cozumel à Cabo Rojo, dans la lagune de Tamiahua, emportant avec lui la première impression de grandeur de la Mésoamérique.

1519 Population de la Mésoamérique estimée à 25 millions d'habitants. **Alfonso Álvares Pineda** voyage sur la côte du golfe, depuis la Floride jusqu'au Río Pánuco.

Février 1519 Le gouverneur de Cuba, **Diego de Velázquez**, envoie Hernán Cortés sur la côte du Yucatán. Á **Tabasco**, Cortés rencontre **la Malinche**, qui, avec Jerónimo de Aguilar, fournira la clé ouvrant la porte à la conquête du Mexique, Aguilar parlant l'espagnol et le maya et la Malinche le maya et le náhuatl.

■ La Malinche

Le célèbre personnage de la Malinche – interprète, conseillère et amante de Cortés – a facilité la rencontre des Espagnols et des Aztèques. Avec 20 autres jeunes filles, elle faisait partie du cadeau de bienvenue à Cortés de la part de Tabscob, gouverneur maya qui vivait dans l'actuel État de Tabasco. En 1522, elle met au monde Martín Cortés, fils du conquérant et l'un des premiers métis du continent américain.

Avril 1519 Cortés fonde la première communauté espagnole appelée **Villa Rica de la Vera Cruz**. Il saborde ses bateaux et commence l'exploration à l'intérieur des terres. Il soumet **Xicohténcatl** et le peuple tlaxcaltèque, qu'il convertit en puissants alliés contre l'empire mexica.

Novembre 1519 Arrivée des Espagnols à Tenochtitlán. L'empereur aztèque **Moctezuma II** les reçoit pacifiquement, les loge dans le palais d'Axayácatl et les couvre d'honneurs. Quelques jours plus tard, Moctezuma II est fait prisonnier par Cortés.

1520 Cortés apprend que Pánfilo de Narváez est arrivé avec l'ordre de le remplacer, et part à sa rencontre pour le combattre, laissant la responsabilité de Tenochtitlán à Pedro de Alvarado. Celui-ci autorise la célébration d'une fête religieuse, qui se termine par une bataille connue sous le nom de **Matanza del Templo Mayor** (le massacre du Grand Temple). Les Espagnols

Bob SchalkwijkCol. INBA

sont assiégés ; en essayant de fuir, ils sont découverts et attaqués. Ils succombent en grand nombre ; cet épisode a été baptisé **La Noche Triste** (La Nuit triste).

Mai 1521 Avec l'aide de 450 000 Indiens tlaxcaltèques, les Espagnols font le siège de Tenochtitlán pendant 75 jours, après avoir vaincu d'autres forteresses aztèques.

Août 1521 **Chute de Tenochtitlán**.

Époque coloniale

1522-1536 Plusieurs expéditions ont lieu dans le but de consolider et d'étendre les territoires espagnols.

1524 Début de la conquête spirituelle avec l'arrivée de 12 frères **franciscains**, suivis par les **dominicains** (1526) et les **augustins** (1533). Les missionnaires travaillent avec acharnement, en établissant un rapport direct avec les Indiens, en apprenant leur langue et en gagnant leur confiance. Ils sèment ainsi le germe de la fusion des cultures.

1528 Charles Quint établit dans la Nouvelle-Espagne la première cour dotée de pouvoirs judiciaires et gouvernementaux.

1531 Formation de la seconde cour avec l'installation de l'Autorité royale ; ce travail est poursuivi par les deux premiers vice-rois, Mendoza et Velasco.

1539 Création de la première imprimerie.

1553 Ouverture de la **Real y Pontificia Universidad de México**, dotée des mêmes privilèges que l'université de Salamanque et regroupant cinq facultés.

1566 Conspiration de **Martín Cortés**. Voyant que la Couronne espagnole centralise décisions et pouvoir, les *conquistadores* s'estiment dépouillés de leurs privilèges et décident de se soulever.

1571 Fondation du **Tribunal du Saint-Office**.

1651 Naissance à San Miguel Nepantla de **Sor Juana Inés de la Cruz**, remarquable poétesse mexicaine.

1692 **Mutinerie à Mexico**. Le peuple incendie le palais des vice-rois et l'hôtel de ville.

1767 Expulsion des jésuites par ordre de Charles III.

1809 **Conspiration de Valladolid** avec le capitaine García Obeso, le lieutenant Mariano Michelena et le père Vicente de Santa María, qui prétendent former une assemblée pour gouverner le pays au nom de Ferdinand VII.

1810 **Conspiration de Querétaro**. Les conjurés de cette ville, avec le soutien du maire Miguel Domínguez et de son épouse **Josefa Ortiz** se réunissent et débattent de sujets liés à leur désir d'indépendance. Ces réunions sont fréquentées par Aldama et Allende, qui en informe ensuite le curé Miguel Hidalgo.

L'indépendance

Septembre 1810 **Guerre d'Indépendance** (1810-1821)
Sur le parvis de la paroisse de Dolorès, dans l'État de Guanajuato, le curé **Miguel Hidalgo y Costilla** appelle aux armes contre le gouvernement espagnol, et lutte pour l'indépendance. À Atotonilco, il s'empare de l'étendard de la Vierge de Guadalupe et, suivi par une armée populaire, se dirige vers Mexico, accompagné par Ignacio Allende, Juan Aldama, Mariano Jiménez et Mariano Abasolo.

1811 Les insurgés sont vaincus à la bataille de Puente de Calderón ; leurs chefs partent chercher du soutien au Nord, mais sont trahis à Acatita de Baján par Ignacio Elizondo. Hidalgo, Allende, Aldama et Abasolo sont jugés ; tous, sauf Abasolo, sont condamnés à mort. De nombreux rebelles se chargent alors d'embraser le pays, comme le seigneur Torres en Nouvelle Galice, le curé José María Mercado dans le Nayarit, José María González Hermosillo à Sonora, Rafael Iriarte à Zacatecas, et le curé **José María Morelos** dans le Sud. Ce dernier est de tous le plus brillant : successeur de Hidalgo dans la lutte armée, il s'empare de presque tout le territoire de l'État actuel de Guerrero lors d'une première campagne. Les frères Galván, les Bravo et **Vicente Guerrero** le rejoignent.

1814 Constitution de Apatzingán ; elle n'est jamais entrée en vigueur.

1817 Poursuite de la lutte armée avec Francisco Xavier Mina, Mier, Terán, Vicente Guerrero et Torres.

1821 **Agustín de Iturbide** promulgue l'**accord d'Iguala** ou des « Trois Garanties » : primauté de l'Église catholique, égalité de tous les groupes sociaux et indépendance du Mexique avec une monarchie constitutionnelle.

Août 1821 Le vice-roi Juan de O'Donojú signe le traité de Córdoba qui ratifie l'accord d'Iguala.

Septembre 1821 L'indépendance est consommée avec l'entrée tríomphale de **l'armée Trigarante** (« des trois garanties ») à Mexico, Agustín Iturbide en tête. Formation du premier gouvernement indépendant.

Le Mexique indépendant

1822-1823 **Premier Empire** : Iturbide est couronné empereur sous le nom d'Agustín Ier. Son empire s'étend de l'Oregon et du Río Colorado (États-Unis) au Panama.
Au début de 1823, **Antonio López de Santa Anna** rédige le **projet de Casa Mata**, programme pour instaurer la république, qui rassemble les anciens combattants insurgés et les bourboniens du parti conservateur. Le 19 mars de la même année, ce rassemblement met fin à l'empire. Iturbide est exilé à Livourne en Italie. L'ANCIEN ROYAUME DE GUATEMALA opte pour la séparation et l'indépendance.

1824 La **Constitution du Mexique** est rédigée, instaurant la République fédérale.

1836 Le Texas, le Nouveau-Mexique et la Californie déclarent leur indépendance.

1846-1848 Sous la présidence du général Antonio López de Santa Anna, la guerre éclate contre les États-Unis. Elle se termine par la signature du **traité de Guadalupe Hidalgo**, par lequel le Mexique reconnaît l'indépendance du Texas, du Nouveau Mexique et de la Californie. Ces États représentaient ensemble plus de la moitié du territoire mexicain.

1855 Ignacio Comonfort est président intérimaire. Les temps d'anarchie et de chaos sont révolus.

1856 Promulgation des **lois de Réforme** pour la séparation de l'Église et de l'Etat.

1857 Nouvelle constitution : Ignacio Comonfort est élu président et **Benito Juárez**, du parti libéral, vice-président. Le parti conservateur se soulève avec le programme de Tacubaya, lancé par le général Felix Zuloaga. Recherchant la paix pour le pays, Comonfort abroge la constitution, divisant son propre parti.

1858-1861 **Guerre de la Réforme**. Le parti libéral, commandé par **Benito Juárez**, se lance contre les conservateurs dans le combat pour la légalité avec une maigre armée improvisée. Juárez doit s'enfuir et installe plus tard son gouvernement au port de Veracruz, résistant pendant trois ans aux forces conservatrices, qui ont nommé le général Miguel Miramón à la présidence.

Teixidor: Cruces Y Campa/INAH

Benito Juárez, vers 1860

1859 À Veracruz, Juárez promulgue les **lois de la Réforme** : nationalisation des biens de l'Église, instauration du mariage civil, établissement du registre de l'État civil, sécularisation des cimetières et liberté du culte.

1861 La crise économique conduit le président Juárez à suspendre le paiement de la dette publique ; il est prévu que les nations créancières (France, Angleterre et Espagne) signent les **Conventions de la Soledad**. La France n'y consent pas et entreprend l'invasion du Mexique.

1862 **Bataille du 5 mai** à Puebla. Les Français sont battus par l'armée mexicaine. Ce n'est qu'un an plus tard que les forces impériales peuvent vaincre la résistance dans cette région. Juárez quitte la capitale et établit son gouvernement à Paso del Norte (aujourd'hui Ciudad Juárez), où il reste pendant tout le Second Empire.

1864 **Second Empire : Maximilien de Habsbourg** est nommé empereur du Mexique. Il signe avec Napoléon III la convention de Miramar, par laquelle il s'engage à payer le coût de l'intervention, une somme exorbitante.La convention lui dicte aussi la politique à appliquer par son gouvernement.

Teixidor: Cruces Y Campa/INAH

Maximilien de Habsbourg, vers 1860

1867 Maximilien ne bénéficie plus de la protection de la France. Il souhaite renoncer au trône, mais les conservateurs le persuadent de rester au pouvoir. Attaqué par les républicains, il décide de regrouper ses forces à Querétaro. Il est finalement arrêté, et fusillé avec Miramón et Mejía sur la colline de Las Campanas. La République est restaurée, avec Juárez président.

1873 Sous le gouvernement de Lerdo de Tejada éclate à Guanajuato et Jalisco la **rébellion des soldats du Christ**, qui protestent contre les dispositions de la Réforme.

La période « porfirienne » (Porfiriato) 1877-1911

Le général **Porfirío Díaz** conserve le pouvoir pendant 33 ans. C'est une période d'expansion économique ; l'exploitation de l'industrie minière et pétrolière prend un nouvel essor. Il réalise d'importants travaux publics, et attire les investissements étrangers.

Fondo Coloniales/INAH

Le Général Porfirío Díaz, vers 1910

Pendant le *Porfiriato*, la vie des classes moyennes et aisées du Mexique prend une coloration française. Une architecture avec toits inclinés et mansardes voit même le jour dans un pays où jamais il ne neige...

Mais le paternalisme de la dictature du général Díaz n'empêche ni les abus de pouvoir, ni la censure de la presse, ni l'expropriation des terres des paysans, qui va entraîner leur assujettissement vis-à-vis des haciendas, où ils travaillent des journées entières sans horaires fixes.

1893 Pour obtenir la reconnaissance de son gouvernement par l'Angleterre, Díaz cède une partie du territoire mexicain, qui est incorporée au BELIZE.

1908 Entretiens Díaz-Creelman. Díaz déclare que son successeur légitime doit être issu d'une organisation des Mexicains en véritables partis politiques et d'un débat électoral libre et ouvert. Ces déclarations entraînent la création de partis d'opposition.

1910 **Francisco I. Madero** rédige le **programme de San Luis Potosí**, texte révolutionnaire qui synthétise les aspirations politiques du pays, suffrage représentatif et non-rééligibilité ; sur cette base, le 20 novembre, le peuple est appelé au soulèvement armé.

La Révolution

1910-1920 Renversement du président Díaz, qui s'embarque pour l'Europe. Révolution armée.

1911 Au Sud, plusieurs groupes prennent les armes ; les frères Figueroa dans l'État de Guerrero prennent la capitale Chilpancingo, et **Emiliano Zapata** promulgue l'**accord d'Ayala**, qui exige la résolution de la question agraire avec le slogan « Terre et Liberté ». Mais c'est au Nord que la révolution obtient sa plus grande victoire, avec la prise de Ciudad Juárez. Madero assume la présidence.

1913 **« Dizaine tragique »** : Mexico est assiégé pendant dix jours .
Victoriano Huerta trahit Madero et signe le pacte de la Ciudadela (citadelle) ou de la Embajada (ambassade). Madero et Pino Suárez sont contraints de renoncer ; Pedro Lascurain est nommé président intérimaire ; Madero et Pino Suárez sont arrêtés et assassinés deux jours plus tard. Lorsque Huerta prend le pouvoir comme président, la lutte armée reprend.
Venustiano Carranza s'érige en premier chef constitutionnel et se lance contre Huerta, suivi par des chefs révolutionnaires comme **Álvaro Obregón**, qui dirige la campagne dans l'Ouest, **Pablo Gonzáles** dans l'Est, et **Francisco « Pancho » Villa** au Centre qui, à la tête de la division du Nord, mène les combats les plus brillants contre l'armée fédérale.

1917 La nouvelle **Constitution** est décrétée ; elle garantit entre autres la journée de huit heures de travail et la liberté de l'enseignement. Venustiano Carranza est élu président constitutionnel.

1919 Assassinat d'Emiliano Zapata.

Fondo Casasola/Fototeca del INAH

Pancho Villa sur le fauteuil présidentiel, avec Emiliano Zapata.
Mexico, le 6 décembre 1914

1920 Le congrès nomme Adolfo de la Huerta président provisoire de la Révolution triomphante. Le travail de reconstruction nationale commence.

1923 Assassinat de Francisco Villa.

Le Mexique moderne

1926 Sous le gouvernement du général Plutarco Elías Calles recommence la **rébellion des soldats du Christ** provoquée par les tensions entre l'Église et l'État.

1929 Formation du premier parti politique officiel, le Parti National Révolutionnaire, aujourd'hui le **Parti révolutionnaire institutionnel** (PRI).

1938 Le gouvernement du général **Lázaro Cárdenas** voit la fin de la lutte armée qui avait commencé en 1910. Il négocie la paix avec les soldats du Christ. Il décrète l'expropriation des entreprises pétrolières et crée la Compagnie Exportatrice du pétrole national. Les chemins de fer nationaux sont confiés au Syndicat ferroviaire un an après leur nationalisation. On donne une plus grande impulsion à l'éducation et à la culture.

1946 À la suite de la création du PRI, les militaires cèdent la place à un gouvernement civil avec la candidature de **Miguel Alemán Valdés** à la présidence.

1968 Mouvement étudiant : la répression cause la mort d'étudiants à Tlatelolco. **Jeux Olympiques** de Mexico.

1970-1976 Luis Echeverría Álvarez est président du Mexique. **Première coupe du monde de football** au Mexique (1970).

1976-1982 José López Portillo est président. Nationalisation de la Banque (1982).

1982-1988 Miguel de la Madrid Hurtado est président.

Septembre 1985 Plusieurs villes sont secouées par deux tremblements de terre, notamment le District Fédéral (Mexico).

1986 Forte baisse des prix du pétrole. Le Mexique rejoint le GATT.
Deuxième coupe mondiale de football au Mexique.

1988-1994 Carlos Salinas de Gortari est président du Mexique.

1994 Soulèvement au Chiapas de l'**Armée zapatiste de libération nationale** (EZLN), représentée par le sous-commandant Marcos.
Un **traité de libre-échange** entre en vigueur entre le Canada, les États-Unis et le Mexique dans le cadre de l'ALENA.
Forte dévaluation du peso, la plus importante du siècle.

1994-2000 Ernesto Zedillo Ponce de León est président du Mexique. Période de redressement économique et de transition démocratique.

1997 Premières élections pour le chef du gouvernement du District Fédéral : emportées par **Cuauhtémoc Cárdenas** du parti d'opposition, le **Parti révolutionnaire démocratique** (PRD).

Pour organiser vous-même vos itinéraires,
consultez tout d'abord les cartes au début de ce guide ;
elles indiquent les parcours décrits, les régions touristiques,
les principales villes et curiosités.
Reportez-vous ensuite aux descriptions, dans la partie « Villes et curiosités ».
Au départ des principaux centres, des buts de promenades sont proposés.

La présence indienne

Qu'est-ce que la Mésoamérique ?

L'anthropologue Paul Kirchoff a employé le premier en 1943 l'expression **Mésoamérique**, « Amérique médiane », pour la zone géographique occupée par les anciennes civilisations du Nord et du Centre de l'Amérique. Les peuples de cette région, qui s'étend de l'état de Sinaloa au Honduras, possédaient des coutumes similaires. Du fait de son étendue, on la divise en plusieurs zones culturelles *(carte p. 29)* :

L'Ouest – Depuis l'époque préclassique, différents peuples ont vécu dans la région qui va du Sud de Sinaloa à l'État de Guerrero, parmi lesquels les **Purépechas**, établis dans la région du Michoacán, que les Espagnols ont nommé **Tarasques**. Ce peuple avait

Mexique et autres civilisations

Mexique	avant J.-C.	Autres civilisations
Premiers habitants d'Amérique	**50 000**	
	30 000	Période paléolithique. Peintures rupestres du Sud-Ouest de la France et du Nord de l'Espagne.
	3000-1750	Apogée de Babylone. Pyramides de Khéops et Khéphren. Grand Sphinx.
Épanouissement de la culture olmèque.	**1820-200**	
Cultures archaïques : Copilco, Cuicuilco	**1520-200**	
Fondation de Monte Albán.	**8e s.**	Premiers Jeux à Olympie.
Premiers peuplements des terres basses mayas.	**500**	
	447-432	Édification du Parthénon.
Fondation de Teotihuacán	**200-150**	
	après J.-C.	
	vers 72-80	Édification du Colisée de Rome.
La culture maya est à son zénith.	**100-800**	
Apogée de Teotihuacán	**200-500**	
	330	Fondation de Constantinople.
Expansion de Monte Albán	**400-800**	Construction de la basilique Sainte-Sophie à Istanbul.
Splendeur de Xochicalco.	**800**	Charlemagne empereur d'Occident.
Plénitude de la culture toltèque : Tula	**1000**	
	1000-1150	Apogée de l'époque romane.
	1163-1235	Cathédrale Notre-Dame de Paris.
Fondation de Mexico-Tenochtitlán	**1325**	
	1492	Christophe Colomb découvre l'Amérique
	1508-1512	Michel-Ange peint la Chapelle Sixtine.
Hernández de Córdoba explore les côtes du Yucatán.	**1517**	Réforme protestante de Luther.
Cortés accoste à Veracruz	**1519**	Floraison du maniérisme.
Chute de Tenochtitlán (empire aztèque)	**1521**	
	1527	Pizarro découvre l'empire Inca.
	1540	Fondation de la Compagnie de Jésus. Les Portugais découvrent le Japon.
Découverte de Zacatecas ; essor de l'exploitation minière.	**1545-1563**	Concile de Trente ; Contre- Réforme.
	1598	Construction du monastère de l'Escurial.
	1656	Diego de Velázquez peint *Les Ménines.*
	1661-1710	Construction du château de Versailles.
Début du mécontentement contre l'Espagne, qui déclenche la Guerre d'indépendance.	**1740**	
Expulsion des jésuites de la Nouvelle-Espagne	**1767**	Expulsion des Jésuites du Monde hispanique.
	1776	Indépendance des États-Unis.
	1789	Révolution Française.

une grande avance technologique sur ses contemporains, due à la connaissance et à l'utilisation du cuivre. Ils employaient ce métal comme élément décoratif, mais aussi pour la fabrication d'armes, ce qui a fait de ce groupe un des plus difficiles à soumettre pendant la période préhispanique. Leur architecture a connu un certain développement, comme le montre la capitale TZINTZUNTZAN. La céramique y était d'excellente qualité, avec des formes végétales abstraites et des finitions délicates, polychromes et vernissées. Dans les États actuels de Colima et Nayarit, les Purépechas ont développé des formes artistiques inspirées de leurs animaux domestiques, comme les **tepezcuintle** (chiens élevés et engraissés pour nourrir certaines catégories de la population).

Le haut plateau central – Dans l'histoire mexicaine, les richesses naturelles abondantes et les avantages stratégiques du haut plateau en ont fait le domaine de groupes humains au pouvoir influent.

Arrestation de Iturrigaray	**1808**	Invasion napoléonienne en Espagne.
Guerre d'Indépendance	**1810-1821**	Napoléon abdique à Fontainebleau.
	1814	Retour des Bourbons en Espagne.
L'indépendance est consommée avec l'accord d'Iguala entre Iturbide et Guerrero, chef des insurgés.	**1821**	Guerre d'indépendance grecque contre les Turcs.
Agustín de Iturbide est empereur du Mexique.	**1822-1823**	Rétablissement de l'absolutisme en Espagne.
Guadalupe Victoria, premier président du Mexique.	**1824-1829**	
Perte du Texas, du Nouveau-Mexique et de la Californie sous le président Santa Anna.	**1836**	Deuxième révolution industrielle.
	1848	Proclamation de la République en France. Marx et Engels publient le *Manifeste communiste.*
Lois de la Réforme	**1859**	Darwin : L'origine des espèces.
Intervention française, bataille du 5 mai à Puebla.	**1862**	
Maximilien de Habsbourg empereur du Mexique.	**1864**	
	1865	Fin de la guerre de Sécession. Assassinat de Lincoln aux États-Unis.
La République est rétablie avec Juárez.	**1867**	Marx : *Le Capital.*
	1874	Première exposition des Impressionnistes.
Le Porfiriato.	**1877-1910**	Fin de la guerre carliste en Espagne. Formation de la Triple Alliance et de la Triple Entente.
Premières grèves ouvrières.	**1906**	
	1907	Pablo Picasso peint les *Demoiselles d'Avignon.*
Révolution mexicaine.	**1910-1920**	Première Guerre mondiale. Révolution russe. Futurisme et dadaïsme.
Manifeste du syndicat des Peintres et Sculpteurs, point de départ du « muralisme ».	**1922**	
	1924	Manifeste surréaliste à Paris.
Fondation du Parti national révolutionnaire (PRI par la suite).	**1929**	Crise économique mondiale.
Présidence de Lazaro Cárdenas.	**1934-1940**	
Expropriation des compagnies pétrolières.	**1936-1939**	Guerre civile espagnole.
	1939-1945	Seconde Guerre mondiale
	1959	Révolution cubaine.
Révolte étudiante ; Jeux Olympiques	**1968**	Importants mouvements étudiants dans le monde.
	1969	Marche du premier homme sur la Lune.
	1973	Fin de la guerre du Vietnam. Mort de Picasso.
Tremblement de terre à Mexico.	**1985**	
	1989	Chute du mur de Berlin.
	1991	Dissolution de l'URSS. Guerre du Golfe. Assassinat de Rajiv Gandhi.
500 ans de la découverte de l'Amérique.	**1992**	
Premières élections du chef du gouvernement du District Fédéral.	**1997**	Hong Kong redevient possession chinoise.

À l'époque préclassique, dans des sites comme **Tlatilco**, on modelait des statuettes en rapport avec l'agriculture ; dans d'autres, comme CUICUILCO, on construisait les premières grandes plates-formes en pierre.

À l'époque classique, on voit s'épanouir une des métropoles religieuses les plus imposantes de l'ancien monde, TEOTIHUACÁN, capitale culturelle de la Mésoamérique. Dans leurs temples, construits sur de véritables montagnes artificielles qui se confondent avec les montagnes à l'horizon, les prêtres dirigeants élaborent des idées et des cultes qui se répandent jusqu'au Guatemala. L'esprit sobre et austère de l'époque se reflète dans la forme architecturale du **talud-tablero**, une combinaison de murs obliques et de plans horizontaux alternant sur le flanc incliné des pyramides.

L'instabilité gouvernementale, la guerre, et peut-être la famine ont provoqué au 8e s. la chute de cette ville des dieux. Ce désastre n'a touché ni CHOLULA ni CACAXTLA, et a provoqué la renaissance ultérieure de XOCHICALCO, où on a élevé une des constructions *talud* les plus remarquables de Mésoamérique.

Au début de l'époque postclassique, TULA commence à exercer son hégémonie en exaltant les valeurs guerrières symbolisées par les **colonnes en forme de guerriers**, les murailles défensives et les pierres sculptées représentant des animaux dévorant des cœurs humains. Mais des invasions nomades ont interrompu son expansion, et ses habitants toltèques ont émigré vers le Sud pour s'implanter dans la lointaine CHICHÉN ITZÁ, où les Mayas ont magistralement réinterprété la religion des hauts plateaux.

Après avoir brûlé Tula, les Chichimèques du Nord sont partis pour **Tenayuca**, puis TEXCOCO, où ils ont créé une puissante seigneurie.

En 1325, les **Mexicas** (ou **Aztèques**) ont fondé leur centre religieux, administratif et culturel le plus hiérarchisé de l'Amérique préhispanique dans une petite île, MÉXICO-TENOCHTITLÁN. Leurs majestueuses sculptures de pierre reflètent la violence de leur tempérament : vases conçus pour recevoir le sang des victimes, bas-reliefs représentant des serpents de feu ou des scènes d'autosacrifice, dieux revêtant la peau des victimes ou se couvrant le visage de masques dramatiques.

Le golfe du Mexique – À l'époque préhispanique, les versants du golfe, riches d'une faune et d'une flore variées, ont vu se développer trois grandes civilisations. La civilisation **olmèque**, considérée comme la culture mère pour avoir posé les bases du développement culturel mésoaméricain, s'est établie en 1800 avant J.-C. dans la région du pays où les précipitations sont les plus abondantes, raison pour laquelle les vestiges archéologiques parvenus à nos jours sont très rares, et en fort mauvais état.

Très fortement hiérarchisés, les Olmèques ont travaillé la sculpture monumentale, avec notamment de remarquables **têtes colossales**. Le jaguar était leur divinité principale. Ils ont été les premiers à graver sur la pierre un système de calendrier. Leurs centres cérémoniels les plus importants sont à San Lorenzo, La Venta et Tres Zapotes.

À la période classique, les **Totonaques** se sont installés dans le centre du Veracruz, dans la ville d'EL TAJÍN; ils ont développé les échanges commerciaux avec les hauts plateaux et sculpté de curieux jougs, palmes et haches funéraires qui contrastent avec leurs **petites têtes souriantes** en terre modelée.

L'époque postclassique, période de luttes incessantes contre les Mexicas, voit l'apogée de la culture **huastèque** (ou huaxtèque) au Nord du golfe. La relative indépendance de ce peuple lui a permis d'établir ses croyances religieuses autour du thème de la fertilité, avec des sculptures de figures sexuées et des dieux associés aux richesses agricoles.

Oaxaca – Dans cet État montagneux ont vécu de nombreuses communautés qui n'avaient guère de liens culturels, comme l'indiquent leurs différences ethniques. À l'époque préhispanique se distinguent les **Zapotèques** au Sud-Est, et les **Mixtèques** au Nord-Ouest ; MONTE ALBÁN, MITLA et YAGUL étaient les principaux centres religieux de ces deux groupes. Le premier est le plus intéressant, avec son ingénieux plan de construction sur une colline, et parce qu'il a été à la fois ville et nécropole. L'art de toute cette région présente des éléments architectoniques novateurs : massives constructions à tendance horizontale, en harmonie avec le terrain naturel, et emploi du **parement vertical**, originaire de Teotihuacán, cadre à l'intérieur duquel sont sculptées des moulures en forme de grecque simple ; l'élément décoratif joue avec le soleil pour créer des effets d'ombre et de lumière. Le développement de l'**orfèvrerie** est très important dans cette région ; le talent des orfèvres y a donné des objets délicatement filigranés. Le domaine artistique s'étend aussi aux ornements à base de plumes d'oiseaux, aux sculptures en argile et à la taille de la pierre.

Les Mayas – Une des civilisations les plus étonnantes du monde ancien, celle des Mayas, a occupé au Mexique les États actuels du Yucatán, de Quintana Roo, du Campeche, du Tabasco et du Chiapas ; et aussi le Belize, le Guatemala, le Honduras et le Salvador. La complexité et l'éclat de leur essor artistique et culturel mettent en évidence leur remarquable capacité d'adaptation au climat et à l'environnement végétal.

L'exubérance de la nature au cœur de laquelle ils vivaient, alliée à une observation passionnée du mouvement des astres, a tendu vers l'extrême la sensibilité interprétative de ce peuple, dont les œuvres magiques et énigmatiques n'ont cessé de surprendre les chercheurs. Environnés par ce décor foisonnant, les centres cérémoniels monumentaux comme UXMAL, PALENQUE et YAXCHILÁN sont autant de témoins muets de la richesse ornementale maya. Elle s'épanouit dans les peintures murales, les mascarons finement stuqués, les décors des façades aux frises sobres, aux extraordinaires crêtes faîtières

Régions culturelles de Mésoamérique

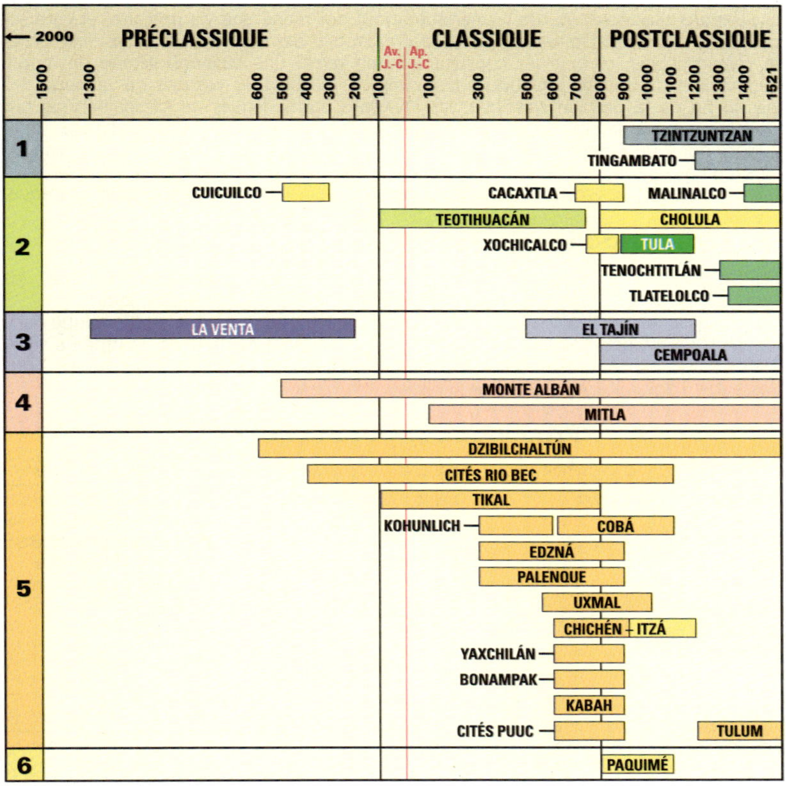

Cultures dominantes

- Purépecha
- Aztèque
- Teotihuacán
- Toltèque
- Totonaque
- Zapotèque-Mixtèque
- Olmèque
- Maya
- Autres

Stèle de Yaxchilán, Chiapas

et aux toits en forme de voûte. Ces toitures recouvraient les temples grâce à la **voûte maya** (ou fausse voûte), une superposition de dalles étagées ; la voûte soutient deux murs, qui se rejoignent presque à la partie supérieure de la construction, terminée en pointe ou légèrement arrondie *(photo p. 303)*. Les exceptionnels **glyphes calendriers**, la sculpture, et les extraordinaires céramiques aux formes et décors richement stylisés méritent une mention à part. Les **centres cérémoniels** se prolongeaient parfois par plusieurs **voies processionnelles** qui, dans la péninsule de Yucatán, joignaient entre elles plusieurs villes, créant un grand réseau de chemins (ou **sacbés**) et favorisant la circulation des marchandises.
TIKAL et QUIRIGUA (tous deux au Guatemala), COPÁN (au Honduras), CARACOL et LAMANAI (tous deux au Belize) ont été des centres mayas de toute beauté, avec une architecture monumentale inspirée par la verticalité et des **stèles** remarquablement travaillées.

Les cultures du Nord

Au Nord du Mexique, où des groupes semi-nomades comme les **Chichimèques** vivaient de cueillette et de chasse, l'aridité du sol est l'un des principaux facteurs qui ont freiné la possibilité d'un développement culturel comparable à celui de la Mésoamérique. Ces civilisations du désert (ou de l'Amérique aride) ont mené une vie précaire, et ce n'est que dans des sites comme PAQUIMÉ que l'on trouve des formes culturelles singulières et remarquables, comme les constructions en terre, une **céramique décorée** de motifs végétaux et de thèmes aquatiques très simples, et quelques vestiges de vannerie.
Dès la fin de la période classique, les invasions chichimèques en Mésoamérique ont permis un mélange culturel et ethnique, et transformé l'avenir du haut plateau. Cette région, qui a dû défendre sa frontière Nord très instable, est précisément l'endroit où se situe l'île mythique d'**Aztlán**, d'où sont parties les tribus chichimèques en quête de la terre promise de MÉXICO-TENOCHTITLÁN, qui deviendra plus tard le puissant empire aztèque.

Les Indiens aujourd'hui

Les Indiens sont actuellement au nombre de 10 millions, divisés en 56 groupes, les seuls qui subsistent des nombreux peuplements de l'époque préhispanique.
Leur localisation sur le territoire national et le milieu géographique et climatique dans lequel ils vivent déterminent les caractéristiques de leurs habitations, le type de vêtements qu'ils portent, leur travaux artisanaux et leurs activités économiques, pour l'essentiel l'agriculture et l'élevage d'oiseaux de basse-cour.

Principaux groupes indiens

Groupe	Localisation	Langue	Artisanat	Danses, traditions
Amuzgos	frontière entre Guerrero et Oaxaca	amuzgo	textiles	Danses : *Doce Pares* (Douze paires), Conquista (Conquête), Moros y Cristianos (Maures et Chrétiens)
Cucapá, Kiliwa Cochimí, Pai pai, Kimiai	Nord de la Basse-Californie	de la famille yumana	tissu orné de cuir, *chaquira* (coiffure de plumes multicolores), agave,bois et palmilla (tissages de palmes)	
Cuicatèques	Nord-Ouest du Oaxaca	Cuitatèque	Textiles et poterie	*Danzantes vestidos de mujer* (Danseurs habillés en Femmes) (huehuetones)
Chichimèques	San Luis Potosí, Guanajuato	chichimèque	couvertures en laine et sacs d'agave	Juego de la Checa
Chinantèques	Nord de Oaxaca, au pied de la Sierra Madre Orientale	chinantèque	textiles	

Chontales	Sud-Ouest de Oaxaca	chontal ou tlequistlatèque	Textiles et poterie	Danse du petit cheval
Huastèques	San Luis Potosí et Nord de Veracruz	huastèque	articles de palme et *zapupe* (fibre d'agave)	Danses : Huehues, Malinche, Negros, Rebozos (des châles) Varitas (des baguettes)
Huicholes	Jalisco, Nayarit et Durango	huichol	textiles, calebasses, travaux en laine	
Lacandons	forêt du Chiapas	lacandón	arcs et flèches	Renovación de los braseros
Mayas	Campeche, Yucatán et Quintana Roo	maya	broderies et articles en *henequén* (sisal)	Jaranas (noces) Baile de la Cabeza de Cochino (danse de la tête de cochon)
Mazahuas	District Fédéral, Mexico, Morelos, Michoacán	mazahua	tapis, couvre-lits, nappes.	
Mazatèques	Bassin du Río Papaloapan	mazatèque	textiles	
Mixes	Nord-Ouest de Oaxaca	mixe ou ayook	textiles, poterie	Danses : *Los Negritos, Conquista*, et danse du tigre
Mixtèques	Puebla, Nord-Ouest de Oaxaca et Guerrero	mixtèque	articles en palme	Danses : *Los charcos* (des mares), *Los Rubios y los Chicholos* (Les blonds et les pâlots)
Nahuas	District Fédéral Hidalgo, Morelos, Tlaxcala, Puebla, San Luis Potosí, Veracruz, Guerrero	nahuatl	peintures sur amate (papier d'écorce) textiles, et figurines en fer-blanc	*Tlacoleros, La* Culebra (la couleuvre), *Danza de las Cintas* (danse des rubans). Rituels agricoles.
Otomis	Puebla, Hidalgo, Mexico, Guanajuato, San Luis Potosí	otomí	textiles, broderies, vannerie	
Pimas	Sud-Ouest de Chihuahua et Est de Sonora	pima	vannerie	
Tarahumaras	Seuil montagneux de la sierra Madre occidentale	tarahumara	travaux en palme, bois, céramique et tissus en laine	Baile de la Pascola, de los Matachines (des bouffons) et Danza del Venado (danse du cerf)
Tarasques (Purépechas)	plateau de Michoacán	tarasque ou purépecha	bois, ferronnerie, poterie, chapeaux et articles en laine	Danses : Los Negritos, Los Viejitos
Tepehuanes	Narayit et Durango	tepehuan	poteries simples	Baile de los Matachines (bal des bouffons)
Triques	Sud-Ouest de Oaxaca	trique	textiles	
Tzeltales	centre du Chiapas	tzeltal	Tissus, Sculptures en bois, céramique	
Tzotziles	San Juan Chamula, Chiapas	tzotzil	textiles, broderies, poterie	
Yaquis	Sud-est de Sonora	yaqui	céramique et vannerie	Danza del Venado (du cerf), La Pascola, et danse du coyote
Zapotèques	Vallée de Oaxaca	zapotèque	tissus et poterie	Danses de la plume

Leur organisation politique et sociale est complexe ; certains groupes acceptent les lois constitutionnelles, tout en maintenant en parallèle un gouvernement traditionnel basé sur les coutumes héritées de père en fils, tandis que d'autres groupes demeurent autonomes. Certaines communautés sont intégrées au plan linguistique, alors que d'autres ne parlent que leur langue. C'est sur le plan religieux que l'on perçoit le mieux le **syncrétisme culturel** car, malgré la prédominance de la religion catholique, les fêtes et cérémonies maintiennent toujours vivants des rites et des éléments hérités du passé préhispanique. Leurs musiques et leurs danses sont fortement imprégnées de sentiment religieux.

Femme et enfant zapotèques, Tlacolula, Oaxaca

Art et architecture

Période préhispanique – Dans les nombreux sites précolombiens, les **centres cérémoniels** ont pris une grande importance dans l'implantation des villages et des villes, car on recherchait pour eux des sites panoramiques en hauteur. Entre une suite de vastes esplanades réservées aux rituels publics et les places de marché en plein air, on édifiait les somptueuses résidences des chefs et des prêtres, les bâtiments à caractère civil, et d'imposantes plates-formes à étages ou pyramides, portant sur leur partie supérieure les temples auxquels seuls la noblesse et les gouvernants avaient accès.

Le choix des sites pour édifier la plupart des centres cérémoniels était déterminé en fonction de l'orientation des temples et des voies principales vers le levant et le couchant, afin de leur conférer une **dimension cosmogonique** et une signification dans les cycles agricoles.

La coutume était de se servir des anciennes structures comme noyaux. Les ruines encore debout correspondent donc à la dernière phase de la construction.

Les techniques de construction comportaient la fabrication des briques, l'emploi du mortier comme liant et la taille de blocs de pierre, d'une grande précision malgré les limites technologiques : les civilisations préhispaniques manquaient de bêtes de somme, ne connaissaient pratiquement pas la roue et ne possédaient pas d'outils en métal.

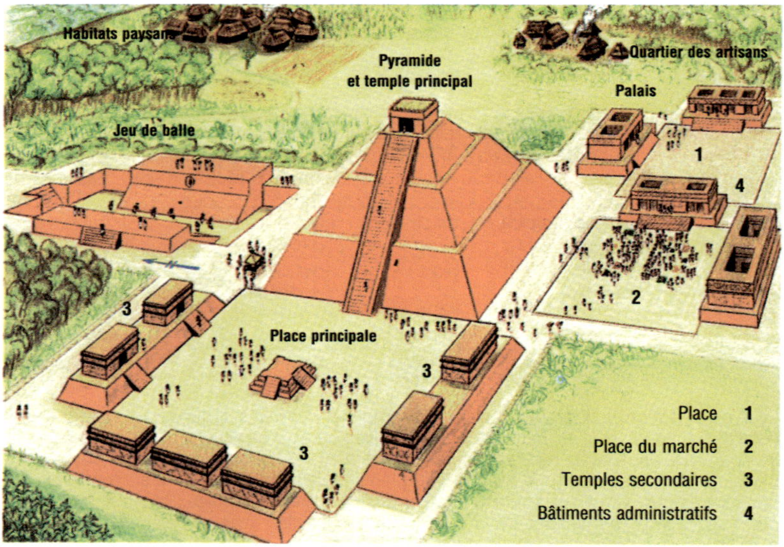

Plan d'un centre cérémoniel

La plupart des façades des bâtiments importants étaient peintes, de même que les statues et les sols, car la couleur avait une grande signification dans la vision du monde particulière des Indiens. Avec un sens étonnant de la composition et du mouvement, le dessin leur a servi à exprimer sur les stèles, sur les murs et dans les **codex** (manuscrits) le langage poétique de leur relation avec la nature.

À la fin de la période classique, on voit apparaître les **jeux de balle**, qui ont lieu en général sur des terrains en forme de double T. Les participants à la cérémonie religieuse jouaient au moyen d'une balle en toile ou en bois, associée au soleil ; elle devait sans doute être lancée dans des anneaux de pierre habituellement encastrés dans les murs. Dans certaines cultures, le rituel se terminait par le sacrifice de l'un des adversaires.

On a découvert au travers de leur art une religion polythéiste sophistiquée qui servait de pôle d'intégration. Le monde des formes magistralement créées par les potiers pour la **céramique rituelle** est riche de profondes significations spirituelles, des gracieuses figurines féminines associées à la fertilité jusqu'aux poteries polychromes destinées à accompagner les morts dans l'autre monde.

Les anciens Mexicains avaient une **vie spirituelle** complexe, dans laquelle ils recherchaient pour survivre le sens de leur relation avec les forces de la nature. Le culte des dieux les a amenés à tailler des offrandes en bois, en os et en cristal de roche. À une époque plus tardive, ils ont travaillé l'or, l'argent et le cuivre ; on voit dans ces travaux combien l'habileté de l'artisan domine la matière. Il en est de même pour les bas-reliefs de pierre, taillés avec une telle finesse qu'à première vue ils ressemblent à des stucs.

Leurs nombreuses **sculptures** plaisent par la profusion de grecques, de volutes et de détails qui font preuve à la fois d'un parfait réalisme et d'une grande fidélité aux dieux, aux gouvernants et aux événements historiques importants. Le modelage en stuc a aussi atteint un développement notable, surtout dans les régions où la pierre était rare, et où ce mélange de chaux, de sable et d'eau a servi à orner frises, piliers et perrons.

À la périphérie des grands centres cérémoniels vivaient les **artisans** dans leurs ateliers, et les **paysans**, qui habitaient de modestes huttes d'argile et de paille plus dispersées à proximité des terres cultivables. De ces constructions il ne reste que quelques traces.

16e siècle – L'art après la Conquête est le produit des styles de vie européens imposés aux peuples indigènes. C'est l'église catholique, dans son élan évangélisateur, qui soutient le développement de tous les arts, raison pour laquelle les arts profanes ne prennent pratiquement pas d'importance, sauf en architecture.

Sous la direction des moines, on bâtit des **couvents** et des édifices inconnus en Europe, par exemple l'**atrium** qui permet à des centaines d'Indiens d'assister aux cérémonies en plein air, célébrées depuis la **chapelle ouverte**.

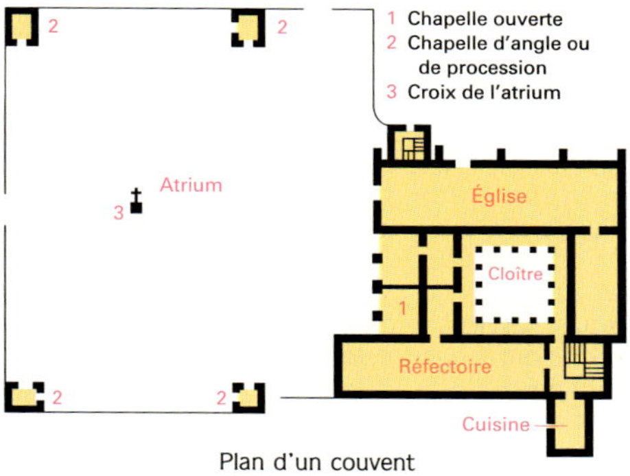

Plan d'un couvent

Les **capillas posas** ou « chapelles de procession » sont une autre nouveauté ; elles servaient de reposoirs au Saint-Sacrement au cours des processions qui avaient lieu en plein air dans l'enceinte de l'atrium. On les appelle aussi chapelles d'angle parce qu'elles s'élevaient à chaque coin de l'atrium. Ce sont des petites pièces pourvues de deux accès, dont l'un permet au prêtre d'entrer pour procéder à la cérémonie, et l'autre de ressortir, juste en face de la chapelle suivante. Les **églises** ont été construites en une seule nef ou sur le plan basilical, dans un mélange de styles roman, gothique et Renaissance avec ses variantes *plateresque* (très orné) et *herreresque* (épuré). Selon les chroniqueurs du 16e s., elles étaient recouvertes de riches toitures de bois, et beaucoup de plafonds étaient sculptés dans le style mudéjar, avec d'impressionnants caissons. Mais, facilement détruits par les incendies, ces plafonds ont été progressivement remplacés par les longues voûtes en berceau ou nervurées qui sont parvenues à nos jours. L'aspect extérieur des couvents est semblable à celui de forteresses auxquelles manqueraient les aménagements défensifs d'une véritable place forte. Les **cloîtres** aussi sont construits en styles divers ; beaucoup ont conservé leurs peintures murales, aux thèmes inspirés du Nouveau Testament ou de la vie des saints.

Dans le domaine de la sculpture, on a façonné de gigantesques **retables** de bois, recouverts de feuille d'or, ornés d'images maniéristes associées à des huiles sur bois. Des maîtres comme **Simón Pereyns**, Andrés de la Concha, Juan de Arrué, les **Baltasar Echave**, entre autres, ont créé des œuvres à la saveur médiévale, aux caractéristiques flamandes ou italiennes.

© Bob Schalkwijk

Capilla posa, Calpan, Puebla

17e et 18e s. – Vers la fin du 16e s, le remplacement du clergé régulier par le clergé séculier et la création de nouvelles paroisses ont aussi provoqué un changement dans l'architecture, où les grandes masses des couvents ont été remplacées par des constructions plus modestes. On adopte définitivement le plan de la **croix latine**, dans laquelle la nef unique est coupée par une nef transversale qui la sépare du chœur. À l'intersection de la croix s'élève une coupole soutenue par des pendentifs. Cela permet de placer sur le côté la sacristie et le tableau des offices, et, attenant à la nef, le presbytère.

Les **couvents de religieuses** présentent aussi une nouveauté : le portail principal est remplacé par un portail latéral, car l'intérieur renferme aux deux extrémités le maître-autel et les tribunes supérieure et inférieure, d'où les religieuses entendent le sermon. Les cloîtres, généralement très spacieux, deviennent de véritables villes de femmes. On dit qu'il y a eu des couvents abritant plus de 300 religieuses, sans compter les domestiques à leur service.

Le style **baroque** de la Nouvelle Espagne est pratiquement confiné au décoratif, car rares sont les monuments présentant un plan différent de la croix latine. Il débute par une variante dite **sobre**, modérée, ou de transition, restant très timorée quant à l'ornementation et au mouvement des formes. Il commence à s'affirmer vers 1640, quand le style **salomonique** se généralise (ainsi nommé pour ses colonnes torses) puis surtout avec les formes plus spectaculaires du **churrigueresque** et l'emploi de l'*estípite* (étroit pilastre en forme de pyramide inversée). Créé en Espagne par don José Benito de Churriguera, il a été introduit au 18e s. au Mexique par l'architecte Jeronimo de Balbás. Cet ornement décore toutes les façades d'église, tous les retables. A l'intérieur des sanctuaires, la décoration tourne habituellement autour du **retable**, véritable monument en bois sculpté et doré. On en fabrique par centaines. Certains sont de pures leçons d'histoire sacrée, ou illustrent la vie de personnages importants ou de fondateurs d'ordres religieux.

Les **stucs** *(yeserías)* aussi forment une part importante de l'ornementation ; ce travail exquis parvient à créer de nouvelles formes représentatives de l'art chrétien. Ces formes ont atteint en Nouvelle-Espagne deux dimensions transcendantales : d'une part la vision des villes naissantes, reflétant le lent et douloureux processus du métissage culturel et humain, mais luttant pour conserver les solutions artistiques dominant en Europe ; d'autre part, une vision profondément enracinée dans l'imaginaire populaire, qui s'exprime dans des formes et des styles inouïs. On a un exemple du premier type avec la Chapelle du Rosaire à PUEBLA, dont l'extravagante richesse ornementale est tel un miroir magique où l'on découvre ici et là des traits populaires. L'autre type se rencontre à TONANTZINTLA, où l'imagination et le savoir-faire indiens se confrontent à un art étranger ; ici se mêlent, dans une sagesse extraordinaire et une candeur totale, thèmes préhispaniques et éléments chrétiens. Le résultat est un chef-d'œuvre du baroque populaire.

Depuis le 16e s., la **sculpture néohispanique** conserve un caractère strictement religieux et atteint une grande force d'expression, aussi bien pour les statues de pierre ou de bois que pour les hauts et bas-reliefs servant à embellir les façades des églises.

L'**architecture profane** : on remarque surtout les beaux palais citadins, qui suivent pratiquement toujours le même plan : une cour centrale entourée de quatre galeries. Au 18e s., on les dote d'un premier étage pour les appartements des maîtres ; l'étage du dessous est réservé aux domestiques et aux commerces. Les façades sont en *tezontle* (pierre volcanique rougeâtre à la texture poreuse) et en pierre de taille, souvent sculptée. Ces bâtiments donnent un caractère élégant aux villes de l'époque.

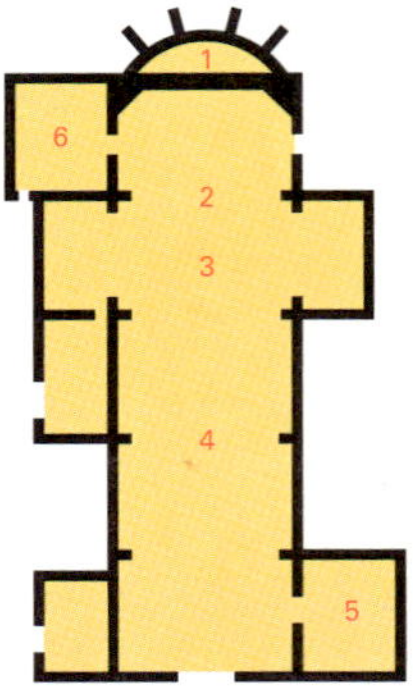

1 Abside
2 Choeur
3 Transept
4 Nef
5 Baptistère
6 Sacristie

Église à plan en croix latine

19e siècle – Depuis le milieu du 18e s., plusieurs artistes s'intéressent aux nouveautés de l'art **néoclassique** et envisagent même la possibilité de fonder une académie, mais le manque de soutien de la part des autorités espagnoles et vice-royales les en empêchera. Dans leurs travaux apparaissent néanmoins des formes néoclassiques. C'est le cas de l'œuvre du peintre **Miguel Cabrera** et de l'architecte **Ortiz de Castro**. Mais la pureté du canon gréco-latin – symétrie, sobriété, harmonie – n'est jamais bien déterminée, car le courant du baroque est si puissant qu'il persiste dans le nouveau style.

© Bob Schalkwijk

Le Sagrario Metropolitano à Mexico

En 1783 est créée l'Académie royale des Beaux-Arts du Mexique, sous le parrainage du roi Charles III, ce qui lui vaudra l'appellation d'**Académie de San Carlos**. Pour dispenser les cours, on fait venir des maîtres européens. Parmi eux, le sculpteur et architecte **Manuel Tolsá**, le peintre **Rafael Ximeno y Planes** et le graveur de médailles **Jerónimo Antonio Gil**. C'est Tolsá qui tient le rôle majeur dans l'architecture, autant profane que religieuse, et on lui doit des œuvres aussi importantes que l'achèvement de la **Catedral Metropolitana**, le **Palacio de Minería** et la sculpture de Charles IV (ou *El Caballito*) à Mexico, et le projet de l'**Hospicio Cabañas** à Guadalajara, parmi bien d'autres.
Au nombre des architectes marquants de cette période se trouve **Francisco Eduardo Tresguerras** (1759-1833), également peintre, sculpteur, musicien et poète ; il a eu une grande influence dans le centre du pays.
Même si la passion pour le néoclassique, contrariée par la guerre d'Indépendance, ne dure pas longtemps, elle conduit à la destruction de plusieurs ouvrages baroques, considérés de mauvais goût.
Depuis 1810, la Nouvelle-Espagne se trouve en permanence en état de guerre, ce qui entraîne une diminution considérable de la production artistique.
En 1884, Porfirio Diaz rétablit la paix, et les arts connaissent un nouvel essor. L'Académie de San Carlos est réorganisée en 1887, et un nouveau groupe de maîtres européens arrive au Mexique pour dispenser les différents enseignements. Parmi eux se distinguent les peintres **Pelegrín Clavé** et **Eugenio Landesio**. On doit aussi mentionner **Juan Cordero** ; formé à Rome, il a laissé la partie la plus importante de son œuvre au Mexique ; elle est exposée aujourd'hui au MUSÉE NATIONAL D'ART (MUNAL).

José María Velasco a été le meilleur élève de Landesio. Remarquable paysagiste doté d'exceptionnelles qualités de dessinateur et de coloriste, on le considère comme le peintre le plus brillant du 19e s. ; son œuvre, exposée également au MUNAL, illustre ses tendances nationalistes. Un second groupe surgit quelques années plus tard, avec des artistes comme Felipe Sojo, Luis Coto et Martín Soriano.
Le maître espagnol Manuel Vilar a eu pour mission de diriger l'École de Sculpture, sans connaître le succès de Clavé. On mentionnera le sculpteur **Miguel Noreña**, qui a créé le MONUMENT A CUAUHTÉMOC, aujourd'hui au PASEO DE LA REFORMA (Mexico).
En architecture, la production est plus pauvre, car bien que l'architecte italien Javier Cavallari ait donné des cours à l'Académie, il ne compte pas un grand nombre d'élèves remarquables. **Lorenzo de la Hidalga** est le créateur le plus important de cette école ; parmi ses œuvres figurent la coupole de l'église de Santa Teresa la Antigua, à côté de la Plaza de la Constitución, et le socle de *El Caballito* (Mexico).

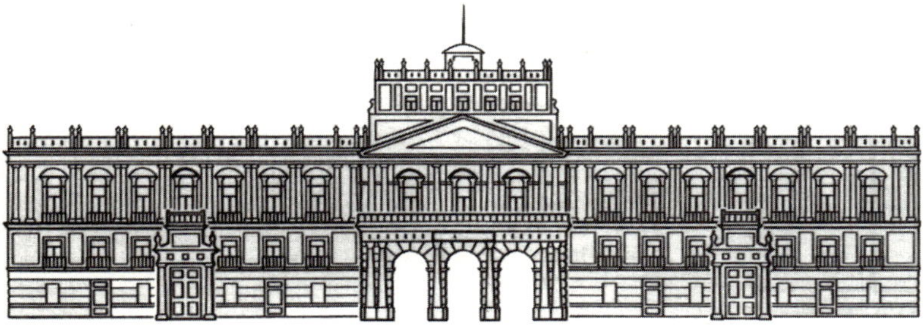

Palacio de Minería, Mexico

20e siècle – A la fin du 19e et au début du 20e s., sous le *Porfiriato*, le Mexique connaît une période d'ouverture ; il souhaite appartenir au « monde civilisé » au même titre que les pays d'avant-garde. Au nombre des artistes qui ont séjourné à Paris et dans les villes allemandes du romantisme et du symbolisme, alors en vogue, on trouve **Jesús Contreras**, **Germán Gedovius** et **Julio Ruelas**. Ce dernier, peintre, dessinateur et graveur, se distingue comme représentant fidèle du symbolisme et des formes décoratives de l'Art nouveau en peinture. Parmi ses contemporains, mais avec des objectifs différents, figurent les graveurs **Manuel Manilla** et **Guadalupe Posada**, dont les œuvres possèdent une force expressive empreinte d'ironie ; ils sont devenus les critiques les plus féroces de la culture du *Porfiriato*. En marge de l'Académie de San Carlos se tient **Joaquín Clausell**, qui, avec son sentiment de la nature et son important travail sur la couleur, réalise un impressionnisme mexicain assez éloigné de l'impressionnisme français.
Plus tard sont apparus sur la scène des artistes comme **Diego Rivera** et son épouse **Frida Kahlo**, **José Clemente Orozco**, **David Alfaro Siqueiros** et **Gerardo Murillo** (ou **Docteur Atl**). Avec eux se termine la recherche européenne d'une peinture mexicaine, car ils s'inspirent de leur propre pays. Le précurseur dans cette recherche de thèmes mexicains qui valorise aussi bien les Indiens que les gens très modestes est **Saturnino Herrán**, à l'œuvre fortement expressionniste, trait qu'il transmettra à son élève **Francisco Goitia**.
A partir de 1921, sous le régime d'Alvaro Obregón, José Vasconcelos est nommé Secrétaire à l'Education ; il joue un rôle déterminant dans la naissance de l'École mexicaine de peinture. Vasconcelos a mis les bâtiments publics à la disposition des artistes de la Révolution, pour développer un art du **muralisme mexicain** qui aurait une influence sur le peuple. Cette forme artistique a connu un succès sans précédent en Amérique. Outre les trois grands muralistes – Rivera et son dessin analytique, Orozco et son franc expressionnisme, et Siqueiros, grand théoricien du mouvement – se distinguent Alva de la Canal, Fernando Leal, Fermín Revueltas, **Juan O'Gorman**, Pablo O'Higgins, Alfredo Zalce, parmi beaucoup d'autres. À la même époque, **Rufino Tamayo**, un maître de la couleur, travaillait de manière indépendante. On l'a critiqué parce qu'il ne faisait pas de la peinture nationaliste, mais son œuvre est celle qui illustre le mieux les sentiments profonds des Mexicains.
Plus récemment, avec **José Luis Cuevas**, **Pedro** et **Rafael Coronel**, Manuel Felguerez (sculpteur), Vicente Rojo, Alberto Gironella et Francisco Toledo, on voit s'épanouir une recherche plus individualiste. Dans les dernières décennies, les nouveaux courants d'avant-garde du monde entier n'ont pas manqué d'influencer la production artistique nationale, qui emploie des modes alternatifs à la peinture et à la sculpture, comme l'installation, l'art de l'objet et tous ses dérivés.
L'**architecture** du début du 20e s. est due en grande partie à des architectes étrangers, mis à part **Rivas Mercado**, qui a réalisé le MONUMENT À L'INDÉPENDANCE, communément appelé *El Ángel*. De nouvelles formes sont apparues plus tard, comme le style **néo-colonial** et l'**Art nouveau**. La **mode française** a eu une influence, en particulier dans les nouveaux quartiers ou cités qui entourent le cœur du District Fédéral. À partir du gouvernement du général LÁZARO CARDENAS, l'architecture va suivre une voie innovante avec le fonctionnalisme, auquel **Luis Barragán** applique un style très personnel et intime. La CITÉ UNIVERSITAIRE est le monument qui synthétise le mieux les arts de l'époque : architectes, peintres et sculpteurs se sont unis pour édifier le plus grand centre d'études du pays.
Plus tard, avec l'emploi du béton et du verre, des formes et des espaces nouveaux voient le jour, avec des architectes comme **Ricardo Legorreta**, **Teodoro Gonzáles de León**, **Abraham Zabludowsky** et **Pedro Ramírez Vázquez**.
En sculpture, il faut encore mentionner de grands artistes comme Ignacio Asúnsolo et, plus récemment, **Francisco Zúñiga**, Baltazar Martínez, Julian Martínez Sotos et Sebastián.

Littérature

Période préhispanique – De manière générale, la littérature qui se développe en Mésoamérique à cette époque présente une vision cosmogonique du monde et relate des faits historiques, l'évolution socio-politique et la pensée philosophique et morale des peuples précolombiens. Elle utilise des procédés pictographiques, des idéogrammes et, parfois, la transmission par voie orale. Sous les vice-rois, prêtres et historiens indiens ou métis se sont attachés à analyser et à interpréter ces œuvres, qui demeurent aujourd'hui encore des sujets d'étude.

Il existe des témoignages capitaux de la culture maya : le livre du **Popol Vuh**, récit épique sur l'origine du peuple maya, au caractère profondément mythique et surnaturel, et les **Livres de Chilam Balam**, suite de chroniques rédigées par des prêtres pour consigner les événements historiques selon l'almanach astronomique. On a, pour le théâtre, le livre du *Rabinal Achi*.

Plusieurs ouvrages de littérature náhuatl sont parvenus jusqu'à nos jours : *Les Vingt hymnes de Tepeapulco*, le *Poème de Quetzalcóatl*, les **codex** et les *Chants mexicains*, qui rassemblent mythes, légendes, proverbes et prédictions, conceptions de la vie et du monde, règles morales et conventions sociales.

« Planche du tribut », page du Codex Lámina, culture mexica.

Époque coloniale – Le premier genre littéraire qui apparaît après la Conquête est la chronique historique. On en a les meilleurs exemples avec *La Conquête du Mexique : la Relation originelle* de **Hernán Cortés** et *L'histoire véritable de la conquête de la Nouvelle-Espagne* de **Bernal Díaz del Castillo**. De son côté, le frère **Bernardino de Sahagún** rédige une somme remarquable sur l'ethnographie et l'archéologie mexicaines avec son *Historia general de las cosas de la Nueva España*. Les missionnaires **Motolinía** et **Bartolomé de las Casas**, entre autres, consignent toutes les coutumes indigènes dans l'intention de comprendre les Indiens et de leur enseigner la nouvelle foi.

Le théâtre sert principalement à la diffusion de la religion chrétienne. Pour illustrer la vie créole, **Juan Ruiz de Alarcón** développe un style original plein d'ingéniosité, marqué par la réflexion et les préoccupations éthiques, avec *La verdad sospechosa* (la vérité suspecte). La vie littéraire s'épanouit en Nouvelle-Espagne, favorisée par la création de la première imprimerie en 1535 et la fondation de l'université en 1553. Elle reçoit tout au long du 17e s. l'influence des idées de la Renaissance des 16e et 17e s. européens, qui donne naissance à une littérature proprement mexicaine, riche en récits et légendes, en symboles et allégories. **Sor Juana Inés de la Cruz** apparaît dans ce contexte ; grâce à ses dons intellectuels et sa haute sensibilité, elle cultive avec une égale maîtrise poésie (*Redondillas y sonetos*, quatrains et sonnets), prose *(Cartas a Sor Filotea de la Cruz*) et théâtre (*Los enredos de una casa*, les intrigues d'une maison). Non moins important, **Carlos de Singüenza y Góngora**, historien, poète et savant, est une remarquable figure de son époque.

Le 18e s. se caractérise par le rejet de la « décadence » littéraire dominante, par les Jésuites **Landívar**, **Clavijero** et **Alegre**, qui prônent la belle poésie latine et la traduction des classiques. Les deux derniers sont d'excellents historiens.

19e s. – Les événements politiques et sociaux, et l'opposition entre libéraux et conservateurs de la première décennie font du journal un outil principal de propagande, tant pour les insurgés (dont le style est simple et direct) que pour les royalistes (au langage cultivé et raffiné).

José Joaquin Fernández de Lizardi, directeur du journal *El Pensador Mexicano*, écrit à cette époque le premier roman foncièrement mexicain, *El perriquillo sarniento (la perruche galeuse)*, dominé par le souci d'une morale sociale.

En 1836, **José María Lacunza** et **Rodriquez Galván** fondent l'Académie de **San Juan de Letrán**, qui donne une nouvelle impulsion à la littérature en organisant des études de grammaire et de phonétique, en développant une critique sérieuse et en proposant des thèses nouvelles.

© Bob Schalkwijk

Sor Juana Inés de la Cruz,
Musée National d'Histoire, Mexico

Les affrontements politiques se poursuivent, et cette opposition engendre une division littéraire. On trouve d'un côté le romantisme, représentant la tendance novatrice et révolutionnaire, dont le précurseur est **Fernando Calderón**, suivi par **Guillermo Prieto**. Le romantisme culminera avec la figure tragique de **Manuel Acuña**. De l'autre côté c'est le classicisme, représenté en poésie par **José Joaquín Pesado** et pour le roman par **Ignacio Ramírez**, deux humanistes à la culture raffinée et au style soigné.
Le climat de paix politique engendré par le *Porfiriato* transparaît dans le journal *El Renacimiento*, auquel collaborent des écrivains des courants idéologiques les plus divers comme **Manuel Payno**, **Roa Bárcenas** et **Justo Sierra**. Journaux, revues et feuilletons vont devenir autant d'outils pour soutenir les campagnes politiques, attaquer l'adversaire, critiquer les mœurs ou les personnages publics et réveiller le patriotisme.
Le roman prend une dimension profondément nationale avec **Ignacio Manuel Altamirano** *(Clemencia y El Zarco)* **Emilio Rabasa** *(La Bola)*, **José López Portillo Rojas** *(La parcela)*, **Rafael Delgado** *(La calandria)* et **Federico Gamboa** *(Santa)*.
Le Modernisme voit le jour avec **Gutiérrez Nájera**, **Salvador Días Mirón** et **Amado Nervo** autour de la revue *Azul* et atteint son apogée avec la *Revista Moderna*, à laquelle collabore entre autres **Olaguíbel**, que caractérisent un individualisme exalté, l'obsession de la mort, un grand scepticisme et un désir effréné de nouveauté.

20e s. – La Révolution inspirera nombre d'écrits au lendemain des combats. Voient le jour des textes comme *Los de Abajo* (ceux d'en bas) de **Mariano Azuela** et *El águila y la serpiente* (l'aigle et le serpent) de **Martín Luiz Guzmán**.
Avec la fondation de l'Atheneum de la Jeunesse au début du siècle s'amorce un renouveau littéraire opposé aux principes éducatifs et philosophiques du positivisme. S'y distinguent l'œuvre humaniste de **José Vasconcelos** *(Ulises Criollo)*, philosophe et écrivain puissant et profond, **Alfonso Reyes** (*El deslinde*, la délimitation), critique et chroniqueur, et **Antonio Caso** *(La persona humana)*, grand essayiste à l'éloquence fervente.
Les diverses tendances des dernières décennies se groupent autour de revues comme *Contemporáneos*, qui cherche à associer la littérature mexicaine aux courants d'avant-garde européens et soutient la rénovation stylistique amorcée par le poète **Ramón López Velarde** (*Suave patria*, douce patrie). Se réclament de ce groupe **Jorge Cuesta**, **Rodolfo Usigli** et le grand poète **Carlos Pellicer**, au style empreint d'exubérante sensualité.
Sous l'égide d'**Octavio Paz**, prix Nobel de littérature, écrivain de grande culture, profondément pénétré des problèmes de son temps *(Le Labyrinthe de la Solitude)*, la *Revista Taller* réunit les poètes et romanciers qui rejettent l'esthétisme de leurs contemporains.
Au milieu du siècle réapparaît le roman de la Révolution, avec *Al filo del agua*, de **Agustín Yáñez**, maître de la génération des écrivains d'aujourd'hui ; **Rosario Castellanos** *(Balún-Canán, Oficio de tinieblas)*, aux accents féminins, intimes et purs ; **Carlos Fuentes** *(La región más transparente ; La mort d'Artemio Cruz)*, précurseur du roman urbain moderne et remarquable connaisseur de la culture mexicaine ; **Jorge Ibargüengoitia** (*Los relámpagos de agosto*, les éclairs d'août) au style empreint d'ironie ; et **Juan Rulfo** *(Pedro Páramo)*, le créateur du Réalisme Magique.
Dans la création théâtrale se distinguent **Vicente Leñero**, **Emilio Carballido** et **Luisa Josefina Hernández**. Dans la nouvelle, **Edmundo Valadés**, **Juan José Arreola** et **Francisco Rojas González**. Et dans la poésie, **Alí Chumacero**, **Efraín Huerta**, **Jaime Sabines** et **José Emilio Pacheco**, ce dernier maniant aussi bien la poésie que le récit en prose.
En cette fin de siècle, le développement intellectuel et l'analyse sociale et politique font apparaître de grands chroniqueurs et politologues comme par exemple **Carlos Monsiváis**, **Enrique Krauze**, **Fernando Benitez**, **Elena Poniatowska**, **Héctor Aguilar Camín** et **Ángeles Mastretta**.

Quelques ouvrages sur le Mexique

Histoire

La conquête du Mexique, Hernán Cortés (La Découverte, 1996)

La destruction des Indes, Frère Bartolomé de las Casas (1552), illustrations Théodore Bry (1598) (Chandeigne 1995).

La conquête du Mexique, Bernal Díaz del Castillo (Actes Sud, 1996).

L'Amérique espagnole : de Colomb à Bolivar, Bernard Lavallé (Belin, 1995).

Miroir d'un désastre : chronique de la conquête espagnole de l'Amérique (Pocket 1992, coll. Agora. Récits croisés des Indiens et des Espagnols).

Les premiers Mexicains : Olmèques, Toltèques, Aztèques, Michael D. Coe (Armand Colin, 1985).

Les Mayas, mille ans de splendeur d'un peuple, Michael D. Coe (Armand Colin, coll. Civilisations, 1987).

Les civilisations précolombiennes, Henri Lehmann, Henri (P.U.F., coll. Que sais-je ?, 1994).

Coutumes, folklore

Masques traditionnels du Mexique, Ruth D. Lechuga (Thames & Hudson 1994).

Quetzalcoatl, José Lopez-Portillo, (Gallimard 1978).

Contes et mythologies des Indiens lacandons : contribution à l'étude de la tradition orale maya (L'Harmattan 1986).

Art

Mexique contemporain, Herbert Ypma (Assouline 1998).

Regards sur la peinture mexicaine (Publications de l'Université de Rouen 1992).

Le Mexique : des origines aux Aztèques, Ignacio Bernal & Mireille Simoni-Albat (Gallimard, coll. Univers des Formes).

L'art précolombien au Mexique, Jill, Leslie et Peter (Bibliothèques des Arts, 1982).

Mexique d'hier et d'aujourd'hui : découverte du Templo Mayor de Mexico ; artistes contemporains (Musée du Petit Palais, Ed. Association française d'action artistique 1981).

Dieux et hommes

Voyage au cœur du chamanisme mexicain, Victor Sanchez (Rocher 1997).

Le Peuple du soleil : la religion aztèque, Alfonso Caso (G. Trédaniel 1994).

Littérature

Le labyrinthe de la solitude, Octavio Paz (Gallimard 1990).

Poèmes d'amour et de discrétion, Sor Juana Inês de la Cruz (La Délirante 1987).

Le divin Narcisse, ibid. (Gallimard 1987).

Les Tzotziles par eux-mêmes : récits et écrits des paysans indiens du Mexique, André Aubry (L'Harmattan 1988).

Le rêve mexicain ou la pensée interrompue, J.M.G. le Clézio, (Gallimard, Folio 1992).

Sans oublier certains ouvrages d'auteurs cités dans le texte, comme Juan Rulfo, *Pedro Páramo* (Gallimard, Imaginaire 1979), *Lettres Nouvelles* (M. Nadeau 1978) ; Carlos Fuentes, *La plus limpide région* (Gallimard 1982) ; *La mort d'Artemio Cruz* (Gallimard, Folio 1976), *Christophe et son œuf* (Gallimard, Folio 1993) ; Elena Poniatowska, *Cher Diego, Quiela t'embrasse* (Actes Sud, Babel 1993) ; Jorge Ibargüengoitia, *Les mortes* (Gallimard 1996), *Deux crimes* (Gallimard 1993) ; Alfonso Reyes/Valéry Larbaud, *Correspondance* (Klincksieck 1978) ; Martín Luís Guzmán, *L'ombre du caudillo* (Gallimard, coll. Folio 1996).

Cinéma

Le septième art a suivi au Mexique une trajectoire vagabonde, mais il est parvenu à faire son chemin dans l'imaginaire mexicain.
Jusqu'aux années 20, le cinéma muet prospère et va déterminer l'objectif du cinéma parlant à ses débuts : donner une vision nationaliste du Mexique, comme l'ont fait les arts plastiques, en puisant ses thèmes dans l'histoire du pays, avec une qualité et un succès qui permettent de parler de naissance d'un cinéma proprement mexicain. Modeste, disposant de peu de capitaux, caractérisé par une vision populaire qui s'inspire des mœurs de la société et du folklore, il va pourtant se développer en découvrant des genres qui lui réussissent. Par exemple, la comédie de ranch *(Allá en el rancho grande, de Fernando de Fuentes)* où figurent de jolies « Marías » et des *mariachis* empêtrés dans des amourettes naïves, sur fond de ranch ou d'hacienda ; les sujets historiques, révolutionnaires surtout, avec des films comme *Vámonos con Pancho Villa, El compadre Mendoza et La sombra del caudillo* ; le mélodrame urbain *(Una família de tantas)* ; la comédie musicale *(Aventurera, Salón México)* ; et les problèmes sociaux comme dans *Janitzio* ou *Los Caifanes* (les bourreaux).
La décennie de 1935 à 1945 peut être considérée comme l'**âge d'or du cinéma mexicain**. Le soutien des producteurs américains, qui vont y investir des sommes importantes, suivi de l'éclosion de stars, sont autant de facteurs décisifs pour l'essor commercial et artistique du cinéma mexicain et le font connaître dans le monde entier, à tel point qu'il se hisse au premier rang sur le marché hispanique.
C'est ainsi qu'apparaissent des acteurs d'origine populaire comme **Dolores del Río**, **María Félix**, **Lupe Vélez**, **Jorge Negrete**, **Pedro Armendáriz**, **Arturo de Córdova**, **les frères Soler** et l'inoubliable **Pedro Infante**. On doit aussi mentionner les comiques du théâtre populaire comme **Mario Moreno** dit **« Cantinflas »** *(Ahí está el detalle)* et **Germán Valdés**, **« Tin Tan »** *(El rey del barrio)*.
Les années 40 voient aussi apparaître des metteurs en scène comme **Emilio « el indio » Fernández** *(Enamorada)* et **Julio Bracho** *(Distinto amanecer)*, puis **Roberto Gavaldón** *(Macario)* et **Alejandro Galindo** *(Espaldas mojadas)*, quatre des plus grands cinéastes mexicains. L'Indien Fernández a réussi à créer avec le photographe **Gabriel Figueroa** un cinéma d'une haute valeur esthétique, avec *María Candelaria*, qui a obtenu de grands prix internationaux, et a contribué à faire connaître le cinéma mexicain en Europe.
La guerre civile espagnole devait exiler au Mexique plusieurs républicains espagnols ; parmi eux **Luis Buñuel** qui, en recréant de manière singulière la réalité du pays, a apporté sa contribution au cinéma mexicain *(Los Olvidados, l'Ange exterminateur)*.
Des difficultés de distribution et de projection, alliées au monopole de l'État sur la production, provoquent une crise du cinéma mexicain dans les années 60 et 70. C'est seulement ces dernières années qu'on assiste à un renouveau avec des producteurs et réalisateurs de talent, parmi lesquels se distinguent Arturo Ripstein, Felipe Cazals, Jorge Fons, Jaime Humberto Hermosillo, Alfonso Arau, Alexandro Jodorowski, Alfonso Cuarón, Gabriel Retes, María Novaro, Carlos Carrera, Roberto Snaider et Guillermo Del Toro.
Depuis 1971, Mexico accueille dans les derniers mois de l'année un **Festival international du Cinéma**, au cours duquel sont présentés les meilleurs films au plan national.

Musique et danses populaires

La musique coule dans le sang des Mexicains. Elle reflète les coutumes, les croyances et l'ambiance dans lesquelles ils vivent. A l'époque préhispanique, la musique, connue grâce aux chroniqueurs du 16ᵉ s., avait une fonction magique, ancestrale et cérémonielle ; c'était le mode d'expression le plus pur et le plus élevé. À l'époque, percussions et instruments à vent prédominent, comme les **sonajas** (tambourins) et le **huéhuetl** (tambour à pied), les **silbatos** en terre (sifflets), les **flûtes** en roseau ou les conques marines.
Les chants et danses rituels exaltaient la foi, les espoirs et les peurs des peuples indiens. Beaucoup d'instruments précolombiens sont toujours utilisés pour certaines fêtes, mais c'est le mariage avec d'autres instruments importés à l'époque des vice-rois par les Espagnols, les immigrants et les esclaves qui a donné à la musique mexicaine son timbre particulier.
À partir de la Conquête, la musique préhispanique se fond avec la musique religieuse espagnole introduite par les missionnaires, qui en font un moyen d'évangélisation en interdisant toute sorte d'expression musicale visant à autre chose qu'à exalter les bienfaits de l'Église.
Au lendemain de l'indépendance, des artistes européens arrivent au Mexique, et grâce à eux des genres comme l'opéra italien se répandent.

Mais la production d'œuvres d'influence manifestement européenne, teintées de nationalisme, connaît vraiment un essor avec **Manuel M. Ponce**. Ayant effectué des recherches sur la musique traditionnelle mexicaine, il en incorpore certains éléments dans ses compositions, et réussit à créer des œuvres de grande qualité, à la coloration moderne.

© Robert Frerck/Odyssey

Ballet folklorique du Mexique

Comme pour les autres arts de cette époque, la quête d'une authenticité nationale caractérise aussi la recherche musicale. Ce thème mobilise des compositeurs comme le théoricien **Julián Carrillo**, **Carlos Chávez** et son « nationalisme musical », **José Pablo Moncayo**, connu par le *Huapango*, **Blas Galindo**, **Carlos Jiménez Mabarak** et **Silvestre Revueltas**, considéré comme le plus grand musicien mexicain, pour sa fougue et la richesse mélodique de ses compositions.
La musique populaire, interdite à l'époque des vice-rois parce que musique profane et d'origine indienne ou africaine, reprend force et se développe après l'indépendance. Les ballades, marches, *corridos*, boléros, *sones* (danses afro-antillaises), *huapangos* et *jarabes* deviennent la voix du peuple, l'expression de la nation.
Joyeuse, tumultueuse, romantique, la musique populaire marque l'œuvre de compositeurs comme **Agustín Lara**, musicien-poète qui occupe la scène pendant une partie des années 30 ; la musique des MARIACHIS de Jalisco, qu'incarne par exemple **José Alfredo Jiménez** ; les *sones* huastèques et veracruciennes ; les *marimbas* de l'isthme (sortes de xylophone) et la *trova* yucatèque témoignent de la créativité populaire. Les danseurs aux costumes chatoyants, les rythmes, la musique et les danses populaires sont une fête pour les oreilles et les yeux.

Certains costumes régionaux ont évolué à partir de vêtements indiens ; d'autres se sont enrichis de mélanges et d'apports dus aux Espagnols et aux Métis. C'est le cas de la **china poblana** (chinoise de Puebla) confectionnée, dit-on, par une dame orientale qui habitait la ville de Puebla au 18e s., et qui reproduit en paillettes les couleurs du drapeau mexicain. Le costume d'homme le plus connu, qui symbolise le mieux le Mexicain, est le **traje de charro** (costume de cavalier mexicain, à *sombrero*). On pense qu'il a été dessiné au 19e s. par l'empereur Maximilien de Habsbourg à partir de l'ancien costume du petit peuple. On le porte aujourd'hui uniquement à l'occasion des fêtes paysannes et des bals régionaux de l'État de Jalisco, comme le **jarabe tapatío**. Le **Ballet folklorique du Mexique** fait la synthèse de toutes ces manifestations avec un programme de danses et de concerts représentatifs de l'ensemble des régions, qu'il présente toute l'année au palais des Beaux-Arts de Mexico.
On n'oubliera pas de mentionner le **rock**, qui a pris de l'importance avec des groupes populaires comme **El Tri**, **Café Tacuba**, **Maldita Vecindad**, **Los Caifanes** (maintenant **Jaguares**) et **Santa Sabina**. Leur musique à contenu social transporte des messages en accord avec les aspirations de la jeunesse.

Boleros et musique traditionnelle sont des genres repris par des compositeurs actuels comme **Juan Gabriel** et **Armando Manzanero**, et de jeunes interprètes comme le très populaire **Luis Miguel**.

Traditions

Fêtes et ferias – Il n'est pas un seul jour de l'année sans qu'il y ait une fête quelque part au Mexique.
La plupart des fêtes sont à caractère religieux, mais leur célébration concerne tous les aspects de la vie : art, travail, commerce. Toutes sont empreintes d'une grande ferveur populaire (*pour une liste des grandes fêtes traditionnelles, voir le calendrier des manifestations dans* CONSEILS PRATIQUES).
Une des grandes **ferias** est celle de **San Marcos** à Aguascalientes *(voir à ce nom)*, qui comporte de nombreuses manifestations différentes comme les **palenques**, avec leurs concerts de **mariachis** et leurs **combats de coqs** (on fixe des lames aux pattes des animaux qui, à l'intérieur d'une petite arène, combattent à mort).
Certaines ferias présentent des **corridas** au cours desquelles on assiste à des figures remarquables. Cette tradition originaire d'Espagne est arrivée en Amérique à l'époque des vice-rois. On a depuis implanté des élevages de taureaux qui sont aujourd'hui très connus. Les fêtes de ce type les plus importantes sont celles de Mexico, de novembre à février, et celles d'Aguascalientes, Querétaro et Tlaxcala.
Au nombre des **fêtes nationales**, celle de l'**Indépendance** est l'une des plus remarquables. La nuit du 15 septembre (mois de la patrie), le président de la République lance « l'appel au peuple » du haut du balcon central du Palacio Nacional, pour commémorer le début de l'insurrection de 1810 ; il fait sonner la cloche historique de Dolores tout en agitant le drapeau national. La foule assiste au rituel sur la place centrale *(zócalo)* de la ville, où se déroule une kermesse avec musique et feux d'artifice. Le jour suivant, un défilé militaire parcourt les principales rues de la ville. Une cérémonie identique a lieu dans tous les États et les villes possédant une place et un gouverneur ou un maire.

Événements religieux – Débordant du domaine religieux pour procurer une identité et un sentiment d'appartenance nationale aux Mexicains, la **Fête de la Vierge de Guadalupe** est célébrée le 12 décembre à VILLA DE GUADALUPE (Mexico). Des milliers de pèlerins arrivent du pays entier, et même de l'étranger, pour rendre hommage à la Vierge dans sa Basilique située au pied de la colline de Tepeyac. Ce jour-là le Mexique offre d'innombrables démonstrations de respect et de dévotion à la Vierge de Guadalupe, pèlerinages, professions de foi, prières, danses et chants – comme les **mañanitas**, chansons populaires adressées à ceux qui fêtent leur anniversaire.
Le **carnaval** est une fête amusante et joyeuse. À la veille du Carême, il est pour tous une invitation à donner libre cours au plaisir avant d'entamer une période de jeûne et d'austérité. Les carnavals les plus célèbres sont celui du port de Veracruz et celui de Mazatlán, où les préparatifs débutent plusieurs mois à l'avance : décoration des routes et des rues, dressage de tentes pour les défilés et les bals qui dureront 24 heures. Personne ne dort pendant le carnaval !
On célèbre la **Semaine sainte** dans tout le pays, mais le quartier d'Iztuapalapa à Mexico, San Luis Potosí et Taxco sont particulièrement renommés. Les manifestations des Tarahumaras sont célèbres aussi. Le Jeudi saint, on rend visite aux sept maisons : le Vendredi saint, on commémore la Crucifixion ; le samedi (sábado de Gloria), avant-dernier jour de célébration, on organise le **bûcher de Judas** : des pantins en papier mâché bourrés de feux d'artifice sont brûlés pour rappeler la trahison du Christ par Judas ; ces pantins sont des caricatures d'hommes politiques et autres personnages publics. Le dimanche, on célèbre la Résurrection.
Une autre fête religieuse originale est celle de **Corpus Christi** (Fête-Dieu), plus connue comme la « fête des mules », *día de las mulas*. Elle prend son origine à l'époque des vice-rois et commémore le jour où la dîme devait être versée à la Couronne ; les gens du peuple qui ne pouvaient pas payer en monnaie le faisaient en nature, « en descendant des collines » avec leurs ânes chargés de marchandises. Aujourd'hui, la coutume rassemble les Mexicains devant les églises avec leurs enfants déguisés en « petits Indiens » et des cageots de fruits, et la fête devient kermesse populaire.
À Noël ont lieu les traditionnelles **Pastorelas** (pastourelles), nées également à l'époque des vice-rois dans le but d'évangéliser les Indiens. Entre le 16 et le 24 décembre, les **Posadas** (auberges) rappellent les épreuves de la Vierge et de Joseph, à la recherche de l'endroit où naîtrait l'enfant Jésus. Cette fête met en scène les **piñatas**, marmites en terre recouvertes de papier coloré et emplies de bonbons et de fruits de saison. Ce sont les moines du 16e s. qui ont introduit cette coutume : la marmite est une image du Mal, et les hommes doivent la briser, les yeux bandés, à l'aide d'un bâton qui symbolise la religion : ils reçoivent en récompense le contenu de la **piñata**.
Le DÍA DE MUERTOS (Jour des morts) est une autre fête populaire qui illustre les sentiments profonds du peuple à l'égard de la mort, dans un mélange d'anciens rites préhispaniques et de rituel chrétien.

Tianguis ou marchés – En langue náhuatl, **tianguis** signifie « marché ». À l'époque préhispanique, les plus importants se tenaient à Tenochtitlán et Tlatelolco. Les Espagnols les ont décrits dans leurs chroniques, en louant l'organisation, l'ordre et la propreté. Sous les vice-rois, les marchés ont suivi le modèle de ceux de l'Ancien Monde en s'installant sur les places centrales de bourgs, à proximité des bâtiments publics, comme celui de Mexico qui se tenait sur la grand-place (*voir le tableau* MARCHÉS DE MEXICO). La plupart des villages réservent un jour de la semaine au marché. Plusieurs marchés hauts en couleurs sont renommés pour leur ambiance : **San Cristóbal de las Casas** et **San Juan Chamula** (Chiapas); **Tehuantepec** (Oaxaca), et celui de **Guanajuato**.

Artisanat et gastronomie

Artisanat – L'artisanat est l'une des activités les plus anciennes et authentiques du peuple mexicain. Remontant à l'époque précolombienne, il va s'enrichir de nouvelles techniques et de savoir-faire européens pendant la période coloniale, adoptant les formes définitives que l'on voit aujourd'hui.
Suivant le riche panorama de la géographie artisanale du Mexique, il prend des aspects multiples qui illustrent la personnalité des régions et composent un paysage multicolore de styles, de symboles et de traditions.

Gastronomie – Les traditions gastronomiques remontent au Mexique précolombien des civilisations du maïs, caractérisées par leur régime alimentaire à base de **maïs**, de **haricots** et de **piments** – la fameuse trilogie mexicaine. À ce régime s'ajoutent viande, gibier, poisson, ainsi que des insectes – *escamoles* (larves d'une espèce de fourmi), *gusanos* (vers d'agave), sauterelles – et une grande variété de légumes et de fruits. Avec la Conquête, la cuisine néohispanique s'enrichit de fruits, de céréales, d'épices, de café, de bœuf et de mouton ; profitant de la fusion des cultures, les religieuses imaginent des plats délicieux toujours appréciés de nos jours. Par exemple les **postres** (desserts) originaires pour la plupart des cuisines des couvents, sous les vice-rois ; les **dulces** (gâteaux, pâtes de fruits et sucreries) d'origine artisanale, reflet du goût populaire ; les **panes** (pains) aux formes capricieuses et aux noms amusants ; et les **boissons** comme la *tequila*, *le mezcal*, *le pulque* (boisson fermentée de l'agave), *la cerveza* (bière), les *aguas frescas* (mélanges de jus de fruits ou sirops très sucrés), l'*atole* (à base de maïs), le *champurrado* (cocktail) et le chocolat. Cette combinaison d'ingrédients et de **platillos** (petits plats) offre un éventail merveilleux de saveurs, d'odeurs et de couleurs qui fait de l'exquise cuisine mexicaine l'une des plus variées du monde.

Les apports du Mexique – Le Mexique a fourni au monde de nombreux produits : **aguacate** (avocat), **ajonjolí** (sésame), **cacahuate** ou **maní** (cacahuète), **cacao** (avec lequel on prépare, outre le chocolat, les différentes sortes de *moles*, (sauces salées), **calabaza** (courge), **camote** (patate douce), **chayote** (chayote), **chicle** (gomme à mâcher), **chili** (condiment national, aux multiples variétés : gros, doux, de Jalapa, « mulâtre », et d'autres dont le nom indique la provenance comme *poblano*, *serrano*, etc.), **frijol** (haricot), **guayaba** (goyave), **jícama** (racine comestible sucrée), **maguey** (fruit de l'agave), **mamey** (sorte d'abricot), **mango** (mangue), **nopal** ou **tuna** (figue de Barbarie), **papaya**, **tomate** ou **jitomate**, **vainilla**, **zapote** (sapote, fruit pulpeux), **maíz** blanc, rouge ou bleu, et ses innombrables dérivés comme l'**elote** (épi de maïs vert) que l'on vend sur toutes les places du Mexique, et la **tortilla**, incontournable pour les amuse-gueule ; du Mexique viennent aussi le **guajolote** ou **pavo** (dindon) et le **tabac**.

Femme zapotèque, Oaxaca

ARTISANAT LOCAL ET SPÉCIALITÉS RÉGIONALES

Région 1 : Mexico

District Fédéral et environs

Artisanat – **Sellerie** : articles pour cavaliers
Vannerie : paniers et meubles en osier. **Travail du métal** : cuivre estampé, fer forgé, ferblanterie (cadres, lampes), couteaux, machettes, poignards en acier. **Jouets** en roseau polychrome, Judas en papier mâché, *alebrijes* (animaux fantastiques artisanaux – de *alebrar*, avoir peur) poupées de chiffon, marionnettes, *piñatas*. **Masques** en papier mâché, avec rubans et couronnes de fleurs en fer-blanc.

Spécialités : *puchero mexicano* (pot-au-feu) ; salade de *nopal* (figue de Barbarie) ; *chicharrón* (couenne de porc frite au saindoux) ; *revoltijo* (salade mélangée de capelan, crevettes, *nopal*, pommes bouillies) ; *tamales* (galettes de maïs cuites à la vapeur, parfois farcies de viande, légumes et piments) ; *antojitos* (amuse-gueule ou plats légers) ; *alegrías* (graines d'amarante au miel de *piloncillo* ou canne à sucre) ; *pepitorias* (crêpes très fines au miel de canne et aux graines de courge) ; *muéganos* (fritures de farine au miel de canne) ; *merengues* (meringues) ; *buñuelos* (beignets très fins de farine de blé, recouverts de miel de canne).

Région 2 : Centre du Mexique

Hidalgo

Artisanat – **Textiles** : vêtements féminins : *huipiles* (tuniques sans manches arrivant soit aux hanches, soit aux chevilles), *tilmas* (écharpes en coton portées à l'épaule), *rebozos* simples (grand châle couvrant les épaules ou la tête et servant à transporter enfants et objets). **Jouets** en bois (meubles, poupées articulées). **Masques** en bois polychrome.

Spécialités : *tinga* (sauté de fines lamelles de viande, tomate et chorizo) ; *mixiotes de pollo* (ragoût de poulet) ; *zacahuiles* (gros *tamal*, galette de viande, enveloppée dans une feuille de bananier) ; *chinicuiles* (*gusanos* de maguey ; sortes de vers frits) ; *escamoles* (qu'on mange dans une sauce pimentée avec du *nopal* ou des œufs, ou bien grillées) ; *barbacoa* (méchoui d'agneau, rôti dans un trou creusé dans le sol) ; *pastes* (salées ou sucrées, ce sont soit des pâtisseries, soit des galettes farcies de viande hachée, pommes de terres et piment), gâteaux aux noix.

État de Mexico

Artisanat – **Céramique** en terre vernissée ou polychrome (Metepec). **Textiles** : broderies et tissus ajourés d'origine indienne, huipiles, tilmas, ceintures, *fajas* (ceintures larges) et bandeaux, *sarapes* (vêtement masculin, sortes de ponchos avec une ouverture pour la tête) et couvertures en laine, rebozos simples ou raffinés

(Tenango), tapis de corde (Temoaya). **Vannerie** en osier (paniers pour la cueillette de fruits). Bijoux en **argent** (colliers, bracelets, bagues). **Verre** soufflé (Texcoco). **Jouets** en terre (sifflets, crèches), *alebrijes*, poupées de chiffon.

Spécialités : *chorizos toluqueños* (de Toluca) (tripes farcies de viande de porc hachée et marinée) ; *moronga* (boudin de porc cuit aux oignons et au piment) ; *barbacoa* ; fromages ; *frutas cubiertas* (fruits séchés nappés de caramel).

Morelos

Artisanat – **Textiles** : rebozos simples. **Travail du métal** (cadres, lampes). **Jouets** : poupées de chiffon. **Masques** en bois et autres matières (poil, peau, fil de fer) avec couronnes de fleurs en fer-blanc et rubans.

Spécialités : *clemole* (soupe de tomate et piment) ; *longaniza en salsa verde* (saucisse de viande hachée et piment en sauce) ; *cecina* (viande de bœuf séchée et salade) ; *nieves de sabores* (cristaux de glace parfumés au sirop).

Puebla

Artisanat – **Céramique** : terre vernissée, majolique, azulejos, faïence noire cérémonielle pour le jour des Morts. **Bois** : meubles incrustés de coquillages et de métal. **Textiles** : chemises brodées, tilmas, rebozos simples. **Sellerie** : articles pour cavaliers. **Vannerie** : sombreros en palme, paniers et meubles en osier. **Travail du métal** : ex-voto en argent, fer-blanc (cadres, lampes). **Amates** : papiers d'écorce, blancs ou polychromes. **Jouets** : en terre (sifflets, crèches), en bois (meubles, poupées articulées). **Masques** en bois et autres matériaux (poil, peau, fil de fer) avec couronnes de fleurs en fer-blanc et rubans.

Courtesy Franz Mayer Museum

Vase en faïence de Puebla, 18e siècle

Spécialités : *mole poblano* (poulet cuit dans une sauce à base de piments, chocolat, amandes, cacahuètes, tomates et épices) ; *chile en nogada* (piment de Puebla farci d'un hachis sucré, nappé d'une sauce aux noix et à la grenade rouge) ; *tinga* (viande de bœuf en lamelles sautée avec tomates, oignons et pommes de terre) ; *tamales* (pâte de maïs, nature ou farcie de viandes et légumes, cuite à la vapeur) ; *camotes* (patates douces).

Querétaro

Artisanat – **Travail du métal** : ex-voto en argent et fer forgé

Spécialités : *albóndigas en chipotle* (boulettes de viande hachée à la sauce pimentée) ; *barbacoa* ; *chilaquiles* (petits carrés de tortilla frits avec sauce au fromage) ; *gorditas* (grandes tortillas de maïs)

Tlaxcala

Artisanat – **Bois** : baguettes polychromes. **Textiles** : sarapes et couvertures en laine. **Masques** en bois polychrome.

Spécialités : *pollo a la Tocatlán* (poulet à la tomate enveloppé de feuilles de maguey) ; *barbacoa ; gusanos de maguey ; escamoles ; tlacoyos* (tortillas de maïs farcies de haricots) ; *mole verde* (légumes pimentés en sauce) ; *huauzontles* (légumes farcis au fromage nappés de sauce).

Région 3 : Centre-Ouest

Aguascalientes

Artisanat – **Textiles** : broderies et tissus ajourés (blouses, draps et nappes). **Jouets** en bois (meubles, poupées articulées).

Spécialités : *barbacoa de lomo* (grillades de porc enveloppées de feuilles de maguey, enterrées et recouvertes de braise ; la cuisson dure toute une journée) ; viandes et volailles au vin ; pâte de goyave.

Colima

Artisanat – **Sellerie, maroquinerie** : articles pour cavaliers, portefeuilles, sacs.

Spécialités : *pescados* (poissons frais) et *mariscos* (fruits de mer) ; *pozole blanco* (bouillon aux graines de maïs, viande de porc et piment).

Guanajuato

Artisanat – **Céramique** : majolique, azulejos. **Textiles** : rebozos simples. **Sellerie** et **maroquinerie** (portefeuilles, sacs). **Vannerie** : paniers et meubles en osier. **Travail du métal** : ex-voto en argent, cuivre estampé, fer-blanc (cadres, lampes). **Jouets** en papier mâché coloré et en bois (meubles, poupées articulées). **Masques** en papier mâché.

Spécialités : *antojitos* (amuse-gueule, plats légers) : *tacos* (tortillas de maïs nature ou fourrées), *quesadillas* (tortillas farcies, pliées et frites), *chalupas* (tortillas aux haricots, poulet, oignons, sauce) ; *birria* (ragoût d'agneau à la tomate et à l'origan) ; viande à la bière ; *cajetas* ou *dulce de leche* (dessert à la confiture de lait, Celaya).

Jalisco

Artisanat – **Céramique** en terre polie ou vernissée. **Bois** : ustensiles, meubles incrustés de coquillages et de métal. **Textiles** : broderies et tissus ajourés (blouses, draps, nappes), rebozos simples. **Maroquinerie** : portefeuilles, sacs. **Vannerie** : paniers et meubles en osier. **Travail du métal** : ex-voto en argent, cuivre estampé. **Verre** soufflé, cristal de plomb rouge soufflé et ciselé. **Jouets** en terre (sifflets, crèches). **Masques** en bois polychrome.

Spécialités : *caldo tlalpeño* (bouillon de poulet à l'avocat et au piment chipotle) ; *birria* ; *tostadas* (tortillas de maïs frites, recouvertes de haricots, poulet ou toute autre viande, laitue, oignon, fromage, crème et sauce) ; *tamales* ; *pozole* ; *dulce de leche* ; *borrachos* (gelée au vin recouverte de sucre) ; *arrayanes* (boulettes de fruits au sucre) ; *atole* (boisson de maïs sucrée).

Nayarit

Artisanat – **Masques** en bois polychrome, à *chaquira* (coiffure de plumes multicolores, artisanat huichole).

Spécialités : *pescado zarandeado* (poisson au piment, grillé au charbon de racines de manguier) ; *pozole blanco* poissons et fruits de mer.

Région 4 : Nord-Ouest

Chihuahua

Artisanat – **Céramique** : poteries. **Bois** : instruments de musique à corde, guitares (Tarahumaras). **Textiles** : sarapes et couvertures en laine (Tarahumaras). **Maroquinerie** : portefeuilles, sacs. **Vannerie** : paniers et meubles en osier.

Spécialités : viandes marinées ; *empanadas* farcies de viande hachée ; tranches de viande au fromage ; fromage des Mennonites.

Durango

Artisanat – **Maroquinerie** : portefeuilles, sacs. **Verre** soufflé.

Spécialités : *menudo* (abats de bœuf au jus, origan, clous de girofle et piments *guajillo*) ; filet de porc au miel de maguey ; *dulce de membrillo* (pâte de coing) et *jamoncillos* (bâtonnets de caramel).

Sinaloa

Artisanat – **Textiles** : rebozos simples.

Spécialités : *chilorio* (viande de porc en lamelles, piment et épices) ; *pescado zarandeado* ; *parrillada de mariscos* (fruits de mer grillés) ; *tamales rojos* (pâtés de viande et de maïs).

Sonora

Artisanat –**Textiles** : sarapes et couvertures en laine. **Maroquinerie** : portefeuilles, sacs. **Masques** avec des têtes de cerf naturalisées.

Spécialités : bouillon de viande séchée ; viande en tranches fines; *machaca* (viande de bœuf séchée, salée et coupée en morceaux) ; *conejo campirano* (lapin à la paysanne) ; *champurrado* (pâte de maïs au chocolat) ; *coyotas* (tortillas sucrées).

Région 5 : Basse Californie

Basse-Californie et Basse-Californie du Sud

Artisanat – Articles en coquillage et en corail ; maroquinerie, sculptures en bois ; tissages en palme ; objets en terre et sel ; céramique (yumana) et vannerie (kimai).

Spécialités : poissons et fruits de mer (palourdes, crevettes, langoustes) ; capirotada (dessert au pain et raisins secs, arrosé de miel de canne).

Région 6 : Nord-Est

Coahuila

Artisanat – **Textiles** : sarapes et couvertures en laine.

Spécialités : *machaca con huevo* (viande séchée avec des œufs) ; *menudo norteño* (tripes à la sauce épicée) ; *tasajo* (viande séchée et salade) ; *jamoncillos* (petites barres de confiture de lait).

Nuevo Léon

Artisanat – **Maroquinerie** : portefeuilles, sacs. **Verre** soufflé.

Spécialités : *cabrito* (chevreau braisé) ; viandes rôties ; *glorias* (desserts à la confiture de lait et aux noix).

San Luis Potosí

Artisanat – **Céramique** vernissée. **Textiles** : broderies et tissus ajourés (blouses, draps, nappes), rebozos simples ou raffinés. **Verre** à décor de pépites.

Spécialités : *patlache* (*tamal* enveloppé de feuilles de bananier) ; *enchiladas potosinas* (tortillas de fromage à la sauce tomate) ; *barbacoa* ; *dulce de tuna* (pâte de figue de Barbarie).

Tamaulipas

Artisanat – **Textiles** : *la cuera* (vêtement en daim ou peau de chèvre). **Divers** : figurines en coquillages ; vannerie.

Spécialités : poissons et fruits de mer (*jaibas* : petits crabes farcis avec leur chair, à la sauce tomate) ; *carne asada a la tampiqueña* (viande rôtie assaisonnée de jus d'orange amère, accompagnée d'*enchiladas*, galettes de maïs au piment, et de haricots noirs).

Zacatecas

Artisanat – **Bois** : meubles incrustés de coquillages et de métal. **Textiles** : broderies et tissus ajourés (blouses, draps, nappes). **Travail du métal** : fer forgé ; couteaux, machettes, poignards en acier.

Spécialités : *birria, barbacoa, enchiladas zacatecanas ; pipián* (sauce aux graines de courge et piment) ; *gorditas ; puchero vaquero* (pot-au-feu de bœuf aux légumes), chevreau *(cabrito)* ; *alfajor* (pâte d'amande, noix de coco ou noix).

Région 7 : Golfe du Mexique

Tabasco

Artisanat – Articles de palme et d'osier ; tasses peintes ; maroquinerie et travail des peaux.

Spécialités : **pejelagarto asado** (poisson à allure de reptile, littéralement « poisson-lézard rôti ») ; **chilpachole** (bouillon de crevettes au maïs, tomate et chipotle) ; tamales de **chipilín** (herbe épicée) ; **plátanos machos fritos** (bananes frites) ; chocolat.

Veracruz

Artisanat – **Vannerie** : sombreros en palme. **Amates** polychromes.

Spécialités : poissons et fruits de mer ; **huachinango a la veracruzana** (filets de rouget aux tomates, olives, piment **güero** – **blond** – et fines herbes) ; **chilpachole** (*jaiba* à la sauce de piment) ; **cebiche** (poisson cru mariné au citron, oignons, tomates, piments et coriandre) ; **carne de mono de Catemaco** (grillade de porc fumé) ; café.

Région 8 : Côte Pacifique

Chiapas

Artisanat – **Céramique** d'inspiration précolombienne non vernissée. **Bois** : percussions (marimbas). **Textiles** : broderies et tissus ajourés, huipiles. **Art du métal** : bijoux en or (colliers, bracelets, bagues), ferblanterie (cadres, lampes).
Masques à couronnes de fleurs en fer-blanc et rubans. **Bougies**.

Spécialités : tamales (sucrés également) ; *olla podrida* (pot-au-feu au bœuf, porc, à la volaille, légumes) ; *cochinito al horno* (porc rôti à l'ail et au piment) ; *putzaze* (tripes et foie aux tomates).

Guerrero

Artisanat – **Céramique** d'inspiration précolombienne non vernissée. **Textiles** : tilmas. **Vannerie** en osier (paniers), sombreros en palme. **Art du métal** : bijoux en argent, colliers, bracelets, bagues (Taxco). **Laques** incrustées (Olinalá). **Amates** polychromes. **Masques** laqués, en bois d'oranger.

Spécialités : poissons et fruits de mer (huîtres, palourdes, tranches de poissons, *huachinango a la plancha, cebiche, pozole verde)* ; *tamarindos* (tamarins) ; *cocada* (dessert à la noix de coco râpée).

Michoacán

Artisanat – **Céramique** : vernissée, en terre polie, faïence noire cérémonielle pour le Jour des Morts. **Bois** : meubles en bois blanc incisés au couteau, ustensiles divers (moulins, peignes, coupe-papier), instruments à corde, guitares (Paracho). **Textiles** : broderies et tissus ajourés, huipiles, chemises brodées, ceintures, *fajas*, cordons. **Vannerie** en osier (paniers) en paille de riz et de blé (Pátzcuaro, Tzintzuntzan) en agave et sisal *(hennequen)*, tapis, lirettes... Paniers et meubles en osier. **Art du métal** : bijoux en or (colliers, bracelets, bagues), cuivre estampé (Santa Clara del Cobre, aujourd'hui Villa Escalante). **Laques** décorées à la feuille d'or (Pátzcuaro) ; *rayada* (le *rayado* est une méthode qui consiste à racler la couche supérieure de peinture pour faire apparaître une couche d'une couleur différente – Uruapan). **Jouets** en terre (sifflets, crèches), poupées de chiffon. **Masques** laqués, en bois d'oranger.

Spécialités : *pescado blanco* (poisson d'eau douce, ici du lac Pátzcuaro) truite, *charales* (petits poissons d'eau douce frits) ; *carnitas* (viande de porc frite dans sa graisse) ; *corundas* (petits tamales triangulaires farcis de fromage) ; *chiles rellenos* (piments farcis de viande ou fromage) ; *uchepos* (tamales de maïs tendre accompagnés de tranches de fromage) ; *ates* (pâtes de fruits) ; *morelianas* (tortillas à la confiture de lait avec du sucre, passées au four) ; *chongos zamoranos* (sucreries au lait et au miel, Zamora).

Oaxaca

Artisanat – **Céramique** : vernissée ou polie. **Bois** : articles divers (moulins, peignes, coupe-papier). **Textiles** : broderies et tissus ajourés, huipiles, chemises brodées, tilmas, ceintures, fajas et bandeaux, sarapes et couvertures en laine, rebozos simples. **Maroquinerie** : portefeuilles, sacs. **Vannerie** en osier (paniers pour la cueillette de fruits), sombreros de palme. **Travail du métal** : ex-voto en argent, bijoux en argent et en or (colliers, bracelets, bagues), bijoux religieux, ferblanterie (cadres, lampes) ; couteaux, machettes, poignards en acier. **Amates** polychromes. **Jouets** en terre (sifflets, crèches), en roseau polychrome, *alebrijes*. **Masques** en bois polychrome à couronnes de fleurs en fer-blanc et rubans. **Bougies**.

Spécialités : *mole negro* (viande en sauce pimentée et épicée) ; *mole amarillo* (porc à la sauce épicée et légumes) ; *manchamantel* (plat sucré, parfois marinade de viande ou de poisson servi avec des fruits) ; *chapulines* (grillons séchés pimentés) ; *tasajo* (viande séchée ou boucanée) ; tamales ; cecina ; fromage d'Oaxaca ; pain d'œufs, chocolat, beignets, café.

Région 9 : Yucatán

Campeche

Artisanat – **Vannerie** : panamas.

Spécialités : poissons et fruits de mer (crevette géante), *pámpano empapelado* (feuilles de vigne), *esmedregal*.

Quintana Roo

Artisanat – **Textiles** : broderies et tissus ajourés, hamacs.

Plats : poissons et fruits de mer (bigorneaux, langoustes, *empanadas* de chien de mer).

Yucatán

Artisanat – Céramique de style précolombien, non vernissée. **Textiles** : broderies et tissus ajourés, hamacs. **Vannerie** en osier (paniers), fibre d'agave *(ixtle)* et *hennequen* (tapis, lirettes), panamas.
Art du métal : bijoux en or (colliers, bracelets, bagues).

Spécialités : *sopa de lima* (soupe au poulet avec des lamelles de tortillas frites, assaisonnée au citron) ; *pollo y cochinita pibil* (filet de poulet ou de porc au piment rouge et jus d'orange amère) ; *panuchos* (tortillas de maïs frites, farcies de haricots, poulet ou porc, recouvertes d'oignons marinés dans le vinaigre et la sauce pimentée) ; *papadzules* (tacos frits farcis d'œuf dur recouverts d'une sauce aux graines de cacao) ; *huevos motuleños* (œufs au plat sur toast avec haricots, *chícharros*, fromage, jambon, sauce et bananes) ; *queso relleno* (fromage farci de piment doux et de sauce tomate passé au four).

Pollo pibil, spécialité de Mérida

MEXICO

La plus grande ville du monde

La ville de Mexico est sans conteste une ville séduisante à tous points de vue, et on ne doit pas manquer de la visiter. Appelée aussi **District Fédéral** (ou simplement D.F.) la capitale conserve les traces architecturales de son passé précolombien et de l'époque des vice-rois, et montre avec la même fierté ses édifices modernes, vitrines de la technologie la plus sophistiquée.
Les épisodes les plus importants du passé tiennent une place primordiale dans les rues et dans la mémoire des habitants de la capitale. Églises, palais, monuments historiques et fêtes traditionnelles rappellent, dans une grande ferveur patriotique, l'indépendance du Mexique en 1810 et la sanglante révolution sociale de 1910 qui a marqué le début de l'époque moderne. Mexico est aujourd'hui le centre politique et culturel de la nation. Depuis ses origines, ses habitants ne cessent d'affronter l'adversité, mais sortent toujours des épreuves la tête haute. Cependant la situation actuelle de la ville la plus peuplée du monde (le D.F. compte 8 489 007 habitants, et les environs approximativement 11 millions) ne peut pas être laissée sous silence. La ville que Carlos Fuentes a appelée « région la plus limpide » est maintenant la plus polluée et surpeuplée du monde.
Comptant parmi les villes les plus importantes de l'hémisphère occidental, Mexico offre, malgré ses problèmes urbains, d'innombrables possibilités de divertissement : élégants théâtres, cinémas modernes, tavernes traditionnelles, cafés, vie nocturne animée. Grâce à ses boutiques et magasins de toutes sortes, du marchand ambulant devant la Catedral Metropolitana aux marchés d'artisanat du centre ville, des avenues de Polanco et de la Zona Rosa, ornées de boutiques sophistiquées, aux luxueux centres commerciaux de Santa Fé (les plus grands d'Amérique latine) et le Perisur, les emplettes deviennent une aventure mémorable dans un monde de couleurs et de saveurs *(Artisanat et gastronomie, p. 44)*

© Robert Frerck/Odyssey

Plaza de la Constitución

BREF PANORAMA DE MEXICO

Un peu de géographie

Plus petite région administrative du pays, le District Fédéral est bordé au Nord, à l'Est et à l'Ouest par l'État de Mexico, et au Sud par l'État de Morelos. Son territoire s'étend sur un immense plateau, la **meseta de Anáhuac** (2240 m), gardé du côté Est par deux volcans légendaires aux noms d'origine náhuatl, le Popocatépetl, « Colline qui fume » et le Iztaccíhuatl, « Femme endormie ». L'extrême Sud est délimité par la montagne d'Ajusco. Quand le ciel est dégagé, on les voit de plusieurs endroits de la ville.
La capitale est divisée en districts administratifs ; on pourrait dire aussi qu'elle est formée de plusieurs villes différentes, car la croissance urbaine récente a effacé les limites des anciens quartiers, et les zones qui étaient il y a quelques années des banlieues font aujourd'hui partie de l'agglomération.

Un peu d'histoire

Fondation de Mexico-Tenochtitlán – *Haut plateau central, p. 27*. Les origines de Mexico remontent à l'année 1325, quand les Mexicas ont découvert l'îlot au milieu du lac de **Texcoco** où, suivant les indications d'une prophétie de Huitzilopóchtli, leur dieu de la Guerre, ils devaient s'établir. La légende raconte qu'ils venaient de **Aztlán**, région que nul n'a encore pu situer au plan géographique, et qui est à l'origine du nom **aztèque**. Au terme de presque 200 ans de pérégrinations, période pendant laquelle ils font plusieurs tentatives pour s'installer dans la vallée, notamment à TULA et à CHAPULTEPEC, et d'innombrables guerres contre les tribus déjà établies, les Mexicas découvrent enfin sur cet îlot le signe qu'ils attendaient des dieux : sur un *nopal* enraciné dans le rocher, l'aigle dévorant un serpent, aujourd'hui l'emblème national.
Les Mexicas se sont approprié cet îlot où personne ne s'était établi en raison de son sol boueux, très peu hospitalier. Peu à peu, moyennant guerres et alliances, ils agrandissent leur territoire et construisent Mexico-Tenochtitlán, cette énorme ville lacustre qu'ont découverte les Espagnols à leur arrivée dans la région.

Une ville flottante – Mexico-Tenochtitlán, dont le nom signifie « le nopal divin où siège Mexitli (invocation de Huitzilopóchtli), fils du soleil et de la lune », est formé de plusieurs îles. Progressivement, les Mexicas organisent un réseau complexe de canaux qui sert à la fois à la circulation des barques et à la distribution d'eau propre. Ils construisent aussi des chaussées de terre battue, ainsi que des aqueducs, des ponts et des **chinampas**, « jardins flottants ». Ces derniers jouent un rôle fondamental dans l'expansion et la délimitation urbaines des Mexicas. Sortes d'îlots artificiels, les chinampas étaient des lopins de terre flottants, faits de végétation lacustre, de boue et racines diverses, mélangées pour former une masse compacte. Chacune de ces chinampas faisait environ 75 m de long et de 10 à 20 m de large. Au début, elles servent uniquement à l'agriculture, mais par la suite on y bâtit, comme sur la terre ferme, différentes sortes de constructions. On peut encore admirer ce phénomène aujourd'hui à XOCHIMILCO.

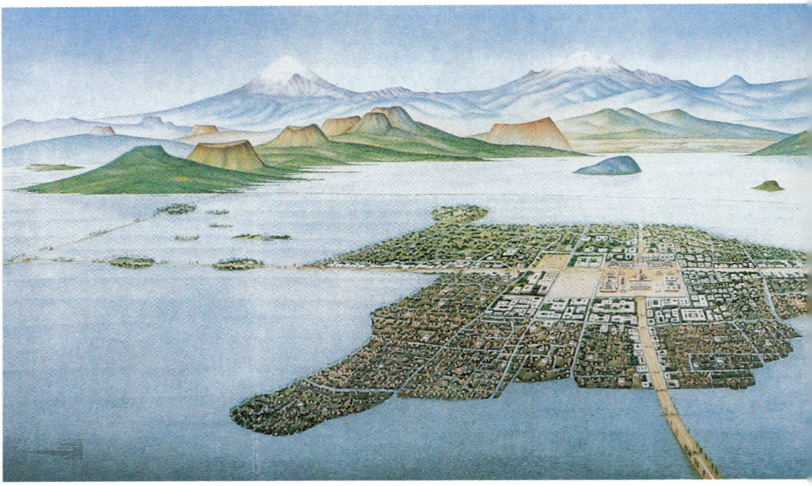

Peinture murale de Mexico-Tenochtitlán par Luís Covarrubias

La ville, l'île principale, était divisée en quatre quartiers ou **calpullis**. Chacun était doté d'un édifice réservé au conseil, le Tecpan, et de constructions diverses, temples, palais, bâtiments à usage collectif et habitations populaires. Au centre, entourée de murailles, se trouvait la place principale, ou **Gran Teocalli**. Quatre voies importantes reliaient l'île aux points cardinaux. TLATELOLCO était l'un des îlots, situé au Nord de l'île centrale. C'était la zone commerciale, ou *tianguis* (marché) ; il faut cependant préciser que ce site était occupé par un autre groupe que les Mexicas et qu'il est resté indépendant jusqu'en 1473.

L'empire aztèque – En moins de 200 ans, l'insignifiante tribu des Aztèques devient la plus grande puissance de Mésoamérique. Ils dominent toutes les régions environnantes ainsi qu'une partie de ce qui est aujourd'hui l'Amérique centrale. Cet immense pouvoir s'est appuyé sur la puissance guerrière de ce peuple et le système tributaire imposé par leurs gouvernants. Mexico-Tenochtitlán a été entièrement bâti suivant des valeurs et des concepts religieux. La structure urbaine, sociale et politique, ainsi que toutes les activités des Mexicas, étaient fondées sur l'empire et la bienveillance des dieux aztèques.
Quand les Espagnols sont arrivés, ils ont été émerveillés par la beauté architecturale des 20 000 constructions qui existaient alors. Ils sont restés perplexes devant le plan de la ville, qui leur rappelait celui de Venise, et ont été surpris par le système social, politique et économique de Tenochtitlán, ainsi que par le nombre considérable de ses habitants, qui dépassait largement celui de n'importe quelle ville européenne de l'époque.
Affronter et vaincre les Aztèques n'a pas été une tâche facile.

16e et 17e s. – Après la conquête de Mexico-Tenochtitlán par les Espagnols le 13 août 1521, Hernán Cortés entreprend la construction d'une nouvelle ville sur l'île. On respecte le découpage du terrain fangeux délimité par les canaux, mais les rares constructions qui subsistent sont rasées. Les habitants sont expulsés vers la périphérie et pratiquement réduits à la condition d'esclaves.
La puissance militaire et l'imposition de la religion chrétienne ont été les deux armes de la domination, les plus efficaces qui soient. Stratégie majeure tout au long de l'époque des vice-rois, l'évangélisation a commencé dès 1524 avec l'arrivée des franciscains.
Ainsi, les édifices construits pendant la deuxième moitié du 16e s. et le début du 17e s. sont des bâtiments militaires ou religieux. Mais il n'en reste que peu de vestiges, car à partir de 1620, la ville a subi de longues périodes d'inondation qui ont détruit la plupart des constructions.

Le Mexico néohispanique – La ville a été reconstruite en 1637, lorsque le niveau de l'eau est redevenu stable. De nouvelles formes architecturales de style Renaissance et baroque ont vu le jour, et plus tard, on a adopté les modèles européens du churrigueresque et du plateresque. À partir de ce moment, et jusqu'au milieu du 18e s, on assiste à la multiplication des couvents (dont les atriums et les CHAPELLES OUVERTES étaient destinés à la catéchèse et à l'éducation des Indiens) ainsi qu'à celle des hôpitaux et des hospices pour chacune des deux ethnies, des aqueducs, services publics et grandes résidences réservés aux Espagnols.
La ville néohispanique prend dès cette époque un caractère original. Non seulement les matériaux diffèrent des matériaux européens (la plupart sont repris des anciennes constructions précolombiennes), mais la main d'oeuvre est indigène. Faute de comprendre les concepts d'une culture et d'une religion étrangères, les Indiens en donnent spontanément leur propre interprétation. Ce style particulier, connu sous le nom d'**art tequitqui**, existe dans tout le pays, et on peut l'observer dans la plupart des édifices de l'époque, aussi bien dans la capitale que dans les villes mexicaines de province choisies par les vice-rois.

L'apogée du style néoclassique – Plus tard, vers le milieu du 18e s., l'expansion économique contribuera à l'introduction du style néoclassique, une nouvelle mode architecturale originaire de France, influencée par les Lumières et une nouvelle philosophie. Adopté par la **Real Academia de San Carlos de Bellas Artes**, fondée en 1785, ce style donne à la ville une nouvelle physionomie. On construit d'immenses palais où résident nobles et bourgeois. On ouvre des rues, on érige de nombreux monuments. Cependant, au nom du progrès et de la modernité, on détruit aussi, ou on modifie, des constructions baroques d'une valeur inestimable.

L'indépendance et ses conséquences – En 1810, après trois siècles d'ordre et de tranquillité apparentes, surgit un mouvement social qui va changer l'orientation du pays, la lutte pour l'INDÉPENDANCE du Mexique. Pendant les premières décennies du 19e s., la ville ne subit presque pas de transformations. Ce n'est que plus tard, en 1859, à l'occasion de la promulgation des LOIS DE LA RÉFORME et du transfert des biens de l'Église à l'État, que commence une nouvelle période d'urbanisation, à caractère populaire. La géographie de la ville se transforme avec le démantèlement d'un grand nombre de couvents, divisés et vendus, et l'ouverture de nouvelles voies. Malheureusement, plusieurs monuments de l'époque des vice-rois disparaissent sans laisser de trace.

Le Porfiriato – Les trente dernières années du 19e s. se déroulent sous la dictature du général PORFIRIO DÍAZ. La prospérité économique de cette période sert à donner à la capitale une dimension internationale, afin qu'elle puisse soutenir la comparaison avec n'importe quelle ville européenne. Cela entraîne toutes sortes d'améliorations : éclairage urbain, tramway, épuration de l'eau, revêtement des sols et drainage. Les meilleurs architectes, artisans et forgerons, et les meilleurs matériaux de construction sont importés d'Europe pour la création de nouveaux édifices prestigieux.

Le 20e s. – La RÉVOLUTION de 1910, qui va durer 10 ans, laisse la population dans la misère, et les villes détruites.
Au début de 1920 naît un mouvement d'inspiration nationaliste qui engendre le muralisme. **José Vasconcelos**, secrétaire à l'Éducation, sera le premier à encourager les peintres à décorer de leurs œuvres les intérieurs des bâtiments publics, enrichissant ainsi le patrimoine culturel mexicain.
Au début des années 30, l'explosion démographique contraint les architectes à créer des bâtiments plus importants et plus fonctionnels. Cette tendance persiste jusqu'aux années 50.

Le Mexico contemporain – En raison du manque d'espace et de l'absence totale de planification, la ville a souffert d'évolutions très brutales. Si certaines de ces évolutions sont positives, comme la construction du métro, d'autres donnent des résultats catastrophiques, comme c'est le cas des fragiles ensembles d'habitations populaires.
La façon d'être mexicaine n'est pas moins complexe que la ville elle-même. Résultat de trois siècles de colonisation, le groupe des Métis porte le poids d'une certaine résignation, à laquelle vient s'opposer et s'affronter l'esprit de lutte qui a prédominé dans les périodes suivantes. Ces éléments vont engendrer un phénomène très particulier : les Mexicains peuvent supporter pendant des années des situations extrêmement dures, jusqu'à ce que les sentiments de révolte, de patriotisme et de solidarité les submergent. Ces sentiments sont presque toujours réveillés par la présence active de leaders ou de caudillos, ou bien suscités par des situations dramatiques mettant en jeu leur propre vie. C'est ainsi qu'après le grand tremblement de terre qui a secoué la ville en 1985, les citoyens se sont organisés comme jamais auparavant, se solidarisant avec ceux qui avaient tout perdu. Le séisme a créé une nouvelle ville, dont les habitants sont plus conscients, organisés et solidaires, où les associations et mouvements ont jeté définitivement les bases de la transformation de la capitale et du pays.
En juillet 1997 a eu lieu un fait sans précédent : pour la première fois, des élections libres ont été organisées pour élire le responsable du gouvernement de la ville. Contre toute attente, l'élection a été remportée par **Cuauhtémoc Cárdenas**, fils du fameux ancien président LÁZARO CÁRDENAS, candidat du Parti de la révolution démocratique (PRD), puissant parti d'opposition au Parti révolutionnaire institutionnel (PRI).
En somme, Mexico est une ville moderne abritant un grand mélange de cultures, riche de racines préhispaniques, marquée par des époques historiques très différentes. La découverte des traces et des vestiges de toute cette histoire sur son immense territoire est sans conteste une merveilleuse aventure.

RENSEIGNEMENTS PRATIQUES

Comment s'y rendre

Par avion – **Aéroport International Benito Juárez** : 6 km au Nord-Est du centre ville ; **informations** ☎ 571-3600. Bureau d'**informations touristiques** et réservation d'hôtels : arrivées nationales, hall A *(sala A)* ☎ 762-6773 *(tous les jours de 8 h à 20 h)* et arrivées internationales, hall E ☎ 571-3262 *(lundi au vendredi 24 h/24 h ; samedi et dimanche de 8 h à 23 h)*. **Transports vers le centre ville** : taxi ($54), minibus ($120 à $140) ☎ 571-9344. Autocars à destination de Cuernavaca, Puebla, Toluca, San Miguel de Allende, Celaya, Querétaro, León et Irapuato : à la sortie, entre les halls C et D ; billets directement dans les autocars. Agences de **location de voitures** *(p. 360)*.

En autocar – Quatre gares **routières** desservent le reste du pays ; informations et réservation : **Central del Norte**, Lázaro Cárdenas n° 4907 ☎ 587-1552 ; **Central del Sur**, Av. Taxqueña n° 1320 ☎ 689-9745 ; **Central del Oriente**, Ignacio Zaragoza n 200 ☎ 762-5210 et **Central del Poniente**, Sur 122 n° 232 ☎ 762-5210. L'établissement **Ticket Bus**, Isabel la Católica n° 83, Col. Centro ☎ 709-8758 *(lundi au vendredi de 9 h à 18 h 30, samedi de 9 h à 15 h, fermé les jours fériés)* accepte les règlements par carte bancaire et livre les billets à la gare d'autocars ou à domicile ; information sur horaires et tarifs ☎ 133-2424 *(lundi au samedi de 7 h à 22 h, dimanche de 8 h à 21 h)*.

Transports locaux

Transports publics – *(Plan du métro, p. 64)*. Le MÉTRO dessert toute la ville par 10 lignes et 154 stations *(lundi au vendredi de 5 h à 24 h, samedi de 6 h à 1 h, dimanche et jours fériés de 7 h à 24 h ; $1,20 le ticket ; carnet de 20 tickets environ $20)*. **Horaires et renseignements** sur les lignes et localisation des sites touristiques ☎ 627-4951 *(lundi au vendredi de 9 h à 21 h)* et aux guichets d'information des stations suivantes : Balderas, Chapultepec, Zócalo, Chabacano, La Raza, Pino Suáres, Hidalgo et Insurgentes *(lundi au vendredi de 9 h à 14 h 30 et de 15 h à 20 h, sauf les jours fériés)*.

Autocars et microbus *(tous les jours de 5 h à 22 h ; $1,50-$2,50)* relient tous les points de la ville. Sur le Paseo de la Reforma et l'Av. Insurgentes, les *microbus* circulent 24 h/24 h. Les **gares d'autobus** se trouvent à la sortie des stations de métro. Pour horaires et renseignements ☎ 525-9380.
Des **trolleybus** relient différents points de la ville, avec des départs en général proches des stations de métro *(tous les jours de 5 h à 23 h ; $1,30 ; $1 le week-end)*. **Trolleybus pour handicapés** : hall de la station du métro Universidad jusqu'à la Central del Norte avec des arrêts sur le parcours *(tous les jours de 6 h à 23 h, toutes les 30 mn, $1,30 ; $1 le week-end)*. **Train rapide** *(ne dessert pas toute la ville)* : départ station Taxqueña, terminus station Embarcadero, avec 20 arrêts intermédiaires *(lundi au vendredi de 5 h à 23 h ; $1,30 ; samedi, dimanche et jours fériés de 6 h à 23 h ; $1)*. Horaires et renseignements sur les trolleybus et le train rapide ☎ 539-6500.

Automobilistes – *(Plan de la ville, p. 58-59)* L'avenue Insurgentes et le périphérique sont les deux voies à double sens qui traversent Mexico ; le *Periférico* entoure la ville, le Paseo de la Reforma le coupe dans les deux sens. La ville est sillonnée d'axes routiers à sens unique *(oriente*, OTE sur le plan de la ville, indique leur côté Est et *poniente*, PTE sur le plan, l'Ouest). **Vitesse maximale** en ville 50 km/h, sauf indication contraire.

Stationnement public – À certains endroits on trouve des **parcmètres**, comme dans la Zona Rosa *($1 = 15mn)*. Le stationnement est également payant Plaza de Bellas Artes, Lázaro Cárdenas (axe central) et av. Juárez *(tous les jours de 7 h à 3 h)* ; Plaza Garibaldi, Lázaro Cárdenas à l'angle de República de Perú *(tous les jours, 24 h/24 h)*, Plaza Morelos à l'angle de Balderas et Dondé, sur un des côtés du Mercado La Ciudadela *(tous les jours 24 h/24 h)*. Le tarif est de $9 la première heure et, à partir de 2 heures, $2,50 pour 15 mn.

Taxis – On peut les prendre dans la rue *(24 h/24 h, tarif indiqué au compteur + forfait $4)*, mais il est recommandé de faire appel aux radio-taxis ou d'utiliser ceux qui attendent devant les hôtels. **Radios-taxis** : Servi-taxi ☎ 516-6020 ; Radiomex ☎ 574-4596 *(tous les jours, 24 h/24 h ; $50 environ selon la distance)*. **Taxis touristiques** devant les hôtels *(tous les jours, 24 h/24 h ; tarifs fixes indiqués à l'extérieur des hôtels)*.

Informations générales

Information touristique – **Office d'information touristique du Secrétariat au Tourisme** (SECTUR), Masarik n° 172, *www.mexico-travel.com* ☎ 250-8555 *(lundi au vendredi de 9 h à 21 h, samedi de 10 h à 15 h)* : renseignements sur les spectacles, festivals et sites touristiques. **Infotur sectur** ☎ 250-0151 *(tous les jours, 24 h/24 h)* donne des renseignements par téléphone. **En cas de vol**, perte ou remise de documents, contacter les Agencias del Ministerio Público, Florencia n° 40, Zona Rosa ☎ 625-8761 *(tous les jours, 24 h/24 h)* et à l'aéroport, Edificio Torre, r. d. c. ☎ 625-8763 *(tous les jours, 24 h/24 h)*. L'**American Express** ☎ 326-2828 *(tous les jours 24 h)* prête assistance aux touristes porteurs de Gold card ou carte Platinum.

Hébergement – On peut consulter le *Guía Oficial de Hospedaje en México* à la SECTUR *(voir ci-dessus)* ou l'acheter dans les kiosques Sanborns. **Réservations** SECTUR, Masarik n 172 ☎ 255-3112 et (01-800) 903-9200 *(lundi au vendredi de 8 h à 20 h 30 ; samedi de 9 h à 15 h)* : renseignements et réservations sur tout le territoire mexicain.

Hôtels de luxe *(quartier de la Reforma et Polanco, à partir de $1400)* : Camino Real ☎ 203-2121, Crowne Plaza ☎ 282-4244, Fiesta Americana ☎ 705-4911, Four Seasons Mexico ☎ 230-1818, María Isabel Sheraton ☎ 207-3933, Nikko ☎ 203-4800. **Hôtels de la Zona Rosa** *($1000-$1700)* : Calinda Quality Geneve ☎ 211-0071, Krystal ☎ 228-9928, Westin Galería Plaza ☎ 211-0014. **Établissements historiques** *($740-$770)* : Hotel de Cortés *(p. 76)* ☎ 518-2181, Hotel Majestic ☎ 521-8600, Gran Hotel de la Ciudad de México *(p. 63)* ☎ 510-4047. *Les tarifs indiqués ici (par nuit en chambre double) sont sujets à modifications.*

Presse – Quotidiens : Reforma, El Universal, La Jornada et Excélsior. Editions en espagnol de The News et Mexico City Times. Presse étrangère : le New York Times, le Wall Street Journal, le Washington Post et Le Monde. La revue Tiempo libre (hebdomadaire) renferme une rubrique des événements culturels et artistiques de la ville. Tous sont en vente aux Sanborns, kiosques en libre-service et points presse.

Change – *(p. 356)* Bureaux de change : American Express, Paseo de la Reforma n° 234 ☎ 207-7282 *(lundi au vendredi de 9 h à 18 h, samedi de 9 h à 13 h) ;* Casa de Cambio Tamibe, Niza n° 11, Zona Rosa ☎ 514-3731 *(lundi au vendredi de 8 h 30 à 16 h 30, samedi de 10 h à 14 h) ;* Casa de Cambio Tíber, Paseo de la Reforma n° 318 ☎ 207-9485 *(lundi au vendredi de 8 h 30 à 15 h, samedi de 8 h 30 à 14 h) ;* Money Center, Londres n° 227 ☎ 208-3423 (*lundi au vendredi de 8 h 30 à 18 h, samedi de 8 h 30 à 14 h)*. Bureaux de change de l'aéroport international Benito Juárez : arrivées nationales, hall A, et arrivées internationales, halls E et F *(tous les jours, 24 h/24 h)*. Certaines banques font le change, mais n'acceptent que des sommes peu importantes et certaines devises *(horaires des banques)*.
On trouve des **guichets automatiques** à l'extérieur des banques, où il est possible de retirer des pesos mexicains avec une carte de crédit internationale Visa ou Mastercard (logo sur la porte). Principaux guichets automatiques, dans les banques suivantes : Banamex, Juárez n° 84 ☎ 225-1814 ; Bancapromex, Av. Insurgentes centre n° 22 ☎ 546-0839 ; Bancomer, Paseo de la Reforma n° 66 ☎ 226-5103 ; Bital, Paseo de la Reforma n° 489 ☎ 286-4451 ; Citybank, Paseo de la Reforma n° 390 ☎ 229-7224 ; Serfín, Paseo de la Reforma n° 76 ☎ 546-4403.

Visites guidées – Línea Gris ☎ 208-1163 *(tous les jours ; circuit complet 9 h ; USD$38 ; départ rue Londres n°166, 9 h, 11 h et 14 h 30)*. American Express ☎ 705-1515 *(lundi au dimanche 9 h 30 ; circuit complet 5 h ; USD$23 ; départ Hôtel Fiesta Americana, Reforma n°80)*. Mexico Travel Advisos ☎ 525-7520 *(tous les jours ; circuit complet 4 h ; USD$30 ; départ Génova n° 0, 8 h 30)*. Ces agences peuvent prendre les visiteurs à leur hôtel. Elles organisent des visites guidées d'autres lieux touristiques du pays. **Train touristique**, dans la ville *(mardi au dimanche de 9 h à 18 h, toutes les 30 mn ; $24 ; départ et réservation au Museo de Ciudad de México et au Palacio de Bellas Artes) ;* pour information : SECTUR *(voir ci-dessus)*. Les **radios-taxis** *(voir ci-dessus ; $70/h)* et **taxis touristiques** *(voir ci-dessus ; tarifs indiqués à l'hôtel)* conduisent à des points d'intérêt au dehors de la ville ; ils peuvent être réservés à la réception des hôtels. Les taxis touristiques possèdent un permis de la SECTUR et arborent des plaques bleues.

Achats – *(Marchés, p. 77)* **Artisanat** : Mercado de la Ciudadela *(p. 75)* ; Bazar del Sábado *(p. 96)* ; Buenavista, Aldama n° 187, *petits prix* ; Fundación Nacional de Artesanías (FONART), Londres n° 136, Zona Rosa, *artisanat de diverses régions du pays à prix modiques* ; Tiendas Oaxaca, Calzada de Tlalpan n° 2191, *au Sud de la ville, bonne qualité et prix accessibles* ; Mercado Insurgentes *(p. 87)*. **Antiquités** : Plaza del Ángel, Londres n° 161, Zona Rosa *(tous les samedis de 10 h à 17 h)* ; stands devant le Mercado de la Lagunilla *(p. 77)* *(tous les dimanches de 11 h à 17 h)*. **Argenterie** : boutiques de la Zona Rosa, centres commerciaux et marchés ; boutique Tane, Amberes n° 70 *(excellente qualité)*.

Dans la **Zona Rosa**, on trouve divers magasins spécialisés en bijouterie, artisanat, vêtements, costumes typiques, articles en peau. Rues Liverpool et Palacio de Hierro, 20 de Noviembre et Venustiano Carranza au centre ville, où se trouvent deux des plus anciennes boutiques de la ville.

Centres commerciaux *(tous les jours de l'année de 11 h à 20 h)* – Galería Insurgentes, Parroquia n° 194, Col. Del Valle ; Centro Santa Fé, Av. Vasco de Quiroga n° 3800, Col. Antigua Mina de Tolapa ; Pabellón Polanco, Jaime Balmes n° 11, Col. Polanco ; Perisur, Periférico Sur n° 4690 ; Plaza Molière, Molière n° 222 ; Plaza Satélite, Circuito Centro Comercial n° 2251, Ciudad Satélite.

Spectacles – Le journal *Reforma* présente une rubrique quotidienne de spectacles *(Gente)* et un supplément spécial spectacles le vendredi *(Primera Fila)*. Les journaux *El Universal, El Heraldo et Excelsior* ont une rubrique quotidienne de spectacles.

Salles : Auditorio Nacional *(p. 87)* – concerts et spectacles ☎ 280-9250 ; Palacio de Bellas Artes *(p. 74)*, Ballet Folklórico, concerts, événements culturels et artistiques *(saison d'opéra de février à novembre, le mardi et le jeudi à 8 h, le dimanche à 17 h)* ☎ 512-3633 ; Teatro Metropolitano, concerts et spectacles ☎ 510-3964 ; Sala Nezahualcóyotl *(p. 98)* concerts ☎ 622-7082 ; Sala Ollín Yoliztli, concerts ☎ 606-4363. **Vente de billets** : directement aux guichets ou au Ticketmaster ☎ 325-9000 et dans les centres Ticketmaster des boutiques Mixup dans les principaux centres commerciaux.

Théâtres *(billets au guichet)* : Teatro Blanquita *(p. 92)*, Lázaro Cárdenas *(axe central)* n° 16, Centre ; Centro Teatral Manolo Fábregas, Velázquez de León n° 31 et Serapio Rendón n° 15 ; Teatro de los Insurgentes, Insurgentes Sur n° 1587 ; Teatro San Rafael, Melchor Ocampo n° 40 ; Teatro Silvia Pinal, Coahuila n° 79. **Mariachis** : Plaza Garibaldi *(p. 92)* ; Restaurante Arroyo, Insurgentes Sur n° 4003 *(tous les jours de 8 h à 19 h)* ; Restaurante Las Delicias, Insurgentes Sur n° 1027 *(mardi à dimanche de 13 h à 03 h)* ; Bar El Jorongo, Paseo de la Reforma n° 325 *(tous les jours de 18 h à 24 h)*.

Charreadas *(samedi et dimanche à 11 h, toute l'année)* : Lienzo Charro del Pedregal, Camino a Santa Teresa n° 306 et Lienzo Charro de la Villa, Av. Insurgentes Norte et Acueducto. Tous deux offrent des spectacles avec chevaux, artistes du folkore mexicain et *charros* (cavaliers).

Sports-spectacles – **Corridas** *(de novembre à mars, le dimanche à 16 h)* : Plaza México, Augusto Rodín n° 241, Cd. de los Deportes ☎ 563-3961. **Football** *(de février à mai et de septembre à novembre)* Estadio Guillermo Cañedo, Calzada de Tlalpan n° 3465 ☎ 677-7198 *(billets au guichet)* et Estadio Azul, Indiana n° 255, Col. Nápoles *(billets au Ticketmaster* ☎ 325-9000*)*. **Courses d'automobiles** *(toute l'année)* : Autódromo Hermanos Rodríguez, Puerta n° 5, Cd. Desportiva, Col. Magdalena Mixhuca ☎ 649-2499 *(billets au guichet)*.

Loisirs – **Parcs d'attractions** : Reino Aventura ☎ 728-7200, carr. Picacho-Ajusco n° 1500 *(mardi à jeudi de 10 h à 18 h ; vendredi à dimanche de 10 h à 19 h)* ; La Feria *(p. 80)*. **Alpinisme** : Vólcan Iztaccíhuatl ; contacter Línea Gris *(voir ci-dessus)* ou Al Aire Libre ☎ 291-9217 ; ce dernier organisme propose des visites guidées avec assistance professionnelle, équipement et nourriture. **Parcs** : Bosque de Chapultepec *(p. 78)* ; Parque Nacional El Ajusco, carr. al Ajusco, km 20 au Sud de la ville, idéal pour le cyclisme et la promenade ; Parque Nacional del Desierto de Los Leones *(p. 100)*, Xochimilco *(p. 98)*.

Téléphones utiles

Urgences (police, pompiers, ambulances)	**080**
Sécurité publique (gendarmes)	060
Pompiers	768-3700
Croix-Rouge	395-1111
AMA (association mexicaine des automobilistes)	588-7055
Urgences médicales	271-2222
Secours, sauvetage et urgences médicales	588-7418

Sept jours à Mexico

1er jour

Centre historique – Circuit 1 Plaza de la Constitución et environs *(p. 60)*.

2e jour

Centre historique – Circuit 2 Templo Mayor et environs *(p. 66)*.

3e jour

Excursion – Site archéologique de Teotihuacán *(p. 131)*.

4e jour

Museo Nacional de Antropologia *(p. 82)*.

5e jour

Centre historique – Circuits 3 Santo Domingo et environs *(p. 68)*
4 Madero et environs *(p. 70)*.

6e jour

Excursion – Museo Nacional del Virreinato à Tepotzotlán *(p. 135)*.

7e jour

Quartiers Sud – Ciudad Universitaria, Coyoacán ou Xochimilco *(p. 92)*.

Note : Au Mexique, les noms de rues ne sont pas précédés de la mention « rue », à la différence des avenues, boulevards, *calzadas* ou voies. Le nom de la rue suit ainsi immédiatement, après une virgule, le nom du lieu indiqué (site, commerce, etc.). Ex : Estadio Azul, Indiana n°255 signifie que le stade Azul se situe au n°255 de la rue Indiana.
Les abréviations ont été laissées dans le texte telles que le visiteur les trouvera sur place et sur les plans :

av. = avenida (avenue)
calz. = calzada (chaussée, voie)
carr. = carretera (route)

Tula
TEPOTZOTLÁN ★★★
QUERÉTARO
A
B
AZCAPOTZALCO
Calz. S. Isidro Técpatl
Zona Industrial
Blvd. Manuel Ávila Camacho
PM
Pol.
NAUCALPAN DE JUÁREZ
Ex convento de Azcapotzalco
22 de Febrero
Aquiles Serdán
Calz. Camarones
Av. Cuitláhuac
Refinería
TOLUCA
X
Río Hondo
Paseo de la Reforma
Interior
Circuito
Calz. México-Tacuba
Av. Marina Nacional
TACUBA
El Toreo
Anillo Periférico
Av. Río San Joaquín
CUAUHTÉMOC
SAN COSME
Av. Ejército Nacional
Mto a la Revolución
Mto a C. Colón
Mto a Cuauhtémoc
Thiers
Fuente de Petróleos
POLANCO
★★ Monumento a la Independencia
Zona Rosa
Diana Cazadora
LOMAS DE CHAPULTEPEC
Paseo de la Reforma
★★★ BOSQUE DE CHAPULTEPEC
Av. Chapultepec
Pl. Río de Janeiro
ROMA
Querétaro
CONDESA
Nuevo León
Insurgentes
Medellín
Monterrey
Av. Constituyentes
Vasconcelos
MIGUEL HIDALGO
Y
TACUBAYA
Atlantis
Pol.
Poniente
Malinalco ★, TOLUCA
Revolución
Patriotismo
Viaducto Río Becerra
World Trade Center
Avenida
Amores
Av. División
Blvd.
Cuauhtémoc
Universidad
Camino a Santa Fe
Adolfo López Mateos
Estadio Olímpico
Parque Hundido G. Urbina
Coyoacán
Mancera
Av. G.
del
BENITO JUÁREZ
Av. Río Mixcoac
Norte
PN Desierto de los Leones
Insurgentes ★
CIRCUITO INTERIOR
★ SAN ÁNGEL
Universidad
★★ COYOACÁN
Museo Estudio D. Rivera
Av. Miguel Ángel de Quevedo
ALVARO OBREGÓN
Calz. al Desierto de los Leones
Estadio Olímpico México 68
A B C D E F
★ Ciudad Universitaria
Av. San Jerónimo
Z
Blvd.
Paseo del Pedregal
★ Jardín Botánico
Avenida
★★ Centro Cultural
★★ Museo Universum
Av. de la IMAN
Anillo Periférico
Estadio Azteca
Cuicuilco
★ Cuernavaca
★★ Xochicalco
Xochimilco, Tlalpan
A
B

MEXICO
0 2 km
0 1 mi
TENAYUCA, STA. CECILIA ACATITLÁN
TEOTIHUACÁN ★★★
Villa de Guadalupe ★
GUSTAVO A. MADERO
Del Norte
Av. Montevideo
Insurgentes
Calz. Vallejo
Av. L. Cárdenas
Calz. de los Misterios
Calz. Guadalupe
Hidalgo
Molina
Calz. San Juan de Aragón
Eduardo
Av. Talismán
Av. 510
Av. 412
Av. Oriente 101
Av. 506
Av. 608
Jacarandas
La Raza
TLATELOLCO
Av. M. González
★ Pl. de las Tres Culturas
Paseo de la Reforma
F. C.
Río Consulado
Canal del Norte
Av. del Trabajo
Av. Transvaal
Via Tapo
Ing.
AEROPUERTO INTERNACIONAL BENITO JUÁREZ
★★ Paseo
★★★ PLAZA DE LA CONSTITUCIÓN
Archivo General de la Nación
★ Alameda Central
Oriente
Blvd. Puerto Aéreo
Av. Fray Servando Teresa de Mier
Cárdenas
Congreso de la Unión
VENUSTIANO CARRANZA
Calz. General I. Zaragoza
Universidad Autónoma de Chapingo
PUEBLA, TLAXCALA
Av. del Taller
Central
Av. Morelos
Río de la Piedad
Viaducto Miguel Alemán
Viaducto
Av. del Parque
F. del Paso y Troncoso
Xola
Tlalpan
Plutarco Elías Calles
F. C. Río Frío
Gómez
Rojo
Javier
CIRCUITO INTERIOR
Churubusco
IZTACALCO
Lázaro
Calles
Enríquez
Calz. de la Viga
Pol.
Eugenia
Playa
Villa del Mar
Purísima
Elías
Molina
Av. A.
Plutarco
Central de Abastos
Río
Av. Lic.
Calz. Av.
IZTAPALAPA
Av. Cinco
Calz. Ermita Iztapalapa
CHURUBUSCO
Canal
Arneses
Parque Nacional Cerro de la Estrella
Del Sur
Calz. Taxqueña
Canal
Calz. San Lorenzo
Av. Sta. Ana
Calz. México Tulyehualco
Canal Nacional
★ Museo Diego Rivera/ Anahuacalli
Museo
de Cáliz
Canal Chalco
Calz. del Hueso
Miramontes
Av. Cafetales
Universidad
Cuernavaca ★
C
D
X
Y
Z

CENTRE HISTORIQUE★★★

Carte p. 59 (**CX**) – Plan p. 61 et 72

Masarik n° 172, Polanco ☎ (5) 250-0027 et 250-0151 ;
Amberes n° 54, Zona Rosa ☎ (5) 525-9380

Le centre historique de la ville est le lieu où les traces des différentes étapes historiques traversées par le Mexique sont le plus apparentes. C'est là qu'à l'époque précolombienne s'étendait la grande Tenochtitlán, sur laquelle les conquistadores ont édifié beaux et luxueux palais, immenses complexes religieux et églises de renom. Inscrit au Patrimoine culturel de l'humanité en 1987, le centre historique de Mexico conserve de superbes vestiges de ces deux périodes, qui voisinent harmonieusement avec nombre d'autres belles constructions du 20e s.

★★★ 1 PLAZA DE LA CONSTITUCIÓN ET ENVIRONS

1 journée Ⓜ ligne 2 – Zócalo

★★★ **Plaza de la Constitución (El Zócalo)** – *(voir photo p. 51)* – À l'époque préhispanique, cette place jouait un rôle particulier dans la société aztèque, puisqu'elle formait une partie du templo mayor. Sous les vice-rois, elle a été le théâtre de grandioses fêtes civiles et religieuses et a vu construire de magnifiques exemples d'architecture coloniale. Sa physionomie a changé depuis, suivant les caprices des gouvernants et des architectes. C'est maintenant une place bétonnée au centre de laquelle flotte le drapeau national ; les soldats rentrent les couleurs tous les jours à 18 h.
De 1706 à 1843, elle a accueilli la statue de Charles IV et un édifice baptisé El Parián. Mais le président Santa Anna les a fait supprimer. À leur place devait être construit un monument à l'Indépendance, dont on n'a conservé que el **zócalo** (le socle), élément qui donne son nom à la place. Par extension, le mot zócalo s'emploie depuis généralement pour désigner la place principale des villes et villages du Mexique. Au 19e s., la place était plantée d'arbres et possédait un kiosque à musique et une station de tramway. En dépit de ses changements successifs, le Zócalo reste le cœur de la ville, en mouvement et agitation perpétuels. Il sert de décor aux spectacles populaires pour les grandes célébrations, **Fête de l'Indépendance**, défilé de la **Fête de la Révolution** ou fêtes de fin d'année. C'est également devenu le point de ralliement des défilés et manifestations sociales et politiques, qui l'ont consacré témoin muet de l'Histoire. Du côté Sud, le Zócalo est bordé par l'**Ancien** et le **Nouveau Bâtiment du Département du District Fédéral**, deux édifices presque jumeaux. Au côté Est de la cathédrale, on voit le **Nacional Monte de Piedad**, où se trouvait autrefois le palais de Moctezuma, que Hernán Cortés devait réserver à son usage personnel après la Conquête.

★★★ **Catedral Metropolitana** – *Zone Nord de la Plaza de la Constitución. Ouvert d'octobre à mars, du lundi au samedi de 7 h à 18 h, et d'avril à septembre, du lundi au samedi de 7 h à 19 h, dimanche et jours fériés de 7 h à 20 h. Fermé le 1er et le 5 mai, le 1er et le 16 septembre et le 20 novembre. ☎ (5) 510-0440.* La cathédrale est une des constructions les plus importantes du Zócalo. La pose de la première pierre remonte à 1573, sur le projet de Claudio de Arciniega. Mais la construction ne s'achève qu'en 1813, lorsque Manuel Tolsá édifie les galeries supérieures et le dôme. Cependant, une première cathédrale de la Nouvelle-Espagne avait été bâtie sur l'ordre de Hernán Cortés entre 1524 et 1532. L'actuelle Catedral Metropolitana a remplacé cette première construction détruite en 1626.

La façade – C'est une des plus belles façades baroques de la ville. Elle compte trois portails à colonnes doriques. Le portail central est orné d'un bas-relief qui représente l'Assomption.
Celui au Sud-Ouest montre le Christ remettant à saint Pierre les clés de l'Église. Le dernier reproduit en relief la nef de l'église. Une horloge ainsi que les sculptures de la Foi, de l'Espérance et de la Charité dues au maître Manuel Tolsá couronnent la façade. Les tours ont été élevées au 18e s. suivant les plans de Damián Ortiz.

L'intérieur – La noblesse et la force de la cathédrale se retrouvent dans le luxe de l'espace intérieur. Seuls certaines chapelles et autels sont actuellement ouverts à la visite, à cause de travaux de nivellement du bâtiment.

La cathédrale possède cinq nefs. Les deux nefs latérales comptent chacune sept chapelles. Les autres nefs servent aux processions ; la nef principale est remarquable par sa hauteur, par l'ornementation de son chœur et de ses autels.

Bien qu'il ne soit possible d'admirer les **chapelles★** que de l'extérieur, la chapelle de *Los Ángeles* (première à gauche) attire l'attention avec son beau retable doré.

Du côté du mur Nord, on découvre l'autel du *Seigneur des Pardons*, et **l'Autel des Rois★★★**, magnifique exemple du baroque churrigueresque, en bois plaqué d'or fin. Jerónimo de Balbás a commencé son admirable retable en 1718 ; il a été terminé 19 ans plus tard. Au centre figurent deux tableaux de style néohispanique, *L'adoration des Rois et L'Assomption de la Vierge* de Juan Rodríguez Juárez. Les bas-reliefs du pourtour représentent des rois, des reines et des saints.

Au centre de la nef principale se dressent le maître-autel et l'espace réservé au **chœur★★** dont la grille a été forgée à Macao en Chine. On distingue à l'intérieur les **stalles** en bois disposées en hémicycle, avec à chaque extrémité les **orgues** de gauche et de droite de la cathédrale, réalisées au 18e s.

Le chœur actuel est une réplique fidèle de l'original, disparu dans l'incendie de 1967 et reconstruit par le maître Miguel Ángel Soto Rodríguez et son équipe entre 1978 et 1984.

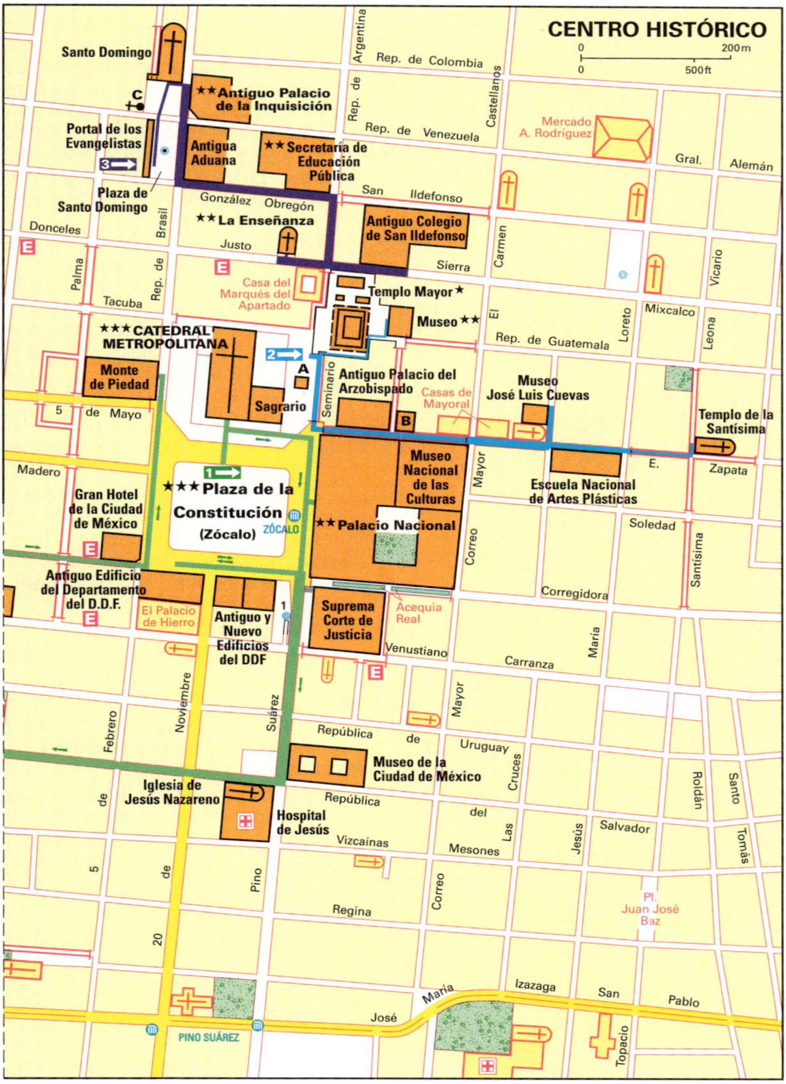

Les travaux de nivellement – Entre le début de sa construction en 1573, et l'achèvement de ses voûtes en 1667, la cathédrale s'est affaissée à des niveaux différents entre le maître-autel et la tour Ouest. Au 17e s., la différence de niveau était de 80 cm, mais à la fin du 19e s. dernier, elle atteignait 1,58 m, et elle est aujourd'hui de 2,42 m. Devant cette situation, les nombreuses lézardes et les réparations qui s'imposaient, la décision a été prise de procéder à des travaux de nivellement. Ils consistent à extraire le matériau là où la cathédrale est moins affaissée, pour atteindre le niveau de l'affaissement le plus important. On plante aussi des pieux en sous-sol pour consolider le bâtiment. Des échafaudages ont été placés à l'intérieur pour l'étayer pendant les travaux sur les fondations. On prévoit de les enlever en l'an 2000, même si les travaux de nivellement doivent se poursuivre en entretien.
En dépit de ces travaux, la cathédrale reste impressionnante sur la Plaza de la Constitución. Sur son flanc Ouest, elle abrite des chômeurs qui, chaque jour depuis près d'un siècle, offrent leurs services aux passants.

Sagrario Metropolitano – *Côté Est de la cathédrale (Photo p. 35).* Les deux portails rehaussent la beauté de la **façade★★** baroque. Ils représentent les douze apôtres (côté Sud) et les douze prophètes (côté Est). Fermé au public depuis 1993, le Sagrario a été construit entre 1749 et 1768 par l'architecte mexicain Lorenzo Rodríguez, en pierre rouge avec des bas-reliefs en pierre calcaire. Cette combinaison permet de le distinguer parfaitement du corps de la cathédrale, bien qu'ils soient mitoyens.

★★ **Palacio Nacional** – *Côté Est de la Plaza de la Constitución. Ouvert toute l'année, du lundi au vendredi de 9 h à 18 h, samedi et dimanche de 9 h à 17 h. Fermé les jours de fête nationale. ☎ (5) 228-1542.* Depuis longtemps se trouve ici le siège du pouvoir politique. À l'époque préhispanique, le palais de Moctezuma II était à cet endroit. Après la Conquête, il a formé une partie de la demeure réservée à Hernán Cortés, pour devenir en 1562 le palais des vice-rois. En 1692, une révolte populaire a détruit l'aile Sud ; le vice-roi Gaspar de la Cerda l'a alors fait reconstruire. Il a été remanié sous le gouvernement de Revillagigedo. En 1852, on a réalisé la porte de l'extrémité Nord, baptisée « Porte Mariana » parce qu'elle a été construite sous le gouvernement de Mariano Arista. En 1926 il a été encore une fois remodelé suivant le projet de l'architecte Petriccioli ; on a ajouté un troisième étage et modifié la façade.
Le Palais national abrite plusieurs cours. On accède aux bureaux de la Présidence de la République *(fermé aux visiteurs)* par la porte Sud ; la porte centrale conduit à la cour principale, ornée d'une fontaine qui est la réplique de celle de l'époque coloniale. Le **Museo del Recinto Parlamentario** *(ouvert toute l'année, du lundi au vendredi de 9 h à 18 h)* renferme différents documents de l'époque des lois de la Réforme et des documents personnels de Benito Juárez. On peut également apprécier la beauté de l'hémicycle qui a vu naître la Constitution de 1857.

L'escalier principal – Sur les murs de l'escalier principal, Diego Rivera (1886-1957) a réalisé entre 1929 et 1935 la fresque **La epopeya de México★★★** *(photo p. 20-21).* Il a repris dans cette œuvre les moments les plus importants de l'histoire nationale et y a exprimé sa propre idéologie.

Mur Ouest – On y voit la conquête du Mexique, représentée par une bataille entre Espagnols et Indiens, avec des scènes de l'évangélisation et de l'Inquisition. La fresque est couronnée de cinq arcs. Chacun des arcs encadre un épisode de l'histoire mexicaine. De gauche à droite : l'**Intervention française** et l'exécution de Maximilien de Habsbourg en 1867 ; **le Porfiriato** ; dans le panneau central, la **Guerre d'indépendance** et la **Révolution mexicaine ;** sous le quatrième arc est représentée l'époque de la **Réforme ;** sous le dernier, **l'Invasion nord-américaine**.

Mur Nord – Ici se trouve exposée la légende de Quetzalcóatl, ainsi qu'un descriptif de la vie indigène préhispanique.

Mur Sud – Diego Rivera illustre par sa peinture sa vision particulière de la lutte des classes, en représentant différents thèmes : lutte pour la réforme agraire, grève d'ouvriers, fascistes, travail, socialisme, science, dictateurs, politiciens fortunés. On remarque les figures de **Frida Kahlo** et de sa sœur entourées d'enfants.

Couloir Nord – Les deux murs du couloir qui accède aux salons du ministère des Finances sont ornés de **grisailles** (peintures en camaïeu gris) représentant les richesses offertes au monde par le Mexique. Sur la droite se déroulent neuf peintures **murales** consacrées aux cultures préhispaniques, parmi lesquelles *La Gran Tenochtitlán, La cultura totonaca* et *La llegada de Cortés a Veracruz.* La dernière met en avant un personnage difforme qui pourrait être Hernán Cortés.

Suprema Corte de Justicia – *Pino Suárez n° 2. Ouvert toute l'année, du lundi au vendredi de 10 h à 14 h. Fermé les jours de fête nationale. Il est recommandé de demander une autorisation de visite préalable. ☎ (5) 522-3640, poste 222.* Le bâtiment de la Haute Cour de Justice, construit entre 1935 et 1945, borde le côté Sud-Est de la Plaza de la Constitución. Autrefois se tenait ici un marché. L'architecte chargé de la construction, Antonio Muñoz García, a opté pour un style sobre, néoclassique. À l'intérieur le perron, principal est orné de fresques de José Clemente

Orozco, parmi lesquelles **La justicia**. Dans l'aile Nord, au-dessus de la bibliothèque se trouve **La guerra**, fresque de George Biddle. On admirera à la sortie, de l'autre côté de la rue, le monument de la **Fondation de Mexico-Tenochtitlán** (**1**) (1970).

Museo de la Ciudad de México – *Pino Suárez n° 30. Ouvert toute l'année, du mardi au dimanche, de 10 h à 18 h. Fermé les jours de fête nationale. ☎ (5) 522-3640.* Auparavant palais des comtes de Calimaya, cette jolie maison à deux étages rassemble photographies, fresques, maquettes et objets illustrant l'histoire et la culture de Mexico, ainsi que des salles préhispaniques. Son aspect actuel est dû à sa reconstruction en 1780 par l'architecte Francisco Guerrero y Torres. Sur la façade on voit un **portail** importé des Philippines portant les armoiries des familles qui y ont vécu. À l'angle de la rue, on voit une grande **tête de serpent** intégrée dans le soubassement, qui provient sans doute du Templo Mayor.

L'intérieur – Dans la cour principale, autrefois « cour des seigneurs », se trouve une fontaine ornée d'une figure de sirène nordique à double queue. L'escalier qui se dédouble au palier, est surplombé d'un arc trilobé orné d'un lion et d'une lionne, dont on croyait qu'ils conjuraient le mauvais sort. L'arrière-cour ou « cour des domestiques » abrite les maquettes des édifices les plus importants de la ville. Au deuxième étage, on peut voir la chapelle et sa sacristie voisine, et sur la terrasse, **l'atelier★** de Joaquín Clausell (1866-1935), probablement le seul peintre impressionniste mexicain du début du 20e s.

Hospital de Jesús – *Pasaje de la calle 20 de Noviembre n° 82. Ouvert toute l'année, du lundi au vendredi de 9 h à 16 h, samedi de 9 h à 13 h. Fermé les jours de fête nationale. ☎ (5) 542-6501.* Fondé par Hernán Cortés en 1524, c'est devenu la première institution hospitalière d'Amérique ; il poursuit toujours son œuvre d'assistance médicale. L'intérieur renferme deux cours entourées d'arcades, séparées par un escalier central orné du **buste** du conquistador du Mexique. Au niveau supérieur, une **fresque** du peintre Antonio González Orozco représente la première rencontre de Moctezuma et de Cortés, que l'on suppose avoir eu lieu à l'endroit précis où l'hôpital a été construit. Dans les bureaux du rez-de-chaussée, l'ancienne sacristie de l'église renferme aujourd'hui les bureaux du patronat. On y verra deux portraits de Hernán Cortés, mais surtout un des plus beaux **plafonds à caissons★** du pays (16e s.), tout en ors et bois précieux.

Iglesia de Jesús Nazareno – *República del Salvador n° 119, près de l'Hôpital de Jésus. Ouvert toute l'année, tous les jours de 8 h à 14 h et de 16 h à 19 h. Fermé le 1er mai, le 16 septembre et le 20 novembre. ☎ (5) 542-0423.*
L'église de Jésus de Nazareth est connue à l'origine sous le nom de Iglesia de Nuestra Señora de la Pura y Limpia Concepción, et doit son nom actuel à une légende merveilleuse attachée à une statue de Jésus portant la croix, parvenue par hasard au sanctuaire et demeurée là pendant des années. À l'intérieur de l'église, à gauche du maître-autel se trouve une urne contenant les **reliques de Hernán Cortés**. Au-dessus du chœur on remarque au plafond la **fresque★** *Apocalipsis* (1942-1944), réalisée par José Clemente Orozco, qui montre les horreurs de la Seconde Guerre mondiale.

Ex templo de San Felipe Neri – *República del Salvador n°49.* **San Felipe Neri el viejo et San Felipe Neri el nuevo** sont deux églises situées sur une petite place ; l'ensemble offre une agréable impression de paix. La deuxième église présente une magnifique **façade★** de style churrigueresque. Construite entre 1660 et 1668, la première n'a conservé que son portail baroque illustré d'un **bas-relief** de son saint patron, et la tour de son clocher, d'architecture manifestement populaire. À l'intérieur se trouve la bibliothèque Miguel Lerdo de Tejada, entourée de 2000 m² de fresques colorées dues au peintre d'origine russe Vlady Kibalchich, *Las revoluciones. (ouvert toute l'année, du lundi au vendredi de 9 h à 20 h ; fermé les jours de fête nationale ; ☎ (5) 709-5885).*

★ **Antigua Casa de los Condes de San Mateo Valparaíso (bureaux de la Banamex)** – *Isabel la Católica n° 44, angle de V. Carranza. Ouvert toute l'année, du lundi au vendredi de 9 h 30 à 14 h et de 16 h 30 à 18 h 30. Fermé les jours de fête nationale. ☎ (5) 225-6088.* Cette maison classique est une résidence seigneuriale typique. Elle a été bâtie entre 1769 et 1772 par l'architecte Francisco Antonio de Guerrero y Torres et est considérée comme une des demeures les plus représentatives de l'époque des vice-rois.
Majestueuse, elle arbore un élégant **portail** décoré de grilles en fer forgé, un blason portant les armes des comtes de San Mateo Valapraiso et, au coin, une tourelle portant l'image de la Vierge de Guadalupe. L'impressionnant portail ouvre sur une très grande cour et un **escalier★** hélicoïdal à double rampe, unique en son genre, qui aurait servi à la fois aux seigneurs et aux domestiques.

Gran Hotel de la Ciudad de México (ancien magasin « El Centro Mercantil ») – *Av. 16 de septiembre n° 82.* Construit entre 1895 et 1899 par les ingénieurs Daniel Garza et Gonzalo Garita, cet hôtel situé au fond à droite sur la Plaza de la Constitución est un exemple manifeste du goût français de l'époque du Porfiriato. L'extérieur

EL ROSARIO
6 7
Tezozomoc
Azcapotzalco
Ferreria
Norte 45
Vallejo
Aquiles Serdán
AZCAPOTZALCO
Exconvento de Azcapotzalco
Camarones
Refinería
Cuitláhuac
TACUBA
2
CUATRO CAMINOS
Panteones
Cuitláhuac
Popotla
El Toreo
TACUBA
Colegio Militar
CUAUHTÉMOC
San Joaquín
Normal
San Cosme
SAN COSME
Revolución
Mto a la Revolución
Polanco
Fuente de Petróleos
Auditorio
Monumento a la Independencia
Cuauhtémoc
Zona Rosa
Chapultepec
Sevilla
Insurgentes
Bosque de Chapultepec
Hospital General
Constituyentes
Juanacatlán
Bosque de Chapultepec
MIGUEL HIDALGO
Chilpancingo
9 TACUBAYA
Patriotismo
CENTRO MÉDICO
1
OBSERVATORIO
TACUBAYA
Atlantis
Poniente
Etiopía
San Pedro de los Pinos
Eugenia
San Antonio
Pl. de Toros "México"
División del Norte
Mixcoac
BENITO JUÁREZ
Zapata
7
BARRANCA DEL MUERTO
Coyoacán
CIRCUITO INTERIOR
SAN ÁNGEL
Viveros
COYOACÁN
Museo Estudio D. Rivera
Miguel Ángel de Quevedo
ÁLVARO OBREGÓN
Copilco
Estadio Olímpico
Ciudad Universitaria
UNIVERSIDAD 3
Río Hondo
Blvd. Manuel Avila Camacho
ANILLO PERIFÉRICO
Paseo de la Reforma
INSURGENTES
Av. Revolución
SISTEMA DE TRANSPORTE COLECTIVO
MÉTRO
Station
Correspondance
Terminus
Station en construction
Ligne en construction
Gare routière centrale
Gare ferroviaire
0 2km
0 1mi

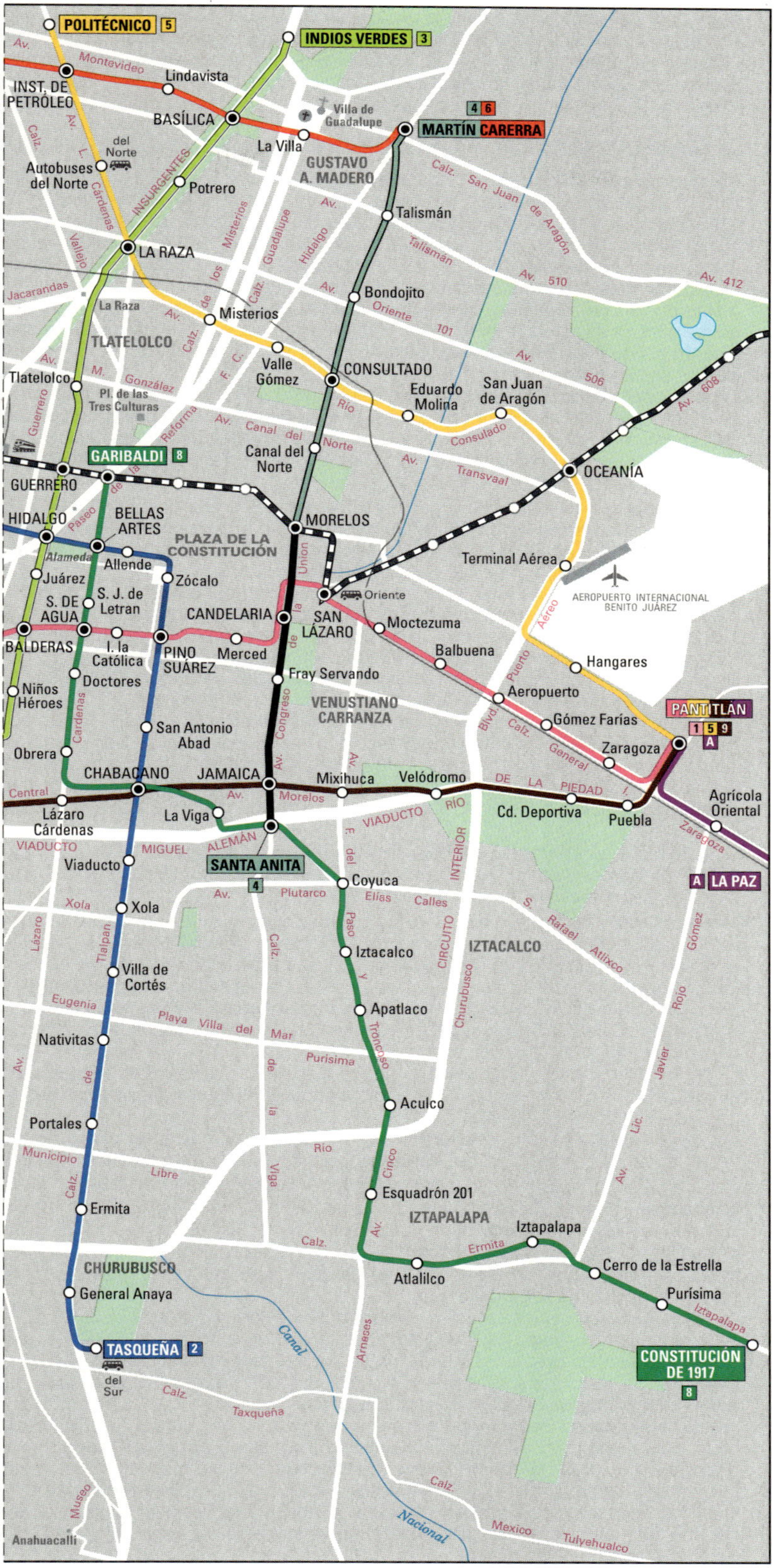
POLITÉCNICO 5
INDIOS VERDES 3
INST. DE PETRÓLEO
Lindavista
BASÍLICA
Villa de Guadalupe
La Villa
MARTÍN CARERRA 4 6
Autobuses del Norte
Potrero
GUSTAVO A. MADERO
Talismán
LA RAZA
Bondojito
Misterios
TLATELOLCO
Valle Gómez
CONSULTADO
Tlatelolco
Pl. de las Tres Culturas
Eduardo Molina
San Juan de Aragón
Canal del Norte
GARIBALDI 8
OCEANÍA
GUERRERO
MORELOS
HIDALGO
BELLAS ARTES
PLAZA DE LA CONSTITUCIÓN
Allende
Juárez
Zócalo
Terminal Aérea
Oriente
S. J. de Letran
S. DE AGUA
CANDELARIA
SAN LÁZARO
AEROPUERTO INTERNACIONAL BENITO JUÁREZ
Moctezuma
BALDERAS
I. la Católica
PINO SUÁREZ
Merced
Balbuena
Hangares
Doctores
Fray Servando
Niños Héroes
Aeropuerto
VENUSTIANO CARRANZA
PANTITLÁN 1 5 9 A
San Antonio Abad
Gómez Farías
Obrera
Zaragoza
CHABACANO
JAMAICA
Mixiuhca
Velódromo
Agrícola Oriental
Lázaro Cárdenas
La Viga
Cd. Deportiva
Puebla
SANTA ANITA 4
Viaducto
Coyuca
A LA PAZ
Xola
Iztacalco
IZTACALCO
Villa de Cortés
Apatlaco
Nativitas
Aculco
Portales
Ermita
Esquadrón 201
IZTAPALAPA
Iztapalapa
CHURUBUSCO
Cerro de la Estrella
General Anaya
Atlalilco
Purísima
TASQUEÑA 2
del Sur
CONSTITUCIÓN DE 1917 8
Anahuacalli

porte deux colonnes roses en pierre de taille, et son luxueux **intérieur★** comporte des éléments Art nouveau comme le fer forgé des balcons, les ascenseurs latéraux et l'escalier. Un remarquable **vitrail** aux motifs végétaux de couleurs vives orne le plafond. On peut admirer un pareil **vitrail** dans le magasin tout proche El Palacio de Hierro (5 de Febrero), un des premiers établissements de ce genre de la ville (1868).

★2 TEMPLO MAYOR ET ENVIRONS *1 journée. Ⓜ ligne 2 – Zócalo*

★**Templo Mayor** – *Seminario et República de Guatemala, à côté de la Cathédrale. Ouvert toute l'année, du mardi au dimanche de 9 h à 17 h. Fermé le 1er mai et le 16 septembre. $16. ☎ (5) 542-0606.* Orienté vers l'Ouest, le Templo Mayor compte encore deux grands sanctuaires dédiés à des idoles : celui de couleur rouge était consacré à **Huitzilopochtli,** dieu de la guerre, et celui de couleur bleue à **Tláloc,** dieu de la pluie. Le Templo Mayor a subi des transformations et des agrandissements du fait de fréquentes inondations, mais aussi du désir de chaque nouveau gouvernant préhispanique de bâtir un nouveau temple sur le précédent. On sait aujourd'hui qu'il a été agrandi au moins sept fois : sept temples y ont été construits les uns sur les autres.

Cette impressionnante construction faisait partie du site sacré, ou place principale de 500 m de côté, qui abritait 78 édifices. La **maquette de la zone lacustre du haut plateau** (**A**), sur la petite place à l'Est de la cathédrale à l'extérieur du site archéologique, donne une idée plus précise du plan de la ville de *México-Tenochtitlán* et de la localisation du Templo Mayor.

Zona arqueológica – Les étapes du parcours correspondent aux différentes époques de la civilisation aztèque. Il débute par l'étape « IVb » du Templo Mayor ; on y découvre une reproduction de la statue **Coyolxauhqui :** la découverte, en 1978, des vestiges de cette sculpture est à l'origine des fouilles du site.

Viennent ensuite les étapes IV et III, qui correspondent au gouvernement de Moctezuma Ilhuicamina Ier. On admirera les reproductions de figures de guerriers qui ont été replacées sur les perrons du temple. On pense que ces statues représentent les Indiens centzohuitznahua, adversaires de Huitzilopochtli.

Entre les différentes périodes, on observera une évolution notable de l'art lapidaire, dans le travail des escaliers, la taille de la pierre, et l'architecture.

A la première étape de la construction, on a le temple primitif avec ses deux sanctuaires consacrés aux idoles : au Sud, celui de Huitzilopochtli et, au Nord, celui de Tláloc. Devant le dieu de la guerre se trouve une pierre sacrificielle, alors que devant le dieu de la pluie se trouve un **chac-mool** de couleur bleue, personnage de la statuaire précolombienne, homme à demi allongé tenant un plateau qui servait d'autel sacrificiel.

Du côté Nord se situent les étapes V et VI, ainsi que le **Tzompantli**, le Templo Rojo et le **Recinto de los Guerreros Águila**, aux banquettes peintes de couleurs vives. Cette enceinte était le lieu de réunion exclusif des « guerriers aigle ».

★★**Museo del Templo Mayor** – Ce bâtiment moderne rassemble avec grand soin des collections qui invitent le visiteur à découvrir l'histoire de México-Tenochtitlán, depuis le départ des Mexicas de la mythique Aztlán jusqu'à l'arrivée des Espagnols.

Pour donner une idée du Templo Mayor, la visite débute avec une **maquette** de la place principale. On verra exposée la médaille du **Prix Nobel de la Paix** attribuée à RIGOBERTA MENCHÚ, leader indienne guatémaltèque. Elle a confié au Mexique la garde de ce symbole, jusqu'à ce que son pays recouvre la paix.

Le musée expose avec clarté, au long de ses huit salles, l'histoire des Mexicas, les étapes de construction du Templo Mayor, ainsi que les pièces découvertes sur le site, qui ont motivé les fouilles.

Les joyaux du musée sont le **tzompantli**, un mur sculpté de crânes en pierre recouverts de stuc (à l'entrée) ; le **dieu Murciélago** (salle 2) ; un **masque teotihuacan** en jade ; et les sculptures originales des **« guerriers aigle »**, correspondant à la période III.

★★★**Coyolxauhqui** – *On en aura un meilleur aperçu depuis le niveau 4.* Le 28 février 1978, lors des fouilles de la partie Sud du Templo Mayor, on a découvert au pied du perron du temple de Huitzilopochtli, une des pièces archéologiques les plus belles et les plus étonnantes du Mexique : **Coyolxauhqui,** « celle qui a des cloches peintes sur le visage », ou déesse de la lune.

La légende raconte que cette déesse était la fille de **Coatlicue**, déesse de la terre et de la mort. Un jour que Coatlicue balayait le temple de la colline de Coatepec, elle trouva des plumes précieuses qu'elle cacha en son sein ; elle en devint enceinte. Coyolxauhqui incita alors ses frères les étoiles, les 400 **surianos, « êtres du Sud »** ou **Indiens centzohuitznahua**, à gravir la colline pour tuer leur mère qui les avait déshonorés. Ils décidèrent de la supprimer avant la naissance de l'enfant. Coatlicue prit peur, mais l'enfant qu'elle portait en son sein s'adressa à elle et la rasséréna. Au moment où on allait lui donner la mort, **Huitzilopochtli** vint au monde, paré comme un guerrier, un serpent de feu à la main. Il blessa, puis décapita Coyolxauhqui, la lune. Taillée en pièces, elle roula au bas de la colline. Immédiatement après, le guerrier mit en fuite ses frères, les étoiles, qui se dispersèrent dans le firmament. Nombre d'entre eux moururent.

Coyolxauhqui, Musée du Templo Mayor

Le monolithe illustrant la légende mesure 3,05 m sur 3,25 m et pèse 8 tonnes. Il représente la déesse de la lune tombant du haut de la colline après avoir été décapitée par son frère Huitzilopochtli. Le relief et les proportions extraordinaires de la pierre taillée témoignent de la maîtrise des artistes Mexicas : au centre, le tronc immobile montre les marques du démembrement ; bras et jambes tournoient dans un rythme surprenant ; la tête pend, détachée ; la chute se prolonge jusque dans la coiffure ; des gouttes de sang perlent ; un crâne ferme la ceinture ; les joues sont ornées de cloches, particularité à l'origine de son nom. La *Coyolxauhqui* placée dans le site archéologique est une copie de l'original.

Antiguo Palacio del Arzobispado – *Moneda n° 4. Ouvert toute l'année, du mardi au dimanche de 10 h à 18 h. Fermé les jours de fête nationale. $8. ☎ (5) 228-1243.* Monumental édifice au portail baroque, **l'ancien palais de l'Archevêché** appartenait en 1530 au frère **Juan de Zumárraga**. C'est ici qu'il a accueilli l'Indien **Juan Diego** avec l'annonce de l'apparition de la *Vierge de Guadalupe*. Après l'inondation de Mexico en 1629, le bâtiment est resté enseveli. On en a reconstruit un nouveau sur le précédent, mais on a conservé les hauts murs à créneaux. En 1867, il a cessé sa fonction d'archevêché pour accueillir les bureaux du gouvernement. C'est en 1978 que l'on a découvert le monolithe **Cuauhxicalli**, ou Temaláycatl de Moctezuma, qui a dû servir pour les cérémonies de sacrifice de gladiateurs. Depuis 1994, le palais abrite le **musée du ministère des Finances** *(mêmes conditions de visite que l'Ancien Palais)*. Les œuvres d'art présentées s'y trouvent en règlement de dettes fiscales, payées en nature par des artistes comme Manuel Felguérez, Pedro Coronel, Francisco Zúñiga, Tamayo, Chávez Morado, Raúl Anguiano et Diego Rivera.

Casa de la Primera Imprenta (**B**) – *Lic. Primo de Verdad n° 1. Ouvert toute l'année,du lundi au samedi de 10 h à 18 h, dimanche de 10 h à 17 h. Fermé les jours de fête nationale. ☎ (5) 522-1675.* En 1530, cet édifice était une fabrique de cloches pour la cathédrale. En 1539 on y installe la première imprimerie du continent américain, à l'initiative du fameux imprimeur Juan Cronmberg, de Séville, qui a fait venir d'Espagne le typographe Juan Paoli. Cette maison de la Première Imprimerie est aujourd'hui centre culturel, et abrite un petit musée des sciences, annexe du MUSEO UNIVERSUM.

Museo Nacional de las Culturas – *Moneda n° 13. Ouvert toute l'année, du mardi au dimanche de 9 h 30 à 17 h 30. Fermé les jours de fête nationale. ✂ ☎ (5) 542-0187.* Au 19e s, l'empereur Maximilien décide d'installer un musée public d'histoire naturelle, d'Archéologie et d'Histoire dans l'ancienne maison de la Monnaie, construite entre 1731 et 1734. En 1909 le musée a été divisé et seules les collections d'histoire précolombienne et coloniale ont été conservées, jusqu'à leur transfert au MUSÉE NATIONAL D'ANTHROPOLOGIE à Chapultepec en 1964. Le musée national des Cultures présente aujourd'hui un panorama général des grandes cultures du monde. La salle dédiée à l'**Afrique**, au deuxième étage, mérite une attention particulière. Dans le hall se trouve une **peinture murale** de Rufino Tamayo sur la Révolution Mexicaine, réalisée en 1938.

Museo José Luis Cuevas – *Academia n° 13. Ouvert toute l'année, du mardi au dimanche de 10 h à 18 h. Fermé les jours de fête nationale. $5. ✂ ☎ (5) 542-6198.* L'ancien couvent de Santa Inés, fondé sous le patronage des marquis de la

Cadena, fut le premier couvent de femmes de Mexico. Sa construction date de 1598, et les activités monastiques ont débuté en 1600. En 1798, Manuel Tolsá le remodèle ; entre 1867 et 1915, il est transformé en édifice public. Il a été classé monument historique en 1932. Il abrite aujourd'hui une **collection★** d'art contemporain, des œuvres de Picasso et de Rembrandt, et une collection d'art érotique, propriété du dessinateur et graveur mexicain José Luis Cuevas. Dans la cour se dresse la sculpture *La Giganta* (1991) de Cuevas.

Escuela Nacional de Artes Plásticas (ancienne Académie de San Carlos) – *Academia n° 8, angle de la rue Moneda. Ouvert toute l'année, du lundi au vendredi de 8 h à 19 h. Fermé les jours de fête nationale. ☎ (5) 522-0630.* Le bâtiment était autrefois un hôpital. Au milieu du 18e s., par ordre de Charles III, il a été remanié par l'Italien Javier Cavallari pour accueillir l'Academia de San Carlos. Sur la façade, on observe des médaillons avec les bustes de Raphaël, Michel-Ange ainsi que Charles III. Dans la cour intérieure entourée d'arcades se trouvent des reproductions de sculptures classiques grecques, ainsi que deux salles d'expositions temporaires. Le bâtiment héberge les professeurs de l'École d'arts plastiques.

Templo de la Santísima – *Calle de la Santísima, angle de E. Zapata. Ouvert toute l'année tous les jours de 8 h à 20 h. ☎ (5) 522-2215.* L'église a été bâtie entre 1755 et 1783. Selon certains historiens, elle serait l'œuvre de l'architecte Lorenzo Rodríguez, créateur du Sagrario Metropolitano. Sa **façade★** à colonnes diminuées est l'un des plus beaux exemples du baroque mexicain ; elle représente la sainte Trinité, avec Dieu le Père couronné d'une tiare papale. Comme la cathédrale, cette belle église a souffert de son poids et de l'instabilité du sous-sol. Elle s'est affaissée au-dessous du niveau de la rue voisine.

★★ 3 SANTO DOMINGO ET ENVIRONS

1 journée. Ⓜ ligne 2 – Zócalo.

Plaza de Santo Domingo – Conçue depuis l'origine comme un espace ouvert, c'est l'une des plus anciennes places de Mexico. Tout au long de l'époque des vice-rois, on construit autour de cette place des édifices qui ont joué un rôle important dans la vie quotidienne de la population : l'ensemble religieux de Santo Domingo, le bâtiment de la Douane, le palais de la sainte Inquisition. Aujourd'hui, la place conserve son caractère populaire, et par chance continue d'être entourée par les belles constructions d'antan. La fontaine centrale, élevée en 1900, porte la statue de Josefa Ortiz de Domínguez, épouse du maire de QUERÉTARO.
Au 17e s., on a construit côté Ouest le porche qui abrite aujourd'hui divers commerces. Au 18e s., il prend le nom de **Portal de los Evangelistas** à cause des écrivains publics qui s'y sont installés pour offrir leurs services aux analphabètes. Cette remarquable tradition est toujours vivante. Outre les écrivains publics, le porche est occupé par des commerces, établis ou ambulants, de presse et de papeterie. Tous les jours, des dizaines de personnes viennent ici ; certains utilisent les bancs pour se reposer ; d'autres se font cirer les chaussures ; d'autres encore confient aux « évangélistes » leurs secrets les plus intimes, afin qu'ils transcrivent leurs déclarations, qu'elles soient d'amour, d'impôts ou autres.

Templo de Santo Domingo – *República de Brasil et B. Domínguez. Ouvert toute l'année, tous les jours de 8 h à 20 h. ☎ (5) 529-3906.* L'église St-Dominique a été le premier couvent dominicain de la Nouvelle-Espagne. L'ordre s'était d'abord établi là où se trouve aujourd'hui l'ancien palais de l'Inquisition, mais avec le temps cette première construction (1590) a été détériorée par les inondations et les tremblements de terre. On a donc construit un deuxième ensemble religieux au Nord de la place, qui a duré de 1736 à 1861, année où il a été presque entièrement détruit à la suite des lois de la Réforme. Seules subsistent à présent l'église et la chapelle de l'Expiration.

La façade principale – De style baroque, elle présente au centre un bas-relief de saint Dominique sous la protection des saints Pierre et Paul. On admirera sur le **portail latéral** les figures de saint Dominique et saint François tentant d'éviter l'effondrement de l'église de Letrán.

L'intérieur – Œuvre de Manuel Tolsá, le maître-autel de style néoclassique mérite l'attention. Les retables du transept sont dédiés à la Virgen de Covadonga (à gauche) et la Vierge du Chemin (à droite). Sur ce dernier, on remarquera la peinture de *Santo Domingo en Soriano*, par le frère Alonso López de Herrera. Certaines chapelles abritent des tableaux d'artistes connus : la chapelle de la divine Providence, une peinture de Miguel Cabrera ; la chapelle principale du Rosaire, une de Villalpando ; celle du Sacré-Cœur, un autre tableau de López Herrera ; et celle de la Vierge de Guadalupe en abrite un de Juan Correa.

La **chapelle du Seigneur de l'Expiration** (**C**) est située à l'angle Sud-Ouest de l'ancien atrium, à l'endroit précis où se trouvait une des chapelles de procession du 16e s. La façade actuelle date du 19e s.

★★**Antiguo Palacio de la Inquisición (musée de la Médecine mexicaine)** – *República de Brasil n° 33. Ouvert toute l'année, tous les jours de 10 h à 18 h. Fermé pendant la Semaine sainte, la deuxième quinzaine de juillet et de décembre. ☎ (5) 529-7542.* Le Tribunal du Saint-Office de l'Inquisition a été instauré en 1571 en Nouvelle Espagne, à la suite d'une conspiration menée par Martín Cortés, fils de Hernán Cortés, qui souhaitait l'indépendance. Le tribunal s'est ainsi développé plus comme un appareil de répression et de contrôle politiques que pour la persécution des hérétiques. La papauté a délégué la responsabilité du tribunal aux dominicains, raison pour laquelle l'Inquisition s'est établie sur cette place. Plusieurs propriétés ont d'abord été louées pour construire les bâtiments, y compris les chambres de torture, les prisons et les cachots. Pendant plusieurs années, l'actuelle rue de la República de Venezuela s'est appelée **Cárcel de la Perpétua** (prison de la perpétuité), car s'y trouvaient les prisons réservées aux condamnés à vie. Les rites d'humiliation publique avaient lieu Plaza Mayor, aujourd'hui ZÓCALO ; le bûcher était dressé devant l'église San Diego, sur un côté de la ALAMEDA.

Les terrains loués ont été achetés en 1732 et un nouvel édifice a été construit pour la sainte Inquisition. Le projet architectural a été confié à Pedro Arrieta qui a introduit des nouveautés comme le porche octogonal, les arcs entrelacés et les faux arcs. Le nouveau siège du tribunal a été inauguré en 1736.

Depuis 1854, l'immeuble appartient à l'École nationale de Médecine. En 1879 on a construit le troisième étage. Outre les divers départements de l'école, l'édifice abrite le **Musée de la Médecine mexicaine**, dont les salles montrent le développement de la médecine dans le pays, depuis les temps préhispaniques jusqu'au 20e s. On peut aussi visiter les **cours** intérieures et ce qui reste des prisons.

Antigua Aduana – *República de Brasil n° 31. Ouvert toute l'année, du lundi au vendredi de 10 h à 18 h, samedi et dimanche de 10 h à 13 h. ☎ (5) 512-1707.* On a installé dans la demeure du marquis de Villamayor le service des douanes, qui a fonctionné pendant une bonne partie de l'époque des vice-rois. En 1888, la Douane a disparu, et l'immeuble a été occupé par différents établissements publics. Depuis 1951, le bâtiment de l'ancienne Douane appartient au secrétariat à l'Éducation publique (SEP). L'intérieur a conservé ses vastes cours réunies par un escalier, dont murs et plafonds sont ornés d'une **peinture murale** de David Alfaro Siqueiros, *Patricios y patricidas* (1946).

Dans la cour Nord se trouve l'entrée destinée au passage des Maîtres mexicains, qui depuis 1993 relie l'ancienne Douane au bâtiment principal du SEP.

★★**Secretaría de Educación Pública (SEP)** – *República de Argentina n° 28. Guichet d'information à l'entrée principale. Mêmes conditions de visite que pour l'ancienne Douane.* Le couvent de l'Incarnation, qui hébergeait les sœurs de l'ordre de l'Immaculée Conception, a été fondé en 1594. Après les lois de la Réforme, l'édifice a été aménagé pour accueillir plusieurs écoles. En 1921, sous la présidence de Álvaro Obregón, on y a installé le secrétariat à l'Éducation publique. Le ministre José Vasconcelos a fait reconstruire l'édifice. En 1993, on a réalisé des travaux de réaménagement pour créer l'ensemble du siège de la SEP. La première cour abrite un petit **musée du site** qui présente les objets découverts à l'occasion de ces travaux.

Les peintures murales – En 1922, Vasconcelos a demandé à Diego Rivera de décorer environ 200 panneaux d'une surface de plus de 1 500 m². Ce travail a été terminé en 1928. C'est la première grande commande réalisée par Rivera à son retour d'Europe, où il avait étudié et travaillé pendant longtemps. C'est la raison pour laquelle ces fresques laissent transparaître une certaine influence de Giotto, Cézanne, Picasso, et l'école futuriste.

Patio del trabajo *(cour du travail) – (la première lorsqu'on entre par República de Argentina).* Au rez-de-chaussée sont représentés certains des principaux métiers de la République. On peut voir ici les scènes de la *Liberación del peón* (libération du travailleur agricole) et *La maestra rural* (l'institutrice de campagne), dont les thèmes sont liés aux conquêtes du mouvement révolutionnaire de 1910. Au premier étage, en raison des dimensions réduites des murs, Rivera a décidé de ne pas employer la couleur, et de peindre des grisailles, avec pour thème principal les activités intellectuelles, scientifiques et artistiques. Au deuxième étage l'artiste exalte les héros du Mexique. Aux angles des deux cours sont représentées les cultures européenne et orientale *(Patio del Trabajo)*, ainsi que les arts *(Patio de Juárez)*.

Les escaliers – *(mur Sud)*. Tout au long des murs des trois étages, l'artiste a peint le paysage mexicain dans sa variété, depuis le littoral jusqu'au haut plateau.

Les ascenseurs – *(mur Nord)*. Ici, Rivera a tiré parti de la pénombre et peint des images de CENOTE yucatèque et du golfe de Tehuantepec. Il fait preuve de sa grande habileté technique en réussissant la décoration d'un espace aussi sombre.

Patio de las Fiestas – *(Patio de Juárez)*. Au rez-de-chaussée sont représentées des fêtes traditionnelles mexicaines. On appréciera sur le mur Nord les représentations de Tehuantepec, Oaxaca. On découvrira au fond deux fresques de Jean Charlot et deux autres de Amado de la Cueva. Au premier étage, les assistants du maître muraliste ont dessiné les blasons des États de la République. Au deuxième étage, Rivera a illustré les paroles d'une chanson de la Révolution. Sur le panneau *El arsenal (mur Sud)* se détachent les figures de Frida Kahlo, David Alfaro Siqueiros, Tina Modotti et Julio Antonio Mella.

Antiguo Colegio de San Ildefonso – *Justo Sierra n° 16. Ouvert toute l'année, du mardi au dimanche de 11 h à 18 h. Fermé les jours de fête nationale. $16.* ✗ ☎ *(5) 702-6378.* Auparavant École nationale préparatoire, cet édifice est aujourd'hui aménagé en musée et centre culturel. Il a été fondé en 1588 par les jésuites et reconstruit au début du 18e s. Sa façade montre deux portails baroques, ornés de bas-reliefs étonnants : San Ildefonso recevant la chasuble *(à l'Ouest)* et San José protecteur des jésuites *(à l'Est)*.

L'**intérieur** abrite trois cours décorées de très belles **peintures murales★★★** : le Petit Collège, la cour des Passants et la Grande Cour. Sur le perron de la première, on peut voir les fresques de David Alfaro Siqueiros. Dans la Grande Cour, celles de José Clemente Orozco, qui occupent trois étages et laissent paraître son sens du ridicule et du tragique. Dans l'entrée principale, on peut contempler *La alegoría de la Virgen* (1922) de Fermín Revueltas et *El desembarco de la Cruz* (1923) de Ramón de Alva de la Canal. À gauche de l'escalier du troisième étage se trouve une fresque de Jean Charlot, *La masacre en el Templo Mayor o La conquista de Tenochtitlán*, et à droite une fresque de Fernando Leal, *Fiesta del señor de Chalma*, réalisées entre 1922 et 1923. Dans l'**amphithéâtre Simón Bolívar** *(accès par Justo Sierra n° 14)*, Diego Rivera a peint sa première fresque, *La creación* (1922). Le **Salon Generalito** *(deuxième étage de la cour principale à gauche)* présente des magnifiques **stalles** qui appartenaient au chœur de l'église St-Augustín, et une galerie de portraits néohispaniques.

★★**Templo de l'Enseñanza (Nuestra Señora del Pilar)** – *Donceles n° 102. Ouvert toute l'année, du mardi au dimanche de 10 h à 17 h.* ☎ *(5) 702-1843.* Cette petite église, « Temple de l'Enseignement », a appartenu au premier couvent et collège de la Compagnie de Marie en Nouvelle-Espagne. De la deuxième moitié du 18e s., classée monument national en 1931, elle est considérée comme un des joyaux de l'art baroque de la ville. Le portail retient l'attention par son étroitesse. L'intérieur conserve en parfait état son ornementation et les neuf **retables** d'origine. Deux particularités distinguent cette église d'autres églises tenues par des religieuses : la nef n'est pas parallèle à la rue et les **grilles du chœur** se trouvent à côté du maître-autel. Les peintures au-dessus du chœur sont l'œuvre d'Andrés López (18e s.). L'ancien couvent héberge aujourd'hui les Archives des notaires et le Collège national.

Intérieur du Templo de la Enseñanza

★★4 MADERO ET ENVIRONS *1/2 journée. Ⓜ ligne 2 – Bellas Artes.*

L'avenue Madero est une des voies les plus anciennes et les plus chargées d'histoire de la ville. Au 16e s., elle reçoit le nom de **San Francisco**, du fait de l'immense couvent franciscain *(voir plus loin)* qui occupait un grand nombre de pâtés de maisons le long de la rue. Au 17e s., on l'appellera **Plateros** car c'était le quartier des bijoutiers et des artisans qui travaillaient l'argent (plata). En 1914, elle a reçu son nom actuel en hommage à Francisco I. Madero.

Torre Latinoamericana – *Eje Central (Lázaro Cárdenas) n° 2.* Construite en 1956, cette tour de 182 m a été pendant plusieurs décennies l'édifice le plus haut du Mexique et d'Amérique latine.

Elle a été dessinée par les architectes Manuel de Colina et Augusto H. Álvares. Son système de fondations, mis au point par Leandro Zeevaert, basé sur des amortisseurs hydrauliques et parfaitement adapté au sous-sol fangeux, a permis à la gigantesque tour de sortir indemne des tremblements de terre de 1957 et 1985. Elle compte 47 étages, dont trois souterrains. Au 38e étage se trouve un aquarium *(ouvert tous les jours de 10 h à 22 h ; $15)* ; au 41e un bar destiné aux noctambules du week-end ; le 43e et le 44e offrent des panoramas équipés de télescopes, dont un en plein air. On y a une belle **vue★★** de la ville lorsque l'indice de pollution de l'air n'est pas trop élevé *(ouvert toute l'année, tous les jours de 9 h 30 à 23 h ; $22 ; ✗ ☎ (5) 521-0844)*.

★Casa de los Azulejos (ancien palais des comtes del Valle de Orizaba) – *Madero n° 4 (boutique et restaurant Sanborns). Ouvert toute l'année, tous les jours de 7 h à 1 h. ☎ (5) 518-0152.* En 1737, la cinquième comtesse del Valle de Orizaba a fait reconstruire le bâtiment qui occupait alors le site pour lui donner son aspect actuel. Les **azulejos** qui ornent l'intérieur et l'extérieur proviennent de Puebla. En 1881, cette maison a hébergé le *Jockey Club*, où se réunissaient les célébrités du Porfiriato, parmi lesquelles l'écrivain Manuel Gutiérrez Nájera. Au début du 20e s. elle a été achetée par Sanborns, magasin qui possède une histoire et toute une tradition au Mexique, et reconvertie ensuite en drugstore de style américain. L'escalier qui conduit au deuxième étage est orné d'une peinture murale de José Clemente Orozco intitulée *Omnisciencia* (1925).

★Templo y Ex convento San Francisco – *Madero n° 7. Ouvert toute l'année, tous les jours de 7 h à 21 h. ☎ (5) 518-4690.* Cette église a appartenu à l'ancien couvent saint François, fondé en 1525 par le frère **Pedro de Gante**. Le complexe a débuté avec une petite église, à laquelle on a annexé la première chapelle ouverte aux Indiens. Au 19e s. elle comptait un grand nombre de dépendances, cloîtres et chapelles, jusqu'à plus de 30 000 m². En 1856, plusieurs frères du couvent ont été accusés de sédition. Par précaution, les autorités ont réduit de trois-quarts la taille du complexe et vendu les bâtiments à des particuliers. Plus tard, les lois de la Réforme ont entraîné la destruction de presque tout ce qui restait.
L'entrée actuelle correspond à l'ancienne chapelle de Balvenera, aujourd'hui consacrée à la Vierge de Guadalupe. Le **portail★** de style baroque a été dépouillé en 1868 de ses sculptures par des protestants épiscopaliens. L'intérieur a été entièrement remodelé en 1949, lorsque le couvent a été rendu aux franciscains. L'église voisine occupe le site de l'ancienne chapelle de l'Immaculée Conception. Sur la rue de Gante, à l'intérieur de l'église méthodiste, on peut encore admirer une partie de ce qui était le **cloître★** principal.

★★Palacio de Iturbide (bureaux de la Banamex) – *Madero n° 17. L'intérieur se visite uniquement lors des expositions temporaires : pour les horaires, appeler le ☎ (5) 225-0247.* Ce palais est une des plus belles constructions civiles du 18e s. Dû à l'architecte Francisco Guerrero Torres, il a été achevé en 1785 sur commande du marquis de Jaral de Berrio, qui l'a offert à sa fille en cadeau de noces. Selon la légende, le prix du palais correspondait au montant total de la dot. Le marquis avait préféré investir son argent dans cette construction plutôt que de le voir dilapider par son gendre, le comte Pedro de Moncada.

1 Victor Artes Populares Mexicanas

Av. Madero, N° 10-305. 2e étage. Centre historique. ☎ (5) 512-1263.
Depuis plus de cinquante années, cette boutique discrète propose bijoux indigènes, tissus, antiquités populaires et objets d'artisanat réalisés pour la Fête des Morts.

De 1821 à 1822, le palais a été la résidence de Agustín de Iturbide, qui l'a quitté lorsqu'il a été proclamé empereur. En 1890, il a été transformé en hôtel par Emilio Dondé. L'hôtel a fonctionné jusqu'en 1928. Depuis 1966, l'immeuble appartient à la Banamex. La dernière transformation a été réalisée par l'architecte mexicain Ricardo Legorreta.
Près du palais, une rue plus loin, se trouve le **Bazar de Fotografía Casasola** *(n° 26, premier étage ; ouvert toute l'année, du lundi au vendredi de 10 h à 19 h ; samedi de 10 h à 15 h ; fermé les jours de fête nationale ; ☎ (5) 521-5192)*. Il présente une exposition-vente de photographies prises entre la fin du 19e s. et les années 40. Plus loin, l'hôtel Ritz (n° 30) abrite la peinture murale *Una tarde de domingo en Xochimilco* (1947) de Miguel Covarrubias. Juste en face, le **Museo Serfín de Indumentaria Indígena** *(ouvert toute l'année, du mardi au dimanche de 10 h à 18 h ; fermé le 1er janvier, le 16 septembre et le 25 décembre ; ☎ (5) 625-5734)* expose une collection de costumes typiques. En poursuivant la promenade, on peut admirer, à l'angle des rues Madero et Motolinía, l'ancienne maison de don José de la Borda, célèbre exploitant des mines de Taxco.

★Templo de la Profesa – *Isabel la Católica n° 21. Ouvert toute l'année, tous les jours de 7 h 30 à 20 h. ☎ (5) 521-8362.* Le bâtiment d'origine de cette « église de la professe » fondée par la Compagnie de Jésus, a été remanié en 1720 par Pedro Arrieta. Peu après l'expulsion des Jésuites, l'église a été acquise par l'Ordre de San Felipe Neri. En 1802, Manuel Tolsá a changé la décoration baroque en style néoclassique. On lui doit la construction du maître-autel. L'église a été brièvement élevée au rang de cathédrale entre 1926 et 1932.

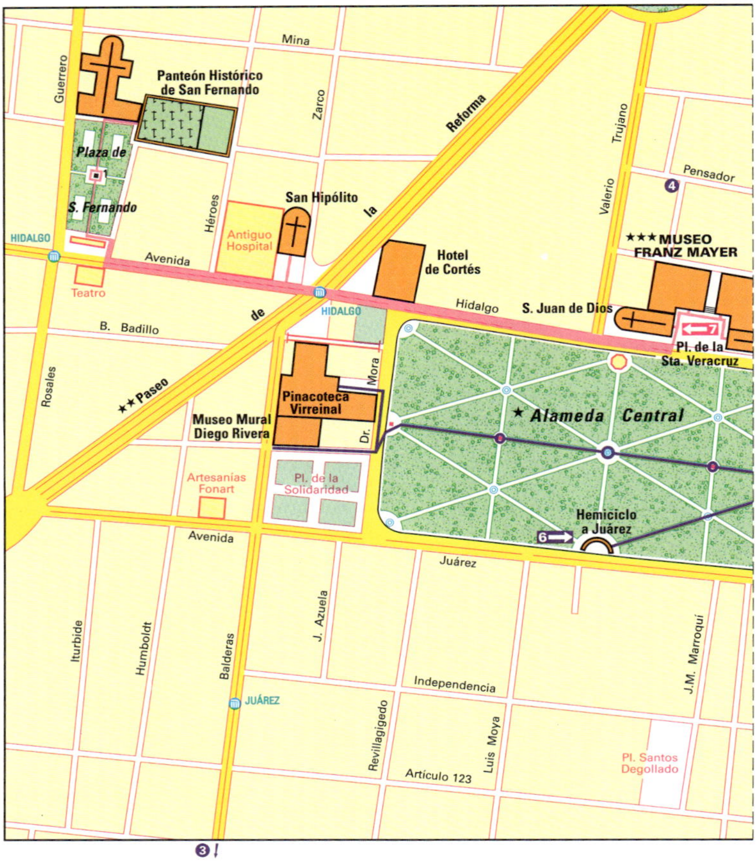

Dans le vestibule de la sacristie, on voit la **statue** du Roi de Burlas, bel exemple des « Christs sanglants » réalisés au 18e s au Mexique. Au premier étage se trouve une **pinacothèque** rassemblant une splendide **collection**★ de peintures de l'époque des vice-rois. *(L'accès à l'exposition se fait par un escalier après le vestibule ; dimanche midi uniquement).*

★**Casino Español** – *Isabel la Católica n° 29. Ouvert toute l'année, du lundi au vendredi de 11 h à 18 h, le samedi de 11 h à 14 h. Fermé les jours de fête nationale.* ☎ *(5) 512-0893.* Le casino a été construit entre 1901 et 1903 par Emilio González del Campo pour être un lieu de rencontre des colons espagnols et de la société mexicaine. Sa **façade** en pierre de taille rose est de style éclectique, ainsi que le reste de l'édifice. L'**intérieur**★ possède un escalier luxueux arborant le blason de Charles Quint. La sculpture *Agonía de Cristóbal Colón* ornant le palier est l'œuvre de Mariano Benlliure. Au premier étage, le **salon des rois**★★ se distingue par ses vitraux et son plafond à caissons.

★★5 PLAZA MANUEL TOLSA ET ENVIRONS *1/2 journée.*

Ⓜ *ligne 2 – Bellas Artes.*

Cette place entourée de magnifiques édifices historiques doit, depuis 1982, son nom au célèbre architecte de Valence, Manuel Tolsá (1757-1816). Deux de ses grands ouvrages, représentatifs de l'architecture néoclassique mexicaine, se trouvent ici : le Palacio de Minería au Sud ; et, au centre de l'esplanade, la **statue équestre de Charles IV**★, plus connue sous le nom de *El caballito*. Elle a été réalisée en plâtre en 1796 et coulée en bronze en 1803. Elle a orné successivement la Plaza de la Constitución, la cour de l'ancienne université et le rond-point de Reforma et Bucarelli.

★**Palacio de Correos** – *Tacuba n° 1. Ouvert toute l'année, du lundi au vendredi de 9 h à 17 h, samedi, dimanche et jours fériés de 10 h à 14 h. Fermé le 1er janvier, le 16 septembre et le 25 décembre.* ☎ *(5) 510-2999.* Ce « palais de la Poste » est une construction raffinée, au style éclectique, réalisée entre 1902 et 1907 par l'architecte italien Adamo Boari. La façade est en pierre de taille blanche. À l'inté-

rieur, l'emploi de marbre blanc et noir se combine harmonieusement avec des structures métalliques. L'**escalier central**★ présente un superbe travail de fer forgé, tout comme les grilles et les encadrements de portes et de fenêtres réalisés à Florence. Au premier étage se trouvent la bibliothèque de la Poste, un musée de philatélie et un guichet pour l'achat, la vente ou l'échange de timbres.

★★ **Palacio de Minería** – *Tacuba n° 5. Ouvert toute l'année, du lundi au vendredi de 8 h 30 à 20 h. Fermé les jours de fête nationale, en août et les trois dernières semaines de décembre. ☎ (5) 521-4020.* Construit entre 1797 et 1813, ce palais est un des meilleurs exemples d'architecture néoclassique de Mexico. Il hébergeait au début l'École royale des Mines. Il est aujourd'hui propriété de l'Université autonome nationale de Mexico, et accueille une fois l'an la Foire internationale du livre. Le portail principal présente trois arcs séparés par des colonnes doriques. Sur la partie supérieure s'étirent un long balcon et un fronton triangulaire qui servait d'observatoire. Il faut voir à l'intérieur la **cour principale** et l'escalier. La chapelle a conservé sa décoration d'origine, avec les peintures murales de l'artiste espagnol Rafael Ximeno y Planes.

★ **Museo Nacional de Arte (MUNAL)** – *Tacuba n° 8. Ouvert toute l'année, du mardi au dimanche de 10 h 30 à 17 h 30. Fermé les jours de fête nationale. $10. ☎ (5) 521-2772.* Remarquable exemple d'architecture du Porfiriato, il a été édifié entre 1904 et 1911 par Silvio Contri pour héberger le ministère des Communications et Travaux Publics. Sa façade associe les styles Renaissance et classique français. On remarquera à l'intérieur les fers forgés du superbe **escalier en marbre**, ainsi que la décoration de ses **plafonds** et du salon de réception, due à Carlo Coppdé.

Les salles du **musée** retracent l'évolution des arts plastiques au Mexique, depuis le 16e s. jusqu'à 1950. L'**exposition**★★ d'œuvres du 19e et du 20e s. est de toute beauté.

> **2 Café de Tacuba**
>
> *Tacuba n° 28, centre historique. ☎ (5) 518-4950.* Un café traditionnel depuis 1912, qui a conservé ses couleurs provinciales et son service affable ; recommandé pour se délasser après le parcours animé du centre historique.

★★ 6 ALAMEDA CENTRAL ET ENVIRONS

1/2 journée. Ⓜ ligne 2 – Bellas Artes.

★**Alameda Central** – *Entre Av. Juárez et Av. Hidalgo.* C'est le plus ancien parc de la ville. Établi à la fin du 16e s., il doit son nom aux peupliers *(álamos)* plantés à cette époque avec d'autres arbres dans les terrains marécageux qui formaient les abords de la ville.
À l'époque des vice-rois, c'était par excellence le lieu de délassement de la Nouvelle-Espagne, ainsi que le théâtre de duels pour des rivalités amoureuses. Au 18e s. il acquiert sa dimension actuelle en reprenant l'espace de la Plaza del Quemadero, où on exécutait les hérétiques inculpés par l'Inquisition. La place se situait devant ce qui est aujourd'hui la Pinacothèque des vice-rois *(voir plus loin)*. En 1868, on a ôté le mur qui l'entourait. En 1910, pour les fêtes du centenaire de l'indépendance, on y a bâti l'**Hemiciclo a Juárez.** En 1921, la communauté allemande a fait don au jardin d'un autre grand monument, consacré à **Beethoven**. Aujourd'hui, des centaines de personnes se promènent dans ce parc, riche de quatre siècles d'histoire et source d'inspiration de grands artistes. Les couples s'embrassent et, les jours de fête, on a un spectacle multicolore avec les nombreux vendeurs et visiteurs, qui donnent raison au poète Carlos Pellicer : « Qui n'est pas passé, qui ne s'est pas promené dans l'Alameda ? ».

© Robert Frerck/Odyssey

La Alameda et la Tour latino-américaine

★★**Palacio de Bellas Artes** – *Av. Juárez et Eje Central (Lázaro Cárdenas). Ouvert toute l'année, du mardi au dimanche de 10 h à 18 h. Fermé le 1er mai.* ✗ 🅴 *☎ (5) 521-9251, poste 153.* Le dernier palais construit dans la ville est la scène de spectacles culturels très célèbres. Sa construction, en majeure partie en marbre de Carrare, a débuté en 1904 sur les plans de l'architecte italien Adamo Boari.
L'affaissement du bâtiment (1,80 m en sept ans) et le début de la Révolution mexicaine ont provoqué l'interruption des travaux, qui n'ont repris que vers 1932 sous la direction de l'architecte Federico Mariscal. Il a été inauguré en 1934. Du fait de cette longue période de construction, il présente deux styles d'architecture : l'extérieur réalisé par Boari est Art nouveau ; l'intérieur élaboré par Mariscal est Art déco. Les deux styles reprennent toutefois des éléments précolombiens, tels que les mascarons de guerriers aigle et guerriers jaguar, les divinités mayas et les serpents.
Dans le **Théâtre principal**, on remarquera le **rideau de cristal**★ (1910) réalisé par la Maison Tiffany sur un dessin du paysagiste mexicain Gerardo Murillo (Docteur Atl). Les volcans Popocatépetl et Iztaccíhuatl y sont représentés. On ne peut l'admirer que le dimanche avant les représentations du **Ballet Folklorique du Mexique**★, lorsqu'on y projette des jeux de lumières figurant le lever et le coucher du soleil sur la vallée de Mexico. *(représentations le mercredi à 20 h 30 et le dimanche à 9 h 30 et 20 h 30 ; $120, $180 et $220 ; ☎ (5) 521-9251, poste 152).*

★★**Peintures murales** – Au deuxième étage sont exposées des œuvres de Rufino Tamayo, *México de hoy* (1953) et *Nacimiento de la nacionalidad* (1952) ; au troisième étage, *El hombre controlador del universo* (1934) de Diego Rivera (dont la première version, destinée au Rockefeller Center de New York, a été détruite parce qu'elle portait la figure de Lénine), *La Katharsis* (1935) de José Clemente Orozco, *Nueva democracia* (1945) et *Apoteosis y resurrección de Cuauhtémoc* (1951) de David Alfaro Siqueiros. Il est recommandé d'emprunter la galerie opposée pour voir les fresques et apprécier leurs perspectives multiples.

Museo Mural Diego Rivera – *Balderas, angle avec Colón. Ouvert toute l'année, du mardi au dimanche de 10 h à 18 h. Fermé les jours de fête nationale. $7.* ☏ *(5) 512-0754.* Le bâtiment a été construit spécialement pour abriter la **fresque★★** de Diego Rivera, *Sueño de una tarde dominical en la Alameda Central* (1947), après qu'elle ait été retirée du hall du célèbre Hôtel del Prado, dont la structure a été endommagée par le tremblement de terre de 1985. Diego Rivera a peint sur cette fresque le portrait de différents personnages de l'histoire mexicaine en train de se promener dans l'Alameda, y compris le peintre lui-même âgé de neuf ans, auprès de Frida Kahlo.
Tous les jours, un spectacle son et lumière *(11 h et 17 h)* présente la fresque, dont l'intéressante histoire est illustrée dans les salles du musée.

Pinacothèque des vice-rois – *Dr. Mora n° 7, côté Ouest de l'Alameda. Ouvert toute l'année, du mardi au dimanche de 9 h à 17 h. Fermé le 1er janvier, le 1er mai, le 21 juillet et le 25 décembre. $7.* ☏ *(5) 510-2793.* La pinacothèque renferme une importante **collection★** de peintures de l'époque coloniale. À cet endroit se trouvaient autrefois une église et un couvent, construits à partir de 1591 par les frères de l'ordre de San Diego, fermés en 1861 par les lois de la Réforme, et par la suite démantelés. L'église a été ouverte au culte au gré des changements politiques jusqu'à 1934, date à laquelle elle a été expropriée. En 1964, après restauration, elle a été transformée en musée.
La collection présente des œuvres réalisées au Mexique entre le 16e s. et le premier quart du 19e s. par de grands maîtres comme Andrés de la Concha, arrivé en Nouvelle Espagne en 1568 ; Luis Juárez, né au Mexique ; Baltasar de Echave Orio, qui a peint *La adoración de los reyes* en 1606 en utilisant des pigments employés par les Indiens (le bleu intense du manteau de la Vierge) ; et des peintres comme Miguel Cabrera, le miniaturiste Luis Lagarto et Sebastián Lopez de Arteaga, qui a importé la technique du « clair-obscur » (seconde moitié du 17e s.). Elle comprend également des œuvres de José Juárez, considéré comme le meilleur peintre de l'époque, de Cristóbal de Villalpando, des cousins Juan et Nicolás Correa et des frères Juan et Nicolás Rodríguez Juárez qui, tout en étant des peintres du 18e s., ont maintenu le niveau d'excellence des peintres du siècle précédent, reconnu pour être le siècle d'or de la peinture néohispanique. On trouve aussi ici des toiles de Rafael Ximeno y Planes, artiste des débuts de l'Indépendance.

> **3 Marché d'artisanat de la Ciudadela**
>
> *Plaza de la Ciudadela n° 1. Ⓜ lignes 1 et 3 – Balderas. Entrée par la Plaza de la Ciudadela ou par Balderas. Ouvert tous les jours de 9 h 30 à 19 h 30.* ✗ Ⓔ ☏ *(5) 510-1828.* À côté de la Plaza de la Ciudadela, ce grand marché est, avec plus de 300 étals, l'un des meilleurs pour l'achat d'objets artisanaux de toutes les régions du Mexique.

7 PLAZA DE LA SANTA VERACRUZ ET ENVIRONS

1 journée. Ⓜ *ligne 2 – Hidalgo ou Bellas Artes.*

Plaza de la Santa Veracruz – *Av. Hidalgo, (entre Eje Central et Reforma, à côté de l'Alameda).* Cette petite place en contrebas est devenue un refuge agréable et tranquille au milieu de l'animation quotidienne du centre historique. Elle est bordée par deux charmantes églises coloniales et deux grands musées.

Templo de la Santa Veracruz – *2 de Abril n° 6, angle Av. Hidalgo (Sud-Est de la place). Ouvert toute l'année, du lundi au samedi de 9 h 30 à 13 h 30 et de 16 h à 20 h ; le dimanche de 9 h 30 à 14 h et de 16 h à 20 h.* ☏ *(5) 512-3841.* L'église a été construite en 1527 par l'archiconfrérie de la Santa Veracruz, association fondée un an plus tôt par Hernán Cortés. L'église paroissiale d'origine, qui a duré plus de deux siècles, a été remplacée en 1764 par le bâtiment actuel. La nouvelle église, de style baroque, à colonnes diminuées, est placée sous la protection de San Blas. Après l'indépendance, elle est devenue propriété des citoyens de la Santa Veracruz, dont le recteur était l'empereur Agustín de Iturbide. Aujourd'hui, elle appartient à l'Opus Dei.
L'intérieur a été totalement détruit au 20e s. Il n'en subsiste que le *Christ des sept voiles* (16e s.), offert à la confrérie par Charles Quint. Le maître-autel conserve les **reliques de Manuel Tolsá**. On peut admirer dans la chapelle de la Vierge de Guadalupe plusieurs tableaux attribués à Miguel Cabrera et ce qui serait un morceau de la croix du Christ, orné de rubis.

Museo Nacional de la Estampa – *Av. Hidalgo n° 39 (Nord-Est de la place). Ouvert toute l'année, du mardi au dimanche de 10 h à 18 h. Fermé les jours de fête nationale. $8.* ☏ *(5) 521-2244.* Le musée de l'Estampe est situé dans un édifice néoclassique du 19e s. La collection permanente montre l'évolution historique de l'art de la gravure au Mexique, depuis les temps préhispaniques jusqu'au 20e s. En raison de la grande quantité d'œuvres et des expositions temporaires, le musée est contraint de faire tourner périodiquement ses collections.

★★ **Museo Franz Mayer** – *Av. Hidalgo n° 45. Ouvert toute l'année, du mardi au dimanche de 10 h à 17 h. Fermé le 20 novembre et le 25 décembre. $12.* ✗ ☎ *(5) 518-2265.* Il est situé dans l'ancien hôpital San Juan de Dios (16e s.) où l'on soignait les malades métis, noirs et mulâtres. Le bâtiment a été restauré dans les années 80 pour héberger ce musée consacré aux arts appliqués. La **collection**, don de Franz Mayer (1882-1975), couvre quatre siècles de production artistique mexicaine (du 16e au 19e s.). Elle comprend aussi des pièces européennes et asiatiques qui ont servi de modèles ou ont eu quelque influence sur la production nationale.

Courtesy Franz Mayer Museum

Cuisine en faïence de Puebla (18e s.)

Le rez-de-chaussée compte quatre salles qui donnent une vision générale des arts appliqués au travers d'objets usuels et quotidiens. Les salles de **sculpture** coloniale mexicaine et d'**objets en argent**★ méritent une attention particulière.

Premier étage – Ici se trouve la pinacothèque, avec une excellente collection de peinture européenne et une série de coffres finement décorés au moyen de différentes techniques. À l'extrémité de cette section, on découvre à droite la salle consacrée à la **faïence de Puebla** et la salle des textiles, à gauche, la collection de peinture mexicaine. La visite se termine par une grande exposition d'objets fabriqués entre le 17e et le 19e s. provenant de différents pays.
Sur les côtés du cloître, au rez-de-chaussée, sont reproduites quatre habitations coloniales. Au deuxième étage, on trouve un petit musée du site, une salle d'expositions temporaires et une bibliothèque spécialisée.

4 **Salón México**
2d Callejón de San Juan de Dios n° 25, angle de Pensador Mexicano, Col. Guerrero. Vendredi et samedi de 21 h à 19 h 30 ☎ *(5) 518-0931.* Cette salle de bal traditionnelle, ouverte dans les années 20, a fonctionné jusqu'à la fin des années 50. Elle a rouvert ses portes en 1993 après une restauration qui imite la sous-station électrique qui avait existé à cet endroit. C'est une salle idéale pour le *danzón* et les rythmes tropicaux, accompagnés des meilleurs orchestres du genre.

Templo de San Juan de Dios – *Av. Hidalgo n° 51 (Ouest de la place). Ouvert toute l'année, du jeudi au mardi de 9 h à 13 h et de 16 h à 19 h.* ☎ *(5) 512-8940.* Cette église a été fondée au 18e s. par les frères de l'ordre de San Juan, qui s'occupaient également de l'hôpital San Juan de Dios (aujourd'hui musée Franz Mayer). Son très beau **portail**, en plus d'être le plus ancien de la ville, arbore plusieurs nouveautés architecturales de l'époque : l'arc rampant, la décoration à base de sculptures à l'intérieur des niches, les pilastres ondulants. Sous les vice-rois, l'église a servi à la représentation de drames religieux en raison de son excellente acoustique. Les retables d'origine ont été détruits par un incendie au 18e s.

Hotel de Cortés – *Av. Hidalgo n° 85.* Il a été construit pendant la deuxième moitié du 17e s. pour héberger les frères augustins de passage dans la ville. On est accueilli, à l'intérieur, par une statue très endommagée de saint Thomas de Villeneuve, qui se trouvait en façade et a été déplacée en 1780. L'hôtel actuel date de 1943. La **cour** abrite un restaurant.

Templo de San Hipólito – *Av. Hidalgo et Reforma. Ouvert toute l'année, du lundi au samedi de 6 h 30 à 14 h et de 16 h à 21 h ; le dimanche de 6 h 30 à 21 h. ☎ (5) 521-3889.* Au 16e s., on a bâti ici un ermitage en honneur des soldats espagnols tombés au cours de la plus grave défaite subie par les conquistadores, la NOCHE TRISTE. Ensuite, l'église a été dédiée à saint Hippolyte, car c'est un 13 août, jour de fête de ce saint, qu'a eu lieu la chute de Tenochtitlán. Aujourd'hui l'église est visitée quotidiennement par des dizaines de personnes qui vénèrent saint Jude Thadée.
À l'angle de l'avenue Hidalgo et de la rue Zarco, sur le mur, se trouve un **bas-relief** du 19e s. représentant le rêve de Moctezuma II, présage de la Conquête.

Plaza de San Fernando – *Av. Hidalgo et Av. Guerrero.* Au centre de cette place s'élève le **monument** (**1**) à Vicente Guerrero, œuvre de Miguel Noreña, un des plus grands sculpteurs mexicains du 19e s. Au Nord se trouve le **Templo de San Fernando** *(ouvert toute l'année, tous les jours de 7 h à 21 h ; ☎ (5) 518-6771).* La façade de cette église construite au 18e s. présente un haut-relief figurant un combat entre le saint et les Maures. Le retable de style baroque a été réalisé au 20e s. On remarquera le travail du bois du pupitre et de la tribune sur le côté gauche.
À droite de l'église se trouve le **Panteón Histórico de San Fernando** fondé en 1836 *(ouvert toute l'année, tous les jours de 8 h à 15 h ; ☎ (5) 512-9098).* Il abrite les tombeaux de personnages historiques du 19e s., comme Benito Juárez, Ignacio Zaragoza et Vicente Guerrero.

AUTRE CURIOSITÉ *Plan p. 59* (CX)

Archivo General de la Nación (ancienne prison) – *1 h. Eduardo Molina et Albañiles. Ⓜ ligne 4 – Morelos. Ouvert toute l'année, tous les jours de 8 h 15 à 15 h. Fermé les jours de fête nationale et la deuxième quinzaine de décembre jusqu'au 2 janvier. La visite guidée est conseillée, sur réservation.* ✗ E *☎ (5) 795-7311.* Inauguré en 1900 par Porfirio Díaz, cet édifice grandiose à façade néoclassique en pierre de taille présente d'impressionnants éléments ornementaux. Ses hautes tours crénelées lui donnent l'aspect d'une forteresse imprenable.
A l'intérieur, on sera frappé par la distribution panoramique des couloirs au long des sept ailes du bâtiment, tous partant de la même tour de surveillance centrale. L'édifice est aujourd'hui couvert d'un grand dôme qui abrite dans une enceinte circulaire des expositions temporaires.
Le bâtiment est également connu comme « El Palacio Negro de Lecumberri » parce qu'il a servi de prison au cours de ses premières 75 années. En 1977 il est devenu le siège des Archives générales de la Nation, où l'on conserve les documents de l'histoire du Mexique du 16e s. à nos jours. Les archives les plus visitées sont celles de l'Inquisition, celles de la Révolution, et les archives photographiques, avec plus de cinq millions de clichés.

■ Marchés de Mexico

Les marchés de **Xochimilco** *(p. 98)*, **La Merced**, **La Lagunilla** et **Jamaica** sont les plus anciens. Ils datent de l'époque où la capitale était encore divisée en plusieurs villages reliés par des canaux. À cette époque, chaque communauté avait son propre **tianguis** – un endroit destiné au troc et à la vente de marchandises. Les Indiens transportaient leurs produits dans de petites embarcations appelées **trajineras**. Les chroniqueurs des siècles précédents racontent qu'il était vraiment merveilleux de les voir naviguer dans ces barques, car les couleurs de leurs vêtements, leurs visages, l'immense variété des articles, enrichissaient le paysage déjà étonnant de la ville lacustre.
Quelques siècles plus tard, Mexico a complètement changé ; mais ces marchés ont survécu, et sont maintenant des lieux où se mêlent croyances, réalités et traditions millénaires du Mexique. On trouve ici une incroyable variété de produits, qui vont des herbes aphrodisiaques, fleurs et plantes médicinales d'origine précolombienne, jusqu'aux amulettes et poudres magiques provenant de terres lointaines. Prolifèrent les images de saints et de Vierges faiseurs de miracles, les guérisseurs qui combattent le mauvais œil et de curieux personnages qui en savent plus long sur sortilèges et breuvages que toutes les sorcières réunies. Dans les marchés, on trouve aussi des cuisines ambulantes pour parer aux faims subites, et dans certains, comme le **mercado de Sonora**, beaucoup plus récent que les autres, on peut même acheter des produits d'importation, des ouvrages d'artisans et des animaux d'élevage.
D'autres marchés vendent des objets artisanaux, comme **La Ciudadela** *(p. 75)*, le **Bazar del Sábado** *(p. 96)* et les boutiques de **FONART**.

BOSQUE DE CHAPULTEPEC★★★

3 jours. Ⓜ ligne 1 – Chapultepec
Carte p. 58 (**ABY**) – Plan p. 78

Cette forêt historique est peuplée sur 730 ha de grands arbres anciens, témoins fidèles des traditions et événements qui s'y sont déroulés depuis les temps préhispaniques, époque où le lac de Texcoco séparait cette région de Tenochtitlán.
C'est à cet endroit que s'est pour la première fois implanté le peuple Mexica. Il s'y installe avec l'autorisation des Tecpanèques après sa longue migration depuis la mythique Aztlán. Dans le *codex Boturini*, qui raconte le voyage des tribus Nahuatlacas, cet endroit figure sous la forme d'une colline sur laquelle est posée une sauterelle. Il semble que les sauterelles y proliféraient, et qu'elles constituaient une nourriture prisée. Plus tard, la noblesse aztèque y a élu résidence. Le nom « Chapultepec » provient d'une grande divinité totémique de la mythologie mexica.
En 1784-1786, sous les vice-rois, on a érigé au sommet de la colline de la sauterelle le château légendaire de Chapultepec, théâtre d'une des grandes batailles lors de l'invasion américaine de 1847. Le **Monumento a los Niños Héroes** (**1**) (1952) est consacré aux nombreux élèves officiers du Collège militaire qui ont donné leur vie dans cette bataille. Les sources généreuses de la forêt ont approvisionné la ville en eau jusqu'à la fin du 19e s. Le *Porfiriato* donnera son aspect actuel au Bosque de Chapultepec ; on l'a par la suite augmenté de deux domaines pour constituer une réserve écologique qui sert de poumon à la ville. Il abrite aussi un grand centre récréatif et culturel, avec des musées parmi les plus importants de la capitale, et des aires de détente : lacs, parc d'attractions et jardin zoologique.

Visites – *Ouvert toute l'année, tous les jours de 5 h à 17 h ; ☎ (5) 515-2697.*

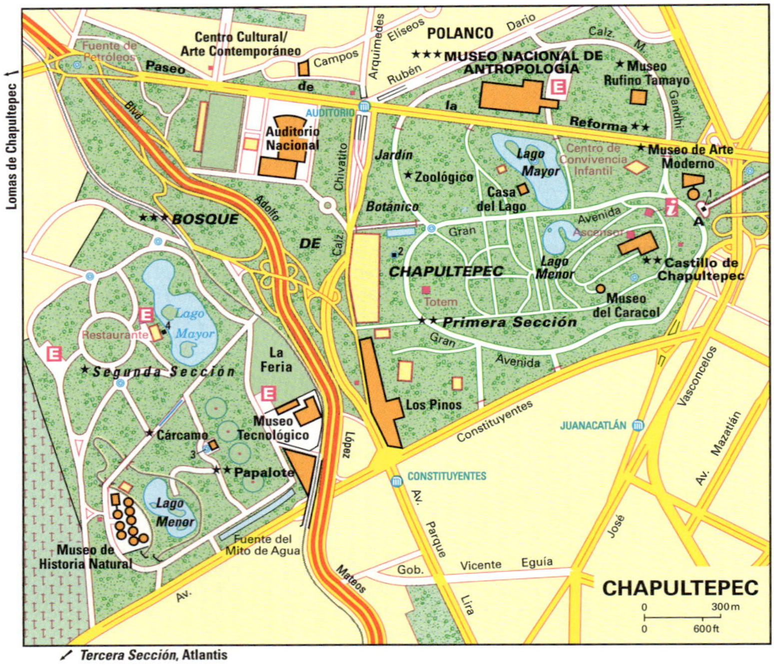

★★PREMIÈRE PARTIE DU BOIS *Circuit à pied, deux jours*

C'est la partie la plus ancienne de la forêt. On s'y promène sur les nombreux sentiers, on se détend à l'ombre des vieux arbres, dont certains sont plus anciens que la ville elle-même. Très tôt le matin, le parc est envahi de sportifs ; tout au long de la journée, il accueille familles, groupes d'étudiants et couples d'amoureux, qui à leur tour attirent une multitude colorée de vendeurs, photographes et caricaturistes.
Entre le monument aux Jeunes Héros et la voie qui conduit au château (**A**) se trouve le départ d'un **train touristique** qui conduit à des points d'intérêt historique et des curiosités le long des voies reculées de cette partie du bois *(circuit commenté toute l'année, tous les jours de 9 h à 16 h 30 ; circuit complet 20mn ; $5 ; ☎ (5) 230-2136)*. Au **Lago mayor** (grand lac), lieu de détente populaire, on peut

louer des barques à rames. Sur une des rives, **la Casa del Lago mayor**, construite en style français au début du 20e s., propose diverses activités culturelles. De fin février à début avril, le Ballet National donne des **représentations nocturnes** en plein air du *Lac des cygnes* sur la petite île du **Lago menor** (petit lac).

★**Zoológico** – *Ouvert toute l'année, du mardi au dimanche de 9 h à 17 h. Fermé le 1er janvier et le 25 décembre.* ✂ ☎ *(5) 553-6263.* Dans un espace reconstituant des habitats naturels résident environ 270 espèces d'animaux de tous les continents. Des espèces menacées d'extinction comme les pandas ont réussi à se reproduire ici avec succès. On notera au nombre des animaux représentés le loup mexicain, le *teporingo* et le rhinocéros blanc. Au-delà du parc zoologique, près de l'allée Chivatito, se trouvent l'agréable **Jardin du troisième âge** et le **Jardin botanique**, avec sa serre aux orchidées ouverte à tous les publics.

Fuente de Nezahualcóyotl (**2**) – *Au Sud du jardin zoologique.* Œuvre monumentale du sculpteur Luis Ortiz Monasterio, cette fontaine a été édifiée en 1956 en hommage au roi-poète Nezahualcóyotl. Des événements de son époque y sont représentés en bas-relief. À quelques pas coule la **Fuente de las Ranas** (fontaine des grenouilles), la plus ancienne de la forêt.

★★★**Museo Nacional de Antropología** – *1 journée. Paseo de la Reforma et Gandhi.* *Voir p. 82.*

★**Museo Rufino Tamayo** – *Paseo de la Reforma et Gandhi, en traversant Reforma. Ouvert toute l'année, du mardi au dimanche de 10 h à 18 h. Fermé le 1er janvier, le 1er mai et le 25 décembre. $10.* ☎ *(5) 286-6519.* Édifié au milieu des arbres, ce **bâtiment**★ moderne, avec des rappels de l'art précolombien, a été conçu en 1981 par Abraham Zabludowsky et Teodoro González de Léon. Le musée présente la **collection** d'art contemporain international léguée par le peintre Rufino Tamayo et son épouse Olga, avec parmi d'autres des œuvres de Picasso, Miró, Fernando Botero, Francisco Toledo et Robert Motherwell. Elle est de temps à autre retirée pour laisser plus d'espace à des **expositions temporaires.** On donne également ici concerts, spectacles de danse et pièces de théâtre.

★**Museo de Arte Moderno** – *Paseo de la Reforma et Gandhi. Ouvert toute l'année, du mardi au dimanche de 9 h à 17 h 45. Fermé le 1er janvier et le 25 décembre. $10.* ☎ *(5) 211-8331.* Le musée offre un panorama de l'évolution des arts plastiques mexicains au 20e s. Il expose des œuvres de peintres et sculpteurs mexicains et étrangers, comme Rufino Tamayo, Carlos Mérida et Gunther Gerzo, entre autres. On y voit aussi des tableaux de Diego Rivera et David Alfaro Siqueiros. Parmi les femmes artistes représentées figurent Frida Kahlo, Olga Costa, María Izquierdo, Remedios Varo et Leonora Carrington. Le visiteur peut aussi arpenter les jardins où il découvrira d'autres belles œuvres sculptées.

Museo del Caracol (**Galerie d'Histoire**) – *Rampe d'accès au château de Chapultepec. Ouvert toute l'année, tous les jours de 9 h à 18 h. Fermé le 1er janvier et le 25 décembre. $7.* ☎ *(5) 553-6285.* Inauguré en 1960, le bâtiment doit son nom à son plan circulaire, qui rappelle la forme d'une coquille d'escargot *(caracol)*. Les douze salles de la galerie ont pour objet d'illustrer l'histoire du Mexique, en représentant ses événements et acteurs essentiels. Au terme du parcours chronologique se trouve le **Recinto de la Constitución**, avec l'emblème national et la Constitution de 1917. Cette salle est due à l'artiste José Chávez Morado, tout comme la porte de bronze de l'entrée principale du musée.

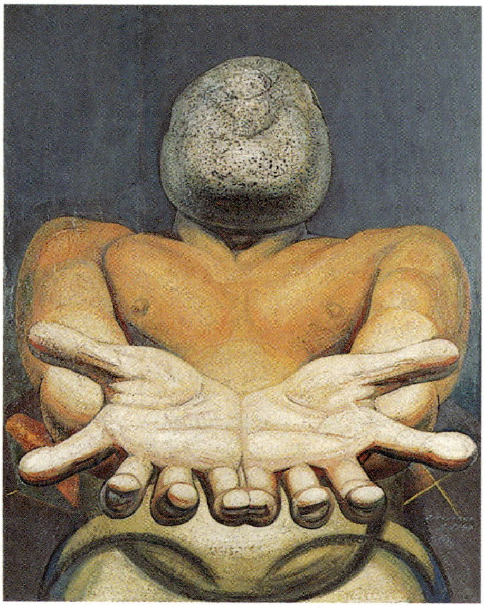

Courtesy Museo de Arte Moderno/Col. INBA

« Notre image actuelle » de David Alfaro Siqueiros (1947)

★★CASTILLO DE CHAPULTEPEC *1 journée*

Ce **palais** grandiose de style néoclassique a été édifié entre 1785 et 1787 sur ordre du vice-roi de Gálvez, sur un projet de l'architecte catalan Agustín Mascaró. En 1842, il est devenu le Collège militaire, site quelques années plus tard de la bataille dans laquelle ont péri plusieurs cadets de l'école, dont la mémoire est gardée sous le nom de **Niños Héroes**.
Maximilien de Habsbourg l'a fait remanier et a fait construire l'Alcázar où il a vécu durant son éphémère empire.
Pendant son deuxième mandat présidentiel (1884-1917), Porfirio Díaz a décrété que le château deviendrait résidence officielle. Le bâtiment a accueilli plusieurs présidents jusqu'en 1939, date à laquelle Lázaro Cárdenas a décidé d'y installer le musée national d'Histoire.

© Gustavo Gatto

Château de Chapultepec

Museo Nacional de Historia – *Ouvert toute l'année, du mardi au dimanche de 9 h à 18 h. $.* ✗ ☎ *(5) 553-6396.* Le musée compte deux niveaux. Les salles du premier retracent, au travers de peintures et d'objets d'usage courant, les coutumes et l'organisation politique et économique du pays entre l'époque des vice-rois et la Révolution. On découvrira ici les **fresques** de Juan O'Gorman, José Clemente Orozco et David Alfaro Siqueiros. Le deuxième niveau est consacré à l'art et la culture de la période entre l'Indépendance et la Révolution. Il aborde aussi des aspects de la fin du 19e s.

Alcázar – *Mêmes conditions de visite que pour le musée.* Dans le palais sont exposés les peintures, le mobilier et les porcelaines offerts au Mexique par l'impératrice de Chine en 1910, à l'occasion du centenaire de l'Indépendance. On visite également les somptueux appartements de Doña Carlota, l'épouse de Maximilien. Dans les couloirs de la partie supérieure, autrefois habitée par Porfirio Díaz, se trouvent *Les Bacchantes*, peintures de style pompéien exécutées par Santiago Rebull. La Galerie des Vitraux a été fabriquée en France sur ordre de Díaz.

★DEUXIÈME PARTIE DU BOIS

Circuit en voiture, 1 journée ; à pied, deux jours. Ⓜ *ligne 7 – Constituyentes.*

De larges avenues, émaillées de nombreuses fontaines et de sculptures modernes conduisent aux musées, aux lacs, aux restaurants et au parc d'attractions. Ici aussi on croise coureurs à pied, cyclistes, et patineurs à roulettes.

La Feria – *Ouvert en juillet, août, décembre et pendant la Semaine sainte tous les jours de 9 h à 21 h ; le reste de l'année, du mardi au vendredi de 11 h à 19 h, samedi et dimanche de 10 h à 21 h. $12 (30 attractions) et $ 60 (50 attractions,* *dont les plus appréciées).* ✗ ⊟ ☎ *(5) 230-2136.* Cette fête foraine traditionnelle propose plus de 50 attractions différentes pour tous les âges. Au nombre des manèges, les **montagnes russes** offrent, en plus du vertige, une bonne vue de la forêt. Spectacles variés.

Museo Tecnológico – *Ouvert toute l'année, du mardi au dimanche de 9 h à 17 h. Fermé le 1er janvier et le 25 décembre.* ☎ *(5) 516-0964.* Le musée présente les étapes de la génération, de la transmission et de l'utilisation de l'énergie. On y voit aussi l'évolution des moyens de transport au long de l'histoire à travers des reproductions en miniature et des véhicules d'époque. Le visiteur est également invité à expérimenter des phénomènes physiques avec des appareils qu'il peut manipuler.

★★ **Papalote, Museo del Niño** – *Ouvert toute l'année, lundi, mardi, mercredi et vendredi de 9 h à 13 h et de 14 h à 18 h, le jeudi de 9 h à 13 h, de 14 h à 18 h et de 19 h à 23 h, samedi et dimanche de 10 h à 14 h et de 15 h à 19 h. $30 (musée et écran géant $45 : il est recommandé d'acheter les billets à l'avance).* ✗ ☎ *(5) 224-1260. Ticket Master* ☎ *(5) 325-9000.* « Cerf-volant, musée de l'Enfant », est un espace éducatif comprenant plus de 350 expositions interactives qui permettent aux enfants (et adultes de tous âges) de jouer et d'acquérir des connaissances sur différents sujets. Les communications, le corps humain, notre monde, la conscience et les formes d'expression font l'objet de salles où *il est interdit de ne pas toucher.* Le musée abrite aussi des ateliers et organise des expositions temporaires. Sur l'immense **écran géant**, on projette des films avec système IMAX et son numérique, dont l'extraordinaire réalisme donne des sensations de vertige *(tous les jours à partir de 10 h 30, toutes les heures jusqu'à 19 h 30, jeudi jusqu'à 20 h 30 ; $20 ;* ☎ *(5) 160-6060).* Au Sud du Papalote se trouve la grande **Fontaine du mythe de l'eau.**

★ **Cárcamo** – Petit édifice surplombé d'un dôme, qui collectait l'eau des sources de la lagune Lerma, principal approvisionnement en eau de la partie haute de la ville autrefois. On voit à l'intérieur la **fresque** *L'eau, origine de la vie,* de Diego Rivera (1951). Cette peinture a été conçue pour être vue sous l'eau, comme elle l'a été jusqu'aux années 90, quand on a entrepris sa restauration. Diego Rivera est également le créateur de la Fontaine de **Tláloc Totopamitl★** (**3**) à l'extérieur, interprétation complexe de Tláloc, le dieu de la pluie. La figure et le bassin de la fontaine ont été réalisés en pierre volcanique, albâtre et fragments d'azulejos. Elle a été dessinée pour être vue depuis les airs.

Museo de Historia Natural – *Ouvert toute l'année, du mardi au dimanche de 10 h à 17 h. Fermé les jours de fête nationale. $10.* ☎ *(5) 515-6304.* L'exposition présente les origines et l'évolution de différentes espèces naturelles. Le musée se trouve actuellement en restauration complète, sans pour autant fermer ses portes. C'est pourquoi on y voit constamment de nouvelles attractions et d'intéressantes expositions temporaires. À côté du musée se trouve le **train touristique** *(ouvert toute l'année, du mercredi au dimanche de 10 h à 16 h. Circuit complet 10 mn. $3.* ☎ *(5) 515-2697)* qui suit un court trajet autour du **petit lac** et des autres attractions de cette section. On peut louer des barques au petit lac. Le grand lac est peuplé de canards et de carpes ; au milieu se dresse une **Fontaine monumentale** (**4**) dont le jet d'eau atteint 50 m, et qui s'illumine la nuit. Au bord des deux lacs se tiennent d'agréables restaurants.

Troisième partie du Bois – *2 heures. 4 km à l'Ouest de la 2e section, par l'Avenue Constituyentes.* Ici s'étendent de vastes zones vertes et le **parc d'attractions Atlantis** *(ouvert en juillet, août et décembre et pendant la Semaine Sainte tous les jours de 10 h à 17 h 30 ; le reste de l'année samedi, dimanche et jours fériés de 10 h à 17 h 30 ; $26 ;* ✗ ⊟ ☎ *(5) 277-7583).* Ce parc propose entre autres attractions des spectacles de dauphins, d'oiseaux dressés, et des jets d'eau dansants.

En fin de volume figurent d'indispensables Renseignements pratiques :
– Organismes habilités à fournir toutes informations ;
– Loisirs sportifs ;
– Visites à thème ;
– Manifestations touristiques...

MUSEO NACIONAL DE ANTROPOLOGÍA★★★

1 journée. Paseo de la Reforma et Gandhi. Ⓜ ligne 1 – Chapultepec
Plan p. 82
ℹ (5) 553-6386

Construit entre 1963 et 1964 suivant un projet de l'architecte mexicain Pedro Ramírez Vázques, le musée occupe une surface de 70 000 m², dont presque 30 000 m² sont consacrés à l'exposition.

Le bâtiment *est situé dans la première partie du Bois de Chapultepec.* Le musée comprend 23 salles d'exposition permanente, dont la visite complète couvre 5 km. Elles sont distribuées autour d'une très grande **cour** inspirée des espaces ouverts des cités précolombiennes. Une partie de cette esplanade s'abrite sous un toit d'aluminium de 52 m sur 84 m, soutenu par une immense **colonne** ornée de bas-reliefs en bronze et entourée d'un voile d'eau. Cette sculpture appelée **El Paraguas** (le parapluie), est une œuvre des frères José et Tomás Chávez Morado. Au fond, un bassin et sa végétation

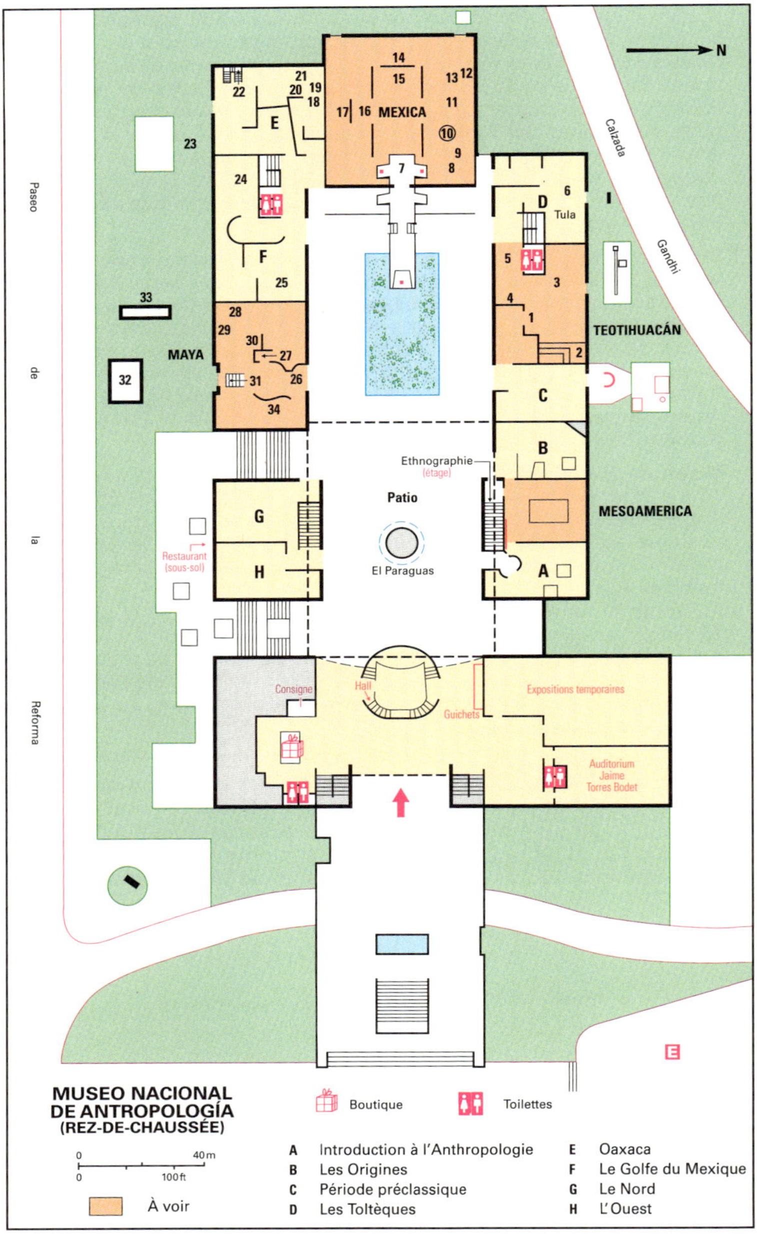

lacustre symbolisent le site où se sont établis les Mexicas. Sur la plate-forme terminale on voit un escargot en bronze qui rappelle les sculptures préhispaniques. La façade aligne au deuxième niveau une frise de serpents stylisés en aluminium.

Le musée – L'aile gauche du hall d'entrée abrite une boutique et divers services. À droite de l'entrée principale se trouve une salle d'expositions temporaires, où l'on remarquera la fresque de Rufino Tamayo, *L'obscurité et la lumière*.
Devant les guichets s'ouvre la salle d'orientation, où l'on présente un spectacle multimédia, aperçu général des cultures précolombiennes *(les projections ont lieu à horaires fixes, pour un minimum de 20 personnes)*. Le rez-de-chaussée compte douze salles consacrées à l'archéologie ; elles sont distribuées par thèmes, allant d'une brève introduction à l'anthropologie, avec un aperçu des premiers habitants d'Amérique, aux grandes œuvres des différentes cultures qui se sont développées en Mésoamérique. Chacune des salles communique avec la cour centrale et le jardin extérieur, où sont aussi exposées des pièces, généralement des reproductions. Le deuxième étage comprend 11 salles d'ethnographie consacrées aux différents aspects de la vie sociale et culturelle des ethnies indiennes aujourd'hui.

VISITE

Ouvert toute l'année, du mardi au samedi de 9h à 19h, dimanche et jours fériés de 9 h à 18 h. $16. ✗ ▣ ☎ (5) 553-6386. La visite commence par la première salle à droite. On conseillera de visiter d'abord le rez-de-chaussée, puis le premier étage.

Introduction à l'anthropologie (A) – La salle présente brièvement les objectifs de cette discipline au travers de quatre thèmes généraux : l'anthropologie physique, l'archéologie, l'ethnologie et la linguistique. La fresque de l'entrée est de Jorge González Camarena.

La Mésoamérique – La carte sur le mur d'entrée montre les différentes régions de Mésoamérique et leurs éléments caractéristiques. Le tableau chronologique annexe présente les diverses cultures préhispaniques et les époques auxquelles elles correspondent, dans l'ordre de présentation du musée. Les objets et maquettes exposés illustrent les traits communs de ces civilisations. La fresque sur le mur correspondant à l'étage supérieur est de José Chávez Morado.

Les origines (B) – Description de l'arrivée des premiers habitants d'Amérique. Les éléments exposés montrent la transition de l'homme nomade à l'habitant sédentaire, de la chasse à l'agriculture.

Période préclassique (C) – Pendant cette période (1500 avant J.-C.–100 après J.-C.) ont lieu la consolidation et le développement social, politique et culturel des premières civilisations mésoaméricaines. Les figurines et objets en céramique présentés ici sont parmi les plus anciens exposés. On a reproduit des sépultures découvertes à Tlatilco, dans l'État de Mexico, pour mettre en relief l'importance des rites funéraires.

Teotihuacán – C'est une des salles les plus riches du musée. Les grandes manifestations artistiques et culturelles de la période sont présentées de manière didactique au moyen de pièces archéologiques, vidéos, photographies murales, maquettes. Il y a aussi d'excellentes reproductions, parmi lesquelles il faut souligner le **Mural de Tlalocan (1)** et la reproduction grandeur nature d'une partie du **Templo de Quetzalcóatl (2)**, dont on peut admirer les originaux au site archéologique de TEOTIHUACÁN. En face se dresse le monumental monolithe sculpté de la **Chalchiuhtlicue (3)**, ou déesse de l'eau, en provenance de la place de la Lune. Vers le fond de la salle on découvre une vitrine de **masques funéraires (4)**, qui étaient placés sur le visage des morts pour les protéger dans leur voyage dans les mondes inférieurs. La dernière sculpture a été découverte sur la place du Soleil. Elle représente probablement le soleil mort ou **Mictlantecuhtli (5)**, le dieu de la mort.

Tolteca (D) – La culture toltèque a longtemps été considérée comme la plus importante du haut plateau central à la période postclassique. En réalité, d'autres civilisations ont existé ici, qui se sont développées avant les Toltèques, parallèlement à eux et après eux. C'est le cas de XOCHICALCO TEOTENANGO et Tenayuca, dont l'importance est reconnue dans cette salle.
Dans la salle dédiée à TULA, capitale des Toltèques, on remarque une des énormes colonnes rondes en forme de guerrier, ou **atlantes (6)** *(photo p. 145)*, dont la fonction architecturale était de soutenir les grands toits.

Mexica – C'est la salle la plus étonnante et la plus importante du musée. Les Mexicas, appelés aussi Aztèques, ont fondé la ville de Tenochtitlán en 1325 après J.-C. À l'arrivée des Espagnols sur le continent américain en 1519, ils avaient établi l'empire le plus puissant de toute la Mésoamérique. L'affrontement des deux cultures s'est terminé par la défaite des Aztèques en 1521. À l'entrée de la salle figure un récipient en forme d'**ocelot (7)** ou de jaguar : le dos de l'animal porte une cavité, le *cuauhxicalli*, où l'on plaçait les cœurs des hommes sacrifiés en signe de dévotion au soleil. La partie droite abrite une copie du *codex Boturini*, connu également comme la **Tira de Peregrinación** (**8**) « rouleau de la pérégrination », qui raconte le trajet parcouru par les Mexicas pour parvenir au lieu où ils devaient fonder Tenochtitlán. Les bas-reliefs de la **Pierre des guerriers** (**9**) représentent deux files de guerriers attendant de recevoir l'épine de maguey destinée à perforer le lobe de leur oreille en signe d'autosacrifice. Sur la **Pierre de Tizoc** (**10**) s'inscrivent les conquêtes de ce chef (le septième *tlatoani*, ou gouvernant à vie). La vitrine où se trouve exposée la réplique du **Panache de Moctezuma** (**11**) attire l'attention. Il a été probablement offert par Hernán Cortés à l'empereur Charles Quint. L'original se trouve à Vienne et fait toujours l'objet d'une dispute, les Mexicains souhaitant qu'il revienne au Mexique.

Un peu plus loin on peut admirer une **fresque de Tenochtitlán** (**12**) *(photo p. 52)*. La ville s'étendait sur 13 km² et abritait plus de 300 000 habitants. Devant la fresque se trouve une **maquette** (**13**) reproduisant la forme originelle de ce qui est appelé aujourd'hui le TEMPLO MAYOR.

Ce temple se trouvait à l'origine au cœur de la cité aztèque, avant que celle-ci ne soit détruite par les Espagnols au 16e s. Sur la maquette, on distingue deux sanctuaires jumeaux : le bleu, celui de Tláloc, dieu de l'eau, et le rouge, celui de Huitzilopochtli, dieu du soleil et de la guerre. Le diorama du **Marché** de TLATELOLCO (**14**) illustre la hiérarchie des différentes classes sociales, ainsi que la variété des articles commercialisés à l'époque. Le cacao et la poudre d'or servaient de monnaie. Sur une plate-forme au centre de la salle se trouve le célèbre **Calendrier Aztèque** (**15**), dont l'appellation correcte est **pierre du Soleil**, car c'est en réalité un monument dédié à cet astre. Il pèse 24 tonnes et mesure 3,60 m de diamètre. À droite de l'original a été placée une reproduction, peinte dans ce qu'on suppose être ses couleurs d'origine. Au centre, le visage de Tonatiuh, le Soleil, qui tire une langue en forme de couteau ; de chaque côté, ses mains devenues griffes, soupesant les cœurs humains qui lui servent de nourriture. Les quatre rectangles gravés autour symbolisent les dates de destruction des quatre mondes cosmogoniques antérieurs à l'univers mexica. Le deuxième cercle comprend 20 hiéroglyphes correspondant aux jours du mois du calendrier religieux de 260 jours. Deux serpents de feu, les Xiuhcóatl, entourent le cercle ; de leurs gueules ouvertes émergent les têtes des dieux de l'Est et de l'Ouest, qui doivent guider le Soleil dans sa trajectoire sur la voûte céleste.

Calendrier aztèque

Dans la dernière section, on notera la figure grandiose de la **Coatlicue** (**16**) *(photo p. 86)* « celle de la jupe aux serpents », déesse de la terre et de la mort. La sculpture représente une femme décapitée, deux têtes de serpents surgissant de son cou. Ses vêtements symbolisent le sang, la vie et la mort. Elle porte un collier de mains et de cœurs, avec un pendentif de crânes et une jupe de serpents entrelacés. Les mains sont également des têtes de serpents et les pieds des serres d'aigles. Le **Tzompantli** (**17**), ou autel des crânes, peut être considéré comme le tombeau du temps : par l'ouverture de la partie supérieure, on introduisait le *Xiuhmolpilli*, lien qui devait clore le cycle indien de 52 années. Les Aztèques possédaient un calendrier solaire de 365 jours – 18 mois de 20 jours et 5 jours supplémentaires néfastes – et un calendrier religieux de 260 jours, qui servait à prévoir le destin des hommes. Tous les 52 ans – 18 980 jours, plus petit commun multiple de 365 et 260 – on procédait à la cérémonie du raccordement des années, et un nouveau cycle commençait.

Oaxaca (**E**) – Dans cette salle sont exposés les vestiges des cultures zapotèque (800 avant J.-C. – environ 1000 après J.-C.) et mixtèque (100–1521 après J.-C.) qui se sont développées sur le territoire de l'actuel État d'Oaxaca. La section consacrée à MONTE ALBÁN, la grande cité zapotèque, est remarquable, notamment la reproduction des bas-reliefs des **danseurs** (**18**), les **urnes funéraires** (**19**), le **grand jaguar**

Vase à l'homme souriant – Salle Maya

La poule – Salle Teotihuacán

Acrobate – Salle préclassique

Masque funéraire du cacique Pacal – Salle Maya

Figurine de Jaïna – Campeche – Salle Maya

Plat polychrome – Salle Maya

Tête de Coyolxauhqui – Salle Mexica

Serpent lové – Salle Mexica

(**20**) et le **masque de jade** (**21**), joyau de cette exposition. Les reproductions des **tombes n° 104** (**22**) et **n° 7** (**23**) permettent de voir la façon dont les Zapotèques enterraient leurs défunts et le type d'offrandes qu'ils effectuaient à cette occasion.
Dans la section consacrée aux Mixtèques, on remarquera les vestiges d'architecture et de décoration de MITLA. On y verra aussi des pièces intéressantes d'orfèvrerie et de céramique décorée.

Golfo de Mexico (**F**) – Cette salle se divise en trois sections correspondant chronologiquement aux trois cultures qui se sont développées sur le littoral du golfe du Mexique. La plus ancienne est la culture olmèque (1200 – 600 avant J.-C.) qui s'est établie sur la partie Sud. La civilisation totonaque (100 – 900 après J.-C.) s'est développée dans la partie centrale. La culture huastèque (900 – 1521 après J.-C.), au Nord. Les pièces les plus représentatives de la culture olmèque sont les **têtes** monumentales placées à l'entrée et le **lutteur** (**24**). Les Totonaques ont laissé les figures appelées « petites têtes souriantes » et « jouets munis de roues ». La dernière section présente les sculptures stylisées et la céramique peinte des Huastèques, notamment l'**adolescent huastèque** (**25**).

Maya – La culture maya s'est développée de 600 avant J.-C. jusqu'à l'arrivée des Espagnols. Son territoire couvrait une vaste région s'étendant sur une partie du Sud du Mexique et sur les pays voisins d'Amérique centrale. Leurs connaissances en mathématiques et astronomie, la complexité et l'exactitude de leur système de calendrier surprennent encore les scientifiques aujourd'hui. Les Mayas ont aussi créé leur propre écriture hiéroglyphique, dont le déchiffrement est en cours, ainsi qu'un système de numération qui employait le zéro, bien des siècles avant que les Européens ne l'adoptent.
À l'entrée de la salle, on remarque une **maquette** (**26**) avec une carte en relief du territoire maya. Les points lumineux signalent les sites archéologiques. Dans la section à droite de l'entrée, on remarquera le **linteau n° 26** (**27**) de YAXHILÁN, qui représente un couple peu avant la célébration d'un rituel. L'homme est le chef Escudo-Jaguar ; il a un couteau à la main pour l'autosacrifice. À ses côtés, son épouse, dont les vêtements indiquent sa place dans la hiérarchie, arbore des scarifications volontaires sur le visage, une coiffure en tête de jaguar et le bouclier du chef.

Coatlicue, salle Mexica

Les vitrines de la section suivante, donnent un aperçu général de la culture maya : traits physiques, organisation sociale, ustensiles et objets qui attestent de leurs connaissances avancées. Les linteaux et stèles qui complètent l'exposition proviennent pour la plupart de Yaxchilán.
Dans la section suivante on peut admirer un énorme **mascaron** (**28**) encastré dans le mur, originaire du Sud de Campeche. À sa gauche se trouve le **disque de** CHINKULTIC (**29**) qui représente un joueur de balle au moment précis où il va intercepter la balle avec la hanche. Ici se trouvent aussi les **panneaux de la Croix de feuilles de Palenque** (**30**) avec deux personnages encadrant un plant de maïs en forme de croix. Au centre de la salle, des escaliers conduisent vers une excellente reproduction du **tombeau royal** (**31**) du Temple des Inscriptions de PALENQUE, et son trésor d'origine en jade.
Dans la cour extérieure se dressent les reproductions grandeur nature de certains temples mayas : le **temple n° 2 de Hochob** (**32**) de CAMPECHE et le **temple des peintures de** BONAMPAK (**33**).
Dans la dernière section, destinée à l'exposition de pièces de la période postclassique, on remarquera les bijoux en or du Cenote Sacré et la représentation de **Chac-mool** (**34**), tous provenant de CHICHÉN-ITZÁ.

Norte (**G**) – Les cultures précolombiennes qui ont habité le Nord du Mexique sont divisées ici en trois grands groupes. Le premier rassemble les cultures du désert et de la plaine, qui ont occupé une partie des déserts du Nord du Mexique et du Sud des États-Unis, caractérisées par le style de vie nomade qui était celui des chasseurs-cueilleurs de la préhistoire. Le deuxième groupe comprend les cultures dites marginales ou périphériques de Mésoamérique, situées au Nord et dans une partie du centre de la République mexicaine, auxquelles le développement de l'agriculture a permis de mener une vie sédentaire. Le dernier concerne les cultures agricoles appelées Oasis-América, dont les implantations se sont développées de manière très particulière, comme c'est le cas de PAQUIMÉ.

Occidente (H) – La plupart des cultures qui se sont établies à l'Ouest du Mexique ont continué à se développer pendant les périodes préclassique, classique et postclassique. Elles n'ont pas laissé de vestiges de grands sites urbains, mais leur céramique a donné les pièces les plus réalistes et les plus artistiques de tout le Mexique. On remarquera ici les figures trouvées dans les **tombes à puits** et quelques pièces tarasques, dont un **chac-mool**.

Salles d'ethnographie – *Premier étage.* Environ dix millions d'Indiens vivent aujourd'hui dans la république mexicaine. Ils maintiennent vivantes certaines de leurs anciennes coutumes. On compte officiellement 56 ethnies, distribuées dans tout le pays. Après avoir subi plus d'un demi-millénaire de bouleversements, ces groupes survivent en préservant les formes essentielles de leur culture.
L'objectif de cette section du musée est de présenter la diversité des groupes indigènes aujourd'hui : régions où ils habitent, modes de vie, coutumes, traditions, costumes et artisanat. L'ordre des salles est le suivant : introduction à l'ethnographie, les Coras et les Huicholes, les Purépechas et les Otomis. Ensuite, les groupes ethniques sont classés par régions : sierra Madre occidentale ; Oaxaca, golfe du Mexique, Chiapas, Tabasco et Yucatán. Viennent enfin les Mayas des terres hautes et terres basses ; le Nord-Ouest ; et pour terminer, la salle Nahua. Certaines de ces salles renvoient à l'exposition des cultures du rez-de-chaussée, comme celles consacrées à Oaxaca, à la zone du golfe du Mexique et au Sud-Est.

PASEO DE LA REFORMA★★

Carte p. 58 (**ABCY**) – Plan p. 78

S'étendant sur 15 km, cette belle avenue bruyante et ombragée, dont les arbres s'habillent de lumières à Noël, est une des principales promenades de la ville. La partie la plus ancienne est celle qui court du rond-point de Bucareli à l'entrée du bois de Chapultepec. Elle a été ouverte vers 1864 sur ordre de l'empereur Maximilien de Habsbourg afin de créer une route directe entre sa résidence au château de Chapultepec et le Palais National. C'est la raison pour laquelle cette avenue s'appelait à l'origine **Paseo del Emperador**.
Son charme n'a cessé d'augmenter avec le temps, car à côté de ses édifices modernes, on a ajouté des petites places, ornées de fontaines, et certains des monuments les plus représentatifs de la ville. La proximité de la **Zona Rosa** contribue également à son intense activité. Ce quartier, qui concentre un grand nombre d'hôtels, galeries, boutiques élégantes, joyeux restaurants et cafés en plein air, est un lieu de rencontre pour les habitants de tous milieux, ce qui, le soir, lui donne une animation inattendue.
L'avenue se prolonge de l'entrée de Chapultepec à la Fuente de Petróleos ; cette partie traverse le bois ; elle est bordée par les grands musées, ainsi que par le quartier résidentiel de **Polanco**, qui abrite des hôtels luxueux et des restaurants de renom. De l'autre côté de la Reforma se trouve l'**Auditorium National** (*ouvert uniquement à l'occasion des spectacles* ; ☏ *(5) 280-9250)*, centre de spectacles et de manifestations socioculturelles reconstruit en 1991 par les architectes Abraham Zabludowsky et Teodoro Gonzáles de León. Entourée par la partie du bois appelée Campo Marte, zone verte qui se termine à **Los Pinos**, se trouve la résidence officielle du président mexicain.
Au bout du Paseo de la Reforma s'ouvre la sortie vers Toluca ; à proximité s'étendent les **Lomas de Chapultepec**, un des quartiers résidentiels les plus somptueux de la ville.

5 Marché d'Artisanat de Insurgentes

Entrée par Londres n° 154 et par Liverpool n° 44, Zona Rosa. Tous les jours de 9 h à 20 h, le dimanche jusqu'à 17 h. ✗ ☏ *(5) 525-6498.* Articles en argent, costumes typiques, peaux, céramiques et autres curiosités sont en vente dans ce grand marché aux 237 étals, sillonné d'allées étroites, ouvert au public depuis 1955.

6 Fonda « El Refugio »

Liverpool n° 166, Zona Rosa (devant le marché d'artisanat). ✗ ☏ *(5) 207-2732. (Réservation conseillée).* Ce restaurant de renom propose une authentique cuisine traditionnelle mexicaine de la meilleure qualité. On y trouve tous les jours de la semaine les différentes spécialités de tout le Mexique.

CURIOSITÉS

Circuit en voiture, 1/2 journée.

Centro cultural/Arte Contemporáneo – *Campos Elíseos et Jorge Eliot – plan p. 78. Le musée a fermé ses portes en septembre 1998. Une partie des œuvres sera transférée vers des universités publiques et des musées nationaux.* Situé à Polanco, quartier du monde diplomatique et de forte présence juive, cet édifice moderne en béton de couleur ocre a été construit par Sordo Madaleno en 1986 pour accueillir le centre de presse du Mondial de football. À l'intérieur, les quatre étages forment des terrasses orientées vers un hall dans lequel avaient lieu les meilleures **expositions itinérantes** d'art contemporain du monde.

En partant de Reforma à la hauteur du Musée National d'Anthropologie et en poursuivant vers le Nord-Est :

© Robert Frerck/Odyssey

Fontaine de Diane chasseresse

★ **Fuente de la Diana Cazadora** – Récemment installée à sa place d'origine, la svelte statue en bronze de la divinité romaine est une œuvre du sculpteur mexicain Juan F. Olaguíbel (1942), qui l'a nommée *« la Flechadora »* (« l'Archère »).

★★ **Monumento a la Independencia** – Le monument à l'Indépendance est une haute colonne (36m au total) couronnée par une victoire ailée. Cette sculpture, habituellement connue sous le nom de **El Ángel**, est le symbole de la ville. Œuvre de l'architecte Antonio Rivas Mercado et du sculpteur français Henri Alciati, le monument a été inauguré le 16 septembre 1910 pour commémorer le centenaire de l'Indépendance et rendre hommage à ses dirigeants, représentés sur les sculptures en marbre blanc que l'on voit à l'extérieur. Leurs dépouilles, parmi lesquelles celles de Don Miguel Hidalgo y Costilla, sont conservées à l'intérieur du monument.

Monumento a Cuauhtémoc – L'œuvre en bronze du sculpteur Miguel Noreña (1843-1894) montre le dernier empereur aztèque en train de tirer une flèche vers l'infini. Réalisée dans un style élégant et énergique, qui confère à la matière une grande force expressive, elle est considérée comme une œuvre majeure de l'académisme mexicain. Sur le socle de ce monument, on peut admirer les **bas-reliefs** représentant l'arrestation de Cuauhtémoc et les tortures qu'Hernán Cortés lui infligea.

Monumento a Cristóbal Colón – Sculpture réalisée en France par l'artiste Charles Cordier (19e s.). En haut figure le découvreur de l'Amérique accompagné de quatre religieux qui symbolisent l'évangélisation du Nouveau Monde.

SAN COSME *3 heures. Plan p. 58* (**BX**). Ⓜ *ligne 2 – Revolución.*

Monumento a la Revolución – *Plaza de la República.* Cette œuvre aux proportions grandioses a été conçue sous le gouvernement de Porfirio Díaz dans l'intention initiale d'y abriter l'Assemblée législative, mais le mouvement révolutionnaire de 1910 a interrompu sa construction. En 1933, l'architecte Obregón Santacilia a utilisé la structure qui devait former le grand dôme pour dessiner le monument actuel en hommage à la Révolution.
Les sculptures des angles supérieurs sont de Oliverio Martínez. Les dépouilles des hommes qui se sont distingués pendant la guerre révolutionnaire sont conservées dans les quatre piliers : Francisco I. Madero, Venustiano Carranza, Plutarco Elías Calles, Francisco Villa et Lázaro Cárdenas.

Museo Nacional de la Revolución Mexicana – *Sous-sol du monument à la Révolution. Ouvert toute l'année, du mardi au samedi de 9 h à 17 h, le dimanche de 9 h à 15 h. Fermé les jours de fête nationale. 5$. ☎ (5) 546-2115.* Ce musée souterrain aux trois salles bien aménagées présente les différentes étapes de la Révolution, d'un point de vue économique, politique et social. L'exposition comprend des photos, des documents originaux et divers objets qui illustrent 50 ans de l'histoire du Mexique, de 1867, date de la proclamation de la République libérale, à 1917, année de la promulgation de la Constitution des États-Unis du Mexique.

★ **Museo de San Carlos** (**M**[1]) – *Puente de Alvarado n° 50. Ouvert toute l'année, du mercredi au lundi de 10 h à 18 h. Fermé les jours de fête nationale. $10. ☎ (5) 566-8342.* Cette belle **demeure**★★ aux proportions d'un palais a été édifiée au début du 19e s. Manuel Tolsá a réalisé une construction sobre et élégante de style néoclassique destinée au Comte de Buenavista, décédé avant son achèvement. Au nombre de ses propriétaires successifs figurent les comtes de Regla et Antonio López de Santa Anna. Ensuite la maison a été aussi le siège social des Tabacs mexicains et de l'École nationale préparatoire.

Une partie des collections ont appartenu à l'**Ancienne Académie de San Carlos**. On peut admirer ici des peintures gothiques espagnoles sur bois, des tableaux Renaissance, maniéristes, baroques, néoclassiques, romantiques, symbolistes ainsi que des œuvres de différentes écoles de la fin du 19e s. Le patrimoine du musée comprend des œuvres d'Ingres, Ribera, Rubens, Sorolla, Titien, Zurbarán et Goya, ce qui en fait un des meilleurs musées d'Amérique latine pour la peinture européenne du 16e au 20e s.

Museo Universitario del Chopo (**M**[2]) – *Enrique González Martínez n° 10. Ouvert toute l'année, du mardi au dimanche de 10 h à 14 h et de 15 h à 19 h. Fermé les jours de fête nationale, la deuxième quinzaine de juillet et de décembre. $4. ✗ ☎ (5) 535-2288.* Cette construction de fer, panneaux d'aggloméré et verre a été importée d'Allemagne au début du 20e s. pour accueillir des expositions industrielles. En 1910, lors des festivités du centenaire de l'Indépendance, on y a installé le pavillon japonais. Le musée universitaire est situé dans le quartier Santa Maria la Ribera, quartier aristocratique sous le Porfiriato, où se trouvent encore quelques exemples de l'architecture à la française du début du 20e s.

Après avoir été musée national d'Histoire naturelle, le « Palais de Cristal » est devenu en 1975 un centre culturel alternatif pour abriter différentes manifestations artistiques de la jeunesse et d'artistes reconnus. Il accueille des expositions temporaires d'art visuel, des concerts de rock, des pièces de théâtre, des ateliers, des journées culturelles.

Place du monument à l'Indépendance

TLATELOLCO ET LA VILLA DE GUADALUPE

1/2 journée. Plan p. 59 (**CX**)

Tlatelolco Ⓜ *ligne 3 – Tlatelolco*

Fondée en 1331, cette ancienne ville seigneuriale préhispanique fut la deuxième capitale de l'empire aztèque. Ici s'est établi le marché le plus important de toute la Mésoamérique. Ses habitants formaient avec les Tenochcas un seul groupe, celui des Mexicas, venus de la mythique Aztlán, mais les deux groupes se sont séparés et les Tenochcas se sont établis au Nord de la ville.

En raison de leur ressemblance, Tlatelolco et Tenochtitlán ont été nommées « cités jumelles » ; toutes deux avaient pour édifice principal une énorme pyramide double, avec deux temples consacrés aux principaux dieux, Huitzilopochtli et Tláloc.

★**Plaza de las Tres Culturas** – Les trois grandes périodes du Mexique cohabitent aujourd'hui en cet endroit, présentes dans les vestiges préhispaniques, dans les anciens bâtiments religieux de l'époque des vice-rois et dans les **édifices modernes** du complexe résidentiel, œuvre de l'architecte Mario Pani. Cette très grande place a été le théâtre des affrontements et de l'intégration des races et des cultures. De grands événements de l'histoire du Mexique se sont déroulés ici, de l'époque préhispanique au 20e s. Elle a été le dernier bastion de la résistance aztèque, mais aussi la scène de l'épisode le plus sanglant du mouvement étudiant de 1968, lorsque des centaines d'étudiants ont perdu la vie face aux forces gouvernementales. Quand le tremblement de terre de 1985 a secoué Mexico, elle a été une des zones les plus affectées.

Templo de Santiago – *Ouvert toute l'année, tous les jours de 7 h à 21 h. ☎ (5) 583-0295.* Construite sur les soubassements des pyramides avec les pierres des anciens temples préhispaniques, l'église actuelle a été terminée en 1609 sous la direction du moine Juan de Torquemada. Des murs extérieurs en tezontle ressortent les pâles façades maniéristes. L'austère décoration de l'**intérieur** est due à une restauration récente, qui a compris la réalisation de **vitraux** bleus donnant à l'ensemble une touche de couleur. Le modeste autel a conservé le **bas-relief** central de l'ancien retable (16e s.) qui représente l'apôtre saint Jacques combattant les guerriers *ocelotl* (ocelots). Sur les pendentifs de la voûte au-dessus apparaissent les quatre évangélistes ; la partie supérieure de la porte latérale est dominée par la figure géante de **saint Christophe**. En 1536 a été fondé en annexe le premier et unique collège pour enfants indiens, le **colegio de la Santa Cruz**. C'est ici en 1564 que le frère Bernardino de Sahagún a achevé son histoire de la Nouvelle-Espagne. Le cloître actuel date de 1660 ; il a servi de couvent aux frères franciscains, puis, sous le *Porfiriato*, de prison militaire et de caserne.

Tecpan – *Derrière l'église saint Jacques, 400 m vers l'Est par Almacenes. Ouvert toute l'année, tous les jours de 9 h à 17 h. ☎ (5) 583-0295.* **Tecpan** signifie palais en náhuatl, car ici se trouvait le palais du gouvernement de Cuauhtémoc, dont l'administration avait également pour fonction de contrôler le commerce du grand *tianguis* de Tlatelolco. La salle Nord du musée renferme un **mural** de Siqueiros réalisé en 1944, *Cuauhtémoc contra el mito*, qui montre le dernier empereur reprenant le pouvoir en Mésoamérique. On le voit blesser avec une lance le conquistador espagnol, figuré par un centaure qui se dresse, brandissant à la main gauche l'arme de la Conquête. On appréciera dans cette œuvre le raccourci et la perpective tridimensionnelle qui caractérisent le travail de cet artiste.
Il faut prendre la **Calzada de los Misterios** vers le Nord jusqu'à la Villa de Guadalupe. C'est une des rues les plus anciennes de la ville : son tracé date de l'époque préhispanique. Elle était alors la voie de communication entre Tlatelolco et l'ancien sanctuaire de la Tonantzin, dans le vieux quartier de Tepeyac C'était la seule entrée par voie terrestre que possédait la ville de Tenochtitlán lorsqu'on arrivait par le Nord. Au 17e s. on a construit ici des petits monuments dédiés aux mystères du Rosaire.

★Villa de Guadalupe Ⓜ *ligne 6 – La Villa*

C'est le sanctuaire le plus important du pays. La tradition veut qu'ici, sur le sommet de la colline de Tepeyac, la **Vierge de Guadalupe** soit apparue en 1531 par trois fois à l'Indien **Juan Diego**. Tous les ans, le 12 décembre, le sanctuaire accueille des milliers de pèlerins qui arrivent de tout le pays quelques jours auparavant pour chanter les *mañanitas* (chants populaires mexicains en l'honneur d'une personne ou d'un événement) en hommage à la Vierge, et la remercier pour les grâces obtenues.

Antigua Basílica – *À côté de la nouvelle basilique.* Terminée en 1709 sous la direction de Pedro de Arrieta, l'église se caractérise par un plan très large et allongé, avec quatre tours d'angle. Sur le portail principal, on remarque un bas-relief représentant l'épisode marquant de la tradition de Guadalupe : la Vierge apparaît au frère Juan de Zumárraga frappé de stupeur, revêtue de la *tilma* de Juan Diego (sorte de cape paysanne en fibre d'agave). Au côté gauche de l'église se trouve l'ancien couvent des sœurs capucines, de style néoclassique.

Nueva Basílica – *Ouvert toute l'année, tous les jours de 6 h à 21 h. ☎ (5) 577-6022.* Cette œuvre de Pedro Ramírez Vázquez et José Luis Benlliure a été achevée en 1976. L'extérieur a la forme d'un grand manteau semblant protéger les fidèles. L'intérieur présente une nef à plan circulaire, et neuf chapelles-tribunes qui permettent la célébration de messes privées. L'ensemble peut accueillir dix mille personnes. Il est conçu pour qu'on puisse apercevoir de n'importe où l'image originale de la **Vierge de Guadalupe** placée sur le maître-autel. Devant l'autel, un tapis roulant permet la circulation constante des pèlerins devant la représentation de la Vierge en *tilma*.

Museo de la Basílica de Guadalupe – *En annexe à l'arrière de l'ancienne basilique. Ouvert toute l'année, du mardi au dimanche de 10 h à 18 h (ferme à 2 h le 11 décembre). Fermé le 26 décembre. $2. ☎ (5) 577-6022, poste 37.* Les murs du couloir d'accès sont tapissés d'une vaste collection d'**ex-voto★** dont certains datent du milieu du 19e s. Témoignages de reconnaissance ou demandes de grâces présentés par les fidèles à la Vierge, ces petites plaques peintes sont de véritables œuvres d'art populaire, pleines de couleurs et de naïveté. Le musée expose une bonne **collection★** de toiles de grands peintres de l'époque coloniale, Juan Correa, Nicolás Rodríguez Juárez, Baltasar de Echave Ibía et Cristóbal de Villalpando entre autres. Il renferme aussi des œuvres du 19e et du 20e s. On remarquera les stalles sculptées, la croix d'atrium (16e s.) dans la cour et, dans les salles de l'étage, les deux retables dorés, dont l'un du 17e s. avec des peintures de Miguel Cabrera illustrant les quatre apparitions de la Vierge.

Brian McGilloway © 1966

« L'Offrande », basilique de Guadalupe

Capilla del Cerrito – *Au sommet de la colline de Tepeyac. Ouvert toute l'année, tous les jours de 7 h à 19 h. ☎ (5) 577-6022.* Au terme d'un parcours tranquille jusqu'au sommet de la colline, offrant une **vue panoramique** de la ville, on arrive à l'endroit précis où la Vierge (que les Indiens assimilaient à Tonantzin, la mère des dieux) s'est manifestée par trois fois à Juan Diego. L'église actuelle a été reconstruite en 1930, y compris la façade, en imitation de l'architecture baroque du 18e s. À l'intérieur se trouvent six grandes peintures murales de Fernando Leal illustrant les apparitions de la Vierge. Selon la tradition, c'est à cet endroit que l'Indien a cueilli les roses du miracle qu'il devait apporter au moine-évêque Juan de Zumárraga comme preuve des trois premières apparitions.

★★ **Capilla del Pocito** – *Au pied de la colline de Tepeyac, à l'Est de la basilique de Guadalupe. Ouvert toute l'année, tous les jours de 8 h à 13 h 30 et de 16 h 30 à 19 h. ☎ (5) 577-3844.* À l'époque coloniale, des canons établis par la Couronne réglementaient la construction des édifices religieux. Mais comme la limite de la ville coloniale se trouvait sur la Calzada de los Misterios, cette église n'a pas obéi aux règles. L'architecte Francisco de Guerrero y Torres a pu réaliser cette singulière construction à plan circulaire, dont les murs sont un jeu de lignes courbes et droites ; pour leur ornementation, il a combiné des éléments décoratifs mexicains typiques et différents matériaux comme le tezontle, la pierre de taille et l'azulejo. L'intérieur comprend trois espaces circulaires : l'entrée, où l'on voit un bénitier ; la sacristie, interdite à la visite ; et la nef, entourée de quatre chapelles auxiliaires, ornées chacune d'huiles sur toile illustrant les apparitions de la Vierge.

★AVENIDA INSURGENTES *1 journée, Plan p. 58* (**BYZ**).

Circuit en voiture conseillé.

Considérée comme la plus longue avenue du monde (30,4 km), elle traverse la ville du Nord au Sud, de la sortie de la route de Pachuca, État de Hidalgo, jusqu'à la bretelle de l'autoroute de Cuernavaca, État de Morelos. La partie qui traverse le centre de la ville du **Paseo de la Reforma** jusqu'à la **Ciudad Universitaria** regorge de commerces, boutiques, cinémas, galeries et restaurants. De jour comme de nuit, cette partie de l'avenue est toujours pleine de passants, de voitures et d'animation. L'avenue doit son nom aux héros de l'Indépendance qu'on a appelés *Insurgentes*. Sur Insurgentes, on peut passer l'impressionnante **Glorieta de Insurgentes** qui donne accès à la **Zona Rosa**. Ou, vers le Sud, on traversera d'anciens quartiers de demeures construites entre 1920 et 1940. L'un d'entre eux, la **Colonia Roma**, refuse de mourir

Cafés et vie nocturne

La **cantina** est une véritable institution nationale. C'est le point de rencontre par excellence, le lieu où la glace se brise et où l'on tisse de grandes amitiés en vidant des verres. Longtemps l'accès en a été interdit aux femmes, mais aujourd'hui on en voit fréquemment, en compagnie d'hommes ou en groupes exclusivement féminins. Musique live et amuse-gueule sont la recette de base de la *cantina*. Les Mexicains s'y rendent surtout en semaine et à l'heure des repas, mais ceux qui sont libres l'après-midi en profitent pour y jouer aux dominos ou s'engager dans d'interminables conversations.
Pour ceux qui préfèrent sortir le soir, le centre historique présente de bonnes options. Un des endroits les plus connus est le **Plaza Garibaldi**, où l'on peut dîner, prendre un verre et écouter la musique des mariachis. Sur la place se trouve le **Théâtre Blanquita**, ancien music-hall qui présente maintenant des spectacles populaires. On conseillera aussi le bar traditionnel **La Ópera**.

Cantinas

La Faena – *Venustiano Carranza n° 49, entre Bolívar et Isabel la Católica, centre historique. Tous les jours de 11 h à 02 h.*

El Nivel – *Moneda n° 2, angle avec Seminario, centre historique. Du lundi au samedi de 10 h à 24 h.* Fondée en 1872, c'est la plus ancienne *cantina* de la ville, avec la licence n° 1.

La Guadalupana – *Higuera n° 14, entre Caballo Calco et Ibáñez, Col. Del Carmen, Coyoacán. Du lundi au vendredi de 12 h à 24 h, samedi de 12 h à 23 h, dimanche de 12 h à 18 h.*

Bars

La Ópera – *5 de Mayo n° 10, angle avec Filomeno Mata, centre historique. Du lundi au samedi de 13 h à 24 h, dimanche de 13 h à 18 h.*

Bar Mata – *Filomeno Mata n° 11, 3e étage, angle avec 5 de Mayo, centre historique. Du lundi au dimanche de 20 h à 02 h.*

Bar Milán – *Milán n° 18, angle avec General Prim, Col. Juárez, centre historique. Du mardi au dimanche de 21 h à 03 h.*

El Hijo del Cuervo – *Jardín Centenario n° 17, entre Tres Cruces et Carrillo Puerto, Col. Del Carmen, Coyoacán. Du lundi au dimanche de 13 h à 21 h.*

malgré les dégâts causés par le tremblement de terre de 1985. Là se trouvent, la fameuse réplique du *David* de Michel-Ange, au centre de la **Plaza Río de Janeiro**, ainsi que les nombreux lieux culturels et cafés de l'avenue Álvaro Obregón. La **Colonia Condesa**, avec sa vie gastronomique animée, mérite également une visite. Plusieurs de ses rues ont un petit air français, avec des cafés et restaurants en plein air.
Au-delà de ces deux quartiers, on trouve le **World Trade Center** (*ouvert toute l'année, tous les jours de 10 h à 19 h ; ☎ (5) 628-8300*), bâtiment moderne avec au 43e étage un restaurant tournant, d'où on voit toute la ville. À côté, dans le **Poliforum Cultural Siqueiros**, on peut admirer les peintures murales de David Alfaro Siqueiros (*ouvert toute l'année, tous les jours de 10 h à 19 h ; $5 ; ☎ (5) 536-4520*).
En poursuivant vers le Sud, on pourra visiter le **Parque Hundido G. Urbina** et ses beaux jardins de 100 000 m². Plus loin, dans le quartier de SAN ÁNGEL se dresse le monument à Álvaro Obregón. Au-delà, vers le Sud s'étendent la cité Universitaire, le site archéologique de Cuicuilco, le **Parque ecológico Peña Pobre** et le **Bosque de Tlalpan**, second poumon de la ville après le bois de Chapultepec.

Pour un voyage aux États-Unis, procurez-vous la carte Michelin n° 930

QUARTIERS SUD de MEXICO

Carte p. 58-59 (**BCZ**)

Autrefois les quartiers du Sud, de la ville étaient de petits villages reliés au centre par des canaux. Aujourd'hui, la croissance urbaine les a englobés dans la ville. De villages périphériques, ils sont devenus cités populaires, même si certains sont considérés comme des quartiers résidentiels. La plupart d'entre eux se distinguent par leur caractère provincial. Leurs habitants ont cherché à maintenir vivantes leurs traditions, et n'ont pas permis que les lieux, ou le style d'architecture qui les caractérisent, soient modifiés. Ici survivent encore les anciennes places, les rues et ruelles pavées, ainsi que les petits commerces, les églises et les marchés.

★★COYOACÁN ET ENVIRONS

1 journée. Plan p. 94. Ⓜ ligne 3 – Coyoacán ou Viveros.

Plus traditionnel et pittoresque que tout autre, le centre historique de Coyoacán est l'un des lieux favoris des habitants de Mexico, surtout le week-end, lorsqu'ils se rassemblent pour profiter des nombreuses possibilités qu'offrent sa « place centrale » (deux espaces séparés, agrémentés de jardins) et ses environs.
Parcourir les ruelles étroites et sinueuses de ce site ancien est passionnant si on agrémente la promenade d'histoires et de légendes.
Le site de Coyoacán n'est pas seulement un ancien lieu d'implantation des Indiens tépanèques, peuple tributaire des Mexicas avant l'arrivée des Espagnols, mais il présente un grand intérêt historique. Hernán Cortés a reçu le soutien du seigneur de Coyoacán, Ixtolinque, grâce auquel il a installé ici en 1524 le Second Conseil, qui a vu naître la Nouvelle-Espagne comme entité politique.
Les innombrables exemples d'architecture coloniale, avec les demeures attribuées aux acteurs de la Conquête, se combinent aux styles provinciaux et aux traditions des petits quartiers qui subsistent à Coyoacán, pour lui donner une coloration très particulière. C'est un quartier où ont habité, pendant des décennies, artistes, intellectuels et personnages importants de l'histoire du Mexique et du monde, comme Léon Trotski, Diego Rivera, Frida Kahlo, dont les maisons sont conservées comme musées.

★**Avenida Francisco Sosa** – *Suivre le parcours depuis l'avenue Universidad.* La façon la plus intéressante d'aborder Coyoacán est de prendre cette avenue qui débute à la **Capilla de Panzacola** (18e s.) et le **pont** romantique du même nom (1763). C'est l'une des rues typiques, et peut-être la plus élégante, du quartier. Elle est bordée de belles maisons comme celle faussement attribuée à l'un des capitaines de Cortés, la **Casa de Alvarado** (18e s) *(angle de Salvador Novo)* et possède des sites charmants comme la **place** et la **Capilla de Santa Catarina** (18e s.). À proximité se trouve la **Casa de la Cultura**, dont les vastes jardins sont une invitation à la promenade. Au bout de la rue, une célèbre construction du 18e s. indûment nommée **Casa de Ordaz** égaye le paysage avec ses motifs géométriques de style mudéjar.

★**Museo Nacional de la Acuarela Mexicana** – *Salvador Novo n° 88 (à mi-chemin de Francisco Sosa), quartier Santa Catarina. Ouvert toute l'année, du mardi au dimanche de 11 h à 18 h. Fermé les jours de fête nationale. ☎ (5) 554-1801.* Cette résidence entourée de jardins fleuris et d'espaces ornés de sculptures accueille depuis dix ans le seul musée spécialisé dans ce genre pictural. Elle abrite de superbes œuvres des grands aquarellistes mexicains, dont certains ont été des précurseurs dans cette technique au Mexique, ainsi que des œuvres d'artistes contemporains ayant reçu un prix dans le concours annuel organisé par le musée. Il comprend également une section destinée à l'exposition d'aquarelles internationales, présentées en alternance. La collection permanente a été léguée par son fondateur, le maître Alfredo Guati Rojo, dont on admire l'œuvre au rez-de-chaussée. Au fond du jardin se trouvent une galerie moderne d'expositions temporaires, et un auditorium pour les concerts et conférences.

> **7 Los Danzantes**
> *Plaza Jardín Centenario n° 12, Coyoacán. ☎ (5) 658-6451. (Réservation conseillée).*
> Dans l'atmosphère provinciale de cette place très fréquentée de Coyoacán, ce délicieux bar-restaurant propose des spécialités de nouvelle cuisine mexicaine. Il satisfera les goûts les plus exotiques et les plus exigeants.

★**Jardín del Centenario** – *Plaza Central de Coyoacán entre les rues Carrillo Puerto et Centenario.* La place centrale de Coyoacán, toujours animée, a été nommée ainsi pour célébrer le centenaire de l'Indépendance du Mexique. Elle formait autrefois le grand atrium de la paroisse saint Jean-Baptiste. Galeries, librairies, cafés et constructions coloniales anciennes entourent la place. Avec sa **fontaine des coyotes**, emblème de Coyoacán, elle dégage un charme particulier.

Jardín Hidalgo – *Entre les rues de Hidalgo, Allende et Carrillo Puerto.* Son nom provient de la sculpture en bronze du prêtre Miguel Hidalgo qui s'y trouve. Le jardin forme avec le Jardin Centenario l'ensemble connu sous le nom de place centrale, ou Zócalo de Coyoacán. Il accueille aussi cérémonies civiles et grandes manifestations culturelles avec son kiosque à la française, où les pigeons ont élu domicile.

Templo de San Juan Bautista – *Jardín Hidalgo n° 8. Ouvert toute l'année, tous les jours de 6 h à 20 h. ☎ (5) 659-2256, poste 181.* L'église faisait partie de l'ancien couvent construit par les dominicains au 16e s. De cette époque il ne reste que la façade, le portail des pèlerins et l'inhabituel arc baroque (côté gauche). Le reste du bâtiment a été progressivement transformé et presque entièrement reconstruit au début du 20e s. À l'**intérieur**★ l'œil est attiré par les couleurs des peintures et la décoration de la coupole. Plus belle et plus intéressante encore est la **Capilla del Rosario**, avec son remarquable **retable** baroque du 18e s.

Delegación de Coyoacán (Palais de Cortés) – *Jardín Hidalgo n° 1.* Remarquable construction du 18e s., faussement attribuée à Hernán Cortés. Avec sa façade couleur terre cuite, c'est un bel exemple d'architecture coloniale civile. Elle est depuis toujours le siège d'organismes gouvernementaux.

Museo Nacional de Culturas Populares – *Av. Hidalgo n° 289, milieu de Jardín Hidalgo. Ouvert toute l'année, du mardi au jeudi et les jours de fête nationale de 10 h à 18 h, du vendredi au dimanche de 10 h à 20 h. $10. ☎ (5) 554-5030.* Installé dans une vieille demeure, le musée a pour rôle de diffuser, au moyen d'expositions temporaires, tout un panorama de la culture populaire mexicaine. Parmi les événements les plus intéressants figurent les **manifestations** qui retracent les fêtes mexicaines traditionnelles, comme jour des Morts et Noël.

Plaza de la Conchita – *Bordée par les rues Vallarta, Présidente Carranza, Fernández Leal et Arturo Ibáñez.* Parmi de grands arbres et de beaux jardins se dresse la **Capilla de la Purísima Concepción**, un petit joyau du baroque populaire qui donne son nom à cette place tranquille. La place est entourée de très belles maisons, comme celle que l'on attribue à la **Malinche**, quoique construite au 18e s., soit deux siècles après la mort de l'interprète et maîtresse de Cortés.

★ **Museo Frida Kahlo** – *Londres n° 247, angle de Allende. Ouvert toute l'année, du mardi au dimanche de 10 h à 18 h. Fermé les jours de fête nationale. $10.* ✂ *☎ (5) 554-5999.* Photographie interdite. La « maison bleue » où est née, a grandi

© Robert Freck/Odyssey

Zócalo de Coyoacán

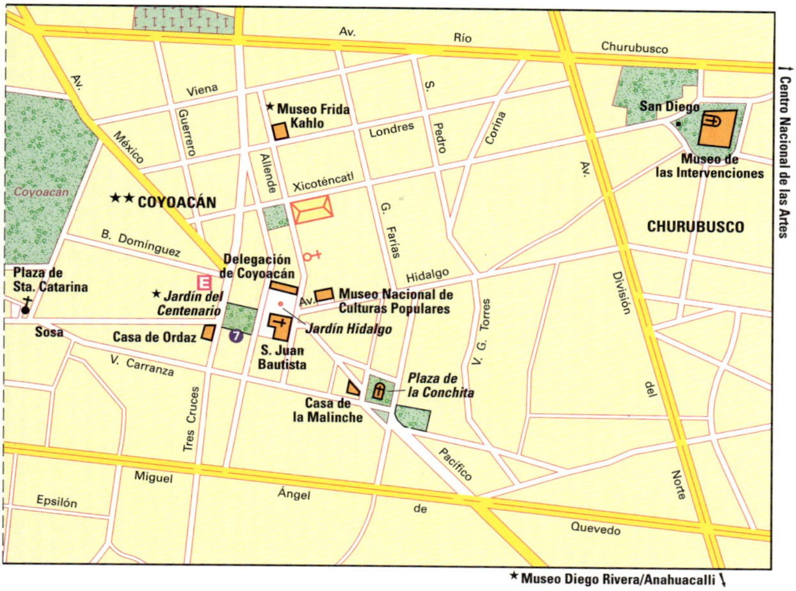

et est morte l'une des personnalités les plus complexes de la peinture mexicaine contemporaine est aujourd'hui un musée dont les pièces ont gardé le style et la disposition que leur avait donnés l'artiste avant sa mort.

Diego Rivera et Frida Kahlo ont vécu dans cette maison entre 1929 et 1954. Plusieurs de leurs œuvres, accompagnées de celles d'autres créateurs contemporains, ainsi que leurs possessions, lettres, vêtements et photographies ici exposés font du visiteur le complice de la vie quotidienne, des goûts et des idéaux du couple célèbre. L'ensemble donne un aperçu de la personnalité riche de contrastes de Frida Kahlo à différentes époques de sa vie : liberté des couleurs, magie des traditions populaires, surréalisme, relations avec le Parti Communiste, jusqu'à la déchirante souffrance de l'accident qui la cloua dans une chaise roulante.

Barrio de Churubusco – *1/2 journée. Plan p. 95.* Ⓜ *ligne 2 – General Anaya.* Dans ce quartier se trouve le **Museo de las Intervenciones** ou **ancien couvent de Churubusco**, qui présente peintures, lithographies, armes, drapeaux et autres objets en rapport avec les interventions étrangères au Mexique au cours du 19ᵉ s. et au début du 20ᵉ s. *(20 de Agosto et General Anaya, ouvert toute l'année, du mardi au dimanche de 9 h à 18 h ; $14 ; ☎ (5) 604-0699).* Sur un des côtés du musée se trouve le **Templo de San Diego**, fondé en 1524, qui appartenait à l'ancien couvent de Churubusco *(ouvert toute l'année, du lundi au vendredi de 7 h à 12 h, le samedi et le dimanche de 7 h à 21 h ; ☎ (5) 688-2088).* Sur un des côtés de la chapelle San Antonio (18ᵉ s.),on remarquera un sobre portail baroque recouvert d'azulejos.

Le **Centro Nacional de las Artes** *(Av. Río Churubusco, angle de Tlalpan ; ouvert toute l'année, tous les jours de 8 h à 22 h ; ☎ (5) 420-4466)* est un lieu de recherche artistique et d'études interdisciplinaires. Chacune des écoles a été conçue par un architecte en fonction des besoins des étudiants. Les plus intéressantes sont l'École nationale de danse « José Limón », le Centre de recherches et l'École nationale de peinture, sculpture et gravure.

★ **Museo Diego Rivera/Anahuacalli** – *Carte p.* 59 (**CZ**). *Rue du Musée n° 150, angle de Moctezuma. Suivre División del Norte jusqu'au Sud ; prendre à gauche Árbol del Fuego ; continuer jusqu'aux feux et tourner à droite. Ouvert toute l'année, du mardi au dimanche de 10 h à 18 h. Fermé les jours de fête nationale. ☎ (5) 617-3797.* Les temples précolombiens ont inspiré cette solide construction en pierre volcanique et onyx conçue par Diego Rivera pour son atelier de peintre. Elle abrite aujourd'hui un musée qui expose dans 23 salles une partie des **collections** de l'artiste comprenant des objets préhispaniques appartenant aux différentes cultures de la Mésoamérique.

★ SAN ÁNGEL *1 journée. Plan p. 94*

Ce quartier tranquille et distingué, appelé avant la Conquête Tenanitla par les Indiens qui y vivaient, doit son développement et son nom actuel à l'ancien Carmel consacré à San Ángelo. Grâce aux nombreux ruisseaux, affluents du Río Magdalena, qui traversent cette région, le quartier a connu un développement économique au 19ᵉ s., devenant une zone industrialisée prospère.

Aujourd'hui, San Ángel est un quartier métropolitain caractérisé par la présence d'un puissant mouvement culturel, peut-être le plus sophistiqué de Mexico, autour de lieux comme le **Centre Culturel San Ángel** (**A**), la **Bibliothèque de la Révolution mexicaine** (**B**) et le **Centre culturel hellénique** (**C**).

Le visiteur qui aborde San Ángel par la rue **Arenal** découvre l'ambiance rustique du quartier. Le parcours à pied de ses ruelles pavées et mystérieuses fait surgir des images d'époques révolues, que recréent ses petites places fleuries, ses agréables recoins et l'atmosphère coloniale que dégagent les niches, les croix et les arches, autant de symboles d'une grandeur passée.

★ **Ex convento de El Carmen** – *Av. Revolución n° 4-6. Ouvert toute l'année, du mardi au dimanche de 10 h à 17 h. Fermé les jours de fête nationale. $14. ☎ (5) 550-4896.* Ce bâtiment ancien a été fondé au 17e s. par les Carmes déchaussés. L'église est remarquable pour l'important travail coloré de ses **voûtes et chapelles** intérieures, revêtues d'azulejos de Talavera. Le vieux cloître annexe abrite le **Museo de El Carmen**, qui présente de magnifiques œuvres d'art colonial, parmi lesquelles se distinguent les tableaux de Villalpando y Correa. L'exquise décoration d'origine du bâtiment, conservée dans nombreuses salles, est particulièrement remarquable au niveau du **vestibule de la sacristie**, de la **sacristie** et des **cryptes**, où reposent les dépouilles momifiées des frères bienfaiteurs de l'ordre, inhumés au couvent.

Plaza de San Jacinto – *Au départ de l'Av. Revolución, suivre les rues Madero et Amargura.* La place doit son nom à l'**église** du 16e s. qui s'y trouve. Elle s'anime tout particulièrement lors du **Bazar del Sábado** avec l'afflux d'une multitude d'artistes et d'artisans. Tout autour, des restaurants proposent différentes spécialités gastronomiques.

8 **Bazar del Sábado**

Plaza de San Jacinto n° 44, San Ángel. Ouvert seulement le samedi de 10 h à 19 h. ✗ ☎ (5) 616-0082. Une belle demeure du 17e s., restaurée par l'architecte Manuel Parra, abrite un centre d'artisans qui a donné naissance au **jardin des arts** sur la place. Au cœur du beau quartier résidentiel San Ángel, ce lieu est devenu depuis 1960 un important point de rencontre entre artistes et artisans du Mexique et visiteurs du monde entier. Le bazar expose de très beaux travaux d'artisanat traditionnel et contemporain.

Casa del Risco – *Plaza de San Jacinto n° 15. Ouvert toute l'année, du mardi au dimanche de 10 h à 17 h. Fermé les jours de fête nationale. ☎ (5) 616-2711.* Contre un mur de la cour intérieure de cette belle résidence du 18e s se trouve une superbe **fontaine★** baroque, faite en éclats de pierre et de porcelaine chinoise importée par le Galion de Manille. Les salles du premier étage présentent une merveilleuse **collection** de peintures et sculptures européennes et mexicaines, appartenant pour partie à l'internationaliste Isidro Fabela. On remarquera en particulier la section des peintures consacrées au culte de la Vierge de Guadalupe, une des figures les plus chères au cœur du peuple mexicain.

Museo Estudio Diego Rivera – *Diego Rivera, angle de Altavista. Ouvert toute l'année, du mardi au dimanche de 10 h à 18 h. Fermé les jours de fête nationale. $10. ☎ (5) 550-1518.* Exemple d'architecture fonctionnaliste, construit en 1931 par Juan O'Gorman, ce musée a été la demeure de Diego Rivera et de son épouse Frida Kahlo. Il conserve des objets personnels de Rivera.

Museo de Arte Carrillo Gil – *Av Revolución n° 1608, angle de Altavista, San Ángel. Ouvert toute l'année, du mardi au dimanche de 10 h à 18 h. Fermé les jours de fête nationale. $7. ✗ ☎ (5) 550-1254.* Ce bâtiment moderne de quatre étages renferme une excellente collection permanente d' œuvres de certains grands maîtres des arts plastiques contemporains du Mexique, Rivera, Orozco et Siqueiros, parmi d'autres. Il présente souvent d'intéressantes expositions temporaires.

★CIUDAD UNIVERSITARIA ET ENVIRONS

1 journée. Carte p. 58 (**ABZ**) Ⓜ *ligne 3 – Universidad.*

L'université de Mexico a été fondée le 25 janvier 1553 par Charles Quint, avec une dotation annuelle de mille pesos d'or. En 1910, soit 357 années plus tard, elle devenait université nationale, grâce à l'action de Justo Sierra. Depuis cette date, elle a occupé différents bâtiments au centre de Mexico. En 1929, après la Révolution, sous la présidence de Portes Gil, l'Université obtient son autonomie par rapport à l'État. Vingt-trois ans plus tard, le 20 mai 1952, on inaugure la cité universitaire au Pedregal de San Ángel, sur les champs de lave du volcan Xitle, à proximité du site archéologique de Cuicuilco.

Rectoría (**A**) – *Insurgentes Sud, dans le sens Sud-Nord.* Sur les façades Nord, Sud et Est du bâtiment du rectorat s'étendent trois fresques réalisées avec du verre de couleur par David Alfaro Siqueiros. L'artiste a réalisé deux de ces **décors muraux★★**, *Le peuple à l'université* et *L'université au peuple*, avec d'importants reliefs afin qu'elles puissent être admirées des visiteurs en voiture sur l'avenue Insurgentes.

Derrière le bâtiment, on remarque, au niveau du quatrième étage un mural plus petit, qui orne les bureaux du Conseil universitaire. Y figurent l'aigle et le condor, les emblèmes du blason universitaire.

Bibliothèque centrale, cité universitaire.

© Robert Frerck/Odyssey

Bibliothèque centrale (**B**) – *Côté Nord de la tour du Rectorat.* Pour la bibliothèque centrale, Juan O'Gorman a réalisé quatre **œuvres murales extérieures★★** en pierres naturelles colorées sur papier et béton armé, avec des carrés de 1x1 cm. Le panneau Sud, à l'entrée de la bibliothèque, représente l'influence du monde occidental, avec la Conquête et la vision du monde selon Ptolémée. La fresque Nord représente le monde préhispanique, avec la fondation de Tenochtitlán et les divinités de la vie et de la mort. Côté Est sont représentés la Révolution mexicaine et le monde moderne : luttes de Francisco Villa, Emiliano Zapata et des paysans. À l'Ouest, on retrouve l'emblème de l'université.
O'Gorman a réalisé aussi deux **hauts-reliefs** avec des symboles précolombiens sur le mur qui sépare la bibliothèque du reste du campus.

Museo Universitario Contemporáneo de Arte (MUCA) (**C**) – *Devant la Bibliothèque centrale, côté Sud de la tour du rectorat. Ouvert toute l'année, du lundi au vendredi de 10 h à 19h, samedi et dimanche de 10 h à 17 h. Fermé les jours de fête nationale. $6. ☎ (5) 622-0402/03.* Une des premières constructions de la cité universitaire, le musée compte sept salles consacrées aux expositions de peinture, de sculpture, aux arts multimédias et à toute forme d'expression artistique tant nationale qu'étrangère.

Auditorium Alfonso Caso (**ancienne faculté de sciences**) (**D**) – *Côté Est de la tour du Rectorat, en traversant l'aire plantée d'arbres.* Le peintre José Chávez Morado a réalisé ici trois œuvres murales en extérieur : deux sont en mosaïque de verre, la troisième en résine vinylique ; cette dernière n'a pas résisté au passage du temps. Le **panneau frontal★** représente la maîtrise de l'énergie, de la découverte du feu à la fission de l'atome. Le mural en résine vinylique représente la construction de la Cité universitaire, et des hommes de science mexicains.
Au Sud de l'auditorium, après le département des doctorats, l'École de dessin industriel abrite un autre mural de Chávez Morado, **Le retour de Quetzalcóatl★**, on y voit les dieux précolombiens naviguant sur un bateau en compagnie d'hommes de cultures différentes, grecque et arabe entre autres *(ouvert toute l'année, du lundi au vendredi de 8 h à 21 h ; ☎ (5) 665-1344 et 622-0835).*

Facultad de Medicina (**E**) – *Côté Est de la cité universitaire, après l'auditorium Alfonso Caso.* Le peintre Francisco Eppens a réalisé ici un **mural★** en mosaïque de verre sur des panneaux de faïence collés et vissés au mur. Il représente les quatre éléments, ou les quatre soleils précolombiens : l'air, le feu, l'eau et la terre. Il montre aussi trois visages, ceux du père espagnol, de la mère indienne et du fils métis.
A gauche, un autre mural du même artiste illustre le thème de l'homme se surpassant grâce à son intelligence, son esprit et sa culture.

Estadio Olímpico – *Devant la tour du rectorat, de l'autre côté de l'avenue Insurgentes.* Construit dans les années 50, le stade olympique s'orne à l'extérieur d'un **mural★** de Diego Rivera réalisé en pierres multicolores, qui montre le développement du sport depuis l'époque préhispanique. On y retrouve le blason universitaire. Un des sites aménagés pour les Jeux Olympiques de 1968, le stade offre 80 000 places assises ; on y accède au moyen de 42 souterrains, qui permettent aussi de le vider entièrement en à peine 20 mn.

★**Jardín Botánico** – *Circuit extérieur de la cité universitaire, sur un côté du stade olympique. Ouvert toute l'année, tous les jours de 7 h 30 à 16 h 30. Fermé la deuxième quinzaine de juillet et de décembre. $7. ☎ (5) 622-9047.* Cette agréable réserve naturelle (7 ha) est divisée en cinq zones : aride, tempérée, tropicale humide ; plantes utilitaires et réserve écologique. Vers l'arboretum, emprunter le petit sentier à droite pour découvrir la **serre Manuel Ruiz Oronoz**★, où poussent une grande variété de plantes de la zone tropicale humide. Elle complète l'exposition de la **serre Faustino Miranda**★ (**F**) qui présente une multitude de plantes tropicales : cette richesse en fait l'unique serre de ce genre au Mexique *(à l'Est de la cité universitaire, circuit intérieur. Ouvert toute l'année, du lundi au vendredi de 9 h à 15 h, samedi et dimanche de 9 h à 16 h ; fermé la deuxième quinzaine de juillet et de décembre ; ☎ (5) 622-9047).*

★★**Centro Cultural Universitario** – *Zone culturelle de la cité universitaire, à côté de l'avenue de la Imán.* La construction de ce complexe architectural moderne a débuté à la fin des années 70. Il accueille toutes les formes d'expression artistique dans ses salles consacrées aux différentes activités culturelles, musique, danse, cinéma, théâtre et recherche.

Le centre abrite la **Bibliothèque nationale et le Département des périodiques** *(ouvert toute l'année, du lundi au vendredi de 8 h à 20 h, samedi de 8 h à 14 h ; ☎ (5) 622-6813).* L'intérieur de la bibliothèque est dominé par un tyrannosaure de métal, suspendu au plafond. Un **espace dédié à la sculpture** entoure le bâtiment *(ouvert toute l'année, tous les jours de 9 h à 18 h ; ☎ (5) 665-1344).* On y voit des œuvres réalisées en plein air par les sculpteurs. On en remarquera une en forme de cratère de volcan derrière la bibliothèque. On verra aussi une imitation de la muraille de Chine en pierre volcanique, et un assemblage en métal rouge qui semble se déplier en quatre éléments.

Au Sud de cet espace se trouve la **salle de concerts Nezahualcóyotl** en béton armé, verre et acier *(ouvert uniquement pour les spectacles ; ☎ (5) 622-7082).* Elle compte cinq niveaux superposés en forme de fer à cheval ; l'orchestre s'installe au milieu. La salle offre une acoustique remarquable.

★★**Museo Universum** – *Circuit de la zone culturelle de la Cité universitaire. Ouvert toute l'année, du lundi au vendredi de 9 h à 17 h, samedi et dimanche de 10 h à 17 h. Fermé le 1er janvier et le 25 décembre. $15. ✗ ☎ (5) 665-622-8238.* Ce musée interactif consacré à la science, divisé en trois bâtiments, a été inauguré en 1992. Il présente 12 salles thématiques, dont les sujets vont de la structure de la matière, la chimie et l'écologie à la biologie du corps humain. Il propose également des ateliers pour enfants et adultes, des pièces de théâtre, des films et des vidéos.

Zona arqueológica Cuicuilco – *Av. Insurgentes Sud, dans le sens Sud-Nord, presque à l'intersection du Périphérique. Ouvert toute l'année, tous les jours de 9 h à 17 h. ☎ (5) 606-9758.* Ce site archéologique entoure une pyramide à quatre niveaux, haute de 20m, dont la base presque circulaire mesure 135m de diamètre. On estime qu'il s'agit de la première construction monumentale de la vallée de Mexico. Elle a été découverte en 1922 au cours des travaux de déblaiement des coulées de lave dues à l'éruption du volcan El Xitle, qui avaient recouvert la zone appelée *el pedregal* à Cuicuilco. La culture de cette région appartient à l'époque préclassique ; elle a atteint son apogée entre 600 et 200 ans avant J.-C. À l'intérieur du niveau supérieur de la pyramide se trouve un autel.

Museo de sitio – *Sur un côté du site archéologique.* Dans le musée sont exposées des pièces découvertes au cours du déblaiement de Cuicuilco, ainsi que des photos des travaux prises à partir de 1922. On voit sur l'un des murs un mural de Gonzáles Camarena, qui représente l'explosion du Xitle. Située dans une réserve naturelle, la zone archéologique permet aussi de découvrir la flore caractéristique de la région.

TLALPAN ET XOCHIMILCO *Carte p. 58* (**ABZ**)

Barrio de Tlalpan – *1/2 journée. Arriver par la Calzada de Tlalpan en prenant la sortie vers Cuernavaca. Après San Fernando prendre à droite à Hidalgo (au milieu de la rue du restaurant Antigua Hacienda de Tlalpan).* À l'époque coloniale, et même après l'Indépendance, le quartier de Tlalpan était célèbre pour ses casinos et ses fêtes, avec jeux de hasard et combats de coqs, auxquels prenait part le général Antonio López de Santa Anna. Restent de cette époque d'anciennes propriétés de familles fortunées, aujourd'hui transformées en écoles ou centres de recherche, tout en ayant conservé la couleur provinciale qui distingue ce quartier du reste de la métropole. À proximité de la **Plaza de la Constitución** se trouvent, la **Parroquia de San Agustín**, édifiée au 16e s. dans un style baroque assez austère, et aussi un **marché** construit dans le goût du Porfiriato derrière l'ancien palais municipal, aujourd'hui hôtel de ville du quartier. La jolie **Casa Chata** *(Hidalgo, angle avec Matamoros)* abrite un centre d'études derrière son porche octogonal en pierre de taille rose. La **Casa de la Moneda** *(Moneda, angle de Juárez)*, construite au 18e s., abritait le palais du Gouvernement de l'État de Mexico lorsque Tlalpan était capitale du pays. De 1828 à 1830, c'était l'hôtel des Monnaies ; on y a frappé 203 544 pesos en or et 959 116 pesos en argent. On admirera sur sa façade principale le travail de la pierre sculptée et les arcs inversés couronnés de créneaux.

Barrio de Xochimilco – *1 journée. Les embarcadères se trouvent aux alentours du centre de Xochimilco et au village de Nativitas.* À proximité du centre très animé de Xochimilco, les embarcadères des jolies **trajineras** offrent aux visiteurs des promenades sur **les canaux**★★. *Toute l'année, du lundi au vendredi de 8 h à 19 h, samedi et dimanche de 7 h à 20 h ; $40/heure (4 personnes), $60/heure (12 personnes) et $70/heure (18 personnes). À Cuemanco $70/heure (12 personnes). Réserve écologique $80/heure (le circuit est plus long). ✗ E ☎ (5) 676-2479.* Ces barques typiquement mexicaines parcourent un réseau de canaux qui longent les traditionnelles *chinampas* (« haies vives de roseaux » en náhuatl), jardins flottants où l'on cultive légumes et toutes sortes de fleurs suivant des méthodes précolombiennes. Aux environs de Xochimilco on visite la **Parroquia de San Bernardino**, sobre construction de 1590, de style monastique militaire *(16 de Septiembre et rue Nuevo León ; ouvert toute l'année, du lundi au samedi de 6 h 30 à 20 h, dimanche de 5 h 30 à 21 h ; ☎ (5) 676-0170)*. On remarquera le **portail latéral**, dont le style plateresque révèle l'influence indigène. À l'intérieur, parmi de superbes **retables** du 16e s. de style baroque, en bois recouvert de feuille d'or, se détache le **retable principal**★, qui présente des scènes de la Passion du Christ et des épisodes de la vie de la Vierge. L'arc du portail latéral est orné d'une **peinture murale** représentant saint Christophe. La petite **chapelle du Rosaire** présente à l'extérieur un joli travail du stuc semblable à une dentelle *(José María Morelos et Francisco I. Madero ; ouvert toute l'année, du lundi au samedi de 6 h 30 à 20 h, dimanche de 5 h 30 à 21 h ; ☎ (5) 676-0148)*. Devant la chapelle, le très actif **marché de Xochimilco** propose tous les jours de la semaine une grande variété de plantes à des prix abordables *(José Maria Morelos et Nezahualcóyotl n° 377 ; ouvert toute l'année, tous les jours de 8 h à 20 h ; ☎ (5) 653-6112)*.

9 Antigua Hacienda de Tlalpan

Calzada de Tlalpan n° 4619.
E ☎ *(5) 655-7888.*
(Réservation conseillée).
Cette belle construction du 18e s. a servi au début du 20e s. de résidence de vacances à Porfirio Díaz. Dans l'atmosphère coloniale de ce lieu entouré de jardins, on goûte aujourd'hui une riche cuisine mexicaine et internationale, en compagnie de musiciens. Endroit très plaisant pour le cadre et savoureux pour le palais.

Museo Dolores Olmedo Patiño – *Av. México n° 5843. Ouvert toute l'année, du mardi au dimanche de 10 h à 18 h. Fermé le 1er janvier, le 1er mai, le 16 septembre et le 25 décembre. $10. ✗ ☎ (5) 555-0391.* Photographies interdites à l'intérieur. À quelques minutes du centre de Xochimilco, le musée se compose de 12 salles aménagées dans une jolie ferme du 17e s. Il doit son nom à une collectionneuse passionnée d' œuvres d'art, amie du peintre Diego Rivera. Il abrite la plus grande **collection** privée du monde d' œuvres de Diego Rivera et Frida Kahlo. On y voit aussi des œuvres d'Angelina Beloff, peintre russe et première épouse de Diego Rivera, une collection de plus de 600 pièces précolombiennes et des objets d'art populaire mexicain.

© Robert Frerck/Odyssey

Trajineras à Xochimilco

EXCURSIONS AU DÉPART DE MEXICO

Carte p. 58 et 104

Universidad Autónoma de Chapingo

1 journée. État de Mexico. Suivre sur 40 km la route fédérale à l'Est de Mexico en direction de Puebla. Prendre l'embranchement vers Texcoco, puis 700 m plus loin, la direction de Huexotla, et enfin l'embranchement à gauche pour entrer à Chapingo. En 1923, on a édifié dans ce grand domaine de la région de Texcoco l'**École nationale d'agriculture** (musée ouvert toute l'année, tous les jours de 9 h à 15 h ; chapelle ouverte toute l'année, tous les jours de 10 h à 17 h ; $8 et $25 ; ☎ (595) 422-00, poste 5189). En 1926, Diego Rivera a été invité à peindre l'ancienne chapelle, aujourd'hui **Salle des actes**. Dans ses extraordinaires **peintures murales**★★★ il a inscrit sa conception de la campagne et du travail des hommes. Lorsqu'on entre dans la chapelle, on est frappé par le mural qui surplombe le maître-autel, sur lequel une femme nue, enceinte, représente la Terre fécondée. Sur les murs latéraux se déroulent l'Évolution naturelle de l'homme (à droite), la Germination (deuxième panneau) et les figures de la Floraison (troisième panneau). En sortant de la chapelle, on admirera sous le chœur la magnifique représentation de la Terre vierge tenant à la main une graine en fleur. Les lunettes de la voûte sont ornées de nus masculins. Pour ces œuvres Rivera a pris pour modèles la photographe Tina Modotti (Terre vierge) et Lupe Marín, son épouse à l'époque (Terre fécondée). Près de Chapingo se trouve **Chiconcuac**, très visité l'hiver pour son marché aux vêtements, où l'on trouve les traditionnels pull-overs en laine et vestes chaudes, ainsi que des sarapes et des tapis (5 km au Nord-Est par la route n° 142 ; après le marché San Miguel, emprunter la rue sans nom à gauche sur 1,5 km).

Ex convento de Azcapotzalco

1 heure. Av. Azcapotzalco, à l'Est du Jardín Hidalgo. Ouvert toute l'année, du lundi au vendredi de 10 h à 12 h. ☎ (5) 561-0453. Au cœur de l'ancienne capitale des Tépanèques, la plus importante seigneurie de la vallée de Mexico avant l'arrivée des Aztèques, un monastère dominicain a été bâti vers 1565 sous la direction du frère Lorenzo de la Asunción. Comme témoignages intéressants de l'époque, restent les peintures murales de la porterie (représentant les saints dominicains) et le cloître, ainsi que les vestiges des plafonds à caissons qui cachaient les toitures.

L'église a été en partie modifiée au 18e s. avec une élégante décoration baroque, comme en atteste la façade. À l'intérieur, à droite de la nef, on remarquera un retable du 17e s. dédié à Santa Rosa de Lima, avec des **peintures** de Villalpando.

La **chapelle du Rosaire** à gauche de la nef, rajout très commun dans les couvents dominicains, est très richement ornée de quatre retables dorés et de deux singuliers retables d'angle du 18e s. On admirera le retable central dédié en 1779 à la Vierge du Rosaire avec ses magnifiques sculptures sophistiquées, de style « ultrabaroque » dit « anastyle » (« sans colonnes », dans lequel les colonnes se perdent dans l'excès de décoration). Le retable du transept de droite, dédié à la vie de la Vierge, est également remarquable avec ses **peintures** de Juan Correa (1674-1739).

Parque Nacional Desierto de los Leones

2 heures. État de Mexico. 20 km à l'Ouest par la route n° 15 en direction de Toluca ; ou bien 18 km par le périphérique Sud, en empruntant la Calzada Desierto de los Leones. Ouvert toute l'année, tous les jours de 6 h à 17 h. X E ☎ (5) 570-3158. Ce parc naturel proche de Mexico est l'une des destinations favorites des habitants de la capitale cherchant à profiter le week-end d'une promenade à la campagne.

De collines en vallons, ce bois luxuriant planté de pins et de sapins oyamels invite à la rêverie et à la découverte de ses charmes, au nombre desquels l'ancien **Carmel** *(ouvert toute l'année, du mardi au dimanche de 10 h à 17 h ; fermé les jours de fête nationale ; $2. Accès au parc en voiture $8* ; X E *☎ (5) 570-3158).* Il a été construit au 17e s. en suivant les critères d'isolement de l'ordre, permettant aux frères de se consacrer à la prière et à la méditation. Dans ce vaste complexe bâti en grosses pierres, les dépendances s'ordonnent autour d'une série de cours et de **jardins**, faisant penser à un labyrinthe. La cour Est donne accès aux caves sombres et froides qui servaient de fondations et renfermaient le système hydraulique du couvent. À l'extrémité du potager derrière le bâtiment se dresse la **chapelle des secrets**, à l'intérieur de laquelle se produit un curieux phénomène acoustique : les paroles que l'on chuchote face à l'un des coins de la chapelle sont clairement perçues au niveau des trois autres.

Zona Arqueológica de Teotihuacán★★★

1/2 journée. État de Mexico, 46 km. Sortir au Nord-Est par la route 130D en direction de Pachuca et prendre ensuite l'embranchement de la route Mexico-Pirámides. Voir p. 131

Museo Nacional del Virreinato, Tepotzotlán★★★

1/2 journée. État de Mexico. 41 km. Sortir au Nord par la route 57D Mexico-Querétaro. 38 km plus loin, avant le péage, prendre l'embranchement à droite en direction de Tepotzotlán. Voir p. 135

Zona Arqueológica de Malinalco★

1/2 journée. État de Mexico. 105 km. Sortit au Sud-Ouest par la route 15D jusqu'à Toluca (64 km), prendre la route 55D vers le Sud en direction de Ixtapan de la Sal, et à Tenancingo tourner à gauche ; 14 km jusqu'à Malinalco. Voir p. 113

Cuernavaca★

1/2 journée. État de Morelos, 89 km. Sortir au Sud par la route 95D. Voir p. 109

Zona Arqueológica de Xochicalco★★

1/2 journée. État de Morelos, 127 km. Sortir au Sud par la route 95D jusqu'à Cuernavaca, poursuivre par l'Autopista del Sol 38 km, prendre ensuite l'embranchement à Alpuyec, pour 15 km. Voir p. 146

Zona Arqueológica de Tula

1 heure 1/2. État de Hidalgo, 98 km. Sortir par Querétaro. À la hauteur du km 69,5 de l'autoroute à péage 57D, prendre à droite en direction de Tepeji del Río. 25 km jusqu'à Tula. Voir p. 144

Guatemala★★★

Voyage par avion. Voir p. 310

Belize★★★

Voyage par avion. Voir p. 336

Préparez votre voyage à l'aide des étoiles attribuées aux principales curiosités :

★★★ *Vaut le voyage*
★★ *Mérite un détour*
★ *Intéressant*

Région 2

CENTRE DU MEXIQUE

Terre aztèque, région de couvents, haciendas et villes coloniales

Artisanat et gastronomie p. 45-46. De florissantes villes coloniales se sont établies autour de ce qui avait été le centre du pouvoir de l'empire aztèque et le berceau des cultures indiennes les plus importantes de la partie centrale du Mexique. Certaines de ces villes conservent leur architecture, au goût espagnol façonné par les mains indigènes.

Le visiteur de la région tombera sous le charme des grandes pyramides, comme à Teotihuacán ; des beaux *talud-tableros* de Xochicalco ou de Yohualichan, enclavé dans l'exubérante chaîne montagneuse de Puebla.

Chacun des États qui constitue la région a sa marque caractéristique : Puebla, sa remarquable faïence ; Morelos, sa poterie en terre et ses maisonnettes en *pochote* ; Querétaro son aqueduc monumental ; Tlaxcala et Hidalgo, leur bois polychrome ; et l'État de Mexico, ses textiles colorés.

Quant à la gastronomie, elle offre des plats typiques : la *cecina* (viande séchée) ; les *empanadas, les chiles en nogada* (piments de Puebla farcis d'un hachis sucré, nappé d'une sauce aux noix et à la grenade rouge) ; le *mole poblano* (poulet en sauce à base de piments, chocolat, amandes, cacahuètes, tomates et épices) ; et une grande variété de douceurs qui sont la perte du gourmand.

Les festivités du jour des Morts, du Carnaval et de la Semaine sainte, entre autres fêtes nationales, ajoutent aux animations déjà innombrables et pittoresques, d'autres possibilités de distractions.

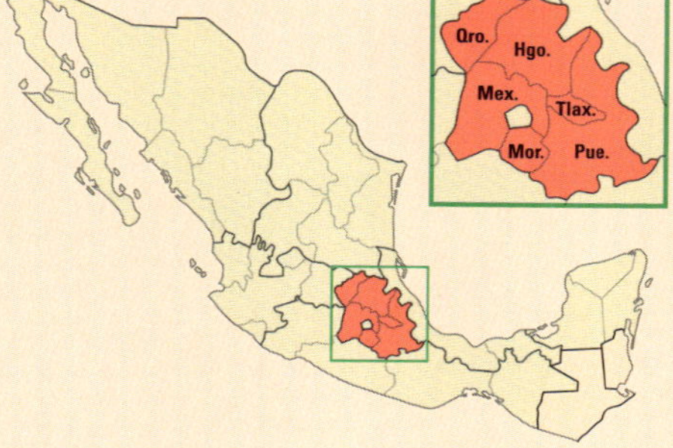

Hgo. .... Hidalgo
Mex. .... México
Mor. .... Morelos
Pue. .... Puebla
Qro. .... Querétaro
Tlax. .... Tlaxcala

L'église de la Vierge des Remèdes et le volcan Popocatépetl, Cholula

Zona arqueológica CACAXTLA-XOCHITÉCATL

Tlaxcala

Carte des principales curiosités p. 6 Plan p. 140

i ☎ (246) 209-52

Sur deux collines éloignées de moins de 2 km se trouvent deux sites archéologiques. Xochitécatl, « lieu de la lignée des fleurs » est vieux de plus de 2500 ans. Son développement a débuté en 600 avant J.-C. ; il est antérieur à Cacaxtla, qui a été fondé vers l'an 550 après J.-C. À la fin de la période classique, il y A 1100 ans, Cacaxtla et Xochitécatl dominaient les peuplades agricoles voisines.

CACAXTLA *2 heures*

Sortir au Sud-Ouest de Tlaxcala par la route n° 119 ; à l'Université prendre la direction de Nativitas, à droite ; 18 km plus loin, en passant Nativitas, tourner à droite et monter sur 1,5 km jusqu'au parc de stationnement de Cacaxtla ; poursuivre à pied sur 1 km. Ouvert toute l'année, tous les jours de 10 h à 17 h. $14. ✂ ☎ (246) 209-52.

À l'entrée se trouve un **musée du site** avec une brève présentation des peuples qui ont occupé la région. Celle-ci a été peuplée par les Olmèques-Xicalancas, probablement originaires de Campeche. Elle a connu son apogée au classique tardif (600 à 900 après J.-C.). Son activité commerciale couvrait la presque totalité de la grande vallée de Puebla-Tlaxcala, passage obligé des commerçants téotihuacans, mixtèques-zapotèques, totonaques et mayas, dont l'influence dans la région était considérable. En haut d'une colline naturellement protégée par des ravins a été construite une grande plate-forme de 200 m de longueur, 110 m de large et 25 m de haut. Une toiture métallique abrite des vestiges de bâtiments et de palais disposés autour d'une place centrale. On admirera au milieu des ruines les peintures murales, dont la mise au jour à la suite d'un pillage en 1975 est tenue pour l'une des découvertes majeures du 20e s.

★★★ **Peintures murales** – Elles ont été réalisées dans le temple à base de pigments végétaux et animaux, au nombre desquels la cochenille et un bleu complexe, contenant de l'indigo, que l'on appelle *bleu maya*. Étrangement bien conservées, ce sont les plus grandes peintures murales de Mésoamérique.

CENTRE DU MEXIQUE
0
50 km
0
25 mi
A
W
X
Y
Z
A
SAN LUIS POTOSÍ
MORELIA
ACAPULCO
SAN LUIS POTOSÍ
GUANAJUATO
QUERÉTARO
HIDALGO
MÉXICO
MORELOS
GUERRERO
D.F.
Huasteca
Casa del Inglés o Las Pozas
Concá
Tancoyol
Misiones de la Sierra Gorda
Jalpan
Landa de Matamoros
Tilaco
Tamazunchale
San Luis de la Paz
2650
3150
Verde
Santa María
Victoria
Estórax
Moctezuma
Tula
Amajac
C. La Laja 3250
2650
Querétaro
Villa Corregidora
Tequisquiapan
San Juan del Río
Ixmiquilpan
Metztitlán
Actopan
Mixquiahuala
PN El Chico
Mineral del Monte
PACHUCA
Epazoyucan
Tula
3325
Tepeji del Río
Tizayuca
Zumpango
Atlacomulco
Ciudad Hidalgo
Santuario Sierra Chincua
Angangueo
Santuario Sierra el Campanario
Zitácuaro
Tepotzotlán
Arcos del Sitio
Cuautitlán
Teotihuacán
Acolman
Chiconcuac
Chapingo
Villa Nicolás Romero
MEXICO
Calixtlahuaca
Toluca
Zinacantepec
Metepec
PN Desierto de los Leones
Ayotla
Chalco
5386
V. Iztaccíhuatl
V. Tlaloc 3690
Amecameca
V. Popocatépetl
5452
Valle de Bravo
Teotenango
PN Nevado de Toluca
PN Lagunas de Zempoala
Malinalco
Tepotzlán
Villa Guerrero
CUERNAVACA
Yautepec
Atlatlahuacan
Yecapixtla
Temixco
Xochicalco
Cuautla
2030
Grutas de Cacahuamilpa
Zacatepec
Tlaquiltenango
Lago
Jojutla
Chalcatzingo
Taxco
Ixcateopan
Taxco Viejo
Puente de Ixtla
Axochiapan
2280
Arcelia
Teloloapan
Iguala
Autopista del Sol
2100
Balsas
Mezcala
69
85
120
46
57
111
105
45
15
5
11
4
6
14
55
136
150
115
113
95
2
1
134
10
12
8
160
51

B
GOLFO DE MÉXICO
Laguna de Tamiahua
Cabo Rojo
Tempoal de Sánchez
Potosina
Naranjos
Tamiahua
Barra Galindo
Cerro Azul
Huejutla de Reyes
Barra de Tuxpan
Tuxpan
Barra de Cazones
Poza Rica
Tecolutla
Gutiérrez Zamora
El Tajín
Papantla
VERACRUZ
Xicotepec
Huasca
Huauchinango
Tulancingo
San Rafael
Yohualichan
Cuetzalan
Las Cascadas
Martínez de la Torre
Tlapacoyan
Zacatlán
Zacapoaxtla
Tepeapulco
Ciudad Sahagún
Apan
Zaragoza
Teziutlan
Perote
Tlaxco
Calpulalpan
TLAXCALA
Xalapa
Ex hacienda de El Lencero
C. Cofre de Perote
Coatepec
Libres
Yauhquemecan
Apizaco
Tlaxcala
Huamantla
Texmelucan
Tepeyanco
PN de la Malinche
Sta. Inés Zacatelco
Huejotzingo
Calpan
Cholula
Acajete
San Salvador el Seco
Huatusco
Pico de Orizaba
Tonantzintla
PUEBLA
Acatzingo
Atlixco
Tepeaca
Fortín de las Flores
Tochimilco
Laguna de Valsequillo
Tecali de Herrera
Tecamachalco
Orizaba
Córdoba
Cd. Mendoza
Huaquechula
Tlacotepec
Izúcar de Matamoros
Cuayucatepec
PUEBLA
Tehuacán
Altepexl
Zinacatepec
Acatlán de Osorio
Teotitlán
Huautla
OAXACA
W
X
Y
Z

Commençant la visite par les couloirs du site archéologique, viennent dans l'ordre suivant :

Temple de Vénus – *Couloir Ouest.* Deux peintures adossées à des colonnes représentent des figures humaines au corps peint en bleu, couleur de Tláloc, dieu de la pluie. Autour du personnage féminin, on remarque une série d'étoiles blanches coupées en leur milieu ; elles sont associées à la planète Vénus.
La deuxième représente un homme portant un masque aux yeux exorbités. Entre ses jambes on distingue la queue jaune d'un scorpion, animal associé à la mort.

Temple rouge – Ce nom est dû à la couleur dominante de la peinture située à côté de l'escalier. On y distingue un plant de maïs qui porte, non pas des épis, mais des têtes humaines. Sous la plante figure un cours d'eau avec différents animaux marins. On aperçoit un crapaud peint en bleu, un plant de cacao, un oiseau tropical non identifié et un vieil homme richement habillé, sans doute un marchand, du fait de la charge qu'il transporte. Son numéro et son glyphe le désignent par le nom de *Señor 4 Perro.*

Le mural de la Bataille – *En face de la place centrale.* Réalisé entre 650 et 700 après J.-C., il couvre une largeur de 22 m. Il raconte un combat où des guerriers vêtus en jaguar sont vainqueurs de guerriers habillés en oiseau. Ce pourrait être la représentation d'un affrontement entre deux groupes dont l'union serait à l'origine des Olmèques-Xicalancas.

Portique « A » – À quelques pas du mural de la bataille, à l'endroit où ont eu lieu les premières fouilles, on découvre deux peintures murales. Celle de gauche représente **l'homme-jaguar**, celle de droite **l'homme-oiseau** tenant à la main un bâton cérémoniel de couleur bleue en forme de serpent. On remarquera sur l'un des piliers un bas-relief en terre brute rouge qui reflète, comme les autres peintures, l'influence des cultures téotihuacane et maya.

Homme-oiseau, détail

XOCHITÉCATL *1 heure*

De Cacaxtla reprendre la route vers l'Ouest pendant 2,5 km. Après le village de San Miguel, tourner à droite et monter sur 1,5 km jusqu'à Xochitécatl. Mêmes conditions de visite que pour Cacaxtla.

On aperçoit au sommet de la plus haute colline de la vallée de Puebla-Tlaxcala les structures qui constituaient le site, probablement consacré au culte de Xochitl, déesse des fleurs et de la fertilité. Ces fondations ont été découvertes récemment. Les archéologues ont distingué ici trois bâtiments et une plate-forme divisée en deux esplanades. L'**édifice de la spirale**, de forme circulaire, a été nommé ainsi parce que l'on pense qu'à défaut d'un escalier central, on accédait au sommet par la spirale qui entoure l'édifice. Il était probablement utilisé comme observatoire astronomique, et consacré au culte de Ehécatl, dieu du vent. En traversant la **plate-forme des volcans**, la plus grande place centrale, on voit se dresser la **pyramide des fleurs**, la plus importante du site, et la quatrième du Mexique. On a trouvé dans cette pyramide les squelettes de 30 enfants et d'un adulte, ainsi que deux énormes monolithes à usage rituel. Au sommet, un morceau de portail faisait peut-être partie du temple qui couronnait la pyramide. Ces constructions ont été élevées en 650 avant J.-C. et ont été occupées jusqu'à l'époque postclassique. Xochitécatl et Cacaxtla sont contemporains, et on y trouve les mêmes céramiques et éléments architectoniques du classique tardif.

CHOLULA

Puebla

45 872 habitants

Carte des principales curiosités, p. 6 Carte p. 105 **(BY)**

ℹ 4 Poniente n° 103 ☎ (22) 473-393

Cholula est aujourd'hui un important centre religieux, et son histoire, en tant que lieu sacré, remonte à l'époque préhispanique. La ville s'étend au pied d'une énorme pyramide couronnée par une église, symbole de syncrétisme culturel et de domination espagnole. Selon la légende, lorsque Hernán Cortés est arrivé dans la ville pendant la Conquête, il a aperçu un grand nombre de « tours et de mosquées » et, surpris, a déclaré en avoir compté 400. Depuis, on croit qu'il existe à Cholula 365 églises, une pour chaque jour de l'année, alors qu'il n'y en a en réalité que 39.

Un peu d'histoire – Fondée par des immigrants toltèques qui fuyaient Tula, Cholula, « lieu de la fuite » en náhuatl, est devenu un site sacré pour la Mésoamérique. Après 25 siècles d'occupation continue, la ville a pris le rang de plus ancienne métropole du Mexique. En 1519 elle a été le théâtre d'un pillage et d'un massacre commandés par Hernán Cortés ; malgré cela, elle a conservé son caractère de ville sacrée.

CURIOSITÉS *1 heure 1/2*

Plaza principal – C'est une immense place, bordée côté Ouest par 47 arches et par l'hôtel de ville. Côté Nord-Ouest se dresse l'église paroissiale San Pedro, fondée par l'évêque Palafox au 17e s., et au Sud-Est le couvent San Gabriel (16e s.). Le dimanche, la place est un lieu de rencontre pour les familles et les visiteurs.

Convento de San Gabriel – *2 Sud, entre Av. Morelos et 4 Ouest. Ouvert toute l'année, tous les jours de 8 h à 15 h et de 17 h à 20 h. ☎ (22) 473-393.* Fondé par les franciscains en 1529, le couvent a été construit entre 1549 et 1552 sur les vestiges d'un temple consacré à Quetzalcóatl. Le bâtiment est de style monastique militaire, avec des murs à créneaux. L'intérieur de l'église est remarquable pour sa voûte gothique nervurée, adaptée au 19e s. au style néoclassique.

★★ **Capilla Abierta (Capilla Real)** – *À l'Est de l'église San Gabriel. Ouvert toute l'année, tous les jours de 7 h à 13 h 30 et de 16 h à 20 h. ☎ (22) 473-393.* Cette chapelle ouverte, ou chapelle royale, du 16e s. s'est aussi appelée chapelle des Indiens. Elle compte 64 colonnes et 49 petits dômes en plus de ses 9 arches, dont 6 sont fermées et trois servent aujourd'hui de portes d'accès. Elle a conservé son vaste atrium embelli de vieux arbres.

SITE ARCHÉOLOGIQUE *2 heures. Voir photo p. 103*

Au Sud de la place principale. Suivre l'indication « zona arqueológica ». Ouvert toute l'année, tous les jours de 10 h à 17 h. $14. ☎ (22) 360-326, poste 24.
À l'époque de la Conquête, Cholula était un important carrefour commercial et le centre du culte de Quetzalcóatl. Le site archéologique peut se visiter en parcourant des tunnels qui montrent les différentes étapes de construction de sa grande pyramide. Au dernier stade de la construction, la base mesurait 400 m et l'édifice atteignait 65 m de hauteur. L'**église de la Vierge des Remèdes**, symbole du syncrétisme de l'époque coloniale, couronne le sommet du site. Au Sud s'étend la **Place des Autels**, un espace limité par de hautes plates-formes formées de *taluds* et *tableros* gravés, dans lequel on remarque des stèles-autels. Le site remonte à une période comprise entre le 4e et le 6e s. après J.-C.
Devant la place est exposée une offrande mexica du 15e s. avec des ossements humains et des poteries. La partie supérieure de la pyramide offre une superbe vue panoramique de tout le site.

EXCURSIONS

★ **Iglesia de Tonantzintla** – *1 heure. 3 km au Sud-Ouest de Cholula. Sortir par l'Av. Miguel Alemán et suivre la route jusqu'à l'indication Tonantzintla. Ouvert toute l'année, tous les jours de 7 h à 18 h. ☎* (22) 473-393. Cette église dédiée à l'Immaculée Conception est un des joyaux du baroque mexicain. Appelée familièrement « notre petite mère », elle surprend par sa **façade**★ en carreaux de céramique et azulejos, par le travail des colonnes qui soutiennent ses tours et par les sculptures polychromes qui semblent se dissimuler dans ses niches.
L'incroyable richesse architecturale de l'**intérieur**★★★ est un bel exemple du syncrétisme artistique qui a combiné les concepts espagnols, le christianisme et la culture indienne haute en couleurs, grâce à l'habilité artisanale des autochtones. La voûte et les murs présentent de riches guirlandes de stuc doré où figurent anges, saints et entrelacs végétaux, qui racontent la conception immaculée de la Vierge. Le baldaquin et les retables en bois sculpté et doré sont aussi extraordinairement beaux.

Iglesia de San Francisco Acatepec – *1 heure. 1 km au Sud de Tonantzintla. Ouvert toute l'année, tous les jours de 9 h à 18 h. ☎* (22) 462-044. Élevée vers la fin du 18e s. l'église montre une **façade**★★ en azulejos de faïence multicolore, des

© Bob Schalkwijk

Église de San Francisco Acatepec, détail

colonnes torses et des corniches ondulantes qui donnent à sa tour beaucoup de mouvement. La qualité du travail de ses artisans en a fait une œuvre unique du baroque mexicain, et la plus grande réussite des potiers de Puebla.
L'intérieur est orné de stucs très semblables à ceux de Tonantzintla, mais sans la même débauche de couleurs. Les retables du transept sont de style baroque, comme celui de l'abside à colonnes torses recouvertes de motifs végétaux et de petits anges.

Iglesia de Tlaxcalancingo – *1/2 heure. 3 km au Sud de Acatepec par la route 19 vers Puebla. Ouvert toute l'année, tous les jours de 6 h à 21 h. ☎ (22) 462-044.* L'église présente un beau **portail**★ orné d'azulejos en losanges dans une séquence géométrique de carreaux rouges. Elle est de style très sobre, mais sa tour aux colonnes corinthiennes lui donne un vif éclat, la blancheur de son mortier tranchant sur le bleu et le jaune des azulejos.

★★ **Ex convento Franciscano, Huejotzingo** – *2 heures 1/2. 15 km au Nord-Ouest par la route n° 190. Ouvert toute l'année, du mardi au dimanche de 10 h à 17 h. $10. ☎ (227) 602-28.* Un des meilleurs exemples des monastères du 16ᵉ s. au Mexique, cet ancien couvent a été construit par les Indiens du pays sous la direction du frère Juan de Alameda ; on pense qu'il a été terminé en 1570. Très haut, l'édifice a probablement été bâti sur un soubassement de pyramide.
Sa **façade principale** est un mélange de styles. Gothique pour la porte à l'arc surbaissé, mudéjar pour le rebord de la fenêtre de la tribune, Renaissance pour le reste. Le portail latéral est un des plus beaux éléments de l'édifice.
À l'**intérieur**, l'espace sacré rappelle, par sa forme close, les constructions médiévales romanes. L'épaisseur des murs et les rares ouvertures protégées d'albâtre laissent à peine passer la lumière, qui teint d'ambre le **retable en bois doré**★★, l'un des seuls du 16ᵉ s. à être conservés.
Les sculptures sont attribuées à Luis de Arciniega, et les peintures (1586) sont signées du peintre flamand Simon Pereyns. Les murs portent des traces de peintures. À l'extérieur de l'ancien couvent, on remarquera le porche des pèlerins, aux deux arcs en plein cintre ornés de motifs végétaux, supportés par une colonne centrale divisée en deux en son milieu par un élément en forme de tresse.
Le **cloître**, transformé en musée, est intéressant pour les très nombreux vestiges de peinture murale qui y sont conservés, en particulier dans la salle *de profundis*, où se trouvent les portraits des douze premiers moines et des scènes de la vie de saint François d'Assise.
Au rez-de-chaussée on visite aussi le réfectoire et la cuisine. Au premier étage se trouvent les cellules et les dortoirs. Ici sont exposées les statues qui se trouvaient partout dans le couvent, ainsi que des photographies murales d'autres monastères illustrant l'expansion et les activités des franciscains dans la région.
Les **capillas posas**★★ que l'on élevait aux angles de l'atrium pour y déposer l'ostensoir durant les processions sont, avec celles de Calpan, les plus belles chapelles d'angle de la région pour la richesse de leur décoration à bas-reliefs figurant des anges. Chacune est ornée d'un symbole de la Passion du Christ.

Calpan – *1 heure. 11 km au Sud-Ouest de Huejotzingo par une route qui traverse une campagne fertile.*
Blotti au pied des volcans Popocatépetl et Iztaccíhuatl, le bourg (12 625 habitants) en offre une superbe vue. On y visite l'**ancien couvent San Andrés Calpan** *(ouvert toute l'année, tous les jours de 9 h à 20 h. En cas de fermeture, demander au gardien de l'ouvrir ; ☎ (22) 461-285)*. Son édification remonte à 1548. Il possède un des plus beaux portails de l'État de Puebla. Le regard sera attiré par les deux anges qui soutiennent le blason franciscain, par le meneau de la fenêtre et le couronnement des colonnes, en forme de fleur d'agave.
Mais les **capillas posas**★★ retiendront plus encore l'attention *(photo p. 34)*. Elles sont décorées de sujets tels que la Vierge des Sept Douleurs, l'Annonciation ou le Christ jugeant les défunts, qui quittent leurs tombeaux à l'appel des trompettes des anges.

CUERNAVACA★

Morelos

316 782 habitants

Carte des principales curiosités p. 6 – Plan p. 104 **(AY)**

Av. Morelos Sud n° 187, Col. Las Palmas ☎ (73) 143-872

Toute en rues étroites et pentes raides, la « ville de l'éternel printemps » est visitée par une foule de touristes mexicains et étrangers, irrésistiblement attirés par son paysage de fleurs et de végétation exubérante, son climat chaud et son caractère colonial. Tout au long de son histoire, la ville a servi de villégiature à des personnages de marque, à commencer par le conquistador Hernán Cortés, marquis de la vallée de Oaxaca, qui a fait construire ici son principal séjour dans l'État, El Palacio de Cortés. Cette ville au tracé fantaisiste possède aujourd'hui des installations modernes, de grandes résidences luxueuses aux jardins très soignés et un petit site archéologique, **Teopanzolco**, témoignage de l'ancienne implantation tlahuica.

Un peu d'histoire – À l'époque préhispanique, la tribu náhuatl des Tlahuicas, originaire de la mythique Aztlán, a nommé cette ville **Cuauhnahuac**, « près du bosquet ». Avec la présence espagnole, elle est devenue Cuernavaca, et on y a édifié bâtiments et couvents. Sous les vice-rois, elle était chef-lieu du marquisat de la vallée de Oaxaca ; en 1834, elle accède au statut de *ciudad*. En 1855 elle devient capitale de la République ; c'est aujourd'hui celle de l'État de Morelos. La région a été le berceau de la révolution agraire menée par Emiliano Zapata au début du 20ᵉ s.

LE COMPLEXE CONVENTUEL ET SES ENVIRONS *1/2 journée*

Conjunto Conventual (ancien couvent franciscain) – *Hidalgo n° 17, angle de Av. Morelos, centre. Ouvert toute l'année, tous les jours de 7 h à 14 h et de 16h à 19 h. ☎ (73) 184-590.* Le complexe conventuel se compose d'un atrium planté d'arbres, cerné d'un mur crénelé qui enclôt des constructions de différentes époques. On remarquera surtout la grande **chapelle ouverte** avec sa longue voûte en berceau et ses arcs-boutants originaux.

Catedral de la Asunción de María (église de l'ancien couvent) – *Ouvert toute l'année, tous les jours de 7 h à 14 h et de 16h à 19 h. $10 (pour monter au clocher uniquement). ☎ (73) 184-590.* Cinquième œuvre des franciscains en Nouvelle-Espagne, l'église a été terminée en 1552. À l'**intérieur★** se combinent harmonieusement sobres éléments d'origine et parties modernes, résultat du remaniement réussi de 1957 ; par exemple, les peintures dorées des simples autels et les modestes vitraux aux couleurs chaudes qui créent une atmosphère accueillante. Les délicates **peintures murales★**, uniques en leur genre, rappelant la crucifixion au 16ᵉ s. au Japon du saint mexicain Felipe de Jesus et de 26 martyrs, composent l'élément liturgique majeur de cette église. La façade principale est dépourvue d'ornements, et la **porte latérale** présente un portail simplement décoré.

L'**ancien cloître** est une construction simple du 16ᵉ s. Ses deux niveaux conservent des peintures murales où contrastent le rouge et le noir. Les couloirs présentent des fresques intéressantes. La **chapelle du Tiers Ordre** est une construction baroque du 18ᵉ s. avec des portails d'aspect artisanal décorés de stuc. Le **portail latéral** attire davantage l'attention, avec son arc rampant. L'intérieur abrite un beau **retable★** doré de style churrigueresque, richement sculpté.

★ **Museo Robert Brady (Maison de la tour)** – *Nezahualcóyotl n° 4, à côté de la cathédrale. Ouvert toute l'année, du mardi au dimanche de 10 h à 18 h. Fermé les jours de fête nationale. $20. ✂ ☎ (73) 188-554.* Le musée occupe une partie de l'ancien couvent, devenu ensuite l'évêché (vers la fin du 19ᵉ s.). Les salles peintes de couleurs vives abritent **peintures**, sculptures, tapis, pièces de céramique et meubles de diverses époques et cultures. Pour la décoration de cette remarquable maison-musée, l'artiste Brady a associé des objets aux caractéristiques semblables, comme une table de plumes du Cameroun et des colombes huicholes en plumes, obtenant des assemblages très réussis.

Jardín Borda – *Av. Morelos n° 271, devant la cathédrale. Ouvert toute l'année, du mardi au dimanche de 10 h à 18 h. $5. ✂ ☎ (73) 129-237.* Ce havre de paix planté d'arbres a été légué au 18ᵉ s. à Don Manuel de la Borda, fils du riche propriétaire espagnol de la mine de TAXCO, qui l'a transformé en jardin botanique et parc d'agrément. Au 19ᵉ s., l'empereur Maximilien et son épouse Charlotte ont fait de la maison leur résidence de campagne. Une série de toiles du peintre Tarazona témoigne de l'époque impériale de cette maison, aujourd'hui cadre d'importantes activités culturelles, et siège de l'Institut culturel du Morelos. Le musée du site présente dans la section Juárez un panorama historique de l'État, ainsi que des expositions temporaires.

Museo Regional Cuauhnáhuac (Palais de Cortés) – *Devant le Zócalo, centre. Ouvert toute l'année, du mardi au dimanche de 10 h à 17 h. $14. ☎ (73) 128-171.* Ce palais de Cortés est une **œuvre★** grandiose d'architecture civile du 16ᵉ s. Construit sur un édifice préhispanique, il a appartenu au célèbre conquistador. Très transformé aujourd'hui, il abrite un riche musée à l'intéressant contenu archéologique, ainsi que des documents, armures, pièces de mobilier et autres objets illustrant les événements importants de l'histoire de Morelos. Sur la terrasse arrière du premier étage, on pourra admirer un **mural★★** (1927-1930) de Diego Rivera ayant pour sujet l'histoire du Mexique, de la Conquête à la révolution. On y distingue les figures de Cortés, d'Emiliano Zapata et de Morelos. À côté du musée se trouve un *tianguis* d'artisanat.

AUTRES CURIOSITÉS *4 heures 1/2.*

Jardín Etnobotánico et Museo de Medicina Tradicional (« maison de l'oubli », ou maison de Maximilien) – *Matamoros n° 14. Col. Acapatzingo. Devant l'église San Miguel Acapatzingo. Ouvert toute l'année, tous les jours de 9 h à 16 h 30 (le musée est ouvert de 9 h à 15 h). ☎ (73) 125-955.*
Dans cette grande propriété où l'empereur Maximilien avait établi sa maison de campagne se trouve le Centre INAH (Institut national d'archéologie et d'histoire) de Morelos.
Le petit **musée** est installé dans ce qui a été la **Maison de la belle Indienne**, maîtresse supposée de l'empereur. Il présente une sélection de plantes médicinales, dont certaines sont utilisées depuis des temps immémoriaux. Dans le grand **jardin** se trouve la plus importante collection de ces plantes en Amérique latine : arbres et plantes sont classés par appellation et par emploi.

La Tallera Casa Estudio de David Alfaro Siqueiros – *Venus n° 52, Col. Jardines de Cuernavaca. Ouvert toute l'année, du mardi au dimanche de 10 h à 17 h. $5. ☎ (73) 151-115.* Le célèbre muraliste a réalisé ses dernières œuvres dans cet atelier, où il a vécu les dix dernières années de sa vie. On y conserve des documents, des peintures murales, des instruments de travail et des photos du maître. La maison où est décédé le brillant muraliste mexicain est demeurée intacte.

Santuario de Tlaltenango – *Av. Emiliano Zapata n° 302, Barrio de Tlaltenango. Ouvert toute l'année, du lundi au vendredi de 9 h à 14 h, samedi et dimanche de 9 h à 13 h. ☎ (73) 130-225.* Ce sanctuaire est un ensemble de deux églises : l'église San Jerónimo, construite entre 1521 et 1523, que l'on croit être la première chapelle du continent américain, et l'église Notre Dame des Miracles, à la façade baroque. La fête de Tlaltenango, la plus importante de l'État de Morelos, se déroule autour de ces églises.

Jungla mágica (ancien parc de Chapultepec) – *Bajada de Chapultepec n° 27. Col. Chapultepec. Ouvert en juillet et août, tous les jours de 11 h à 19 h ; le reste de l'année du jeudi au dimanche de 11 h à 19 h. $14. ✂ ☎ (73) 158-411.* Cette « jungle magique » est un agréable parc de loisirs à l'abondante végétation, où le visiteur est accueilli par le gazouillis d'un cours d'eau qui traverse le chemin. Parmi les attractions, un bassin de dauphins, un théâtre d'oiseaux dressés et des jeux mécaniques.

EXCURSIONS

Lagunas de Zempoala – *1/2 journée. 25 km. Sortir au Nord de Cuernavaca par la carretera libre 95 (sans péage), direction Mexico. Parcourir 11 km et tourner à gauche : 4 km jusqu'à Huitzilac ; traverser le village et prendre à gauche ; 10 km vers l'Ouest par la route de Santa Marta, jusqu'au Parc national Lagunas de Zempoala. L'entrée du parc est à gauche de la route.*
À Zempoala, « lieu d'eaux abondantes », il y a six lagunes ; deux sont à caractère permanent. Elles sont constituées par des vallées étroites inondées à la saison des pluies, du fait de l'écoulement superficiel des eaux de précipitations. Le **trajet** par la route en vaut la peine, c'est une promenade qui offre au voyageur de belles vues partielles de la vallée de Cuernavaca et des sites idéaux pour une journée à la campagne. Dans le beau **parc national Lagunas de Zempoala**, la majesté de la sierra Quichinautzin rencontre les différentes nuances de turquoise des lagunes et toute la gamme de verts des bois environnants. L'ensemble constitue un paysage fascinant.

★★ **Zona arqueológica Xochicalco** – *1/2 journée. 42 km vers le Sud-Ouest.* *Voir p. 146*

Ex hacienda de San José Vista Hermosa et Lac de Tequesquitengo – *1/2 journée. Sortir de Cuernavaca au Sud par la route à péage 95D, direction Acapulco. 20 km jusqu'au péage de Tequesquitengo-Alpuyeca. Après 4 km en direction de Tequesquitengo, prendre à droite à l'embranchement et continuer sur 5 km jusqu'à Tequesquitengo. Prendre à droite par le chemin empierré, poursuivre sur 1 km jusqu'à l'ancienne ferme de José Vista Hermosa.*

★ **Ex hacienda de San José Vista Hermosa** – *Ouvert toute l'année, tous les jours 24 h/24 h. ✂ ▣ ☎ (734) 553-61.* Cette ferme prospère a été fondée en 1529 par Hernán Cortés. Il l'a léguée à son fils Martín, qui a y effectué de longs séjours. Puis elle est successivement devenue une ferme rizicole, un monastère, une ferme sucrière. Pendant la Révolution, Zapata l'a redistribuée aux paysans. Le **bâtiment** a conservé ses grandes cheminées, des cachots, et des pièces où les traces de peintures murales évoquent sa prospérité passée. Une des salles héberge une exposition permanente de carrosses anciens sur laquelle veillent deux grandes toiles. Cette ancienne hacienda est aujourd'hui un hôtel entouré de jolis jardins, d'aires accueillantes et d'enclos paysans, et présente pour ses hôtes de multiples attraits.

Lago de Tequesquitengo – *De San José Vista Hermosa retourner sur la route et prendre à droite. 5 km jusqu'au lac.* Le *lago* est entouré de jolies maisons et de centres de loisirs où l'on pratique, entre autres activités, le ski nautique. Au fond du lac se trouve encore l'ancienne église du village, engloutie au 19e s. par les eaux. C'est une attraction pour les passionnés de plongée ; mais il y a des courants au fond, et l'eau y est trouble.

Zoofari – *2 heures. 55 km. Sortir au Sud de Cuernavaca par la carretera libre 95 (sans péage), vers Taxco. Ouvert toute l'année, tous les jours de 9 h à 17 h. $35. ✂ ▣ ☏ (73) 209-723.* Cet amusant parc zoologique de type safari-parc que l'on parcourt en voiture a pour attraction plus de mille animaux de 150 espèces.

Cementerio de Ocotepec – *1/2 heure. 8 km au Nord-Ouest du centre par l'ancienne route 115 vers Tepoztlán. Ouvert toute l'année, tous les jours 24 h/24 h. ☏ (73) 143-872.* Bel exemple d'art funéraire populaire, ce cimetière est un lieu pittoresque où la mort prend figure joyeuse, car la plupart des tombes présentent des églises en miniature de forme variée, peintes de couleurs vives ou couvertes de mosaïques multicolores. La **fête** du JOUR DES MORTS (1er au 3 novembre) y vaut le détour.

★**Tepoztlán** – *2 heures. 26 km par l'ancienne route 115 vers Tepoztlán.* Cette charmante bourgade de 26 503 habitants s'étend au pied d'une gigantesque **sierra**★★ à la morphologie géologique particulière. Le climat tempéré de la région est favorable aux coumarous, *tabachines*, pruniers et jacarandas qui égayent de couleurs les tranquilles rues pavées du village. Les fêtes de **carnaval**★ (février-mars) y sont célèbres, avec les danses bondissantes exécutées par les Chinelos. Les habitants originaires de la région, de filiation Xochimilca, ont été dominés par les Espagnols en 1521 avant la conquête de Tenochtitlán. Au sommet de la colline se trouve l'intéressant **site archéologique de Tepozteco**, du nom d'un dieu local des anciens Indiens. (*Ouvert toute l'année, du lundi au vendredi, de 10 h à 16 h 30, samedi et dimanche de 10 h à 17 h 30. Fermé les jours de fête nationale. $10. ☏ (739) 144-048*). Tepoztlán a joué un rôle important dans la production du papier *amate* que l'on peut toujours trouver le dimanche dans le *tianguis* réputé du centre.
Au centre se trouve l'**ancien couvent de la nativité de la Vierge Marie**★ construction du 16e s à l'apparence de forteresse (*ouvert toute l'année, du mardi au dimanche de 10 h à 17 h ; ☏ (739) 502-55*). Il a été inscrit au patrimoine culturel de l'humanité en 1994. Immense, l'**atrium** conserve aux angles les ruines de ses **capillas posas**, dont l'architecture est un amalgame de l'esprit gothique et de l'esprit Renaissance. On remarquera la chapelle à gauche du portail de l'église : sa position singulière lui a donné la double fonction de chapelle et de porterie du couvent. À droite on verra les ruines de la chapelle ouverte, avec son plan en trapèze. L'**église** présente

© Bob Schalkwijk

Tepoztlán

un beau **portail** en pierre sculptée, où ressortent la décoration chargée de l'arc au-dessus de l'entrée, et le fronton triangulaire montrant la Vierge à l'Enfant, entourée de saint Dominique de Guzmán et sainte Catherine de Sienne. À l'**intérieur**, on admirera l'arc de la tribune inférieure et les voûtes en croisées d'ogives du chœur et, dans l'abside, les peintures murales colorées. La solide construction du **couvent** présente des éléments architecturaux Renaissance intéressants ; ses murs épais portent une quantité impressionnante de **peintures** et aplats de couleur d'origine, en tons contrastés de rouge et de noir. La distribution des espaces est remarquable. Le **cloître** supérieur possède un joli **mirador** d'où l'on a une belle **vue** panoramique de la vallée de Tepoztlán.
Derrière le couvent se trouve le **Musée d'art préhispanique Carlos Pellicer**, petit musée archéologique logé dans l'ancien magasin à grains. Ici est exposée une collection variée et intéressante de pièces préhispaniques, léguée au musée par le poète Carlos Pellicer de Tabasco qui a vécu près de 40 années à Tepoztlán *(Ouvert toute l'année, du mardi au dimanche de 10 h à 13 h et de 16h à 18 h ; $4 ; ☎ (739) 510-48).*

★**Ruta de los Conventos** – *1/2 journée. À Tepoztlán prendre la route à péage 115D et parcourir 9 km en direction de Cuautla. Après le second péage, prendre la direction Oaxtepec, puis la route 142 vers Xochinilco pour 14 km jusqu'à Tlayacapan.* Témoignages du travail d'évangélisation des moines espagnols auprès des Indiens de cette région, de nombreux couvents-forteresses fondés au 16e s. s'y concentrent sur un petit périmètre. Les plus importants au point de vue historique et artistique sont ceux de Tepoztlán, Tlayacapan, Atlatlahucan, Yecapixtla, Ocuituco, Oaxtepec, Tetela del Volcán et Hueyapan.

Tlayacapan – C'est un beau bourg de 11 864 habitants entouré de grandes collines. Au 16e s., des chapelles comme celles de Santiago (saint Jacques), La Concepción et San Miguel ont été construites par les Augustins dans chaque quartier. Sur la place principale, devant l'ancien couvent, on voit encore les vestiges du bâtiment de la célèbre hacienda sucrière de Pantitlán. On peut aussi découvrir et acheter ici la poterie variée de la région. L'**ancien couvent saint Jean-Baptiste** est une des principales réalisations des augustins dans l'État du Morelos.*(entrer par Juárez à gauche et faire le tour par la rue Justo Sierra. Ouvert toute l'année, tous les jours de 10 h 30 à 18 h ; fermé les jours de fête nationale ; $5 ; ☎ (73) 125-955).* Il se trouve à gauche de l'église, assez modeste. La sacristie abrite un musée local, qui donne un aperçu général de la région de l'époque préhispanique jusqu'à nos jours au travers d'objets et de photographies. On y remarquera les **momies** de la fin du 17e et du début du 18e s., découvertes en 1982 à l'occasion de la réfection du sol de l'église.

Ex convento de San Mateo, Atlatlahucan – *À Tlayacapan, prendre la route n° 2 vers Totolapan (8 km). 15 km jusqu'à Atlatlahucan. Entrer par la nouvelle rue H. Galeana, passer quatre rues et tourner à gauche jusqu'à l'angle de Hidalgo. Ouvert toute* *l'année, tous les jours de 8 h à 20 h. ☎ (73) 143-872.* Cette construction augustinienne conserve presque tous les éléments des couvents-forteresses du 16ᵉ s. On remarquera la voie processionnelle et la chapelle ouverte à plan trapézoïdal, dont l'entrée est marquée de trois arcs couronnés d'un petit campanile. L'accès au cloître se fait par l'église de couleur bleutée, où selon la tradition les femmes doivent entrer les cheveux couverts.

★ **Ex convento de San Juan Bautista, Yecapixtla** – *De Atlatlahucan, poursuivre sur 2 km vers le Sud par la route n° 2. Prendre à droite la route 160 vers Cuautla pour 4 km ; tourner à gauche et rouler 6 km sur la route n° 10 jusqu'à Yecapixtla. rue No Reelección. Ouvert toute l'année, tous les jours de 7 h à 21 h. ☎ (73) 143-872.* Inscrite au Patrimoine culturel de l'Humanité, cette construction augustinienne présente un remarquable **portail** d'influence plateresque, avec des réminiscences gothiques, d'où ressort une **rosace** en pierre sculptée qui consolide l'ensemble. À l'intérieur se trouve un curieux cloître à un seul niveau, auquel ses arcs en accolade donnent un aspect médiéval. Au village on déguste la célèbre et délicieuse cecina (viande séchée) de Yecapixtla.

Zona arqueológica MALINALCO★

Mexico

Carte des principales curiosités p. 8 Plan p. 104 (**AY**)

ℹ ☎ (01-800) 903-9200

Sur la route des ruines, il faut d'abord s'arrêter à Malinalco (20 157 habitants), « lieu de la fleur de prairie », un des plus jolis sites de l'État de Mexico, qui porte encore la marque de l'époque coloniale. À l'époque préhispanique, la région était habitée par les Matlatzingas. En 1476, l'empire aztèque a conquis ce territoire et y a fait construire un centre cérémoniel dont il reste des vestiges.

SITE ARCHÉOLOGIQUE *1/2 journée*

À 105 km de Mexico. Sortir au Sud-Ouest par la route 15D jusqu'à Toluca (64 km). Ensuite, route 55D vers le Sud, direction Ixtapan de la Sal ; à Tenancingo tourner à gauche. Rouler sur 14 km jusqu'à Malinalco. Ouvert toute l'année, du mardi au dimanche de 10 h à 18 h. $14. ☎ (01-800) 903-9200.

Le site archéologique se trouve au milieu de la colline des Idoles, formée comme les montagnes environnantes de tuf volcanique compact. Le complexe archéologique comprend six monuments taillés dans la roche, distribués sur une terrasse obtenue en aplanissant le tertre, au bord d'un précipice de 125m de profondeur.

Monter la rue au Sud de la place principale jusqu'à l'église Santa Mónica. Continuer par l'étroit chemin à gauche de l'église.

Les escaliers – Un grand escalier de 426 marches longe en forme de rampe la montagne jusqu'aux ruines. À mi-chemin apparaît en bas de la falaise une construction préhispanique. C'était ici que les anciens habitants s'approvisionnaient en eau. On remarquera aussi des vestiges d'habitations, et un escalier dans la roche qui conduit à une grotte, probablement un sanctuaire consacré à Oxtoctéotl (le seigneur de la grotte), dieu matlatzinga, ou à Tláloc, dieu de l'eau.

Le temple principal – Cette grande structure monolithique se présente en façade comme une pyramide tronquée, avec un petit escalier central flanqué par des arbalétriers. On voit de part et d'autre deux jaguars assis, à demi détruits, et une figure anthropomorphe au centre.

Monter les escaliers à droite du temple.

Deux figures complexes encadrent l'entrée de la partie supérieure. À gauche, une sorte de tambour recouvert d'une peau de jaguar ou d'ocelot, avec au-dessus les vestiges d'un guerrier-jaguar ou aigle. De l'autre côté, une tête de serpent soutient la statue en ruines d'un seigneur-aigle. L'ouverture de l'entrée représente la gueule béante d'un serpent. Le visiteur peut repérer sur les bas-reliefs qui l'encadrent les yeux et les crochets, et, au sol, la langue bifide.

Le temple était consacré aux guerriers-aigles (cuauhtli) et jaguars (ocelotl), membres honorés de la société aztèque. On y célébrait des cérémonies religieuses associées au culte du soleil.

★★ **L'intérieur** – Ce sanctuaire circulaire de 3 m de diamètre est un des plus extraordinaires exemples de pierre sculptée. Trois sculptures ornent la banquette en demi-cercle : au centre, la peau étalée d'un jaguar avec sa tête, ses griffes et sa queue, avec à côté des plumages d'aigle. Sur le sol se détache la sculpture en relief d'un autre aigle qui regarde vers l'entrée. Derrière lui a été creusé dans la roche un petit récipient qui servait à recevoir les cœurs des victimes immolées. À l'origine, bas-reliefs et sculptures étaient polychromes.

Dans la paroi du fond des escaliers d'accès, on découvre aussi l'ancienne technique de construction, à partir de petits orifices creusés dans le rocher. On les remplissait de bois, que l'on faisait gonfler en l'humidifiant, et qui brisait la roche.

Le reste du site se compose de temples de construction très simple. À droite du temple principal, on remarque une sorte d'enceinte circulaire. À côté, adossée à la colline, une autre enceinte, rectangulaire cette fois, dont les murs étaient à l'origine ornés de peintures.

AUTRE CURIOSITÉ

★**Ex convento de Malinalco** – *1 heure. Av. Juárez, place principale. Ouvert toute l'année, du mardi au dimanche de 10 h à 17 h. $14. ☎ (72) 157-080.* Les augustins ont fondé ce gigantesque monastère en 1540. Le cloître a conservé une grande partie des **fresques**★ d'origine, sur les murs des deux niveaux et dans les escaliers.

PACHUCA

Hidalgo

220 488 habitants

Carte des principales curiosités p. 8 – Plan p. 104 (**ABX**)

ℹ Plaza Independencia (Reloj Monumental) ☎ (771) 138-06 et (01-800) 715-6800

Au milieu d'une région contrastée de montagnes et de déserts s'étend cette ville seigneuriale minière, appelée « belle aérée » en raison des vents frais en provenance de la sierra. Capitale de l'État de Hidalgo, on dit que son nom vient du náhuatl **Pachoacán**, « lieu étroit » ou bien de **Patlachiuhacan**, « lieu d'or et d'argent ». Entre 1450 environ et 1528, date à laquelle les Espagnols ont conquis la région, elle a fait partie de l'empire aztèque. Dans la ville prédominent les styles néoclassique et moderne. Ses rues étroites au plan irrégulier donnent sur des parcs et des places agréables. Dans les environs, les magnifiques bâtiments conventuels du 16e s. sont le reflet de l'évangélisation active menée par les augustins et franciscains dans la région. Pour les gastronomes, elle réserve des petits plats et des boissons d'origine préhispanique comme la *barbacoa* (barbecue), les *escamoles* (crêpes à la sauce pimentée, farcies de *nopal* ou d'œufs), *le mixiote* (ragoût), et le *pulque* (boisson légèrement alcoolisée obtenue à partir de la sève du maguey). Il faut y ajouter les traditionnels *pastes* (viande, pommes de terre, carottes et oignons en croûte) introduits par les mineurs anglais au 19e s.

L'industrie minière – Les riches gisements de la région sont exploités depuis l'époque préhispanique. Sous les vice-rois, la mine a connu une grande expansion grâce au nouveau procédé d'amalgamation des métaux découvert par Bartolomé de Medina. L'activité minière a connu son apogée au 18e s. Pedro Romero de Terreros, premier comte de Regla et propriétaire des principales mines de la Nouvelle-Espagne, a développé cette industrie aussi bien dans les districts de Real del Monte et de Pachuca que dans d'autres villes. À plusieurs reprises, des filons d'or, d'argent et de vanadium ont été épuisés, mais la découverte de nouvelles veines a permis à Pachuca de demeurer un des centres d'exploitation minière les plus importants du pays. S'y développe aussi une importante activité d'orfèvrerie.

CURIOSITÉS *1 journée*

★**Reloj Monumental** – *Plaza Independencia.* Sur la place centrale se dressent les 40 m d'une haute tour en pierre de style néoclassique, devenue symbole de la ville. Cette horloge monumentale, réalisée pour commémorer le centenaire du début de la guerre d'Indépendance, est l'œuvre de l'architecte Tomás Cordero. Le carillon a été réalisé par la même fabrique que le fameux Big Ben de Londres. L'office du tourisme occupe le rez-de-chaussée.

Centro Cultural de Hidalgo (ancien couvent San Francisco) – *Entre Arista et Casasola, cinq rues à l'Est de la Plaza Independencia. Ouvert toute l'année, du mardi au dimanche de 10 h à 18 h. ☎ (771) 141-50.* C'est un imposant couvent franciscain de type forteresse, construit entre 1596 et 1660. Il est actuellement le siège du plus grand centre culturel de l'État. Il abrite le théâtre de la ville, l'école des arts, des musées, des salles d'exposition, des auditoriums et des bureaux. L'immense complexe architectural est entouré de jardins et de places, qui ont remplacé l'ancien atrium et le potager.

Templo de San Francisco – *Ouvert toute l'année, du lundi au vendredi de 10 h à 13 h. Le samedi sur réservation. Le dimanche de 10 h à 12 h. ☎ (771) 529-65.* La construction de l'église San Francisco a débuté en 1596. Elle a subi des modifications, mais conserve des éléments baroques, comme les fenêtres aux arcs mixtilignes. Dans une des chapelles à la droite du maître-autel se trouve le corps momifié de sainte Colombe, vierge et martyre, exécutée en 273 en France sur ordre de l'empereur Aurélien. Au 18e s. le corps de la sainte a été légué à l'église par la marquise de San Francisco, fille du comte de Regla. Le vestibule de la sacristie renferme un énorme lave-mains formé de deux pierres sculptées et de six fontaines en faïence de Puebla. Derrière l'église se trouve la **chapelle Nuestra Señora de la Luz** (Notre-Dame-de-la-Lumière) où le visiteur peut voir quatre peintures à l'huile représentant le chemin de Croix et un beau retable churrigueresque du 18e s. (*ouvert toute l'année, du lundi au samedi de 10 h à 13 h, le dimanche sur réservation* ; ☎ *(771) 529-65*).

★**Museo de la Fotografia** – *Premier étage de l'ancien cloître. Ouvert toute l'année, du mardi au dimanche de 10 h à 18 h. Fermé les jours de fête nationale. ☎ (771) 436-53.* L'exposition présente les différents appareils et procédés employés à travers les années pour la création d'images photographiques. Le musée expose les meilleurs clichés de ses collections. Ses **archives photographiques★★★** ont débuté avec la superbe collection des frères Casasola, une des plus riches et intéressantes du Mexique sur l'époque de la Révolution. Progressivement se sont ajoutés à son patrimoine les travaux de grands photographes comme Manuel Álvarez Bravo, Nacho López, Tina Modotti, Teobert Maler et C.B. Waite. Il possède aujourd'hui un matériel de grande valeur historique et esthétique, qui en fait l'un des plus grands musées d'archives photographiques au monde. Il propose au public un service de reproduction des images de ses collections.

EXCURSIONS

★**Huasca** – *3 heures 1/2. Sortir au Nord-Ouest de Pachuca par la route 105 vers Tampico. Parcourir 21 km et tourner à droite. 8 km jusqu'à Huasca* (15 024 habitants). C'est une petite ville agréable avec des rues pavées et de belles maisons blanches aux toits à double pente. Son développement, au 18ᵉ s, est dû à la proximité d'haciendas d'extraction des métaux, propriétés de Pedro Romero de Terrenos, premier comte de Regla. Le centre ville est très animé. La place principale est entourée d'arcades d'allure provinciale, de boutiques de produits régionaux et d'ateliers de potiers. On y voit l'**église Saint-Jean-Baptiste**, avec son portail plateresque. On procédait autrefois à la séparation des métaux dans la superbe **ancienne hacienda San Miguel Regla** (2,5 km au Nord-Ouest de Huasca ; ouvert toute l'année, tous les jours de 9 h à 12 h ; ☎ *(779) 201-02)*, construite par le premier comte de Regla au 18ᵉ s. Cet ensemble de bâtiments anciens abrite aujourd'hui un **hôtel**, où l'on a conservé les **fours** qui servaient à récupérer l'argent. Dans les bois et les lacs des alentours, on peut pratiquer la pêche à la truite, monter à cheval, faire du vélo ou de la moto. Les **Prismas Basálticos de Santa Maria Regla★** (3 km au Nord-Ouest de San Miguel Regla) désignent un majestueux ravin de 50m de profondeur bordé de nombreuses colonnes prismatiques en basalte. Ce phénomène géologique, dont on ne connaît que trois exemples au monde, est dû au refroidissement rapide de la lave volcanique. Aux deux extrémités du ravin cascadent de belles chutes alimentées par la retenue San Antonio. Plus loin vers l'intérieur (à 1 km par les terrasses) on peut visiter les vieux bâtiments de l'**ancienne hacienda Santa Maria Regla★** (*ouvert toute l'année, tous les jours de 8 h à 18 h ; $5 ;* ✗ 🅴 ⚠ ☎ *(771) 138-06)*. Construit par le comte de Regla, c'était le premier et le plus grand centre de production des métaux au Mexique.

Mineral del Monte – *2 heures. Revenir sur 8 km par la route 105 et prendre la direction de Pachuca ; 10 km plus loin, prendre à gauche l'embranchement qui conduit au centre de l'agglomération.* C'est une jolie bourgade minière (13 340 habitants), enclavée par les hautes collines où se trouvent les mines, autrefois les plus riches du pays. La promenade au long de ses rues pavées et en pente permet d'admirer ses maisons colorées, dont certaines, comme le salon de coiffure et la cantina possèdent un intérieur décoré comme autrefois, il y a un siècle. Vers le milieu du 19ᵉ s., les mines ont attiré les Anglais dans la région. Ils y ont laissé en héritage les pastes, les machines à vapeur, et un curieux cimetière situé au milieu de la forêt. On raconte que le premier match de football du Mexique a eu lieu dans ce village.

Metztitlán – *1 heure. Sortir de Huasca par l'Ouest et prendre la route 105 en direction de Tampico, 8 km plus loin. Parcourir 41 km et prendre l'embranchement à gauche. 23 km jusqu'à Metztitlán.*
Dans une région à la végétation généreuse, aux terres fertiles irriguées par une rivière, entourée de hautes montagnes, s'est implantée une bourgade (21 595 habitants) aux rues en pente et à la jolie place centrale. Dans la partie la plus élevée du village, d'où l'on a une belle **vue★** de la vallée, on visite l'**ancien couvent des Saints Rois★** construit par les augustins (*ouvert toute l'année, tous les jours de 8 h à 18 h ; ☎ (771) 138-06)*. Ce couvent-forteresse retiendra l'attention par certains de ses traits peu communs pour un couvent de la Nouvelle-Espagne du 16ᵉ s., comme sa chapelle ouverte double, et la chapelle de procession bâtie devant l'entrée de son église, qui montre un riche **portail** plateresque couronné par un clocher à sept embrasures. À l'**intérieur**, un haut plafond abrite de précieux **retables★** dorés de différentes époques, ornés de sculptures et peintures superbes. Les murs présentent de très vives **fresques** peintes par des Indiens. Le couvent est aussi décoré de fresques, à thèmes didactiques, parmi lesquelles se distinguent celles des **cages d'escalier**.

★**Ex convento de San Andrés, Epazoyucan** – *2 heures. 21 km. Sortir de Pachuca au Sud-Est par la route 130 vers Tulancingo. 17 km plus loin tourner à droite et parcourir 4 km. Ouvert toute l'année, du mardi au dimanche de 9 h à 16 h. ☎ (771) 141-50.* Construit à partir de 1540, le couvent augustinien de type forteresse est imposant. En montant un escalier, on débouche sur un très vaste atrium, qui a conservé ses **capillas posas** ainsi que quatre petits cimetières de la fin du 19e s. On remarque le **portail** Renaissance de l'**église San Andrés**, flanquée par la chapelle ouverte, et les vestiges d'arcatures à l'entrée du couvent. Cinq **fresques**★★★ constituent la merveille du rez-de-chaussée du **cloître**, magnifiques ouvrages attribués à Juan Jersón (1556). D'influence florentine, elles sont considérées comme les plus importantes de l'Amérique du 16e s.

Arcos del Padre Tembleque et Tepeapulco – *1/2 journée. Circuit complet 52 km. Sortir de Pachuca au Sud-Est par la route vers Ciudad Sahagún. 32 km plus loin, après El Barrio, tourner à droite ; parcourir 1 km, puis tourner à gauche.*

★**Arcos del Padre Tembleque** – C'est un gigantesque aqueduc, construit vers 1545 par le frère Francisco Tembleque pour transporter l'eau dans cette région. Ses 64 arches enjambent trois grands ravins entre la colline du Tecajete et Otumba.

Ex convento de San Francisco, Tepeapulco – *Reprendre la route vers Ciudad Sahagún ; 11 km plus loin, tourner à gauche et parcourir ensuite 9 km pour arriver à Tepeapulco. Av. Hidalgo. Ouvert toute l'année, du mardi au dimanche de 8 h à 15 h. ☎ (771) 138-06.* C'est dans ce couvent du 16e s. que le frère **Bernardino de Sahagún** a commencé ses recherches pour son livre *Histoire générale des choses de la Nouvelle-Espagne*. Le couvent a été édifié sur un ancien temple, ou *teocalli*. On remarquera les figures sculptées par des mains indigènes sur la façade de l'église, et la **croix de l'atrium** décorée des symboles de la Passion, adossée à la façade. Au rez-de-chaussée du cloître se trouve une petite **salle d'exposition** avec d'intéressantes pièces archéologiques provenant de cultures différentes. La plupart ont été découvertes au pied de la pyramide de Tecolote, au Nord de Tepeapulco. À l'Est du couvent se trouvent les **Cajas de agua** (« caisses d'eau »), construction franciscaine du 16e s. marquant l'endroit ou se terminait l'aqueduc qui fournissait l'eau à la population. Les déversoirs en forme de lion conduisent l'eau à un bassin où les lavoirs publics sont encore en usage.

Actopan et Ixmiquilpan – *1/2 journée. Sortir de Pachuca au Nord-Ouest par la route 85 en direction de Nuevo Laredo. Après 35 km, on arrive à Actopan.*

Actopan – C'est une agglomération de 44223 habitants, avec une grande place entourée d'arcades. L'arcade principale mène à l'atrium de l'**ancien couvent San Nicolás Tolentino**★ *(ouvert toute l'année, tous les jours de 10 h à 17 h ; $10 ; ☎ (771) 141-50)*. Cette monumentale construction augustinienne du 16e s. combine harmonieusement les styles : gothique des voûtes de l'église et du premier niveau du cloître, mudéjar pour la haute **tour**, plateresque du portail et Renaissance à l'étage du cloître. Dans l'**église**, à côté du maître-autel, la sacristie communique au moyen de deux arcs surbaissés avec le grand **baptistère**, à la voûte en croisée d'ogive et aux murs décorés de fresques. Au centre de la construction se dressent des fonts baptismaux en pierre d'une seule pièce, fermés par un couvercle hémisphérique en bois orné d'une petite statue de saint Jean-Baptiste.

Dans les cellules de ce couvent en labyrinthe sont exposés peintures, statues et fragments d'autels d'époque. Les peintures murales sont très bien conservées. On remarquera surtout les **fresques**★★★ de l'escalier, qui représentent des saints et des personnages importants de l'ordre augustinien, en train d'étudier dans leur cellule. La **chapelle ouverte**★★, à gauche de l'église, est une des plus grandes de la Nouvelle-Espagne. Sa voûte et trois de ses murs sont décorés de fresques illustrant des passages de la Bible comme la création de l'homme et le Jugement dernier, dans un mélange inspiré des traditions européennes et des codex préhispaniques.

Ixmiquilpan – *De Actopan, revenir sur la route 85. Après 40 km, on atteint Ixmiquilpan.* Au Cœur de la vallée du Mezquital, cette ville est une importante implantation des Indiens otomis (73838 habitants). La place centrale est ornée d'une reproduction de la statue de Diane chasseresse dont l'original se trouve à Mexico. À l'entrée de la ville se trouvent trois centres de thermalisme, où les eaux jaillissent à une température proche de 40°C. Sur un côté de la place principale s'élève le **couvent de Saint-Michel-Archange**, construit comme celui d'Actopan par le frère Andrés de Mata *(ouvert toute l'année, tous les jours de 9 h à 16 h ; $7 ; ☎ (771) 138-06)*. Une tour d'influence arabe sépare l'immense église à façade plateresque du portail du couvent. Les arcs en ogive du portail, tout comme ceux du cloître, sont des réminiscences du style gothique. À l'**intérieur** de l'église, on admirera une large frise ornée de **fresques** représentant des scènes mythologiques et des scènes de combat, qui mêlent motifs préhispaniques et européens. Réalisées en couleurs vives par des mains indiennes, ces fresques sont considérées comme le dernier codex préhispanique... ou le premier mural mexicain. La sacristie s'orne d'une série de **fresques** sur la vie du Christ. L'**église du Carmel** est un édifice modeste précédé d'un grand atrium, construit au 18e s. *(Francisco Javier Mina y Zaragoza. Ouvert pour les messes. Visite sur demande ; en cas de fermeture, voir le gardien)*. Son **portail** est de style churrigueresque, tout comme les cinq **retables** de l'intérieur. À un kilomètre à l'Ouest de la place, on rencontre le **Puente de la Otra Banda**, « pont de l'autre côté » qui date du 16e s.

★★★**Zona arqueológica Teotihuacán** – *1/2 journée. 70 km au Sud de Pachuca.* *Voir p. 131.*

Zona arqueológica Tula – *1 heure 1/2. 100 km à l'Ouest de Pachuca.* *Voir p. 144.*

PUEBLA★★★

Puebla

1 222 569 habitants

Carte des principales curiosités p. 6 – Plan p. 105 (**BXYZ**)

ℹ 5 Oriente n° 3 et Palacio Municipal, Centro ☎ (22) 462-044

Puebla est une des villes qui a le mieux préservé son architecture coloniale. Elle se trouve dans une vallée délimitée par les volcans Pocatépetl, Iztaccíhuatl, la Malinche et le Pico de Orizaba *(photo p. 12-13)*. C'est le pays d'origine de délicieuses spécialités mexicaines, comme le *mole poblano, les chiles en nogada* et le *dulce de camote* (patates douces). Elle se distingue aussi par l'artisanat de la faïence *(photos p. 46)* et des azulejos, carreaux de faïence polychromes, et aussi par l'architecture de ses balcons d'angle, qui ornent certains bâtiments du centre ville. Il faut ajouter aux raisons de sa renommée de ville de tradition le célèbre costume de la china poblana. Ce vêtement qui porte les couleurs du drapeau national et un aigle, emblème de la culture indigène, est un symbole du métissage mexicain. Puebla a été inscrite au Patrimoine culturel de l'Humanité en 1987.

Un peu d'histoire

Ciudad de los Ángeles – Fondée le 16 avril 1531, cette ville, première cité Renaissance de la Nouvelle-Espagne, était appelée précédemment **Cuetlaxcoapan**, « dans les peaux d'une vipère ». Elle n'a pas été édifiée sur une implantation indienne, mais en raison de l'extraordinaire disposition de ses rues, on raconte qu'elle a été tracée par des anges, comme l'avait rêvé l'évêque de Tlaxcala, le frère Julián Garcés, qui a choisi cette vallée pour fonder la ville. Suggéré par Juan de Salmerón au Conseil des Indes, « Ciudad de los Ángeles » est le nom qu'elle a reçu de la reine Isabelle ; mais l'usage populaire l'a baptisée Puebla de los Ángeles.

L'époque des vice-rois – Puebla, passage obligé des voyageurs sur la route Mexico-Veracruz, fut la seule ville du 16e s. soigneusement planifiée pour l'installation d'agriculteurs espagnols. En peu d'années, elle se mettait à produire non seulement du blé et de la farine, mais aussi des textiles, ce qui en a fait la première ville industrielle et commerciale de l'époque des vice-rois. Ses élevages d'ovins ont eu aussi l'intérêt de promouvoir le développement de la production et du commerce des colorants naturels extraits de graines et de la cochenille.

Luttes et batailles – Sous les Bourbons d'Espagne, Puebla a été instituée Intendance du royaume. Au 19e s., elle a vu la mise en place de l'accord d'Ayala, parachevant l'Indépendance. Au long de ce siècle agité de convulsions, la Ciudad de los Ángeles a été le théâtre d'une lutte sanglante pour la souveraineté du Mexique face à l'envahisseur français : la bataille du 5 mai 1862 a été menée par le général Ignacio Zaragoza, en l'honneur duquel la ville a été rebaptisée Puebla de Zaragoza. Malgré ses efforts, la ville a été reprise en 1863 par le général français Forey, et occupée pendant plus d'un an. Pendant la lutte révolutionnaire, l' « Angelopolis » a vu couler le sang des frères Serdán, durant les combats qu'on a baptisés la « dizaine tragique ».

★★★CENTRE DE LA VILLE *3 jours. Plan p. 119*

Plaza principal et environs *1 journée*

★★**Plaza principal** – *Av. Maximino Ávila Camacho, entre 2 Sur et 16 de Septiembre.* Bordée d'arbres luxuriants, cette esplanade finement dessinée est entourée par la majestueuse cathédrale, le palais municipal de style néoclassique et d'autres intéressantes constructions coloniales. Au centre coule la tranquille fontaine de St-Michel-Archange, patron de la ville, œuvre de José Antonio Santa María de Inchaurregui (18e s.).

Palacio Municipal – *Portal Hidalgo n° 14, place principale. Ouvert toute l'année, tous les jours de 8 h 30 à 21 h 30. ☎ (22) 326-859.* Parmi les constructions qui entourent la place s'élève ce palais de style néoclassique en pierre de taille, à l'intérieur duquel se trouve un bel escalier en marbre de Carrare. Il conserve l'acte de la fondation de Puebla (1531).

Museo Universitario (ancienne maison des Pantins) – *2 Norte n° 2. Ouvert toute l'année, du mardi au dimanche de 10 h à 17 h. Fermé le 1er janvier et le 25 décembre. $5. ☎ (22) 462-899.* Bien que personne ne sache avec certitude ce que représentent les figures masculines de la façade en azulejos de style Puebla, ce sont elles qui ont donné son nom à la « maison des pantins ». Certains affirment qu'il s'agit des douze travaux d'Hercule ; d'autres, d'une caricature des conseillers municipaux qui ne voulaient pas de la construction d'un troisième niveau. Le bâtiment abrite aujourd'hui un musée d'appareils scientifiques et une vaste **collection**★ de peintures coloniales, parmi lesquelles se distinguent les toiles des frères Talavera, de Miguel Jerónimo de Zendejas, de Manuel Caro et Pascual Pérez entre autres.

Templo de la Compañia – *4 Sur et Maximino Ávila Camacho. Ouvert toute l'année, tous les jours de 7 h à 12 h 30 et de 16 h 30 à 19 h 30 ☏ (22) 326-859.* Cette église présente une **façade★** baroque très travaillée, où contrastent le premier corps de bâtiment en pierre de taille et le second, recouvert de mortier. C'est sur l'un de ses arcs qu'avait été accrochée la tête d'Antonio Benavides, un faux visiteur espagnol exécuté par l'Inquisition. L'intérieur de l'église abrite la dépouille de Catarina de San Juan, connue sous le nom de la **China Poblana**.

Casa del que mató al animal – *3 Oriente n° 201, angle avec 2 Sur.* Bien que la légende expliquant l'origine des bas-reliefs de la façade de « la maison de celui qui a tué l'animal » donne plusieurs versions, toutes ont un point commun : elles célèbrent la bravoure d'un homme qui a combattu un monstre (dragon pour les uns, serpent pour les autres) responsable de plusieurs morts dans la ville. Quoi qu'il en soit, les jambages de style plateresque portent ces gracieux **bas-reliefs★** figurant un homme et des molosses dévorant chevrotins et lapins.

© Bob Schalkwijk

La Cathédrale

★★ **Catedral** – *16 de Septiembre, angle de 3 Oriente. Ouvert toute l'année, tous les jours de 8 h à 12 h 30 et de 16 h 30 à 19 h. ☏ (22) 326-859.* Cette église dans le style de Herrera est la première de ce type de toute la Nouvelle-Espagne. Sa construction a commencé en 1575 sur le projet de Francisco de Becerra et de Juan de Cigorondo, mais elle n'a été terminée qu'au 17e s., grâce à l'évêque navarrais Juan de Palafox y Mendoza. Ses tours élancées mesurent 70 m de haut. Son grand atrium est entouré d'un entrelacs d'anges et chérubins, symboles de la ville. L'intérieur majestueux abrite avec fierté un **maître-autel** de Manuel Tolsá, et l'**autel des Rois★** du même artiste. Sur la voûte on remarquera *La Gloria*, **mural** de Cristóbal de Villalpando. Le long des nefs latérales, les quatorze chapelles abritent des trésors d'art de différentes époques. Le chœur, au centre de la cathédrale, abrite de belles **stalles** en marqueterie de Puebla. On admirera aussi les tableaux de la Passion du Christ, œuvre du peintre indien Miguel Cabrera, et ceux de José de Ibarra entre autres.

Museo de Arte José Luis Bello y Gonzáles – *3 Poniente n° 302. Visite guidée (30mn) toute l'année, du mardi au dimanche et les jours fériés de 10 h à 17 h. Fermé le 1er janvier et le 25 décembre. $10. ☏ (22) 436-53.* Ce musée expose une grande collection d'objets d'art européens, asiatiques et mexicains. Parmi ces pièces figure de la porcelaine chinoise, japonaise et européenne. Il présente aussi des peintures de l'artiste tlaxcaltèque de Puebla Agustín Arrieta. Au premier étage on admirera une importante collection de **faïence de Puebla**. Au deuxième, des instruments de musique de différentes époques, comme **l'orgue★** du 17e s. et un **piano★** vertical en forme de harpe. Dans tout le musée, on peut admirer des **meubles** en marqueterie de Puebla et d'autres styles.

Casa del Deán – *16 de Septiembre n° 505, angle de 7 Oriente. Ouvert toute l'année, du mardi au dimanche de 10 h à 19 h. ☏ (22) 462-044.* Cette maison dite du doyen, la plus ancienne de la ville, a été construite au 16e s. sur ordre du doyen de la cathédrale Don Tomás de la Plaza. Sont exposées ici de magnifiques **peintures murales★★** à caractère profane, les plus anciennes du pays (16e s.), représentant *Les processions de la synagogue et les Sibylles* (prophétesses qui ont annoncé le Messie) et les *Triomphes de Pétrarque*. La première peinture est encadrée d'une plinthe ornée d'une grande quantité de motifs indigènes comme des petits singes et des *ozomatlis*, animaux symboles de concupiscence et de joie chez les Mexicains.

★★ Biblioteca Palafoxiana (Casa de la Cultura) – *5 Oriente n° 5. Ouvert toute l'année, du mardi au dimanche de 10 h à 17 h. $10.* ☎ *(22) 462-044.* Située à l'étage de l'ancien collège San Juan, la bibliothèque doit son nom à son bienfaiteur, l'évêque Juan de Palafox y Mendoza, qui lui a légué son patrimoine personnel en 1646. Les collections ont été enrichies un siècle plus tard, par Fabián y Fuero entre autres donateurs. La bibliothèque a été définitivement installée en 1773 dans une salle équipée de rayonnages baroques, terminés par un retable dans le même style. Elle compte actuellement 43 000 ouvrages ; c'est le fonds le plus important d'Amérique latine.

★★ Museo Amparo – *2 Sur n° 708. Ouvert toute l'année, du mercredi au lundi de 10 h à 18 h. $16.* ✂ ☎ *(22) 464-210.* Logé dans un des grands édifices des 17ᵉ et 18ᵉ s., appelé l'Hospitalito, le musée doit son nom à Amparo Rugarcía, épouse de Manuel Espinosa Yglesias. Sept salles équipées d'un système de consultation informatique renferment une importante collection de pièces précolombiennes. On retiendra surtout celle qui présente la sculpture du **penseur**, en provenance de Las Bocas, État de Puebla, un **autel maya**, et des sculptures mexicas et huastèques.
La section consacrée à l'art colonial comprend 11 salles où sont exposés des **meubles**, des peintures et différents objets des 17ᵉ et 18ᵉ s., tant européens qu'américains. On y voit aussi une belle collection d'art mexicain avec, parmi d'autres, des tableaux de Diego Rivera et du Dr. Atl.

Templo de la Soledad – *2 Sur et 13 Oriente. Ouvert toute l'année, tous les jours de 8 h à 13 h et de 16 h 30 à 20 h.* ☎ *(22) 329-134.* L'église, ornée d'un imposant et superbe dôme recouvert d'azulejos blancs et noirs, est consacrée à la Vierge de la Solitude, dont la statue a été apportée d'Espagne au 18ᵉ s. En 1748, 17 ans après son achèvement, on a bâti le couvent des Carmélites, à qui l'on a confié la statue de la Vierge. À l'intérieur, le regard est attiré par les beaux **retables★★** du transept, œuvre baroque à *estípite*, et par la chaire en onyx réalisée par José Medina, qui a également achevé la cathédrale.

Templo y ex convento del Carmen – *16 de Septiembre et 17 Oriente. Ouvert toute l'année, du lundi au samedi de 7 h à 13 h et de 16 h à 19 h 30 ; le dimanche de 7 h à 14 h et de 18 h 30 à 20 h 30.* ☎ *(22) 326-859.* La façade de l'église est un exemple classique du style de Puebla, combinant carreaux de céramique et azulejos. Elle s'entoure d'un atrium abrité par des cyprès. L'intérieur conserve de belles peintures coloniales, dont une signée Villalpando. On remarquera la **chapelle latérale** de forme semi-ovale et ses tableaux, ainsi que le bel **ouvrage de marqueterie★** qui remplace le maître-autel.

Templo de Santo Domingo et environs *1 journée*

Templo de Santo Domingo – *4 Poniente et 5 de Mayo. Ouvert toute l'année, tous les jours de 8 h à 21 h.☏ (22) 326-859.* La façade sobre de l'église montre sur l'un des côtés de l'entrée, fermant l'atrium, les vestiges de l'ancienne porterie de style baroque, avec des bas-reliefs en stuc. L'exquis retable du maître-autel, uniquement décoré de sculptures, est le joyau de l'intérieur. Les retables du transept et la chaire en azulejos blancs et noirs sont également très beaux. Du côté gauche du transept, un portail sobre devance la chapelle de Notre-Dame-du-Rosaire.

★★★ **Capilla del Rosario** – Cette œuvre baroque exquise a été surnommée la huitième merveille à la fin de sa réalisation (1690), en raison du foisonnement de ses stucs dorés, guirlandes où se mêlent motifs végétaux et figures d'enfants, de saints et d'anges. La voûte met en scène les dogmes de la foi et les vertus, placés dans des médaillons ovales. Sur le beau maître-autel, qu'éclairent de façon quasi surnaturelle les fenêtres de la coupole, on vénère la Vierge du Rosaire. Sur la coupole au-dessus de l'autel figure le Saint-Esprit, symbolisé par une colombe, entouré de huit vierges et martyres. L'intérieur est tapissé d'azulejos du 18e s à motifs végétaux et géométriques.

Museo Bello y Zetina – *5 de Mayo n° 409. Ouvert toute l'année, du mardi au dimanche de 10 h à 16 h. ☏ (22) 462-044.* Ici sont exposées des œuvres européennes, parmi lesquelles un dessin de Goya, un buste d'homme par Géricault et un saint Pierre de Zurbarán. On y voit aussi un tableau de Miguel Cabrera (18e s.), des miniatures de Francisco Morales et des aquarelles sur parchemin et feuilles d'or figurant des capitulaires, réalisées au 17e s. par Luis Lagarto. Les collections très variées du musée regroupent meubles, sculptures, porcelaines et pièces en ivoire et cristal de différentes époques.

★ **Museo de Arte Popular Poblano (ancien couvent Santa Rosa)** – *14 Poniente, n° 305. Ouvert toute l'année, lundi et jeudi de 8 h à 15 h, mardi, mercredi, vendredi et samedi de 10 h à 17 h. Fermé le 1er et le 16 septembre, le 12 octobre, le 20 novembre, les 12 et 25 décembre. $10. ☏ (22) 464-526.* Le couvent a été bâti en 1690. En vertu de l'application des lois de la Réforme, les religieuses qui l'habitaient ont été contraintes de partir. Devenu par la suite maison de rapport, il a été récupéré et transformé en musée d'art populaire. Il se partage en sept salles, une pour chaque région de l'État de Puebla. La visite guidée présente l'artisanat de chacune ; deux **meubles**★ en bois incrusté de coquillages, d'os et de plaques de bois précieux ; et une jolie **cuisine de Puebla**★★ recouverte de carreaux de faïence. C'est dans cette cuisine que sœur Andrea de la Asunción a réalisé pour la première fois le délicieux mole poblano. La **cour principale**, ornée en 1740 de carreaux et d'azulejos, est remarquable.

★ **Museo de Arte Religioso (ancien couvent Santa Mónica)** – *18 Poniente, n° 103. Ouvert toute l'année, du mardi au dimanche de 10 h à 17 h. $7. ☏ (22) 462-044.* Le musée possède une jolie cour, avec des arcades ornées d'azulejos et de carreaux dans le style traditionnel de Puebla. Les bâtiments, achevés par l'évêque Fernández Cruz en 1682 pour servir de couvent aux franciscaines réformées, abritent une

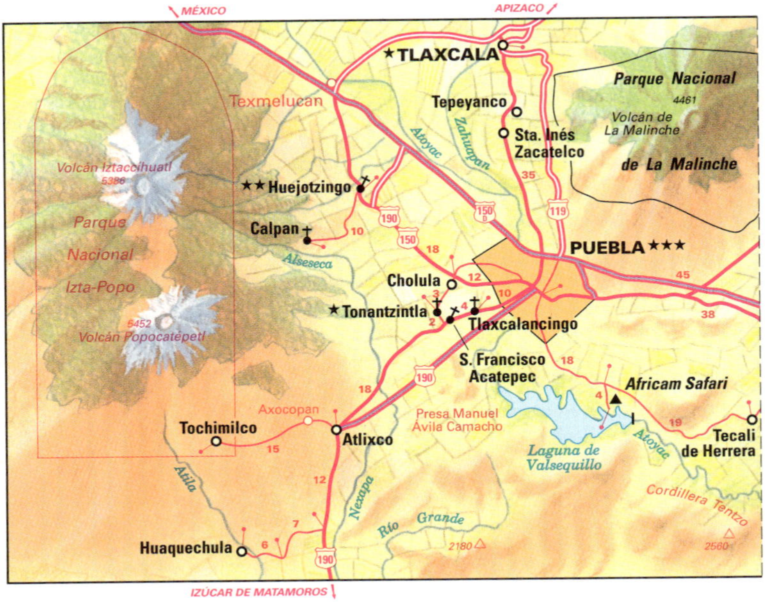

magnifique **collection** de peinture coloniale, qui comprend cinq tableaux sur velours réalisés par Rafael Morante. D'autres artistes figurent ici, parmi lesquels on retiendra Miguel Jerónimo de Zendejas, Xavier Santander, Nicolás Rodríguez Juárez, Juan Correa, Juan de Villalobos, Pascual Pérez et Miguel Cabrera. Au deuxième niveau, on a conservé le Cœur de l'évêque fondateur du couvent dans un ostensoir en forme de retable.

Parroquia de San José – *2 Norte, n° 1803. Entre 18 Oriente et 20 Oriente. Ouvert toute l'année, tous les jours de 7 h à 13 h et de 17 h à 20 h. ☎ (22) 323-100.* Cette église paroissiale, avec sa façade dans le style Puebla, n'était à l'origine qu'une chapelle consacrée à saint Joseph, saint protégeant des orages et de la foudre. La chapelle, terminée en 1595, sert actuellement d'entrée à l'église, elle-même achevée à la fin du 17e s., qui abrite de magnifiques retables baroques et churrigueresques des 17e et 18e s. Dans le vestibule se trouve une peinture de saint Sébastien et d'autres œuvres de Pascual Pérez. Dans la chapelle du Calvaire, on appréciera les peintures de Miguel Jerónimo de Zendejas. Et l'on découvrira dans l'église un autre trésor : la chapelle de Jésus le Nazaréen et le magnifique travail de la pierre de ses colonnes, ornées de motifs végétaux et d'anges. Les peintures y sont l'œuvre de José Manzo y Jaramillo.

San Francisco et environs *2 heures 1/2.*

Templo de San Francisco – *Boulevard Héroes del 5 de Mayo et 14 Oriente. Ouvert toute l'année, tous les jours de 6 h 30 à 20 h. ☎ (22) 374-200.* Le **portail★★** en azulejos polychromes contraste avec la pierre travaillée des colonnes *estípite*, des niches et des sculptures au centre. Le portail latéral du 16e s. est le plus ancien de la ville. À l'intérieur on remarquera les voûtes à nervures de style gothique. Dans la **Capilla del Beato**, à gauche du maître-autel, on vénère la dépouille intacte du bienheureux frère Sebastián de Aparicio, saint patron des voyageurs au Mexique, auquel on attribue de nombreux miracles. Les peintures de Miguel Jerónimo de Zendejas sont également remarquables. En guise d'hommage, on a placé sur l'escalier principal qui mène à l'église un monument représentant une charrette, équipement introduit au Mexique par le frère Sebastián de Aparicio.

Barrio del Artista – *8 Norte, entre 4 Oriente et 6 Oriente.* Ce quartier a été fondé en 1941 par le docteur Gonzalo Bautista ; depuis cette date, il accueille les artistes de Puebla, qui travaillent devant les visiteurs, invités à acheter leurs œuvres. À quelques pas de ce quartier singulier, dans 6 Norte et 8 Oriente, on trouve le **Teatro Principal**, qui fonctionne encore, quoique premier théâtre construit sur le continent. Ses débuts comme théâtre populaire remontent à 1613. Une rue après le quartier des artistes, on tombe sur **El Parián**, marché très coloré où l'on vend l'artisanat de la région, dont la célèbre faïence de Puebla *(ouvert toute l'année, tous les jours de 10 h à 20 h ; ☎ (22) 323-531).*

Casa del Alfeñique – *4 Oriente, n° 16.* L'impressionnante **façade★★** de cette « maison du sucre d'orge » est un exemple du travail du mortier caractéristique de la région. On croirait une confiserie en sucre qui se détache des corniches et des pans de murs.

★ Templo de San Cristóbal – *4 Norte, angle de 6 Oriente. Ouvert toute l'année, tous les jours de 8 h à 12 h et de 16 h à 20 h. ☎ (22) 462-044.* La belle façade de cette église en pierre sculptée se prolonge par deux hautes tours qui lui donnent une allure élancée. Sa construction a débuté en 1676 sur un projet de Carlos García Durango. À l'intérieur, on admirera le travail en **stuc★** de la coupole et des 16 niches avec leurs représentations du chœur céleste entourant la Vierge, ainsi que les figures des rois dans la partie basse. Un saint Christophe en bois garde l'entrée. L'église est un témoignage de l'apogée du baroque à Puebla.

Museo Regional de la Revolución Mexicana (maison d'Aquiles Serdán) – *6 Oriente, n° 206. Ouvert toute l'année, du mardi au dimanche de 10 h à 16 h 30. $10. ☎ (22) 462-044.* C'est en ce lieu qu'habitaient les frères Serdán, et où la conspiration qui a entraîné la Révolution a été découverte, provoquant le massacre commémoré sous le nom de « dizaine tragique », auquel Carmen Serdán a survécu. À l'intérieur de la maison, on verra un miroir marqué de traces de balles, et quelques meubles qui appartenaient à la famille, ainsi que des photographies de révolutionnaires.

AUTRES CURIOSITÉS *5 heures*

Instituto Cultural (ancienne prison de l'État) – *Reforma, n° 1305. Ouvert toute l'année, du lundi au vendredi de 7 h à 21 h, le samedi de 9 h à 14 h.* ✂ ☎ *(22) 320-462.* Centre culturel où les jeunes de Puebla se réunissent et suivent des enseignements artistiques. Au 19e s., c'était d'abord une prison, construite en 1844 par le général Felipe Codallos. Le complexe pénitentiaire a souffert des assauts de l'intervention française et de l'important séisme de 1864. Il a fermé ses portes en 1884 pour être affecté aux activités culturelles. Reconstruit à la fin du siècle, il a été inauguré par Porfirio Diaz en 1891. Le regard est attiré par ses grosses tours, qui lui donnent l'apparence d'une forteresse, ainsi que par le travail de la pierre et des céramiques. La cour octogonale où avait lieu la promenade des prisonniers est utilisée aujourd'hui pour les répétitions des spectacles ou la détente.

Fuertes de Loreto y Guadalupe – Au sommet d'une colline qui domine la ville se dressent les murailles des forts qui ont défendu le pays contre l'invasion française le 5 mai 1862.

Fuerte de Loreto – *Av. Ejército de Oriente, Centro Cívico 5 de Mayo. Ouvert toute l'année, du mardi au dimanche de 10 h à 17 h. $10.* ☎ *(22) 462-044.* Au 17e s. on a élevé ici un ermitage, dédié à la Vierge de Lorette. À la fin du siècle, il a été reconstruit sur le modèle de la Santa Casa de Loreto. Le portail extérieur de l'église, en deux parties, est décoré de bas-reliefs en stuc dans le style de Puebla. L'intérieur de la Santa Casa apparaît au travers d'une arche dont les jambages sont ornés de reliefs. En 1815, on a construit le fort de la colline, qui devait jouer un rôle dans la bataille du 5 mai lorsque les troupes du général Berriozábal ont défendu la ville. La chapelle héberge aujourd'hui un musée présentant des objets, des dessins et des vêtements de l'époque de la bataille.

Fuerte de Guadalupe – *Av. Ejército de Oriente, Centro Cívico 5 de Mayo. Ouvert toute l'année, du mardi au dimanche de 10 h à 17 h. $10.* ☎ *(22) 462-044.* On y voit les ruines de ce qui fut d'abord une église, puis un fort destiné à la défense de la ville contre les troupes de Napoléon III. Le général Zaragoza a combattu ici.

Museo Regional de Puebla – *Calz. Ejército de Oriente. Centro Cívico 5 de Mayo. Ouvert toute l'année, du mardi au dimanche de 10 h à 17 h. $10.* ☎ *(22) 359-720.* Le musée possède une collection d'objets préhispaniques et coloniaux, ainsi que des pièces historiques, de l'Indépendance à la Révolution. On y remarquera une très grande **statue★★** de saint Christophe, réalisée au 17e s. en bois polychrome, très travaillée. On notera aussi une **peinture** de Miguel Jerónimo de Zendejas, réalisée sur les portes de placard d'une boutique. Le musée offre aussi un aperçu des coutumes et du folklore de la région avec la tradition des **croix habillées**, armatures de bois décorées de fleurs, et de la décoration des catafalques pour les fêtes mortuaires.

EXCURSIONS *Plan p. 105 (**BXYZ**) et carte pp. 120*

Cholula – *1 journée. 7 km à l'Ouest de Puebla, par la carretera libre (sans péage) 150/190 vers Huejotzingo.* *Voir p. 107*

De Atlixco à Huaquechula – *1 journée. 87 km. Sortir de Puebla au Sud-Ouest par la route 190 vers Atlixco.*

Atlixco – Appelée Ville de Carrión à l'époque des vice-rois, l'agglomération (112 480 habitants) est entourée de pépinières et de serres, d'où son appellation de ville des fleurs. Ses eaux médicinales en provenance de la source d'Axocopan sont célèbres aussi, comparables, dit-on, à celles de Vichy. Sur la colline San Miguel s'élève le **couvent franciscain Santa Maria de Jésus**, un superbe édifice en pierre, visible plusieurs kilomètres avant d'arriver à la ville *(église ouverte toute l'année, du mardi au samedi de 9 h à 17 h, le dimanche de 9 h à 13 h. Couvent ouvert le dimanche de 12 h à 14 h ;* ☎ *(224) 511-45).* Il remonte aux premières années de la Conquête. Le couvent conserve plusieurs

Nombreux dans les églises, les ex-voto.

retables, et des vestiges de peinture murale dans le cloître. La très belle **capilla de la Tercera Orden** est une œuvre d'art populaire *(trois rues à l'Ouest de la Plaza de Armas ; ouvert toute l'année, tous les jours de 10 h à 14 h ; ☎ (244) 556-60)*. Sa façade en mortier est repeinte chaque année de couleurs vives. Atlixco possède aussi un des rares hôpitaux d'époque coloniale qui fonctionne encore. **L'hôpital municipal San Juan de Dios** *(cinq rues à l'Ouest de la Plaza de Armas. À la Calle 11 Sur, tourner à gauche et suivre la rue ; ouvert toute l'année, lundi, mercredi, vendredi et dimanche de 9 h à 15 h, samedi de 9 h à 14 h ; ☎ (244) 500-21)* possède une belle cour décorée ; au rez-de-chaussée se trouve une pinacothèque avec d'intéressants exemples de peinture coloniale. Dans l'**église paroissiale d'Atlixco** *(à l'Est de la Plaza de Armas ; ouvert toute l'année, tous les jours de 7 h à 13 h et de 16 h 30 à 21 h ; ☎ (244) 500-90)* on remarquera entre autres choses les retables churrigueresques et l'orgue.

Tochimilco – *Sortir au Sud d'Atlixco et prendre la route d'État 21 ; tourner à droite (Ouest) et poursuivre jusqu'à la route en direction de Metepec ; en passant le Puente del Obispo, tourner à gauche vers Axocopan (3 km). Traverser le village et poursuivre sur 11 km par la route 425.* La petite ville (15 795 habitants) s'étend sur le flanc du volcan Popocatépetl, dont on a une vue splendide : le voyageur a l'impression de pouvoir toucher le sommet tant il semble proche. Sur la place principale coule une fontaine du 16e s. qui approvisionnait autrefois la population en eau. Elle a une forme octogonale ; ses déversoirs en têtes de lion portent des inscriptions en náhuatl. L'eau y était amenée par un aqueduc dont il reste plusieurs arches. L'**ancien couvent franciscain** est une austère construction en pierre, avec un portail Renaissance sévère et une fenêtre mudéjar couronnée de créneaux *(une rue au Nord-Ouest de la Plaza ; ouvert toute l'année, tous les jours, de 6 h à 18 h. En cas de fermeture, demander au gardien de l'ouvrir. ☎ (244) 519-66)*. L'intérieur présente plusieurs retables des 17e et 18e s., avec de jolies peintures anonymes d'époque coloniale.

Huaquechula – *De Tochimilco, revenir à Atlixco. Au Sud, prendre la route 190 vers Izúcar de Matamoros ; parcourir 12 km ; tourner à droite et poursuivre sur 12 km par un chemin pavé.* La place principale de cette bourgade de 26 114 habitants porte plusieurs monolithes précolombiens, avec des calendriers en relief, et une croix de pierre taillée au 16e s., qui à l'origine appartenaient à l'atrium du couvent. L'**ancien couvent franciscain** *(Est de la place. Église ouverte toute l'année, tous les jours de 9 h à 18 h. Couvent ouvert du mardi au dimanche de 10 h à 17 h. En cas de fermeture, demander au gardien de l'ouvrir. $7. ☎ (244) 519-66)* est un impressionnant monument en pierre élevé au 16e s., avec un riche portail dans lequel des éléments gothiques élisabéthains s'allient aux formes du plateresque. Le **portail latéral★★** est exceptionnel pour son aspect médiéval. Les jambages ont été sculptés d'images de saint Pierre et saint Paul ; au-dessus figure le Christ en majesté, accompagné des anges annonciateurs du Jugement dernier. L'intérieur de l'église abrite des retables et des peintures baroques, ainsi qu'une chaire sculptée en pierre de taille aux formes médiévales. En se tournant vers l'atrium, on découvre la chapelle ouverte au magnifique plafond ogival surchargé d'ornements.

Africam Safari et Tecali de Herrera – *1/2 journée. 45 km. Sortir de Puebla au Sud par la route d'État en direction de Tecali. Parcourir 18 km et tourner à droite. 2 km jusqu'à l'Africam Safari.*

Africam Safari – *Ouvert toute l'année, tous les jours de 10 h à 17 h. $35.* ✗ ▤ ⚠ ☎ *(22) 361-212.* Ce parc zoologique en plein air s'étend sur 34 ha en bordure de la retenue Manuel Ávila Camacho, plus connue sous le nom de Laguna de Valesquillo. Les animaux y vivent en liberté, et la visite se fait en voiture ou avec un autobus du parc. À la première halte pour détente, on peut faire des promenades en bateau sur les canaux du lac de Valesquillo en jouissant du beau spectacle de ses eaux couvertes de nénuphars.

Tecali de Herrera – 19 km par la route d'État depuis Africam Safari. Connu pour son artisanat des figures en onyx, marbre et albâtre, cette petite ville tranquille (15 610 habitants) à la très agréable place centrale abrite l'**ancien couvent San Francisco**★ *(Côté Est de la place ; ouvert toute l'année, tous les jours de 10 h à 17 h ; $7.* ☎ *(227) 141-09).* Avec pour sol la prairie et pour toit le ciel, c'est une ruine imposante. Elle présente une belle façade, élaborée dans le plus pur style Renaissance. Le couvent a été construit par les frères franciscains qui ont évangélisé la région au 16e s. À l'intérieur de l'église au plan basilical à trois nefs, subsistent le double jeu de colonnes toscanes et les arcs en plein cintre qui soutenaient la toiture à deux pentes. Le cloître, aujourd'hui à ciel libre, est impressionnant par ses dimensions et ses dépendances. On y verra des vestiges de peintures murales et de très beaux fonts baptismaux du 16e s. en pierre grise. L'**église paroissiale de Tecali** *(au Nord de la place ; ouvert toute l'année, tous les jours de 8 h à 19 h ;* ☎ *(227) 141-09)* possède de magnifiques retables (18e s), travaillés dans le style baroque à estipíte, à l'exception de celui du côté droit, peint à l'huile, qui se trouvait dans l'ancien couvent. S'y dressent aussi deux piliers du 16e s. et deux du 17e s. en pierre sculptée, dont l'un porte une légende en náhuatl.

Ancien couvent de Tecamachalco – *2 heures. Sortir de Puebla à l'Est par la route 150 vers Tehuacán. 60 km jusqu'à Tecamachalco. Église ouverte toute l'année, tous les jours de 9 h à 18 h.* ☎ *(242) 200-74. Couvent ouvert du mardi au dimanche, de 10 h à 17 h. $7.* Cet **ancien couvent franciscain** du 16e s. possède les **peintures murales**★★ les plus intéressantes de l'époque. Réalisées sur papier *amate*, elles ont ensuite été collées aux angles des nervures du chœur inférieur. Elles sont l'œuvre du peintre indien Juan Gersón, qui a copié en 1562 des thèmes de l'Ancien Testament d'après des bibles européennes. On admirera également les remarquables fonts baptismaux du 16e s. sculptés d'archanges et de formes végétales. Le portail principal est très sobre, avec un arc en accolade à plusieurs lobes. Le soubassement de la tour porte en relief un aigle avec un copilli, casque indien.

★ **Acatzingo** – *2 heures. Sortir de Puebla au Nord-Est par la route 150D vers Orizaba. 45 km plus loin tourner à gauche et prendre pour 2 km la route 140 vers Xalapa.* Sur la grande place de cette ville (36 660 habitants) a lieu le mardi un des marchés les plus importants de l'État. Il présente toutes sortes de marchandises, dans un festival de couleurs et de senteurs sans pareil. Une arcade du 19e s. court au Sud de la place. L'**ancien couvent franciscain** *(à l'Est de la place ; ouvert toute l'année, tous les jours de 10 h à 20 h. En cas de fermeture, demander au gardien de l'ouvrir ;* ☎ *(242) 400-08)* renferme des vestiges de retables et des peintures ; le bénitier du 16e s. en pierre sculptée est extraordinaire. L'**église paroissiale d'Acatzingo** *(au Nord de la place ; ouvert toute l'année, tous les jours de 7 h à 20 h ;* ☎ *(242) 400-08)* possède un atrium égayé d'une fontaine qui arbore les blasons préhispaniques d'Acatzingo. Carreaux de faïence, azulejos et mortier ornent sa façade. L'intérieur est construit sur un plan de croix latine. On admirera les peintures de Miguel Jerónimo Zendejas qui ornent le maître-autel. Sur la gauche la **chapelle de la Vierge des Douleurs**★ (mêmes conditions de visite) s'orne de trois retables baroques, avec de belles sculptures et peintures du même artiste, et d'un beau décor d'azulejos. Le parement en argent de l'autel (1761) est remarquable. La chapelle de la Soledad, qui se dresse dans l'atrium, abrite des œuvres du même peintre.

Libres – *1 heure. 94 km. Sortir à l'Est de Puebla par la route 150D, 19 km. Au péage, prendre la bifurcation vers Amozoc et continuer par la route 129 jusqu'à Oriental (62 km), puis Libres (75 km).* Appelé autrefois San Juan de los Llanos, cette petite ville (24 337 habitants) mérite une visite pour son **église paroissiale** *(ouvert toute l'année, tous les jours de 6 h à 14 h et de 16 h à 20 h ;* ☎ *(672) 301-24)* qui renferme dans sa nef centrale et ses nefs latérales un groupe de magnifiques retables, avec des peintures sur chevalet. Tous sont en bois sculpté et doré. Le **retable principal**★★ est orné de sculptures très ouvragées. Le travail est si fin qu'on croirait une œuvre en filigrane. On remarquera dans la troisième partie du bâtiment les colonnes en forme de cariatides, dont les têtes supportent des chapiteaux ; on retrouve ces figures sur le retable latéral droit.

★★ **Cuetzalan** – *1 journée. 186 km. Suivre les indications jusqu'à Libres. Sortir de Libres au Nord par la route 129, rouler 41 km jusqu'à l'embranchement de Zacapoaxtla et Cuetzalan (route 207). Poursuivre sur 15 km jusqu'à la sortie vers Cuetzalan et emprunter à droite la route 201 pendant 36 km.* Au pied de versants montagneux à l'abondante végétation apparaît cette charmante agglomération de 39 866 âmes. Le climat tropical a contraint les habitants à ajouter de grands auvents aux toits en tuiles de leurs maisons. On y voit tous les jours des Indiens totonaques ou nahuas, vêtus de chemises et de pantalons en toile. Les femmes aux éclatants **huipiles** (tuniques blanches brodées) portent des chapeaux multicolores hauts de plus de 45 cm. Ce costume traditionnel est plus répandu pendant les **fêtes**★★ du 4 octobre dédiées à saint François d'Assise, et pendant la feria du Café, dont la production, à Cuetzala, est d'excellente qualité. Parmi les sites intéressants, on signalera l'**église paroissiale Saint-François d'Assise** du 19e s. à plan basilical, de style Renaissance avec des éléments doriques et romans *(Plaza Principal ; ouvert toute l'année, du lundi au samedi de 8 h à 19 h, dimanche de 8 h à 21 h ; ☏ (233) 100-04)* ; le **musée régional Calmahuiztic**, où l'on expose objets régionaux, costumes de danse, instruments de musique, offrandes de la cérémonie des morts, masques, fossiles et travaux d'artisanat *(2 de Abril n° 1 ; ouvert toute l'année, du jeudi au lundi de 10 h 30 à 14 h et de 15 h 30 à 17 h ; ☏ (233) 100-04)* ; et le **sanctuaire de Notre-Dame de Guadalupe**, d'où l'on a une vue majestueuse de la ville et des hauteurs environnantes. Ce sanctuaire est plus connu sous le nom **d'Iglesia de los Jarritos** (petits pots) parce que les arêtes de ses chapiteaux sont décorées de récipients en terre cuite *(Calz. de Guadalupe, dans le cimetière ; ouvert toute l'année, tous les jours de 7 h 30 à 18 h ; ☏ (233) 100-04)*. Cuetzalan est un bon point de départ pour les excursions qui suivent :

Zona arqueológica Yohualichan – *1/2 heure. 8 km au Nord de Cuetzalan par un chemin pavé. Ouvert toute l'année, du mardi au dimanche, de 10 h à 17 h. $7. ☏ (233) 100-04.* Au cœur de l'exubérante végétation de la région, on découvre les ruines de ce centre cérémoniel totonaque, très semblables à celles de EL TAJÍN Sur des terrasses qui aplanissent le terrain ont été bâties trois pyramides, avec leur place. Au Sud de la place centrale se trouvent le jeu de balle, et une petite enceinte souterraine appelée le tombeau.

Les cascades – *4 heures. 5 km à l'Est de Cuetzalan par un chemin de terrasses et sentiers dans les gorges. Il est conseillé de prendre un guide.* La plus connue de ces piscines naturelles est celle de Las Brisas. On en découvre d'autres aux environs : El Salto, Atempatahua et Las Hamacas. Toutes sont nées des chutes du Río Cuixiatl. Ici, entre les plantations de café et la flore sauvage, le paysage est vraiment paradisiaque. Il est possible de se baigner au milieu des rochers polis par l'eau ou couverts de mousse.

QUERÉTARO★★

Querétaro

559 222 habitants

Carte des principales curiosités p. 8 – Carte Mexique Central p. 104 (**AX**)

ℹ Pasteur n° 4 Nord, Centre ☏ (42) 121-004

Pôle stratégique pour le développement économique du pays, la capitale de l'État de Querétaro se trouve dans la région d'El Bajío, l'une des plus fertiles du Mexique. C'est une ville coloniale harmonieuse, soulignée par un aqueduc monumental. Dans les rues étroites du centre s'élèvent palais, anciens couvents, résidences luxueuses et maisons modestes qui ont conservé l'empreinte de l'époque, sur la pierre ainsi que sur les ferronneries aux formes belles et complexes. Ici, le baroque et le néoclassicisme de l'architecture à la française se marient avec le modernisme sans que la ville ait perdu sa saveur provinciale et coloniale, que l'on goûtera en parcourant ses ruelles tranquilles. Le centre historique a été inscrit au Patrimoine culturel de l'humanité en 1996. Querétaro est une croisée de chemins ; sa situation privilégiée en a fait le témoin d'événements historiques majeurs. L'État, qui s'industrialise rapidement, est aujourd'hui une entité puissante.

Un peu d'histoire

La fondation de la ville de Querétaro en 1531 revient à un Indien otomi, Conin, baptisé sous le nom de Fernando de Tapia. Elle a été habitée au début par une majorité d'Indiens. Au 17e s., grâce à sa terre fertile et prospère, elle devient la troisième ville de la Nouvelle-Espagne, sous le titre de **très noble et loyale ville de Santiago de Querétaro**. C'est au 18e s. qu'elle atteint son apogée économique, sociale et artistique. Au 19e s., elle est le théâtre d'événements importants de l'histoire du Mexique. C'est ici qu'en 1808 a été fomentée, sous couvert de réunions littéraires, la **conspiration de Querétaro** contre la domination espagnole, menée par les insurgés de Querétaro et par **Josefa Ortiz de Domínguez**, l'épouse du maire *(corregidor)*, surnommée la Corregidora.
Le complot a été découvert et les insurgés arrêtés, mais le mouvement d'indépendance se déclenchera non loin de là le 16 septembre 1810, à Dolores, État de Hidalgo. L'Histoire choisira encore Querétaro pour des étapes décisives. Elle est capitale provisoire de la République en 1847 et 1848 ; le traité de Guadalupe Hidalgo, mettant fin à la guerre contre les États-Unis d'Amérique, est ratifié ici. En 1867, l'empereur Maximilien de Habsbourg y est fusillé avec les généraux mexicains Miguel Miramón et Tomás Mejía, sur la **colline de las Campanas** : c'est la fin de la période appelée Second Empire. Un demi-siècle plus tard, en 1916 et 1917, elle est une deuxième fois nommée capitale provisoire du Mexique sur ordre de Venustiano Carranza, qui promulguera la Constitution toujours en vigueur dans le pays.

★★CENTRE DE LA VILLE *1 journée. Plan p. 126. À 222 km de Mexico.*

Jardín Zenea (jardin Général Obregón) – *Av. Corregidora, angle de Av. Madero.* Construit sur l'ancienne « Place des Décombres », ce parc central et ombragé conserve son tracé de 1874, dû au gouverneur Benito Zenea. Son centre s'orne d'une fontaine dédiée à la déesse Hébé, d'un kiosque typique, et de lampadaires. À l'Est du jardin, l'**église San Francisco** présente une façade ornée d'un bas-relief de l'apôtre Jacques. Dans l'**intérieur** néoclassique tranquille, on remarquera la belle coupole.

Museo Regional de Querétaro (ancien couvent San Francisco) (M) – *Av. Corregidora n° 3, à l'Est du jardin. Ouvert toute l'année, du mardi au dimanche de 10 h à 17 h. Fermé les jours de fête nationale. $14. ☎ (42) 122-031.* Ce musée présente une rétrospective de l'histoire de l'État. Il occupe un ancien couvent dont la construction a débuté en 1540, et autour duquel s'organisait la vie de Querétaro au 18ᵉ s. Après la destruction au 19ᵉ s. d'une grande partie de ce vaste complexe par les troupes libérales, demeure aujourd'hui un bâtiment à deux niveaux, autour d'une **cour centrale** et de l'agréable **cour des orangers**.

Rez-de-chaussée – Y sont exposées des pièces provenant principalement des sites archéologiques de Querétaro, situés à la limite entre la Mésoamérique et l'Amérique aride, et où vivaient surtout des Indiens nomades. Une des salles montre le développement des groupes indigènes pames et otomis qui ont habité l'État, des temps préhispaniques jusqu'à nos jours. Une autre est consacrée à la période coloniale ; on y voit des peintures du 18ᵉ s. et la momie d'une religieuse provenant du couvent Santa Clara.

Premier étage – Dans la **sala magna**, on pourra admirer des objets de grande valeur, telles des armoires richement sculptées du 18ᵉ s., une énorme porte en bois de plus de 200 ans, de belles statues de saints en marqueterie polychrome du 18ᵉ s. comme la **Vierge des sept douleurs** qui a conservé ses couleurs d'origine, ainsi qu'une table en bois ouvragé et des toiles de Juan Correa et José de Ibarra, du 18ᵉ s. également.

★★**Plaza de Armas (ou de l'Indépendance)** – *Av. Pasteur, angle de 5 de Mayo.* Cette place plantée de lauriers d'Inde touffus est considérée comme une des plus belles d'Amérique Latine. Au centre se dresse la statue du marquis de la Villa del Villar del Águila ; il a fait construire l'aqueduc qui a apporté l'eau à Querétaro. Cette charmante place est bordée de constructions anciennes bien conservées abritant d'agréables restaurants. La **Casa Queretana de Artesanías** est un élégant hôtel du 18ᵉ s. *(ouvert toute l'année, du lundi au jeudi de 10 h à 20 h, le vendredi et le samedi de 10 h à 21 h, le dimanche de 10 h à 17 h ; fermé le 1ᵉʳ janvier et le 25 décembre ; ✗ ☎ (42) 141-235).*

Palacio de Gobierno (ancienne Maison royale, prison et palais de la Corregidora) (PG) – *Au Nord de la place.* C'est un beau palais du 18ᵉ s. bâti sur deux niveaux, avec de hauts murs dégageant une impression de solidité. C'était la résidence de **Josefa Ortiz de Domínguez**, qui a organisé les réunions préparatoires à la lutte pour l'indépendance. Lorsque la conjuration a été découverte, la Corregidora a été arrêtée chez elle ; mais elle a pu prévenir Miguel Hidalgo, par l'intermédiaire de l'alcade Ignacio Pérez.

★**Casa de Ecala (bureaux du DIF, affaires familiales)** – *Côté Ouest de la place.* Le **portail**★ baroque de cette maison seigneuriale du 18ᵉ s. impressionne par la somptueuse élégance de ses balcons en fer forgé. Au balcon supérieur, une frise en pierre sculptée sépare la pierre de taille de la céramique bleu et blanc. L'attention est retenue par la complexité des figures en pierre et en fer forgé, matériaux travaillés comme s'ils étaient du plâtre facile à modeler.

Jardín de la Corregidora – *Av. Corregidora et Andador 16 de Septiembre.* Dans cet endroit paisible se dressent l'**arbre de l'Amitié** et un **monument★** dédié à Josefa Ortiz de Domínguez. Restaurants et cafés aux environs.

Teatro de la República – *Av. Juárez n° 22, angle de Av. Ángela Peralta. Une rue après le jardin de la Corregidora.* Bâtiment historique construit vers le milieu du 19e s., son nom d'origine était Grand Théâtre Iturbide. Il a ouvert ses portes en 1852. C'est ici, en 1867, que la condamnation de Maximilien de Habsbourg a été prononcée par un conseil de guerre, et c'est encore ici que le Congrès mexicain a ratifié en 1917 la Constitution qui régit le pays aujourd'hui. Dans ses dernières années d'activité, le théâtre a accueilli de grandes figures de la culture mexicaine et internationale. Aujourd'hui son usage est réservé à des événements culturels et manifestations officielles de grande importance.

Templo del Sagrado Corazón de Jesús (Santa Clara) – *Francisco I. Madero, angle de Ignacio Allende. Ouvert toute l'année, tous les jours de 10 h à 13 h et de 17 h à 19 h. ☎ (42) 121-777.* Ce sobre édifice du 17e s. (1606-1633) a été construit grâce à une donation de Diego de Tapia, descendant de Fernando de Tapia (Conin), fondateur de Querétaro. Dans le jardin, son ancien potager, on admirera une **fontaine** ornée d'une sculpture du dieu marin Neptune, œuvre de l'artiste mexicain Francisco Eduardo Tresguerras (1759-1833). L'architecture sévère de l'extérieur contraste avec la richesse des **retables** conservés à l'**intérieur★★**, dans l'unique nef de l'église. Sculptés, en bois doré, ils datent du 18e s. On notera la décoration de la chaire et la grille de l'espace réservé au chœur, qui cache les orgues. Le 15 septembre 1810, une des cellules du couvent a servi de prison à la *corregidora* Josefa Ortiz de Domínguez.

★**La Casa de la Marquesa** – *Madero n°41, angle de Ignacio Allende (en face de l'église Santa Clara).* Cette maison seigneuriale baroque du 18e s. (1756) a été habitée par la marquise de la Villa del Villar del Águila. Sa façade montre un élégant travail de la pierre et une belle porte en bois sculpté. À voir, le grand vestibule et la petite **cour★** intérieure de style mudéjar avec ses arcades arabes. Remaniée en 1995, la maison abrite un hôtel de luxe.

★**Museo de Arte de Querétaro (ancien couvent San Agustín)** – *Ignacio Allende n° 14. Ouvert toute l'année, du mardi au dimanche de 11 h à 19 h. Fermé le 1er janvier et le 25 décembre. $10. ☎ (42) 122-357.* Le musée occupe un bâtiment du 18e, œuvre de l'architecte Ignacio Mariano de las Casas, de Querétaro. Il présente une importante rétrospective historique d'art mexicain et européen, dont une vaste collection de peintures coloniales, dont les styles varient du maniérisme du 17e s. au baroque des 17e et 18e s. On admirera en particulier les toiles qui font partie de la série de l'apostolat, œuvre de Cristóbal de Villalpando. Le superbe **cloître★** de cet ancien couvent montre une riche ornementation baroque en pierre sculptée, avec des **colonnes cariatides**. Végétation luxuriante et oiseaux agrémentent le jardin.

Templo de San Agustín – *Ignacio Allende, angle de Pino Suárez. Ouvert toute l'année, tous les jours de 6 h à 13 h et de 17 h à 20 h 30. ☎ (42) 121-777.* L'église a été construite au 18e s. par le frère Luis Martínez Lucio sur une grande plate-forme étagée. La tour, jamais terminée, est tronquée. Le grand **dôme** recouvert d'azulejos paraît accompagné d'une ribambelle d'anges musiciens. Le **portail★** rappelle la construction des retables : il est encadré de colonnes torses qui veillent sur les statues de saint Augustin. Il est couronné par un grand **crucifix★** en pierre sculptée, soutenu par un ange-atlante entouré de buissons de feuilles de vigne, flanqué de deux cariatides au bras levé.

★★**Templo de Santa Rosa de Viterbo** – *Arteaga, angle de Ezequiel Montes. Ouvert toute l'année, tous les jours de 6 h 30 à 20 h. ☎ (42) 121-691.* Cette somptueuse église du 18e s. est le chef-d'œuvre de Ignacio Mariano de las Casas, qui a laissé sa marque dans toute la ville. Édifice imposant, elle force le respect ; mais l'imagination est stimulée par son dôme, sa tour de style mudéjar et ses deux **contreforts**, qui semblent inversés en raison de la tournure singulière de leur partie supérieure. Chacun de ces contreforts étranges, devenus emblèmes de Querétaro, s'orne d'un curieux mascaron qui tire la langue.

Intérieur – Six retables dorés font l'éclat de l'intérieur : ils sont dédiés à différents saints et à la Vierge de Guadalupe. De tous, celui qui surplombe la tribune retiendra l'attention. Le registre supérieur est couronné d'un éventail doré, le registre inférieur porte 15 médaillons représentant le Christ et les apôtres. On voit dans la partie basse un Christ des Larmes. Derrière la double grille de l'espace réservé au chœur se trouve un orgue baroque, construit en 1759, encore en usage. On remarquera du côté droit la **chaire★** incrustée d'argent, d'ébène et d'ivoire.

Petite sacristie – On voit ici une **peinture★** anonyme du 18e s. et un portrait de la belle moniale Sor Anna María de San Francisco, pupille du couvent.

Sacristie – Dans cette grande salle, l'immense peinture représentant le potager raconte l'histoire et les coutumes du couvent. On y verra aussi le portrait du capitaine Velázquez de Lorea, lieutenant-colonel des armées royales, qui a parrainé la construction de l'église. Le regard est attiré par les statues du Christ et des 12 apôtres, qui faisaient partie du maître-autel d'origine. On remarquera également la table octogonale du 18e s. en bois ouvragé, la vasque, et les porte-serviettes, qui forment un ensemble richement sculpté en bois doré.

BARRIO DE SANTA CRUZ *2 heures*

800 m à l'Est du centre par la rue Independencia.

Ce quartier au flanc de la colline Sangremal a été témoin de la bataille au cours de laquelle Fernando de Tapia a vaincu les Indiens qui résistaient à la domination espagnole.

La légende raconte qu'une apparition de l'apôtre saint Jacques à cheval a fait basculer l'issue de la bataille en faveur des Indiens catholiques, donnant naissance à la ville de Saint-Jacques (Santiago) de Querétaro. On jouit ici d'une vue panoramique de la ville coloniale, et on peut voir l'aqueduc sur toute son étendue. Le **couvent de la Santa Cruz** est une construction solide mais modeste, de 1609 *(Independencia, angle de Felipe Luna ; visite guidée (20 mn) toute l'année, du mardi au vendredi de 9 h à 14 h et de 16 h à 18 h, le samedi de 9 h à 17 h 30 ; dimanche et jours fériés de 9 h à 16 h 30. Participation à l'appréciation du visiteur. ☎ (42) 120-235)*. Vers la fin du 17e s. on a établi ici le Colegio Apostólico de Propaganda Fide (collège apostolique de propagation de la foi), le premier collège de missionnaires de toute l'Amérique, d'où sont partis les grands missionnaires qui ont apporté la foi et la culture occidentale aux régions du Nord et du Centre de l'Amérique. L'intérieur cache une belle cour entourée de murs de pierre : de fière allure, elle abrite des **arbres à épines**, ainsi appelés parce que leurs branches se couvrent d'épines en forme de croix. Selon la légende, ces épines proviendraient du bâton de frère Margil de Jésus, fervent évangélisateur à la réputation de saint.

★★AQUEDUC *1/2 heure. Calzada de los Arcos.*

La construction de ce grandiose aqueduc édifié grâce à Juan Antonio de Urrutia y Arana, marquis de la Villa del Villar del Águila, a débuté en 1726 pour s'achever dix ans plus tard. Emblème de Querétaro, il est considéré comme l'un des ouvrages d'art les plus remarquables d'Amérique. Sur 1 280 m, avec 23 m de hauteur, il marie esthétique et technique architecturale au long de ses 64 arches. On lui doit la présence du grand nombre de fontaines publiques et privées de la ville construites en 1738.

L'aqueduc

EXCURSION

★**Tequisquiapan** – *1/2 journée. Sortir au Sud-Est de Querétaro par la route 57D. Parcourir 47 km et sortir de l'autoroute à gauche. 22 km jusqu'à Tequisquiapan.* Cette agréable petite ville (45 779 habitants) aux rues pavées ornées d'éclatants bougainvilliers est célèbre pour ses eaux thermales, aux vertus curatives et apaisantes. Sa charmante **plaza cívica** est bordée de **rues piétonnières** et d'arcades qui abritent des restaurants, des boutiques d'artisanat et des pâtisseries. Sur la place se dresse l'église paroissiale Santa María de la Asunción, en style néoclassique de la fin du 19e s. On peut visiter les **marchés** d'artisanat typique de la région : corbeilles, meubles et objets tressés en baguette de saule, osier et rotin, tissages au crochet. Suivant une étude du début du 20e s., Tequisquiapan serait au centre géographique du pays. À 3 km au Sud-Est du centre ville se trouve la gare **Bernal**, construction des débuts du 20e s. d'où l'on a une superbe **vue** de la vallée dans laquelle se loge Tequisquiapan.

Missions de la SIERRA GORDA★

Querétaro

Carte des principales curiosités, p. 7 – Carte Mexique Central, p. 104 (**AW**)

Pasteur n° 4 Nord, Centre ☎ (42) 121-287

Au Cœur de larges vallées et de montagnes sauvages s'élèvent cinq églises de mission intéressantes, auxquelles la nature environnante donne un charme tout particulier. On les trouve dans la sierra Gorda, chaîne de montagnes située à l'Est de la sierra Madre orientale, à cheval sur les États de Querétaro, Hidalgo, Guanajuato et San Luis Potosí. C'est une région riche en minéraux, où la végétation est abondante. On y trouve des étendues arides, de hautes montagnes couvertes de conifères, et des terres fertiles baignées par les rivières Moctezuma, Jalpan et Concá. Les routes d'accès aux missions n'étaient praticables qu'en période sèche jusqu'au milieu du 20e s., quand elles ont été goudronnées.

Un peu d'histoire – Le caractère insoumis des tribus indiennes chichimèques, nombreuses et dispersées, qui vivaient ici de cueillette et de chasse a rendu difficile l'évangélisation de la région. Les conflits entre les différents ordres missionnaires et les résultats médiocres obtenus ont provoqué la réorganisation de ces modestes missions vers le milieu du 18e s. On a alors confié au collège franciscain San Fernando la responsabilité des missions déjà existantes et la fondation de nouvelles. Le **frère Junípero Serra**, célèbre missionnaire franciscain, arrive dans la région en 1750 et s'établit à Jalpan. Avec la collaboration du frère Francisco Palau, il réalise un important travail d'évangélisation et donne l'impulsion au développement économique et agricole de la région. Grâce à quoi ils gagnent la confiance des Indiens, qui acceptent une vie sédentaire, s'établissant principalement autour de cinq communautés correspondant aux missions construites vers le milieu du 18e s.

LES MISSIONS *2 jours*

Bien que la région soit parsemée de ruines de missions fondées depuis le 16e s., les cinq plus importantes ont été établies entre 1751 et 1768. Leurs caractéristiques singulières en font une des expressions remarquables du baroque mexicain. On y retrouve des éléments d'architecture du 16e s., comme l'ornementation d'inspiration florentine. La décoration exubérante et la polychromie des façades est la marque du talent des indigènes. Leur revêtement travaillé présente des symboles chrétiens et franciscains, porteurs d'une forte intention didactique. Les cinq missions présentent des similitudes dans la distribution des bâtiments, la forme des tours et la fenêtre de la tribune appelée « œil de bœuf ». L'intérieur suit un plan en croix latine.

Misión de Jalpan – *161 km au Nord-Est de Tequisquiapan par la route 120. Ouvert toute l'année, tous les jours de 7 h à 20 h. ☎ (42) 121-004.* Cette belle mission dédiée à l'apôtre saint Jacques a été établie par le **frère Junípero Serra** ; c'est la première et la plus grande des cinq. Le **portail**★ sculpté, en mortier peint de jaune et de rouge, présente une riche combinaison d'éléments végétaux et de symboles franciscains, avec la figure caractéristique de l'aigle à deux têtes (emblème de la maison de Habsbourg) dévorant un serpent. On retrouve ces figures sur les côtés des passages latéraux. Sur le deuxième ordre, des niches abritent la Vierge de Guadalupe mexicaine et la *Virgen del Pilar* espagnole. Les réminiscences gothiques sont nombreuses dans les niches inférieures.

Misión de Concá – *Sortir de Jalpan par la route 69 vers Rio Verde. 34 km plus loin, tourner à gauche et continuer sur 1 km par un chemin empierré. Ouvert toute l'année, tous les jours de 7 h à 20 h. ☎ (42) 121-412.* La mission se trouve dans le village du même nom : on y parvient par un pont suspendu au-dessus des rivières

Santa María et Ayutla, dont les eaux ont la particularité d'avoir des couleurs différentes en raison de leur différence de température.
C'est la plus petite des missions. Elle se distingue par son **portail★** rouge vif. Le deuxième ordre est orné de quatre colonnes torses décorées de feuilles de vigne. Entre ces colonnes, dans les niches des arcs en accolade, veillent les statues de saint Louis et saint Roch avec son inséparable chien. On aperçoit en hauteur, foulant le démon aux pieds, l'archange saint Michel victorieux brandissant son épée.

Misión de Landa de Matamoros – *Sortir de Jalpan à l'Est par la route 120 vers Xilitla ; rouler 20 km, puis prendre à gauche et poursuivre sur 300 m par le chemin empierré. Ouvert toute l'année, tous les jours de 7 h à 18 h. ☎ (42) 121-004.* Son **portail★★** ornementé est dédié à Notre-Dame de la Très Pure Conception del Agua de Landa. Le premier ordre présente quatre colonnes estipites qui servent aussi de niches, et un arc en accolade. Les colonnes sont sculptées des figures de San Jacobo de la Marca, San Bernardino de Siena, San Juan de Capistrano et San Alberto de Sarzana, prédicateurs évangélistes du 15e s., modèles des missionnaires et réformateurs de l'ordre franciscain. Sur la porte, on voit deux personnages en train d'écrire : Juan Duns Escoto et Sor María de Agreda, défenseurs de la pureté de la Vierge.
Sur le troisième ordre, on remarquera les médaillons qui présentent des scènes de la vie du Christ : l'entrée dans Jérusalem et la flagellation. Comme à Concá, on aperçoit en hauteur une représentation de l'Archange saint Michel victorieux.

★**Misión de Tilaco** – *Sortir de Landa de Matamoros au Nord-Est par la route 120 vers Xilitla ; 10 km plus loin tourner à droite et parcourir 16 km. Ouvert toute l'année, tous les jours de 7 h à 19 h. ☎ (42) 121-412.* L'atrium d'origine à deux niveaux a conservé ses chapelles de procession, et la croix en fer forgé en son centre. Le troisième ordre du **portail★** encadré de colonnes estipites est remarquable pour son balcon, duquel il semble que saint François d'Assise contemple la **vue** charmante de la vallée. Quatre anges musiciens entourent le saint : l'un joue du violon, l'autre de la guitare et les deux autres chantent en écartant le rideau. Au centre du petit cloître orné d'arcs en plein cintre s'ouvre un puits.

Misión de Tancoyol – *De Tilaco, revenir à la route 120 et poursuivre en direction de Xilitla ; 7 km plus loin, prendre à gauche. 16 km jusqu'à Tancoyol. Ouvert toute l'année, tous les jours de 7 h à 17 h. ☎ (42) 121-004.* Le complexe se trouve au fond d'une vallée fertile entourée de montagnes couvertes d'une abondante végétation. La belle mission consacrée à la Santa Cruz s'élève devant un vaste atrium où l'on voit des vestiges de chapelles de procession et le socle de la croix. Sur le **portail★** on admirera le bas-relief représentant saint François recevant les stigmates ; de l'angle inférieur gauche, le frère León, saisi d'effroi, assiste à la scène. Le troisième ordre comporte une croix élancée dans une niche encadrée par deux anges portant des encensoirs.

EXCURSION

★**Casa del Inglés o Las Pozas** – *1 heure. 83 km. Sortir de Jalpan à l'Est par la route 120. Sans entrer au village de Xilitla, sortir à la hauteur du km 82, passer le pont, tourner à gauche et poursuivre sur 1 km par le chemin de terre. Ouvert toute l'année, tous les jours de 9 h à 18 h. $8. ✗ ☎ (136) 500-82.* Ce jardin d'inspiration surréaliste a été implanté à côté d'une cascade par le poète écossais Edward James (1907-1986), petit-fils du roi Edouard VII, mécène et ami de Salvador Dali, René Magritte, Max Ernst, Luis Buñuel et Pablo Picasso, parmi d'autres. Cette construction au cœur de 30 ha de territoire sauvage a débuté dans les années 60 et est restée inachevée. Cet espace qui évoque les dessins d'Escher consiste en hautes colonnes et en poutres qui ne soutiennent rien, en pans de murs sans toitures et en cages d'escalier en colimaçon.

Zona arqueológica TEOTIHUACÁN★★★

Mexico

Carte des principales curiosités p. 8 – Carte Mexique Central p. 104 (**AY**)

☎ (595) 600-52

Pendant la période classique Teotihuacán a été, sur tous les plans, la ville la plus importante de Mésoamérique. C'est aujourd'hui le plus grand site archéologique du haut plateau mexicain, non seulement pour sa valeur historique, mais aussi pour ses dimensions, ses constructions monumentales et sa planification urbaine remarquable. Teotihuacán est le berceau d'une grande partie de la mythologie mexicaine ; le site sacré où l'on célébrait la rencontre des dieux, du ciel, de la terre et des hommes.

Un peu d'histoire – Teotihuacán naît avec les temps historiques. Sa période de splendeur se situe entre les années 300 avant J.-C. et 600 après J.-C., quand sa culture atteint son apogée et qu'elle jouit de la plus grande influence économique sur tous les peuples de Mésoamérique de la période classique. À cette époque s'élèvent d'innombrables édifices aux caractéristiques différentes ; la ville s'étend sur environ 20 km², elle a autour de 200 000 habitants. Vers l'an 600 elle commence à se dégrader en raison de la surexploitation de ses ressources naturelles, de tensions sociales et d'une crise du pouvoir politique central. On sait qu'entre 600 et 750 a lieu un terrible incendie, au cours duquel la ville est pillée et partiellement détruite.
Après la chute de Teotihuacán (vers 700-750), la région est occupée par des peuples d'origine toltèque, puis finalement par les Aztèques (vers 1325) qui l'utilisent comme centre de prière et de rites religieux jusqu'à l'arrivée des Espagnols. Le nom de Teotihuacán, « lieu des dieux » ou « lieu où les hommes deviennent dieux », lui a été donné par les Aztèques.

SITE ARCHÉOLOGIQUE *1/2 journée. Plan p. 132.*

Km 46 sur la route Mexico-Pirámides (par l'autoroute de Pachuca). Ouvert toute l'année, tous les jours de 7 h à 19 h. $16. ✗ ☎ (595) 600-52. Le site possède cinq entrées. Il est conseillé d'emprunter l'entrée n° 1. Après le vestibule commence sur la gauche la Calzada de los Muertos ; la Ciudadela se dresse en face.

La Ciudadela – Cet ensemble architectonique de 400 m de côté est l'un des plus vastes du site. Croyant qu'il s'agissait d'une construction militaire en raison de sa forme et de sa taille, les Espagnols l'ont appelée « Citadelle ». C'était en fait le siège du gouvernement de Teotihuacán.

Templo de Quetzalcóatl y Tláloc – *Emprunter le corridor situé derrière la première structure.* Ce temple est l'exemple le plus représentatif de la puissance expressive de la sculpture à Teotihuacán. L'arbalétrier du temple est orné de têtes de serpents ; les *taluds*, de serpents à plumes ondulants entourés de conques et de coquillages. Sur les *tableros*, également sur un décor aquatique, des têtes de Quetzalcóatl semblent surgir de collerettes de fleurs à intervalles réguliers ; ils représenteraient la dualité constante entre le matériel et l'immatériel. Tláloc, dieu de la pluie, est représenté comme une figure à grosses lunettes.

Calzada de los Muertos – Cette voie principale courait sur 4 km. Seuls les deux kilomètres qui vont de la citadelle à la place de la Lune ont été explorés à ce jour. Son nom de « Voie des Morts » vient aussi des Aztèques, qui pensaient que les

Brigitta L. House

Temple de Quetzalcóatl et de Tláloc, détail.

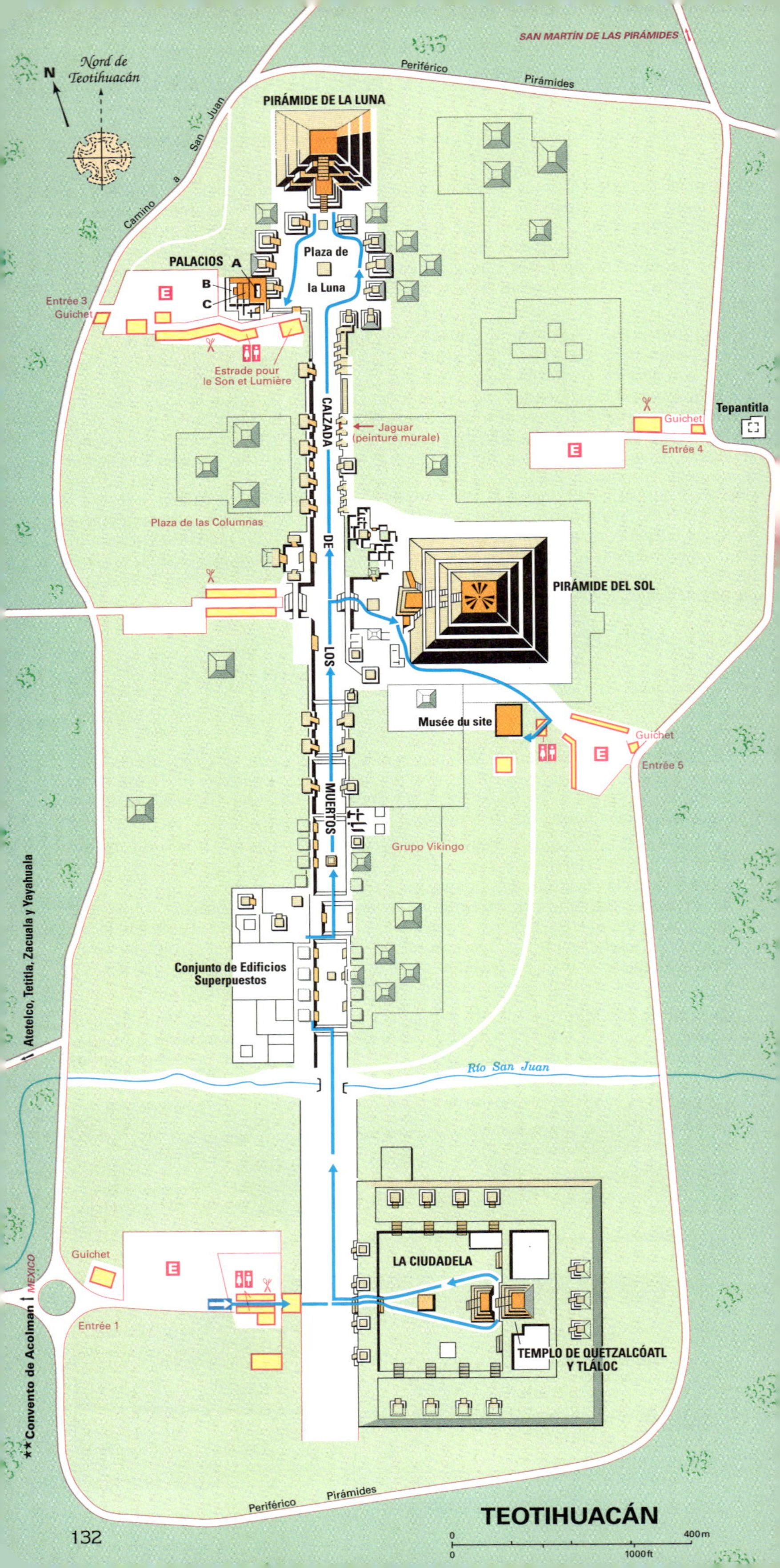
Nord de Teotihuacán
N
SAN MARTÍN DE LAS PIRÁMIDES
Periférico
Pirámides
Camino a San Juan
PIRÁMIDE DE LA LUNA
Plaza de la Luna
PALACIOS
A
B
C
Entrée 3
Guichet
E
Estrade pour le Son et Lumière
CALZADA DE LOS MUERTOS
Jaguar (peinture murale)
Tepantitla
Guichet
Entrée 4
Plaza de las Columnas
PIRÁMIDE DEL SOL
Musée du site
Guichet
Entrée 5
Grupo Vikingo
Conjunto de Edificios Superpuestos
Atetelco, Tetitla, Zacuala y Yayahuala
Río San Juan
LA CIUDADELA
TEMPLO DE QUETZALCÓATL Y TLÁLOC
Guichet
Entrée 1
★★Convento de Acolman
MEXICO
Periférico
Pirámides
TEOTIHUACÁN
0
400m
0
1000ft

édifices le long de l'avenue étaient des tombes. À quelques mètres du départ de la voie, un canal traverse la chaussée. Là coulait à l'origine la rivière qui assurait l'approvisionnement en eau de la ville, suivant un système complexe de distribution souterraine. Ce point marque la frontière entre le Nord et le Sud.

Conjunto de los Edificios Superpuestos – *Côté gauche de la Calzada de los Muertos.* Cet ensemble d'édifices superposés abritait les logements des prêtres. Pour ne pas abîmer la partie supérieure des constructions, on a procédé à leur exploration au moyen de tunnels, qui permettent d'observer la façon dont ont été réalisées les installations du centre cérémoniel à différentes époques. On y voit des vestiges d'escaliers, de dallages et de peintures murales.

Pirámide del Sol – Un des monuments les plus extraordinaires du monde préhispanique, la pyramide du Soleil témoigne des connaissances en astronomie des Téotihuacans. Elle étonne encore aujourd'hui les scientifiques par la précision des calculs employés dans sa construction. La façade du côté de la Calzada de los Muertos s'oriente vers l'Ouest, vers le point précis de l'horizon où le soleil se couche le 19 mai et le 25 juillet, jours où, à midi, le soleil à son zénith se trouve exactement à la verticale du sommet de la pyramide – unissant le centre de la voûte céleste au centre de la terre. Orienté selon la marche du soleil passant par le zénith, le monument fait un angle de 17 degrés avec l'axe Nord-Sud. Toutes les constructions de Teotihuacán suivent l'orientation de la pyramide du Soleil.
L'impressionnant monument mesure 225 m de côté et 65 m de haut. Il est formé de cinq niveaux de *taluds* disposés en étages. La partie supérieure portait certainement un temple. Malgré ses proportions gigantesques, la pyramide forme un ensemble très équilibré.
L'ascension (242 marches) de l'immense escalier en vaut la peine, car on a d'en haut une belle **vue★★** sur le site.

Museo de Sitio – *Côté Sud de la pyramide du Soleil, par la porte 5.* Inauguré en 1994, le bâtiment moderne, œuvre de l'architecte Pedro Ramirez Vázquez, présente une remarquable collection de pièces trouvées sur le site, mais aussi une grande maquette montrant le plan d'urbanisme et la répartition des édifices de Teotihuacán.

Reprendre la Calzada de los Muertos jusqu'à la fin.

Plaza de la Luna – La place est bordée de temples construits symétriquement, formant un ensemble architectonique aux proportions esthétiquement parfaites. Les façades des soubassements présentent toutes le *talud-tablero* typique de Teotihuacán. Cette place était probablement destinée aux cérémonies à caractère privé.

Pirámide de la Luna – *Extrémité Nord de la Calzada de los Muertos.* Le soubassement de la pyramide de la Lune mesure environ 150 m de côté ; elle atteint 42 m de hauteur. Comme elle se trouve sur un site élevé, son sommet et celui de la pyramide du Soleil se retrouvent à même hauteur. Elle compte quatre étages superposés. La façade présente le *talud-tablero* typique, avec un escalier central bordé d'arbalétriers. De la plate-forme supérieure, on admire le dessin parfait de la ville et un beau **paysage** qui ajoute à la splendeur du complexe architectural.

Peter L. Wrenn

Vue de Teotihuacán depuis la pyramide de la Lune

Palacio de Quetzalpapálotl (**A**) – *Angle Sud-Ouest de la Plaza de la Luna.* Ce palais aujourd'hui entièrement reconstruit faisait partie de l'ensemble des habitations des prêtres. Lorsqu'on gravit les marches du côté droit, on aboutit dans une cour carrée, entourée de piliers formant une grande galerie. Les piliers portent des bas-reliefs d'origine, avec des motifs symboliques représentant le quetzal-papillon. Ils étaient à l'origine peints en rouge, avec des morceaux d'obsidienne à la place des yeux. Sur les murs du couloir et à l'intérieur de certaines salles, on aperçoit des restes de peinture murale.

Palacio de los Jaguares (**B**) – *À gauche du palais de Quetzalpapálotl, niveau inférieur.* Le palais des jaguars est formé de portiques qui donnent sur une cour quadrangulaire. Sur un côté de la cour, un escalier conduit au temple. Les murs extérieurs des salles au fond sur la gauche portent des peintures représentant de très grands jaguars coiffés de panaches de plumes. Ils tiennent à la patte une conque marine, dans laquelle ils soufflent ; il en sort les signes pictographiques du son. On reconnaît aussi des glyphes, des symboles de dates et des masques du dieu Tláloc. La plupart des représentations de jaguars ont un rapport avec la pluie et la fertilité.

Templo de los Caracoles Emplumados (**C**) – *Prendre le couloir à droite.* Ce temple a plusieurs façades, mais celle qui lui donne son nom, sur la droite, est superbement ornée de bas-reliefs de coquilles à plumes. Elle est aussi peinte d'oiseaux colorés. Cet ensemble, situé au-dessous du palais de Quetzalpapálotl, en constitue le niveau de construction le plus ancien.

Autres structures

Dans le circuit du site archéologique, on visite d'autres vestiges, qui conservent des restes de peintures murales.

Tepantitla – *Devant la porte 4 ; l'entrée se trouve à environ 100 m du chemin.* On y admire des peintures murales représentant des thèmes variés, en particulier une représentation remarquable des éléments composant Tlalocan, paradis de Tláloc gouverné par ce dieu, que l'on voit en haut de la peinture. Une excellente reproduction de ce mural se trouve au MUSEO NACIONAL DE ANTROPOLOGÍA de Mexico, dans la salle consacrée à Teotihuacán.

Tetitla – *Entre les portes 2 et 3 (suivre les indications).* C'est un labyrinthe d'habitations de prêtres formé de patios et de corridors. Les résidences sont entourées de 120 murs peints de figures de jaguars, serpents, oiseaux et d'éléments aquatiques.

Atetelco – *700 m à l'Est (prendre le sentier en face de la sortie).* Dans une des cours, une petite pyramide reproduit à échelle réduite le modèle des pyramides monumentales. On peut observer à côté d'un des temples qui bordent la cour le travail de restauration des peintures.

Conjuntos de Zacuala y Yayahuala – *Revenir à Tetitla et emprunter le chemin de gauche.* Dans l'ensemble d'habitation de **Zacuala**, on remarquera les représentations de Tláloc. **Yayahuala** est un groupe de chambres dont les murs présentent aussi des vestiges de peintures murales.

EXCURSION

★★ **Convento de Acolman** – *1 heure. Route Mexico-Pirámides, à 9 km du site archéologique en direction de Mexico. Calle de los Agustinos à Acolman. Ouvert toute l'année, du mardi au dimanche de 10 h à 17 h. $10. ☎ (595) 716-44.* Ce couvent augustinien, construit en 1571, conserve sa distribution d'origine, malgré les reconstructions et transformations dont il a fait l'objet au cours des siècles, et les grandes inondations qu'il a subies. C'est l'un des rares exemples de style plateresque au Mexique, où se mêlent quelques traits iconographiques et le travail artisanal des communautés indigènes. À l'intérieur de l'église, le premier pan de mur à gauche de la nef attire l'attention, avec les peintures murales de son retable de style churrigueresque. Au fond, les murs de l'abside portent des peintures représentant des figures ecclésiastiques.

Le **cloître principal** est de style Renaissance. Les colonnes sont décorées de motifs végétaux d'inspiration indigène. Plusieurs murs du couvent ont conservé leurs fresques. On remarquera les encadrements ornés des portes, copiés sur des gravures européennes.

Devant la porte principale de l'atrium, de l'autre côté de la route, se dresse une belle **croix** de facture indienne, portant des symboles de la Passion sculptés en pierre.

Museo Nacional del Virreinato TEPOTZOTLÁN★★★

Mexico

Carte des principales curiosités p. 8 – Carte Mexique Central p. 104 **(AY)**

🅸 Plaza Hidalgo n° 99, Centre. ☎ (5) 876-2771

La petite ville de Tepotzotlán (54 419 habitants) est dominée par la majesté tranquille de l'ensemble architectural de l'**ancien collège de Tepotzotlán** de l'époque des vice-rois, qui abrite le Musée National. Le riche portail de l'église, l'atrium planté d'arbres et l'immense potager montrent la richesse de l'ancien siège des collèges St-Martin et St-François Xavier, dont l'intérieur respire la beauté et le mystère des grands centres religieux.

Un peu d'histoire – Bien que les premiers évangélisateurs de cette bourgade otomi aient été les franciscains, on a confié à la fin du 16e s la paroisse de Tepotzotlán à la Compagnie de Jésus. Elle avait pour mission de catéchiser les fils des caciques indiens (collège San Martin) et de former plus tard de nouvelles générations de jésuites (noviciat San Francisco Javier). En 1591 le noviciat a été transféré à Puebla, mais en 1606 on l'a réinstallé à Tepotzotlán grâce au legs d'un riche marchand, Pedro Ruiz de Ahumada. Outre le bâtiment construit par les Jésuites pour loger les trois collèges (le troisième était destiné à l'apprentissage des langues náhuatl, otomi et mazahua par les membres de l'ordre), ces derniers ont acquis d'importants lots de terres, devenus ensuite de prospères haciendas.
Après l'expulsion des jésuites en 1767, l'édifice a été abandonné plusieurs années, jusqu'à son attribution au clergé séculier pour l'implantation du Real Colegio Seminario de Instrucción Retiro Voluntario y Corrección, appellation qu'il a conservée jusqu'au 19e s. Quelque temps après, les Jésuites ont repris leurs anciennes installations, pour les abandonner définitivement en 1914 en raison des désordres politiques dus à la Révolution mexicaine.

VISITE *1/2 journée*

Sortir au Nord de Mexico par la route de Querétaro : 38 km plus loin prendre à droite l'embranchement vers Tepotzotlán et traverser l'autoroute sur le pont : 3 km jusqu'à la Plaza Hidalgo.

Plaza Hidalgo – Elle réunit l'atrium bordé de haies de l'église San Pedro, et la grande esplanade devant l'**église San Francisco Javier**, avec sa **croix** solitaire en pierre sculptée portant les symboles de la Passion du Christ.

Iglesia de San Francisco Javier – Sa construction a débuté en 1670 et a été entièrement achevée vers le milieu du 18e s. En 1760, le prêtre recteur Pedro Reales a fait remanier le portail, la tour et les retables. La **façade**★★ en pierre sculptée est splendide : elle est considérée comme une des œuvres remarquables du baroque à *estipite* au Mexique. Le jeu des ombres et de la lumière y anime la pierre de différentes tonalités. Sa richesse ornementale et l'iconographie jésuite correspondent aux retables de l'intérieur. La tour est richement ornée de colonnes *estipites* doubles et de ferronneries très élaborées.

★★★ **Museo Nacional del Virreinato** – *En traversant l'atrium arboré, on arrive à l'entrée du musée. Ouvert toute l'année, le mardi de 10 h à 17 h, du mercredi au dimanche de 9 h à 18 h. Fermé le 1er janvier et le 25 décembre. $14. ✗ ☎ (42) 876-0245.* Outre les bâtiments, partie intégrante du musée, celui-ci compte une **collection**★ magnifiquement représentative de l'art de l'époque coloniale. On remarquera les objets en argent, les parures ecclésiastiques, les sculptures, les ivoires et les peintures de religieuses couronnées qui faisaient partie d'une collection particulière léguée au musée. Sur le côté Sud se dresse un grand mirador.

Le cloître des citernes (aljibes) – En entrant dans le musée, le visiteur découvre d'abord ce cloître sobre et enclos, décoré de **peintures**★ de Cristóbal de Villalpando (1649-1714). Elles représentent des scènes de la vie de saint Ignace de Loyola, fondateur de la Compagnie de Jésus. Dans la **cour** centrale on remarquera l'ingénieux jeu des corniches qui, avec leur tracé en pente, assuraient la collecte de l'eau que l'on stockait dans des citernes de grande dimension.

Sacristie – *En bas, sur un côté du cloître des citernes.* Dans la sacristie aux couleurs vives, on remarquera des **œuvres** de Miguel Cabrera, ainsi que la peinture en détrempe des plinthes et auvents décorés d'harmonieux **motifs floraux**.

★★★ **Intérieur de l'église** – *À côté de la sacristie.* Il règne ici une atmosphère solennelle, née de la combinaison de l'or des retables avec la lumière qui tombe des ouvertures de la voûte, du rouge vif des tapis et des couleurs des pilastres. Remarquables pour leur foisonnement et la richesse de leur travail, les onze splendides retables à *estipites* qui revêtent les murs de l'église présentent des sculptures d'une qualité exceptionnelle. Le plus important est dédié à saint François Xavier, patron de l'église. Les murs du chœur portent deux très grands tableaux de Miguel Cabrera, *Allégorie du sang du Christ* et *Patronage de la Compagnie de Jésus par la Vierge*.

Église Saint François Xavier

★★ **Camarín de la Virgen** – *Accès de côté par la chapelle de la Vierge de Lorette, à l'intérieur de l'église.* Merveilleux joyau du baroque mexicain, ce petit espace aux parois entièrement décorées de stucs polychromes allie éléments du baroque et motifs traditionnels indiens, miroirs, cariatides aux traits indigènes et coloris harmonieux. Sur l'un des côtés de la chapelle on voit le **reliquaire de saint Joseph★** et son précieux retable ornementé, que l'on peut admirer au travers d'une porte.

★ **La chapelle auxiliaire** – *Entre le cloître des citernes et le cloître des orangers.* Cette chapelle abrite un retable assez voyant, orné de miroirs, reliques, peintures et petites figures en carton-pâte imitant celles d'origine, qui auraient été en ivoire. L'accès à cette chapelle était réservé aux novices.

Les cuisines – *Rez-de-chaussée, sur un côté de la cour des orangers.* Autour d'une cour rustique traversée d'une singulière rigole s'ouvrent des dépendances, cave, chambre froide, garde-manger et cuisine.

Le cloître des orangers – Destiné autrefois au repos et au loisir des novices, entouré d'une gracieuse arcade, il s'orne d'une agréable fontaine en pierre sculptée parmi de beaux orangers. Il donne sur un vaste potager verdoyant où se dresse un petit oratoire pittoresque.

EXCURSION

★**Arcos del sitio** – *1 heure. Sortir de Tepotzotlán à l'Ouest en direction du Fraccionamiento Cabañas : 26 km jusqu'aux arches de l'aqueduc.* Ce majestueux **aqueduc** du 18e s. atteint presque 60 m de hauteur. Formé de 56 arches sur plusieurs niveaux, il est le plus grand de ce genre en Amérique Latine. Il servait autrefois à amener l'eau à la hacienda de Xalpa, l'une des plus prospères propriétés des jésuites.

TLAXCALA★

Tlaxcala

63 423 habitants

Carte des principales curiosités p. 8 – Carte Mexique Central p. 105 **(BY)**

ℹ Av. Juárez n° 18, angle de Lardizabal ☎ (246) 200-27

Cette agréable ville fondée au 16e s. a conservé son tracé d'origine. Certains des bâtiments qui bordent ses places avenantes et ombragées remontent à cette époque. C'est la capitale de son État, le plus petit du pays, mais l'un des plus riches en histoire, culture, architecture religieuse, artisanat et art culinaire. Son économie très diversifiée se concentre autour des vallées fertiles de Huamantla, où se développe l'agriculture, des régions rurales de Terrenate et Tlaxco, propices à l'élevage de taureaux, et de la région de Santa Ana Chiautempan, où sont traditionnellement implantées des manufactures textiles. Le voisinage de Tlaxcala avec l'État de Puebla explique la présence ici d'éléments stylistiques du baroque de Puebla, qu'on reconnaît dans les superbes façades ouvragées en briques, azulejos et mortier, et dans les stucs sophistiqués à l'intérieur des églises. Le visiteur appréciera le grand nombre de retables baroques de belle facture conservés dans les villages les plus modestes grâce à la dévotion de leurs habitants.

Un peu d'histoire – À l'arrivée des Espagnols, l'ancienne confédération de Tlaxcala se composait de quatre seigneuries : Tepeticpac, Ocotelulco, Quiahuitztlán et Tizatlán, situées au Nord de l'actuelle capitale. Elles se trouvaient en grande rivalité avec MÉXICO TENOCHTITLÁN, ce qui a conduit les Tlaxcaltèques à la conclusion d'une alliance militaire avec les Espagnols, par l'intermédiaire du guerrier **Xicohténcatl**. Après avoir combattu au départ les conquistadores, il a participé ensuite avec ses troupes à la prise de la capitale de l'empire aztèque. Plus tard, à l'occasion de la conquête et de la colonisation du Nord du pays et de l'Amérique centrale, les Tlaxcaltèques ont encore collaboré avec les Espagnols. La ville de Tlaxcala a été fondée le 3 octobre 1525 parce que les conquérants ne trouvaient pas à leur goût les emplacements des anciennes seigneuries. La population s'y est rapidement développée, et, le 22 avril 1535, l'agglomération a reçu de Charles Quint le titre de *Leal Ciudad*, ainsi que ses armoiries.

CENTRE DE LA VILLE *1 journée*

À 115 km de Mexico et à 32 km de Puebla.

★**Plaza de la Constitución** – Autour de cette vaste place ombragée se trouvent les principaux monuments de la ville. On voit au centre un kiosque du milieu du 19e s. en briques, pierre et azulejos de faïence. La fontaine octogonale (1646) est un don de Philippe IV. Les quatre autres fontaines de facture moderne représentent les quatre seigneuries qui gouvernaient l'ancien territoire tlaxcaltèque. La place est entourée de constructions intéressantes comme **les arcades**, où depuis le milieu du 16e s. se regroupaient les commerçants. Aujourd'hui elles abritent des cafés et restaurants qui offrent une vue agréable sur la place.

Palacio de Gobierno – *Côté Nord de la place. Ouvert toute l'année, tous les jours de 8 h à 20 h.* ✂ ☎ *(246) 253-07.* Ce bâtiment a été à l'origine Maison royale et hôtel de ville. Il a été construit vers 1545, et la partie basse de la façade date encore de cette époque. Ses portails en pierre grise sont finement sculptés. Le bâtiment a subi des modifications, et a été partiellement détruit en 1692, lors d'un incendie provoqué par une mutinerie indienne, et en 1711 par un tremblement de terre.
L'intérieur abrite des **peintures murales**★ de Desiderio Hernández Xochitiotzin, artiste contemporain originaire de Tlaxcala. Ces peintures de 1957, qui couvrent environ 450 m², racontent l'histoire du peuple tlaxcaltèque, depuis sa première implantation jusqu'au 19e s.

Palacio de Justicia (ancienne chapelle royale) – *Côté Ouest de la place.* La base du portail baroque (18e s.) recouverte de mortier porte d'intéressants bas-reliefs : l'un montre le blason de Castille et Léon, l'autre l'emblème de la maison d'Autriche avec l'aigle à deux têtes.

Parroquia de San José – *Angle Nord-Ouest de la place, de l'autre côté de la rue. Ouvert toute l'année, tous les jours de 6 h à 20 h.* ☎ *(246) 211-06.* Ancienne cathédrale, cette très grande église toujours peinte de couleurs vives, aux dômes recouverts de mosaïques de faïence, a été construite par étapes entre 1526 et 1864. À l'entrée, on remarque deux bénitiers tout d'une pièce en pierre sculptée. Celui de gauche porte à sa base le blason impérial espagnol. Celui de droite montre une représentation de Camaxtli, dieu de la guerre des anciens Tlaxcaltèques. On admirera sur les murs une série de **retables** du 18e s., et sur le maître-autel une **croix**★ en ébène et ivoire sur un somptueux socle en argent repoussé. À gauche de l'autel s'ouvre une **chapelle de pénitence**★ du 18e s. de style baroque, consacrée à la Vierge de Guadalupe et à la Vierge du Rosaire.

★**Ex convento de San Francisco (ancien couvent franciscain de Notre-Dame-de l'Assomption)** – *Au Sud-Est de la Plaza de la Constitución en traversant la Plaza Xicohténcatl. Ouvert toute l'année, tous les jours de 7 h à 14 h et de 15 h à 20 h, les jours fériés de 6 h à 21 h.* ☎ *(246) 200-27.* Ce couvent du 16e s. a été construit autour d'un grand atrium auquel on accède par deux rampes. Du côté de l'accès Nord se dresse, intacte, une tour qui a dû servir de tour de guet. L'atrium a conservé une capilla posa. D'ici on peut voir les passes exécutées par les matadors sur la belle **Plaza de Toros** du 19e s.

★**Museo Regional de Tlaxcala** – *Ouvert toute l'année, du mardi au dimanche de 10 h à 17 h. $7.* ☎ *(246) 202-62.* L'exposition dans l'ancien cloître du couvent présente les grands traits de l'histoire tlaxcaltèque. Une salle est consacrée aux quatre seigneuries de Tlaxcala, et au métissage. Le musée présente aussi des pièces archéologiques des sites de CACAXTLA-XOCHITÉCATL. À l'étage du cloître, des huiles des 17e et 18e s. ornent une salle consacrée à la conquête spirituelle.

Catedral de Nuestra Señora de la Asunción – *Ouvert toute l'année, tous les jours de 7 h à 20 h.* ☎ *(246) 200-27.* Cette église Renaissance du 16e s. a été transformée au 18e et au 19e s., et élevée au rang de cathédrale de Tlaxcala au 20e s. On admirera le délicat **plafond à caissons** en bois sculpté dans le style mudéjar et la **Capilla de la Tercera Orden**, à gauche du chœur. Au milieu des riches **retables** baroques de cette chapelle, on découvre les fonts baptismaux avec lesquels on a baptisé les quatre seigneuries, et la première chaire de la Nouvelle-Espagne.

★**Capilla Abierta** – *Descendre l'escalier situé devant la façade.* Son dessin particulier en fait l'une des plus originales du monde. Elle a été terminée en 1539. Elle suit un plan hexagonal et présente trois arcs en accolade.

★**Museo de Artes y Tradiciones Populares** – *Av. Emilio Sánchez Piedras n° 1 ; troisième rue à l'Ouest de la Plaza de la Constitución. Ouvert toute l'année, du mardi* *au dimanche de 10 h à 18 h. Fermé le 1er janvier, le 1er mai et le 25 décembre. $6.* ✂ ☎ *(246) 223-37.* La visite de cet intéressant musée est assurée par des Indiens des différentes régions tlaxcaltèques, possédant en commun certains modes de vie et des techniques artisanales. On y présente une habitation otomi typique, des tissus délicats réalisés par les femmes otomis, et les costumes utilisés pour le carnaval dans différents villages tlaxcaltèques. On visite aussi un atelier de tissage où l'on explique les différentes techniques de fabrication du tissu, et un atelier où l'on montre le complexe et délicat travail de production du pulque. La **« pension » du musée** permet de goûter aux spécialités gastronomiques traditionnelles de l'État, préparées et servies par des Indiens de la région.

★★★ SANTUARIO DE LA VIRGEN DE OCOTLÁN

De la Plaza de la Constitución, prendre l'Av. Juárez vers le Nord jusqu'à l'Av. Guridi y Alcocer ; tourner à droite et monter sur 1 km. Ouvert toute l'année, tous les jours de 7 h à 20 h (respecter le culte). ☎ *(246) 210-73.* *Photo p. 138.*

Ce magnifique sanctuaire, élevé au cours des 17e et 18e s., domine le sommet d'une colline d'où l'on a une bonne vue de Tlaxcala. Très représentatif du baroque de Puebla et de Tlaxcala, il a été construit en hommage à la Vierge, apparue, dit-on, en 1541, à l'Indien Juan Diego Bernardino.

La **façade**★ est très haute avec ses tours blanches élancées, recouvertes de mortier finement travaillé comme le beau portail à arc rampant orné de statues de la Vierge, de saint François et d'archanges.

À **l'intérieur**, on voit à la croisée du transept six toiles qui racontent l'apparition de la Vierge d'Ocotlán. On admirera le presbytérium, pris dans les formes ondulantes des extraordinaires **retables**★★ (18e s.) créés par l'Indien **Francisco Miguel Tlayoltehuanitzin**. L'urne centrale abritant l'image de Notre-Dame d' Ocotlán est un beau travail d'orfèvrerie, ainsi que le tabernacle situé à ses pieds, la table de l'autel et les lampes. La **sacristie** abrite six grandes toiles du peintre José Joaquín (18e s.), reprenant la Passion du Christ. Le **camarín**★★ est une pièce octogonale qu'on utilise comme « chambre de la Vierge » lorsqu'on habille la statue à l'occasion des grandes cérémonies. La foisonnante **décoration** baroque des murs et de la voûte, dont la réalisation, à partir de 1715, par Francisco Miguel Tlayoltehuanitzin devait prendre 25 années, entrelace habilement figures d'anges et de saints et motifs végétaux. On admirera aussi une belle série de sept peintures de Juan de Villalobos (18e s.), figurant des scènes de la vie de la Vierge.

Sanctuaire de la Vierge de Ocotlán, intérieur

EXCURSIONS *Carte p. 140*

Zona arqueológica Cacaxtla-Xochitécatl – *3 heures. 19 km à l'Ouest de Tlaxcala. Voir p. 103.*

Tepeyanco et Santa Inés Zacatelco – *2 heures. Circuit complet : 12 km. Sortir de Tlaxcala au Sud par la route 119 vers Puebla. 7 km jusqu'à Tepeyanco.*

Tepeyanco de las Flores – Ce bourg modeste et tranquille (8 672 habitants) est établi dans une petite vallée sur laquelle veillent les ruines majestueuses de l'ancien **couvent franciscain** (16e s.). La chapelle ouverte se trouve à gauche de l'église. L'**église paroissiale St-François** *(ouvert toute l'année, tous les jours de 7 h à 19 h 30 ; ☎ (246) 200-27)* a été élevée au 17e s. au Sud-Ouest du couvent. Sa façade présente les couleurs des églises de Puebla, obtenues par la combinaison d'azulejos, de briques et de mortier. On y voit aussi des statues de saints en céramique. L'intérieur renferme une série de remarquables **retables★** (17e-18e s.), illustrant des scènes de la vie du Christ et de la Vierge.

Santa Inés Zacatelco – *5 km au Sud de Tepeyanco.* Sur la place de cette petite ville commerçante (30574 habitants) se dresse l'intéressante **église paroissiale Santa Inés** *(ouvert toute l'année, tous les jours de 7 h à 19 h ; ☎ (246) 253-07)*, construite au 18e s. sur les ruines de l'édifice d'origine (16e s.) dont on peut encore voir des vestiges sur le côté droit. À l'intérieur, on remarquera sur la gauche le **bénitier** monolithique, et surtout le **retable principal★** monumental (18e s.) dédié à Santa Inés, remarquable pour ses robustes colonnes décorées de peintures représentant les archanges.

La Trinidad et Santa Cruz Tlaxcala – *3 heures. Circuit complet 16 km. Sortir de Tlaxcala à l'Est et prendre la route 117 vers Apizaco. 10 km plus loin prendre l'embranchement à droite. 5,4 km jusqu'à La Trinidad.*

Centro Vacacional IMSS-Trinidad – *Ouvert toute l'année, tous les jours de 9 h à 17 h. $16. ✂ ▤ ⛺ ☎ (246) 107-00 et (01-800) 711-0614.* Ce centre de loisirs occupe les installations d'une ancienne usine textile qui a fonctionné jusqu'en 1967. Les logements des ouvriers ont été transformés en habitations. On peut voir la grande turbine qui alimentait l'usine *(faire ouvrir la porte)*. Le centre possède piscines et terrains de sport, et on peut y louer des chevaux et des quads.

Parroquia de Santa Cruz Tlaxcala – *1 km au Sud du centre IMSS-Trinidad. Ouvert toute l'année, tous les jours de 6 h 30 à 12 h et de 16 h à 19 h. ☎ (246) 200-27.* L'église possède une riche collection de **retables** dorés (17e-18e s..). Celui consacré aux âmes du purgatoire mérite une attention particulière, en raison de la présence d'**Indiens** dans les scènes des cérémonies des morts. À droite du maître-autel on découvre une **peinture★** (17e s.) qui occupe une place à part dans l'art colonial : on y voit Adam et Ève grandeur nature, à demi nus, entourés de médaillons récapitulant les péchés capitaux avec des inscriptions en náhuatl. On remarquera aussi à l'entrée le **bénitier** taillé dans un seul bloc de pierre.

Parroquia de Santa Isabel, Xiloxostla – *1 heure. À 7,5 km de Tlaxcala. Sortir au Sud-Ouest par la rue Independencia et prendre la route 119 vers Puebla. À 3 km du centre de Tlaxcala, après l'église d'Acuitlapilco, prendre l'embranchement à gauche. Traverser le village de Atlahapa. 2,5 km jusqu'à Xiloxostla. Ouvert toute l'année, le vendredi de 17 h à 19 h, le dimanche de 10 h 30 à 12 h, les jours fériés de 8 h à 12 h. ☎ (246) 200-27.* L'**intérieur★** de cette église est un des plus beaux de tout l'État. Les parois de la nef, ainsi que celles de la voûte, sont recouvertes d'un foisonnement de **stucs** (yeserías). Le **retable★★** principal (18e s.) est un extraordinaire exemple du style baroque à colonnes torsadées. La niche centrale abrite un beau **groupe de sculptures** ouvragées représentant la visite de la Vierge à sa cousine Elizabeth (Isabel).

Atlihuetzía et Yauhquemecan – *1/2 journée. Circuit complet 17 km. Sortir de Tlaxcala et prendre la route 117 vers Apizaco. 9 km plus loin prendre l'embranchement à droite en direction de l'hôtel Misión Tlaxcala.*

★**Atlihuetzía** – La belle **cascade** qui a donné son nom au lieu se voit à un kilomètre de cet ancien village, près des bâtiments de l'hôtel Misión Tlaxcala. Atlihuetzía signifie en náhuatl « lieu où tombe l'eau ». Dans le village, le point d'intérêt est l'imposant **bâtiment** de la vieille église du couvent franciscain (16e s.), dont les murs témoignent de trois époques de construction : pierre de taille précolombienne, puis pierre volcanique, et enfin briques. À **l'intérieur**, l'atmosphère que créent les hautes parois à ciel ouvert donne au visiteur une impression de petitesse. Un cimetière occupe l'espace de l'ancien cloître à côté. Au Nord du couvent s'élève la **Parroquia de la Immaculada Concepción★** *(ouvert toute l'année, du lundi au samedi de 16 h à 18 h, le dimanche de 9 h 30 à 11 h ; ☎ (246) 253-07)* qui renferme deux **peintures** (18e-19e s.) racontant le martyre d'enfants tlaxcaltèques, sacrifiés parce qu'ils pratiquaient la religion catholique et avaient brûlé des idoles précolombiennes pendant les premières années de la colonisation (1527-1529). Une importance particulière est accordée à Cristobalito, natif d'Atlihuetzía. L'église abrite aussi une belle collection de **retables★** (17e-18e s.). On remarque celui du centre, orné de délicates sculptures ouvragées et d'une représentation de la Vierge de la Conception d'origine philippine.

Parroquia de San Dionisio, Yauhquemecan – *À partir d'Atlihuetzía, revenir à la route 117 : parcourir 3 km et tourner à droite à l'embranchement de la route 136 vers Calpulalpan ; parcourir 2 km et tourner à droite. 1 km jusqu'à Yauhquemecan. Ouvert toute l'année, du lundi au dimanche de 9 h à 18 h, les jours fériés de 6 h à 20 h.*

☏ *(246) 200-27.* Cette église possède une modeste façade en pierre de taille grise (18ᵉ s.) et une tour élancée au revêtement décoré. Une grande porte en bois sculpté donne accès à l'intérieur, où l'on pourra admirer l'extraordinaire **retable du maître-autel★** (18ᵉ s.) qui recouvre l'abside d'une profusion de motifs végétaux en bois doré et arbore des sculptures ciselées. On remarquera l'ostensoir en argent repoussé qui porte l'image du Christ. Dans la sacristie, peinture de Cayetano Pérez représentant la Cène (18ᵉ s.).

Parque Nacional de la Malinche et Huamantla – *1/2 journée. Circuit complet : 63 km. Sortir au Nord-Ouest de Tlaxcala par la route 117 ; parcourir 11 km et tourner à droite par la route 136 jusqu'à Apizaco (6 km). Traverser Apizaco et continuer vers l'Est par la route 136 en direction de Veracruz ; 13 km plus loin, tourner à droite et parcourir 4 km. À Teacalco, tourner à gauche et continuer 8 km jusqu'au Centro Vacacional Malintzi.*

Parque Nacional de la Malinche – L'accès à cette forêt touffue peuplée d'une grande variété de pins, seule région boisée de l'État, se fait par un chemin qui gravit la pente douce du **volcan de la Malinche** (4461 m). Le chemin passe de nombreuses aires agréables, propices à une journée en plein air, et l'on a d'ici une belle vue de la région d'Apizaco. Au bout du chemin se trouve le **centre de vacances La Malintzi** *(3333 m ; ouvert toute l'année, tous les jours de 9 h à 18 h ; $16 ;* ✗ ▤ ☏ *(246) 240-98)* à partir duquel l'on peut commencer l'ascension du sommet du volcan, moyennant une marche de quatre heures, avec un équipement adapté. On raconte que lorsque la Malinche est morte à Mexico, des notables tlaxcaltèques habitant le quartier de Letrán ont réclamé son corps pour le déposer au sommet de ce volcan.

Huamantla – *Du parc national de la Malinche revenir à la route 136 vers Veracruz. 13 km jusqu'à Huamantla.* Cette ville tranquille (59 122 habitants) à l'agréable place centrale est célèbre pour sa traditionnelle **feria★** du mois d'août. Le 14 août au crépuscule on crée des tapis colorés de copeaux et de fleurs qui couvrent jusqu'à deux kilomètres de rues. À minuit commence la procession qui transporte la Vierge sur ces œuvres d'art éphémères. Nombreux sont les visiteurs qui arrivent à Huamantla pendant ces fêtes pour assister à *l'encierro* des taureaux : entourés de la foule, les taureaux sont conduits dans les rues de la ville jusqu'aux arènes. La **Parroquia de San Luis Obispo** *(angle Nord-Ouest du Jardín Juárez ; ouvert toute l'année, du lundi au samedi de 7 h à 20 h, le dimanche de 6 h à 20 h ; ☏ (246) 202-20)* est un vieil édifice baroque (17ᵉ s.), dont le portail est orné de statues de saints sculptées en onyx. L'intérieur présente trois retables du 18ᵉ s. : celui du maître-autel est remarquable par la finesse de ses sculptures ciselées. Le **Museo Nacional del Títere Rosete Aranda** *(Parque Juárez n° 15 ; ouvert toute l'année, du mardi au dimanche de 10 h à 14 h et de 16 h à 19 h ; $10 ; ☏ 247) 210-33)* a été créé à partir de la collection de marionnettes de la famille Rosete Aranda, qui a réussi à rassembler 5 040 pantins. De 1835 jusqu'au milieu du 20ᵉ s., cette famille s'est consacrée à la représentation des œuvres classiques du théâtre, ainsi qu'aux récits locaux, sur fond de conflits sociaux et de symbolique populaire. On admirera aussi une collection de marionnettes de différentes époques, réalisées par des artistes mexicains et étrangers. Ce musée accueille au mois d'août un festival international de marionnettes.

TOLUCA

Mexico

564 476 habitants

Carte des principales curiosités p. 8 – Carte Mexique Central p. 104 (**AY**)

🅸 Centro de Servicios Administrativos, Av. Urawa n° 100, angle de Paseo Tollocan, Puerta 110, Izcalli Ipiem ☎ (72) 126-048.

Toluca est la ville la plus haute du Mexique. Du District Fédéral, on y accède en à peine 30 mn par une route moderne. Deux étapes intermédiaires sont conseillées sur le trajet, d'abord au parc national La Marquesa (33 km de Mexico) pour déguster des *quesadillas* (pâtisseries au fromage) ; puis à Lerma (16 km plus loin) pour acheter de la crème et du chorizo. Ensuite, la route devient l'avenue Tollocán, périphérique de la ville de Toluca. Toluca, capitale de l'État de Mexico, est considérée aujourd'hui comme un des plus importants centres industriels du pays. On peut visiter dans les environs d'excellents centres d'artisanat.

Un peu d'histoire – À l'époque préhispanique, le territoire est peuplé par les Otomis, les Mazahuas et les Matlatzingas. À la fin de cette période, il passe sous domination aztèque. On trouvera dans tout l'État des vestiges de centres cérémoniels. Le nom de Toluca vient du náhuatl **Toloche** ou **Tolocan**, « là où siège le dieu Tolo », nom attribué par les Aztèques. En 1521, les Espagnols donnent à l'actuelle capitale de l'État le nom de cité de Toluca de San José, et la rattachent au marquisat del Valle. Certains des couvents édifiés ici sous les vice-rois pour l'évangélisation des Indiens sont encore debout. On a également conservé les bâtiments de plusieurs des haciendas destinées à la culture et à l'élevage qui se sont multipliées à cette époque. En 1800, Toluca voit surgir un important mouvement insurrectionnel, la *Conjura de los Machetes* (conjuration des machettes), prémices d'une forte participation populaire dans la lutte pour l'Indépendance. En 1830, Toluca est instaurée capitale de l'État. En 1861, elle prend le nom de Toluca de Lerdo, en l'honneur de Miguel Lerdo de Tejada.

CENTRE HISTORIQUE *1/2 journée*

Plaza Cívica ou des Martyrs – *Délimitée par Miguel Hidalgo, Lerdo de Tejada, Nicolás Bravo et Benito Juárez.* Le 19 octobre 1811, 99 Indiens, prisonniers des insurgés, ont été exécutés ici. La place est encadrée d'édifices qui abritent les grandes institutions : palais du gouvernement, palais de justice, chambre des députés, palais municipal et cathédrale. À l'intérieur, on trouve les vestiges de la façade de l'église Saint François.

Los Portales – *Av. Hidalgo, derrière la cathédrale.* Avec leurs 118 arches datant de 1832, ces arcades figurent parmi les constructions les plus anciennes de la ville. Elles abritent des commerces de spécialités locales comme la charcuterie, les laitages, les pâtes de fruits et la célèbre *mosquito*, boisson faite avec de l'eau de vie et de la liqueur d'orange.

Revenir par Nicolás Bravo (à l'Ouest de Los Portales) jusqu'à Lerdo de Tejada.

★**Museo José María Velasco** – *Av. Lerdo de Tejada Pte. (Ouest) n° 400. Ouvert toute l'année, tous les jours de 10 h à 18 h, les jours fériés de 10 h à 15 h.* ✗ ☎ *(72) 190-041.* Le musée présente une extraordinaire collection du célèbre paysagiste mexicain José María Velasco (1840-1912), élève de Pelegrín Clavé, Eugenio Landesio et Santiago Rebull lors de son séjour à l'Académie des beaux-arts San Carlos. Outre ses peintures, on voit ici quelques dessins de sa période étudiante.

★**Museo Felipe S. Gutiérrez** – *Nicolás Bravo Norte n° 303. Ouvert toute l'année, tous les jours de 10 h à 18 h. Fermé le Vendredi saint, le 1er et le 25 décembre.* ✗ ☎ *(72) 190-041.* Le musée présente une splendide collection de tableaux d'un des grands peintres de genre du 19e s., Felipe Gutiérrez (1824-1904). Celui-ci est né sur le sol mexicain, s'est formé à l'Académie des beaux-arts de San Carlos, et a suivi des études à Rome et à New York. Il est le fondateur de l'Académie de Bogota.

Museo-Taller (musée-atelier) Luis Nishizawa – *Nicolás Bravo Norte. n° 305. Ouvert toute l'année, du mardi au dimanche de 10 h à 18 h, les jours de fête nationale de 10 h à 15 h. Fermé le 1er janvier, le 16 septembre et le 25 décembre.* ☎ *(72) 133-922.* Originaire de l'État de Mexico, Nishizawa est au nombre des grands artistes plasticiens contemporains de renom international. Le musée abrite, avec une magnifique collection de ses tableaux, des ateliers créés par Nishizawa lui-même.

Museo de Bellas Artes – *Santos Degollado Pte. (Ouest) n° 102. Ouvert toute l'année, du mardi au dimanche de 10 h à 18 h. Fermé les jours de fête nationale. $2.* ☎ *(72) 155-329.* Le musée occupe l'ancien couvent de la Purísima Concepción fondé par les Carmélites déchaussées. La collection permanente comporte des œuvres du 16e s. au 18e s. Au rez-de-chaussée, on remarquera un catafalque du 18e s. et quelques tableaux de la même époque, parmi lesquels des toiles de Villalpando et Cabrera. À l'étage se trouvent des œuvres de l'Académie Royale de San Carlos : parmi d'autres, celles de Pelegrín Clavé et Manuel Vilar retiendront l'attention.

À côté du musée se trouve l'**église du Carmel**, un des rares exemples d'architecture coloniale que conserve la ville.

Marcher jusqu'à l'extrémité Est de la place.

★**Cosmovitral et Jardín Botánico** – *Av. Lerdo de Tejada, angle de Juárez. Ouvert toute l'année, du mardi au dimanche de 9 h à 17 h. $5. ☏ (72) 146-785.* La grande structure métallique Art nouveau (1909) qui couvrait autrefois un marché donne maintenant un cadre au plus grand vitrail du monde (3 000 m²). Réalisé entre 1978 et 1980 par l'artiste mexicain Leopoldo Flores, il rassemble 71 éléments de 28 couleurs différentes, dans lesquels l'auteur traite le thème de la dualité universelle. Le jardin botanique abrite 450 espèces de plantes.

★★CENTRE CULTUREL MEXICAIN *1/2 journée*

Ancienne hacienda La Pila. Route de San Buenaventura, à 8 km du centre. Prendre l'avenue Las Torres Solidaridad vers l'Ouest et, à Reyes Heroles, l'embranchement de gauche. Ouvert toute l'année, du mardi au dimanche de 10 h à 18 h. Les jours de fête nationale de 10 h à 15 h. $10 le laissez-passer ; $5 chaque musée. ☏ (72) 741-262.

Cet important complexe culturel recouvre l'immense domaine occupé autrefois par l'hacienda La Pila. Les anciens bâtiments partagent le terrain avec des constructions modernes, formant un ensemble de différents espaces où l'on sauvegarde un patrimoine culturel de première importance.

Museo de Arte Moderno – *Premier bâtiment à gauche*. Cette structure, qui devait à l'origine être un planétarium, a été réaménagée en 1987 pour accueillir une remarquable exposition de peinture mexicaine. Dans le hall d'entrée, Luis Nishizawa a réalisé un mural en pierre de lave. Les **collections**★ permanentes regroupent des œuvres de peintres contemporains reconnus, Tamayo, Zalce, Mérida, Montenegro, Orozco et Toledo parmi de nombreux autres.

Museo de Culturas Populares – *Deuxième bâtiment à droite*. Dans le bâtiment d'origine de l'hacienda, on découvre un éventail de l'artisanat de l'État illustrant de façon très complète la vie locale. L'ancienne grange en bois de la cour intérieure renferme la reconstitution d'une **pulqueria** typique. La dernière salle est consacrée au cavalier mexicain ; on lit sur les murs des dictons populaires sur ce thème. La visite se termine dans l'ancien patio de las Palomas, qui a conservé ses pigeonniers.

Museo de Antropología e Historia del Estado de México – *Dernier bâtiment au fond*. Une enfilade rapide de cinq salles particulièrement conçues pour les enfants présente les caractéristiques géographiques et les faits marquants de l'histoire de l'État, des temps préhispaniques jusqu'à l'époque moderne. Dans la salle d'archéologie, on remarque une **sculpture** d'Ehécatl, dieu du vent, trouvée à Calixtlahuaca, et un **tambour** cérémoniel provenant de Malinalco.
Au centre se trouvent la bibliothèque publique et les archives de l'État. Le musée d'Anthropologie et d'Histoire ainsi que la bibliothèque sont l'œuvre de l'architecte mexicain Pedro Ramírez Vázquez. Dans le hall de la bibliothèque on voit un intéressant mural en terre décoré d'émaux avec des motifs préhispaniques, œuvre de Nishizawa.

EXCURSIONS *Carte p. 143*

Metepec et parc zoologique de Zacango – *1/2 journée. Circuit complet 15 km. Prendre la route 55 vers Ixtapan de la Sal à 8 km de Toluca. Service de transport public.*

Metepec – Au centre de cette ville (178 096 habitants) qui a pour grande tradition la poterie artisanale se trouve un ancien **couvent franciscain** du 16ᵉ s. Lorsqu'on s'aventure dans les rues étroites, dont beaucoup ont leur nom inscrit sur de pittoresques plaques en terre, on découvre les ateliers familiaux où les potiers, talentueux et créatifs, travaillent et vendent leurs créations *(demander la rue Altamirano)*. Metepec est le berceau des pièces en terre cuite les plus connues du Mexique, comme les **arbres de vie** et les marmites à *mole*. Le lundi, jour de marché, la place centrale où s'amoncellent toutes sortes de marchandises se couvre de couleurs. Durant le mois d'octobre, Metepec accueille le Festival international des Chimères, qui regroupe différentes manifestations artistiques et culturelles.

Zoológico de Zacango – *De Metepec, poursuivre pour 7 km sur la route 55 ; prendre l'embranchement vers le parc zoologique. Service de transport public. Ouvert toute l'année, tous les jours de 10 h à 17 h. $12. ✗ ☏ (729) 806-31.* Sur un domaine occupé autrefois par une des grandes fermes de l'époque de la Révolution, le parc zoologique couvre 34 ha et rassemble environ 1 500 animaux de 205 espèces venant du monde entier. On y visite un musée qui recrée l'habitat naturel de certains des pensionnaires, un centre éducatif interactif et une aire de jeux appelée Cri-cri, en l'honneur d'un célèbre compositeur mexicain de chansons pour enfants, Francisco Gabilondo Soler. Les animateurs organisent diverses activités pour les enfants durant la journée.

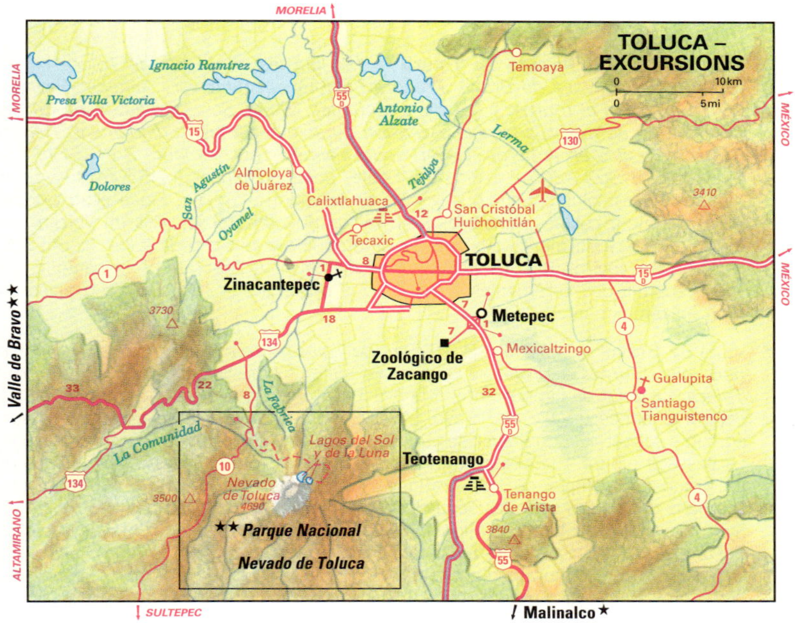

Zona arqueológica Teotenango – *1 heure. Prendre la route 55 vers Ixtapan de la Sal. 25 km au Sud jusqu'au village de Tenango del Valle (ou de Arista). Ouvert toute l'année, du mardi au dimanche de 9 h à 17 h. Les jours fériés (le 5 février, le 2 et le 21 mars, le 1er et le 5 mai, le 16 septembre, le 2 et le 20 novembre) de 10 h à 15 h. Fermé le 1er janvier et le 25 décembre. $6. ☎ (714) 413-44.* Sur la colline **Tetépetl**, « de pierre », cette implantation d'origine matlatzinga s'est développée entre 900 et 1200 et a été conquise peu après par les Aztèques. Teotenango, « lieu de la muraille sacrée ou divine », doit son nom à la muraille édifiée côté Ouest ; de 2 km de long, elle fait à certains endroits 10 m de haut. Le **musée archéologique de l'État de Mexico Dr. Román Piña Chán** présente une collection complète d'objets précolombiens provenant de toute la vallée de Toluca et de celle de Mexico.

La **Plaza del Jaguar** est une esplanade servant d'entrée au centre cérémoniel. Elle doit son nom au bas-relief qui se trouve sur la gauche, au milieu de l'escalier. Le bas-relief du **monolithe du Jaguar** représente cet animal en train de dévorer, soit une fleur, soit un cœur humain, allégorie symbolisant une éclipse : l'animal représente la terre ou la lune, et la fleur (ou le cœur) le soleil. Le **Temascal** *(poursuivre la montée à partir du monolithe du Jaguar jusqu'à la place, et emprunter le chemin qui monte à droite)* est une sorte de bain de vapeur qu'on utilisait à des fins curatives et rituelles. On est presque sûr que ces thermes possédaient un toit de bois et des murs de brique. Le bâtiment est entouré d'une série de structures rectangulaires, autrefois des habitations. Le terrain étroit et en contrebas du **jeu de balle** suit la forme d'un « I » ; il mesure 53,10 m de long. On voit au milieu les anneaux en pierre par où devait passer la balle. La **plate-forme du serpent** *(traverser le jeu de balle, gravir l'esplanade et tourner à droite)*, structure de 120 m de long, doit son nom au serpent sculpté à l'un des angles de son socle. La partie supérieure porte un autel. En poursuivant jusqu'à l'extrémité du site, on débouche sur la **Calle de la Rana** (grenouille), marquée d'une grenouille en pierre. À côté de la plate-forme du serpent s'ouvre la Plaza del Durazno.

★**Zona arqueológica Malinalco** – *1/2 journée. 64 km au Sud de Toluca. Prendre la route 55D vers Ixtapan de la Sal et à Tenancingo tourner à gauche. 14 km jusqu'au site.* *Voir p. 113*.

Ex convento de Zinacantepec (musée de l'époque coloniale) – *1/2 journée. 8 km à l'Ouest de Toluca par la route 15 vers Valle de Bravo. Ouvert toute l'année, du mardi au samedi de 10 h à 16 h, le dimanche et les jours fériés de 10 h à 15 h. Fermé le 1er janvier, le 5 février, le 1er mai et le 25 décembre. $2. ☎ (714) 182-593.* Construction franciscaine de la fin du 16e s. Les arcades qui donnent accès au couvent conservent un dessin de retable du 17e s. On remarquera sur les côtés plusieurs fresques illustrant des scènes de la vie de saint François. Dans le baptistère, le monolithe des **fonts baptismaux**★ du 16e s. présente un travail de la pierre qui associe l'iconographie indigène et des éléments de style européen. À l'intérieur, on admirera une peinture à l'huile représentant saint Jean-Baptiste (18e s.). Le musée recrée le style de vie monastique d'autrefois, respectant autant que possible l'utilisation d'origine des salles. Certains murs gardent la trace d'anciennes fresques.

★★Parque Nacional Nevado de Toluca – *1/2 journée. À 44 km de Toluca par la route 130 vers Valle de Bravo. Prendre l'embranchement vers Sultepec-Nevado. Continuer 8 km et tourner à gauche ; continuer 18 km. Service d'autocars. En cas de neige ou de mauvais temps, ascension du sommet à pied uniquement. Hébergement possible en auberge. Ouvert toute l'année, tous les jours 24 h/24 h. $5. ☎ (01-800) 903-9200.* Le Pico del Fraile, point culminant à 4630m du volcan Xinantécatl, est plus connu sous le nom de Nevado de Toluca. Xinantécatl signifie « lieu des neuf collines enneigées » en raison du nombre des pics du volcan. Au fond du cratère dorment deux lacs, le lac du Soleil et le lac de la Lune. Ils ont respectivement environ 400 m et 200 m de diamètre. À l'époque préhispanique, on y procédait à des cérémonies rituelles ; les offrandes et récipients retrouvés au fond en témoignent.

★★Valle de Bravo – *1 journée. À 107 km de Toluca. Prendre la route 130 ; 40 km plus loin, tourner à droite et poursuivre sur 33 km. Service d'autocars depuis Toluca.* En dépit de l'importante infrastructure touristique développée au cours des dernières années, Valle de Bravo (47 502 habitants) a réussi à conserver son agréable cachet rustique, avec ses toitures de tuiles rouges et ses rues empierrées. Le paysage ajoute à la beauté de l'endroit avec ses forêts, cascades et rivières et un grand lac artificiel où l'on pratique la pêche, la voile et le ski nautique. Les sommets de collines sont des départs de parapente. Le lac faisait partie du système hydroélectrique du barrage Miguel Alemán. Il appartient aujourd'hui au système Cutzamala qui approvisionne le District Fédéral en eau potable.
Vers le Nord on rencontre d'autres barrages plus petits, Tiloxtoc et Colorines. Au Sud s'étend Avándaro, une enclave luxueuse avec un club de golf.

Zona arqueológica TULA

Hidalgo

Carte des principales curiosités p. 8 – Carte Mexique Central p. 104 (**AX**)

ℹ ☎ (773) 207-05

Sur une plaine calcaire aride peuplée de magueys, nopals et nombreuses cactées, s'alignent les vestiges de la capitale toltèque, grande héritière du savoir et des traditions de la légendaire Teotihuacán, qui a affronté l'aridité de cette région avec son puissant gouvernement théocratique militaire. Tula a repoussé ses frontières, imposant aux peuples vaincus le paiement de coûteux tributs et le pénible travail de l'extraction de l'obsidienne, verre volcanique employé à la fabrication de couteaux, de pointes de lance et autres outils.

Un peu d'histoire

Au débuts du 10e s., les habitants de cette région ont été gouvernés par un fameux roi-prêtre, Ce Ácatl Topiltzin Quetzalcóatl. La légende raconte que ce héros toltèque était le fils de Chimalma, déesse de la terre, et de Mixcóatl, dieu céleste ; il portait aussi le nom d'un des principaux dieux, le serpent à plumes (Quetzalcóatl). Il a conféré à la guerre un caractère sacré ; il a aboli les sacrifices humains pratiqués dans le culte aux dieux. Cela a donné naissance à un climat de tensions permanentes, aboutissant à un affrontement fatal avec des groupes semi-nomades voisins venus du Nord. Ces derniers, après avoir incendié temples et palais, ont contraint les Toltèques à émigrer en 1184 vers le Sud.
À ce que raconte la légende, un représentant de Tezcatlipoca, dieu de la guerre, aurait éprouvé Ce Ácatl Topiltzin, prêtre de Quetzalcóatl : par la ruse et la tentation, il serait parvenu à l'enivrer de pulque, et lui aurait fait commettre un inceste. Accablé de honte, Quetzalcóatl aurait quitté Tula en 999 pour s'exiler en terre maya.
La culture toltèque a profondément influencé la vie mésoaméricaine durant la période postclassique. Quand on sait l'influence exercée sur CHICHÉN-ITZÁ par la civilisation toltèque à dater de « l'exil de Quetzacóatl », et l'admiration qu'elle suscitait toujours chez les Aztèques des siècles plus tard, on imagine que ceux-ci soient arrivés à confondre l'arrivée d'Hernán Cortés avec le retour du Quetzalcóatl toltèque.

SITE ARCHÉOLOGIQUE *1 heure et 1/2*

100 km à l'Ouest de Pachuca via Ajacuba. À 98 km du District Fédéral. Prendre la sortie vers Querétaro ; au km 69.5 de l'autoroute 57D tourner à droite vers Tepeji del Rio et continuer 25 km jusqu'à Tula. Ouvert toute l'année, tous les jours de 9 h 30 à 16 h 30. $14. ☎ (773) 207-05.

Museo – Ce bâtiment moderne rassemble les **céramiques** et **sculptures** retrouvées sur le site. On remarquera la statue du Chac-mool, figure semi-allongée tenant un récipient dans les mains pour le dépôt des offrandes. *Poursuivre par le couloir.*

Atlantes

Coatepantli – C'est un fragment du mur qui protégeait le centre cérémoniel. Sa décoration est semblable sur les deux faces ; il est couronné de créneaux en forme de coquilles tronquées, symboles de Quetzalcóatl dans sa représentation de la planète Vénus. La frise centrale montre des serpents à sonnettes dévorant des squelettes humains. Des murailles de ce type ont été élevées autour des villes aztèques.

Templo de Tlahuizcalpantecuhtli – Juste après le mur se dresse cette pyramide à cinq corps, dont les pierres en saillie servaient à soutenir les dalles ornementales. On peut encore apercevoir ces dalles au premier niveau, côtés Nord et Est. Elles présentent des bas-reliefs de vautours et d'aigles dévorant des cœurs humains, et des processions de jaguars et de coyotes. Ces figures mystiques alternent avec d'autres, qui représentent la planète Vénus, une des formes prises par Quetzalcóatl, et à laquelle l'édifice était consacré. Au sommet de la pyramide se dressent quatre monumentales colonnes en forme de guerriers, ou **atlantes★**. Celle à l'extrémité gauche est une reproduction ; l'original se trouve au MUSEO NACIONAL DE ANTROPOLOGÍA de Mexico. Chacune de ces colonnes se compose de quatre blocs de pierre de taille emboîtés et chevillés, et pèse 8,5 tonnes. Les atlantes arborent un panache, un pectoral en forme de papillon, un propulseur à la main droite, une bourse à onguents à la main gauche et, au dos, une grande broche circulaire où figure un soleil. Du sommet du site, la **vue** couvre les collines et plaines des environs. Occupées autrefois par 85 000 Toltèques, elles sont aujourd'hui envahies par les hautes cheminées des raffineries de pétrole.

Palacio Quemado – *À gauche du temple.* Ce « palais incendié » aligne une série de corridors avec de nombreux piliers, qui supportaient autrefois les toitures faites de matériaux périssables. Contre les murs restent quelques vestiges de banquettes, avec des processions de guerriers sculptées en relief. Ces salles servaient probablement de lieux de réunion aux conseillers, ou bien accueillaient les marchés bruyants où les commerçants apportaient coton, cacao, coûteux fruits de mer et coquillages apportés de la côte, ainsi que fruits et onguents des régions plus froides. Le Chac-mool exposé dans le musée a été trouvé dans ce bâtiment.

Templo del Sol – *Devant la place centrale.* À l'origine il était décoré avec des dalles sculptées en bas-relief, comme celui symbolisant la planète Vénus. Il semble qu'il ait été la principale construction religieuse, et qu'il ait été détruit délibérément à l'époque préhispanique. On pense aussi qu'il y avait des atlantes à son sommet. Près de l'escalier on aperçoit les ruines d'une construction datant de l'occupation aztèque.
Au milieu de la place centrale se trouve un sanctuaire semblable à celui du Temple des Aigles à CHICHEN ITZA.

Les sites les plus importants sélectionnés dans ce guide sont mis en évidence :
– sur la carte des principales curiosités ;
– par le descriptif des villes et curiosités.
Mais l'examen des cartes, plans et schémas,
le dépouillement du chapitre Principales manifestations,
la consultation de l'index et la lecture de l'introduction
donneront un surcroît d'intérêt à votre voyage.

Zona arqueológica XOCHICALCO★★

Morelos

Carte des principales curiosités p. 8 – Carte Mexique Central p. 104 (AY)

℡ (73) 125-955

Un centre civil et religieux s'est développé ici entre les années 700 et 900 sur la colline Xochicalco, qui signifie en náhuatl « lieu de la maison des fleurs ». Pour s'y implanter, les Xochicalcas ont modifié l'inclinaison du terrain en construisant des terrasses. On pense que la ville avait un caractère défensif, non seulement à cause de la muraille qui l'entourait, mais aussi en raison des escaliers, rampes, tranchées et fossés distribués stratégiquement à l'intérieur, et dont l'objet était la sécurité et le contrôle des habitants. L'abandon du site est dû à un incendie, provoqué par une rébellion interne.

SITE ARCHÉOLOGIQUE *1/2 journée*

Autoroute du Soleil vers Acapulco, à 38 km de Cuernavaca. Service d'autocars. Ouvert toute l'année, tous les jours de 10 h à 17 h. $14. ℡ (73) 125-955.

La partie basse de l'ancienne ville était ouverte à tous. La partie haute était réservée aux rangs élevés de la hiérarchie. Dans les deux parties, les traits architecturaux et culturels laissent clairement apparaître la rencontre des styles téotihuacan, zapotèque et maya.

Museo de sitio – Le musée recrée l'histoire du site, et chacune des six salles montre un aspect différent de la vie quotidienne de la société xochicalca. On remarquera dans la salle 2 le *Señor de Rojo* (monsieur en rouge), une représentation du dieu du Soleil ; et dans la salle 5 l'anneau du jeu de balle Est, dont les sculptures d'aras et de chauves-souris symbolisent le jour et la nuit. Le fonctionnement du bâtiment s'appuie entièrement sur la nature. L'éclairage est dû à la lumière du jour ; la distribution d'eau se fait à l'aide d'une citerne qui recueille l'eau de pluie ; son architecture permet le passage de l'air sans qu'il y ait besoin de climatisation artificielle.

Plaza de la Estela de los Dos Glifos – Ouverte aux citoyens, cette place avait un caractère populaire. Dans le sanctuaire, en son centre, se trouve une stèle portant deux glyphes en relief indiquant la date (« 10 roseau » et « 9 œil de reptile »).

Continuer par le chemin à droite de la grande pyramide, au Nord de la place.

Rampa de Animales – *Au sommet, prendre à droite.* Unique en Mésoamérique, cette rampe compte aujourd'hui 255 dalles, chacune gravée d'une figure d'animal.

Juego de Pelota Este – Chaque jeu de balle donnait lieu à des rituels différents. La cérémonie consacrée au jour et à la nuit avait lieu ici, comme le montre l'anneau exposé dans le musée du site. Plus loin se trouve le **Juego de Pelota Norte**, dédié à la pluie et à la sécheresse.

Descendre les escaliers et continuer à gauche. Au bout du chemin, tourner à gauche.

Observatorio – *Il faut être accompagné d'un guide, ou équipé d'une lampe.* Cette grotte artificielle servait d'observatoire solaire. Le couloir intérieur de gauche conduit à une chambre éclairée d'une ouverture hexagonale. Du 30 avril au 15 août, les rayons du soleil pénètrent à midi au travers de l'hexagone, qui se réfléchit sur le sol. (Les meilleures dates d'observation du phénomène sont les 14/15 mai et les 28/29 juillet).

Remonter l'escalier et continuer tout droit.

Cisterna – Les grandes dimensions de la ville exigeaient un système de distribution d'eau complexe. Cette citerne emmagasinait l'eau de pluie. Quand on la libérait, l'eau coulait par un système de déversoirs dans d'autres citernes.

Temascal – Les quatre piliers de ce bain de vapeur soutenaient un toit plat. Le couloir mène à une cuve qui contenait l'eau avec laquelle on arrosait les pierres préalablement chauffées sur place pour produire de la vapeur.

Monter les escaliers du côté gauche

Plaza principal – Cette esplanade de 13 000 m^2 était une zone réservée, entourée des bâtiments politiques, militaires et religieux. On accède par son côté Ouest au lieu où résidaient les gouvernants, **l'acropole**, qui offre une **vue★** superbe.

Pirámide de la Serpiente Emplumada – Monument le plus admirable de Xochicalco, la pyramide du serpent à plumes est formée d'un soubassement composé à la fois d'un *talud* et d'un *tablero*, couronné d'une corniche portant une frise de coquilles tronquées. L'**ornementation★** du *talud* alterne huit serpents à plumes, plusieurs personnages aux traits mayas, et la répétition du glyphe « 9 œil de reptile » avec un symbole du feu nouveau (début de cycle calendaire). Sur la partie supérieure se dresse un petit temple. Au Sud de la place on voit la **pyramide des stèles**, résidence du haut commandement. On y a découvert trois stèles gravées.

À l'extrémité de la place, descendre par le côté droit.

Escaliers et portiques – Ces constructions servaient à canaliser le passage vers la place principale. Les arbalétriers des escaliers sont décorés. Les rangées de piliers appartenaient aux portiques qui servaient de barrières.
De la **place des deux glyphes**, on voit le jeu de balle Sud, l'ensemble architectural dit de la Malinche, composé d'un édifice à plusieurs chambres et d'un *temascal*, et la lagune del Rodeo.

Région 3

CENTRE-OUEST

Pays de la tequila, des mariachis et des plages, pays huichole

Artisanat et gastronomie, p. 46-47

La riche palette de ses écosystèmes qui vont de la forêt tempérée à la zone semi-aride fait du Centre-Ouest mexicain une région fascinante à découvrir.

Le mélange des races indienne et espagnole est manifeste dans cette partie du pays, dont les traditions populaires sont très représentatives de l'image qu'on se fait du Mexique à l'étranger : le Jalisco, sa tequila, ses rancheras et ses mariachis ; le Guanajuato et ses jolies villes coloniales, nées de la richesse des mines d'argent qui en font un des plus importants centres producteurs ; l'Aguascalientes et son industrie textile réputée au Mexique. Tous ces États sont remarquables aussi pour l'extraordinaire ferveur religieuse qui s'exprime dans leurs fêtes et leurs costumes.

Les États du Jalisco, du Nayarit et du Colima ont en commun la beauté enchanteresse de leurs plages sur le Pacifique. Ils possèdent de grands complexes touristiques qui exploitent les ressources de la nature pour le plaisir des visiteurs. La présence des cultures indiennes de l'Ouest y est très sensible : le Colima est connu pour ses petits chiens danseurs en terre cuite, et le Jalisco pour ses figurines de femmes, symboles de fertilité. Le Nayarit est le berceau des couleurs éclatantes des Indiens **huicholes** : éloignés de la civilisation dans les hauteurs de la sierra, ils conservent leurs traditions ancestrales et tissent leur vie dans les **« yeux de dieu »** colorés, tableaux en fils inspirés de leurs croyances et de leurs mythes.

Tout ceci fait de cette région une vitrine de couleurs et de fêtes pour la fabuleuse mosaïque de cultures qui compose ce merveilleux pays.

© Robert Frerck/Odyssey

La ville de Guanajuato

AGUASCALIENTES★

Aguascalientes
582 827 habitants
Carte des principales curiosités p. 7 – Plan p. 151
Palacio de Gobierno ☏ (49) 151-155

Le nom de l'État et de sa capitale vient des sources d'eaux thermales qui jaillissent dans cette petite région du Mexique, autrefois habitée par des tribus chichimèques. Peu après l'arrivée des Espagnols et le début des expéditions vers le Nord, on fonde, le 22 octobre 1575, la ville Nuestra Señora de la Asunción de Aguas Calientes, appartenant au territoire de la Nouvelle-Galice.
Outre son effervescence culturelle et son activité textile, Aguascalientes est célèbre pour ses spectaculaires **couchers de soleil**. L'événement le plus important de l'année est la **feria nationale de San Marcos** *(voir photo plus loin)*, la plus ancienne du Mexique, célébrée aux mois d'avril et de mai depuis 1604. La fête comprend des rodéos et des corridas, des feux d'artifice, des jeux de hasard et diverses manifestations culturelles.

★PLAZA DE LA PATRIA ET ENVIRONS *1 journée et 1/2*

Catedral Basílica de Nuestra Señora de la Asunción – *Côté Ouest de la Plaza de la Patria. Ouvert toute l'année, tous les jours de 7 h à 14 h et de 17 h à 21 h. ☏ (49) 165-228.* L'une des églises les plus anciennes de la ville, elle a été élevée en 1899 au rang de cathédrale. Sa façade en pierre rose de style baroque salomonique présente quatre statues de saints de l'Église romaine portant des mitres : saint Grégoire le Grand, saint Ambroise de Milan, saint Augustin et saint Jérôme. À l'**intérieur** de la basilique, on découvre la **chapelle du sagrario**, avec son bel autel allemand du 19e s. Les murs portent des peintures de Miguel Cabrera, Andrés López, Juan Correa et José de Alcibar.

Exedra (**1**) – *Point central de la Plaza de la Patria.* Ce monument construit en 1808 en l'honneur de Charles IV prend la forme d'une colonne ionique entourée d'une balustrade en pierre rose. Elle supporte aujourd'hui une statue en bronze d'un aigle dévorant un serpent, œuvre de Jésus Contreras.

★**Palacio de Gobierno** – *Côté Sud de la Plaza de la Patria. Ouvert toute l'année, du lundi au vendredi de 8 h à 21 h, samedi, dimanche et jours fériés de 8 h à 18 h. ☏ (49) 151-155.* Cette grande maison seigneuriale du 17e s. a appartenu au titulaire du majorat de Ciénega del Rincón. Sa très belle façade surprend par le contraste entre son revêtement rouge en tezontle et la pierre rose de ses balcons sculptés. L'intérieur entoure de 111 arcades deux cours que sépare un **escalier** monumental. Les bureaux du gouvernement de l'État sont ici depuis 1856. Aux deux niveaux, on découvre des **peintures murales** du Chilien Osvaldo Barra Cunningham, qui illustrent l'histoire de Aguascalientes et des scènes traditionnelles de la feria San Marcos.

Corrida à la feria nationale de San Marcos

Museo Regional de Historia – *V. Carranza n° 118, à l'Ouest de la Plaza de la Patria. Ouvert toute l'année, du lundi au samedi de 10 h à 14 h et de 17 h à 20 h 30. $10. ☎ (49) 155-228.* Logé dans une agréable maison du début du siècle construite par le célèbre architecte Refugio Reyes Rivas, le musée se consacre à l'histoire et à la géographie d'Aguascalientes. Une des salles est dédiée à un artiste très cher au cœur des habitants d'Aguascalientes, le musicien Manuel M. Ponce.

★**Jardín de San Marcos** – *À la sortie de V. Carranza, à l'Ouest de la Plaza de la Patria.* Entouré d'une très belle balustrade avec, aux quatre points cardinaux, des arches qui accueillent le promeneur, ce jardin paisible est le lieu de détente préféré des habitants de la ville.

Templo de San Marcos – *À côté du jardin San Marcos, à l'Ouest de la Plaza de la Patria. Ouvert toute l'année, du lundi au vendredi de 7 h à 14 h et de 16 h à 21 h, le samedi et le dimanche de 7 h à 21 h. ☎ (49) 155-287.* Cette construction du 18e s. ornée d'un modeste portail a été bâtie par les Indiens tlaxcaltèques qui habitaient autrefois la région. La sacristie abrite un superbe tableau de José de Alcíbar (1751-1800), l'Adoration des Rois Mages.

Santuario de Nuestra Señora de Guadalupe – *Guadalupe n° 213, Centre. Ouvert toute l'année, tous les jours de 7 h à 13 h 30 et de 17 h à 21 h. ☎ (49) 155-033.* La façade baroque exubérante de cette église du 18e s. cache une décoration intérieure de même style en pierre rose.

★**Museo de Aguascalientes (ancienne école normale de l'État)** – *Zaragoza n° 505, Centre. Ouvert toute l'année, du mardi au dimanche de 11 h à 18 h. Fermé les jours de fête nationale. $5. ☎ (49) 186-901.* Refugio Reyes Rivas a conçu au début du 20e s. ce palais néoclassique à la façade en pierre rose, aux colonnes doriques et aux chapiteaux ioniques. C'est l'endroit parfait pour se familiariser avec l'œuvre des grands peintres de l'État, et d'autres artistes mexicains qui ont beaucoup influencé le mouvement moderniste entre 1910 et 1950 au Mexique. L'œuvre de **Saturnino Herrán** mérite une attention particulière pour ses scènes de genre imprégnées d'un fort sentiment national.

★**Templo de San Antonio** – *Pedro Parga, angle de Zaragoza. Ouvert toute l'année, tous les jours de 6 h 30 à 13 h et de 18 h 30 à 20 h 30. ☎ (49) 152-898.* Entreprise à la fin du 19e s. et achevée en 1908, c'est l'œuvre architecturale la plus caractéristique de l'autodidacte Refugio Reyes Rivas. L'église met en valeur son environnement urbain, avec l'association inhabituelle de différentes formes architecturales en pierre rose ou jaune. L'**intérieur** de l'édifice en forme de croix latine surprend par ses couleurs. Le transept est couvert d'une superbe coupole à doubles vitraux. De très grands médaillons illustrant les miracles de saint Antoine, peints par Candelario Rivas, décorent admirablement les murs.

Museo de Arte Contemporáneo – *Juan de Montoro n° 222, Centre. Ouvert toute l'année, du mardi au dimanche de 10 h à 18 h. Fermé les jours fériés. $5. ☎ (49) 186-901.* Inauguré en 1991, le musée expose les meilleures créations des Rencontres nationales des jeunes artistes, un grand événement au Mexique, qui se déroule chaque année depuis 1966 à Aguascalientes. Il abrite aussi des expositions itinérantes d'œuvres contemporaines mexicaines et étrangères.

★★ **Museo José Guadalupe Posada (ancien presbytère)** – *Jardín del Encino, dans le vieux quartier de Triana. Ouvert toute l'année, du mardi au dimanche de 10 h à 18 h. $5. ☎ (49) 154-556.* Le musée expose une grande partie de l'œuvre de José Guadalupe Posada, merveilleux innovateur dans l'art de la gravure populaire. Ses critiques subtiles à l'encontre de la politique de Porfírio Diaz ont fortement influencé la conscience populaire. Ses **calaveras**, têtes de mort où la caricature fait se rejoindre les expressions de la vie et de la mort, sont particulièrement intéressantes. Le musée possède aussi une splendide collection de gravures de Manuel Manilla.

Templo del Encino – *Jardín del Encino, dans le vieux quartier de Triana. Ouvert toute l'année, tous les jours de 6 h 30 à 13 h et de 16 h 30 à 21 h. ☎ (49) 159-876.* Située dans la partie la plus ancienne de la ville, le quartier de Triana, l'église possède un élégant portail de style baroque. Elle est consacrée au culte du Seigneur del Encino, un Christ noir miraculeux qui a suscité légendes et anecdotes fantastiques.

AUTRES CURIOSITÉS *3 heures*

Plaza Vestir – *10 km au sud de Aguascalientes par la route 45 vers Lagos de Moreno. Bd. José María Chávez, Ciudad Industrial.*
À cet endroit se trouve la plus grande concentration d'ateliers de fabrication de vêtements et de linge de maison de l'État. Les célèbres tissus ajourés et broderies traditionnelles de la région, de qualité sans égale, y sont vendus à des prix défiant toute concurrence.

Centro cultural « Los Arquitos » – *Alameda et Héroe de Nacozari, à l'Est de la ville. Ouvert toute l'année, du lundi au vendredi de 9 h à 21 h, samedi, dimanche et jours fériés de 9 h à 20 h. Fermé du 15 au 31 décembre.* ✂ ☎ (49) 169-201. Ce centre culturel inscrit au patrimoine national permet de découvrir les vestiges des thermes qui fonctionnaient ici entre 1821 et 1973, alimentés par les eaux thermales de Ojo Caliente, à l'Est de la ville. Le musée du site en retrace l'histoire.

Participez à notre effort permanent de mise à jour.
Adressez-nous vos remarques et vos suggestions :

Cartes et Guides Michelin
46, avenue de Breteuil
75324 PARIS CEDEX 07

GUADALAJARA★★

Jalisco

3 279 424 habitants

Carte des principales curiosités p. 7 – Plan de Guadalajara p. 155

ℹ Morelos n° 102, Plaza Tapatía, Centre. ☎ (3) 658-2222
et (01-800) 363-2200

Capitale de l'État du Jalisco, c'est l'une des trois villes les plus importantes du pays. On l'appelle aussi « ville des roses » ou *perla tapatía*, qui pourrait se traduire « perle rare » ou « perle cachée ». C'est une métropole moderne dont les places et maisons coloniales ont conservé les couleurs d'autrefois. Guadalajara évoque la fête et les femmes aux grands yeux ; « il n'y a pas de plus jolis yeux que les beaux yeux de *las tapatías* », dit une chanson populaire mexicaine. (*Tapatios* est le surnom que se donnent les habitants de Guadalajara). On doit à cette ville les symboles du Mexique que sont, pour les étrangers, les **mariachis** et la **tequila** : la musique du **jarabe tapatio** autant que le goût puissant de la tequila rappellent aux amateurs la ville de Guadalajara. L'agglomération s'est développée de façon vertigineuse ces dernières années, avec sa banlieue qui englobe Zapopan (un centre religieux), Tonalá et Tlaquepaque (deux quartiers d'artisans).

L'humeur joyeuse de ses habitants, son climat chaud et l'expression pittoresque de ses arts populaires lui donnent une place de choix légitime dans le cœur des visiteurs, qu'ils soient mexicains ou étrangers.

À Guadalajara, on aime les **fêtes d'octobre**, les **rencontres de mariachis**, les promenades en **calandrias**, ou simplement la sérénade des mariachis sur la place du même nom.

Un peu d'histoire

Cette région a fait partie de l'empire tarasque du 14e au 16e s. jusqu'à l'arrivée des Espagnols. Au terme de sept ans de luttes, Nuño de Guzmán a réussi à vaincre la résistance tarasque dans la région en exterminant les Indiens qui vivaient entre Michoacán et Sinaloa, et y a fondé la ville. Guadalajara doit son nom à la province espagnole dont il était originaire, et que les Arabes avaient baptisée lors de leur conquête **Wad-al-hidjara**, « fleuve de pierres ».

Le conquérant a été nommé gouverneur de la future Nouvelle-Galice, laquelle a préservé jusqu'à 1786 une certaine autonomie par rapport au reste de la Nouvelle-Espagne. La cité a obtenu le titre de *ciudad* en 1539, mais elle a été déplacée sur le site de l'actuelle Guadalajara en 1542, après la destruction de l'ancienne ville en 1541 par les Indiens tecuexes et caxcanes. Pendant la lutte pour l'Indépendance, Miguel Hidalgo y a proclamé l'abolition de l'esclavage. Juárez et une partie de son gouvernement se sont réfugiés ici après le coup d'État de Comonfort en 1858, au cours de la période appelée **guerre des trois ans**. Au 20e s., elle a été témoin de nombreux épisodes révolutionnaires, et, de 1926 à 1932, a été à la tête de la rébellion des soldats du Christ. Outre l'extraordinaire explosion démographique de ces dernières années, Guadalajara est devenu depuis le milieu du siècle un important centre industriel, agricole et artisanal.

CENTRE HISTORIQUE *1 journée et 1/2*

★Les quatre places

Plaza Guadalajara – *Av. Alcade et Hidalgo, devant la cathédrale.* La place s'appelait autrefois place des Lauriers. Pour célébrer la fondation de Guadalajara, on y a élevé, au milieu d'une fontaine circulaire, une statue en bronze aux armoiries de la ville. Au Nord se trouvent l'**église de la Merced** (1721) avec sa façade baroque à plusieurs ordres, et le **palais municipal** de style néocolonial, dont la construction s'est terminée en 1952 *(ouvert toute l'année, du lundi au vendredi de 8 h à 19 h 30 ; ☎ (3) 614-5504)*. Dans la cage de l'escalier principal, Gabriel Flores a réalisé des **peintures murales** (1964).

Catedral (**A**) – *Av. Alcade, entre Hidalgo et Morelos. Ouvert toute l'année, tous les jours de 8 h à 19 h 30. ☎ (3) 614-5504.* La cathédrale est un emblème de la ville. Ses hautes tours en forme de pyramides octogonales ont été élevées trois siècles après le début de sa construction en 1561. Au-dessus des trois **portails** qui forment la façade principale s'étend un fronton de forme ovale, orné d'un bas-relief représentant l'Assomption de la Vierge.

Son **intérieur** est formé de trois nefs, avec des voûtes à nervures. Il abrite douze autels. Dans la sacristie on remarque, parmi les huiles de Cabrera, Alcíbar, Castro et Páez, entre autres, le tableau de *La Purissima Concepción* attribué au peintre espagnol Murillo. Au-dessous du maître-autel se trouve la tombe du cardinal Juan Jesús Posadas Ocampo, assassiné à l'aéroport de Guadalajara en 1993.

Plaza de Armas – *Av. 16 de septiembre, entre Morelos et Pedro Moreno.* L'élégance de ce quadrilatère parfait et verdoyant est soulignée par un **kiosque**★ Art nouveau réalisé à Paris en 1910, soutenu par huit cariatides à demi nues portant des instruments de musique. L'orchestre régional y donne des concerts les mardis, jeudis et dimanches à partir de 18 h 30.

Renseignements pratiques

Indicatif téléphonique 3

Comment s'y rendre – **Aéroport International de Guadalajara Libertador Miguel Hidalgo** : 25 km au Sud de la ville. **Renseignements** ☎ 688-5681 *(tous les jours de 9 h à 20 h)*. Transport vers le centre ville : Auto Transportes Terrestres, à l'aéroport *($70, 1 à 3 personnes)* ☎ 688-5890. Agences de **location de voitures** dans l'aéroport *(voir p. 360)*. **Gare routière** : jonction des routes de Zapotlanejo et Tonalá.

Transports sur place – **Autocars gris** ($2). Les lignes Turquesa ☎ 121-2405 et Platino ☎ 634-2220 desservent Guadalajara et ses environs *($4,50 l'aller simple, $7 le circuit complet ; du lundi au samedi de 6 h à 22 h)*. Information et réservation de billets d'autocar de 1re et 2e classe pour Tequila et autres destinations : Servicios Coordinados, Calzada Independencia n° 254, au bas de la Plaza Tapatía, centre ☎ 617-3330. **Stationnement public** : au bas de la Plaza Tapatía ☎ 614-6090 *($4/h)*. **Taxis** ☎ 630-0050.

Information touristique – **Secretaria de Turismo del Gobierno del Estado de Jalisco** et **Módulo de Información Turística (1)**, Morelos n° 102, Plaza Tapatía, centre, code postal 44100 ☎ 658-0049 et 01-800-363-2200 *(du lundi au vendredi de 9 h à 20 h, samedi, dimanche et jours fériés de 9 h à 13 h)*. **Módulo de Información Turística (2)**, Palacio de Gobierno, rez-de-chaussée, rue Corona et Pedro Moreno *(du lundi au vendredi de 10 h à 15 h et de 16 h à 20 h, le samedi de 9 h à 13 h)*. **Oficina de Convenciones y Visitantes de la Zona Metropolitana de Guadalajara**, av. Vallarta n° 4095, Fraccionamiento (quartier) Cancino Real, code postal 45000 ☎ 122-8707 et (01-800) 719-3545. Tous ces organismes proposent des renseignements gratuits sur les sites et services touristiques, des cartes et dépliants. **Auxílio Turistíco (aide aux touristes)** – Radio-patrouilles ☎ 613-2664.

Hébergement – Renseignements généraux sur les hôtels au **Módulo de Información Turística (1)** et à l'**Oficina de Convenciones** *(voir ci-dessus)*. Les tarifs varient de $750 (grand tourisme), à $400 (tarif moyen) et $200 (économique). *Tarifs donnés pour une nuit en chambre double. Ils sont sujets à modifications.*

Visites guidées – Visite du centre historique et des environs de la ville, excursions : Panoramex ☎ 810-5109 ; Viajes-Copenhagen ☎ 629-4758. Pendant les vacances *(avril, juillet, août, décembre)*, le **Módulo de Información Turística (1)** organise des promenades touristiques dans la ville.

Spectacles – **Rodéos** : Lienzo Charro Jalisco ☎ 619-0315 *(toute l'année, le dimanche de 12 h à 15 h. $20)*. **Corridas** : Plaza de Toros « El Nuevo Progresso » ☎ 637-9982 *(octobre à avril)*. **Mariachis** : Plaza de los Mariachis *(tous les jours à 18 h, p. 156)* ; Hôtel Francés, calle Maestranza n° 355, centre ☎ 613-1190 *(uniquement le vendredi de 20 h à 22 h)*.

Artisanat – Casa de las Artesanías « Agua Azul », calzada González Gudo n° 20, centre. ☎ 619-4664 ; Mercado Libertad *(p. 156)*. Pour les textiles, le cuir et le verre, aller à Tlaquepaque *(p. 157)*. Se rendre à Tonalá *(p. 158)* pour les céramiques, les terres cuites, le fer forgé et le travail du bois.

Place d'armes et palais du gouvernement

★ **Palacio de Gobierno** – *Corona, entre Moreno et Morelos, devant la Plaza de Armas. Ouvert toute l'année, tous les jours de 9 h à 20 h. ☎ (3) 614-5414.* La construction du palais du gouvernement a débuté vers le milieu du 17ᵉ s. pour s'achever en 1790. La façade baroque arbore des gargouilles en forme de canons et des torses de guerriers, qui semblent défendre le lieu où Miguel Hidalgo y Costilla a aboli l'esclavage le 6 décembre 1810, et où Benito Juárez a failli être assassiné en 1858.

Art mural de José Clemente Orozco – Dans la cage de l'escalier principal du palais du gouvernement se trouve un **mural★★★** réalisé entre 1937 et 1939 par José Clemente Orozco, célèbre artiste originaire du Jalisco. Il se compose de trois parties : dans *La lucha social* sur la voûte centrale, Hidalgo, portant un flambeau, semble marcher sur le spectateur ; sur le panneau de droite, le *Circo político* est une caricature de différents régimes politiques où les personnages sont représentés comme des valets ; à gauche, *Las fuerzas tenebrosas* montre les liens entre le clergé et les militaires. Cette œuvre est considérée comme l'une des plus importantes de la peinture murale mexicaine.
Un autre mural de Orozco couvre la voûte de l'ancienne salle du Congrès de l'État, au premier étage. Représentant la libération des esclaves, on y voit les figures de Hidalgo, Morelos, Juárez, Carranza et Zapata.

Museo Regional de Guadalajara (M¹) – *Liceo n° 60, à côté de la cathédrale. Ouvert toute l'année, du mardi au samedi de 9 h à 18 h 45, le dimanche de 9 h à 15 h 45. Fermé les jours de fête nationale. $14. ☎ (3) 614-9957.* Cet édifice à façade baroque a été construit au début du 18ᵉ s. pour accueillir le nouveau siège du séminaire conciliaire San José. Il en conserve la chapelle et le cloître aux arcades toscanes. On remarque à l'angle Nord-Est un encadrement de **porte** en pierre très orné, provenant d'une ancienne maison du 18ᵉ s. En 1918, le bâtiment a ouvert ses portes comme musée. L'exposition permanente rassemble des pièces archéologiques appartenant aux Indiens qui ont peuplé la région de 1550 avant J.-C. à 1500 après J.-C. On survole ainsi l'histoire de l'État en découvrant les objets quotidiens ou cérémoniels des groupes d'Indiens coras, huicholes, mexicaneros, tepehuanes et nahuas (Sud du Jalisco). Le musée possède aussi des collections de peintures néohispaniques des 17ᵉ et 18ᵉ siècles et de peintures mexicaines des 19ᵉ et 20ᵉ s. La section de paléontologie abrite un squelette presque complet de **mammouth**, trouvé à Zacoalco en 1962.
Devant le musée se dresse la **rotonde des hommes illustres** du Jalisco, point de départ des promenades autour de la ville à bord des **calandrias** tirées par des chevaux.

Plaza de la Liberación – *Derrière la cathédrale et devant le théâtre Degollado.* Appelée aussi place des trois pouvoirs ou des deux vasques (à cause de ses deux grandes fontaines), elle doit son nom actuel à la libération des esclaves, que symbolise la statue de Miguel Hidalgo tenant des chaînes brisées dans ses mains tendues. Autour de la place se trouvent le palais législatif, le **palais de justice** et les églises Santa María de Gracía et San Augustín.

★ **Teatro Degollado (B)** – *Belén, entre Morelos et Hidalgo. Ouvert toute l'année, du lundi au vendredi de 10 h à 13 h et de 16 h à 18 h, le samedi de 10 h à 13 h. Fermé les jours de fête nationale. ☎ (3) 614-4773.* Le théâtre a été construit vers le milieu du 19ᵉ s. sur ordre de Santos Degollado, gouverneur du Jalisco et martyr de la Réforme, d'après un projet de l'architecte Jacobo Gálvez. Il a été définitivement terminé en 1964, avec la construction du portique soutenu par 16 colonnes corinthiennes. Sur le fronton triangulaire du portique, un bas-relief en marbre représente les neuf muses de la mythologie grecque. Le hall à trois niveaux, de forme ovale, est entouré de colonnes doriques et corinthiennes. Le deuxième étage abrite une salle d'expositions temporaires. L'élégante **salle de spectacles** en forme de fer à cheval avec ses cinq niveaux de loges est ornée d'une **fresque★** de l'architecte Gálvez et de Gerardo Suárez, qui ont peint sur la voûte une scène du Chant IV de la *Divine Comédie* de Dante. Tous les dimanches à 10 h le ballet folklorique de l'université de Guadalajara y donne un spectacle.

Plaza Tapatía – *Entre le théâtre Degollado et l'institut culturel Cabañas.* La place comporte plusieurs esplanades qui s'étirent sur plus de 500 m. Elle est entourée de galeries consacrées au commerce, à la culture et aux loisirs, les plus importantes de Guadalajara. Elle s'orne de fontaines, monuments et jardins, et au lieu dit « Recoin du diable » abrite l'Office de tourisme. La fontaine qui se trouve derrière le **théâtre Degollado** est un monument à la fondation de la ville (1542). Plus loin se dresse une belle sculpture en bronze, représentant les armes octroyées à la capitale par Charles Quint. Une très grande statue symbolisant la flamme du Feu nouveau orne l'esplanade centrale ; elle est entourée de hérons-serpents qui représentent à la fois Aztlán et Quetzalcóatl. Au fond se dresse le majestueux édifice de l'institut culturel Cabañas avec, à l'entrée, la **salle des Mages** d'Alejandro Colunga. La Plaza López Portillo y Weber achève la visite de la Plaza Tapatía, avec la sculpture **La Estampida**, qui a reçu le prix national de sculpture en 1982.

Institut culturel Cabañas et environs

★★ **Instituto Cultural Cabañas (ancien hospice Cabañas)** – *Plaza Tapatía. Ouvert toute l'année, du mardi au samedi de 10 h15 à 18 h, le dimanche de 10 h 15 à 15 h. Fermé le 1er janvier, le 1er mai et le 25 décembre. $8.* ✂ 🅴 ☎ *(3) 617-4322.* L'institut a été fondé en 1810 comme maison de la charité et de la miséricorde, par l'évêque Juan Cruz R. Cabañas y Crespo. La conception et la construction de ce superbe bâtiment, remarquable exemple de style néoclassique au Mexique, sont dues à Manuel Tolsá, José Gutiérrez et Manuel Gómez Ibarra. À l'intérieur se cachent 23 charmants patios. Au cours de son existence il a été tour à tour asile, école, prison, caserne et hospice. En 1983 on l'a transformé en institut culturel, en accordant une place particulière au travail du célèbre muraliste du Jalisco, José Clemente Orozco, qui a décoré la **Capilla Mayor** entre 1938 et 1939.

Capilla Mayor – Les **peintures murales**★★, dont le thème principal est la Conquête du Mexique, reflètent la philosophie du peintre et sa critique de la société ; ses images du choc des deux cultures, indienne et espagnole, de sa genèse et de ses conséquences, sont très fortes. L'artiste dépeint aussi dans son œuvre les conséquences tragiques de certains régimes politiques, et la terrible déshumanisation des êtres. Sous la coupole, on remarque *L'homme en flammes*, qui symbolise l'être humain emporté par le feu de sa propre torche. D'autres salles présentent des dessins originaux d'Orozco et des expositions temporaires.

Hidalgo, détail du mural de José Clemente Orozco

Barrio de San Juan de Dios – *À côté de l'institut culturel Cabañas.* C'est un des quartiers les plus populaires de Guadalajara. L'immense **Mercado Libertad★** *(ouvert toute l'année, tous les jours de 8 h à 19 h ; ☏ (01-800) 363-2200)* propose toutes les denrées que l'on puisse imaginer : herbes, ingrédients de magie blanche et de sorcellerie, spécialités alimentaires et produits régionaux, produits d'importation. Sur l'un des côtés du marché *(Independencia Sur et Javier Mina)* se trouvent l'église San Juan de Dios du 18e s. et sa chapelle dédiée à la Sainte Croix. Quand la soirée est avancée, la **Plaza de los Mariachis** toute proche accueille les visiteurs pour un dîner composé de *birria* (ragoût d'agneau), potage et *enchiladas* (galettes de maïs au piment), accompagnés d'ananas, de tequila, et des sonorités uniques de la musique des mariachis.

San Francisco

Au 16e s., les franciscains ont bâti ici un complexe religieux comprenant le couvent San Francisco et une série de chapelles disposées autour de l'atrium de l'église. En 1861, on a démoli une grande partie de cet ensemble. Aujourd'hui, seules l'église et la chapelle de Aranzazú sont encore debout. Le terrain occupé auparavant par le couvent et l'atrium est devenu le **Jardín San Francisco**, endroit propice au repos orné de fontaines, planté de fleurs et d'arbres touffus, qui conserve les vestiges de ce qui fut le vaste complexe franciscain.

Templo de San Francisco – *16 de Septiembre. Ouvert toute l'année, tous les jours de 7 h à 14 h et de 16 h à 20 h 30. ☏ (3) 614-4083.* La construction d'origine (1554) a été modifiée plusieurs fois au cours des siècles. Cette église est considérée aujourd'hui comme un exemple d'architecture baroque sobre. Sur la façade principale, entre les colonnes torses et les motifs végétaux, on remarque un aigle, ailes étendues, perché sur un *nopal*. À l'intérieur, le plafond enduit de la voûte qui couvre la nef présente des moulures formant de grandes figures géométriques.

★**Capilla de Nuestra Señora de Aranzazú** – *16 de Septiembre. Ouvert toute l'année, tous les jours de 10 h à 14 h et de 16 h à 19 h. ☏ (3) 614-4083.* La chapelle a été édifiée entre 1749 et 1752. La sobriété de son portail baroque contraste avec les **retables** churrigueresques de l'intérieur en bois doré et sculpté, très richement ornés. C'est la seule chapelle du Jalisco possédant des retables de ce style.

Biblioteca Iberamericana Octavio Paz – *Pedro Moreno et Colón. Plaza Universidad. Ouvert toute l'année, du lundi au vendredi de 9 h à 21 h, le samedi de 9 h à 17 h. Fermé les jours de fête nationale, pendant la Semaine sainte et Pâques (15 jours) et du 15 au 31 décembre. ☏ (3) 658-3256.* À l'origine, ce bâtiment était l'église saint Thomas d'Aquin (17e s.) du collège jésuite. En 1792, il est devenu siège de l'université royale de Guadalajara. Au 19e s. il est devenu propriété du gouvernement de l'État et a rempli diverses fonctions. Rendu à l'université en 1986, il a été restauré pour accueillir la bibliothèque et le département des périodiques fonctionnant aujourd'hui. La façade actuelle en pierre jaune, de style gréco-romain, a été élevée vers le milieu du 19e s., peu après la destruction des tours et des autels d'origine. À l'intérieur se trouve un mural de David Alfaro Siqueiros et Amado de la Cueva, peint entre 1925 et 1926, avec pour sujet les travaux agricoles et la Révolution. La porte en bois de l'entrée est ornée de reliefs représentant des personnages et des symboles révolutionnaires. Dessinées par Siqueiros, les sculptures sont de la main de Juan Hernández.

Santa Mónica

Iglesia de Santa Mónica – *Santa Mónica n° 250, angle de San Felipe. Ouvert toute l'année, tous les jours de 10 h à 12 h 30 et de 17 h à 19 h 30. ☏ (3) 614-6620.* Considérée comme la plus belle de la ville, l'église Santa Mónica a été terminée en 1733 ; c'était la chapelle du couvent des augustines. Elle présente deux **portails jumeaux★★** richement ornés de colonnes torses avec des motifs de pampres. Le deuxième ordre est sculpté dans sa partie inférieure de feuilles, de rameaux, de visages d'anges et d'une tiare papale. Au-dessus de la tiare s'ouvre la fenêtre de la tribune, surmontée de colonnes torses richement décorées.

Templo de San Felipe Neri – *San Felipe n° 558, angle de Contreras Medellín. Ouvert toute l'année, du lundi au samedi de 7 h à 14 h et de 17 h à 19 h, le dimanche de 7 h à 20 h. ☏ (3) 614-8824.* Construite au 18e s., cette église est la plus remarquable de Guadalajara pour ses dimensions et sa tour majestueuse. On remarque le portail baroque sobre entouré de colonnes corinthiennes doubles, et son arc en plein cintre orné de motifs végétaux. Sous la fenêtre de la tribune, on voit l'écu de san Felipe Neri, surmonté d'une représentation de l'Assomption de la Vierge en pierre rouge. La voûte en demi-berceau de l'intérieur présente des nervures de style néogothique.

Cinq rues à l'Est de l'église, dans l'avenue frère Antonio Alcade, on visite la « Casa de los Perros », qui en 1972 abritait la première imprimerie de la ville. Cette maison héberge aujourd'hui le **musée du Journalisme et des Arts graphiques (M²)**, unique en son genre au Mexique *(ouvert toute l'année, du mardi au samedi de 10 h à 18 h, le dimanche de 10 h 30 à 15 h ; fermé les jours de fête nationale ; $5 ; ☏ (3) 613-9286)*.

© Robert Frerck/Odyssey

■ Mariachis et Tequila

Symboles de la culture mexicaine, mariachis et tequila fascinent Mexicains et étrangers. Tous deux originaires du Jalisco, inséparables compagnons, ils sont les ingrédients incontournables de toutes les fêtes données par les Mexicains de part et d'autre du pays.
Le monde entier connaît les mariachis. Ces groupes sont nés pendant les années 30 à partir des ensembles musicaux de Cocula, de l'État du Jalisco, établis à Mexico. Les mariachis ont décidé de transformer le style des chansons *sones* en en modifiant la composition instrumentale : à l'origine ils regroupaient quatre violons, une harpe, une *vihuela* (guitare ancienne espagnole) et deux guitares, une petite et une grande. La harpe a disparu, la *vihuela* a été remplacée par une troisième guitare, et l'on a introduit la **trompette**, instrument devenu indispensable dans les groupes de mariachis. À l'origine, le répertoire des chansons était composé uniquement de *rancheras*. Aujourd'hui il couvre tous les genres, y compris la musique classique. Mais les mariachis restent surtout associés à la musique **ranchera**, élevée au rang d'hymne national. Ceux qui sont fiers d'être Mexicains connaissent par cœur au moins deux ou trois strophes de plusieurs chansons mariachis.

SAN PEDRO TLAQUEPAQUE *1/2 journée*

8 km au Sud-Est de Guadalajara. Prendre l'avenue Revolución jusqu'à la Plaza de la Bandera ; prendre la rue Ejército et ensuite la rue Gal. Marcelino Garcia Barragán pour rejoindre Tlaquepaque.

Tlaquepaque, « lieu des coteaux élevés », est renommé dans le monde pour sa poterie, son verre soufflé, sa bijouterie, et son artisanat en laiton, papier mâché, bois, terre cuite et cuir. Autre centre d'intérêt pour les visiteurs, **El parián**, construction rectangulaire achevée en 1883, qui abritait autrefois le *tianguis* : c'est aujourd'hui un grand centre de rassemblement citadin, où Mexicains et touristes s'imprègnent de la joyeuse musique des mariachis et goûtent aux spécialités gastronomiques du Jalisco. Autres visites intéressantes, l'église paroissiale San Pedro Tlaquepaque, le sanctuaire Nuestra Señora de la Soledad et le jardin Hidalgo.

Museo Regional de la Céramica (Casa del Burro de Oro) – *Independencia n° 237. Ouvert toute l'année, du mardi au samedi de 10 h à 18 h, le dimanche de 10 h à 15 h. ☎ (3) 635-5404.* Situé dans une ancienne demeure du siècle dernier, propriété du seigneur J. F. Velarde, général de Santa Anna, le petit musée expose dans huit salles les objets les plus représentatifs de l'artisanat de la région : terres cuites, céramiques, azulejos, verres soufflés et miniatures réalisées avec différents matériaux. On ne manquera pas la cuisine mexicaine avec tous ses ustensiles.

AUTRES CURIOSITÉS *3 heures*

Museo de Artes (ancien bâtiment de l'université de Guadalajara) – *2 heures. Av. Juárez n° 975. Ouvert toute l'année, du mardi au samedi de 10 h à 20 h, le dimanche et les jours fériés de 12 h à 18 h. $5. ✗ ☎ (3) 826-6114.* Cette construction à la française du début du siècle a abrité l'université de Guadalajara. C'est aujourd'hui un musée consacré à l'œuvre plastique des artistes du Jalisco, dont il possède une importante collection. Dans le Paraninfo (auditorium) on admirera deux **peintures murales★** de José Clemente Orozco ; son style particulier anime les murs, avec *El hombre principio y fin de todas las cosas* (l'homme, principe et fin de toutes choses) et *El pueblo y los falsos líderes* (le peuple et les faux dirigeants).

Derrière le musée se dresse le **Templo del Expiatorio** *(ouvert toute l'année, du lundi au dimanche de 5 h 30 à 22 h ; ☎ (3) 825-3410)*, construction néogothique aux beaux vitraux multicolores.

Museo de Arqueología del Occidente de México – *1 heure.16 de Septiembre n° 889, devant le parc Agua Azul. Ouvert toute l'année, mardi et jeudi de 10 h à 14 h et de 16 h à 19 h ; mercredi, vendredi et dimanche de 10 h à 14 h et de 16 h à 18 h ; le samedi de 11 h 30 à 14 h et de 16 h à 19 h. Les jours fériés de 10 h à 14 h. Fermé le 1er mai, le 1er septembre et le 12 octobre. $2. ☎ (3) 619-0104.*
Le passé précolombien des États du Jalisco, du Nayarit et du Colima revit dans ce musée grâce à des pièces d'une rare beauté, comme les figures de la **femme chargée d'enfants, le vase à l'acrobate, l'homme méditant** et les **chiens** du Colima. Toutes les cultures de l'Ouest du pays sont représentées.

Zapopan – *2 heures. 8 km du centre de Guadalajara par les avenues Alcade et Ávila Camacho en direction du Nord-Ouest.* Fondé peu après Guadalajara, ce faubourg abrite dans la **basilique Nuestra Señora de la Expectación de Zapopan** *(ouvert toute l'année, du lundi au samedi de 6 h 30 à 21 h ; le dimanche de 5 h 30 à 22 h ; ☎ (3) 633-0141)*, la statue de la « miraculeuse » **Vierge de Zapopan**. Chaque 12 octobre, un pèlerinage en son honneur se déroule de la cathédrale de Guadalajara à son autel de Zapopan, et rassemble jusqu'à deux millions de fidèles. Le visiteur immergé dans la ferveur qui baigne alors ce lieu vit une expérience impressionnante.
Sur un des côtés de la basilique se trouve le petit **musée huichol** *(ouvert toute l'année, du lundi au samedi de 10 h à 13 h et de 16 h à 19 h ; fermé le 1er janvier, le 1er mai, le 12 octobre, le 12 et le 25 décembre ; ☎ (3) 636-4430)* qui présente une intéressante collection d'objets huicholes, coras et tepehuanes.

Tonalá – *3 heures. À 14 km au Sud-Est du centre de Guadalajara par l'avenue Revolución et Rio Nilo. Il est conseillé d'y aller le jeudi ou le dimanche.* Cette ancienne implantation indienne (271 857 habitants) est aujourd'hui un des centres d'artisanat les plus importants du Jalisco. Le visiteur peut assister à la création d'**œuvres artisanales**★★ dans un des nombreux ateliers de la région. La grande tradition de la poterie de Tonalá, mondialement connue, s'allie aux techniques les plus sophistiquées.

EXCURSIONS

Tequila – *1 jour. À 58 km au nord-ouest de Guadalajara par la route 15 vers Tepic. Il est conseillé d'arriver avant midi.* Peuplée d'agaves bleus, la région donne son nom à la boisson alcoolisée qui a contribué à la réputation du Mexique. En visitant la ville (33 155 habitants), on peut découvrir le processus de fabrication de la tequila dans une de ses **distilleries**★, par exemple **Tequila Cuervo** *(visite guidée 1 heure. Toute l'année, du lundi au samedi de 9 h à 14 h. Fermé les jours de fête nationale ; réservation conseillée ; ☎ (374) 200-50).*
On distille aussi la tequila à Amatitán, village tout proche, à la fabrique **Tequila Herradura** *(visite guidée 2 heures. Toute l'année, du lundi au jeudi de 9 h à 13 h ; fermé les jours de fête nationale. Uniquement sur réservation. $25 ; ☎ (374) 500-11 et 17).*

■ La tequila

La fabrication de la tequila débute par la sélection de plants de **maguey** âgés de 8 à 10 ans. On en retire le cœur que l'on cuit au four à la vapeur pendant 24 heures. On en exprime ensuite le suc concentré, que l'on met à fermenter pour six jours. Le processus de fermentation transforme le sucre en alcool. Cet alcool est ensuite distillé plusieurs fois jusqu'à purification, devenant ainsi l'indispensable tequila.

Ajijic – *1 journée. 57 km au Sud de Guadalajara et 7 km à l'Ouest de Chapala.* Réputé pour son climat tempéré, cet endroit pittoresque sur les bords de la Chapala a séduit l'une des plus grandes communautés d'étrangers du Mexique, surtout des Nord-Américains. Ces dix dernières années y ont vu se multiplier les galeries d'art, dont celle de **Billy Moon**★ qui expose des œuvres artisanales originales et de grande qualité. *(ouvert toute l'année, tous les jours de 10 h à 18 h ; ☎ (376) 610-00).*

★**Mazamitla** – *1 journée. 132 km au Sud de Guadalajara. 98 km de Ajijic.* Au pied de la sierra del Tigre, entourée d'une forêt semblant sortir d'un conte de fées, Mazamitla (10 672 habitants) est une bourgade pittoresque, aux murs blanchis à la chaux et décorés de bois foncé. Laitages, gelées et liqueurs de fruits sont les délicieux produits typiques de la région. Cet endroit enchanteur permet de prendre de paisibles bains de nature.

GUANAJUATO★★★

Guanajuato

128 171 habitants

Carte des principales curiosités p. 7 – Plan p. 160

ℹ Plaza de la Paz n° 14 ☎ (473) 203-97

Le charme de cette jolie ville *(photo p. 149)* inscrite au Patrimoine culturel de l'humanité réside dans son architecture raffinée et le dessin original de son plan urbain. Ses constructions colorées, étagées sur les versants des montagnes, forment un décor idéal pour récit fantastique.
Située au pied du **Cerro del Cubilete**, « colline du haut-de-forme », cette ville merveilleuse était auparavant un centre minier. Elle doit la richesse de ses bâtiments à l'exploitation des mines argentifères, dont on tire encore aujourd'hui une grande quantité de minerai. Grâce à son pouvoir économique, Guanajuato s'est développé avec bonheur depuis sa fondation, défiant collines et rivières (aujourd'hui canalisées). Il en va ainsi de l'ancien río Belauzarán, devenu une des superbes avenues souterraines ou **tunnels** qui facilitent la circulation à travers la ville.
La capitale de l'État de même nom est aussi un centre culturel et universitaire très animé. Son université, qui remonte au 18e s., attire un grand nombre d'étudiants des différentes régions de l'État et du Mexique. Tous les ans, rues, théâtres, églises et places accueillent le **Festival International Cervantes**.
Les **estudiantinas**, orchestres d'étudiants, sont un trait typique de la ville. Revêtus de costumes de l'époque coloniale, les étudiants effectuent tous les vendredis et samedis les célèbres **callejoneadas**, parcours en chansons à travers places et rues piétonnes auxquels se joignent les passants.

Un peu d'histoire

Les débuts – Le nom Guanajuato vient de l'expression purépecha **Quanaxhuato**, qui signifie « lieu de la montagne des grenouilles ». On dit en effet que la colline où se sont établis les premiers habitants purépechas a la forme de ce batracien. La région a été habitée par les **Chichimèques**, indomptable tribu mexicaine de tradition nomade et belliqueuse. En 1530, Nuño de Guzmán pénètre sur le territoire de l'État du Guanajuato alors que les conquistadores se partagent le reste du pays. En 1546, le domaine de la ville actuelle de Guanajuato est attribué à Rodrigo Vázquez pour l'élevage du bétail. Il y fait venir des Métis, des Noirs et des Indiens d'autres régions, car les Chichimèques se refusent à travailler pour lui.

Richesse minière et Indépendance – La nécessité de créer une route sûre, allant de Mexico à Zacatecas par Querétaro, est à l'origine de la découverte d'argent à Guanajuato. Cela a provoqué un afflux d'aventuriers en quête de fortune. Les premières mines se sont ouvertes à **Rayas** et à **Santa Fe**. Grâce à sa production d'argent, Guanajuato a été élevée successivement au rang de *Alcadia Mayor* en 1574, de *Villa* en 1619, de *Muy Noble y Leal Ciudad* en 1741, de *Capital de Intendencia* en 1790.
Au terme de presque trois siècles de domination, le pouvoir espagnol a été ébranlé par l'Insurrection, dont le premier soulèvement armé s'est produit ici en 1810, déclenchant la guerre d'Indépendance.

19e et 20e siècles – En 1858, pendant la Réforme, Benito Juárez installe dans la ville le siège des pouvoirs de la République, mais il n'y restera qu'un mois. Guanajuato a aussi subi l'invasion des troupes françaises, et a été le témoin de la visite de Charlotte et Maximilien. Au début du 20e s. c'était encore un centre minier important ; après la vente des mines à des compagnies étrangères, elle a connu à nouveau une période d'opulence. Vers le milieu du siècle, la ville a oublié l'état de pauvreté où elle avait sombré au début de la Révolution. Elle est devenue depuis un superbe et pittoresque centre culturel et universitaire.

★★★CENTRE HISTORIQUE *3 jours*

Le long de ses rues étroites et pavées on découvre une extraordinaire ville coloniale qui n'a rien perdu de ses airs d'autrefois, grâce à la préservation de ses édifices et de plusieurs de ses activités d'antan.

De la Alhóndiga à l'Église de la Compañia

★**Alhóndiga de Granaditas** (**musée régional**) – *Mendizábal n° 6. Ouvert toute l'année, du lundi au samedi de 10 h à 14 h et de 16 h à 18 h, le dimanche de 10 h à 15 h. Fermé les jours de fête nationale. $14. ☎ (473) 211-80.* Construite entre 1798 et 1809 d'après un plan de José del Mazo y Avilés pour emmagasiner le blé nécessaire à la ville, cette austère halle de style néoclassique ressemble à une forteresse. Une année après la fin de sa construction, le 28 septembre 1810, elle est le théâtre d'une des premières batailles pour l'Indépendance du Mexique à laquelle ait participé Miguel Hidalgo. Juan José Martínez de los Reyes, un mineur surnommé **El Pípila** (le dindon), se distingue pendant la bataille. Protégé par une dalle portée à l'épaule, il avance sous le feu ennemi jusqu'à la porte principale de la halle et y met le feu. Grâce à cette action, les insurgés peuvent s'emparer du magasin transformé en forteresse, que l'on disait imprenable. En 1811, les premiers chefs insurgés ont été fusillés. Les têtes de Hidalgo, Allende, Aldama et Jiménez ont été exposées dans des cages de fer aux angles de la halle ; elles n'ont été enlevées qu'en 1821. En 1864, Maximilien de Habsbourg a transformé le bâtiment en une prison, qui a fonctionné jusqu'à 1949, année où on y a aménagé le musée.

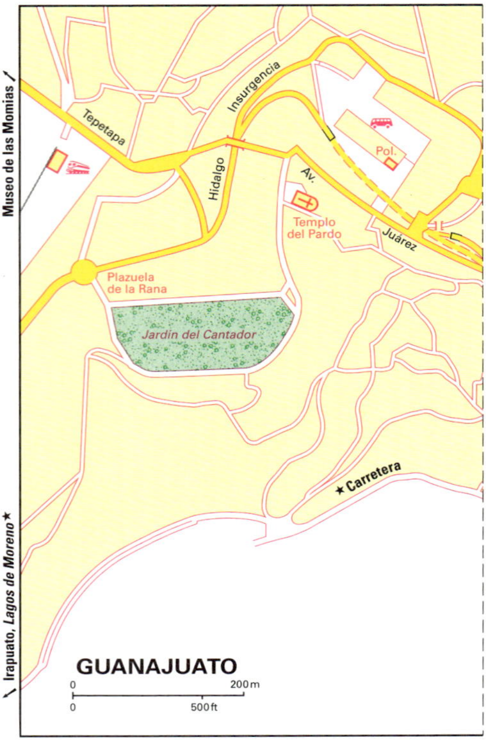

Escalier principal et premier étage – La visite du musée commence par l'escalier principal, où l'on découvre un mural de José Chávez Morado, illustrant la guerre d'Indépendance et la fin de l'esclavage. Au premier étage on visite une salle consacrée aux sceaux préhispaniques, une collection de plus de 3 500 pièces. La deuxième salle abrite des objets d'art mésoaméricain. On suit ensuite un parcours dans l'histoire de l'État, de la guerre d'Indépendance jusqu'à la République : parmi les portraits et les peintures de genre du siècle dernier sont accrochées des œuvres du peintre Hermenegildo Bustos. Sur l'un des paliers se déploie le mural *Canto a Guanajuato*, dû aussi à Chávez Morado.

Rez-de-chaussée – Ce niveau comporte une salle consacrée à Aldama, Morelos et Hidalgo, dont les bustes, au mur, sont éclairés par une lampe votive. Il abrite aussi deux salles d'expositions temporaires, et une autre consacrée aux arts et coutumes du Guanajuato.

★ **Museo Casa Diego Rivera** – *Pocitos n° 47. Ouvert toute l'année, tous les jours de 10 h à 18 h 30. Fermé les jours de fête nationale. $8. ☎ (473) 211-97.* Ce bâtiment néoclassique, aux trois étages disposés sur différents niveaux, est la maison où est né et a vécu le peintre Diego Rivera. Elle est restée fermée pendant plusieurs années, puis a été ouverte comme musée en 1973. Au **premier niveau** sont exposés des objets de la famille Rivera, comme le berceau et la chambre de l'artiste, avec d'autres meubles du 19e s. Au **deuxième niveau** sont présentés peintures et dessins de Diego Rivera, parmi lesquels des esquisses de ses peintures murales et des œuvres de sa période cubiste. Les autres niveaux présentent des œuvres du maître de différentes époques et des travaux d'autres artistes de renom.

Museo del Pueblo (M) – *Pocitos n° 7. Ouvert toute l'année, du mardi au samedi de 10 h à 13 h 30 et de 16 h à 18 h, le dimanche de 10 h à 15 h. Fermé les jours de fête nationale. $8. ✗ (473) 229-90.* Cette jolie maison coloniale faisait partie au 17e s. du vaste domaine campagnard des marquis de Rayas. Elle a appartenu plus tard à Don José Manuel de Sardaneta, un des signataires de l'Indépendance du Mexique.
Aujourd'hui elle loge un musée, avec onze salles réparties sur les différents niveaux du bâtiment. Le **rez-de-chaussée** abrite une salle d'expositions temporaires. L'**étage intermédiaire** héberge une exposition permanente de peintures civiles et religieuses des 17e et 19e siècles, d'objets sacrés et profanes, de statues en bois et autres pièces artisanales d'époque. On y voit aussi les collections personnelles d'Olga Costa et de José Chávez Morado, spécialement léguées au musée en 1979. Au **premier étage**, on découvre l'ancienne chapelle de la maison et son beau portail churrigueresque. José Chávez Morado l'a ornée d'un mural, *El estípite fracturado*, qui a pour sujet les origines et l'histoire de la ville de Guanajuato.

★ **Universidad** – *Lascuráin de Retana n° 5. Ouvert toute l'année, du lundi au samedi de 7 h à 21 h. Fermé les jours de fête nationale. ☎ (473) 227-70.* Réalisée en 1955 dans le style néoclassique par l'architecte Vicente Urquiaga, cette remar-

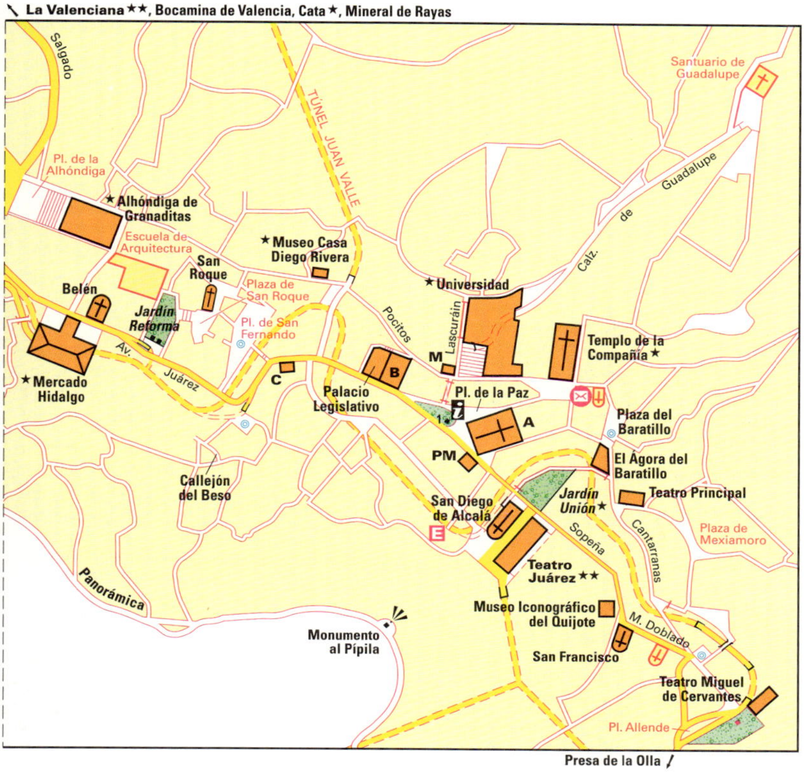

quable construction en pierre de couleur verte présente au niveau de son corps principal une volée de 79 marches. L'origine de l'université remonte à 1732, lorsqu'un groupe de bienfaiteurs de Guanajuato a apporté les fonds nécessaires à la fondation d'un collège jésuite. On remarquera sur la façade le symbole de l'université : deux grenouilles, une ruche, un rayon de ruche avec des abeilles et un flambeau. Les grenouilles représentent la ville de Guanajuato. La ruche fait allusion à une histoire attachée à ce lieu. Une maison appartenait ici à Doña Teresa de Busto y Moya. On raconte qu'après avoir fait don de son bien, elle est partie en emportant sa ruche, mais que les abeilles sont revenues à leur port d'attache, site aujourd'hui de l'université. Les autres symboles représentent le travail ardu et la connaissance.
À l'intérieur de cet immense complexe, on arrive par la rue de Lascuráin à la faculté des relations industrielles, qui recèle une cour et une chapelle baroque, et montre à son niveau supérieur le **portail** de l'ancienne église paroissiale de Marfil.

★**Templo de la Compañia** – *Plaza de la Compañia, presque à l'angle de Hidalgo. Ouvert toute l'année, tous les jours de 10 h 30 à 15 h et de 16 h 30 à 18 h.* ☎ *(473) 218-27.* Élevée sur un promontoire entre 1747 et 1765, cette église en pierre rose est remarquable pour son portail principal, de style churrigueresque. On voit sur la porte un soleil sculpté par des mains indigènes. Dans l'intérieur à trois nefs, on notera les colonnes appareillées et les nervures. Le dôme d'origine s'étant effondré en 1808, la coupole principale est de style néoclassique. Les nefs secondaires abritent de beaux confessionnaux en bois et des peintures du 18e s. de Jesús Cabrera. À l'intérieur de l'église, à gauche du presbyterium, se trouve une **pinacothèque** avec des œuvres du 18e s.

Plaza del Baratillo – *À l'extrémité du Jardin Unión.* Autrefois il y avait ici un *tianguis*, où les vendeurs clamaient le bas prix de leur marchandise, d'où son nom (*barato* = bon marché ; *baratillo* = braderie). Le centre de la place est orné d'une fontaine florentine, peut-être un cadeau de Maximilien. C'est ici que jaillit pour la première fois en 1852 l'eau apportée par canalisation du barrage de la Olla. Au bout de la place se trouve **El Ágora del Baratillo**, que l'on doit traverser pour accéder au Jardin Unión.

Du Jardín Unión à la basilique de Guanajuato

★**Jardín Unión** – *À l'intersection de Sopeña et Cruz Verde, dans le prolongement de la Plaza de la Paz.* C'est un beau jardin de forme triangulaire bordé de lauriers d'Inde aux cimes entrelacées. Au 18e s., c'était l'atrium de l'**église San Diego de Alcalá**. En 1842, une fois terminée la réhabilitation de cet espace, on a ouvert le jardin, et on l'a agrémenté de bancs en maçonnerie, remplacés plus tard par des bancs métalliques. En 1883 on a inauguré le kiosque, où joue l'harmonie de l'État, le mardi, jeudi et dimanche. Il s'entoure aujourd'hui de commerces et de restaurants, ce qui en fait un point de rencontre apprécié des habitants de Guanajuato et des visiteurs.

Teatro Principal – *Hidalgo (avant Cantarranas), angle du Callejón de Ánimas. Ouvert uniquement pour les spectacles.* ☎ *(473) 203-97.* Le théâtre est une austère construction en pierre de taille dont le portail présente deux colonnes. En 1788, on avait bâti ici le colisée principal. Abandonné pendant la guerre d'Indépendance, il avait été à nouveau ouvert en 1826, pour disparaître dans les flammes dans les années 20. Trente ans plus tard, on a élevé le théâtre actuel qui a gardé le nom de l'ancien colisée. Il fonctionne aussi comme ciné-club.

Teatro Miguel de Cervantes – *Sur la Place Allende. Ouvert uniquement lors des spectacles.* ☎ *(473) 203-97.* Ouvert en 1979, le théâtre était au 18ᵉ s. une fonderie, devenue en 1866, hacienda de production de métaux. Devant le bâtiment s'ouvre une petite place sur laquelle on remarque la statue de Don Quichotte et Sancho Pança, emblème pour une ville qui accueille le Festival international Cervantès.

Iglesia de San Francisco – *Sur la place Manuel Doblado. Ouvert toute l'année, tous les jours de 7 h à 14 h et de 16 h à 20 h.* ☎ *(473) 203-97.* L'église se trouve dans l'ancien couvent de même nom, achevé en 1792 grâce à une donation de Pedro Luciano de Otero. Elle présente un portail en forme de retable baroque, dont l'arc est surmonté d'une statue du Christ. Au-dessus de la fenêtre de la tribune veille saint François d'Assise, patron de l'église. À l'intérieur on voit des peintures du 18ᵉ s., et sept retables sculptés de style néoclassique.

Museo Iconográfico del Quijote – *Manuel Doblado n° 1. Ouvert toute l'année, du mardi au samedi de 10 h à 18 h 30, le dimanche de 10 h à 15 h. $8.* ☎ *(473) 267-21.* Cette plaisante demeure de couleur verte, avec son patio colonial, présente une collection de peintures, sculptures et autres objets, qui ont tous pour sujet Don Quichotte. Parmi les œuvres exposées se trouvent celles d'artistes comme Raúl Anguiano, Alberto Gironella, Martha Palau, José Luis Cuevas, Pedro Coronel et Manuel Felguerez, ainsi qu'une **collection**★ de dessins et de peintures originales de Salvador Dali sur Don Quichotte.

★★**Teatro Juárez** – *Calle de Sopeña, devant le Jardín Unión. Ouvert seulement lors des spectacles.* ☎ *(473) 203-97.* Avec sa façade néoclassique que surmontent les statues des neuf muses, le théâtre Juárez est un des plus beaux édifices de la ville. Il a été construit sur le site de l'ancien couvent San Pedro de Alcántara d'après un projet de l'architecte José Noriega, et bien que sa réalisation ait été prévue pour 1872, la construction n'a été terminée qu'en 1903, année de son inauguration par Porfirio Diaz.
L'intérieur en forme de fer à cheval est magnifique. Il compte quatre niveaux. On notera en particulier les balcons en fer forgé aux formes variées, et la décoration mauresque. Sa jolie scène a accueilli les meilleures productions théâtrales de Guanajuato, notamment parce que c'est un des lieux où se déroule le Festival international Cervantès.

© Gustavo Gatto

Théâtre Juárez

Templo de San Diego de Alcalá – *Devant le Jardín Union. Ouvert toute l'année, tous les jours de 7 h à 21 h. ☎ (473) 203-97.* L'église possède un beau **portail★** baroque churrigueresque, avec des niches ornées de délicates sculptures. Elle faisait partie d'un couvent dont on voit encore les murs sur un des côtés. Le couvent avait été construit sur plusieurs niveaux ; le bâtiment d'aujourd'hui correspond au second. L'intérieur renferme des peintures du 18e s., pour la plupart anonymes. L'église abrite une chapelle consacrée au *Señor de Burgos*, dont la statue avait été envoyée en 1785 à Veracruz par le roi Charles III, et emportée en 1789 à Guajanuato.

Palacio Municipal (PM) – *Luiz Gonzáles Obregón n° 12.* Construite en 1707, cette demeure a été témoin de nombreux événements historiques. Siège des trois pouvoirs de l'État mexicain après l'Indépendance, elle a été la résidence de Benito Juárez au début de la guerre de la Réforme, ce qui a valu à la ville d'être un moment capitale de la République. À la fin du 19e s. et au début du 20e s., elle a logé les assemblées législative et judiciaire.

Plaza de la Paz – *Calle de la Paz, d'un côté de l'Av. Juárez.* Plusieurs avenues convergent vers cet espace triangulaire qui s'articule autour du **monument à la Paix (1)**, une figure féminine couronnée de lauriers. Œuvre en 1898 de Jesús Contreras, la sculpture est connue sous le nom de *La Mona* ; passage obligé pour tout visiteur de la basilique, c'est un point de rencontre pour étudiants et promeneurs.

De la basilique au marché Hidalgo

★ **Basílica Colegiata de Nuestra Señora de Guanajuato (A)** – *Plaza de la Paz. Ouvert toute l'année, tous les jours de 7 h à 21 h. ☎ (473) 203-97.* Le plus grand et le plus séduisant des édifices de la place. Réalisée entre 1671 et 1696, la basilique est remarquable non seulement pour son **portail** baroque, mais aussi pour la couleur jaune de ses murs qui contraste avec le rouge vif des parties saillantes. L'intérieur est une illustration raffinée de l'opulence minière de Guanajuato : des feuilles d'or recouvrent l'autel, ornent les colonnes et les énormes lustres. Sur l'autel principal règne une Vierge en bois polychrome finement ciselé, placée sur un socle en argent, qui aurait été offerte par Charles Quint à son fils Philippe II. On admirera l'orgue de la tribune, de couleur blanche, chargé d'ornements dorés. L'église a été élevée au rang de basilique en 1957.

Tribunal Colegiado de Distrito (demeure du comte Rul) (B) – *Plaza de la Paz n° 75. Ouvert toute l'année, tous les jours de 7 h à 14 h. ☎ (473) 203-97.* Réalisé dans le plus pur style néoclassique, sur un plan de l'architecte Francisco Eduardo Tresguerras, l'édifice de pierre rose terminé en 1803 est orné de colonnes ioniques. C'était le rendez-vous de la bonne société de Guanajuato et des visiteurs étrangers, par exemple Alexander von Humboldt, un des premiers naturalistes du 19e s.

Palacio Legislativo – *Plaza de la Paz n° 77. Ouvert toute l'année, tous les jours de 7 h à 21 h. ☎ (473) 203-97.* Belle construction du début du siècle de style néoclassique en pierre verte sculptée. L'architecte Cecilio Luis Long l'a achevée en 1900 pour qu'elle soit inaugurée par Porfirio Diaz. On remarque à l'**intérieur**, sur la rampe de l'escalier, un blason et des aigles. Au premier niveau s'ouvre la salle du Congrès, lambrissée et meublée avec raffinement. Le palais renferme aussi des peintures de José Escudero, un artiste du *Porfiriato*. Dans la **bibliothèque**, on remarque un très grand **portemanteau★** en bois précieux sculpté.

Casa Real de Ensaye (bureaux de la banque Serfín) (C) – *Av. Juárez n° 16.* La façade au fronton baroque porte les armes du marquis de San Clemente, premier titre nobiliaire de Guanajuato. On y voit aussi une plaque faisant référence à sa fonction de *Casa del Real Ensaye*, maison royale de la monnaie, qu'elle a occupé de la première moitié du 17e s. jusqu'à 1824.

Templo de San Roque – *Plaza de San Roque n° 1. On peut accéder à l'église en traversant la Plaza de San Fernando, qui côtoie la Plaza de San Roque. Ouvert toute l'année, tous les jours de 7 h à 21 h. ☎ (473) 203-97.* L'église a été construite en 1726 par le prêtre Juan José de Sopeña y Cervera. Le portail en pierre rose, caractéristique de la période baroque sobre, a résisté au passage du temps. À l'intérieur s'ouvre une coupole à base octogonale, dont les pendentifs sont ornés de peintures représentant les quatre évangélistes. Les murs portent des tableaux anciens, illustrant la Passion du Christ et la Cène.

La Plaza de San Roque est le théâtre des **entremeses cervantinos**, « intermèdes » organisés pendant le festival Cervantès.

Jardín Reforma – *Av. Juárez.* À l'entrée, l'arc en plein cintre, encadré de colonnes ioniques, est un vestige du marché de la Reforma. Le jardin est bordé de belles constructions élevées entre le 16e et le 19e s. et d'arbres luxuriants, qui en font un lieu plaisant pour les visiteurs. Ils peuvent s'y reposer de la fatigue des visites en laissant agréablement passer le temps.

Callejón del Beso – *Callejón del Beso, sur un des côtés de la Plaza de los Ángeles.* Cette ruelle aux balcons fleuris fait à peine 68 cm de large. Elle doit sa renommée à une légende : deux jeunes voisins y étaient tombés amoureux contre la volonté du père de la jeune fille, qui avait décidé de mettre sa fille au couvent et d'exiler le galant. L'histoire se termine de différentes façons : le père tue le jeune homme, ou bien sa propre fille. Suivant une croyance populaire, les couples qui passent dans la ruelle s'exposent à sept ans de malheur s'ils ne s'embrassent pas sur la troisième marche de l'escalier.

Templo de Belén (Parroquia del Inmaculado Corazón de María) – *Juárez et Mendizábal n° 2. Ouvert toute l'année, tous les jours de 6 h 30 à 13 h 30 et de 16 h 30 à 21 h 30.* ☎ *(473) 222-83.* Cette église, dont la construction s'est achevée en 1775, est l'une des plus endommagées de Guanajuato, car elle a été successivement réservoir d'eau, dépôt de charbon et grenier à céréales. Son portail sobre de style baroque à *estipite* est orné de niches et de statues de Notre-Dame de Santa Ana et de San Joaquín. L'intérieur abrite des murs décorés de peintures de style médiéval, des autels néogothiques et un sol en mosaïques importées de Rome. Au-dessus de l'entrée, au niveau de la tribune, on voit un orgue ancien aux tuyaux imposants.

★ **Mercado Hidalgo** – *Av. Juárez. Ouvert toute l'année, tous les jours de 7 h à 21 h.* ☎ *(473) 203-97.* Cette halle du début du siècle réalisée par l'architecte Ernesto Brunel a été inaugurée en 1910 par Porfirio Diaz. Le portail est un grand arc sculpté en pierre rose. L'intérieur est bâti sur une structure métallique. Le bâtiment fait 70 m de haut et 35 m de profondeur. La voûte en berceau est surmontée d'une tour à horloge à quatre faces.
Sur ce marché exubérant on vend toutes sortes de denrées, sucreries, spécialités culinaires et objets artisanaux, dans un foisonnement de formes variées et de couleurs vives.

★ CARRETERA PANORÁMICA – Route touristique

1/2 journée en voiture

Museo de las Momias (cimetière municipal) – *Esplanade du cimetière. Ouvert toute l'année, tous les jours de 9 h à 18 h, les jours fériés de 10 h à 14 h. Fermé le 1er mai, le 1er septembre et le 12 octobre. $15.* ☎ *(47) 206-39.* Dans les sept salles de ce curieux musée sont exposés cent huit corps momifiés et quatre crânes, la plupart du siècle dernier, provenant du cimetière voisin. Après expiration des concessions, on avait exhumé les corps, pour constater que la composition particulière du sous-sol les avait laissés dans un état de relative conservation.

★★ **Templo de San Cayetano de la Valenciana** – *Au km 5 de la route de Dolores. Ouvert toute l'année, du mardi au dimanche de 9 h à 19 h.* ☎ *(473) 203-97. Photographies interdites à l'intérieur.* La construction de cette église par Andrés de la Riva et Jorge Archundia a débuté en 1778. Son beau portail abondamment décoré est de style churrigueresque. À l'intérieur, on voit des peintures du 19e s. réalisées par Luis Monroy. L'église abrite aussi une extraordinaire **chaire★** en bois incrusté d'os, qui ressemble de face à une pagode chinoise. La coupole à base octogonale présente quatre pendentifs ornés de peintures. On remarque aussi les retables de style churrigueresque et l'orgue, toujours utilisé.

© Robert Frerck/Odyssey

Église de San Cayetano de la Valenciana

Bocamina de Valencia (mine de San Cayetano de la Valenciana) – *Au Km 5 de la carretera panorámica en direction de Dolores. Ouvert toute l'année, tous les jours de 10 h à 18 h. $8. ☎ (47) 205-70.* On visite l'entrée principale de cette mine qui a fonctionné entre 1529 et 1810. C'était la plus prospère de la ville. Elle fournissait à l'époque un cinquième de la production mondiale d'or et d'argent. Le visiteur peut s'avancer sur 50 m à l'intérieur de la mine.

★**Templo de Cata** – *Carretera panorámica, en direction de Dolores. Ouvert toute l'année, tous les jours de 7 h à 21 h. ☎ (473) 203-97.* Sur cette belle église en pierre rose à façade baroque, des médaillons en relief illustrent des épisodes bibliques. Terminée en 1789, elle est consacrée au Christ de Villaseca, la statue qui orne l'autel principal, apportée d'Espagne en 1618. Comme l'église de la Valenciana, c'est un superbe exemple de l'art néohispanique de la région. À l'intérieur, on remarque d'abord les ex-voto qui ornent les murs, notamment sur la droite. On y découvre aussi une chaire en bois très travaillée et deux beaux retables dorés. Il faut voir la **chapelle**★ de la Vierge-des-Sept-Douleurs, recouverte de cristaux de quartz apportés des mines voisines.

Mineral de Rayas – *Carretera panorámica vers l'Est, tronçon Cata-Santuario.* La mine a été découverte en 1550 par le muletier Juan de Rayas à qui elle doit son nom. C'est une des trois mines encore en activité à Guanajuato. Elle fait penser à une forteresse médiévale à cause de l'épaisseur des murs, et de son esplanade qui offre un large panorama sur la ville.
On voit le puits de mine et d'autres constructions servant à l'extraction du minerai. En montant la côte, on rejoint le petit village de Mellado, avec l'église de la Merced construite à la fin du 17e s. On aperçoit vers le Sud, dans la vallée; les ruines de ce qui a pu être un cloître ; du côté Est de l'esplanade en suivant la route, apparaissent sur la gauche les vestiges de la première église élevée par le marquis de Rayas, dont la façade a été démontée et emportée pour être intégrée à l'église de Pardo.

Presa de la Olla – *À l'extrémité du Paseo de la Presa.* Le réservoir a été construit entre 1741 et 1749 pour remédier à la rareté de l'eau, mais ce n'est qu'en 1832 que l'on a pris la décision de construire les canalisations qui mènent l'eau au cœur de la ville. À l'un des angles de la construction on remarque une tour avec un pavillon de style oriental et des murs à bossages.
Cet endroit environné de frênes, d'eucalyptus et de jacarandas accueille les fêtes de la saint Jean qui ont lieu tous les ans du 18 au 24 juin, et, le premier lundi de juillet, la fête de l'ouverture du barrage. Sur le Paseo de la Presa, on remarque des bâtiments contemporains d'une singulière beauté, comme l'**École normale**, du côté gauche de l'avenue, et le **palais du Gouvernement**, devant la petite place Antonia del Moral.

Monument al Pípila – *Carretera panorámica, vers le Sud de la ville.* Ce monument a été construit en 1939 sur la colline San Miguel en mémoire du héros de l'Indépendance. Ses miradors panoramiques offrent une belle vue de la ville et de son architecture colorée.

EXCURSIONS

★**Ex hacienda de San Gabriel de la Barrera** – *1 heure. Ancien chemin de Marfil, au km 2,5. Ouvert toute l'année, tous les jours de 9 h à 18 h. Fermé le 1er janvier et le 25 décembre. $5.* ✗ ☎ (47) 206-19. Ce complexe de production et de raffinage des métaux appartenait aux frères Juan et Gabriel de la Barrera. L'ancienne hacienda possède seize jardins, qu'un entretien permanent a permis de conserver en parfait état.
Dans le petit musée, situé à l'étage de ce qui était la partie habitée des installations, on découvre du mobilier des 17e et 18e s., importé de Chine, d'Angleterre et d'Italie. Devant le musée se dresse une chapelle qui renferme un beau **retable** gothique espagnol provenant de la cathédrale de Jaen, en Espagne. Trois différentes sortes d'or ont servi à sa décoration raffinée. On y voit aussi trois vitraux, dont l'un remonte au 15e s.

Léon – *1 journée. 66 km. En partant de Guanajuato par la route 110 vers Mexico, prendre la direction de Léon par la route 45.* Centre industriel du Guanajuato, Léon est une ville en pleine expansion (1 042 132 habitants), spécialisée dans la production de chaussures et d'articles de cuir. Cela explique l'animation qui y règne et la grande affluence de voyageurs. La construction de la **cathédrale**★★ *(Álvaro Obregón, angle de Hidalgo)* a débuté vers le milieu du 18e s. sous la direction des franciscains. Le bâtiment est de style néoclassique, mais sa façade latérale est baroque. En suivant à droite de la cathédrale la direction de la rue *20 de Enero*, on rencontre le **Templo del Inmaculado**, remarquable construction néogothique du 20e s. Autour de la **Plaza de los Mártires** *(au centre de la ville)* se dressent le **Palacio Municipal** à trois niveaux, de style néoclassique, ainsi que la **Parroquia del Sagrario**, à la façade maniériste, et sa tour baroque, exemple des bâtiments du 18e s. de la ville. Le **Teatro Doblado** *(Pedro Moreno, angle de Hermanos Aldama)*, avec sa façade néoclassique, et le **Templo del Expiatorio**★ *(Madero n° 721)*, impressionnante construction de style néogothique commencée en 1921, méritent aussi d'être vus.

★**Lagos de Moreno** – *1/2 journée. (État du Jalisco). 94 km. Sortir de Guanajuato au Sud-Ouest par la route 110. Tourner à droite à l'embranchement de la route 45D ; passer Léon (66 km) et poursuivre sur la route 45. À l'embranchement avec la route 80, tourner à gauche.* Situé à l'extrême Est de l'État du Jalisco, Lagos de Moreno, aussi appelée Los Altos de Jalisco, est la ville la plus importante de la région (124972 habitants). C'est la terre natale de grands créateurs comme le musicien Juventino Rosas, le poète Juan de Dios Peza et l'écrivain Mariano Azuela. La ville recèle une multitude de recoins superbes au calme reposant, de places, d'églises et de maisons anciennes auxquelles la pierre rose confère une harmonie. C'est une ville coloniale typique, à l'ambiance chaleureuse, qui donne au visiteur l'impression de revivre au temps passé. La **Parroquia de la Asunción** *(Av. Hidalgo, devant la place principale)* construite au 18e s. est l'emblème de la ville. Sa façade et ses portails latéraux présentent un délicat travail baroque aux accents churrigueresques. Derrière l'église se trouve le **Teatro Rosas Moreno** *(calle José Rosas Moreno)*, de style néoclassique à la française, dont la construction a débuté en 1857. Le théâtre a été inauguré en 1907 avec l'opéra Aida, de Verdi. La **Rinconada de las Capuchinas** est une place fleurie entourée de très beaux bâtiments *(de la place principale, prendre vers le Sud la rue Miguel Leandro Guerra et tourner à gauche dans la rue Mariano Azuela)* ; sur l'un de ses côtés se trouve l'ancienne maison de Agustín Rivera, prêtre et écrivain de Lagos de Moreno, aujourd'hui transformée en musée et galerie. On voit à côté l'église et l'ancien couvent des capucines, qui abrite la maison de la Culture, et en face l'École des arts « Miguel Leandro Guerra ». Tous ces édifices ont une grande valeur historique et architecturale. Après la Rinconada court le **Paseo de la Rivera**, agréable rue qui passe derrière l'église des Capucines, dont le mur ressemble à des fortifications. Le paseo longe le Rio Lagos et donne sur le Puente Grande, ouvrage de style Renaissance.

★★**San Miguel de Allende** – *1 journée. 92 km. Sortir de Guanajuato au Nord par la route 110. Aller jusqu'à Dolores Hidalgo (54 km) et poursuivre à l'Est par la route 51 jusqu'à San Miguel de Allende (38 km). Voir p. 169.*

Irapuato – *1/2 journée. 53 km. Sortir de Guanajuato au Nord par la route 110. À l'embranchement de la route 45D, tourner à gauche (vers le Sud) et poursuivre sur 17 km.* Cette ville industrielle (412639 habitants) a conservé une activité agricole et commerciale très importante. Au nombre des produits régionaux, on retiendra les fraises, les brocolis et les asperges. Rien de plus agréable qu'une promenade dans le centre historique, débutant par le **Jardín Hidalgo** *(sur Juárez, entre Ramón Corona et Fernando Dávila)*. Sur cette petite place très animée se dresse le **Templo del Convento** (ou de San Francisco) au portail baroque. Le **Templo del Hospitalito** *(Berriozábal, angle de Fernando Dávila)* présente une jolie façade baroque ; le soleil et la lune y sont sculptés dans la pierre. Au Sud-Est du centre s'étend la bruyante **Plaza Hidalgo**, sur laquelle s'élèvent l'**église paroissiale** à l'Ouest, avec sa façade baroque aux colonnes encadrant des statues, et le **Templo de San José**, à l'extraordinaire portail de facture populaire.

★★**Ex convento de San Augustín de Yuriria** – *70 km au Sud-Est de Irapuato, par la route 45 vers Salamanca et la route 43 vers Morelia, jusqu'à l'embranchement vers Yuriria. Ouvert toute l'année, tous les jours de 9 h 30 à 16 h 45. $7. ☎ (416) 820-36.* Le gigantesque couvent et l'église San Pablo Yuriria sont l'œuvre de l'ordre augustinien. La construction a débuté en 1540. Le complexe a progressivement pris de l'importance avec l'établissement d'un noviciat où l'on enseignait la philosophie et des lettres. L'ancien couvent a été déclaré monument historique en 1932.

La façade – Elle est aussi raffinée que celle de **Acolman**, dans l'État de Mexico. Le **portail principal**, de style plateresque, est divisé en trois ordres finement décorés de motifs de fleurs et de fruits, de chérubins et de diverses sculptures. Au premier ordre, on voit deux statues flanquées de deux paires de colonnes sculptées : à droite, saint Pierre, patron de l'église, que l'on reconnaît à son livre et à son épée. Sur la partie supérieure veille la statue de saint Augustin. La façade latérale est sculptée dans un même style ornemental moins chargé.

L'intérieur – Le mélange d'éléments Renaissance et gothiques qui caractérise le style plateresque mexicain du 16e s. est visible à l'intérieur de l'église. La croisée du transept et le chœur sont protégés par une voûte d'allure gothique, alors que le reste de la nef suit un style Renaissance, avec une voûte en berceau ornée de caissons.

Le cloître – À gauche de l'église on remarque un portail avec quatre beaux arcs, qui oriente le visiteur vers le couvent transformé aujourd'hui en musée colonial. À l'origine, les pièces où sont exposées les collections servaient de réfectoire, de cuisine et de salle *de profundis*. Le premier étage abritait les cellules, les dortoirs et la bibliothèque. Dans les galeries du rez-de-chaussée on remarque les voûtes gothiques à nervures et, sur les murs, des restes de peintures décoratives. Au centre de la cour s'ouvre un puits orné de superbes gargouilles en pierre sculptée, avec des figures d'animaux fantastiques.

L'escalier qui conduit à l'étage supérieur conserve une ancienne rampe sculptée en bois. Il est également recouvert d'une voûte d'allure gothique. La galerie de l'étage montre des vestiges de la décoration d'origine, et des voûtes en berceau.

MANZANILLO★

Colima

108 584 habitants

Carte des principales curiosités p. 7

Bd. Miguel de la Madrid n° 4960, quartier Playa Azul ☏ (333) 322-77

Manzanillo est connue comme la capitale mondiale du *pez vela*, l'espadon voilier du Pacifique, en raison des nombreux tournois de pêche qu'on y organise tout au long de l'année. C'est un des plus grands ports commerciaux et touristiques du pays. Le port est formé de deux larges baies, **Santiago** et **Manzanillo**, séparées par la **péninsule de Santiago**, lieu renommé pour la gaieté de son ambiance. Les baies sont bordées sur 20 km d'une suite de belles plages, offrant au visiteur toute la gamme des loisirs nautiques. Les plus importantes, en allant du Sud-Est au Nord-Ouest en direction de l'aéroport, sont Playa Ventanas, El Majo, El Malecón (qui longe le centre de Manzanillo) San Pedrito, Las Brisas, Playa Azul et Salagua. La péninsule de Santiago est occupée par des hôtels, qui composent l'un des complexes touristiques les plus luxueux du pays au bord des plus belles plages : El Tesoro, Las Hadas, Playa Escondida, Corales, Perla et La Audiencia. Et, plus loin, Playa Santiago, Olas Altas et Miramar. Pour nager, on conseillera **San Pedrito**, **Playa Azul**, **La Audiencia** et **Miramar**.
Aux abords de San Pedrito, sur le campus de l'université de Colima, on visite le **Museo Universitario de Arqueología** *(ouvert toute l'année, du mardi au samedi de 10 h à 20 h, le dimanche de 10 h à 13 h ; ☏ (333) 222-56)* qui présente une belle collection de pièces préhispaniques du Colima.

EXCURSIONS

★**Barra de Navidad** – *1/2 journée. État du Jalisco, 64 km au Nord-Ouest de Manzanillo par la route 200. Départs fréquents de la Gare routière.* Cette agréable petite ville de pêcheurs (8 000 habitants) est la première que l'on rencontre sur la côte Sud du Jalisco dans la région appelée **Costalegre**. Outre une grande plage de 2 km, idéale pour le surf et les autres sports nautiques, Barra de Navidad possède une belle lagune peuplée de mangrove où vivent toutes sortes d'oiseaux. Devant la lagune se détache l'Isla de Navidad, avec son luxueux complexe touristique, et Colimilla, un endroit réputé pour ses restaurants. Tous les ans, Barra de Navidad organise des tournois de pêche au niveau international. La Costalegre propose différentes sortes de **plages**★. À l'extrémité Nord de la baie s'étend **San Patricio Melaque**, belle étendue tranquille nantie de tous les équipements touristiques. Vers PUERTO VALLARTA, on a un grand choix de plages. Certaines sont privées, réservées à la clientèle des hôtels de luxe, comme **El Tamarindo** et **Bel-Air Careyes**. Mais en voiture on peut découvrir, parmi beaucoup d'autres, la plage isolée d'**El Tecuán** et sa lagune d'eau douce ; **Tenacatita**, une réserve écologique où l'on pratique la plongée, la natation et la pêche ; et **Chamela** aux flots cléments, d'où l'on part visiter les îles voisines peuplées de diverses espèces d'oiseaux marins.

Las Hadas (les fées), péninsule de Santiago

Cuyutlán – *1/2 journée. 42 km au Sud-Est par l'autoroute de Colima-Guadalajara. On peut aussi emprunter la route sans péage qui passe par la Lagune de Cuyutlán, où on voit des marais salants. À la gare routière, prendre l'autocar pour Tecomán, descendre à Armería, et en emprunter un autre à destination de Cuyutlán.* Des centaines de personnes se rendent durant les mois d'avril à juin sur la plage de ce village pour observer le phénomène de la **vague verte★**, lame de 8 m de haut qui se forme toutes les 15 ou 20 minutes. Indépendamment de ce phénomène, Cuyutlán, avec sa longue jetée, séduit par son ambiance et sa beauté naturelle. C'était l'avis du cinéaste mexicain Emilio « el Indio » Fernández, qui a tourné ici ses films. Une rue après la place centrale, on trouve le **Museo Comunitario de la Sal**, unique en son genre dans toute l'Amérique *(ouvert toute l'année, du mardi au dimanche de 10 h à 18 h ; entrée libre, participation laissée à l'appréciation du visiteur ; ☎ (332) 231-55)*. Il raconte l'histoire de Cuyutlán et de son rôle important dans la production du sel, de la période préhispanique jusqu'à l'époque moderne. À seulement 3 km se trouve le **Centro de Desarrollo Productivo, Recreativo y Ecológico « Miguel Álvarez del Toro »** *(ouvert toute l'année, tous les jours de 10 h à 18 h ; $5 ; ✗ 🅴 ☎ (332) 40-02)*, réserve pour les tortues où, de juin à décembre, chacun peut participer à la récolte des œufs et assister à la naissance des petits.

Colima – *3 heures. 96 km au Nord-Est de Manzanillo (48 km de Cuyutlán) par l'autoroute Guadalajara-Manzanillo.* Capitale de l'État de même nom, la « ville des palmiers » (120 781 habitants) est gardée par le **Nevado de Colima** (4 240 m) et le **volcan del Fuego** (3 820 m). Dans le centre, le rythme oscille entre modernité et calme provincial. Les anciens habitants s'appelaient **Colimotes** ; il ne subsiste pas à Colima de ruines importantes des centres cérémoniels de ces ancêtres, mais on y a trouvé certaines des statues précolombiennes les plus belles et les plus fines du Mexique. Presque toutes ces pièces ont été retirées de **tombes à puits**, sépultures utilisées à l'Ouest de la Mésoamérique et au Nord-Ouest de l'Amérique du Sud. Les « chiens danseurs » **ixcuincli** sont devenus l'emblème de la ville et de l'État, non seulement à cause de leur beauté, mais aussi en raison de l'importance que les Colimotes accordaient à cet animal, compagnon fidèle de l'homme dans sa vie terrestre et pour son voyage dans l'au-delà. Au **Museo Regional de Historia**, consacré aux pièces archéologiques *(Portal Morelos n° 1, place principale, ouvert toute l'année, du mardi au samedi de 9 h à 18 h, le dimanche de 17 h à 20 h ; fermé le 1er janvier ; ☎ (331) 292-28)*, il faut voir salle 4, au rez-de-chaussée, la **reproduction★** exacte, grandeur nature, d'une tombe à puits. Le **Museo Universitario de Artes Populares « María Teresa Pomar Aguilar »** présente une remarquable collection de folklore et d'art populaire *(Gabino Barreda et Manuel Gallardo. Traverser la place et prendre la rue Constitución, 7 rues vers le Sud. Tourner à droite à la rue M. Gallardo et continuer jusqu'au coin de la rue ; ouvert toute l'année, du mardi au dimanche de 10 h à 14 h et de 17 h à 20 h ; ☎ (331) 268-69)*. Mais le plus intéressant se trouve au **Museo de las Culturas de Occidente « María Ahumada de Gómez » de ICC★★** *(Calz. Gálvan Norte ; angle de Ejército Nacional ; il est conseillé de prendre un taxi ; ouvert toute l'année, du mardi au dimanche de 9 h à 19 h ; $10 ; ☎ (331) 231-55)*. Il conserve des pièces d'une grande valeur archéologique et artistique. Dans le hall, les figures symboliques des « chiens danseurs », **perros bailarines**, souhaitent la bienvenue au visiteur. Dans les salles du rez-de-chaussée sont présentés dans l'ordre chronologique les différents centres de développement des cultures préhispaniques. Les vitrines de l'étage supérieur couvrent différents aspects des activités quotidiennes et culturelles des anciens Colimotes.

Nogueras – *1 heure. 6 km au Nord de Colima par la route 16. On peut s'y rendre en autobus ou en taxi.* Le **Museo Alejandro Rangel**, qui doit son nom au célèbre peintre du Colima, occupe l'ancienne ferme de Nogueras *(ouvert toute l'année, du lundi au vendredi de 10 h à 14 h et de 16 h 30 à 19 h 30, samedi, dimanche et jours fériés de 10 h à 18 h ; fermé le 1er janvier, le 1er mai et le 25 décembre ; $15 ; ✗ ☎ (331) 552-80)*. Outre une brève exposition du travail du maître, le musée présente une excellente **collection★** de céramiques précolombiennes léguées au musée par l'artiste, remarquables pour leur valeur anthropologique et esthétique. Toutes les statuettes proviennent de Nogueras et des environs.

PUERTO VALLARTA★★

Jalisco

149 876 habitants

Carte des principales curiosités p. 7

🅸 ☎ (322) 202-42

Au fond de la **Bahia de Banderas**, une des plus grandes baies du monde, ce centre touristique réputé s'adosse aux hauteurs de la sierra Madre occidentale, couvertes d'une exubérante végétation sauvage.

Don Guadalupe Sánchez fonde le village en 1851 ; c'est un centre d'expédition du sel à destination de la mine voisine de Real de Cuale. Appelé Puerto Las Peñas en 1918, il reçoit le nom de Puerto Vallarta en mémoire de Ignacio Luis Vallarta, gouverneur du Jalisco de 1871 à 1875.

Puerto Vallarta offre plus que le soleil et la plage : c'est un village typiquement mexicain, aux rues pavées, aux maisons blanches couvertes de tuiles rouges. Près de la jetée, il y a plusieurs galeries d'art et une île romantique, avec un musée abritant une petite exposition sur les cultures précolombiennes de la région Ouest du Mexique. Contrastant avec les grands complexes hôteliers, ce site pittoresque est un lieu où le ciel, la mer et la terre se rencontrent pour créer un authentique paradis.

Les plages – Le centre ville jouxte la Playa Olas Altas et la Playa de los Muertos. En s'éloignant du port vers le Sud, on rencontre les plages plus fréquentées de **Mismaloya** et **Boca de Tomatlán**, d'où on peut s'embarquer vers **Las Ánimas**, **Quimixto** et **Yelapa**. Ces plages, qui ne sont pas très grandes, ont le charme d'être situées à l'embouchure des cours d'eau qui descendent des montagnes, formant parfois des chutes magnifiques. Elles sont environnées de l'exubérante végétation qui couvre rochers et falaises.

EXCURSIONS

Nuevo Vallarta – *1/2 journée. 17 km. Sortir de Puerto Vallarta au Nord par la route 200. Suivre l'indication de Nuevo Vallarta.* Sur la Bahía de Banderas, cette station balnéaire touristique très développée se situe pour partie dans l'État de Nayarit. Elle possède une marina moderne, des hôtels, des immeubles et un quartier résidentiel avec des quais privés donnant sur des canaux navigables reliés à la mer. On peut se promener dans l'estuaire du Río Ameca et ses îlots, où l'on voit quantité d'oiseaux, appelés *garzas* (hérons) par les gens du pays.
Au Nord de la baie on rejoint Punta Mita *(El Anclote, Nuevo Corral de Risco)*, point d'embarquement pour les **îles Marietas** à la beauté singulière, habitat naturel d'oiseaux marins, entre autres des guillemots. Grottes et tunnels marins sont ici le paradis des plongeurs. On peut aussi y voir des dauphins et raies mantas géantes, ainsi que des baleines à bosse qui, en hiver, rejoignent ces côtes pour se reproduire et mettre bas.

Rincón de Guayabitos et Peñita de Jaltemba – *1/2 journée. 75 km au Nord par la route 200 vers Tepic.* Sur la côte Sud de l'État du Nayarit, dans la crique de Jaltemba, environnées du paysage qu'offrent les montagnes de la sierra de Vallejo, s'étendent la **Playa de Guayabitos★** et son agréable village colonial, et la **Playa de Ayala**. Leurs eaux tranquilles permettent toutes sortes de sports nautiques. On peut faire des promenades en barque à fond transparent aux îles del Cangrejo et El Coral. À 2 km au Nord on rencontre **Peñita de Jaltemba**, village côtier aux attrayants paysages marins.

SAN MIGUEL DE ALLENDE★★

Guanajuato
118 769 habitants
Carte des principales curiosités p. 7 – Plan p. 171
Plaza Allende ☎ (415) 265-65 et (01-800) 902-3200

San Miguel, au nom d'archange, s'est adjoint le patronyme de la grande figure de l'Indépendance Ignacio Allende, natif de la ville. Représentée par sa curieuse église néogothique, c'est la ville coloniale par excellence.
La place principale, entourée d'arbres et de bancs, s'emplit d'animation le mardi et dimanche, notamment parce qu'une importante communauté étrangère a trouvé ici un lieu de repos, de loisirs et aussi de culture : San Miguel est une ville éminemment culturelle. L'art vit dans ses galeries et ses boutiques, et parcourir ses rues grossièrement pavées est toujours un régal pour les yeux.

Un peu d'histoire – Le frère Juan de San Miguel, missionnaire franciscain de Michoacán, fonde en 1542 le village de San Miguel, déplacé peu de temps après à Izcuinapan. À Izcuinapan existe encore aujourd'hui une source qui approvisionne le village en eau.
En 1555, le vice-roi Don Luis de Velasco fonde la ville de San Miguel el Grande. Au 18e s., le père Juan Benito Díaz de Gamarra a introduit ici au collège, pour la première fois en Amérique, la philosophie cartésienne, véritable révolution dans l'enseignement. Il n'est pas surprenant que dans ce même collège San Francisco de Sales aient étudié Allende, Aldama et le père Luis Felipe Neri de Alfaro, bâtisseur du sanctuaire d'Atotonilco.
Vers le 18e s., l'industrie et le commerce fleurissent en même temps que l'élevage et l'artisanat, faisant de San Miguel el Grande un important centre d'échanges. Au 19e s., c'est ici qu'ont lieu les réunions des insurgés, avec pour résultat l'» appel au peuple « de 1810 pour l'Indépendance. Seize ans plus tard, la ville prend le nom d'un des insurgés et devient San Miguel de Allende.

CENTRE VILLE *1 journée*

Plaza Allende – *Entre Canal et Umarán.* C'est le cœur de la vie sociale de la ville. S'étirant sur une plate-forme quadrangulaire, elle s'orne de lauriers bien taillés qui offrent leur fraîcheur à la foule des visiteurs de la région, mexicains et surtout étrangers. De chaque coin de la place, on admire les belles constructions coloniales, et l'église paroissiale, emblème de San Miguel.

Parroquia de San Miguel Arcángel – *Devant le jardin principal ou Plaza Allende. Ouvert toute l'année, tous les jours de 6 h à 20 h 45.* ☎ *(415)265-65.* La première construction de 1542 était une mission franciscaine, fondée par le frère Juan de San Miguel. En 1564 Vasco de Quiroga l'a transformée en église paroissiale. La construction de l'église actuelle a débuté en 1683. À la fin du 19e s., on a élevé une **façade** néogothique sur la structure du 17e s., sous la direction de Zeferino Gutiérrez Muñoz, qui s'est inspiré d'une carte postale montrant une cathédrale gothique française. L'**intérieur** en croix latine abrite une série de peintures de Juan Rodríguez Juárez.

Museo Histórico de San Miguel de Allende (musée local) – *Cuna de Allende n° 1. Ouvert toute l'année, du mardi au dimanche de 10 h à 16 h. Fermé les jours de fête nationale.* ☎ *(415) 224-99.* Autrefois résidence d'Ignacio Allende, le musée est un des meilleurs exemples d'architecture civile d'influence baroque du 18e s. Il présente aujourd'hui une série d'expositions, au travers desquelles on découvre l'histoire et la culture de San Miguel. Il donne aussi une vision générale des cultures préhispaniques du pays.

© Bob Schalkwijk

San Miguel de Allende

Casa de los Condes de la Canal (bureaux de la Banque nationale du Mexique) (A) – *Hidalgo, angle de Calle de la Canal.* C'est une superbe construction néoclassique réalisée à la fin du 18e s. par Narciso Loreto de la Canal y Landeta. On remarque la **porte★** exceptionnelle, surmontée d'un aigle, qui donne sur Calle de la Canal 4, en bois sculpté de hauts-reliefs, dont certains à motifs végétaux. . Au deuxième niveau on voit la Vierge de Lorette, flanquée de deux colonnes sur chaque côté.

Templo de San Francisco – *San Francisco, angle de Juárez. Ouvert toute l'année, tous les jours de 7 h 15 à 20 h.* ☎ *(415) 209-47.* Dans cette construction de 1779, on remarque le beau portail churrigueresque où ressortent les *estipites* par groupes de trois, de part et d'autre de l'entrée. La tour néoclassique qui couronne l'église est attribuée à l'architecte Eduardo Tresguerras. L'intérieur est de style néoclassique. La sacristie renferme de très grands tableaux de Juan Rodríguez Juárez et Juan Correa.

Templo de Nuestra Señora de la Salud (B) – *Entre Colegio et Papellanos. Ouvert toute l'année, tous les jours de 7 h à 14 h et de 17 h à 20 h.* ☎ *(415) 265-65.* Construit en 1735 pour abriter le siège du collège San Francisco de Sales, c'est l'endroit où se déroulaient de difficiles examens, et où l'on attribuait les doctorats. Son portail de style churrigueresque montre une immense **coquille Saint-Jacques**, abritant des niches où veillent cinq statues de saints. On remarque aussi les *estipites* finement sculptés. Devant l'église, la statue du personnage qui lui donne son nom protège la tranquille **Plaza Cívica Allende**.

★**Oratorio de San Felipe Neri** – *Du côté Est de la Plaza Cívica Ignacio Allende. Ouvert toute l'année, tous les jours de 6 h à 20 h 45.* ☎ *(415) 265-65.* Cette construction, achevée en 1712, abritait autrefois la confrérie des Métis. Sa **façade** de style baroque en pierre rose est le résultat de transformations apportées par les fidèles de San Felipe à l'édifice d'origine. Sur le couronnement de l'Oratoire, ainsi que sur le mur latéral de droite, on observe une croix de Lorraine, ou de Caravaca, en pierre finement taillée. À l'intérieur de l'oratoire est accrochée une toile représentant la Vierge de Guadalupe.

★**Santa Casa de Loreto** – *Ouvert toute l'année, tous les jours de 8 h à 12 h.* ☎ *(415) 265-65.* Au carrefour à gauche de l'oratoire se dresse un extraordinaire **portail★★** à colonnes salomoniques dorées, qui donne accès à une belle chapelle dédiée à la Vierge de Lorette, fondée par Manuel Tomás de la Canal, qui lui était très dévoué. Les figures du donateur et de son épouse sont aux pieds de de la Vierge. La chapelle, qui reproduit la sainte maison de Lorette (Loreto, en Italie) est ornée de différentes sortes de carreaux de céramique provenant de Puebla, de Valence et de Chine, qui égaient son sol et ses murs. Les parois extérieures portent des peintures illustrant des épisodes bibliques.

★★★ **Camarín** – *Mêmes conditions de visite que pour la Casa de Loreto.* Dans cette extraordinaire chambre baroque au plan octogonal, le visiteur est impressionné par le raffinement des trois retables, et par le plafond en arcs croisés d'influence mudéjar. Cette pièce est la plus belle de la Santa Casa, car c'est la chambre consacrée à la Vierge.

Centro Cultural El Nigromante (ancien couvent de la Conception « Las Monjas ») – *Hernández Macías n° 75. Ouvert toute l'année, du lundi au samedi de 9 h à 20 h, le dimanche de 10 h à 14 h.* ✗ ☎ *(415) 202-89.* L'ensemble a été construit grâce à l'héritage qu'a reçu María Josefa Lina de la Canal, fille aînée du donateur de la Santa Casa de Loreto, Manuel Tomás. Sa construction date de 1754. La tour et le grand dôme de l'église, achevés au 19ᵉ s., se dressent à côté de ce qui est aujourd'hui un centre culturel animé et une école d'art et d'artisanat.
On remarque la belle cour spacieuse plantée d'arbres, dont la fontaine centrale jaillit en permanence, et le mural *Vida y obra de Ignacio Allende*, commencé en 1948 par David Alfaro Siqueiros, et resté inachevé.

AUTRES CURIOSITÉS *2 heures*

Instituto Allende (manoir de Tomás de la Canal et Bueno de Baeza) – *Ancha de San Antonio n° 20. Ouvert toute l'année, du lundi au vendredi de 8 h à 18 h, samedi de 9 h à 13 h.* ✗ ☎ *(415) 201-90.* L'immense bâtiment du 18ᵉ s., avec son patio intérieur entouré d'arcades, planté d'arbres luxuriants et orné d'une fontaine, possède deux autres cours, dont l'une offre une jolie **vue** de la ville.
La chapelle élevée à côté conserve encore des fresques anciennes, des arcs, une statue du Christ, et du mobilier. L'institut est aujourd'hui un centre d'études où on enseigne l'espagnol, l'art et la littérature.

Paseo del Chorro – *Emprunter Santa Elena jusqu'à Recreo.* On peut faire une intéressante promenade au départ du Parque Juárez, où l'on voit de jolies maisons dont certaines ont conservé une allure coloniale. Le parcours s'achève au **lavoir public**, curieuse petite place quadrangulaire, avec ses 19 lavoirs cernés d'une rigole qui apporte l'eau en permanence.

Cante – Jardín Botánico – *Sortie vers Querétaro, derrière le quartier El Atascadero. Ouvert d'avril à octobre, tous les jours de 8 h à 19 h ; de novembre à mars, tous les jours de 8 h à 18 h. $7.* ✗ 🅴 ☎ *(415) 229-90.* Dans cette réserve naturelle dont le nom signifie « l'eau qui donne la vie », on visite une serre de plantes succulentes mexicaines. On s'y promène agréablement au milieu de différentes variétés de cactées, tout en jouissant d'une belle **vue** du canyon et de la ville de San Miguel. Cante gère d'autres sites touristiques à San Miguel de Allende.

EXCURSION

Santuario de Atotonilco – *1/2 heure. 10 km au Nord de San Miguel de Allende par la route de Dolores Hidalgo. À la station balnéaire, tourner à gauche et poursuivre sur 2 km par le chemin de terre. Ouvert toute l'année, tous les jours de 7 h à 20 h.* ☎ *(415) 265-65.* Dans cette citadelle de la foi, perdue au cœur d'un paysage extrêmement aride, se pratiquent depuis deux siècles les exercices spirituels de saint Ignace de Loyola. La construction a débuté en 1746 sur ordre de Luis Felipe Neri de Alfaro. Dans le complexe, on visite le sanctuaire, qui, depuis le **chancel**★★ en bois de l'entrée présente aux visiteurs des fresques de Miguel Antonio

Martínez Pocasangre mettant en scène les vices et les châtiments, les vertus et les grâces. Voûte et murs sont pareillement ornés de **peintures**★★ illustrant des scènes de la vie du Christ. En traversant l'entrée, on remarque sur la gauche une grande statue en bois sculpté polychrome de saint Christophe. La chapelle de Notre Dame du Rosaire, à droite de l'autel, montre d'intéressants tableaux sur verre du 18e s. C'est ici que le curé Hidalgo est venu chercher la statue de la Vierge de Guadalupe qui a servi d'étendard à l'armée des insurgés. C'est aussi dans ce sanctuaire qu'Ignacio Allende s'est marié en 1802.

TEPIC

Nayarit

292 780 habitants

Carte des principales curiosités p. 7

i Av. México et Ejército Nacional, ancien couvent de la Cruz ☎ (32) 148-071/73 et Av. México n° 178 Nord, centre ☎ (32) 120-589.

Capitale de l'État du Nayarit, Tepic, « lieu entre collines », se trouve au creux de la vallée de Matatipac dans la cordillère volcanique, entre les contreforts de la sierra Madre occidentale et le Pacifique, entouré du volcan Sangangüey et des collines de San Juan, du Molcajete et de la Cruz.

Un peu d'histoire – La ville a été fondée au début du 16e s. sous le nom Santiago de Compostela par Nuño Beltrán de Guzmán ; elle était d'abord capitale de la province de Nouvelle-Galice. Elle a pris son nom actuel deux siècles plus tard. site stratégique pour la conquête du Nord-Ouest de la Nouvelle-Espagne, c'est le point de départ de la colonisation et de l'évangélisation de la Basse et Haute Californie, avec l'expédition commandée en 1768 par le frère Junípero Serra.

CURIOSITÉS *3 heures*

Museo Regional de Antropología – *Au départ de la place principale, suivre vers le Sud l'Av. México. Ouvert toute l'année, du lundi au vendredi et les jours fériés de 9 h à 19 h, le samedi de 9 h à 15 h. Fermé le 25 décembre et le 1er janvier. ☎ (32) 121-900.* Cette maison du 18e s., à deux niveaux autour d'une cour centrale quadrangulaire, appartenait aux comtes de Miravalle. À l'intérieur sont exposées des pièces précolombiennes en provenance du Jalisco, du Colima et du Nayarit. On retiendra surtout la salle ethnographique, consacrée aux Coras et aux Huicholes, et la salle réservée à la peinture des 18e et 19e s.

Templo y ex convento de la Cruz – *Au départ de la place principale, suivre vers le Sud l'Av. México sur 2 km. Ouvert toute l'année, du lundi au vendredi de 9 h à 20 h, samedi et dimanche de 9 h à 14 h. Fermé les jours de fête nationale. ☎ (32) 148-071.* Cette église est vénérée parce qu'elle abrite une croix d'herbe naturelle ou *zacate*, tenue pour miraculeuse car elle résiste au temps depuis 1540, sans traitement particulier, et en conservant sa forme. Construit vers la fin du 18e s. et réhabilité pour loger les bureaux de tourisme de l'État, le couvent doit sa renommée à la présence, de 1767 à 1768, du frère Junípero Serra, qui préparait son expédition pour fonder des missions en Californie.

★ **Museo de Cultura Popular** – *Au départ de la place principale, suivre vers le Sud l'Av. México. À Hidalgo, prendre la rue à gauche. Ouvert toute l'année, du lundi au vendredi de 9 h à 14 h et de 16 h à 19 h, samedi de 10 h à 14 h. Fermé les jours de fête nationale. ☎ (32) 121-705.* Le musée, appelé aussi Casa de los Cuatro Pueblos, illustre la forte présence indigène dans le Nayarit, au travers d'un éventail de coutumes et de traditions huicholes, coras, tepehuanes et mexicaneros.

EXCURSIONS

De Santa Cruz à la Bahia de Matanchén – *1 journée. Circuit de 126 km. Sortir de Tepic par l'Ouest par la route 66 jusqu'à Santa Cruz, et, de là vers le Nord en suivant les indications pour San Blas.*

De Tepic à l'Ensenada de los Cocos – *51 km.* Le charme de ce circuit réside dans le paysage que l'on découvre depuis la route. Sur une courte distance, on passe du paysage tempéré des bois de chênes verts à la moyenne futaie tropicale. La **vue** est splendide, allant du vert intense de la sierra au bleu Pacifique de la crique de los Cocos.

★ **De l'Ensenada de los Cocos à la Bahia de Matanchén** – *12 km. Il est conseillé de se protéger (surtout au coucher du soleil) des « jején », petits moustiques à la piqûre irritante.* On trouvera ici sur plusieurs kilomètres des plages sans grosses vagues. Au Sud de la Playa de los Cocos, on découvre la plage plus petite de **Miramar**, qui permet d'avoir une vue panoramique de la baie.

En poursuivant sur 12 km en direction du Nord, on arrive à Matanchén. On pense que le frère Junípero Serra s'est embarqué ici le 12 mars 1768 sur la *Purísima Concepción*, pour sa mission de colonisation et d'évangélisation des deux Californies. À 3 km de là par une piste en terre, on rejoint la plage de **Las Islitas**, formée de petites criques séparées par des formations rocheuses. On peut y déguster des moules et y pratiquer le surf ; la plage est réputée pour ses grosses vagues, qui se forment entre ici et celle de Matanchén.

★ **Puerto de San Blas** – *1 journée. Circuit de 138 km. Sortir à l'Ouest de Tepic par la route 66 en suivant l'indication San Blas. On peut aussi prendre la route 64 et ensuite la route nationale 15.* À l'époque de la Conquête, le port de San Blas (42 517 habitants) était une possession vitale pour la Couronne d'Espagne, car il accueillait les bateaux à destination de la Californie et de Sonora. La ville abrite encore les vestiges de plusieurs constructions de l'époque : l'église Nuestra Señora del Rosario, « La Marinera », et les anciens bureaux de la Contaduría, la recette du trésor, dans un bâtiment entouré de murailles au sommet de la colline du même nom, qui servait de fortin contre les attaques des pirates. Plus tard, au 18e s., José María Mercado, dit el Basilio, s'est réfugié sur la colline pour résister à l'envahisseur étranger. Longfellow parle de ce village dans son célèbre poème Les *cloches de San Blas* (1882).

★★ **La Tovara** – *Il est conseillé d'arriver tôt pour observer les oiseaux et animaux sauvages de la région.* À l'entrée de San Blas au pied de la colline de la Contaduría, La Tovara est une réserve de nature exubérante où l'on propose des promenades en barque. Un large réseau de canaux d'eau douce et limpide circule entre les fougères aquatiques et les palétuviers qui forment des tunnels, barrant le passage de la lumière. Cette merveilleuse promenade aboutit à une source, qui jaillit de la roche calcaire pour former une piscine naturelle où l'on se baigne en compagnie des poissons et des tortues. Au bord de la source est installé un petit restaurant. On y visite aussi une ferme de crocodiles.

Laguna de Santa María del Oro et Los Toriles – *1 journée. Circuit de 240 km. Sortir de Tepic vers Guadalajara. 32 km plus loin, tourner à gauche en suivant l'embranchement vers Santa María del Oro. Poursuivre sur 20 km jusqu'à la lagune.* Le parcours traverse un paysage de cônes volcaniques, dont ceux du volcan Sangangüey, avec son singulier massif rocheux arrondi au sommet, et du **volcan Ceboruco**, recouvert d'une coulée de basalte.

Laguna de Santa María del Oro – Sur le chemin de la lagune, on profite à partir du **Mirador de Jacarandas** d'une vue superbe sur cette étendue d'eau et son paysage environné de chaînes montagneuses. La paisible lagune d'environ 2 km de diamètre offre une eau cristalline aux couleurs chatoyantes allant du gris au bleu turquoise. C'est un endroit idéal pour la pratique des sports nautiques.

Zona arqueológica Los Toriles – *De Santa María del Oro, revenir à la route 15, tourner à gauche et poursuivre sur 55 km jusqu'à Ixtlán del Rio. Continuer vers l'Est sur 2 km par la même route jusqu'au site archéologique. Ouvert toute l'année, du mardi au dimanche de 8 h à 17 h, les jours fériés de 8 h à 15 h. $7. ☎ (32) 148-071.* Le site archéologique porte le nom du ranch sur lequel il se trouve, mais on l'appelle aussi Ixtlán, « lieu de l'obsidienne ». C'est l'un des rares vestiges architectoniques de la région Ouest de Méso-Amérique. Le site s'est développé à la période classique, peut-être en 400 après J.-C., et a survécu jusqu'au postclassique. Dans ce centre cérémoniel, constitué de structures en pierre entourant des places à usage religieux et public, on remarquera le temple de forme circulaire consacré à Ehécatl-Quetzalcóatl, le dieu du vent.

NORD-OUEST

Terre de ravins majestueux, enclave tarahumara, pays natal de Pancho Villa

Voir Artisanat et gastronomie p. 47. Quatre États à cheval sur la sierra Madre occidentale se partagent l'âme du Nord du Mexique, qu'évoquent le son du tambour, la musique du Nord, l'odeur de la viande rôtie et la tortilla de blé. Cette région riche en élevages et exploitations agricoles possède des villes importantes, plutôt modernes, devenues de grands centres industriels et commerciaux.

Les territoires de ce qui allait devenir à l'époque coloniale la province de Nouvelle-Biscaye appartenaient aux **Chichimèques**, populations nomades qui ont résisté à la colonisation avec une vigueur étonnante. C'est dans cette région qu'est née la légende des sept villes d'or, légende qui a attiré les premiers explorateurs de la Conquête. Ils ne les ont jamais trouvées. Les missionnaires jésuites ont évangélisé le Nord du pays au 17e s. Les implantations autour des camps de mineurs sont à l'origine de la croissance de Chihuahua, Sonora, Durango et Sinaloa au début du 18e s. La richesse minière de la région continue d'être exploitée aujourd'hui.

C'est au Nord du pays, surtout à Chihuahua, qu'a vu le jour la Révolution mexicaine, ce grand mouvement social qui devait bouleverser le pays.

Dans la région, qui comprend les plus grands États de la République, on trouve peu de vestiges indiens, bien que d'importantes communautés indigènes habitent aujourd'hui le Chihuahua et le Sonora. Affrontant disette et intempéries, les **Tarahumaras** peuplent les impressionnants Barrancas del Cobre (ravins du cuivre), alors que sur la côte Nord du Sonora, les Seris subsistent près des terres de leurs ancêtres. Les **Yaquis**, qui ont survécu aux persécutions dont ils ont été victimes sous le *Porfiriato*, et à leur rôle de chair à canon sous la Révolution mexicaine, ont laissé leur marque dans la culture du Sonora, même s'il est difficile aujourd'hui de les distinguer du restant de la population.

Toute la région subit l'influence des États-Unis, qu'on dénote dans l'infrastructure des villes et l'invasion de produits américains. Les échanges culturels entre les États-Unis et la frange Nord de la région sont plus importants encore dans les zones frontalières, en raison du flux des visiteurs et du passage des immigrants mexicains vers « la terre de toutes les chances ».

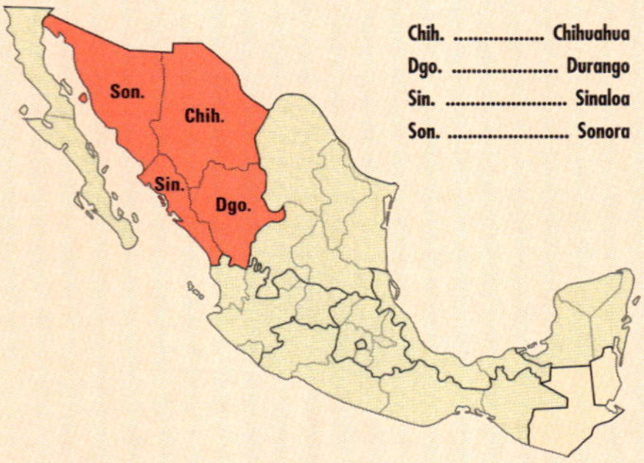

© Bob Schalkwijk

Gouverneurs tarahumaras de Huahuacherare, sierra Tarahumara

CHIHUAHUA★

Chihuahua

627 662 habitants

Carte des principales curiosités p. 7 – Carte p. 178

Palacio de Gobierno, Av. Aldama, Centre ☎ (14) 101-077

La capitale du plus grand État du Mexique est aujourd'hui un important centre d'élevage bovin et un pôle industriel et commercial. Son architecture contrastée allie bâtiments classiques et édifices modernes.
Dans la ville proche de Cuauhtémoc habitent les **Mennonites**, membres d'une secte d'origine allemande arrivée au Mexique en 1921, qui ont conservé leurs vêtements traditionnels et leurs maisons caractéristiques. Ils fabriquent le très célèbre fromage de Chihuahua.

Un peu d'histoire – Fondée le 12 octobre 1709, Chihuahua était au départ un village minier appelé San Francisco de Cuellar. On l'a élevé au rang de ville en 1718 sous le nom de *San Felipe El Real de Chihuahua*, adoptant une appellation donnée par les Tarahumaras, **Xicuaga**, « zone sablonneuse et sèche ».
À la fin du 19e s., la concentration du pouvoir économique et politique dans les mains d'un nombre réduit de familles a généré des tensions provoquant l'insatisfaction générale du peuple, l'apparition de chefs populaires et, en 1910, le déclenchement de la Révolution mexicaine.
C'est à Chihuahua que s'est levée l'une des armées les plus puissantes du mouvement révolutionnaire, la célèbre division du Nord. Son chef était Francisco « Pancho » Villa, homme aux extraordinaires talents d'organisateur, d'une redoutable efficacité dans les combats. Surnommé le « centaure du Nord », sa légende est toujours vivante.

CURIOSITÉS *6 heures*

Catedral – *Au Sud de la Plaza de Armas. Ouvert toute l'année, du lundi au samedi de 7 h à 20 h, le dimanche de 6 h 30 à 21 h. ☎ (14) 103-238.* Reflet de l'opulence minière, cette magnifique cathédrale baroque construite entre 1725 et 1757 présente des **portails**★ sculptés en pierre rose, ornés d'abondants motifs de feuillage et d'éléments végétaux. On remarque sur la **façade principale**★★ les douze apôtres, accompagnés de leurs symboles respectifs, et les colonnes qui encadrent les statues. À l'intérieur, l'autel principal de 1790 en pierre, de conception baroque, est caché par un deuxième autel néoclassique en marbre de Carrare réalisé en 1920. Sous la tour gauche on voit la chapelle du **Christ de Mapimí**★ avec un retable baroque à *estipites* du 18e s.

Un sous-sol dans l'atrium latéral à droite de la cathédrale abrite le **musée d'Art sacré** *(ouvert toute l'année, du lundi au vendredi de 10 h à 14 h et de 16 h à 18 h ; $5 ; fermé du jeudi au samedi pendant la Semaine sainte ; ☎ (14) 103-238)* qui présente des peintures religieuses d'artistes mexicains du 18e s.

Calabozo de Miguel Hidalgo – *Juárez, entre J. Neri Santos et V. Carranza. Ouvert toute l'année, tous les jours de 9 h à 19 h. $2. ☎ (14) 159-526, poste 394.* La partie arrière du Palais fédéral qui logeait autrefois le collège de Lorette de la Compagnie de Jésus abrite la cellule où fut emprisonné, avant d'être fusillé, le curé Miguel Hidalgo, père de la Patrie, entre le 23 avril et le 30 juillet 1811. À l'intérieur, on lit sur une plaque de bronze les vers qu'il avait dédiés à son geôlier.

Palacio de Gobierno – *Aldama, entre J. Neri Santos et V. Carranza. Ouvert toute l'année, du lundi au vendredi de 7 h à 19 h, samedi et dimanche de 9 h à 14 h. ☎ (14) 101-077.* Cet édifice néoclassique de la fin du 19e s. a été entièrement restauré en 1941 après qu'un incendie ait tout détruit, sauf l'entrée principale. Le siège du pouvoir de l'État abrite l'autel de la Patrie, sur lequel une flamme perpétuelle indique l'endroit où Miguel Hidalgo a été exécuté. On y voit aussi des fresques du peintre Aarón Piña Morales, qui racontent l'histoire de Chihuahua.

Centro Cultural Universitario (Quinta Gameros) – *Paseo Bolívar n° 401, angle de la Calle 4. Ouvert toute l'année, du mardi au dimanche de 10 h à 19 h. Fermé le 1er janvier et le 25 décembre. $10. ☎ (14) 166-684.* Son élégance et l'influence manifeste des châteaux français classiques font de cette **maison★** l'une des plus belles de Chihuahua. Elle est décorée à l'intérieur dans le plus pur style Art nouveau.
Cette construction de 1907 est due à Julio Latorre et Manuel Gameros. Le rez-de-chaussée abrite une charmante exposition de **mobilier** en bois sculpté polychrome dessiné par Pedro Fossas Requena, propriétaire de la Casa Requena à Mexico. On visite à l'étage une pinacothèque.

★ **Museo Histórico de la Revolución en el Estado de Chihuahua (maison de Pancho Villa)** – *Calle 10, angle de Méndez, à l'Est de la ville. Ouvert toute l'année, du mardi au samedi de 9 h à 13 h et de 15 h à 19 h, le dimanche de 9 h à 17 h. Fermé les jours de fête nationale. $10. ☎ (14) 162-958.* À la mort en 1981 de Doña Luz Corral de Villa, l'épouse du « centaure du Nord », le bâtiment de la « Quinta Luz » a été agrandi et rénové pour faire de la maison et du quartier général un intéressant musée rassemblant des objets personnels de Francisco Villa. En parcourant les différentes salles, on ne peut manquer de ressentir l'ambiance tourmentée de la Révolution. Reproductions, mobilier, documents, armes, l'atmosphère même où baigne le musée, tout rappelle la vie de Francisco « Pancho » Villa, sa légende, ainsi que les sanglants épisodes de la lutte révolutionnaire. Dans la cour arrière on conserve la voiture dans laquelle le général Villa a été assassiné avec ses compagnons à Parral, Chihuahua.

EXCURSIONS

★★ **Cascada de Basaseáchi** – *2 jours. 276 km. Sortir de Chihuahua au Sud-Ouest par la route 16. À la Junta (km 147) prendre le chemin à gauche en direction de Tomochic (km 214), 56 km plus loin, prendre l'embranchement à gauche vers San Juanito. Poursuivre sur 2 km ; tourner à droite à l'entrée du Parc national de Basaseáchi et rouler sur 4 km jusqu'au mirador.* La promenade est agréable, à travers prairies, champs fertiles et vergers de pommiers. Le chemin pénètre tout de suite dans la montagne, entre des bois de pins et de chênes, pour arriver au Parc national où s'amorce la Barranca de Candameña, l'un des ravins les plus spectaculaires d'Amérique. Ce n'est pas l'un des plus hauts (1640 m), mais il offre des points de vue fantastiques du fait de la verticalité du canyon qui permet d'admirer des gorges vertigineuses de plus d'un kilomètre de profondeur. Pour le point de vue le plus impressionnant, se rendre au belvédère qui se trouve en face de la **chute d'eau**, deuxième du Mexique avec une hauteur de 246 m. De là un sentier de 1,8 Km mène jusqu'au mirador de La Ventana, puis après 2,2 Km jusqu'au fond du ravin.

★ **Hidalgo del Parral** – *3 heures. 225 km. Sortir au Sud-Ouest de Chihuahua par la route 16. Au km 36, tourner à gauche par la route 24 et poursuivre sur 189 km.* La ville (98 385 habitants) a conservé son ambiance de ville minière et ses vieux édifices coloniaux. Parmi ses monuments, on retiendra la **cathédrale Nuestra Señora de Guadalupe** *(Av. General Maclovio Herrera et Pedro Gómez)* aux grandes tours de style néoroman ; l'**église San Juan de Dios** *(à l'Ouest de la Plaza Guillermo Baca ; ouvert toute l'année, le lundi de 10 h à 11 h et de 15 h 30 à 18 h 30, du mardi au samedi de 9 h à 13 h et de 15 h 30 à 18 h 30, le dimanche de 9 h à 13 h et de 16 h à 20 h ; ☎ (152) 209-50)* qui renferme un retable baroque à *estipites* du 18e s. très bien conservé ; le **Palacio de Alvarado** *(une rue à l'Ouest de la Plaza Guillermo Baca)*, de style néoclassique, qui évoque les palais italiens de la Renaissance, avec un riche **portail★** néo-baroque, et la **Parroquia de San José** *(Francisco Moreno, angle de Gal. Benítez, au Nord de la place principale ; ouvert toute l'année, du lundi au vendredi de 10 h à 13 h et de 15 h 30 à 19 h, le samedi de 18 h à 20 h, le dimanche de 6 h à 13 h et de 16 h à 21 h ; ☎ (152) 209-50)*, église du

17e s. avec un autel baroque, et dont le chœur conserve la dépouille du fondateur de Parral, Juan Rangel Viezma. C'est la seule église qui ait conservé sa chaire d'origine en pierre. Le **Museo-Biblioteca** du général Francisco Villa mérite aussi une visite. C'est l'endroit où il a été assassiné le 20 juillet 1923.

★★★ **Ferrocarril Chihuahua-Pacífico (Barranca del Cobre)** – *Chemin de fer Chihuahua-Pacifique. 6 jours. Gare rues Méndez et 24a, 2 km au Sud-Ouest de la Plaza de Armas. Voir plus loin.*

★★ **Zona arqueológica Paquimé** – *1/2 journée. 292 km. Sortir au Nord-Ouest de Chihuahua. 104 km par la route 45. Prendre l'embranchement vers Ricardo Flores Magón (44 km), tourner à gauche et suivre la route 10 vers Nuevo Casas Grandes (136 km). Prendre l'embranchement vers Casas Grandes (15 km au Sud-Ouest). Voir p. 183.*

Ferrocarril CHIHUAHUA-PACÍFICO (Barranca del Cobre) ★★★

Chihuahua

Carte des principales curiosités p. 6 – Plan p. 178

ℹ ☎ (14) 101-077

Un des circuits les plus spectaculaires que l'on puisse emprunter au Mexique est celui de la Barranca del Cobre, grâce à l'un des ouvrages d'ingénierie les plus spectaculaires jamais réalisées dans ce pays et dans le monde. Le chemin de fer qui relie Chihuahua au Pacifique a été commencé en 1898 et a été inauguré le 24 novembre 1961 dans le but de développer la sierra Tarahumara en ouvrant un débouché sur la mer par le Sinaloa.

La **Barranca del Cobre** doit son nom à la mine de cuivre du village de Tejabán, mais aussi à l'habitude de désigner cette partie de la sierra Madre occidentale par la série de ses grands ravins à la beauté majestueuse : la Barranca del Cobre, qui rejoint le canyon Tararécua et la **Barranca de Urique** ; la **Barranca de Batopilas**, près du canyon de la Bufa et celui de Munerách i ; la **Barranca de Sinforosa** ; la **Barranca de Chínipas** ; la **Baranca de Oteros** ; et la **Baranca de Candameña**. Le massif montagneux s'élève à plus de 3 000 m ; vieux d'environ 30 millions d'années, il forme l'un des plus importants systèmes orographiques de ravins et canyons au monde.

© Robert Frerck/Odyssey

Chemin de fer Chihuahua-Pacifique

CIRCUIT *6 jours*

653 km (14 heures de train). Le trajet s'effectue au départ de Chihuahua ou, à l'inverse, de Los Mochis dans le Sinaloa. On peut descendre à Creel, Divisadero, Bahuichivo, El Fuerte, etc. pour des excursions dans la sierra.

Départs de Chihuhua (Méndez et 24a) toute l'année, tous les jours à 7 h (deuxième classe, le lundi, le mercredi et le vendredi à 8 h. $80). Aller simple : $401 (14 heures jusqu'à Los Mochis). Réservation conseillée. ☎ (14) 157-756.

Départs de Los Mochis (gare ferroviaire) toute l'année, tous les jours à 6 h (deuxième classe le mardi, le jeudi et le samedi à 7 h. $80). Aller simple : $402 (14 heures jusqu'à Chihuahua). Réservation conseillée. ☎ (68) 120-853.

Pour voyager dans le sens Chihuahua-Los Mochis, on conseillera de s'asseoir sur le côté gauche du train, et vice versa.

Coupant de vastes prairies et des champs cultivés, le train fait depuis Chihuahua l'ascension des montagnes, qu'il va relier par 39 ponts et 86 tunnels, en faisant défiler des bois de pins et de chênes, des ruisseaux ondoyants et de gigantesques formations rocheuses, qui contrastent avec le paysage semi-désertique de la plaine à sa descente vers Sinaloa, peuplée de tuyaux d'orgues, de figuiers de Barbarie et autres cactus. Il fait halte dans de petits villages comme Creel, Divisadero et Bahuichivo, points de départ de merveilleuses excursions.

EXCURSIONS

Creel – Ce village d'exploitation forestière a été fondé en 1907, et doit son nom à l'ingénieur Enrique C. Creel, l'un des principaux constructeurs de la voie ferrée. Point de départ et d'arrivée des plus belles excursions dans la sierra, c'est le plus grand centre de la région pour l'infrastructure touristique, et un endroit idéal pour se procurer des objets d'artisanat **tarahumara**.
À l'Ouest de la place principale se trouve la **Casa de las Artesanías del Estado de Chihuahua** *(ouvert toute l'année, du mardi au samedi de 9 h à 13 h et de 15 h à 19 h, le dimanche de 9 h à 13 h ; $5 ; ☎ (145) 600-80)* qui présente une intéressante exposition sur les aspects essentiels de la vie des habitants de la sierra.

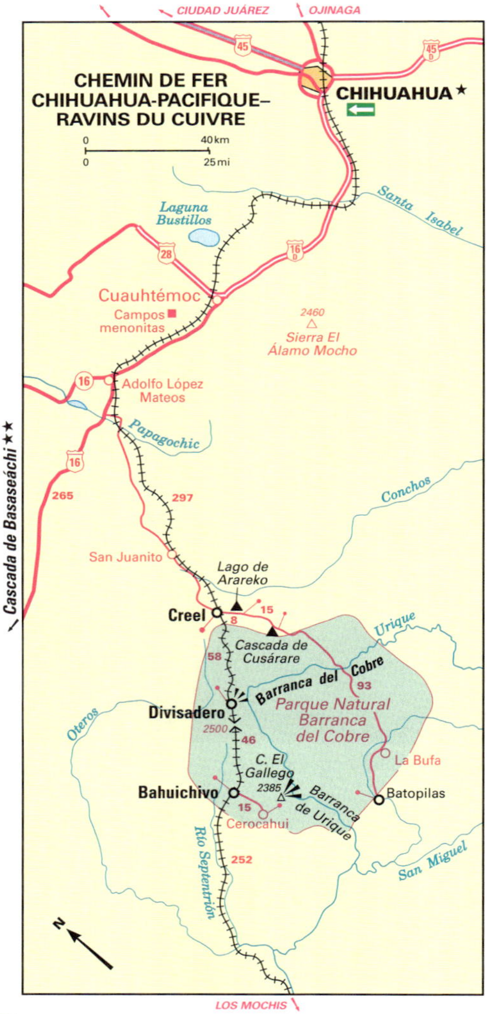

Les alentours offrent de nombreux sites à visiter. Dans la région de **Arareko** se trouve la mission jésuite de **San Ignacio**, le **Valle de los Hongos** (vallée des champignons), le **Valle de las Ranas** (des grenouilles), **Bisabírachi** – plus connu comme **Valle de los Monjes** (des moines) – et le **Lago de Arareko**. Avec sa beauté tranquille, ce lac présente un charme tout particulier. Il y a un petit embarcadère où l'on peut louer des barques et se baigner. Un peu plus loin, on visite la **Cascada de Cusárare** et le village minier de **Batopilas**. Le parcours au départ de Creel est un des plus longs et des plus intéressants de la sierra : on passe par les belvédères de la Doble Herradura, le pont de Humirá et le panorama du canyon de La Bufa. Batopilas est un des villages miniers les plus séduisants et pittoresques de la région tarahumara. On visite aux environs les ruines de l'ancienne hacienda minière d'Alexander Shepherd, de la fin du 19e s., et la grande église de Satevó, des débuts du 18e s.

Divisadero – Le train s'arrête 58 km après Creel à la gare de Divisadero. On a tout juste le temps d'admirer la **vue**★★ d'ensemble de la Barranca del Cobre, du Canyon de Tararécua et de la Barranca de Urique.

Bahuichivo – Il est possible ici d'interrompre le circuit pour descendre sur 18 km par un chemin de terre au village de Cerocahui. Il se blottit dans une jolie vallée, qui abrite une mission de 1680. On admire les Barrancas de Urique depuis le belvédère du **Cerro El Gallego** qui offre une des plus belle **vues★★** de la région. On aperçoit au loin sur les berges de la rivière l'ancien village minier d'Urique.

■ Les Tarahumaras

Photo p. 174. À l'arrivée des Espagnols, le peuple tarahumara occupait une grande partie de l'actuel État de Chihuhua. Mais l'avancée colonisatrice les a obligés à se replier dans les montagnes, seul refuge sûr pour éviter le travail forcé dans les fermes et les mines. À présent, les Tarahumaras vivent dispersés dans les campements et villages des ravins de la **sierra Tarahumara**, qui compte une population de plus de 98 000 Indiens.

Tarahumara est la version hispanisée de **rarámuri**, un terme indigène signifiant pied rapide qui fait référence à une tradition ancestrale de la course chez ces Indiens, ceux aux pieds légers.
Comme plusieurs groupes indigènes d'Amérique, les Rarámuri préservent comme leur plus précieux héritage leur culture, leurs valeurs spirituelles et le respect de la nature. C'est l'aboutissement de milliers d'années de combat culturel qui en ont fait des êtres pleins de vie, poursuivant une forme d'existence remarquable, caractérisée par l'harmonie dans leurs relations humaines et leur rapport avec la nature. Souvent ils habitent des cabanes en rondins de pin ; certains s'installent dans des grottes pour se protéger du froid hivernal ; d'autres mènent une vie semi-nomade, se déplaçant vers la basse sierra en hiver pour fuir le froid.

DURANGO★

Durango
464 566 habitants
Carte des principales curiosités p. 7
ℹ Hidalgo n° 408 Sud, Centre ☎ (18) 112-139

C'est attirés par l'éclat des métaux précieux que les fondateurs de la ville de Durango, traversant la sierra Madre occidentale, ont choisi la vallée de Guadiana pour bâtir cette capitale le 8 juillet 1563.
Imposante, teintée d'une modernité qui rappelle la proximité de ses voisines du Nord, Durango rassemble les joyaux architecturaux de son passé dans son centre historique autour de l'avenue *20 de Noviembre*. On se rend facilement au **Mercado F. Gómez Palacio**, qui propose tout un artisanat, y compris des objets réalisés au moyen de scorpions, insectes qu'on peut voir dans la région, surtout en été pendant les grandes chaleurs. Depuis les années 60, des maisons de production américaines montent des décors de cinéma à quelques kilomètres au Nord de Durango. Le paysage sauvage y sert de toile de fond pour les scènes de westerns. Avec un peu de chance, on pourra visiter un de ces décors au moment du tournage.

CURIOSITÉS *6 heures*

★**Catedral** – *Av. 20 de Noviembre, devant la Plaza de Armas, Centre. Ouvert toute l'année, tous les jours de 8 h à 21 h. ☎ (18) 112-139.* Élevée entre 1695 et 1787, et transformée en 1844 à l'intérieur, cette grande église a inspiré quelques légendes. Ses hautes tours majestueuses dominent le cadre formé par la Plaza de Armas et les édifices environnants. La **façade★★** est admirable quel que soit l'angle de vue ; elle invite à une promenade autour de l'église. À l'intérieur on voit un remarquable presbyterium, et de très belles **stalles de chœur★★** ; au fond, un candélabre d'environ 4,60m de haut, mobilier liturgique d'origine orientale incrusté d'ébène et d'os ; la sacristie, avec ses lambris en acajou sculptés dans le style baroque, abrite quatre toiles du 18e s. réalisées par Juan Correa, et d'autres de la main de José de Ibarra.

Palacio de Gobierno – *5 de Febrero, devant la Plaza del IV Centenario, entre Bruno Martínez et Zaragoza, Centre. Ouvert toute l'année, du lundi au vendredi de 8 h à 20 h, samedi, dimanche et jours fériés de 10 h à 18 h. $3. ☎ (18) 131-094.* Un riche fermier, José de Zambrano, a fait construire cette maison en 1795 ; elle lui servait de résidence familiale, et comprenait un petit théâtre appelé aujourd'hui Teatro Victoria. La construction, d'époque coloniale, se dresse semblable à un palais sur une extraordinaire arcade, et abrite maintenant les bureaux du gouvernement. À l'intérieur, sur deux niveaux, on peut voir des **peintures murales** qui racontent des épisodes de l'histoire du Mexique, emplissant ainsi les pièces de couleurs.

Casa del Conde del Valle de Súchil (banque Banamex) – *5 de Febrero, angle de Francisco I. Madero, Centre. Ouvert toute l'année, du lundi au vendredi de 9 h à 17 h. Fermé les jours de fête nationale. ☎ (18) 111-107. Photographie interdite.* Cette maison construite au 18ᵉ s., propriété du Comte Juan José del Campo Soberón y Larrea, est le joyau architectural de la ville. Le portail, juste dans un angle octogonal, est en pierre sculptée de style baroque à *estipites* à deux ordres. Le premier est très sobre et le second richement décoré ; dans une niche veille saint Joseph. À l'intérieur, les arcs très ornementés et les colonnes cannelées, retiennent l'attention du visiteur en donnant à la pièce une impression vertigineuse de mouvement.

★**Museo Regional de la Universidad Juárez del Estado de Durango** – *Victoria n° 100 Sud, angle de Aquiles Serdán, Centre. Ouvert toute l'année, du mardi au samedi de 9 h à 15 h 40, dimanche de 10 h à 14 h 30. Fermé les jours de fête nationale. $3. ☎ (18) 131-094.* Ce bâtiment, à l'origine appelé El Aguacate, l'avocatier, parce qu'on trouve cet arbre dans ses jardins extérieurs, abrite aujourd'hui le musée d'histoire régionale le plus intéressant de la ville. La pinacothèque du deuxième niveau abrite des **huiles** du peintre Miguel Cabrera (1695-1768), la salle d'archéologie des expositions de peinture rupestre et des corps momifiés, et la salle de la Révolution mexicaine une photographie grandeur nature du général Porfirio Diaz.

Museo de Culturas Populares – *Juárez n° 302 Nord, angle de Gabino Barreda, Centre. Ouvert toute l'année, du mardi au samedi de 9 h à 18 h, dimanche de 10 h à 20 h. Fermé les jours de fête nationale. $1. ☎ (18) 111-107.* Cette petite maison illustre le talent artistique et créatif des hommes et des femmes de l'État de Durango. On fait ici la rencontre de la culture populaire à travers l'art des textiles, de la vannerie et de la céramique produits dans les communes de l'État. Des manifestations culturelles y ont lieu l'après-midi, certains jours de la semaine.

EXCURSIONS

Parque Natural El Tecuán – *1/2 journée. 57 km au Sud-Ouest de la ville par la route 40 qui relie Durango et Mazatlán. Ouvert toute l'année, tous les jours de 8 h à 20 h. Cabañas $150.* ✂ ⊟ ☎ *(18) 172-764.* Après avoir suivi un chemin sinueux entre les montagnes tapissées de végétation, on rencontre une forêt épaisse et odorante de pins, de chênes verts et d'arbousiers. Avec sa petite zone de cabanes, c'est un endroit idéal pour une journée à la campagne.

Sombrerete – *1 journée (État de Zacatecas). 125 km au Sud-Est par la route 45.* *Voir p. 212.*

HERMOSILLO

Sonora

559 154 Habitants

Carte des principales curiosités p. 6

ℹ Edificio Estatal 3ᵉ étage, Comonfort et Paseo del Canal ☎ (62) 170-076 et (01-800) 716-2555

La capitale du Sonora – État où se rejoignent la montagne, la mer et le désert – s'étend sur l'aride plaine côtière du Pacifique. Après 250 années d'histoire, Hermosillo a conservé ses constructions néoclassiques du 19ᵉ s., mais son architecture moderne est le reflet d'une ville nouvelle qui se distingue comme important centre de commerce, d'industrie manufacturière, d'agriculture et d'élevage.

Un peu d'histoire – Avant l'arrivée des Espagnols, le territoire de Sonora était peuplé par deux cultures différentes : les chasseurs-cueilleurs Seris, et les agriculteurs, Cahitas, Pimas et Opatas. Malgré une tradition agricole très ancienne, aucun des groupes du Sonora n'est parvenu à développer une culture civilisée, à cause de l'aridité du sol.
À l'origine, Hermosillo était un campement seri nommé *Pitic*. En 1828, on lui a donné le titre de *ciudad* et elle a reçu le nom Hermosillo en l'honneur du général José María González de Hermosillo, du Jalisco.

CURIOSITÉS *1/2 journée*

Museo de Sonora (ancien pénitencier de Hermosillo) – *Jesús García (fin) et Esteban Sarmiento. Ouvert toute l'année, du mardi au samedi de 10 h à 17 h, dimanche et jours fériés de 9 h à 16 h. $10. ☎ (18) 172-580.* Le bâtiment, en pierre extraite du Cerro de la Campana voisin, a été construit à partir de 1897 sur un plan de l'ingénieur polonais Arthur F. Wrotnowsky, qui s'est inspiré des palais de la Renaissance italienne. Autour de 1905 il servait de prison, notamment pour des Indiens yaquis, qui ont poursuivi la construction de l'édifice. Inauguré en 1908, il a fonctionné comme pénitencier jusqu'à 1979. Le musée compte 18 salles qui présentent l'histoire générale de Sonora. Au sous-sol, on peut visiter les cachots.

Centro Ecológico de Sonora – *2 km au Sud de la ville par la route 15 vers Guaymas, km 2,5. Ouvert d'avril à octobre, du mercredi au dimanche et les jours fériés de 8 h à 19 h ; de novembre à mars, du mercredi au dimanche et les jours fériés de 8 h à 17 h. $10. ✗ ☎ (62) 501-034.* Dans le décor naturel du centre semi-désertique de Sonora s'étend une réserve consacrée à l'enseignement et la recherche sur les différents écosystèmes de la région : montagne abrupte, prairie féconde, désert aride, golfe chaud de Californie. Cet agréable circuit permet de découvrir 250 espèces animales et 300 espèces végétales locales et exotiques. Observatoire astronomique et aire de jeux.

EXCURSIONS

Bahía Kino – *1 journée. 116 km au Sud-Ouest de Hermosillo par la route 16.* En suivant la côte aride de Hermosillo, transformée aujourd'hui en une des régions agricoles les plus productives du pays, on rejoint les deux centres qui animent la baie : Kino Viejo, un village modeste qui vit de la pêche en mer ; et Kino Nuevo, qui possède une infrastructure touristique plus moderne et de grandes plages qui conservent encore des allures de côtes inexplorées. En face, l'île Tiburón, un refuge seri, semble veiller sur eux.

En raison de la forte présence Seri dans cette région, on a décidé d'ouvrir ici un petit musée qui présente les traits essentiels de leur culture *(ouvert toute l'année, du mercredi au dimanche de 9 h à 18 h ; ☎ (62) 170-076).*

Guaymas – *1 journée. 138 km. Sortir par la route 15 jusqu'à Guaymas.* Cet important port de pêche (134 625 habitants) environné de terres d'une grande richesse minérale a connu une histoire troublée : pendant plus de 200 ans la guerre a sévi dans la région : luttes contre les indiens yaquis et mayos, combats pendant l'Indépendance et la Réforme, incursions d'aventuriers et de pirates désireux de conquérir ces terres.

Caressé par les eaux bleues de la mer de Cortés, le port de Guaymas est réputé pour ses moules délicieuses et ses attractions naturelles marines et balnéaires, tout particulièrement dans la **Bahía de San Carlos**, où l'on ne manquera pas la Playa de los Algodones (plage des cotonniers).

★★ **Álamos** – *1/2 journée. 394 km. Sortir au Sud par la route n° 15 jusqu'à Navojoa (332 km), tourner à gauche par la route 162 et poursuivre sur 53 km.* Prisonnière des flancs de la sierra Madre occidentale, cette ville pittoresque (26 075 habitants) fait partie des monuments historiques mexicains. C'est une ville coloniale élégante et prospère, créée dans le dernier tiers du 17e s., tout de suite après l'ouverture de mines d'argent ; on appréciera l'harmonie des élégantes constructions du 18e et du 19e s., dressées autour de patios verts et fleuris. Álamos est la capitale mondiale des *frijoles saltarines*, ou pois sauteurs. Il s'agit de graines dans lesquelles s'introduisent des larves pendant la saison des pluies. Pendant trois à six mois, les larves se développent en faisant tressauter les pois, puis elles sortent de la graine, transformées en petits papillons. Achevée au début du 19e s., l'**Iglesia de la Inmaculada Concepción** de style baroque sobre domine la Plaza de Armas que surveille le **Palacio Municipal**, construction évoquant les forteresses espagnoles du Moyen Âge. À l'Est de la place se trouve le **Museo Costumbrista de Sonora** *(ouvert en juillet et en août, du mercredi au samedi de 9 h à 15 h, le dimanche de 9 h à 18 h ; le reste de l'année du mercredi au dimanche de 9 h à 18 h. $2. ☎ (642) 800-53)*, installé dans une demeure du 19e s., qui présente une exposition de l'histoire de la région des traditions, et des us et coutumes de Álamos.

MAZATLÁN★★

Sinaloa

357 619 habitants

Carte des principales curiosités p. 6

ℹ Edificio Banrural, 4e étage, Av. Camarón Sábalo, angle de Tiburón

☎ (69) 165-160 (à 165)

Baignée par la mer, cette ville aux magnifiques couchers de soleil s'entoure de rochers, d'îles et de plages au sable doré. Ce paysage, allié à la cordialité des habitants, crée une atmosphère particulièrement agréable pour le visiteur.

Elle figure aujourd'hui comme un des plus grands et plus importants ports mexicains du Pacifique, en raison de sa grande flotte de pêche, notamment de pêche spécialisée dans la crevette. Depuis les années 60, elle est devenue l'un des meilleurs centres touristiques du pays, avec son paysage ensoleillé et ses températures agréables toute l'année. Chaque mois de février voit revenir l'esprit très joyeux et tapageur de son **carnaval**, un des plus célèbres du Mexique. Mazatlán, « terre des cerfs », propose aussi des loisirs variés, avec des tournois de pêche au marlin, à l'espadon voilier et à la dorade.

© Robert Frerck/Odyssey
Playa Sábalo (plage de l'alose)

CURIOSITÉS

1 journée

Plages – *Av. Camarón Sábalo, Zona Dorada.* Au pied des grands hôtels luxueux au Nord du port s'étendent trois des plages les plus fréquentées, au sable fin et aux vagues clémentes : **Playa Gaviotas, Playa Sábalo et Playa Cerritos**. Ce sont les préférées des visiteurs pour se dorer au soleil, se promener, pratiquer des sports nautiques ou simplement jouir de l'agréable paysage marin qui s'ouvre sur les **trois îles** : Isla de Pájaros (oiseaux), Isla de Venados (cerfs) et Isla de Lobos (loups) ou Chivos (chevreaux).

★**Paseo del Malecón** – *Av. del Mar, au Sud de la Zona Dorada.* Au Sud de la Punta Camarón, sur le Malecón, une des plus grandes jetées de la côte mexicaine, on peut découvrir une partie de la baie et profiter de la plage solitaire et presque sauvage du Nord qui offre de belles vues et d'extraordinaires couchers du soleil.

★**Circuito Panorámico (Paseo Claussen)** – *Paseo Claussen, Av. Olas Altas et Paseo Centenario. Il est conseillé de prendre un taxi.* Sur le tronçon le plus sinueux de ce front de mer, à partir du fort *31 de Marzo* en direction du Sud, des **belvédères** situés à peu de distance les uns des autres portent des monuments symboliques de la ville qui ressortent sur le bleu intense de la mer.
Au sommet des falaises qui regardent l'océan, entre les rochers de la **Nevería** et le **Cerro del Vigía**, on a une **vue panoramique** qui dessine les contrastes entre le vieux Mazatlán et la ville moderne. Le Cerro del Vigía *(monter par le Paseo del Centenario)* est couronné du mirador de la ville, ancien point stratégique de la défense du port. De cet endroit, on peut voir le quai principal et le **Cerro del Crestón**, une formation rocheuse qui domine la mer de 157 m a et porte le phare naturel le plus haut du monde, toujours en activité.

Acuario Mazatlán – *Av. de los Deportes n° 111, à quelques pas de l'Av. del Mar. Ouvert toute l'année, tous les jours de 9 h 30 à 18 h. Fermé le 13 septembre. $30. ✗ ☎ (69) 817-817.* Cet aquarium aux formes hexagonales héberge dans son bassin principal plusieurs sortes de requins. Autour, des aquariums plus petits contiennent plus de 100 espèces marines et poissons d'eau douce. On y voit aussi un musée de la mer où sont exposés les méthodes et les équipements employés pour les différents types de pêche dans la région, ainsi que des spécimens ou des reproductions de diverses espèces marines. À l'extérieur on visite un jardin botanique, une volière et des bassins à crocodiles, tortues d'eau douce et petites loutres de mer. Tous les jours, spectacles de plongeurs, de loutres de mer et d'oiseaux.

Museo Arqueológico Mazatlán – *Sixto Osuma n° 76, dans le vieux Mazatlán. Ouvert toute l'année, du mardi au dimanche de 10 h à 13 h et de 16 h à 19 h. Fermé les jours de fête nationale. $6. ✗ ☎ (69) 853-502.* Dans ce petit musée, les vestiges archéologiques des cultures préhispaniques qui ont peuplé la région du Sinaloa donnent au visiteur un aperçu des coutumes de ses anciens habitants. Dans la première salle sont exposées des cartes géographiques de la région.

EXCURSIONS

Concordia et Copala – *1 journée. Circuit total : 67 km de Mazatlán à Copala. Sortir de Mazatlán au Sud par la route 15 jusqu'au village de Villa Unión. Tourner à gauche à l'embranchement et prendre la route 40 vers Durango. 20 km jusqu'à Concordia.*

Concordia – De petites maisons blanches aux toits de tuiles carmin entourent la petite place centrale et l'église paroissiale San Sebastián, intéressant exemple d'architecture baroque du 18e s. avec son harmonieuse façade riche en détails. L'artisanat a rendu célèbre cette localité, ébénisterie fine en bois de cèdre artistement sculpté et poterie en céramique craquelée.

Copala – *De Concordia poursuivre vers l'Est par la route 40 sur 24 km jusqu'à l'embranchement vers Copala. Poursuivre sur 1 km par le chemin de terre.* Ancien village minier, cette bourgade pittoresque au pied de la sierra Madre occidentale semble suspendue aux versants montagneux. Pour le plaisir des amoureux de l'ancien Mexique, elle offre l'agrément de ses étroites ruelles pavées, de ses façades multicolores et du fer forgé de ses balcons et fenêtres. À cette atmosphère rustique s'ajoute le charme de la végétation exubérante des palmiers et des *tabachines* qui prospèrent sous son chaud climat semi-tropical. Sur la petite place centrale se dresse la *Parrochia*, d'où l'on contemple un paysage verdoyant.

La Paz – *1 journée. Accès par bac ou par avion.* *Voir p. 192.*

Zona arqueológica PAQUIMÉ★★

Chihuahua

Carte des principales curiosités p. 6

☎ (169) 241-40

Dans la vallée de Casas Grandes, près du fleuve du même nom, s'étend une ville en terre en forme de labyrinthe. Paquimé, de son nom indigène, ou Casas Grandes, telle que l'ont baptisée les Espagnols, est considérée par les archéologues comme le plus important centre urbain, religieux et de commerce du Nord du Mexique *(Cultures du Nord p. 30)*. Elle a probablement dominé sur le plan politique et économique un territoire qui allait de la grande région chichimèque jusque au-delà de la sierra Madre, c'est-à-dire toute une région maintenant aux États-Unis, (États de l'Arizona,du Nouveau Mexique,de l'Utah et du Colorado), ainsi qu'une partie des États de Sonora et Durango. Ses habitants obtenaient de cette immense région minéraux, pierres précieuses (turquoise en particulier), bois et produits alimentaires, marchandises dont ils faisaient commerce avec les États mésoaméricains. Cette culture a connu son apogée durant la période de Paquimé (1300-1450). *Accès difficile en période de pluies.*

VISITE *1/2 journée*

Au départ de Chihuahua (299 km), sortir au Nord-Ouest par la route 45 (104 km). Prendre l'embranchement vers Ricardo Flores Magón (44 km), tourner à gauche, prendre la route10 vers Nuevo Casas Grandes (136 km) et ensuite l'embranchement vers Casas Grandes (15 km au Sud-Ouest). Poursuivre sur 600 m en direction du Sud.

Au départ de Ciudad Juárez (309 km), sortir au Sud par la route 45; 20km plus loin tourner à l'Ouest par la route 2 jusqu'à Janos (232 km); prendre l'embranchement au Sud-Est par la route 10 jusqu'à Casas Grandes (57 km). Poursuivre sur 600 m vers le Sud. Ouvert toute l'année, du mardi au dimanche de 10 h à 17 h. $10. ☎ (169) 241-40.

★**Museo de las Culturas del Norte (Centre Culturel Paquimé)** – Ce musée moderne se trouve sur un des côtés du site archéologique. Il conserve plus de 800 pièces comprenant des fossiles de grands animaux, de la céramique de Paquimé, des maquettes,

Pedro Urbina-Martin

Ensemble d'habitations

des objets régionaux et des textiles des cultures les plus importantes du Nord. Intégré à son environnement, le bâtiment a été pensé comme une œuvre d'architecture paysagiste. Son dessin s'inspire des ruines du centre cérémoniel de Paquimé. De la terrasse de l'étage supérieur et de son belvédère on découvre la nature environnante et le site archéologique.

Zona arqueológica – Le site se distingue des autres centres préhispaniques du Mexique par ses constructions en terre. Celles-ci forment des noyaux urbains avec des constructions à caractère civil et religieux orientées Sud-Ouest/Nord-Ouest, dont certaines révèlent une influence mésoaméricaine, comme les jeux de balle (un au Nord-Ouest, l'autre au Sud de la ville), et la Casa de la Serpiente, au Sud-Ouest. La cité présente une **place centrale** et des vestiges de **maisons communales**. Ces maisons sont approvisionnées en eau courante au moyen de canalisations souterraines, dotées de plusieurs pièces et cours, et comportent jusqu'à six étages. Les entrées en forme de T retiennent l'attention: peut-être s'agissait-il d'une architecture défensive, ou d'une technique servant à isoler l'intérieur des bâtiments du froid et du vent. Au Nord de l'ensemble d'habitations on remarque le **Montículo de la Cruz**, orienté vers les astres, sans doute en rapport avec l'activité agricole de Paquimé développée suivant un système de terrasses. Une attention particulière était apportée à l'élevage des oiseaux tropicaux, peut-être pour employer leur plumage à des fins ornementales. On verra ainsi dans les cours de la **Casa de las Guacamayas**, au Sud-Ouest de la place centrale, une série de petites cages adossées aux murs. La sensibilité de cette culture s'est exprimée dans la **céramique**, monochrome à l'origine, ensuite avec des combinaisons de noir et de rouge sur fond blanc et crème, avec des dessins géométriques.
Vers 1450 la ville a été abandonnée avant la venue des Espagnols dans le voisinage, probablement à la suite de l'attaque d'une tribu ennemie, qui aurait provoqué un grand incendie détruisant la ville, drame s'ajoutant sans doute aux changements climatiques et aux sécheresses persistantes.

EXCURSION

Ciudad Juárez – *1/2 journée. 303km. Sortir vers le Nord par la route 10 vers Janos (70km). À Janos prendre à droite par la route 2 vers Ciudad Juárez.* Au 16e s., les voyageurs transitaient par le Nord du pays en traversant le Río Grande. Ils s'arrêtaient pour se reposer auprès d'un gué du fleuve appelé Paso del Norte. Au 17e s., les frères franciscains ont fondé à cet endroit une mission qui deviendra plus tard Ciudad Juárez, aujourd'hui dynamique ville frontalière (1 011 786 habitants). Centre le plus important du Mexique pour les *maquiladoras*, la ville s'étend dans une vallée fertile qui contraste avec le paysage désertique qui l'entoure, comme les **Médanos de Samalayuca** qui font penser aux dunes traditionnelles du désert. Le tourisme frontalier afflue dans cette ville à la vie nocturne animée par de nombreux spectacles, boîtes de nuit, maisons de jeux et corridas. Au nombre de ses attraits culturels on retiendra la **Misión de Nuestra Señora de Guadalupe** à la magnifique charpente richement décorée *(ouvert toute l'année, du lundi au jeudi et le dimanche de 7 h 30 à 19 h 30, le vendredi de 7 h 30 à 18 h 45, le samedi de 9 h à 11 h et de 12 h à 15 h ; ☏ (16) 155-562)* le musée d'Art dans le quartier commerçant de PRONAF, le musée d'Anthropologie et d'Histoire, dans le bâtiment de l'ancienne douane, et le parc Chamizal.

INSCRIPTIONS AU PATRIMOINE CULTUREL DE L'HUMANITÉ

Centres historiques	**Sites archéologiques**
MÉXICO ET XOCHIMILCO (1987)	MONTE ALBÁN, Oaxaca (1987)
OAXACA (1987)	PALENQUE, Chiapas (1987)
PUEBLA (1987)	TEOTIHUACÁN, État de MEXICO (1987)
MORELIA (1991)	CHICHÉN ITZA, Yucatán (1988)
ZACATECAS (1993)	EL TAJÍN, Veracruz (1992)
QUERÉTARO (1996)	UXMAL, Yucatán (1996)

Autres

RÉSERVE DE LA BIOSPHÈRE SIAN-KA'AN,
Quintana Roo (1987)

Ville de GUANAJUATO et ses mines (1988)

Peintures rupestres
de la SIERRA DE SAN FRANCISCO,

Basse-Californie du Sud (1993)

Sanctuaire des baleines
de la RÉSERVE DE LA BIOSPHÈRE EL VIZCAINO,
Basse-Californie du Sud (1993)

Monastères du 16e s. sur les pentes
du volcan Popacatépetl (1994)

BASSE-CALIFORNIE

Terre mythique des missions, des plages et des baleines

Artisanat et gastronomie p. 47. Séparée du massif continental il y a des millions d'années, baignée par l'océan Pacifique et la mer de Cortés ou le golfe de Californie, la Basse-Californie est avec ses 1 200 km de longueur la plus grande **péninsule**★★ du monde. Son relatif désert démographique est l'un de ses charmes. Considérée comme une des régions les moins arrosées de la planète, elle possède un climat pour l'essentiel aride, aux températures extrêmes. Avec la plus faible densité démographique du Mexique, la péninsule – qui n'a pas encore été entièrement explorée – semble un autre pays. Par sa culture, avec ses immigrants venus d'autres États, c'est le Mexique. Mais le dollar est une monnaie d'échange ici, et il vaut mieux parler anglais. La route 1 (1 645 km) traverse la péninsule depuis 1973. La parcourir, c'est approcher le cœur énigmatique de cette région, jouir des nuances de bleu de la mer et du contraste entre désert et sierras abruptes, sculptées par la faille de San Andréas et peuplées de cactus. Dans ses sierras, comme dans ses îles et criques très peu habitées, on découvre des vallées agricoles fertiles et des plages ravissantes. On trouve ici diverses espèces animales, des peintures rupestres, des minéraux, des perles, des vins, d'excellentes moules. Ces charmes si variés attirent inexorablement depuis plus de 450 ans colonisateurs, aventuriers et voyageurs en quête de rêves.

Un peu d'histoire – Cette partie du Mexique a été habitée au Nord et au Centre par les Cochimis et au Sud par les Pericúes et les Guaycuras. La plupart de ces groupes nomades ont disparu pendant la colonisation à cause des maladies.
Les premiers colonisateurs pensaient qu'il s'agissait ici de l'île paradisiaque de Californie, résidence de la mythique reine Calafia, mentionnée par un récit populaire de l'époque, *Las Sergas de Esplandián (Les exploits d'Esplandian)* de Garci Ordóñez de Montalvo. Les tentatives de colonisation à partir de 1532 ont été infructueuses. Ce n'est qu'après l'arrivée en 1697 des missionnaire jésuites, et 80 ans passés à semer et à évangéliser, puis suite au travail des franciscains et des dominicains, que la dernière avancée expansionniste espagnole en Amérique a réussi là où les armes avaient échoué. La période missionnaire s'est terminée en 1834.
La Basse-Californie a été revendiquée par les États-Unis après la guerre de 1847. Le Mexique en a refusé la concession. Le 28e parallèle divise la péninsule en deux États : Basse-Californie (au Nord) et Basse-Californie du Sud.

© Brenda Tharp

Arche naturelle, Cap San Lucas

BASSE-CALIFORNIE (NORD)

2 112 140 habitants

Carte des principales curiosités p. 6

Av. Revolución n° 711, angle de la Calle 1, Centre, Tijuana ☎ (66) 880-555

Le climat du Nord diffère du climat sec du reste de la péninsule. Les pluies qui arrosent le Nord-Ouest favorisent l'exploitation de la vigne, du coton et du blé dans les vallées fertiles comme celle de Guadalupe, célèbre pour ses vins. Des bois de pins et de chênes verts peuplent la **sierra de San Pedro Mártir** (3 078 m) qui se couvre de neige en hiver, et où se trouve l'Observatoire astronomique national. On y pratique des sports comme la course automobile, le cyclisme, la pêche et la planche à voile. On peut se livrer aussi à l'**observation des baleines**, parmi plus de 300 événements organisés dans l'état pendant l'année. Mais on y trouve aussi des sites cachés de **peintures rupestres**, ainsi que des **missions** pour la plupart implantées par les dominicains, dont beaucoup sont en ruines.

TIJUANA *3 heures*

On appelle cette ville de 991 592 habitants la cité des opportunités, à cause du grand nombre d'émigrants à la recherche d'un emploi aux États-Unis qui viennent ici traverser la frontière, de plus en plus surveillée et éclairée tout au long de ses 5 km par des projecteurs comme ceux des stades. Tijuana est seulement à 30 mn de San Diego, sa croissance rapide en a fait la quatrième agglomération du pays. Ce serait la ville la plus visitée au monde, en partie à cause de l'afflux d'Américains recherchant les commerces, restaurants et lieux d'animation nocturne de la célèbre **Avenida Revolución**, se passionnant pour les corridas, ou les courses de lévriers à l'hippodrome de Agua Caliente, et pour le Jai Alai, jeu rapide de pelote basque. Le **Centro Cultural Tijuana** *(Paseo de los Héroes et Mina, zona Rio, ouvert toute l'année, tous les jours de 10 h à 20 h. ✗ ☎ (66) 841-111)* abrite un musée avec quatre salles consacrées aux expositions temporaires, dont une présentation de la culture et des arts de la région frontalière. Dans l'énorme sphère extérieure se trouve une **salle Omnimax** *(séances du lundi au vendredi toutes les heures entre 15 h et 21 h, samedi, dimanche et jours fériés toutes les heures entre 11 h et 21 h, $20. ☎ (66) 841-111)* où l'on projette des films sur un écran hémisphérique de 180°.

RENSEIGNEMENTS PRATIQUES

Comment s'y rendre – Par avion: Les compagnies aériennes des États-Unis et du Canada desservent Los Cabos. Les compagnies nationales comme Aeroméxico ☎ (01-800) 909-99, Mexicana ☎ (01-800) 502-20, AeroCalifornia ☎ (66) 842-100 et Aerolitoral ☎ (01-800) 909-99 assurent des vols et des correspondances vers Mexicali, Tijuana, Loreto, La Paz et Los Cabos. Les vols en provenance d'autres parties du monde font escale à Mexico. Taxis dans tous les aéroports. Les principales agences de location de voitures *(p. 360)* se trouvent dans tous les aéroports.

Par autocar : Les gares routières des grandes villes de la péninsule abritent différentes compagnies qui assurent des liaisons directes et des correspondances avec les principaux centres d'intérêt. Ensenada ☎ (617) 866-80, Guerrero Negro ☎ (115) 706-11, La Paz ☎ (112) 242-70 et 221-57, Loreto ☎ (113) 507-67, Los Cabos ☎ (114) 211-08, Mexicali ☎ (65) 572-451; Santa Rosalia ☎ (115) 201-50, San José del Cabo ☎ (114) 221-57, Tijuana ☎ (66) 212-982 à 987. *Ces numéros permettent d'obtenir des renseignements sur les destinations, tarifs et horaires.*

Par bateau : SEMATUR Transbordadores *(bacs transportant véhicules et passagers)* effectuent trois circuits différents reliant la péninsule au continent: les prix varient selon la classe. Mazatlán-La Paz *(du dimanche au vendredi, départ 15 h, arrivée 9 h, aller simple $166-$658, retour à Mazatlán: mêmes horaires.* Topolobambo-La Paz *(tous les jours, départ 22 h, arrivée 8h, $111-$438. Retour à Topolobambo tous les jours départ 11 h, arrivée 19 h).* Guaymas-Santa Rosalia *(le mardi et le vendredi, départ 11 h, arrivée 18 h, $111-$438, retour à Guaymas le dimanche et le mercredi,, départ 8h, arrivée 15h).* Renseignements, billets et réservations: La Paz ☎ (112) 538-33, Mazatlán ☎ (01-800) 696-9600, et aussi, Mar de Cortés (Cabo San Lucas) ☎ (114) 337-17, et Festival Tours (Los Mochis) ☎ (5) 682-7043 (Mexico) ☎ (5) 682-7043. *Il est conseillé de réserver deux semaines à l'avance.*

Renseignements touristiques – *www.bajalife.com et www.loreto.com.* Les offices de tourisme de chaque ville de la péninsule donnent des renseignements sur les hôtels, agences de voyage et tour-opérateurs, et fournissent cartes et dépliants.

Ensenada	Oficina de Turismo, Bd. Lázaro Cárdenas n° 1477, angle de la Calle Las Rocas, Ensenada, C.P. 22830 ☎ (61) 230-22.
La Paz	Oficina de Información Turística, Paseo Álvaro Obregón, angle de 16 de Septiembre, La Paz C.P. 23000 ☎ (112) 259-39.
Loreto	Oficina de Información Turística, Madero et Salvatierra, centre, Loreto C.P. 23800 ☎ (115) 504-11.
Los Cabos	(les caps) Oficina de Información Turística, Zaragoza, angle du Bd. Mijares C.P. 23400, San José del Cabo ☎ (114) 22960.
Tijuana	Oficina de Turismo INFOTUR, Av. Revolución n° 711, angle de la Calle 1a, centre, Tijuana C.P. 22000 ☎ (66) 880-555.

Hébergement – Les principales chaînes hôtelières *(p. 360)* sont implantées à Tijuana, Ensenada, Mexicali, Loreto et La Paz. On trouve des établissements La Pinta Hotels ☎ (01-800) 636-05 à plusieurs endroits de la péninsule. On peut effectuer des réservations depuis les États-Unis et le Canada dans différents hôtels de la péninsule, par México Accommodations ☎ (800) 262-4500. La région est parsemée de petits hôtels, maisons d'hôtes et auberges de jeunesse. Dans toute la péninsule on trouve des sites pour **camping-cars (RV)** *(p. 362).* En voici quelques uns: Ensenada: Campo Playa RV Park, Hermosa Beach RV Park, Loreto: Ejido Loreto and Trailer Park, La Paz: El Cardón Trailer Park, El Carrizal RV Park, San José del Cabo: Brisa del Mar Motel and RV Park, Cabo San Lucas: El Arco, Vagabundos del Mar. Pour la **météo** et les **fuseaux horaires** voir *pp. 355 et 364.*

Excursions spéciales – Pour le **tourisme d'aventure** et le **tourisme vert** ou écotourisme *(p. 366),* contacter l'Asociación Nacional de Guías en Ecoturismo y Turismo de Aventura (La Paz) ☎ (112) 522-77. On pratique la **nage avec masque et tuba, la plongée** *(d'avril à novembre)* et le **kayak** *(de novembre à avril)* à plusieurs endroits de la péninsule, contacter Baja Quest (La Paz) ☎ (112) 353-20. À Loreto: **pêche, promenades en bateau, plongée** et nage avec masque et tuba ; contacter Arturo's Sport Fishing Fleet ☎ (113) 507-66 et Ricardo's Sport Fishing ☎ (113) 500-25. Pour des **excursions à cheval** ou à **vélo tout terrain** sur les plages et dans le désert, contacter Las Parras Tours (Loreto) ☎ (113) 510-10. **Observation des oiseaux** dans la zone de la Bahía de los Ángeles: Mulegé, Baja Tropicales ☎ (115) 304-09, Loreto, Las Parras Tours ☎ (113) 510-10 ou Asociación Nacional de Guías en Ecoturismo y Turismo de Aventura *(voir ci-dessus).* **Observation des baleines grises** *(meilleure saison de janvier à mars, p. 189).* On visite aussi des **réserves naturelles** et des sites de **peintures rupestres** *(meilleure saison de novembre à mars. Autorisation spéciale nécessaire p. 189).*

EXCURSIONS

Mexicali – *1/2 journée. 189 km à l'Est de Tijuana par la route 2.* Capitale de l'État, cette ville frontalière (696 034 habitants) doit son développement économique du début du 20e s. à l'utilisation du Río Colorado pour irriguer la vallée. C'est aujourd'hui un des centres industriels et agricoles les plus importants du pays. Dans le **Museo Regional de la Universidad Autónoma de Baja California** *(Reforma et Calle L, ouvert toute l'année, du mardi au vendredi de 8 h 30 à 18 h, samedi et dimanche de 9 h à 14 h, fermé le 1er janvier et le 24 décembre, $5, ☎ (66) 541-977)* on découvre l'histoire et la géographie régionales. La petite exposition de spécimens de la faune régionale est à voir.

Puerto de San Felipe – *1/2 journée. 198km au Sud de Mexicali par la route 5.* Ce village de pêcheurs pris entre la mer de Cortés et le désert est entouré de majestueux reliefs rocheux. C'est un endroit idéal pour la pêche sportive, ou bien pour profiter des plages.

★★CIRCUIT DE TIJUANA A LA PAZ *10 jours. 2 524 km.*

Tijuana – *Voir plus haut.*

Ensenada – *108km au Sud de Tijuana par la route1.* Ville accueillante, dont le port de mer au fond de la Bahía de Todos Santos est l'un des plus anciens et importants de la péninsule. Elle a été fondée en 1542 par la navigateur portugais João Rodrigues Cabrilho, et baptisée en 1602 **Ensenada de Todos los Santos** par l'Espagnol Sebastián Vizcaíno. Près de cette localité s'étendent la vallée de Guadalupe au Nord, et la vallée de Santo Tomás au Sud, célèbres **régions viticoles★**, on en découvre toute la saveur en se rendant aux dégustations offertes, entre autres, par les **Bodegas de Santo Tomás**, les plus anciennes de la ville *(Av. Miramar n° 666, ouvert toute l'année, tous les jours de 9 h à 15 h, $16, ✗ ☎ (61) 825-09).* **Le Centro Social, Cívico y Cultural Riviera de Ensenada** (**ancien casino Riviera del Pacífico**) *(Bd. Costera Lázaro Cárdenas et Av. Riviera, ouvert toute l'année, tous les jours de 8 h à 18 h, ☎ (61) 764-310),* est un ancien hôtel-casino célèbre ouvert en 1930, fréquenté par des artistes connus de l'époque, il a dû fermer ses portes au bout de huit ans, du fait de l'interdiction des jeux de hasard. Le bâtiment de style andalou abrite aujourd'hui le **Museo de Historia de Ensenada** *(ouvert de juin à août, du mardi au dimanche et les jours fériés de 10 h à 18 h, de septembre à mai, du mardi au dimanche et les jours fériés de 9 h à 17 h, fermé le 1er janvier, le 1er mai et le 25 décembre, $5, ☎ (61) 770-594).*

La Bufadora (« l'explosion ») – *36km de Ensenada. Sortir au Sud par la route 1, 16 km jusqu'à Maneadero et 20 km à l'Ouest par la chemin qui conduit à Punta Banda.* À l'endroit où la montagne plonge perpendiculairement dans l'océan, la mer a formé une cavité au pied de la falaise: l'eau qui s'y engouffre en rejaillit dans un fracas étonnant en un jet d'une puissance impressionnante, pouvant atteindre 20 m de haut.

Bahía de San Quintín – *191 km au Sud de Ensenada par la route1.* Une chaîne de petits volcans protège cette baie en U, où l'on pratique la pêche au gros. Des **vestiges** de la colonie anglaise de l'*English Land Company*, qui s'est établie en 1880 dans cette zone agricole, sont visibles dans la région.

Sur le trajet de San Quintín à Guerrero Negro, faire le plein d'essence à chaque station sur la route. En coupant le 28e parallèle, frontière entre les deux États mexicains, on avance sa montre d'une heure, sauf pendant l'été (avril à octobre).

Guerrero Negro – *412 km de San Quintín et 7 km du 28e parallèle par la route 1.* Ici s'étendent les plus grands marais salants du monde. Aux lagunes Ojo de Liebre *(9 km au Sud de Guerrero Negro par la route et 20km par le chemin de terre)* et Guerrero Negro, on observe pendant l'hiver le **rassemblement des baleines grises★★★** *(départs de Guerrero Negro tous les jours à 8 h et 11 h de janvier à mars. Circuit complet commenté $135 (1 heure depuis l'embarcadère de Ojo de Liebre) et $315 (3 heures, circuits organisés par les agences), Mario's Tours ☎ (115) 708-88. Réservation conseillée.*

★**San Ignacio** – *150 km de Guerrero Negro.* Sous les hauts dattiers, le village apparaît comme une oasis au milieu du désert. La promenade dans San Ignacio offre le tableau de la rivière qui fertilise la petite vallée. En 1728, le jésuite Juan Bautista Luyando fonde la mission San Ignacio Kadacaamán dans la région, qui n'était habitée que par près de 200 Indiens cochimis. L'**église** en forme de croix latine *(visite guidée tous les jours de l'année de 6 h à 18 h, ⚠ ✗ ▣ ☎ (115) 402-22)* construite en pierre volcanique par les dominicains a été terminée en 1786. Elle est demeurée intacte. À l'intérieur, riches autels baroques recouverts de dorures. À côté de l'église s'ouvre un **musée local** *(ouvert d'octobre à mai du lundi au samedi de 8 h à 18 h, de juin à septembre du lundi au samedi de 10 h à 16 h, ☎ (115) 402-22)* qui propose une information sur les **peintures rupestres★★** que l'on visite à proximité dans la **sierra de San Francisco**, site inscrit au Patrimoine culturel de l'humanité *(pour s'y rendre, demander une autorisation au musée local, Calle Valdivia, Centre, C.P. 23930, San Ignacio, B.C.S. ou bien Kuyima ☎ (115) 400-70).* À la **Laguna de San Ignacio**, 60 km plus loin, on **observe** pendant la saison les **baleines grises★★★** *(départs du 15 décembre au 15 avril, tous les jours de 8 h à 17 h. Réservation conseillée. $225, Kuyima ☎ (115) 400-70).*

© Robert Frerck/Odyssey

Peintures rupestres, sierra de San Francisco

Santa Rosalía – *76km de San Ignacio.* Le village établi à la fin du 19e s. face à la mer de Cortés conserve encore ses constructions originales en bois, dans un mélange de styles français et californien. Elles ont été édifiées par la compagnie minière française *El Boleo*, nom s'inspirant de la forme « en boules » du cuivre découvert dans la région. Une promenade dans le quartier **Mesa Francia**, et dans la rue principale, où se trouve la boulangerie centenaire **El Boleo** *(ouvert toute l'année, du lundi au samedi de 9 h 30 à 19 h 30, ☏ (115) 203-10)* transporte le visiteur à une autre époque. L'**église Santa Bárbara** *(ouvert toute l'année, tous les jours de 6 h à 20 h, ☏ (115) 200-08)* est une des premières constructions préfabriquées du monde. Conçue par Gustave Eiffel en 1884 et installée à Santa Rosalia en 1897, elle se compose de légers assemblages métalliques.

Mulegé – *61km de Santa Rosalia.* Fondé comme mission en 1705, Mulegé (« grand ravin de la bouche blanche » en langue cochimi) se trouve dans une vallée généreuse, à l'instar de ses habitants. Le village est traversé par une rivière et entouré de hautes palmeraies et de potagers qui suivent l'estuaire pour rejoindre la Bahía Concepción. Au sommet d'une colline dominant le village se dresse l'**église de la Misión de Santa Rosalia** achevée en 1766 *(ouvert toute l'année, du lundi au vendredi de 8 h à 15 h, samedi et dimanche en fonction des horaires des messes et du catéchisme, ☏ (112) 401-00)*. Abandonnée en 1828 et restaurée par la suite, elle a conservé sa modeste façade mais pas son intérieur d'origine. Au Sud de Mulegé, la **Bahía Concepción★** possède sur 40km des plages irrésistibles, dont certaines presque vierges. Parmi les plus fréquentées, on a **Santispac** *(22 km de Mulegé)*, **El Coyote** *(30 km)* et **El Requesón** *(45 km)*.

Loreto – *136km de Mulegé.* C'est une petite ville tranquille (9986 habitants) au bord de la mer, appelé **Concho**, « palétuvier rouge », en langue indigène. En 1697 Juan María de Salvatierra a fondé ici la **Misión de Nuestra Señora de Loreto** *(ouvert toute l'année, tous les jours de 6 h à 20 h, ☏ (113) 500-05)*. C'est la première mission, à partir de laquelle on a définitivement colonisé la Californie. Pour cette raison on lit sur la façade de l'église l'inscription « source et mère de toutes les missions de Californie ». L'église qui possède un modeste portail Renaissance a été reconstruite à la suite des dégâts provoqués par les tremblements de terre et les cyclones. La tour (1947) ne correspond pas à la coupole d'origine. À l'intérieur, l'autel principal de style baroque à *estipites* présente l'image de Notre-Dame-de-Lorette, patronne de la conquête spirituelle de la Basse-Californie, à côté d'huiles représentant les saints jésuites. Sur un des côtés de l'église est installé le **musée des missions** *(ouvert toute l'année, tous les jours de 9 h à 16 h, $10, ☏ (113) 504-41)*, dans un édifice en pierre et bois d'acacia du 18e s. Ses sept salles dépeignent le processus de colonisation de la Basse-Californie, illustré par une exposition d'art religieux, d'armes et d'objets quotidiens, la plupart du 18e s. On y voit aussi la reproduction d'une *rancheria* typique de la Basse-Californie du Sud, héritage des missions jésuites. La **croix** du patio central a été sculptée par la nature.
A 38km de Loreto, on découvre la seconde mission des Californies fondée en 1699, la **Misión de San Francisco Javier★** *(ouvert toute l'année, tous les jours 24 h/24 h, ☏ (113) 504-11)*. L'église (1744-1759) passe pour la plus belle et la mieux conservée de la région. Elle a conservé son autel d'origine.

La Paz – *359km de Loreto. Voir plus loin.*

■ Spectacles marins

Sur sa côte Est, la péninsule protège la mer de Cortés, où vivent plus de trois mille espèces marines. C'est un endroit idéal pour la plongée. On peut voir ici de petits hippocampes, des lions de mer et différentes espèces de baleines, ainsi que des récifs coralliens et des cascades de sable sous-marines. En été, on peut apercevoir de grands requins. Cette diversité animale est liée à l'abondance d'éléments nutritifs dus au grand courant froid qui pénètre le golfe de Californie. La **baleine grise** parcourt chaque année 10 000 kilomètres, de l'Alaska et la mer de Chukchi jusqu'aux côtes pacifique de la Basse-Californie du Sud, pour s'accoupler et pour mettre bas après 13 mois de gestation. Entre décembre et mars se déroule le merveilleux **spectacle**★★★ de ces gigantesques cétacés qui pèsent 40 tonnes, arrivés seuls, mais qui repartent accompagnés de leurs baleineaux nouveau-nés. Les lagunes **Ojo de liebre** et **San Ignacio**, dans la **Reserva de la Biósfera El Vizcaíno** *(Patrimoine culturel de l'humanité depuis 1993)* en sont d'excellents sites d'observation, car la forte teneur en sel de l'eau fait flotter les bébés baleines. Autre point d'observation conseillé, la **Bahía Magdalena**, à 260 km au Nord-Ouest de La Paz.

© Bob Schalkwijk

Lions de mer

BASSE-CALIFORNIE DU SUD

375 494 habitants

Carte des principales curiosités p. 6

ℹ Route vers le Nord, au km 5,5 – Edificio Fidepaz ☎ (112) 401-00 et Malecón, 16 de Septiembre et Obregón, La Paz ☎ (112) 259-39

La péninsule Sud est devenue un État en 1974. Depuis qu'elle est traversée par la route péninsulaire, on peut découvrir sur toute sa longueur des peintures rupestres et des réserves naturelles. En quittant cet itinéraire, on peut se lancer dans des excursions audacieuses, mais la plupart requièrent des guides spécialisés.

Dans la **sierra de San Francisco**, proche de San Ignacio, on visite un des sites de **peintures rupestres** les plus importants au monde, en raison de leur variété et de leurs dimensions *(voir p. 189)*. Près de Mulegé, dans la sierra de San Borjita, il est possible de nager dans d'étroits canyons qui conduisent à la grotte **La Trinidad**, qui renferme aussi des peintures pariétales.

De Santa Rosalia à Loreto, la route s'étend entre la mer et la grandiose **sierra de la Giganta**. On y accède depuis Loreto à dos de mulet, ou à vélo tout terrain, pour visiter les **missions** et les ranchs fertiles implantés par les jésuites il y a presque trois siècles. Au Sud de La Paz, sur la route de Los Cabos, on rencontre la **Reserva de la Biósfera sierra**

© Robert Holmes

Jetée, La Paz

de la Laguna, habitat de nombreuses espèces naturelles. On peut y randonner entre les canyons, parmi les conifères et l'abondante végétation, ou se baigner dans des eaux thermales. Une fois au sommet, on contemple aussi bien l'océan Pacifique que le golfe de Californie, où l'aventure continue.

LA PAZ *1/2 journée*

Au bord des eaux tranquilles de la Bahía de la Paz s'étend la capitale de l'État (182 418 habitants), ville sereine célèbre pour ses couchers de soleil. Presque trois siècles après 1535, année de son exploration par Hernán Cortés (qui l'avait baptisée port et baie de Santa Cruz) et en dépit du paisible nom de La Paz donné en 1596 par le capitaine Sebastián Vizcaíno, l'hostilité du milieu et le manque de vivres ont retardé l'établissement de l'implantation permanente, qui n'a eu lieu qu'en 1811.
Le visiteur recherchant la détente prendra au Nord de la jetée et optera pour l'une de ses agréables plages: **El Tesoro** *(13 km)*, **Pichilingue★** *(17 km)*, **Balandra** *(23 km)* et **El Tecolote** *(26 km)*. De cette dernière partent des bateaux pour **l'Isla Espíritu Santo★**, où l'on peut plonger avec les lions de mer, naviguer en kayak et profiter de criques tranquilles. *(Départs de la plage El Tecolote, toute l'année, tous les jours de 9 h à 19 h. Circuit complet (3 h 30). Circuit commenté $700 (1 à 3 personnes) ou $200 par personne (plus de 3). ✗ ⊟ ☎ (112) 288-85)*. Le **Museo Regional de Antropología e Historia** *(Altamirano et 5 de Mayo, ouvert toute l'année, du lundi au vendredi de 8 h à 18 h, le samedi de 8 h à 14 h, fermé le dimanche et les jours de fête nationale, ☎ (112) 564-24)* présente, en les situant dans leur contexte, une intéressante exposition d'objets relatifs aux fossiles millénaires, à l'art pariétal, aux groupes indigènes et aux missions de la région.

★LOS CABOS (CIRCUIT DES CAPS) *2 jours*

Todos Santos – *79 km au Sud de La Paz, par la route 19.* Sur un plateau fertile en bord d'océan Pacifique, ce petit village tranquille sert de refuge aux amateurs de bohême, et aux surfeurs qui profitent des vagues des plages voisines de San Pedrito, Los Cerritos et Punta Lobos. Ses restaurants ont une bonne réputation. D'ici on rend visite à la **Reserva de la Biósfera Sierra de la Laguna** *(ouvert toute l'année, tous les jours 24 h/24 h, ⚠ ☎ (112) 401-00)*.

★**Cabo San Lucas** – *80 km au Sud de Todos Santos, 159 km de La Paz par la route 19.* Ce grand ensemble touristique, dont la construction a débuté en 1974, réputé pour la pêche au gros, s'abrite dans une crique protégée près du finistère où abordaient les pirates. Au milieu des falaises escarpées de roche ignée qui se dressent fièrement entre Pacifique et mer de Cortés s'étend la toute dorée **Playa del Amor★** et, à proximité, la Cueva de San Andrés, dont on dit que ceux qui y viennent à deux en ressortent à trois. À l'extrémité de la péninsule on admirera la célèbre **arche naturelle★** *(voir photo p. 187)* créée par les fissures provoquées par la faille de San Andréas. Sur les 33 km qui séparent le Cabo San Lucas de son voisin San José del Cabo se déroulent des plages de sable blanc et d'eaux cristallines, idéales pour la découverte avec masque et tuba, comme la **Playa Santa María** ou **El Chileno.**

San José del Cabo – *33 km du Cabo San Lucas. 183 km de La Paz par la route 1.* San José a été fondée en tant que mission en 1730. Son église est bâtie dans le style des anciennes missions. Elle se trouve près de la place centrale autour de laquelle alternent boutiques et restaurants agréables. À côté de la longue **plage** bordée de grands hôtels, l'**estuaire** est l'habitat de 250 espèces animales.

EXCURSION

★★**Circuit de Tijuana à La Paz** – *10 jours. 2 524 km.* *Voir p. 189.*

Région 6

NORD-EST

Terre de hautes montagnes, vastes prairies et blancs sombreros

Artisanat et gastronomie p. 47-48. Marquée par ses terres arides, et par le voisinage de la frontière, cette région de contrastes commence à se développer il y a plus de 450 ans grâce à ses riches gisements argentifères, dont les premiers filons ont été découverts au Zacatecas. Aujourd'hui, sur son sol rugueux, un tissu industriel imprime la marque du 20e s. à la ville moderne de Monterrey.

À l'origine le Nord-Est du Mexique était habité par des Indiens nomades, les Chichimèques, qui préférèrent résister plutôt que de se soumettre à l'empire espagnol, qui convoitait cette région pour ses abondants gisements d'argent et d'or. C'est ici qu'a débuté l'évangélisation du Nord de la Nouvelle-Espagne. Les grandes distances, la rareté de la population, les attaques, jusqu'au 19e s., des Indiens **chichimèques**, apaches et comanches, et des pirates, à l'affût sur la côte de Tamaulipas, ont retardé le développement de la région. À partir du 16e s. sont arrivés des colonisateurs d'origines différentes : Tlaxcaltèques en quête de terres et de privilèges, Espagnols recherchant l'argent et des âmes à convertir, Européens et Arabes désireux de tranquillité et d'opportunités. Le Nord-Est est une terre d'hommes illustres, qui ont joué leur vie dans les guerres et les interventions du 19e s. C'est un territoire aride parsemé d'oasis, comme les surprenants marais de Coahuila. C'est une des régions les plus industrialisées du pays, en raison de sa proximité avec les États-Unis, proximité qui a donné naissance aux entreprises de sous-traitance MAQUILADORAS. Le Nord-Est mexicain est le pays des quartiers de viande rôtis en plein air et de la confiture de lait, c'est aussi un pays de gens spontanés, entreprenants et aimables.

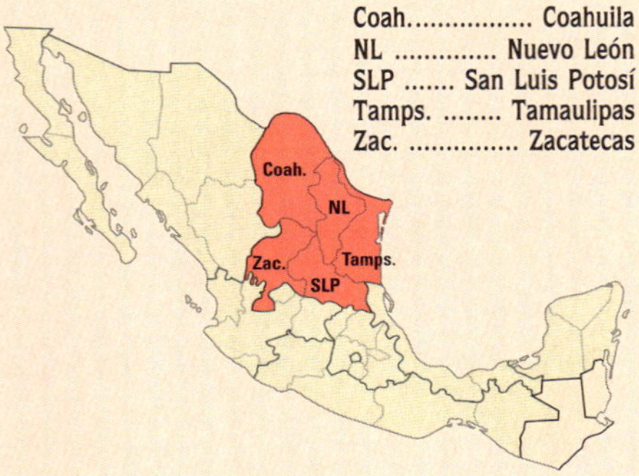

© Robert Frerck/Odyssey

Cathédrale de Zacatecas, détail

MONTERREY

Nuevo Léon

2 900 000 habitants – Carte des principales curiosités p. 7 – Plan p. 196.
Dr. Coss, angle de Padre Mier sur un des côtés de la Macroplaza ☎ (8) 345-0870 et (01-800) 832-2200

Enclavée dans une vallée étendue au pied de la sierra Madre orientale, la capitale de l'État est environnée de formations montagneuses, ce qui a fait dire « il n'y a pas de collines comme celles de Monterrey ». Le **Cerro de la Silla**, emblème de la ville, le **Cerro de las Mitras** et le « **M** » de Chipinque forment le décor dans lequel se développe le deuxième complexe industriel du pays.
Même si le climat est extrême et semi-désertique, la ville a subi de grandes inondations comme celle causée par l'ouragan Gilberto en 1988. Cependant sur les parties hautes des reliefs, au Sud, la végétation est abondante et le climat tempéré, offrant un refuge durant la saison chaude.
Les habitants de Monterrey, surnommés « montagnards royaux », fiers de la prospérité de leur ville, l'ont baptisée « capitale industrielle du Mexique ». L'industrie est le fait d'un petit nombre de familles. On ne sera donc pas étonné de la fréquence des noms de Garza, Sada et García attachés à de nombreuses avenues et lieux publics, et présents aux postes élevés dans l'administration et le gouvernement local.

Un peu d'histoire

Origine et développement – La ville de Nuestra Señora de Monterrey a été fondée par Diego de Montemayor et un groupe de douze familles le 20 septembre 1596, autour des sources de Santa Lucía. Son nom honore le vice-roi de Nouvelle-Espagne de l'époque, Gaspar de Zúñiga Acevedo, comte de Monterrey. Après sa fondation la ville connaît une longue période de léthargie, interrompue par l'**intervention américaine** de 1846. Elle est libérée par la signature du traité de Guadalupe en 1848. Quelques années plus tard, elle est de nouveau menacée par l'**intervention française**. À la tête des troupes mexicaines, **Mariano Escobedo** repousse les envahisseurs, manifestant ainsi son soutien au gouvernement du président Benito Juárez.

Pôle industriel – L'industrialisation qui rend sa vitalité à la ville à la fin du 19e s. commence en 1890 avec l'établissement de **brasseries**. Cette activité entraîne en 1909 celle de l'**industrie du verre** pour la production de bouteilles, puis celle de la **fonderie**, pour la fabrication de capsules. On apprend avec intérêt que la Fundidora Monterrey, inaugurée en 1900, a été la première usine métallurgique d'Amérique latine. Mais, nationalisée par l'État en 1976, elle a fait faillite en 1986. L'importance de cette industrie apparaît sur le blason du Nuevo Léon, sur lequel figurent les cheminées du four n° 2 de la fonderie.

Ces trois activités sont à la base de l'essor et du pouvoir économiques de Monterrey, qui, en raison de sa proximité avec les États-Unis joue, aujourd'hui un rôle stratégique dans l'économie de marché.

★LA MACROPLAZA ET SES ENVIRONS *2 jours et 1/2*

Délimitée au Nord par la rue 5 de Mayo ; au Sud par l'Av. Constitución ; à l'Ouest par l'Av. Zaragoza ; et à l'Est par la rue Dr. Coss (Colonia Centro).

Contrastes et opulence se marient sur cette grande place typique de Monterrey, qui suscite des polémiques. Les constructions modernes se combinent ici avec les églises anciennes et les espaces ouverts conçus pour offrir le panorama des collines de la ville. Construite dans les années 80, la populaire **Macroplaza** rassemble monuments, fontaines, centres commerciaux, bâtiments publics et musées, tous bâtis au-dessus des constructions de l'ancien Monterrey, preuve que le regard du « montagnard royal « est plus tourné vers l'avenir que le passé.

À partir de 18 h 30, les haut-parleurs installés dans les espaces ouverts de la place diffusent de la musique classique, et les gens viennent ici se rencontrer, surtout les couples. Le dimanche, les hommes s'y promènent, portant fièrement leurs sombreros blancs qui semblent déplacés au milieu du béton, du verre et du rayon laser du Faro del Comercio *(voir ci-après)*. Le théâtre de la ville, la bibliothèque centrale, l'Assemblée de l'État, la Haute Cour de Justice et le parc Hundido donnent sur la place. Sur un des côtés du théâtre on voit la petite Capilla de los Dulces Nombres, « **chapelle des doux noms** » construite à la fin du 18e s. *(Dr. Coss, angle de Matamoros ; ouvert toute l'année, du mardi au dimanche de 8 h 30 à 12 h 30 et de 15 h à 18 h, samedi et dimanche jusqu'à 19 h ; ☎ (8) 343-0210)* Elle doit son nom à la sainte Famille, Jésus, Marie et Joseph, représentés sur le tableau de l'autel. Devant le moderne institut gouvernemental du fonds national pour le Logement des Travailleurs Infonavit se dresse la **Fuente de la vida** réalisée par Luis Anguino (1994), fontaine ornée d'une impressionnante statue de Neptune.

À l'extrémité Nord de la place *(rue 5 de Mayo, entre Zuazua et Zaragoza)* devant l'**Explanada de los Héroes** se trouve le **Palacio de Gobierno**, édifice de style néoclassique à deux niveaux dont la construction s'est achevée en 1908. Sur la façade principale

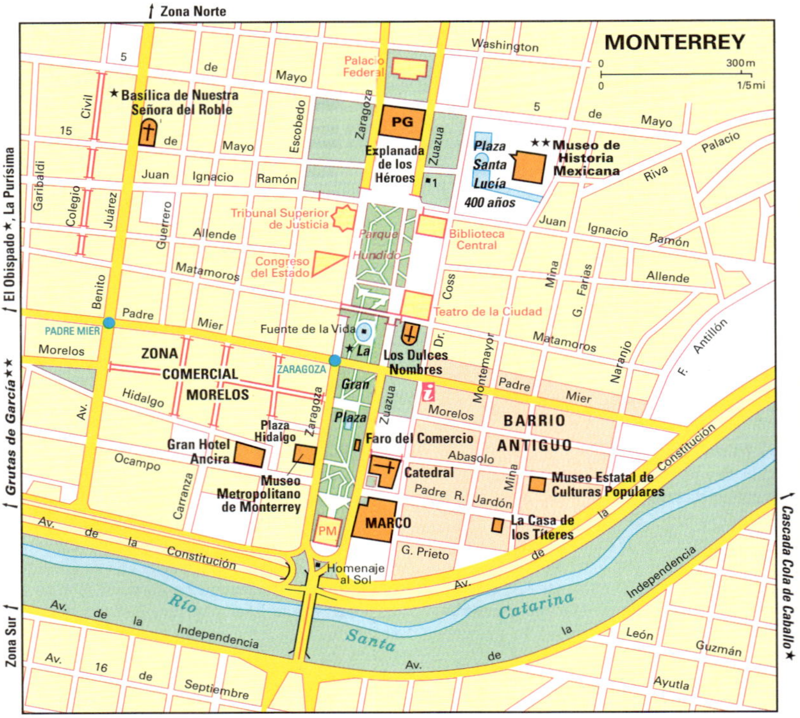

on voit six vitraux ornés de figures célèbres. Du côté gauche de la place *(en traversant Zuazua)*, on verra le monument **À los obreros de Nuevo Léon (1)** (aux ouvriers du Nuevo Léon) œuvre de Cuauhtémoc Zamudio (1985).
Au Sud de la Macroplaza *(Av. Constitución)* se trouve le monument **Homenaje al sol** (hommage au soleil) de Rufino Tamayo.

Faro del Comercio – Construit en 1984 par l'architecte **Luis Barragán**, le « phare du commerce « dresse sa colonne de 70 m de haut, dont l'orange vif contraste avec le jaune de la cathédrale. Il émet la nuit un rayon laser qui éclaire plusieurs quartiers de la ville.

Catedral Metropolitana – *Gal. Zuazua n° 1100, presque à l'angle de Raymundo Jardón. Ouvert toute l'année, tous les jours de 7 h à 20 h. ☏ (8) 340-3752.* Depuis 1994, Monterrey est le troisième siège cardinalice du pays. La construction de la cathédrale a duré 150 ans, de 1600 à 1750. De style baroque à l'origine, on en a agrandi l'intérieur dans le style néoclassique quand on a construit la tour de l'horloge au 19e s. Les **peintures murales★** (1942-1945) art nouveau que l'on voit dans l'abside sont l'œuvre du peintre du Durango Ángel Zárraga. La statue qui domine l'autel est celle de Notre Dame de Monterrey, avec sa couronne pontificale ajoutée en 1996. En 1951 on a orné le parement d'autel du 18e s. en argent de médaillons de saint Pierre et saint Paul.

Phare du commerce

© Bob Schalkwijk

Museo de Arte Contemporáneo (MARCO) – *Gal. Zuazua, angle de Padre Raymundo Jardón. Ouvert toute l'année, le mardi et du jeudi au samedi de 11 h à 19 h, le mercredi et le dimanche de 11 h à 21 h. $10. ☏ (8) 342-4820.* Le musée a été fondé en 1991 ; son architecture aux grands espaces est due à **Ricardo Legorreta**. On y voit d'intéressantes expositions temporaires, dont certaines tournent à l'étranger. À l'intérieur se trouvent une cafétéria, un restaurant et une librairie. La statue de **La Paloma** à l'entrée est une œuvre de **Juan Soriano**.

Museo de Historia Mexicana – *Dr. Coss 445 Sud, sur la Plaza Santa Lucía 400 años. Ouvert toute l'année, du mardi au dimanche de 11 h à 19 h. $10. ☏ (8) 345-9898.* Fondé en 1994, ce grandiose édifice propose à l'étage supérieur une exposition permanente qui raconte au moyen d'objets d'époque, d'écrans interactifs et de jeux, l'histoire du Mexique de la période préhispanique jusqu'au 20e s. Le rez-de-chaussée abrite les expositions temporaires. La salle audiovisuelle présente des vidéos relatives à ces expositions. Le musée possède aussi un auditorium, une bibliothèque, une vidéothèque, une cafétéria et une boutique. Il borde la **Plaza Santa Lucía 400 años**, inaugurée en 1994 sur le site où on a fondé Monterrey. La place est constituée d'une rivière artificielle dont les rives sont occupées par des boutiques et des restaurants. À la naissance du cours d'eau se tient une buvette. On peut y louer des barques pour parcourir la rivière.

Museo Metropolitano de Monterrey (ancien palais municipal) – *Av. Zaragoza, entre Hidalgo et Corregidora. Ouvert toute l'année, tous les jours de 8 h à 20 h. Fermé le 1er janvier, le 1er mai et le 25 décembre. ☏ (8) 344-2503.* Dans cet édifice à deux niveaux, hôtel de ville en 1612, reconstruit en 1845, ont lieu des expositions consacrées à la « Sultane du Nord », autre nom de Monterrey. En sortant par l'arrière du bâtiment, on débouche sur la **Plaza Hidalgo**, havre de paix au milieu de l'agitation des commerces, hôtels et restaurants du secteur animé de la **Zona Comercial Morelos**. L'élégant **Gran Hotel Ancira** du début du 20e s., de style néoclassique, borde un des côtés de cette agréable place.

Barrio Antiguo – *Délimité par les rues Dr. Coss à l'Ouest, Gal. Matamoros au Nord et Av. Constitución au Sud et à l'Est. Du jeudi au samedi à partir de 18 h 30 les rues Abasolo, Morelos et Fray Servando sont fermées à la circulation.* La plupart des maisons de ce charmant quartier qui rassemble quinze pâtés de maisons ont été construites ou rénovées au 19e s. Plusieurs abritent aujourd'hui des galeries, des cafés ou des magasins d'antiquités. D'autres ouvrent leurs portes la nuit comme bars ou discothèques. Lieux à visiter : **La Casa de los Títeres** *(Padre R. Jardón n° 954 et 968 ; ouvert toute l'année, du lundi au vendredi de 14 h à 18 h, le dimanche de 12 h à 18 h ; fermé les jours de fête nationale ; $5 ; ☎ (8) 343-0604)* qui abrite une intéressante exposition de marionnettes de différentes parties du monde, et le **Museo Estatal de Culturas Populares** *(Abasolo n° 1024, entre Mina et Naranjo ; ouvert toute l'année, du mardi au dimanche de 10 h à 18 h ; fermé le 1er janvier, le 1er mai et le 25 décembre ; ✂ ☎ (8) 345-6504)*, logé dans la maison la plus ancienne de Monterrey (1769), appelée aussi **Casa del Campesino**. Le plafond et les murs de la salle « La Capilla » sont couverts d'une **peinture murale★** de Crescenciano Garza Rivera (1938) qui raconte l'histoire du Mexique depuis la Conquête jusqu'au début du 20e s.

CENTRE *4 heures*

Templo de la Purísima – *Serafín Peña, angle de Hidalgo. Ouvert toute l'année, tous les jours de 7 h à 12 h et de 16 h à 20 h. ☎ (8) 342-9025.* On doit ce remarquable exemple d'architecture religieuse moderne (1946) à l'architecte Enrique de la Mora. L'église est une version remaniée de celle qui avait été construite en 1908. En **façade**, on admirera la tour élancée du clocher, qui porte une statue en terre cuite de la Vierge ; sur le frontispice, un christ en bronze de 4,50 m de haut et les statues stylisées des douze apôtres. À l'**intérieur** on remarque le vitrail qui entoure le maître-autel, avec au centre un christ qui semble être en trois dimensions. Sur un piédestal au centre, on honore la Vierge Chiquita : son nom provient d'une légende qui rapporte l'exploit d'une femme tlaxcaltèque lors d'une inondation qui dévasta la ville au 17e s. L'Indienne avait arraché aux eaux tumultueuses une petite statue de la Vierge, et les flots s'étaient immédiatement retirés. Devant le miracle, la population a élevé une chapelle, par deux fois reconstruite.

★**Basílica de Nuestra Señora del Roble** – *Juárez et 15 de mayo. Ouvert toute l'année, du lundi au vendredi de 8 h 30 à 12 h et de 15 h 30 à 20 h, le samedi de 8 h à 20 h ; le dimanche de 8 h à 13 h et de 15 h 30 à 20 h. ☎ (8) 342-1988.* Le quatrième sanctuaire dédié à la sainte patronne de Monterrey est une basilique de style roman. Tout comme la façade en mural de mosaïques, les portes sculptées en bronze illustrent des scènes de la légende de cette vierge. Sa statue avait été placée au creux d'un chêne rouvre *(roble)* en 1592. Peu après la fondation de Monterrey, une petite paysanne aurait entendu une voix lui parler. S'approchant du chêne, elle découvre la statue de la Vierge baignée de lumière, enveloppée d'un parfum très doux. On transporte la statue à l'église paroissiale. Dès le lendemain, elle réapparaît au creux du chêne rouvre. L'événement se reproduit par trois fois, à la suite de quoi on élève une église à l'emplacement du chêne. La statue de la légende occupe la niche du maître-autel. À voir aussi dans l'église, les **vitraux** et les colonnes en marbre. On notera la différence de couleur des mains des vierges ornant les portes d'entrée de la basilique : elle est due au fait que les fidèles y posent les leurs avant de se signer, en entrant et en sortant.

★**El Obispado** – *Obispo Rafael José Verger. Ouvert toute l'année, du mardi au dimanche de 10 h à 17 h, $10. ☎ (8) 333-9588.* La construction de l'évêché sur la colline de la Vera s'est achevée en 1778. L'évêque Rafael José Verger y a vécu jusqu'à sa mort en 1790. Il a servi de forteresse lors de l'invasion des Américains en 1846. La **façade** de la chapelle baroque présente un arc en accolade encadré de pilastres *estipites*, entouré d'une large frise et couronné d'un fronton orné de médaillons.

Museo Regional de Nuevo Léon – Le musée raconte l'histoire de l'État, de sa fondation jusqu'à la Révolution, au travers d'objets privés et historiques, comme la presse apportée en 1817 au Nuevo Léon par le frère Servando Teresa de Mier, et une machine à fabriquer les balles. Il abrite aussi une exposition d'art religieux, dont des huiles du 18e s. d'Antonio Vallejo et Miguel Zendejas qui méritent l'attention.

QUARTIERS NORD *1 journée*

Cervecería Cuauhtémoc – *Av. Alfonso Reyes n° 2202 Norte. Ouvert toute l'année, du mardi au vendredi de 9 h à 17 h, le samedi de 9 h à 15 h. Fermé les jours de fête nationale. ☎ (8) 328-5355.* Cette brasserie, qui produit jusqu'à 1 200 bouteilles par minute, propose différentes attractions. La visite guidée de l'usine informe sur son histoire et sur les procédés de fabrication de la bière. Dans les jardins de la brasserie, on étanche sa soif en dégustant gratuitement la Carta Blanca, fierté des habitants de Monterrey. Le **Salón de la Fama del Béisbol Profesional de México**, également dans les jardins, illustre la carrière de figures importantes du base-ball, sport populaire dans la région, avec des objets personnels des champions *(ouvert toute l'année, du mardi au vendredi de 9 h 30 à 17 h 30, samedi et dimanche de 10 h 30 à 18 h ; fermé les jours de fête nationale ; ☎ (8) 328-5745)*.

★★ **Museo de Monterrey** – *Jardins de la Brasserie Cuauhtémoc, Av. Alfonso Reyes n° 2202 Norte. Ouvert toute l'année, le mardi et du jeudi au dimanche de 11 h à 20 h, le mercredi de 10 h à 20 h. Fermé le 1er janvier et le 25 décembre. ☎ (8) 328-6060.* Dans l'enceinte même où, jusqu'en 1930, on brassait la bière sont organisées depuis 1977 de grandes expositions. Le musée possède une précieuse collection d'art moderne et contemporain d'Amérique latine, en particulier du Mexique. Du troisième niveau, où se trouvent les anciennes cuves de fermentation de la bière, on admirera son remarquable escalier en fer forgé. Le musée abrite une cafétéria et une librairie.

★ **Pinacoteca de Nuevo Léon** – *Av. Alfonso Reyes, dans le parc Niños Héroes. Ouvert toute l'année, du mardi au dimanche de 10 h à 18 h. Fermé le 1er janvier et le 25 décembre. ☎ (8) 331-5472.* La pinacothèque possède une collection permanente de peintures et de sculptures d'artistes du Nuevo Léon, représentative des arts plastiques dans l'État depuis la fin du 19e s. En suivant un parcours chronologique, on découvre sur les deux niveaux l'œuvre de pionniers comme **Eligio Fernández** et **Ignacio Martínez Rendón**, ainsi que des gravures de **Manuel Durón**, des peintures de **Gerardo Cantú** et **Guillermo Ceniceros**, parmi d'autres. Pour ce qui est de la sculpture, on remarquera *La Ola* de **Fidias Elizondo** et les œuvres de **Federico Cantú**. Le deuxième bâtiment présente des expositions temporaires d'art, nationales et internationales.

Dans le **Parc Niños Héroes** *(Ouvert toute l'année, du lundi au dimanche de 9 h à 19 h ; $3. Location de barques $5 ; pêche, $15 location de canne. ☎ (8) 351-2871.)* on découvre un jardin botanique, une volière, un petit lac, des jeux pour enfants, ainsi que la maison de la Technologie, le musée de l'Automobile et le **musée de la Faune et des Sciences Naturelles.**

★ **Museo del Vidrio** – *Zaragoza et Magallanes, dans la Verrerie Monterrey. Ouvert toute l'année, du vendredi au mercredi de 9 h à 18 h. Fermé le 1er janvier, le 1er mai, le 24 et le 25 décembre. ☎ (8) 329-1052.* Le musée du verre a ouvert ses portes en 1992 dans l'immeuble des anciens bureaux généraux de la Verrerie de Monterrey. Au rez-de-chaussée on suit un parcours illustrant l'histoire du verre, qui se poursuit au premier étage, consacré surtout aux applications artisanales et industrielles de ce matériau. On y découvre une pharmacie du début du 20e s. rapportée de Teotihuacán, et l'ancien atelier de vitraux de la Casa Pellandini-Marco. Est également présentée l'histoire de la verrerie de Monterrey.

QUARTIERS SUD *1 journée*

★ **Centro Cultural Alfa** – *Av. Roberto Garza Sada n° 1000. Monter par l'Av. Gómez Morín. Ouvert toute l'année, du mardi au vendredi de 15 h à 21 h, le samedi de 14 h à 21 h, le dimanche de 12 h à 21 h. Fermé le 24 et le 31 décembre. $25. ☎ (8) 356-5696.* La silhouette de l'édifice principal imite un télescope dirigé vers le ciel. À l'entrée sont installés six aquariums, qui hébergent environ 200 poissons d'eau douce. Aux troisième et quatrième étages on explique des phénomènes physiques au moyen de jeux interactifs et de présentations. Le cinquième étage abrite une **collection★** de pièces archéologiques de huit cultures méso-américaines différentes, et expose certains aspects de la vie précolombienne, avec la projection de **vidéos** sur ces thèmes. Au cœur de l'édifice principal, la salle **Omnimax** de 300 places projette des films sur un écran hémisphérique de 24 m de diamètre *(séances du mardi au vendredi à 16 h, 17 h 30, 19 h et 20 h 30 ; le samedi toutes les heures de 14 h 30 à 21 h, le dimanche toutes les heures de 12 h 30 à 21 h).* On visite aussi les jardins scientifiques, le jardin préhispanique et la volière, qui accueille environ 200 spécimens de douze espèces différentes d'oiseaux, parmi lesquels des grues. Le **Pabellón** (pavillon) **El Universo** est une construction moderne qui abrite l'unique **vitrail** conçu par **Rufino Tamayo**, représentant la création du monde. Il a été réalisé en verre laminé, au Mexique, par la société hollandaise Van Tetterode.

★★ **Parque Ecológico de Chipinque** – *À 17 km de Monterrey par l'Av. Gómez Morín. Au pied de la montagne suivre la voie unique qui monte à Chipinque. Ouvert toute l'année, tous les jours de 4 h à 20 h. $3. ☎ (8) 329-1451.* Le parc étend ses 1 625 ha au pied de la montagne appelée « M », sillonnée de sentiers et de percées idéales pour courir et faire du vélo. On y voit des animaux comme le pic et la sarigue. Le point le plus élevé accessible en voiture se trouve à environ 7 km : c'est le plateau de Chipinque (1 270 m d'altitude). Les étapes du chemin offrent de belles **vues★** de la ville de Monterrey.

EXCURSIONS

★★ **Grutas de García** – *1 heure et 1/2. Zone centrale de Nuevo Léon. Sortir de Monterrey par la route fédérale 40 vers Saltillo. 23 km plus loin prendre l'embranchement et la sortie vers Villas de García (25 km). L'entrée des grottes se trouve à 9 km du centre de cette commune. Ouvert toute l'année, tous les jours de 9 h à 17 h. Fermé le 12 décembre. $25. ☎ (8) 345-0870.* Ces grottes spectaculaires se trouvent au-dessous du pic appelé « la tête de l'Indien ». Il a fallu 50 millions d'années pour créer ces formations avec leurs stalactites et stalagmites. L'accès à l'entrée des grottes se fait par un funiculaire qui gravit une pente abrupte sur 750 m. Le parcours de 2 km à l'intérieur permet d'observer les formations capricieuses qui depuis 1843, date de leur découverte, éveillent l'imagination des visiteurs.

★**Cascada Cola de Caballo** – *3 heures. Zone Sud de Nuevo Léon. 44 km de Monterrey par la route nationale 85 vers Linares. Peu après Santiago tourner à droite. 6 km jusqu'à la cascade.* On accède à cette célèbre cascade, née d'une source, par les berges entourées de riche végétation de la rivière . Abondante pendant la saison des pluies, l'eau prend dans sa chute de 25 m la forme d'une queue de cheval. En revenant sur Santiago, on verra de l'autre côté de la route la **Presa de la Boca**, où l'on peut pratiquer des sports nautiques et déguster des moules.

■ Villages du Nuevo Léon

Carte des principales curiosités p. 7. Sur ces routes où surgissent brusquement les contreforts de la sierra Madre orientale, où la radio diffuse aussi bien les stations américaines que la musique huastèque, au milieu de plaines semi-désertiques et d'immenses plantations d'orangers, on rencontre les villages du Nuevo Léon. De modestes habitations de torchis aux murs épais composent des bourgades où cohabitent vidéoclubs, magasins de films X ouverts 24 h/24 h et voitures immatriculées aux États-Unis. L'ambiance de ces villages est unique. **Linares** est le berceau des *Glorias*, savoureuses confitures de lait. À **Bustamante**, en plus de déguster les pains traditionnels, on visite des grottes ou l'une des sources jaillissantes de cette région qu'occupe en partie le **Parque Nacional Cumbres de Monterrey**, le plus vaste du Mexique avec ses 246 500 ha. **Mina** propose sa **Boca de Potrerillos** *(57 km au Nord-Ouest de Monterrey ; ouvert toute l'année, du mardi au dimanche de 10 h à 18 h ; ☎ (8) 345-0870)*, un site archéologique qui rassemble plus de trois mille pétroglyphes ; et dans le petit village de **Zuazua** on visite la **Hacienda de San Pedro**★★ *(32 km au Nord de Monterrey ; ouvert toute l'année, du lundi au vendredi de 9 h à 14 h ; $1. ☎ (824) 705-10)* Les habitants du Nuevo Léon sont très croyants et ont réputation d'avoir l'esprit d'entreprise. Beaucoup portent avec fierté leurs sombreros blancs et se targuent d'être du Nuevo Léon avant d'être Mexicains. Leur portrait se résume à un précepte affiché à la sortie **d'Iturbide**, hameau blotti dans la sierra au Sud de l'État : *À Dios rogando y con el mazo dando*, « aide-toi, le ciel t'aidera ».

SALTILLO

Coahuila

527 979 habitants

Carte des principales curiosités p. 7

ℹ Bd. Echeverria n° 1560, Edificio Torre Saltillo, 11e étage

☎ (84) 157-936 et (01-800) 718-4220

C'est une ville paisible entourée des montagnes arides de la sierra Madre orientale. Elle a été fondée en 1577 par le capitaine Alberto del Canto à côté de la chute d'eau qui lui a donné son nom. En 1591, on a fondé la bourgade voisine de San Esteban de la Nueva Tlaxcala, habitée par des familles tlaxcaltèques qui s'y sont installées pour résister aux attaques des Indiens rayados, borrados et guachichiles qui rendaient difficile le développement de la ville. Connue pour ses *sarapes*, couvertures de laine multicolores, Saltillo est devenue capitale du Coahuila lorsque le Texas a proclamé son indépendance du Mexique en 1836. Depuis le 19e s. on l'appelle « Athènes du Nord du Mexique » en raison du nombre et de la qualité des établissements d'éducation installés ici.

CURIOSITÉS *1 journée*

★★**Catedral de Santiago** – *Juárez et Hidalgo, devant la Plaza de Armas, Centre. Ouvert toute l'année, tous les jours de 8 h à 13 h et de 16 h à 20 h. ☎ (84) 140-230.* L'une des plus belles cathédrales du pays, elle a été élevée entre 1745 et 1800 à côté de la Capilla del Santo Cristo (1762). Sa **façade principale**★ baroque présente une combinaison de colonnes salomoniques (premier corps) et à *estipites* (deuxième corps). L'ensemble est flanqué de grosses colonnes, portant une statue de la Vierge de Zapopan. On retrouve autant à l'intérieur qu'à l'extérieur le curieux motif de coquille qui orne la porte centrale.

L'intérieur – Dans l'église en forme de croix latine veille sur l'autel central la statue de l'apôtre saint Jacques, patron de la ville. Dans la coupole, des bas-reliefs colorés présentent une iconographie du Salut, couronnée par une représentation du Christ en haut du lanterneau. Dans le transept, on remarque à droite **l'autel de saint Joseph** et son retable doré de style baroque salomonique, orné d'un tableau de la **Sainte Famille** peint par José de Alcíbar, également auteur des peintures de la nef centrale. Au bas de l'autel, le **parement★** d'argent repoussé du milieu du 18e s. est considéré comme un chef-d'œuvre incomparable d'art sacré. Dans la nef centrale ressort la chaire ouvragée recouverte de feuilles d'or.

Museo Rubén Herrera – *Bravo norte n° 342. Ouvert toute l'année, du lundi au vendredi de 16 h 30 à 20 h, samedi et dimanche de 10 h à 13 h et de 15 h à 20 h. Sonner en cas de fermeture. ☎ (84) 125-939.* La maison a abrité le célèbre peintre Rubén Herrera (1888-1933), fondateur de l'Académie de peinture de Saltillo. Inauguré en 1971, le musée présente quelque 125 de ses œuvres, où dominent portraits et représentations de la figure humaine.

★ **Museo de las Aves de México** – *Hidalgo et Bolívar, Centre. Ouvert toute l'année, du mardi au dimanche de 10 h à 18 h. $5. ✗ ☎ (84) 140-167.* Situé dans l'ancien collège San Juan, le musée a été construit vers le milieu du 19e s. Ouvert depuis 1993, il héberge une collection de 1900 oiseaux naturalisés représentant environ 70 % de l'avifaune mexicaine. On y voit le quetzal, oiseau d'un vert chatoyant coiffé d'une huppe verte, typique de l'Amérique tropicale, et l'aigle harpie, deux espèces en voie d'extinction.

Alameda Zaragoza – *Calles Cuauhtémoc, Aldama, Purcell et Ramos, à 500 m de la Plaza de Armas.* À l'ombre des peupliers et des frênes de ce parc, on découvre neuf monuments, parmi lesquels ceux élevés en hommage à **Ignacio Zaragoza** et **Manuel Acuña**. Ce dernier est figuré par un ange, posé sur les berges du petit **lac de la République**, ainsi nommé car ses contours reprennent ceux du Mexique. Le parc est l'un des plus beaux du pays. Il est fréquenté dès le petit matin par des coureurs et les étudiants des établissements des environs. On y trouve deux bibliothèques.

Ateneo Fuente – *Bd. Venustiano Carranza et Av. Universidad. Ouvert de juillet à août, tous les jours de 9 h à 15 h ; le reste de l'année du lundi au vendredi de 9 h à 15 h. ☎ (84) 157-513.* Un bel édifice Art déco construit en 1933 loge l'institution Ateneo Fuente. Fondée au 19e s. comme première école préparatoire du pays, elle est toujours en activité. Son nom associe le surnom de Saltillo, « Athènes du Nord », et le nom du ministre de Benito Juárez Don Juan Antonio de la Fuente. Dans l'aile Nord de l'édifice, la **Pinacoteca★** conserve des œuvres allant du 17e s. à 1920 *(ouvert toute l'année, du lundi au vendredi de 9 h à 13 h ; fermé le 20 décembre et le 6 janvier ; ☎ (84) 157-572 poste 22)*. Celles du 19e s. sont dues à l'Académie San Carlos. On y voit *La leyenda de los volcanes* (1910) de Saturnino Herrán, *San Pedro* de Juan Rodríguez Juárez, et une copie du tableau *La fuite de Loth* de Rubens. Dans l'aile Sud, toujours au rez-de-chaussée, se trouve le **musée d'Histoire naturelle** *(mêmes conditions de visite que l'Ateneo Fuente)* qui présente des animaux naturalisés, des minéraux et des fossiles. Au quatrième étage, la **salle d'art colonial Artemio de Valle Arizpe** conserve des meubles coloniaux des 17e et 18e s., la plupart ayant appartenu à l'écrivain du Coahuila dont elle porte le nom *(mêmes conditions de visite que l'Ateneo Fuente ; en cas de fermeture, s'adresser au musée d'Histoire naturelle)*.

EXCURSIONS

Parras de la Fuente – *3 heures et 1/2. À 157 km de Saltillo. Au km 129 de la route 40, prendre l'embranchement à gauche et le suivre sur 28 km.* C'est une agréable petite ville de 43303 habitants, dont la verdure surprend au milieu du désert. Dans sa vallée prodigue, surnommée « l'oasis du Coahuila » à cause du climat favorable, on cultivait déjà la vigne avant même sa fondation en 1598. Au 19e s. l'activité viticole y était la plus importante du pays. Au nombre des curiosités, on visitera la **Hacienda de San Lorenzo★** *(À 7 km au Nord de Parras par la route de La Paila ; ouvert toute l'année, tous les jours de 9 h à 17 h ; ☎ (842) 201-11)*, bâtiment aux murs blancs où Lorenzo García a établi en 1597 la première ferme viticole d'Amérique ; le **Templo de San Ignacio de Loyola** fin du 16e s., qui abrite un retable baroque du 18e s. *(Madero et Treviño, sur un des côtés de la Plaza Hidalgo ; ouvert toute l'année, tous les jours de 10 h à 18 h ; ☎ (842) 205-48)* ; et dans l'église, le **Museo María y Matheo**, qui présente des documents, des livres et des peintures anciennes *(ouvert toute l'année, tous les jours de 10 h à 13 h et de 16 h à 18 h ; en cas de fermeture, demander au gardien d'ouvrir ; ☎ (842) 205-48)* ; le **Santuario de Guadalupe** à la sobre façade, aux beaux retables baroques et néoclassiques, avec ses peintures allant du 16e au 18e s. *(Viesca et Ocampo, ouvert toute l'année, tous les jours de 7 h à 17 h ; ☎ (842) 205-48)*.

Torreón – *3 heures. À 278 km de Saltillo par la route 40. À 162 km de Parras de la Fuente.* Dans l'active *Comarca Lagunera* (contrée des lagunes), cette ville (508 076 habitants) qui ne date que de quatre générations est habitée par différentes ethnies. Sous la Révolution, en 1914, elle a été occupée par Pancho Villa après la défaite de l'armée de Victoriano Huerta. Parmi les curiosités, on visite le **Teatro Isauro Martínez** *(Matamoros, angle de Galeana. L'entrée au théâtre en dehors des représentations se fait par Galeana n° 73 Sud. Ouvert toute l'année, du lundi au vendredi de 10 h à 14 h et de 16 h à 20 h, le samedi de 10 h à 14 h ; fermé pendant la Semaine sainte et la deuxième quinzaine de décembre ; ☏ (17) 166-261)* ; **l'intérieur★★** en fait le deuxième plus beau théâtre du Mexique. Œuvre de l'artiste de Valence Salvador Tarazona, il est décoré de motifs orientaux. La scène est ornée d'une corniche qui, éclairée par l'arrière, donne l'impression d'avoir été sculptée en marbre. Des deux côtés de la scène on voit de grandes peintures représentant des fêtes de rue indiennes. On remarque le riche travail de stuc des colonnes, des loges et surtout du **plafond** à caissons.

© Robert Frerck/Odyssey

Dunes de Bilbao

★ **Dunas de Bilbao** – *3 heures. À 55 km de Torreón. Prendre la route 40 vers Saltillo. 45 km jusqu'à Emiliano Zapata où il faut prendre l'embranchement vers Viesca. 10 km jusqu'aux dunes.* C'est un désert au milieu du désert. Les ondulations de ces spectaculaires dunes de sable se reflètent dans les mares qui se forment parfois dans les environs. En raison de la ressemblance du lieu avec un désert africain, on y a tourné plusieurs films.

★ **Puente de Ojuela** – *4 heures. 70 km de Torreón. Prendre la route 49 vers Chihuahua ; à Bermejillo emprunter à gauche la route 30 vers Mapimí. Poursuivre sur 21,5 km jusqu'à la route qui mène au pont. 7 km ensuite jusqu'au pont.* Ce pont suspendu centenaire est avec ses 315 m le plus long du Mexique. On l'a jeté en 1892 au-dessus d'un précipice de 95 m de fond, pour faciliter l'exploitation du minerai argentifère, en reliant une des galeries de mine à l'usine de traitement. On voit aujourd'hui les ruines du village fantôme où vivaient deux mille mineurs. La **vue★** sur la vallée est magnifique.

★ **Zona del Silencio** – *2 jours. Prendre la route 49 vers Chihuahua et parcourir 128 km jusqu'à Ceballos. Ici s'ouvre une brèche par laquelle on arrive après 50 km à la Zona del Silencio, comprise entre la vallée de Allende et le Sommet de Trino, endroit où se rejoignent les États du Coahuila, du Durango et du Chihuahua. Il est nécessaire de prendre un guide, et conseillé d'y passer la nuit. On conseillera aussi le port d'une boussole, d'une radio préalablement réglée sur une station (A.M.) et d'un aimant pour repérer les micrométéorites.* Inscrite depuis 1975 comme Réserve de la Biosphère, c'est une région désertique mythique, comportant des zones où la transmission radio est difficile. Certaines espèces d'origine marine comme la tortue se sont adaptées à cette niche écologique. Le bombardement puissant des rayons ultraviolets dans cette zone a provoqué de légères mutations de la flore et de la faune locales : la curieuse tortue qui habite la région a les yeux jaunes, et sa carapace porte des dessins triangulaires ; les figuiers de Barbarie ont une coloration violette. On y ramasse une grande quantité de micrométéorites et de pierres magnétiques. On y trouve aussi des fossiles marins métallisés qui remontent au crétacé inférieur. Le spectacle du ciel y est merveilleux, car on observe une infinité de satellites, étoiles et constellations. À certaines époques de l'année, le site se charge en électricité statique, ce qui produit des phénomènes lumineux et hérisse le poil des personnes sensibles.

★★ **Pozas de Cuatro Ciénegas** – *3 heures. À 277 km de Saltillo, 252 km de Torreón et 82 km de Monclova par la route 30.* Dans la « vallée des quatre marécages » vivent plus de 60 espèces endémiques d'animaux et de plantes, autour de quelque 200 mares, sources ou marais, formés en plein désert par des eaux souterraines fortement minéralisées. Parfaitement cristallines, les eaux prennent des tonalités bleu turquoise inconcevables dans cette vallée désertique environnée de belles sierras. Comme la région a été déclarée zone de protection de la flore et de la faune sauvages, il n'est pas permis d'accéder à beaucoup de ces *pozas*, ou elles sont d'accès restreint. Parmi les plus connues, **la Azul★, la Becerra★, las Playitas★ et le Balneario Río Los Mezquites.**

SAN LUIS POTOSÍ★

San Luis Potosí
625 466 habitants
Carte des principales curiosités p. 7 – Plan p. 203
Álvaro Obregón n° 520, Centre ☎ (48) 129-939

Capitale de l'État, déclarée patrimoine historique en 1990, la ville se caractérise par l'accueil chaleureux de ses habitants et par ses riches constructions baroques en pierre, qui ont survécu à l'élégant et sévère style néoclassique dominant du centre.

Un peu d'histoire – Attirés par les gisements d'or et d'argent du Cerro de San Pedro tout proche, le frère Diego de la Magdalena, Juan de Oñate et le capitaine Miguel Caldera ont fondé la ville de San Luis en 1592, en hommage à Saint Louis, roi de France, et en rappel des riches mines boliviennes du Cerro de Potosí. La ville a été dessinée suivant un plan en damier, avec des routes donnant accès aux établissements religieux qui l'environnent. En 1631, c'était la troisième ville de l'Empire. Refusant d'accorder la grâce de Maximilien de Habsbourg et restaurant la République, Benito Juárez fait de San Luis Potosí la capitale de l'État entre1863 et 1867. En 1910, Francisco I. Madero, après avoir été emprisonné ici, publie son plan de San Luis contre la réélection de Porfirio Diaz, déclenchant la Révolution mexicaine. Important pôle industriel, la ville se distingue aussi par son action en faveur de la démocratie, incarnée ces dernières années par la personne de Salvador Nava Martínez.

★★CENTRE DE LA VILLE *1 journée*

★★ **Plaza de los Fundadores (Plazuela de la Compañia)** – *Av. Álvaro Obregón, Av. Damián Carmona et Av. Venustiano Carranza.* C'est ici qu'est née la ville. La Compagnie de Jésus a reçu ces terrains en 1621. Un siècle plus tard, elle avait terminé la construction de l'actuel bâtiment néoclassique du **Templo de la Compañia**, au Nord de la place, près duquel se dresse la très belle **Capilla de Loreto** au portail baroque. Un des côtés de la place est bordé par le bâtiment de l'université autonome de San Luis Potosí (UASLP) *(ouvert toute l'année, du lundi au vendredi de 8 h à 20 h ; ☎ (48) 122-357)*, dont la cour centrale conserve encore les traces de l'ancien collège jésuite. À l'Ouest de la place se dresse l'**Edificio Ipiña** en pierre, construit entre 1906 et 1912 dans le style néoclassique. Son arcade piétonnière abrite différents commerces. Au Sud de la place se trouve le restaurant traditionnel *La Parroquia*.

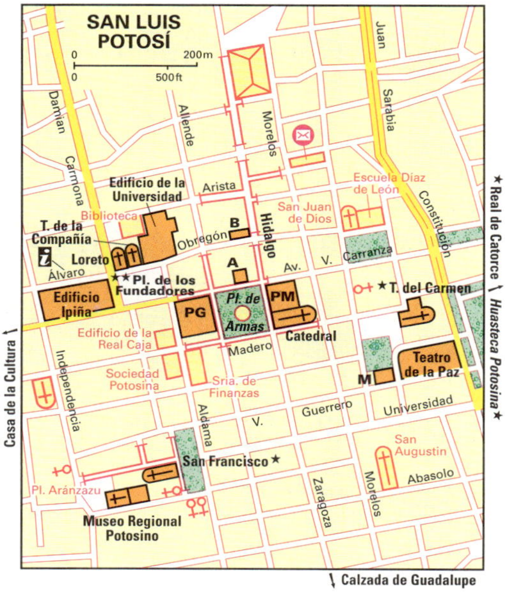

Plaza de Armas (Jardín Hidalgo) – *Allende et Hidalgo.* La place, plantée d'arbres, possède en son centre un kiosque en l'honneur de huit musiciens mexicains. Au Nord, la **Casa de la Virreyna** (**A**), construite en 1736, probablement la plus ancienne demeure de San Luis Potosí : ici a vécu Doña Francisca de la Gándora, seule Mexicaine à avoir reçu le titre de vice-reine. Le bâtiment renferme aujourd'hui le restaurant **Posada del Virrey**. À côté s'étend la **rue piétonnière Hidalgo**, dont le commerce actif remonte au début du 19e s. Dans la même rue, près de la place, on voit le **Palacio de Cristal** (**B**) de style néoclassique (1909, Guindon).

Palacio de Gobierno – *Jardín Hidalgo n° 11. Ouvert toute l'année, tous les jours de 9 h à 15 h et de 18 h à 21 h. ☎ (48) 129-480.* Le sobre bâtiment de style néoclassique a été élevé à partir de la fin du 18e s. pour loger le nouvel édifice des Maisons royales. Au deuxième niveau on voit un tableau illustrant la scène du 18 juin 1867 où Benito Juárez refuse à la princesse de Salm-Salm la grâce de Maximilien de Habsbourg, qui sera fusillé le lendemain. On visite aussi la salle Hidalgo et le salon de réception.

Palacio Municipal – *Jardín Hidalgo n° 5. Ouvert toute l'année, du lundi au vendredi de 8 h à 15 h. ☎ (48) 144-142.* Cette construction du 19e s. a été élevée sur les ruines de l'ancien édifice des Maisons royales, à moitié détruit au cours des émeutes de protestation contre l'expulsion des Jésuites, ordonnée par Charles III en 1767. À l'**intérieur** on remarque l'escalier double, où l'on peut admirer un **vitrail** portant les armes de la ville. Les **plafonds** de la salle du conseil, au deuxième niveau, ont été décorés d'huiles du peintre italien Erulo Eroli.

Catedral – *Jardín Hidalgo. Ouvert toute l'année, du lundi au dimanche de 9 h à 14 h et de 16 h à 19 h. ☎ (48) 122-439.* Siège des diocèses de Guanajuato et Querétaro, sa construction a débuté en 1670 ; elle a été consacrée en 1730. Sur la **façade** baroque ornée de colonnes salomoniques, de pilastres *estipites* et de deux grands contreforts lisses, figurent des statues des apôtres en marbre de Carrare, copies en réduction de celles de la basilique de Saint-Jean-de-Latran à Rome. L'horloge date de 1866. De plan basilical, composé de trois nefs, le bâtiment est élevé au rang de cathédrale vers le milieu du 19e s. lorsqu'on complète l'**intérieur** par les autels néoclassiques actuels. En 1896 l'évêque Montes de Oca la décore à la manière byzantine. Elle conserve des peintures coloniales de José Paez et Morlete Ruíz, ainsi que de gigantesques orgues du 19e s. La statue dominant l'autel est un hommage à Nuestra Señora de la Expectación, patronne de la ville.

★**Templo del Carmen** – *Plaza del Carmen. Ouvert toute l'année, tous les jours de 9 h 30 à 13 h 30 et de 16 h à 20 h 30. ☎ (48) 122-878.* Devant une belle place tranquille, se dresse cette église baroque admirablement sculptée du milieu du 18e s. Son **portail principal**★★ de style churrigueresque à colonnes salomoniques présente un travail minutieux de la pierre ; il représente six anges portant un rideau qui semble retomber sur le Seigneur. Au-dessous, dans une niche, veille la Vierge du Carmel.

© Fernando García Aguinaco

L'église du Carmel

L'intérieur – Il est formé d'une seule nef, qui abrite de précieux retables churrigueresques. Près du transept on remarque deux autels en pierre sculptée dorée. À gauche du transept, la **Capilla del Santísimo**, au **portail** orné de nombreuses figures colorées de saints et d'anges. À l'intérieur de la chapelle, un autel en or honore la Vierge du Carmel. Il a été remanié au 20e s. ; au-dessus s'étend une immense coquille. À droite du transept s'ouvre la **sacristie**, où l'on voit neuf grandes toiles (1764) de Francisco Vallejo représentant la vie de saint Elias.

Teatro de la Paz – *Segunda de Villerías, Jardín del Carmen. Ouvert toute l'année, du mardi au dimanche de 10 h à 14 h et de 17 h à 20 h. Fermé les jours de fête nationale.* ☎ *(48) 122-698.* Élégante construction de style néoclassique en pierre rose due à l'architecte José Noriega, le théâtre a été inauguré en 1894, avec la prose et les vers du poète Manuel José Othón. Reconstruit dans les années 1950, il conserve sa disposition et sa façade d'origine, dont le fronton repose sur une corniche supportée par de fines colonnes. La salle en forme de fer à cheval peut accueillir 1 500 spectateurs. Dans les escaliers on admire des peintures murales de Fernando Leal.

★**Museo Nacional de la Máscara** (**M**) – *Villerías n° 2. Ouvert toute l'année du mardi au vendredi de 10 h à 14 h et de 16 h à 18 h, samedi et dimanche de 10 h à 14 h. Fermé les jours de fête nationale (sauf pendant la Semaine sainte). $1.* ☎ *(48) 123-025.* Le musée, édifice de style néoclassique français orné de ferronneries ouvragées, loge aussi les bureaux du télégraphe. Terminée en 1898, ancienne résidence d'un riche Espagnol, Don Ramón Martí, elle a été vendue en 1904 au gouvernement fédéral. Depuis 1982 y sont conservés environ 750 masques. Cette intéressante exposition illustre les fonctions, surtout cérémonielles, des masques, dans les différents États et aux différentes époques du Mexique.

★**Templo de San Francisco** – *Plaza San Francisco. Ouvert toute l'année, tous les jours de 7 h à 13 h 30 et de 16 h 30 à 20 h.* ☎ *(48) 124-646.* Bâtie entre la fin du 17ᵉ et le début du 18ᵉ s, l'église présente une façade baroque en pierre rose, ornée de statues de saints et de blasons franciscains. **L'intérieur** en forme de croix latine abrite des peintures d'Antonio Torres et Francisco Martínez. Du lanterneau pend une énorme lampe à huile en forme de bateau qui, selon la légende, aurait été offerte en ex-voto à l'église par le survivant d'un naufrage.

★**Sacristie** – C'est une grande pièce où l'on découvre des peintures de Martínez, Torres et Miguel Cabrera. Un **relief** polychrome sur la pierre représente un épisode de la vie de saint François. On le voit sur l'arrière-voussure de la porte qui donne accès à la **salle de profundis**. Cette salle contient une reproduction de l'ancien maître-autel sculpté dans le style baroque à *estipites*.

Museo Regional Potosino – *Plaza Aránzazu. Ouvert toute l'année, du mardi au dimanche de 10 h à 17 h. $10.* ✂ ☎ *(48) 143-572.* Le musée occupe une partie de l'ancien couvent saint François, fermé et divisé en 1859. Depuis 1952 on y expose, outre des pièces archéologiques des différentes cultures mésoaméricaines, des objets guachichiles appartenant à la culture pame, trouvés dans la lagune de la *media luna*. La salle huastèque présente une réplique de l'*Adolescent huastèque*, personnage représentant le jeune Quetzalcóatl, dont l'original a été découvert sur le site archéologique d'El Consuelo *(voir plus loin l'excursion à Huasteca Potosina)*. La salle expose aussi des figures liées au culte de la fertilité, comme les statues de Tlazolteotl, divinité de la fertilité, dont on a trouvé nombreux exemplaires, et les sculptures anthropomorphes liées au culte du phallus, caractéristique de la zone huastèque. À l'étage supérieur, on verra une collection d'objets en fer allant du 16ᵉ au 20ᵉ s. ainsi que l'acte original de fondation de la ville.

★**Capilla de Aránzazu** – En montant l'escalier, on rejoint l'ancienne chapelle privée des franciscains. Construite entre 1750 et 1758, c'est un des joyaux d'architecture du Nord du Mexique. Elle se distingue par son étrange situation à l'étage supérieur, par son atrium couvert, ainsi que par les triples *estipites* à cinq corps. À l'intérieur on découvre des peintures du 18ᵉ s. de Miguel Cabrera et Pedro López Calderón. Le côté gauche du transept conduit à la sacristie, très endommagée, et à une pièce qui abrite un Christ de 2 m de haut en tiges de maïs, du 17ᵉ s.

CALZADA DE GUADALUPE *2 h*

Av. Benito Juárez, du centre historique au sanctuaire de Guadalupe

C'est une agréable voie plantée d'arbres et bordée de constructions intéressantes, comme le **pénitencier** construit en 1904 où Francisco I. Madero a été incarcéré. Une rue après le marché Tangamanga, on rencontre la **Caja de Agua**★, emblème de la ville et l'une des plus belles réalisations du néoclassicisme mexicain. Construite au début du 19ᵉ s., on attribue sa conception à José Maria Guerrero y Solachi. C'est ici que les habitants de Potosí s'approvisionnaient en eau provenant de la Cañada del Lobo, eau qui était gardée comme un trésor. La Calzada aboutit au **Santuario de Guadalupe**★ *(ouvert toute l'année, du lundi au samedi et les jours fériés de 6 h 30 à 23 h, le dimanche de 5 h 30 à 23 h ;* ☎ *(48) 150-769)*, à côté de l'ermitage de 1656, la plus ancienne construction de la ville encore debout. Le sanctuaire est une élégante construction du 18ᵉ s. où se mêlent formes baroques et néoclassiques. Dans son **intérieur** majestueux en forme de croix latine, le maître-autel de style néoclassique présente une peinture de la Vierge de Guadalupe, œuvre de Jesús Corral. Ici, comme dans l'église San Francisco, un ex-voto en verre en forme de navire pend du lanterneau.

AUTRE CURIOSITÉ

Casa de la Cultura – *1 heure. Av. Venustiano Carranza n° 1815. À l'Ouest du Centre Historique. Ouvert toute l'année, du mardi au jeudi et le dimanche de 10 h à 14 h, le vendredi et le samedi de 10 h à 14 h et de 16 h à 18 h. $2. ☏ (48) 132-247.* C'est une élégante demeure de style néoclassique anglais, reconstruite au début du 20e s. lorsqu'elle était la maison de campagne de Don Gerardi Meade Lewis. À l'intérieur se trouvent, outre une petite collection de pièces archéologiques huastèques, d'intéressants objets d'art religieux européen et mexicain, allant du 16e s. à nos jours. On remarquera l'**autel** néogothique italien de la fin du 19e s. On y voit aussi des christs du 18e s. en tige de maïs, des meubles anciens, des mantilles de Santa Maria, ainsi que des peintures de José Maria Velasco et de Joseph Vernet, parmi d'autres. Ici se tiennent des récitals, des conférences et des projections. Le bâtiment possède aussi un auditorium et une bibliothèque.

EXCURSIONS

★ **Real de Catorce** – *2 jours. 260 km au Nord de San Luis Potosí. Prendre la route 57 vers le Nord. 202 km plus loin, en passant Matehuala, prendre la route 62 vers Cedral. 30 km plus loin à gauche se trouve la route empierrée qui conduit après 23 km à Real de Catorce.* En passant le célèbre **tunnel Ogarrio**, construit vers la fin du 19e s. en utilisant un puits de mine, on arrive à ce village « presque fantôme » (910 habitants). Fondé en 1778, il a été l'un des villages miniers les plus prospères de la Nouvelle-Espagne. L'origine de son nom se cache dans deux légendes, parlant de 14 bandits ou de 14 soldats assassinés ici dans la Sierra. Malgré son accès difficile et ses 2 756 m d'altitude, on a bâti dans ce lieu magique d'opulentes demeures dont il reste encore des vestiges. Au 20e s., le lieu a été progressivement abandonné à cause de la Révolution, de la chute du cours de l'argent et de l'inondation des mines qui, à leur époque d'expansion, avaient attiré ici 30 000 habitants. Année après année, deux pèlerinages redonnent vie à Real de Catorce. Celui de début octobre, qui fête le très vénéré saint François ; mais aussi le parcours rituel de 550 km que réalisent en hiver les Huicholes qui se rendent à **Wirikuta**. Ils nomment ainsi la région sacrée du Cerro del Quemado, qu'ils considèrent comme le nombril du monde, et où ils célèbrent la « chasse » rituelle au *peyote-venado*, cactée hallucinogène qu'ils associent au cerf.
Au nombre de ses curiosités se trouvent la **Casa de Moneda**, grande construction sur plusieurs niveaux datant de 1863, qui n'a fonctionné que trois ans : les monnaies qui y ont été frappées sont de ce fait fort appréciées des collectionneurs ; le **Templo de la Purísima Concepción** (18e s.) ; le **Museo Parroquial** ; le **Palenque de Gallos**★, très bien conservé, à l'acoustique excellente ; et le **Templo de Guadalupe**, entouré d'une monumentale enceinte de pierre qui protège le **cimetière de Guadalupe**. Devant l'église, où l'on ne célèbre le culte que trois fois par an, s'étendent l'ancienne **promenade** (Alameda) et la **Plaza de Toros**, d'où l'on a une **vue** superbe de la gorge et de la vallée.

★ **La Huasteca Potosina** – *4 jours. À l'Est de la ville de San Luis Potosi : Ciudad Valles se trouve à 264 km.* C'est une région prospère habitée par des Indiens huastèques et náhuatls, région de terres fertiles où la forêt embaume les chemins et où l'on découvre de magnifiques sites naturels. **Ciudad Valles** (143 277 habitants), « porte de la région huastèque », conduit vers l'Ouest à de très belles cascades (**Micos, Tamul**★, **Tamasopo**). Vers le Sud elle mène au village de **Tancanhuitz**, où les Indiens descendent le dimanche vendre leurs produits, à **Sótano de las Golondrinas**★, l'un des meilleurs endroits pour pratiquer la spéléologie, et à **Las Pozas** *(voir* CASA DEL INGLÉS*)*. Vers l'Est on trouve **El Consuelo**, site archéologique où l'on a découvert la célèbre figure de **l'adolescent huastèque**, exposée aujourd'hui au MUSEO NACIONAL DE ANTROPOLOGÍA de Mexico.

TAMPICO

Tamaulipas
278 933 habitants
Carte des principales curiosités p. 7
ℹ 20 de Noviembre n° 218 Nord, Centre ☏ (12) 120-007 et (01-800) 715-7100

Entourée d'eau, cette agglomération portuaire rejoint Ciudad Madero autour de l'embouchure du Río Pánuco. La rivière marque la frontière entre l'État du Tamaulipas et celui du Veracruz. L'importance pétrolière de Tampico en a fait l'un des principaux ports du Mexique.
Les attaques des Chichimèques au 16e s. et celles des pirates au 17e, la tentative de reconquête espagnole en 1829 et les guerres du 19e s. ont retardé l'établissement de la ville. Son port, ainsi que la pêche à l'alose dans la **Laguna de Chairel** et au marlin dans le golfe du Mexique, lui ont conféré une réputation internationale. Les constructions Art nouveau qui entourent la **Plaza de la Libertad** réhabilitée évoquent la deuxième moitié du 19e s., époque où les maisons de style Nouvelle-Orléans étaient nombreuses dans la ville, avec leurs balcons supportés par de hautes colonnes en fer. On a un bel exemple de cette architecture avec le **bâtiment de la Douane**, construit en 1902 sur le quai.

CURIOSITÉS *5 h*

Laguna del Carpintero – *Bd. Fidel Velázquez.* À six rues du centre ville, ce parc propose des promenades en bateau sur la lagune. On peut y voir tortues, iguanes, lézards, hérons et canards. On aperçoit d'ici le **Puente de Tampico**, de 1500 m de long, qui supporte des vents jusqu'à 300 km/h. Les eaux tranquilles de la lagune en font une bonne piste de motonautisme, où se déroulent des compétitions internationales. Au départ du parc, un tramway suit un parcours de 30 mn au centre de la ville.

Museo de la Cultura Huasteca – *Av. 1 de Mayo et Sor Juana, à l'institut Technologique de Madero. Emprunter le Bd. López Mateos ; à Ejército Nacional tourner à droite jusqu'à Sarabia, prendre ensuite à gauche l'Av. del Maestro pour rejoindre 1 de Mayo. Ouvert toute l'année, du lundi au samedi de 10 h à 17 h.* ✗ ☎ *(12) 102-217.* C'est un petit musée, avec une intéressante collection de pièces archéologiques appartenant à la culture huastèque. On y voit des pointes d'obsidienne, taillées par des peuples nomades vers l'an 1000 avant J.-C., ainsi que des figurines précolombiennes en terre et en céramique. Le musée présente une réplique de l'*adolescent huastèque*, et des costumes que portent encore aujourd'hui les femmes de cette communauté indienne. On apprend par ailleurs que les Huastèques et les Totonaques connaissaient déjà le pétrole brut ou *chapopote*, bitume dont ils se servaient pour peindre.

Playa Miramar – *À 15 km de Tampico. Suivre le Bd. López Mateos ; traverser la voie ferrée et continuer tout droit. On y accède aussi par la rue Obregón.* Cette grande plage qui s'ouvre sur 10 km offre un sable fin et une eau délicieuse. Tout au long de la plage, on peut acheter des personnages réalisés en coquillages. Au Sud, près de l'embouchure du Río Pánuco, se trouve une jetée d'où l'on peut contempler les dauphins, ainsi que le départ des bateaux de pêche et des navires marchands de différentes parties du monde. On y voit aussi un brise-lames, pièce de 15 tonnes en forme de gros caillou, arrachée à la base de la jetée par l'ouragan Gilbert en 1988.

EXCURSION

★**La Huasteca Potosina** – *4 jours. Accès par Ciudad Valles, 138 km à l'Ouest de Tampico.* *Voir p. 206.*

ZACATECAS★★★

Zacatecas

118742 habitants

Carte des principales curiosités p. 7 – Plan p. 209

ℹ Av. Hidalgo n° 629, devant la Cathédrale ☎ (492) 403-93 et 405-52

De même que l'amabilité de ses habitants, ce qui frappe le visiteur est le contraste entre le ciel bleu et la terre rouge dans laquelle s'intègre la capitale de l'État. L'architecture coloniale en pierre rose témoigne de la munificence de cette ville, fondée en 1546 par les conquérants espagnols Juan de Tolosa, Baltazar Termiño de Bañuelos, Cristóbal de Oñate et Diego de Ibarra.

★**Callejoneadas** – Au cours d'une promenade un vendredi ou un samedi soir, le visiteur tombera sur la *tambora* typique des *callejoneadas*, orchestre de cuivres et de tambours, marquant un rythme de *paso doble*. Une foule joyeuse parcourt les rues sinueuses et les étonnantes ruelles de la ville en rappelant les légendes, les métiers et les traditions de cette étrange capitale, comme l'appelait le poète de la ville Ramón López Velarde. Pour combattre le froid, on prend un peu de *mescal huitzila*, alcool tiré d'une variété d'agave, car cette marche enjouée est souvent suivie d'une mule chargée de la savoureuse liqueur. Les *callejoneadas* partent en général de La Alameda. Certains hôtels organisent ce genre de circuit en prévoyant, comme il se doit, un délicieux repas de tacos ou *taquiza* pour finir.

Un peu d'histoire

Les origines et l'époque coloniale – Cette région riche en minerai était à l'origine habitée par les Indiens zacatèques, caxcanes, guachichiles, tecuexes et irritilas. La ville, au pied du Cerro de la Bufa, a reçu le surnom d'« Évangélisatrice du Nord », car, au cours du 16e s., des ordres mendiants avaient commencé ici la construction de leurs églises avec l'aide des riches exploitants de mines espagnols. À la même époque, instruit de la richesse des mines argentifères de la ville, Philippe II lui confère le titre de *Muy Noble et Muy Leal Ciudad de Nuestra Señora de Zacatecas*, et lui attribue des armoiries.

20e siècle – En 1914 a lieu la célèbre prise de Zacatecas, quand les *dorados* de Pancho Villa ont vaincu l'armée de Victoriano Huerta, un véritable triomphe pour la Révolution. Fièrement conservé et restauré aucours du 20e s., le Centre historique est inscrit au Patrimoine culturel de l'humanité depuis 1993.

★★ CATHÉDRALE ET ENVIRONS *1 journée*

★ **Catedral** – *Av. Hidalgo, sur un côté de la Plaza de Armas. Ouvert toute l'année, du lundi au samedi de 6 h 30 à 13 h 30 et de 16 h 30 à 21 h, le dimanche de 6 h 30 à 13 h 30 et de 16 h 30 à 22 h. ☎ (492) 262-11.* La construction de cette cathédrale a débuté en 1729. On la considère comme un chef-d'œuvre du baroque mexicain et de l'architecture hispano-américaine. Elle a été consacrée en 1752, mais la tour du clocher n'a été achevée qu'en 1782, et la tour Nord au début du 20e s. Elle a été élevée au rang de cathédrale en 1863, et à celui de basilique en 1959.

★★★ **Le portail principal** – *(photo p. 195)* La façade, qui fait penser à une tiare papale, mérite un temps d'observation suffisant pour apprécier l'exubérante décoration sculptée dans la pierre. Cette ornementation tourne autour de la rosace centrale, composée de chérubins, d'angelots et de divers animaux. Sur les écoinçons figurent quatre des principaux Pères de l'Église, saint Grégoire le Grand, saint Jérôme, saint Augustin d'Hippone et saint Ambroise de Milan. On remarque la statue du Christ-Roi, qui porte sur la main gauche un globe terrestre et lève celle de droite en geste de bénédiction, ainsi que les douze apôtres entourés d'anges musiciens. La figure de Marie Immaculée accueille le visiteur sur la clef de l'arc mixtiligne de la porte centrale. La **façade latérale Sud**, au style baroque nettement plus sobre, est dédiée à Notre-Dame de Zacatecas. Sur la **façade latérale Nord**, de style churrigueresque, le travail des mains indigènes transparaît dans la composition plane du Christ en croix.

L'intérieur – La sobriété de l'intérieur est relevée par le parfum de l'encens brûlé au cours des messes. Les clefs des arcs de la nef centrale portent des figures de papes, d'évangélistes, de martyrs et de confesseurs. Celles de la nef Sud, dédiée à Notre Dame des Zacatèques, portent des allégories mariales, tandis que la nef Nord est marquée des symboles de la Passion du Christ.

Palacio de Gobierno (**PG**) – *Av. Hidalgo n° 604, au Sud-Est de la Plaza de Armas. Ouvert toute l'année, tous les jours de 8 h à 20 h. ☎ (492) 212-11.* Cet édifice du 18e s. a servi de résidence aux deux premiers comtes de la Laguna. Dans le campanile, on voit sous la cloche une belle représentation des armes de Zacatecas. À l'intérieur, un mural réalisé en 1970 par Antonio Rodriguez raconte l'histoire de l'État. En 1867, Benito Juárez a habité ce qui est aujourd'hui le salon de réception. Sur la façade de la maison attenante, sous laquelle passe le Callejón de las Campanas, sont représentés quatorze chiens. La légende raconte que ces chiens auraient tué la maîtresse de maison parce qu'elle avait acheté des bijoux volés à la Vierge patronne de la ville.

© Gustavo Gatto

Le Callejón de Veyna et la cathédrale

Palacio de Justicia (**Palacio de la Mala Noche**) (**A**) – *Av. Hidalgo n° 669, devant la Plaza de Armas.* C'est une grande bâtisse blanche ancienne, qui remonte à la fin du 18e s. Elle a été construite par Don Manuel Rétegui, dont on raconte qu'il avait investi jusqu'à son dernier *centavo* dans une mine et se trouvait dans la misère la plus totale. Une nuit, alors qu'il songeait au suicide et écrivait ses lettres d'adieu, il entendit des cris de joie, lui annonçant que la mine avait enfin révélé la veine recherchée. La mine, et la maison bâtie avec la fortune retrouvée, ont été depuis surnommées « de la mauvaise nuit ». Sur le Callejón de Veyna, on conserve la **porte dérobée** dont se servait l'exploitant minier pour entrer et sortir avec sa fortune sans être vu. Cette opulence lui a permis de faire recouvrir d'argent la croisée du transept de la cathédrale pour le baptême de sa fille.

Mercado Gonzales Ortega – *Hidalgo, sur un côté de la Plaza Goitia. Ouvert toute l'année, tous les jours de 9 h à 20 h. ✂ ☎ (492) 200-33.* Cette construction de style néoclassique inaugurée en 1889 était le marché central de la ville. Remodelée, elle abrite depuis 1982 un centre commercial sur deux niveaux, où s'ouvrent restaurants et boutiques comme le **Centro Platero** (articles en argent), des marchands de vin, des commerces de vêtements et des confiseries. La Plaza Goitia est souvent le théâtre de manifestations artistiques.

Teatro Calderón – *Av. Hidalgo n° 501, devant la Plaza Goitia. Ouvert toute l'année, tous les jours de 10 h à 14 h et de 16 h à 20 h. ☎ (492) 286-20.* Avec son élégant style néoclassique, le bâtiment attire l'attention. Inauguré en 1897, le théâtre accueille aujourd'hui d'importants événements culturels.

★**Templo de Santo Domingo** – *Plaza de Santo Domingo n° 601. Ouvert toute l'année, tous les jours de 7 h à 13 h et de 15 h à 22 h. ☎ (492) 210-83.* Construite entre 1746 et 1749 par les jésuites, cette église de style baroque sobre a été occupée par les dominicains après l'expulsion des jésuites en 1767 sur ordre de Charles III. Ses huit retables churrigueresques en bois doré en font l'église la plus riche de la ville. La sacristie de plan octogonal mérite d'être visitée ; on pourra y admirer huit tableaux du milieu du 18e s. de Francisco Martínez Sánchez.

★★★**Museo Pedro Coronel** – *Plaza de Santo Domingo. Ouvert toute l'année, du lundi au mercredi, le vendredi et le samedi de 10 h à 14 h et de 16 h à 19 h, le dimanche de 10 h à 17 h. Fermé les jours de fête nationale. $10. ☎ (492) 280- 21.* C'est une ancienne forteresse du 18e s., qui abritait l'ancien collège jésuite San Luis Gonzaga. Elle a servi ensuite comme prison, hôpital et immeuble de rapport. En 1970 on a entrepris de la restaurer, et le peintre de Zacatecas Pedro Coronel (1922-1985) lui a confié sa vaste collection d'œuvres d'art, qui en fait un musée unique au Mexique et en Amérique latine. À l'entrée se trouve la **bibliothèque** Elías Amador, dont le fonds remonte au 16e s. et comprend environ 18500 volumes. Sous les arcades qui entourent la cour centrale plantée d'orangers sont exposées quatre sculptures en basalte, réalisées par Pedro Coronel ; on retiendra surtout la **Venus Negra**. Au deuxième niveau, on découvre « L'univers de Pedro Coronel », sa collection d'art universel, dont certaines œuvres remontent au 16e s. avant J.-C. Le musée présente une collection d'**art préhispanique** et une exposition intéressante de masques mexicains. Dans la salle consacrée à l'art colonial on voit des Christs de Zacatecas du 17e s., les premières œuvres d'une collection dont on admirera les **séries**★ d'eaux-fortes de Francisco Goya, intitulées *Tauromachie* et *Les proverbes*. Ces gravures sont exposées près de l'endroit où repose Pedro Coronel. On découvre aussi des œuvres de William Hogarth, Piranèse, Picasso, Miró, Chagall, Dalí, Wifredo Lam, Calder et Vasarely, parmi d'autres. Sans oublier des œuvres provenant de cultures orientales et de la Grèce antique, et une superbe exposition de **masques africains.**

Museo Zacatecano – *Dr. Hierro n° 301. Ouvert toute l'année, du mercredi au lundi de 10 h à 17 h. $10. ☎ (492) 265-80.* Situé dans le bâtiment qu'occupait autrefois la Maison de la Monnaie, la deuxième en importance du Mexique au 19e s., ce musée présente trois collections, qui permettent de voir 169 broderies huicholes décorées de symboles magiques et religieux, des sièges de chamans, des figures en bois et des outils huicholes. Le musée présente aussi des estampes religieuses du 16e au 19e s., et des pièces en fer forgé de l'époque coloniale.

Antiguo Templo de San Agustín – *Plazuela Miguel Auza. Ouvert toute l'année, du mardi au dimanche de 10 h à 19 h. ☎ (492) 280-63.* Cette ancienne église et son couvent, dédiés en 1782 à saint Augustin, avaient été bâtis sur les fondations d'un hospice franciscain. Dans la deuxième moitié du 19e s., l'église est devenue propriété des presbytériens, qui l'ont transformée en entrepôt. De l'église d'origine il ne reste que le **portail latéral**★★, dont le magnifique relief de style churrigueresque représente la conversion de saint Augustin. Le bâtiment a été restauré vers le milieu du 20e s. Outre des expositions temporaires, le musée présente dans le transept des peintures du 18e et du 19e s., parmi lesquelles on remarquera une toile de Juan Correa.

★**Mesón de Jobito** – *Jardin Juárez n° 143.* Cet édifice ramène le visiteur au 19e s., époque où il servait d'auberge aux voyageurs, qui faisaient halte dans sa belle cour surplombée de balcons en fer forgé, où l'on imagine des charrettes débordant de marchandises. Il accueille toujours les voyageurs. En 1993, l'hôtel s'est adjoint le restaurant El Mesonero (l'aubergiste) et une boutique d'artisanat. En face s'étend le beau Jardin Juárez planté d'arbres . À côté, un agréable restaurant et une galerie d'art.

MINA EL EDÉN ET ENVIRONS *3 h*

Mina El Edén – *Dovalí Jaime. De l'Av. Hidalgo poursuivre jusqu'à l'Av. Juárez et poursuivre vers le Nord-Ouest par l'Alameda. La rue Dovalí Jaime se trouve derrière le bâtiment de la Sécurité Sociale (Seguro Social). Visite guidée (1 heure). Pendant la Semaine sainte et le mois de décembre, ouverture de 10 h à 18 h 30 ; le reste de l'année, tous les jours de 11 h à 18 h 30. $12. ☎ (492) 230-02.* Cette mine, exploitée de 1586 à 1960, se trouve à 320 m de profondeur sous le sommet du Cerro del Grillo. Le circuit (1 km) débute par le Socavón de la Esperanza, « galerie de l'espoir », que l'on parcourt sur 600 m à bord d'un petit train. Les 400 m restants se font à pied, pour découvrir le quatrième niveau des sept que comportait la mine, les trois niveaux inférieurs étant inondés. La couleur bleu verdâtre de l'eau vient des minéraux et de sa longue stagnation. La nuit, une partie de la mine fonctionne comme discothèque. *On conseillera pour sortir d'emprunter l'ascenseur (dénivelé 36 m), puis la galerie del Grillo sur 200 m, pour rejoindre 100 m plus loin le téléphérique.*

Teleférico – *Estación Cerro de Grillo. Départs du Cerro del Grillo et du Cerro de la Bufa : avril, juillet, août et décembre, tous les jours de 10 h à 19 h ; le reste de l'année, tous les jours de 10 h à 18 h. Aller simple 7 mn. Circuit commenté. $5. ☎ (492) 256-94.* À une hauteur maximale de 85 m au-dessus de la ville, le téléphérique relie en moins de 10 mn le Cerro del Grillo et le Cerro de la Bufa, éloignés de 650 m. Le trajet est animé d'un commentaire sur l'histoire de la ville et du Cerro de la Bufa, son point d'arrivée.

Cerro de la Bufa – *On peut aussi s'y rendre en voiture.* Emblème de la ville, la colline « soufflée » est appelée ainsi pour la curieuse excroissance rocheuse de son sommet en forme, disent les Mexicains, de vessie de porc. Le poète de Jerez de la Frontera Ramón López Velarde lui trouvait l'apparence d'un cheval cabré, portant sur son dos le **Santuario de Nuestra Señora del Patrocinio** *(ouvert toute l'année, tous les jours de 7 h à 20 h ; ☎ (492) 211-29)*, chapelle où l'on vénère depuis 1728 la sainte patronne de la ville. La façade du sanctuaire montre les images du soleil et de la lune qui, avec la Vierge, le rocher de la Bufa et les figures des quatre fondateurs, sont les emblèmes composant les armoiries octroyées à la ville en 1588 par Philippe II d'Espagne. Sur la colline est aussi installé le **Museo Toma de Zacatecas** *(musée de la Prise de Zacatecas, ouvert toute l'année, du mardi au dimanche de 10 h à 17 h ; fermé le 1er janvier, pendant la Semaine sainte et le 25 décembre ; $5 ; ☎ (492) 280-66)* qui rassemble des reproductions de journaux, des armes et des photographies relatives à cette bataille décisive pour la Révolution mexicaine. La prise de Zacatecas, le 23 juin 1914, a été menée par les hommes de Francisco Villa, le général Felipe Ángeles et Pánfilo Natera, dont on aperçoit les grandes **statues** sur le *cerro*. Le mausolée des Hommes illustres de Zacatecas couronne le rocher derrière les statues. À proximité, la station météorologique offre un superbe **panorama★★** de la ville.

AUTRES CURIOSITÉS *1/2 journée*

★★★ **Museo Rafael Coronel** – *Ancien Couvent San Francisco. 1/2 km au Nord-Est de la ville par Hidalgo et Juan de Tolosa. Ouvert toute l'année, du jeudi au mardi et les jours fériés de 10 h à 14 h et de 16 h à 19 h, le dimanche de 10 h à 17 h. $10. ✂ ☎ (492) 281-16.* Cette construction de style baroque (16e-18e s.) a hébergé les franciscains jusqu'à leur expulsion en 1857. Merveilleusement restaurée à partir de 1987, elle abrite la collection d'objets d'art léguée par le peintre Rafael Coronel, frère de Pedro et gendre de Diego Rivera.

Dans la Capilla de San Antonio, annexe de l'ancienne église qui aujourd'hui n'a pour toit que le beau ciel de Zacatecas, la salle d'expositions temporaires conserve le tableau **Mortaja** de Rafael Coronel, représentant la mort de saint François d'Assise. Dans ce qui était la sacristie, on expose la bannière de la Vierge, ainsi que les armoiries de la ville et son titre de *Muy Noble y Muy Leal*, accordés au 16e s.

En traversant les jardins et les ruines du couvent, on parvient à la salle « Rostro de México », où sont exposés près de trois mille des cinq mille **masques★★★** légués par Rafael Coronel. C'est la plus grande collection de masques du monde. Ces œuvres d'art populaire à usage cérémoniel sont exposées avec la danse régionale correspondante. La salle Ruth Rivera abrite une collection de dessins de Diego Rivera. La salle *Las tandas de Rosete* (les spectacles de Rosete) présente une collection de **marionnettes★★** dont la plupart proviennent de la compagnie de Rosete Aranda, qui a débuté en 1835. La présentation replace les marionnettes en action dans un théâtre de guignol. La visite se termine avec une collection de poteries précolombiennes, et une autre de figurines en terre cuite, expression d'art populaire colonial.

© Robert Frerck/Odyssey

Masques au musée Rafael Coronel

★ **Museo Francisco Goitia** – *General Enrique Estrada n° 102, devant le Parc Enrique Estrada. Ouvert toute l'année, du mardi au samedi de 10 h à 13 h 30 et de 17 h à 19 h 30, le dimanche de 10 h à 16 h 30. Pendant la Semaine sainte et la deuxième quinzaine de décembre, ouvert de 10 h à 16 h 30. Fermé le 1er janvier et le 25 décembre. $10. ☏ (492) 202-11.* Dans une maison des années 1950, ce musée présente des œuvres du peintre Francisco Goitia, d'où ressortent le **Caballo famélico** *(Cheval famélique)*, **Paisaje de Santa Mónica, Cabeza de ahorcado** *(Tête de pendu)*, ainsi que ses célèbres autoportraits. On y voit la copie du célèbre tableau **Tata Jesucristo** *(Papa Jésus-Christ)*, l'un des chefs-d'œuvre de la peinture mexicaine du 20e s. Le musée présente aussi une exposition couvrant un siècle d'art plastique contemporain à Zacatecas, depuis le *Retrato de un hombre* de Julio Ruelas (1894) jusqu'à une toile de Pedro Coronel peinte l'année de sa mort (1985). On y verra aussi des œuvres du sculpteur José Kuri Breña, de Manuel Felguérez et de Rafael Coronel. La tour de style néogothique qu'on aperçoit de plusieurs quartiers différents de la ville se trouve derrière le musée. Elle appartient à la **Parroquia de Nuestra Señora de Fátima**, une église bâtie en 1950.

★ **Hotel Quinta Real** – *Av. Gonzales Ortega, par l'aqueduc.* C'est une belle construction élevée sur l'ancienne *Plaza de Toros* de San Pedro (1876-1975). Depuis 1989 elle fonctionne comme hôtel, le seul au monde qui soit construit autour d'une arène. On sert parfois le repas dans l'arène, elle-même entourée de restaurants, de galeries d'art, de boutiques d'artisanat et d'agences de voyage. Le samedi, on y organise des *callejoneadas*. Devant l'hôtel court l'Acueducto del Cubo qui apporte l'eau au Sud de la ville.

EXCURSIONS

Ancien couvent de Guadalupe – *1/2 journée. 7 km au Sud-Est de Zacatecas par le Bd. López Portillo. Sur la place principale de Guadalupe. Ouvert toute l'année, tous les jours de 7 h à 13 h et de 16 h à 20 h. Fermé le 1er janvier et le 25 décembre. $10. ☏ (492) 325-01.* Dans la banlieue de Zacatecas, cet édifice fondé en 1707 était le siège du collège franciscain de propagande FIDE qui avait pour mission l'évangélisation du Nord de la Nouvelle-Espagne. Plus de trente missions avaient été installées dans la région. Elles étaient coordonnées depuis ce collège, dont le domaine a couvert jusqu'à 25 km^2. L'ancien couvent a été déclaré monument historique en 1919. Il rassemble aujourd'hui le musée de Guadalupe, l'église de Guadalupe et la chapelle de Naples.

★★★ **Museo de Guadalupe** – *Entrée par la porterie. Ouvert toute l'année, du mardi au dimanche de 10 h à 16 h 30. Fermé le 1er janvier et le 25 décembre. $14. ☏ (492) 323-86.* Ce musée présente l'une des plus importantes collections de peinture coloniale du Mexique. Autour du **cloître** au rez-de-chaussée sont exposées 25 grandes toiles illustrant la vie de saint François. Dans l'escalier principal, on remarque *La Virgen del Apocalipsis* de Miguel Cabrera, et en montant à l'étage l'immense *San Cristóbal* de Nicolás Rodriguez Juárez. On y voit aussi des œuvres de Cristóbal de Villalpando, Juan Patricio Morlet de Ruiz, Antonio de Torres, José de Ibarra et Juan Correa. Ce dernier est l'auteur de *Nuestra Señora del Patrocinio de los Zacatecos*, qui orne la chapelle de l'infirmerie. Gabriel José Ovalle a laissé une série de toiles aux couleurs puissantes et contrastées représentant la *Pasión del Cristo*. L'espace réservé au chœur abrite des **stalles** aux dossiers sculptés. Une statue articulée de saint François semble présider aux cérémonies célébrées ici par les franciscains. Dans le chœur de la chapelle de Naples veille un Christ qui semble ouvrir les yeux lorsqu'on s'approche. Au niveau supérieur du cloître, la Passion du christ est représentée sur de grandes toiles. Dans ce vaste espace où le temps semble ne pas avoir prise, on découvre aussi des objets d'art fabriqués en plumes, et des christs en pâte de tige de maïs (16e s.) et en ivoire. La **bibliothèque**, et les objets en verre et en faïence utilisés par le couvent présentent un grand intérêt. Le bâtiment annexe abrite une **collection de voitures et de charrettes.**

★★ **Capilla de Nápoles** – La chapelle s'ouvre sur la gauche dans l'église de Guadalupe. De 1877, elle présente une riche décoration en feuilles d'or sur pierre, dont les motifs ornementaux sont caractéristiques du baroque tardif. Le parquet en bois d'acacia forme une rose des vents. La haute coupole richement décorée est recouverte à l'extérieur de faïence. Une cloche en verre rapportée de Naples honore l'Immaculée Conception.

Zona arqueológica La Quemada – *1/2 journée. 56 km au Sud-Ouest de Zacatecas par la route 54 vers Guadalajara. Ouvert toute l'année, tous les jours de 10 h à 17 h. $14. ✗ ☎ (492) 250-85.* Ce centre cérémoniel a été daté entre les années 100 et 900 après J.-C. Il appartient à la culture mésoaméricaine qui s'est développée autour de Teotihuacán. Son déclin s'est amorcé en 900. Vers l'an 1000, il a subi un incendie, dont les traces sont encore visibles sur les pierres. On remarquera le **Salón de las Columnas** dont les murs ont dû s'élever jusqu'à 5 m et, dans la partie qu'on appelle **El Palacio, la Pirámide Votiva**. On a distingué ici 200 sites différents, ainsi qu'un réseau de chaussées de 170 km, le légendaire Chicomostoc, où il était dit que les Aztèques demeuraient neuf ans au cours de leur voyage vers Anáhuac. Le **musée du site**★, construit avec des matériaux et des caractéristiques semblables à ceux des constructions environnantes, rassemble des pièces trouvées aussi bien sur ce site archéologique que sur celui d'Alta Vista, les deux principaux sites préhispaniques du Zacatecas.

Sombrerete (petit chapeau) – *167 km de la ville de Zacatecas par la route 45 vers Durango.* Au 16e s., au pied du Cerro del Sombreretillo, on a fondé la ville appelée autrefois San Juan Bautista de Llerena, aujourd'hui Sombrerete (65 252 habitants). Sa nostalgie pour sa splendeur minière transparaît dans ses constructions coloniales, parmi lesquelles on remarque le **Templo de San Francisco** (18e s.) et son annexe, la **Capilla de la Tercera Orden** *(ouvert toute l'année, tous les jours de 6 h 30 à 20 h, les jours fériés de 6 h à 21 h ; ☎ (493) 501-16)*, unique chapelle à plan elliptique du Mexique. Les colonnes-cariatides de la façade baroque du **Templo de Santo Domingo** attirent l'attention, ainsi que celles du **Templo de la Soledad** et de sa **Capilla de la Santa Veracruz**. La masse imposante de la **Parroquia de San Juan Bautista** a été endommagée par une explosion pendant la Révolution. À côté se trouve une maison où, dit-on, aurait vécu Thomas Edison.

★ **Zona arqueológica Alta Vista** – *4 heures. Sortir de Sombrerete par la route régionale n° 11 en direction de Jiménez de Teul, et faire 50 km jusqu'à Chalchihuites. Le site domine une colline, à environ 6 km vers l'Ouest par un chemin de terre, en traversant le Río Colorado. Ouvert toute l'année, tous les jours de 10 h à 17 h. $7. ☎ (492) 250-85.* Ce sont les ruines du centre cérémoniel le plus important de la culture chalchihuite. Cette culture est considérée comme intermédiaire entre celle des groupes sédentaires mésoaméricains et celle des Chichimèques de l'Amérique aride. Situé presque sur le tropique du cancer, le centre a été construit entre 450 et 850 après J.-C. C'était un important centre de commerce des pierres précieuses. On a découvert aux environs 750 mines précolombiennes. Le centre est construit de façon à ce que les angles des principaux édifices coïncident avec les points cardinaux. Aux équinoxes, le soleil se lève à la pointe d'un pic situé à l'autre extrémité de la vallée du Río Colorado, et le premier rai de lumière passe entre deux murs d'**El Laberinto**. Le **Salón de las Columnas**, destiné probablement au culte de Tezcatlipoca, la **Pirámide del Sol** et le **Templo de las Calaveras** présentent également un très grand intérêt.

★★ **Sierra de Órganos** – *3 heures. Sortir de Sombrerete par la route 45 vers Durango. 22 km jusqu'au chemin de terre de 10 km qui conduit à la sierra.* Sept gorges bordées de stupéfiantes orgues basaltiques présentent au visiteur une multitude de figures qui sont autant de défis pour l'imagination. Les plus célèbres sont **El cáliz, Los frailes** et **El campanario**. Semblable à un paysage préhistorique, la nature ici emporte le voyageur 35 000 années en arrière. *Le troglodyte*, avec Ringo Starr, est l'un des 60 films réalisés sur le site. La série de gorges attire les amateurs d'alpinisme. C'est aussi un endroit idéal pour le camping.

Créez vos propres itinéraires à l'aide de la carte des principales curiosités et régions touristiques.

GOLFE DU MEXIQUE

Berceau de la Mésoamérique, porte de la Conquête espagnole

Artisanat et gastronomie p. 48. Sur ce territoire au creux du golfe du Mexique que couvrent aujourd'hui les États de Tabasco et de Veracruz, se sont déroulés des événements marquants de l'histoire et de la culture mexicaines.

C'est ici qu'autour de 1800 avant J.-C. s'établit la première civilisation mésoaméricaine, celle des **Olmèques**, un nom donné par les Mexicas qui signifie habitants d'« olman, lieu de la racine de caoutchouc ». Le territoire Olmèque s'étendait au Sud de l'actuel État de Veracruz et à l'Est du Tabasco.

Dans le Veracruz sont nées d'autres grandes civilisations. Au centre, les **Toltèques**, et au Nord, les **Huastèques**. Les Toltèques ont bâti EL TAJÍN, une des villes précolombiennes les plus intéressantes, admirable par son plan et son architecture. Le golfe du Mexique a aussi été la porte d'entrée de la Conquête espagnole. C'est dans cette région qu'ont lieu les premiers combats et les premières alliances des conquérants avec les groupes indigènes. C'est dans l'un des ports du Tabasco que La Malinche est offerte en présent à Hernán Cortés par un cacique Maya ; et c'est à Veracruz que Cortés fonde la Villa Rica de la Vera Cruz, la première ville coloniale du domaine continental américain. C'est de là qu'il part avec son armée conquérir la grande Tenochtitlán. Sous les vice-rois, la région est le passage obligé des voyageurs et commerçants qui arrivent d'Europe, ou qui s'y rendent. Aujourd'hui, cette zone au climat variable allant jusqu'aux extrêmes, qui s'étend de la côte atlantique jusqu'aux crêtes de la Sierra Madre Orientale, est le pilier de l'économie mexicaine. En effet, les gisements de pétrole et de l'industrie pétrolière du pays se situent en majeure partie le long du littoral du golfe.

Plaza de Armas, Tlacotalpan, Veracruz

Zona arqueológica EL TAJÍN★★★

Veracruz

Carte des principales curiosités p. 7 – Carte du Mexique Central p. 105 (**BX**)

☎ (29) 321-999 et (01-800) 712-6666

La « ville sacrée des morts et des tonnerres en tempête » a connu ses heures de gloire entre 800 et 1150 après J.-C. Habitée durant des siècles par les Totonaques, c'était un des centres urbains, politiques et religieux les plus importants de Méso-Amérique *(golfe du Mexique p. 28)*. La cité s'étend sur 1,5 km². On y a découvert à ce jour 168 édifices. Elle se distingue d'autres sites archéologiques par son architecture originale, avec ses niches décorées de grecques, et aussi parce que, de toutes les cités préhispaniques, c'est elle qui possède le plus grand nombre de jeux de balle, 17 en tout.
El Tajín a été abandonnée par ses habitants autour du 12e s. à cause de guerres incessantes, de désordres sociopolitiques et d'une interruption des échanges commerciaux.

SITE ARCHÉOLOGIQUE *1/2 journée. Plan p. 218.*

Au départ du District Fédéral, on peut s'y rendre via Poza Rica qui possède un aéroport et des gares routières. Depuis Veracruz, prendre la route 180 vers le Nord jusqu'à Papantla (223 km) et continuer 16 km jusqu'au site. On conseillera de s'équiper pour d'éventuelles pluies. Ouvert toute l'année, tous les jours de 9 h à 17 h. $16. ✕ **E** ☎ *(29) 321-999.*

Sur l'esplanade à l'entrée du site se déroulent tous les jours des démonstrations des **Voladores de Papantla**, village situé à 13 km de là. Le village est connu pour ses traditions, sa production de vanille et la fête de **Corpus Christi**, célébrée les premiers jours de juin. La danse des *voladores* est un rituel d'invocation au dieu du vent accompagné par la musique des tambours et des flûtes. Elle se déroule au sommet d'un mât de grande hauteur. Des cinq danseurs, un reste debout en haut du mât, jouant et dansant, tandis que les quatre autres, assis autour de lui, s'attachent une corde aux pieds, puis se jettent en arrière dans le vide. Les cordes se déroulent, entraînées par les « hommes volants » qui descendent en tournoyant. Chacun décrit 13 cercles autour du mât, qui au total symbolisent le cycle de 52 années correspondant à la venue d'un nouveau Soleil.

Museo de Sitio – *À côté des guichets.* Le musée présente certaines des découvertes les plus intéressantes du site, comme des fragments des tambours de pierre qui composaient les piliers de l'édifice des Colonnes, non encore ouvert au public.

Grupo Plaza del Arroyo – Cet espace suit la distribution habituelle des places de Mésoamérique : un groupe de quatre édifices élevés autour d'une esplanade rectangulaire. La place ne possède en revanche pas d'autel en son centre. Le bâtiment du côté Nord aligne sur ses trois corps des rangées de niches, grande particularité de ce site. En quittant la place, on aperçoit quatre jeux de balle, trois sur la gauche, un sur la droite.

Faire le tour par la gauche, jusqu'à l'entrée du dernier (et plus grand) jeu de balle.

Juego de Pelota Sur – Ce jeu de balle est remarquable en cela que le *talud* qui borde habituellement le terrain porte des gradins destinés au public. On voit aussi sur toute sa longueur six tableros, dalles ornées de bas-reliefs illustrant différents moments du jeu, un rituel qui s'achève par la décapitation d'un ou plusieurs des joueurs.
La description qu'en donnent les *tableros* est en désordre. La logique voudrait que l'on commence par les deux de l'extrémité gauche, pour passer ensuite à ceux de l'extrémité droite, puis à celui du centre droit, pour terminer par celui du centre gauche *(suivre le plan)*.
Reprenant la séquence logique, le **tablero** (**1**) montre un joueur se préparant à commencer le jeu ; dans l'un des angles, la déesse de la mort surgit d'une marmite. Le **tablero** (**2**) montre une cérémonie où deux personnages jouent de la musique, l'un avec une carapace de tortue, l'autre un tambourin ; un joueur allongé regarde, posé sur lui, un homme vêtu en aigle. Le **tablero** (**3**) montre deux joueurs en train de discuter. L'un des deux tient un couteau ; au fond, plusieurs personnages les observent. **Le tablero** (**4**) montre le joueur qui va être décapité, les viscères apparents. **Le tablero** (**5**) représente les dieux de la pluie et du tonnerre observant du haut d'un temple un homme qui porte une marmite. Le **tablero** (**6**) montre, dans une scène d'autosacrifice, le dieu de la pluie procédant à sa propre castration, à côté d'un personnage arborant une coiffe en forme de poisson.

En quittant le jeu de balle on arrive à l'édifice 12.

Edificio 12 – On remarquera les niches, ornées de frises grecques typiques de la décoration des monuments du site. On associe ces motifs de grecques à la spirale du colimaçon, au mouvement des marées, et à la figuration du serpent, ou **xicalcoliuhqui.** Elles symbolisent les cycles éternels de la vie, sans commencement ni fin. Ici, elles sont encadrées de petites colonnes sculptées. Devant l'édifice s'étend le jeu de balle n° 11.

Pour poursuivre la visite, retourner à l'entrée du jeu de balle Sud et prendre à gauche. Le bâtiment sur la droite est l'édifice 15. Marqué par des niches plus grandes, il était à l'origine peint en rouge. On pense que toutes les constructions étaient peintes en couleur.

Edificio 5 – Sur une grande plate-forme, cette structure en forme de py-

les jeux de balle et la pyramide des Niches

ramide tronquée est couverte de niches ; celles de la partie supérieure sont décorées des grecques décrites plus haut. La plate-forme porte une grande statue représentant une divinité, peut-être le dieu Tajín.

Poursuivre jusqu'à la petite esplanade.

Pirámide de los Nichos – Cette construction spectaculaire, emblème d'El Tajín, compte sept corps différents. Elle est creusée de 365 niches, nombre des jours de l'année solaire. Les arbalétriers de l'escalier reprennent la décoration de grecques. Les frises et *tableros* ont été transportés au musée du site.

Plus loin, une grande place avec un autre jeu de balle présente six *tableros* qui évoquent les personnages mythiques et historiques du lieu. La place est délimitée sur deux de ses côtés par un mur de soutènement qui, à l'origine, séparait le centre cérémoniel de la zone résidentielle réservée aux gouvernants et à l'élite sociale, appelée **Tajín Chico** *(monter par le mur de soutènement jusqu'à la place que l'on voit sur la gauche).*

Tajín Chico – Au cours des fouilles archéologiques, on a découvert que les résidences du « petit Tajín » possédaient des toitures réalisées à partir d'un mélange de chaux, de coquillages et de sable, auquel on ajoutait de la poudre de pierre ponce et des tessons de céramique. Une fois lié, ce mélange constituait une sorte de béton.

La façade de l'**Edificio A**, au Nord, présente une **voûte Maya** (**7**). À l'intérieur, la promenade qui entoure la construction centrale montre un motif de grecque double en escalier et entrelacé, qui ressemble à la svastika hindoue. Sur le côté du bâtiment, un petit chemin conduit à l'**Edificio D**, construit sur le *talud* d'une terrasse. Le tunnel qu'on aperçoit ici conduit au niveau inférieur ; la partie supérieure de l'entrée est ornée de grands losanges entrelacés.

Revenir à l'entrée de la place et emprunter le chemin qui en fait le tour.

L'Edificio C recouvert d'un toit de feuilles de palmier conserve quelques pièces archéologiques et des vestiges de peintures murales.

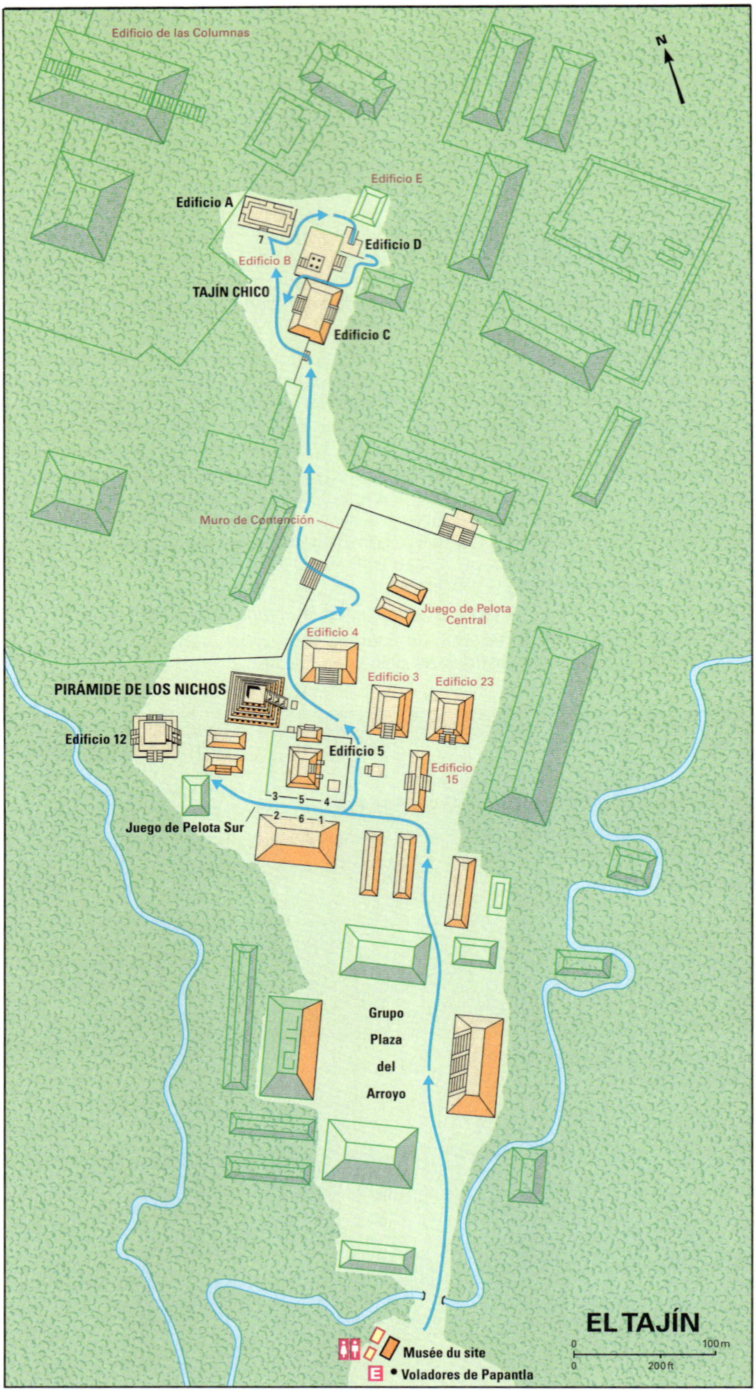

Les publications Michelin :
– plus de 220 cartes, atlas et plans de villes ;
– 12 guides Rouges hôtels-restaurants couvrant les pays européens ;
– plus de 160 guides Verts pour toutes les destinations (8 langues d'édition).

VERACRUZ★

Veracruz

425 140 habitants

Carte des principales curiosités p. 7 – Plan p. 221

Palacio Municipal, Zaragoza et Independencia ☎ (29) 321-999

C'est une ville joyeuse et chaleureuse, offrant au visiteur l'hospitalité de ses habitants, la douceur de sa brise marine, la tranquillité de sa belle promenade le long de la côte et les plaisirs de ses traditions gastronomiques et musicales.
Veracruz est en permanence animée, que ce soit pour dîner dans un des restaurants typiques de la Plaza de Armas, pour le **danzón** plusieurs soirs par semaine, à l'heure de l'incontournable café au lait de **La Parroquia** sur le port, et surtout pour son célèbre **carnaval★** du mois de février.
En plus de ces attractions, le port propose au visiteur l'aventure, avec ses activités de rafting, kayak, éco-archéologie, plongée, randonnée et le *temascal*, ou bain de vapeur.

Un peu d'histoire

16e siècle – Le 24 juin 1518, Juan de Grijalva, Francisco Montejo et Pedro Alvarado entreprennent une expédition au départ de Cuba jusqu'aux rives du Río Coatzacoalcos. Ils poursuivent par celles du Río Papaloapan, pour débarquer enfin sur deux îlots, qu'ils appellent respectivement Sacrificios et San Juan de Ulúa. Cortés y parvient le 21 avril 1519, puis fonde la Villa Rica de la Vera Cruz en l'honneur du jour de son arrivée, le Vendredi saint, jour de la *vraie croix*. À partir de cette date, Veracruz devient la route des conquérants, le point de départ de l'expédition de Cortés qui parviendra jusqu'à Tenochtitlán, au cœur de l'empire Aztèque. Veracruz est le point d'arrivée et de départ des marchandises en provenance et à destination du Vieux Continent, ce qui en fait un grand port de commerce. Il devient alors une cible pour les attaques de pirates, raison pour laquelle on élève les murailles et la forteresse de San Juan de Ulúa.

Quatre fois héroïque – À la fin de l'époque coloniale, Veracruz était, avec La Havane, un des plus grands ports de l'Amérique espagnole. Son importance lui a valu d'être appelée ville « quatre fois héroïque ». D'abord, parce qu'elle a été le théâtre d'une bataille autour du dernier bastion espagnol, le fort de San Juan de Ulúa (1825) ; la deuxième fois, à cause de la résistance contre l'intervention française de 1838, appelée *Guerra de los Pasteles* ; la troisième et la quatrième, lors des combats menés pendant les deux interventions Nord-américaines de 1847 et 1914.
Elle a été aussi par deux fois siège du gouvernement : sous Benito Juárez, après la promulgation de la Constitution de 1857, et sous le gouvernement de Venustiano Carranza en 1914. C'est de ce port qu'est parti l'*Ypiranga*, navire emportant vers l'exil Porfirio Diaz qui, lorsqu'il était au pouvoir, avait donné une grande impulsion à Veracruz.

■ El danzón

Le *danzón* est une danse populaire très implantée au Mexique. Elle est née en 1879 à Cuba de l'imagination de Miguel Faílde y Pérez. Quand on en parle, c'est autant pour la musique que pour la danse ; il est impossible de les séparer, car la musique du *danzón* a été créée pour une danse qui, étrangère au départ (*la contredanse* européenne), s'est enrichie de mouvements et de cadences exigeant un rythme nouveau.
Le *danzón* est parvenu sur le territoire mexicain peu après son invention. Aussitôt introduit, les habitants de la côte sont fascinés ; ils se l'approprient, et l'imprègnent peu à peu des couleurs et des rythmes de la chaude terre mexicaine.
Au début du 20e s., il gagne Mexico, avec le même succès que sur la côte. À partir de 1908, les salles de bal prolifèrent dans le pays, faisant du *danzón* un nouveau mythe mexicain. Ces endroits étaient autant de lieux éloignés du monde réel, où la seule chose qui importait était le rituel de la danse, être un bon danseur, avoir le meilleur partenaire...
Aujourd'hui, on danse le *danzón* dans tout le pays. Mais sur le port de Veracruz et dans la ville de Mérida, il continue d'avoir une place à part dans le cœur des habitants. Deux ou trois fois par semaine, on danse sur les places ; un orchestre rythme le bal et tous, adultes, jeunes et enfants, y prennent part.

CENTRE VILLE *1/2 journée*

★**Plaza de Armas** – *Entre les rues Zaragoza, Independencia, M. Lerdo et Zamora, à côté du Palacio Municipal.* Cette petite place carrée est un lieu de rencontre où l'on déguste, sous les arcades, les spécialités régionales les plus diverses. Vendeurs et musiciens ambulants viennent ici égayer les visiteurs. Trois fois par semaine, on y danse le **danzón★** *(mardi, vendredi et samedi de 20 h à 22 h)*, et c'est ici qu'ont lieu les cérémonies au cours desquelles on hisse et on amène le drapeau national.

Du côté Nord-Ouest de la place se dresse la **cathédrale** *(ouvert toute l'année, du lundi au samedi de 9 h à 13 h et de 16 h à 19 h, le dimanche de 7 h à 22 h ; ☎ (29) 324-829)* appelée par les habitants *La Parroquia*, qui abrite des lustres en cristal de Baccarat dont on suppose qu'ils ont appartenu à Maximilien de Habsbourg et à son épouse Charlotte.

Plaza de la República – *Marina Mercante.* C'est une place rectangulaire bordée de palmiers, avec des bancs et des parterres fleuris. Le square dédié à Benito Juárez est encadré de 16 monolithes gravés des lois de la Réforme. Autour de la place, on voit le **Registro Civil** *(ouvert toute l'année, du lundi au samedi de 8 h à 19 h ; fermé les jours de fête nationale ; ☎ (29) 321-999)*. Dans le hall d'entrée est présenté l'acte d'inauguration, du 10 octobre 1860, de cette institution qui occupe l'ancienne maison de Jerónima Francisca, fille de Benito Juárez et Margarita Maza de Juárez. On visite aussi le **Recinto de la Reforma (ancien couvent San Francisco)** *(ouvert toute l'année, du mardi au dimanche de 10 h à 14 h et de 16 h à 20 h ; fermé les jours de fête nationale ; ☎ (29) 321-999)* portant le premier phare du port, il expose aujourd'hui huit statues d'hommes illustres de la Réforme, Benito Juárez en tête. Enfin, les imposants bâtiments des **Telégrafos y Correos** et de la **Aduana Marítima**, dont le style reflète fidèlement l'architecture dominante du *Porfiriato*.

★FUERTE DE SAN JUAN DE ULÚA *3 h*

À partir du centre, prendre la direction de Cardel, puis l'embranchement vers San Juan de Ulúa-Aduanas jusqu'au bout. Ouvert toute l'année, du mardi au dimanche de 9 h à 17 h. Fermé les jours de fête nationale. $14. ☎ (29) 385-151.

La construction de cette forteresse a débuté en 1535, dans le but de protéger les routes maritimes et de défendre le port des attaques des pirates. C'est le plus célèbre fort d'Amérique, car c'est ici qu'a commencé, et s'est achevée, la domination espagnole du Mexique. Le fort est construit en pierre *múcara*, calcaire extrait des récifs coralliens, ce qui rend ses murs extrêmement humides.
La Sainte Inquisition l'a transformé en prison pour les prévenus qui passaient en jugement devant ses tribunaux. De grands noms historiques du Mexique ont ainsi été emprisonnés dans ce sinistre pénitencier, le plus terrible de toute l'histoire du pays : le frère Servando Teresa de Mier, le frère Melchor de Talamantes, Benito Juárez, ainsi que la Mulata de Córdoba et Chucho el Roto, figures légendaires de l'histoire locale.

La légende raconte que la **Mulata de Córdoba**, mulâtresse accusée de nécromancie, avait été enfermée par l'Inquisition à San Juan de Ulúa. Une fois en prison, elle avait demandé à son gardien de lui procurer de quoi dessiner. Ceci fait, elle avait esquissé sur la paroi de sa cellule un bateau, dans lequel elle s'était évadée de la terrible forteresse (le fort se trouvait sur une île, sans liaison avec le port comme c'est le cas aujourd'hui). **Chucho el Roto**, de son vrai nom Jesús Arriaga, était une sorte de Robin des Bois ; il volait les riches pour donner aux pauvres, raison pour laquelle il était ardemment recherché par les autorités. Pendant son emprisonnement à Ulúa, un de ses amis l'aida à s'enfuir au moyen d'une barque. Mais il fut arrêté de nouveau, et soumis à la terrible torture de la goutte. Voici en quoi consis-

Le fort de San Juan de Ulúa

tait ce supplice : on attachait le prisonnier, immobilisé contre un mur, juste au-dessous d'une des gouttières du fort. Les gouttes tombaient une à une sur la tête du malheureux, jusqu'à ce qu'il en perde la raison. Un autre genre de torture s'exerçait dans les cellules ouvertes aux marées, qu'on appelait les *tinajas*, ou jarres. Certaines ont été baptisées *El Purgatorio, La Gloria et El Infierno* en fonction de leur degré d'inhospitalité.

Parmi les attractions du fort, on visitera le **musée**, où l'on voit les armes des troupes qui, à plusieurs occasions, ont défendu le port contre les invasions étrangères. On voit aussi celles des écumeurs des mers John Hawkins et Francis Drake (1568), et de Laurent De Graaf, plus connu ici sous le nom de **Lorenzillo** (1683).

AUTRES CURIOSITÉS *1/2 journée*

Baluarte de Santiago – *F. Canal, angle de Vicente Gómez Farias. Ouvert toute l'année, du mardi au dimanche de 10 h à 17 h. $14. ☎ (29) 311-059.* Ce rempart est le seul vestige des murailles élevées pour défendre le port des attaques de pirates. Achevé en 1779, il présente les caractéristiques de toute construction défensive : murs hauts et épais, accès limités. Il compte trois niveaux : le souterrain, qui servait de dépôt de poudre ; au niveau du sol, le bastion pentagonal, où s'élève la rampe ; le niveau supérieur, qui logeait l'artillerie. L'intérieur abrite aujourd'hui deux salles de musée. La première montre des pièces d'or retrouvées dans la mer, véritables chefs-d'œuvre d'orfèvrerie précolombienne. La seconde présente d'intéressants plans et documents des siècles précédents sur le port, ainsi que des cartouches, un obus et des balles en fer.

Museo de la Ciudad (M) – *Zaragoza n° 397, angle d'E. Morales. Ouvert toute l'année, du mardi au dimanche de 10 h à 18 h. Fermé les jours de fête nationale. $3. ☎ (29) 349-981.* À l'intérieur d'un bâtiment néoclassique du début du 20e s., le musée présente dans ses huit salles l'histoire, la culture et le folklore du port de Veracruz. On appréciera l'espace consacré au carnaval, où sont présentés les costumes portés durant cette fête. À la sortie, on remarquera les dessins qui s'inspirent des *codex*, illustrant le choc des deux cultures, l'indigène et l'espagnole.

Archivo y Biblioteca Históricos – *Landero y Coss, angle d'E. Morales. Ouvert toute l'année, du lundi au vendredi de 8 h à 15 h. Fermé le 20 décembre et le 2 janvier. ☎ (29) 312-754.* Les Archives se trouvent dans l'ancienne « maison de la Comtesse », demeure coloniale en calcaire corallien. On y conserve d'intéressants documents historiques sur Veracruz et San Juan de Ulúa, ainsi que des reproductions des Archives générales de Simancas et de la Compagnie générale des Indes. La bibliothèque a été installée au 19e s. dans l'ancien couvent San Francisco.

Faro Venustiano Carranza – *Paseo del Malecón, angle de Xicohténcatl. Ouvert toute l'année, du mardi au dimanche de 9 h à 15 h. ☎ (29) 321-864.* On expose ici des photographies et des documents sur le général Venustiano Carranza, ainsi que des meubles dont il s'est servi pendant ses onze mois passés à Veracruz. Au nombre des documents se trouve l'acte de décès du général daté du 22 mai 1922, à Tlaxcalantongo dans l'État de Puebla. On y présente aussi une exposition de billets anciens, parmi lesquels on remarquera un billet de 25 *centavos* signé de Francisco « Pancho » Villa.

Acuario – *Bd. Ávila Camacho. Playón de Hornos. Ouvert toute l'année, tous les jours de 10 h à 19 h. $15. ✂ ☎ (29) 327-984.* Cet aquarium, l'une des plus grandes attractions touristiques du port, a été inauguré en 1992. Il présente sur 300 m de long une grande variété d'espèces marines. La **galerie océanique** est un bassin spectaculaire où évoluent des requins et d'autres animaux de grande taille. La section « découvrir avec les mains » rassemble mollusques, coquillages et mâchoires de requins.

EXCURSIONS

★ **Tlacotalpan** – *1/2 journée. 100 km au Sud du port de Veracruz, dans la vallée du Río Papaloapan, par la route 180 vers Alvarado ; faire 13 km et prendre l'embranchement vers Tlacotalpan.* Cette petite ville (15 183 habitants) aux maisons colorées, a été nommée siège d'une *alcadia mayor* par les Espagnols au 16ᵉ s. Elle conserve un aspect et une tranquillité toute provinciale. On remarquera la Plaza de Armas *(voir photo p. 215)* et son kiosque de style mudéjar, la Parroquia de San Cristóbal avec ses beaux retables en bois et l'église de la Vierge de la Candelaria, honorée à l'occasion de grandes fêtes dans la ville, comme le **Encuentro de jaraneros**, « rencontre des chahuteurs » du mois de février. Le **Museo Salvador Ferrando** abrite des tableaux de ce peintre né à Tlacotalpan *(Manuel M. Alegre n° 6 ; ouvert toute l'année, du mardi au dimanche de 9 h 30 à 17 h 30 ; ☎ (28) 128-500 poste 130).*

Boca del Río – *1/2 journée. Dans la commune voisine du port de Veracruz.* C'est ici que sont réunis hôtels, restaurants, discothèques et la plage de Mocambo. Cette grande zone résidentielle possède d'excellents restaurants de coquillages, qui s'alignent à l'embouchure de la rivière. **Mandinga** *(km 5,5 de la route 180 vers Alvarado)* propose aussi les meilleurs plats de la région, accompagnés de musique et de danses paysannes.

Zona arqueológica Cempoala – *1 heure. 35 km au Nord-Ouest du Port de Veracruz par la route 180. En passant le péage de Cardel, suivre l'indication Poza Rica jusqu'à l'embranchement vers Cempoala, indiqué par un écriteau « Zona Arqueológica ». Ouvert toute l'année, du mardi au dimanche de 9 h à 17 h. $10. ☎ (29) 385-151.* Le nom Cempoala signifie « lieu des vingt » ou « de la vingtaine », sans doute à cause des échanges commerciaux qui s'organisaient ici tous les vingt jours. Les Totonaques de Cempoala se sont alliés aux Espagnols, tout comme les Tlaxcaltèques, et ont contribué en 1521, à la conquête de MÉXICO-TENOCHTITLÁN.
Le complexe archéologique se compose de onze systèmes de murailles, qui conservent les vestiges de l'ancienne cité préhispanique de Cempoala. À l'intérieur du système de fortifications n° 4, on verra le **Templo de las Chimeneas**, temple des cheminées, construit en sept corps. Sa partie supérieure est couronnée de créneaux sur trois côtés. Ses colonnes avaient un cœur en bois. Avec le temps, le bois a disparu, laissant un vide, ce qui leur donne l'apparence de cheminées et explique le nom du temple. À côté, le **Templo Mayor** s'élève sur une plate-forme en forme de « F ». Devant ces édifices se dressent deux structures circulaires ; l'une servait d'autel ou de foyer, l'autre probablement à des jeux de gladiateurs. **Le Templo del Dios del Aire** *(à l'extérieur de l'ensemble archéologique n° 4 ; après avoir traversé la route, marcher 20 m)* faisait partie d'un ensemble de 40 000 m² entouré de murailles . Aujourd'hui ne subsiste qu'un bâtiment circulaire, relié par le devant à un second de forme rectangulaire ; il se compose de cinq corps en *talud*.
Sur la route de pour Cempoala, cela vaut la peine de faire le détour par **La Antigua**, le petit village où a été fondée la première **Villa Rica de la Veracruz**. En arrivant, on voit sur le côté gauche de la place principale les vestiges de la maison de Hernán Cortés. Elle tient debout grâce aux figuiers qui en ont littéralement englouti les murs. L'église de l'Avenue Independencia est la première à avoir été construite sur le territoire mexicain.

★★★ **Zona arqueológica El Tajín** – *1/2 journée. 239 km. Sortir de Veracruz en direction du Nord par la route 180 jusqu'à Papantla (223 km) et poursuivre sur 16 km jusqu'au site archéologique. Voir p. 215.*

Recorrido de Los Tuxtlas – *1 journée. 144 km. Sortir au Sud par la route 180 (vallée du Río Papaloapan) jusqu'à Santiago Tuxtla. Plus à l'Est se trouvent San Andrés Tuxtla (15 km) et Catemaco (27 km).* La sierra de los Tuxtlas est une région pluvieuse, fertile et verdoyante où l'on produit maïs, haricots, canne à sucre et tabac, et ou on élève le bétail. Elle est dominée par le volcan San Martín (1 700 m), où les Olmèques se fournissaient en blocs de pierre pour sculpter leurs célèbres têtes colossales.
Le circuit *(26 km à partir de Santiago Tuxtla par la route 180 en direction de l'Est jusqu'à Catemaco)* débute par **Santiago Tuxtla★**, pittoresque ville (54 522 habitants)

© Bob Schalkwijk

Lac de Catemaco, Veracruz

environnée d'une nature riche et exubérante ; séduits, les Espagnols y ont établi des fermes sucrières et des ranchs d'élevage peu de temps après la Conquête. La **tête olmèque** la plus imposante découverte à ce jour, dite tête de Cobata, orne l'une des extrémités du **Parque Juárez**. Elle a cela de remarquable qu'elle est la seule à avoir les yeux fermés. On visite à côté le **Museo Regional Tuxteco★** *(ouvert toute l'année, du lundi au samedi de 9 h à 18 h, le dimanche et les jours fériés de 9 h à 15 h ; $10 ; ☎ (294) 701-96).*

San Andrés Tuxtla *(14 km après Santiago Tuxtla)* est un centre commerçant (137 435 habitants) où se trouvent les industries du tabac de la région. À côté de sa petite place se dresse la cathédrale San José. Le **Salto de Eyipantla** *(de San Andrés Tuxtla, prendre la route 180 vers Catemaco. 5 km plus loin, à Sihuapan, tourner à droite et continuer 8 km par un chemin mal goudronné)* est une chute d'eau formée par le déversoir naturel du lac de Catemaco. C'est une des plus grandes de cette partie du Mexique, et elle a servi de décor à de nombreux films.

La petite ville (44321 habitants) de **Catemaco** *(12 km après San Andrés Tuxtla)* se trouve au bord d'un des plus beaux lacs naturels du Mexique. Ici cohabitent avec l'influence occidentale la tradition mystique des anciens Olmèques et son métissage avec celle des esclaves noirs amenés pour travailler dans les plantations. La région est réputée être une terre de sorciers, lesquels combinent dans leurs pratiques magie, invocation des esprits et traitements à base d'herbes médicinales. Le **lac★**, qui s'étend sur 27 km de long et 16 de large, est l'un des plus riches du monde en plantes médicinales.

Le Parque Ecológico Educativo Nanciyaga★★ *(7 km de Catemaco. Prendre la route de Coyame ; on peut s'y rendre en bateau. Ouvert toute l'année, tous les jours de 9 h à 18 h 30 ; $10 (cabanes pour la nuit $180) ; ⚠ ✕ E ☎ (294) 308-08 et 203-94)* est l'une des réserves de forêt tropicale humide que possède l'hémisphère Nord. C'est un endroit idéal pour randonner en observant la faune et la flore régionales ; prendre un bain d'argile et de plantes aromatiques, puis plonger dans une source d'eau minérale ; consulter un guérisseur ; ou sacrifier au rite du *temascal*, sorte de bain de vapeur aux propriétés curatives, d'origine précolombienne. Ce lieu où la forêt vierge reprend ses droits est tout indiqué pour les amateurs de tourisme écologique.

VILLAHERMOSA

Tabasco

465 449 habitants

Carte des principales curiosités p. 7

Av. De los rios, angle avec Calle 13, Complejo Tabasco 2000 ☎ (93) 165-122

Villahermosa, capitale de l'État, reflète le développement économique du Tabasco : agriculture, élevage, pêche, commerce et surtout industrie pétrolière. Plusieurs grandes rivières traversent l'État, procurant un tiers des ressources hydrauliques du Mexique. Villahermosa est presque une île car elle est prise entre trois rivières, dont la principale est le Río Grijalva. La ville ne présente pas de vestiges de l'époque des vice-rois, car la région ne possédait ni carrières, ni terrains rocheux, et pas de mines de métaux précieux. Mais cela est compensé aujourd'hui par les édifices modernes et les tracés urbains développés à partir de son récent essor économique.
L'attrait principal de la ville tient à ses vestiges des cultures précolombiennes olmèque et maya. On appréciera aussi la variété de la flore et de la faune régionales. L'ambiance des rues de Villahermosa est attrayante, car ses habitants sont aimables, ouverts et débonnaires, toujours prêts à engager la conversation.
On y découvre des spécialités gastronomiques uniques au Mexique : le *pejelagarto*, poisson à tête d'alligator d'allure préhistorique; las *piguas*, sortes de langoustines ; le *chipilín*, une herbe épicée ; le *chorote*, boisson à base de cacao et de maïs ; et la *oreja de mico*, un dessert à la papaye et au miel de sucre noir.

LAGUNA DE LAS ILUSIONES ET ENVIRONS *1 journée*

Au Nord de la ville. Cette superbe et vaste étendue d'eau est propice à la promenade en barque à rames. Il est conseillé de prendre un taxi pour les visites.

★★ **Parque Museo La Venta** – *Av. Adolfo Ruiz Cortines. Ouvert toute l'année, tous les jours de 8 h à 16 h. Fermé le 1er janvier et le 25 décembre. $15.* ✂ ☎ *(93) 141-652. Il est conseillé de se protéger contre les mouches, surtout aux mois de mai, juin et juillet.* Les ruines **Olmèques** du **site archéologique de La Venta** ont été découvertes par M. Stirling en 1940. Ce site se trouve à 4 km à l'Est du Río Tonalá, sur la commune de Huamanguillo, à la frontière de l'État de Veracruz. La découverte du pétrole dans cette région a entraîné la construction d'une raffinerie qui a bouleversé l'environnement et détruit certains vestiges préhispaniques.
Voyant le danger qui menaçait les ruines, le célèbre poète du Tabasco Carlos Pellicer a fait établir ce parc-musée dans les années 1950 en essayant de recréer le milieu naturel où vivaient les Olmèques. Il a fait transférer dans le musée les pièces les plus représentatives de cette culture.
La salle de présentation montre une maquette de La Venta, et fournit des informations sur la culture olmèque. Les pièces ont été disposées sur 7 ha le long d'un dédale de chemins ombragés d'arbres tropicaux, au milieu de gracieux animaux inoffensifs qui se promènent en liberté.
Sur le trajet, on remarque les traces des pas de Pellicer indiquant l'itinéraire à suivre. L'exposition ne suit pas un ordre chronologique, mais on sait que les pièces ont été créées sur une période de plus de 600 ans. Une des plus grandes énigmes

Tête olmèque, Parc Musée La Venta

de la culture olmèque est le fait que ses énormes sculptures sont en pierre alors qu'on n'en trouve pas dans la région. Plusieurs théories ont été échafaudées à ce sujet ; l'une d'elles affirme que les pierres provenaient de villes voisines mais, dans ce cas, elles ont dû être transportées sur des centaines de kilomètres. Une question s'impose, qui demeure toujours sans réponse : comment ont-ils pu les transporter ? Des 33 pièces exposées, celles qui retiennent l'attention par leur taille ou leur aspect sont les monumentales **Têtes Olmèques** ★★★, de même que **La Inconclusa** (n° 10), **El Altar de los Niños** (n° 12), **El Altar Triunfal** (n° 23) et **La Estela del Rey** (n° 25).

Au terme du circuit on visite le jardin **zoologique** de la faune régionale *(mêmes conditions de visite que le parc-musée)* où l'on peut voir jaguars, pumas, ocelots, jaguarondis, singes, crocodiles, aras, perroquets et divers oiseaux. Le zoo possède un vivarium de reptiles, une volière et une salle consacrée aux animaux nocturnes.

En face du parc se trouve le musée d'Histoire naturelle. À côté, un chemin conduit à la « lagune des Illusions », environnée du parc Tomás Garrido Canabal.

Parque Tomás Garrido Canabal – *Av. Adolfo Ruiz Cortines, au croisement de Paseo Tabasco.* Tomás Garrido Canabal a été gouverneur de l'État de 1923 à 1926 et de 1931 à 1934. Une terrible persécution religieuse a caractérisé son gouvernement, mais Garrido a mené campagne contre l'alcoolisme, développé l'agriculture et l'élevage, et amélioré l'alphabétisation dans la région.
En 1965, on a donné au parc le nom de l'ancien gouverneur, qui l'avait inauguré en 1930 pour accueillir la Feria de Tabasco. En 1982, la Feria a été transférée au parc de La Choca. L'architecte Teodoro Gonzáles de León a remodelé la parc en s'inspirant de l'architecture de **Comalcalco** *(voir excursions)*.
Inauguré à nouveau en 1985, le parc comprend des aires de loisir, des espaces culturels, une maison des Arts et un théâtre. Parmi ses ornements, on remarquera la sculpture *El Toro* de Juan Soriano ; le *Cuadrángulo de los Arcos* qui symbolise la fusion des cultures maya et espagnole ; et le *Mirador de las Águilas* (50 m de haut).

MALECÓN ET ENVIRONS *1/2 journée*

Au Sud-Est de la ville.

La zone piétonnière du centre sépare l'Ouest de la ville de la jetée-promenade Carlos A. Madrazo. À cet endroit, un très grand pont piétonnier enjambe le Río Grijalva. Après le pont, prendre à droite et suivre la jetée vers le CICOM (Centre de recherche sur les cultures olmèque et maya). Sur le quai, on peut prendre le **bateau-restaurant** du Capitán Beuló *(ouvert toute l'année, du mardi au samedi deux départs à 15 h15 et à 21 h 30 ; le dimanche départs à 10 h 30, 13 h 30 et 15 h 30. Réservation conseillée ; ☎ (93) 129-209)* qui offre aux heures des repas des promenades sur le Río Grijalva, passant devant des sites intéressants comme la **Biblioteca Pública** José María Pino Suárez, dont la conception est due à Teodoro González de León et Francisco Serrano, travail couronné par le prix de l'Académie internationale d'Architecture à la fin des années 1980. Plus loin se trouve le **Teatro Esperanza Iris**, qui doit son nom à une célèbre actrice du Tabasco, le restaurant Los Tulipanes et le Musée régional, le plus intéressant de la ville.

★**Museo Regional de Antropologia « Carlos Pellicer Cámara »** – *Av. Carlos Pellicer n° 511. Ouvert toute l'année, tous les jours de 9 h à 20 h. Fermé le 1er janvier et le 25 décembre. $10.* ✂ ☎ *(93) 123-200.* Ce musée conserve une partie du fonds de l'État, des donations particulières de l'Institut national d'anthropologie et d'histoire (INAH) et les collections léguées par le poète, auparavant exposées pendant plus de 26 ans dans l'ancien musée du Tabasco. Le bâtiment a été construit à l'initiative de Carlos Pellicer, dans l'intention de créer un grand espace susceptible d'accueillir de nouvelles pièces. Il a été inauguré en 1980, trois ans après la mort du poète.
La visite commence par le deuxième niveau, avec des pièces qui donnent un aperçu général des cultures précolombiennes de Mésoamérique, et couvrent les périodes préclassique, classique et postclassique. Le premier étage expose des objets des cultures olmèque et maya de différentes régions du Tabasco et du territoire maya. On remarquera les **briques** à reliefs de **Comalcalco** *(voir excursions)* ; les **urnes** de Teapa et de Tacotalpa, avec leur dessin très travaillé et leurs traces de peinture bleu maya ; et celles de Tapijulapa qui, pour avoir séjourné des centaines d'années dans les profondeurs des grottes, sont partiellement recouvertes de concrétions calcaires, qui leur donnent un aspect étrange. On admirera les petits atlantes en pierre calcaire de CHICHÉN ITZÁ, ainsi que de jolies figurines en argile de l'île de Jaina au Campeche.
Le rez-de-chaussée loge la **Cabeza Colosal n° 2**★★★ découverte à La Venta (c'est la mieux conservée des quatre têtes trouvées dans le Tabasco) ; la salle des pièces monumentales, où l'on expose des représentations de jaguars et des stèles Mayas ; et la **mezzanine**★★ qui contient une sélection de belles pièces.

AUTRES CURIOSITÉS *1 h 30*

Museo de Cultura Popular – *Zaragoza n° 810. Ouvert toute l'année, du mardi au samedi de 10 h à 19 h, dimanche de 10 h à 16 h. Fermé le 1er janvier et le 25 décembre. ☎ (93) 121-117.* Le musée compte trois salles d'expositions permanentes. La première présente une collection de vêtements féminins caractéristiques de la région Sud-Est du Mexique. La deuxième salle est consacrée aux danses indigènes toujours pratiquées dans l'État, comme la *Danza del Pochó* (danse du Chicano) issue du carnaval, et la *Danza del Caballito Blanco*, qui fait revivre le choc des Aztèques à la vue des chevaux des Espagnols. La musique qui accompagne ces danses est interprétée par un ensemble de flûtes, de carapaces de tortues et de tambours exposés dans les vitrines. La dernière salle présente des objets d'usage quotidien ou rituel, appartenant en particulier à l'ethnie chontal. Dans la cour intérieure, on voit une reproduction d'une hutte typique des Chontal.

Museo de Historia de Tabasco (maison des azulejos) – *Benito Juárez, angle de 27 de Febrero. Ouvert toute l'année, du mardi au samedi et les jours fériés de 9 h à 20 h, le dimanche de 10 h à 17 h. Fermé le 1er janvier et le 25 décembre. $5. ✂ ☎ (93) 165-143.* Cette magnifique **maison**★ à deux niveaux a appartenu à José María Graham MacGregor, commerçant et collectionneur de livres originaire du Campeche. C'est le seul exemple d'architecture élégante de la fin du 19e s. au Tabasco. Elle présente une grande variété d'éléments décoratifs, notamment arabes, gothiques, baroques et Renaissance. On remarquera les murs recouverts d'azulejos multicolores importés de Barcelone. La visite de ce musée est un parcours au travers des différentes époques de l'histoire de l'État.

EXCURSIONS

Zona arqueológica Comalcalco – *2 heures. Route Villahermosa-Comalcalco. 51 km de Villahermosa vers le Nord-Ouest. On peut aussi aller de Villahermosa à Comalcalco en autocar, et là prendre un taxi jusqu'au site archéologique. Ouvert toute l'année, tous les jours de 10 h à 17 h. $14. ✂ ☎ (93) 165-143.* Le « lieu de la maison des *comales* », (plaques en terre ou en briques) a appartenu à la culture maya chontal. Sa période de splendeur s'étend de 800 à 1250 après J.-C. Comalcalco est un cas atypique dans l'architecture préhispanique : l'absence de pierres dans la région a amené les anciens habitants à construire leurs bâtiments avec des briques en terre cuites en plein air (origine de son nom náhuatl), liées par un mortier de sable, d'argile et de coquillages calcinés et moulus. Au **musée du site** à l'entrée, on voit des exemples de ces briques dont certaines sont sculptées, et quelques-unes des plus importantes pièces découvertes à l'occasion des fouilles.

L'accès au site se fait par un court chemin. La visite commence par la **Plaza Norte** *(qu'on aborde par son extrémité Sud-Est)*, où se trouvent les temples I, II, III et IV qui bordent la partie Nord d'une très grande esplanade. Juste à côté se trouve une plate-forme qui n'a pas encore été explorée. À gauche de cette plate-forme, un escalier moderne de couleur rouge conduit à la **Gran Acrópolis**, formée d'une série de temples, de cours et d'édifices à caractère résidentiel. On montera sur la gauche, vers le **Palacio**, dont l'intérieur conserve une cour découverte dans laquelle on voit un réseau complexe de distribution d'eau, formé de canalisations en argile reliées à des canaux d'écoulement. En descendant sur la gauche on découvre les temples IV et V. Après le dernier, il faut tourner à droite pour voir le **Templo IX** ou temple des **Bolontikú**, qui abrite dans un recoin de mur, une sorte d'alcôve, la **Tumba de los Nueve Personajes**, aux parois ornées de neuf figures modelées en stuc. On a trouvé dans cette tombe des restes humains, des vestiges de colonnes et des perles de coquillage teintes en rouge. Du côté de l'escalier moderne à gauche on voit le **Templo del Mascarón**, qui doit son nom au grand masque en stuc de son escalier, représentant le dieu solaire *Kinich Ahau (protégé par une vitrine)*. À gauche se dresse le **Templo de los Personajes Sedentes**, sur lequel apparaissent en relief plusieurs personnages assis.

Pour les visiteurs en taxi ou en voiture, on conseillera le détour par le village de Cupilco *(44 km de Villahermosa)* pour voir la **façade** pittoresque et originale de l'église de Nuestra Señora de la Asunción.

★**YUMKA'** **(Centre de découverte et d'interprétation de la nature)** – *2 heures. 16 km. De Villahermosa prendre la route vers l'aéroport. Un peu avant l'aéroport, tourner à droite par un petit chemin de 4 km qui conduit au site. Ouvert toute l'année, tous les jours de 9 h à 17 h. $20. ✂ ☎ (93) 560-107. Il est conseillé de se protéger contre les moustiques.* On a donné le nom maya-chontal de *Yumka'*, « lutin qui protège la forêt », à ce splendide parc de détente et de loisirs, de rapprochement avec la nature et d'éducation à l'environnement. Il rassemble sur plus de 100 ha les trois principaux écosystèmes du Tabasco, forêt, savane et lagune. Au cours de trois circuits qui peuvent se faire respectivement à pied, en train et en bateau panoramique, on admire dans leur milieu naturel plus de 200 espèces animales de la région, 32 sortes d'animaux exotiques et une flore riche de plus de 250 variétés.

★★★**Zona arqueológica Palenque** – *3 heures (État du Chiapas) 144 km. Sortir au Sud-Ouest par la route 186 et parcourir 116 km. Prendre la route 199 à gauche et poursuivre sur 22 km.* *Voir p. 256.*

XALAPA

Veracruz

336 632 habitants

Carte des principales curiosités p. 7 – Schéma p. 105 **(BY)**

🅸 Callejón de Rojas n° 10, à côté du Palacio Municipal, Centre ☎ (28) 186-622 et (01-800) 712-6666

Capitale de l'État, c'est la plus ancienne agglomération du Veracruz. Son nom (Jalapa en français) provient du mot náhuatl **Xallapan**, « dans l'eau des sables ». Elle a atteint l'apogée de son développement au 18e s. grâce au succès commercial des produits de la mer. C'est alors que l'on a construit la plupart des quartiers et des édifices néo-classiques qui embellissent le centre de la ville.
Aujourd'hui, Xalapa fait preuve d'une intense activité culturelle dans tous les domaines artistiques. Son orchestre symphonique jouit d'une réputation internationale.

CENTRE ET ENVIRONS *1/2 journée*

Pendant une bonne partie de l'année, un fin brouillard ou une bruine légère recouvrent la ville. On conseillera donc d'emporter un imperméable ou un parapluie.

Le **Parc Juárez** est le cœur de Xalapa. Sur trois niveaux ornés de nombreux parterres, c'est l'un des lieux de détente les plus fréquentés de la ville. Depuis ses belvédères, si le ciel est dégagé, on aperçoit au loin le *Pico de Orizaba*, le *Cofre de Perote* et le *Cerro de San Marcos*. Le **Palacio de Gobierno** barre le côté Est de la place. Au Nord, en traversant la rue, se trouvent le **Palacio Municipal** et, à côté, la **Catedral**. Tous ces bâtiments ont été construits au 18e s. Après la cathédrale, la rue Dr. Rafael Lucio monte vers **Xallitic**, un des plus vieux quartiers de Xalapa. Depuis le pont, on verra une petite place où se trouvent des **lavoirs** du début du 19e s., couverts d'un toit à deux pentes de poutres et de briques soutenu par de grosses colonnes. Ils sont toujours utilisés aujourd'hui par les femmes du quartier.
L'avenue principale du centre, qui passe devant la cathédrale, s'appelait autrefois Calle Real ; c'est aujourd'hui Juan de la Luz Enríquez. Pour découvrir certains des secrets de la ville, il suffit de l'emprunter de la cathédrale jusqu'à l'église San José *(face à la cathédrale, prendre à droite)*. La première petite rue à gauche est l'ancien **Callejón de El Diamante** (aujourd'hui Antonio M. de Rivera), lieu où se donnent rendez-vous artisans ou convives à toute heure du jour. Plus loin, prendre à gauche au croisement la rue Xalapeños Ilustres. Quelques rues plus loin, presque devant l'église San José, se trouve un des plus beaux lieux de Xalapa, le **Callejón de Jesús te Ampare** (aujourd'hui Cuauhtémoc). Au bout de la rue on peut retourner au centre par Zamora, et prendre une collation dans un des innombrables cafés où les habitants de Xalapa se réunissent pour discuter.

★★★ **Museo de Antropología de Xalapa, Universidad Veracruzana** – *Av. Xalapa. On conseillera au visiteur à pied de prendre un taxi pour se rendre au musée. Ouvert toute l'année, tous les jours de 9 h à 17 h. Fermé les jours de fête nationale. $10. ✗ ☎ 28) 150-920.* Cet édifice moderne abrite environ 3 000 pièces archéologiques trouvées dans l'État de Veracruz. Le musée se partage en trois sections correspondant aux grandes civilisations olmèque, totonaque et huastèque qui ont occupé l'État respectivement au Sud, au Centre et au Nord, à différentes périodes couvrant les trente siècles qui ont précédé la **Conquête**.
Entre les salles, des petites cours présentent des sculptures de grandes dimensions, entourées d'une riche végétation. Ces cours donnent sur un très grand parc qui longe le musée.

Entrée – Une colossale **tête olmèque**★★★ accueille le visiteur. Pesant environ 15 tonnes, c'est l'une des plus grandes parmi les 17 découvertes à ce jour (13 dans le Veracruz, 4 dans le Tabasco).

Première section – Elle est consacrée aux olmèques. Au début de la visite on remarque le **Sacerdote de las Limas**, tenant un enfant dans les bras. La première salle renferme plusieurs **têtes olmèques**, qui comme celle de l'entrée représentent des gouvernants. Chacune présente un visage différent, mais les coiffures sont semblables parce qu'elles sont le signe de leur rang social. Dans la deuxième salle, on remarque les masques en jade, les stèles gravées et la figure d'un Chac-mool sans tête.

Deuxième section – Elle présente des objets du centre du Veracruz, provenant de nombreux sites cérémoniels, dont Remojadas, El Tajín, Las Higueras et El Zapotal. Ces objets sont beaucoup plus petits que les pièces Olmèques. Du site de Remojadas, on a rassemblé des figurines en céramique et une splendide sculpture de **Mictlantecuhtli**, le Seigneur du règne des Morts. D'El Tajín proviennent plusieurs objets et bas-reliefs en rapport avec le jeu de balle. Dans la même salle, on admirera des peintures murales provenant de Las Higueras. Le joyau de la deuxième section est représenté par les figures féminines en argile sculptée d'El Zapotal. Ce centre était le sanctuaire des *Cihuateteo*, femmes divinisées parce qu'elles étaient mortes en couches. Elles portent une ceinture de coquilles en spirales, symbole de vie, et une coiffe avec une figure de lézard à deux têtes représentant la terre.

Dernière salle – On y découvre des pièces huastèques qui se caractérisent par leurs traits beaucoup plus simples que celles des autres cultures. On remarquera les figures dédiées au Soleil, à la Terre et à la Lune.

EXCURSIONS

★ **Jardín Botánico Francisco Javier Clavijero** – *3 heures. 2,5 km au Sud de Xalapa par l'ancienne route de Coatepec. Ouvert toute l'année, tous les jours de 9 h à 17 h. Fermé le 1er janvier et le 25 décembre. ☎ (28) 421-827.* C'est un endroit tranquille voué à la conservation, à la diffusion et à l'étude des plantes sylvestres de la région de Xalapa et de ses environs. Avec un sens esthétique remarquable, plus de 1 500 plantes y sont présentées, étiquetées et répertoriées, qui montrent la grande variété de la flore du Veracruz, de la forêt tropicale aux bois de conifères. Le parc s'étend sur 8 ha ; il comprend un jardin de fleurs ornementales et un lac artificiel pour les plantes aquatiques. Il possède aussi une section où l'on montre les cultures maraîchères traditionnelles : travaux appliqués et souci didactique viennent ajouter à la beauté de ces jardins horticoles.

Ex hacienda de El Lencero – *2 heures. 10 km. Sortir de Xalapa vers le Sud-Est par la route 140 vers Veracruz. Faire 9 km et tourner à droite en face du terrain militaire. Continuer sur 1,4 km. Ouvert toute l'année, du mardi au dimanche de 10 h à 17 h. $10. ✂ ☎ (28) 128-500.* Dominant une douce colline, environnée d'un épais bois de lauriers et de jardins, proche d'un lac tranquille alimenté par une source, cette singulière ferme sucrière dont la construction a commencé au 16e s. s'entoure d'une atmosphère romantique. Elle doit son nom à son premier propriétaire, Juan Lencero, un des soldats d'Hernán Cortés, qui a installé ici une modeste auberge ouverte aux voyageurs sur la route du port de Veracruz. De la fin du 16e s. jusqu'au 19e s., elle a servi pour l'élevage du bétail, l'agriculture et l'exploitation de la canne à sucre. Au nombre de ses différents propriétaires, on trouve **Antonio López de Santa Anna**, qui en a fait sa résidence et lui a donné son apparence définitive, en la transformant, en la dotant d'une maison pour religieuses et d'une petite église aux formes classiques et simples, où il aurait, dit-on, célébré ses noces. Le bâtiment d'habitation, qui s'étend sur deux grandes ailes reliées par des couloirs, des galeries et des balcons, compte un grand nombre de chambres qui abritent une splendide **collection**★ de meubles et d'objets du 19e s., la plupart provenant d'Europe, mais aussi du mobilier d'origine de la ferme. C'est pourquoi on le considère comme le « musée du meuble ».

★★★ **Zona arqueológica El Tajín** – *1/2 journée. 217 km. Sortir au Nord par la route 140 jusqu'à Perote (36 km), tourner à droite et prendre la route 131 jusqu'à l'embranchement de la route 180 (96 km). Prendre à gauche, passer Papantla (69 km) et poursuivre sur 16 km jusqu'au site archéologique. On s'y rend aussi par la route 140 vers le Sud-Est, jusqu'à Cardel (55 km), puis la route 180 vers le Nord jusqu'à Papantla (188 km). 16 km jusqu'au site archéologique.* *Voir p. 215.*

CÔTE PACIFIQUE

Cultures indiennes millénaires, splendeurs naturelles sans égales

Artisanat et gastronomie p. 48-49. La région côtière du Pacifique abrite une part importante des trésors culturels du Mexique. Elle s'étend sur des terrains variés, allant de la plage immense et de la plaine infinie à la montagne verdoyante et à l'aride sierra d'altitude. Les phénomènes géographiques les plus étonnants du pays se cachent ici : grottes fantastiques recelant des figures imaginaires et des secrets ancestraux ; cascades et lacs aux formes et couleurs inimaginables ; imposantes falaises, dont les murs conservent des images et des histoires fabuleuses. À toutes ces merveilles naturelles on doit ajouter une flore et une faune régionales uniques au monde.

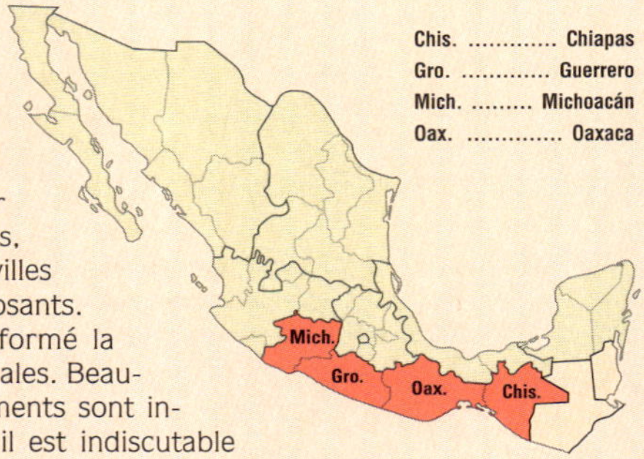

L'importance historique de chacun des États de la région reflète d'une certaine manière cette richesse naturelle. À l'époque préhispanique, la région était habitée par des ethnies indiennes très puissantes, qui ont édifié des temples et des villes dont il reste encore des vestiges imposants. Plus tard, les Espagnols ont transformé la plupart de ces centres en villes coloniales. Beaucoup de destructions et de changements sont intervenus durant la Conquête, mais il est indiscutable que le séjour des Espagnols sur ces terres a laissé un riche et bel héritage architectural et artistique. Couvents, églises et autres bâtiments grandioses de cette époque constituent aujourd'hui un patrimoine historique et artistique qui ne relève pas seulement du Mexique mais du monde entier. De même, le mélange des cultures et des ethnies, clef de la complexe identité mexicaine, est un point fondamental pour comprendre comment évolue et se transforme le Mexique d'aujourd'hui. Tout au long de la côte Pacifique habitent un grand nombre des ethnies indigènes du pays, qui maintiennent vivantes leurs traditions, leur langue et leurs coutumes. À certains endroits, leur influence est très forte ; ailleurs, la vie moderne s'est imposée à elles. Mais, sans aucun doute, les États de la République les plus intéressants et les plus riches au plan culturel sont ceux où habitent actuellement les descendants directs des anciennes civilisations.

Même si le Guerrero, le Michoacán, l'Oaxaca et le Chiapas ont pour point commun leurs richesses naturelles, historiques et culturelles, chacun de ces États présente des traits singuliers qui les rendent uniques. La diversité des langues, des coutumes et des traditions alimentaires est telle que l'on pourrait dire qu'il s'agit de pays différents, de plusieurs Mexiques. Cela fait partie de la magie qui caractérise cette région, de son attrait – autant pour ceux qui viennent uniquement pour ses plages que pour ses visiteurs férus d'histoire, d'archéologie, d'anthropologie et d'architecture.

© Robert Frerck/Odyssey

Marché de San Juan Chamula, Chiapas

ACAPULCO★★

Guerrero

687 292 habitants

Carte des principales curiosités p. 7 – Plan p. 233

Costera Miguel Alemán n° 4455 (Centro Internacional Acapulco) et n° 187

☎ (74) 844-416 et 869-171

Appelée la perle du Pacifique en raison de la beauté de ses plages et de son climat merveilleux, Acapulco est le site touristique le plus visité du Mexique et de toute l'Amérique latine. Chaque année, des milliers de touristes mexicains et étrangers visitent cette station célèbre qui, tout en vivant au rythme de la vie moderne, a su conserver sa beauté et ses attraits naturels.
En octobre 1997, l'ouragan Pauline a frappé la côte Pacifique, causant de grands dommages à Acapulco et à Huatulco.

Un peu d'histoire – À l'époque coloniale, Acapulco était le plus grand centre d'échanges entre l'Europe et l'Asie, car il a été inauguré dès 1566 pour ouvrir la route commerciale vers le l'Extrême-Orient. Les pirates ont fait leur redoutable apparition peu après l'ouverture de la route, essayant de tirer le meilleur parti et le plus grand profit de cette mine d'or. Pour protéger ses intérêts, la Couronne espagnole a fait construire le **Fort San Diego**. La dernière apparition de bateaux pirates remonte à 1815.

BAHÍA DE ACAPULCO ET COSTERA MIGUEL ALEMÁN

1/2 journée

Toute l'animation de l'Acapulco moderne se trouve concentrée dans cette immense baie de presque 7 km de long. Le port est bordé par la Costera Miguel Alemán, la plus grande avenue de la ville, reliée en plusieurs endroits aux nombreuses plages qu'elle longe. Les grands hôtels et restaurants proposent tous les services et tout le confort à ceux qui viennent chercher le soleil, la mer et le sable. L'après-midi, les centres de commerce et autres boutiques invitent à la promenade sur la Costera. Le soir, le paysage resplendit des lumières qui attirent vers les discothèques, les yachts, les endroits romantiques, autant de choix pour occuper la soirée. Trois fois par semaine, le **Centre international Acapulco** *(Costera Miguel Alemán n° 4455)*, un édifice moderne situé à l'extrême Ouest de la ville, organise une **Fiesta Mexicana** *(toute l'année, le lundi, le mercredi et le vendredi à 21 h ; $35 ou $120. Réservation nécessaire. ☎ (74) 847-152)*, bonne occasion de voir des danses régionales ainsi que l'impressionnant spectacle des **Voladores de Papantla**, du Veracruz.

© Robert Frerck/Odyssey

La baie d'Acapulco

★**Museo Histórico de Acapulco (Fort San Diego)** – *Morelos et Hornitos. Ouvert toute l'année, du mardi au dimanche de 10 h à 17 h. Fermé le 1er janvier, le 1er et le 10 mai et le 25 décembre. $14. ☎ (74) 839-730.* La Couronne espagnole fait construire le fort en 1615 pour se défendre des attaques des pirates, qui cherchent à s'emparer des cargaisons en provenance d'Extrême-Orient transportées par le célèbre **galion de Manille (Nao de la China)**. Le tremblement de terre de 1776 détruit l'ancien bastion et, cinq plus tard se termine la construction du fort actuel, construit en pierre sur un plan pentagonal, entouré d'un fossé et de nombreuses enceintes. Le musée présente en détail les différentes étapes historiques du port, en mettant l'accent sur l'importance du commerce maritime. Parmi d'autres curiosités, il expose une maquette du galion de Manille, et des objets relatifs au commerce avec l'Orient.

ACAPULCO NÁUTICO *1/2 journée*

Du côté Ouest de la baie, en continuation de la Costera, on découvre les endroits qui ont rendu célèbre la ville d'Acapulco dans les années 1940.

★**Isla Roqueta** – *Devant les plages de Caleta et Caletilla, à 1 km de la côte. L'embarcadère se trouve juste devant le Mundo Mágico Marino.* C'est une des promenades traditionnelles d'Acapulco. Les petites embarcations à fond transparent permettent de découvrir un monde sous-marin vivant et multicolore. Le circuit d'environ 45 mn comprend la visite de quelques curiosités avant d'arriver sur l'île. On découvre les maisons de personnages célèbres comme John Wayne et Juan Gabriel, ainsi que la demeure où a été filmé *El inocente*, un des films mexicains les plus amusants, interprété par des comédiens célèbres au Mexique, Pedro Infante et Silvia Pinal. À côté de l'îlot rocheux appelé Yerbabuena, submergée à environ 7 m de profondeur, se trouve la statue de la **Vierge de Guadalupe**, placée ici le 12 décembre 1959. La statue a été transportée par la route depuis la basilique de Mexico, accompagnée d'une procession qui faisait halte dans chaque ville.
À Roqueta, les plages sont tranquilles et on peut se baigner en sécurité. Il y a de bons restaurants, et on y loue des chaises et des parasols. Les activités nautiques permettent de découvrir la **Réserve marine de La Roqueta**, une zone protégée où les récifs fourmillent de beaux poissons. Autre attraction, le petit **Aca Zoo**, où cohabitent différentes espèces animales locales. On peut aussi emprunter le sentier qui entoure l'île et monter l'allée qui conduit au phare.

★★**Espectáculo de La Quebrada** – *Plazoleta de la Quebrada. Toute l'année, tous les jours, à 12 h 30, 19 h 30, 20 h 30, 21 h 30 et 22 h 30. $10. ☎ (74) 831-400.* Les impressionnants plongeons de La Quebrada sont connus du monde entier. Le spectacle commence par l'apparition du plongeur sur la placette ; il descend à la mer par la falaise, traverse à la nage la distance qui le sépare des parois rocheuses, les escalade jusqu'à une hauteur de 45m à 60m, puis s'élance courageusement dans le vide. On dit qu'aucun Mexicain ne s'est tué au cours de ces exploits. Les plongeons sont parfois d'une grande virtuosité, et le plus spectaculaire est toujours le dernier de la journée.

CARRETERA ESCÉNICA CLEMENTE MEJÍA *1/2 journée*

La route touristique qui prolonge la Costera Miguel Alemán compte plusieurs belvédères qui offrent des **vues panoramiques**★ de la côte. Une autre façon de contempler ce beau paysage est le **mirador**★ de la **Capilla de la Paz**, auprès de l'église, dans le Fraccionamiento Las Brisas, au n° 5255 de la route.

★ **Puerto Marqués** – Cette baie est aussi belle que celle d'Acapulco, mais elle est plus petite et moins touristique. Autrefois cet endroit a été le refuge de pirates très actifs ; parmi les plus célèbres, Pierre Marqués, dont on dit qu'il se cachait ici, d'où le nom de la baie. Puerto Marqués propose tout l'éventail des activités nautiques, de l'exploration avec masque et tuba à la plongée, au ski nautique et aux promenades en voilier. Sur la plage on peut déguster de délicieux fruits de mer et prendre des boissons rafraîchissantes. Ceux qui souhaitent passer la journée ici y trouveront tout le confort.

★ **Revolcadero** – C'est un endroit idéal pour faire de longues marches ou des promenades à cheval. Les grosses vagues de la plage lui ont donné son nom (*revolcar*, renverser). Il n'est pas conseillé de nager très loin parce que la plage est face à la pleine mer. Mais on peut passer la journée sur la plage en jouissant du paysage, en profitant des jeux et en goûtant aux spécialités de la région. C'est une option attrayante pour ceux qui souhaitent s'éloigner de l'agitation touristique de la zone hôtelière.

EXCURSIONS

★ **Laguna de Coyuca** – *1/2 journée. Route fédérale 200 vers Ixtapa-Zihuatanejo. 13 km de Acapulco.* Cet immense lagune offre un paysage très différent de celui d'Acapulco. Le circuit proposé est un voyage exceptionnel en bateau au cœur de la flore et de la faune d'une merveilleuse jungle de marais, de mangrove, et d'îlots dont les arbres sont peuplés d'innombrables oiseaux. La **Isla del Presidio** a abrité une prison pendant plusieurs années. Elle était alors entourée de crocodiles féroces qui dissuadaient les prisonniers de toute tentative d'évasion. Maintenant c'est une riche réserve de cormorans, de canards et, curieusement, d'un grand nombre de chats. Des embarcations, on admire aussi la **Zona arqueológica**, ainsi nommée à cause des étranges dessins laissés par la marée. On peut enfin visiter l'**île La Montosa**, sur laquelle on mange très bien ; on peut s'y reposer à loisir avant d'entreprendre le retour.
À la descente de bateau, on recommande de se rendre au **Pie de la Cuesta** ; c'est le décor idéal pour admirer de splendides **couchers de soleil**★ qui couronneront la journée. Autre attrait de cette plage, ses vagues impressionnantes peuvent atteindre 4 m de hauteur.

Ixtapa et Zihuatanejo – *2 jours. 245 km. Sortir au Nord-Ouest par la route 200.*

★ **Ixtapa** – Dans ce majestueux complexe touristique face à l'océan se rassemblent grands hôtels de luxe, bons restaurants élégants et boutiques de marque. L'**Île Ixtapa**★ est très attirante avec ses quatre petites plages tranquilles, qui sont autant d'aquariums naturels d'une incomparable beauté.

★ **Zihuatanejo** – *7 km de Ixtapa.* Cet endroit a un charme spécial, très provincial. Pendant la journée, on a le choix entre les promenades et les plaisirs de la mer sur la jetée principale et sur les trois plages tranquilles de la baie, *La Madera, La Ropa et Las Gatas.* En fin d'après midi, les marchés et boutiques du centre deviennent d'agréables points de rencontre. Pour le soir, on recommande les restaurants situés au long de la plage principale. Au **Museo Arqueológico de la Costa Grande**, on découvre des épisodes de l'histoire de la région *(ouvert toute l'année, du mardi au dimanche de 9 h à 19 h ; $4 ; ☏ (755) 475-52).*

Bahías de HUATULCO★★

Oaxaca

Carte des principales curiosités p. 7

Av. Chahué, Bahías de Huatulco ☏ (958) 700-90

et Paseo de Tangolunda, Bahía de Tangolunda ☏ (958) 101-76

C'est sans doute un des plus beaux endroits de la côte Pacifique. Cette merveilleuse enfilade de neuf baies consécutives a donné lieu, dans les années 1980, à la construction d'un élégant complexe touristique qui permettra de faire connaître cette splendide partie de l'État de Oaxaca. Avant que le gouvernement ne prenne cette initiative, Huatulco était un petit village de 500 pêcheurs qui, en échange de leurs terrains, ont obtenu une maison, de l'argent et la concession des transports publics. L'essor du tourisme a entraîné l'arrivée de nombreux Mexicains d'autres régions, qui ont trouvé ici un nouveau mode de vie.

En octobre 1997, l'ouragan Pauline a frappé la côte pacifique, causant de grands dommages à Acapulco et à Huatulco.

CIRCUIT DES BAIES *2 jours*

Départs de l'embarcadère de Santa Cruz, toute l'année de 8 h à 16 h. Circuit complet commenté. Réservation conseillée. $500 (prix par bateau pour 1 à 10 personnes). ✗ E ☏ *(958) 700-81.*

Le circuit comprend la visite des neuf baies ; on peut descendre à certains endroits pour profiter de la plage, de la tranquillité de la mer, et admirer à travers l'eau cristalline de fantastiques aquariums naturels.

En partant de la baie de Santa Cruz, la première plage que l'on visite est celle de La **Entrega** (« livraison ») car c'est ici que Picaluga a livré Vicente Guerrero aux autorités espagnoles pendant la guerre d'Indépendance ; il devait être ensuite fusillé à CUILAPAN DE GUERRERO, Oaxaca. Ensuite on passe par l'**île de los Pelicanos** et **El Bufadero**. Le circuit se poursuit avec **El Órgano**, qui tire son nom des cactus des environs ; c'est un endroit encore vierge. Viennent ensuite la **Cara de Piedra** ou **Cara Olmeca**, visage sculpté par la nature sur un rocher. Dans la baie **d'El Maguey** où il n'y a presque pas de vagues, on peut pratiquer des activités nautiques et savourer de délicieuses spécialités de la mer. La **baie de Cacaluta** est une immense plage encore vierge ; vue d'en haut, elle suit la forme d'un cœur. Le nom zapotèque de cette baie signifie « lieu où se pose le cormoran ». Chachacual est aussi un nom zapotèque, « lieu où pondent les tortues ». Les deux dernières baies sont celles de **Riscalillo** et **San Agustín**. Entre les deux se trouve une formation rocheuse qui a l'apparence d'un lion couché regardant l'horizon. San Agustín est une plage de pêcheurs, et la nourriture qu'on y sert est vraiment très fraîche et savoureuse. De l'autre côté de Santa Cruz, on peut visiter les baies plus commerciales réservées à la construction d'hôtels : **Tangolunda**, Chahué et Conejos.

EXCURSIONS

Zona Aromática – *1 journée. Route de Salina Cruz. 45 km à l'intérieur de la Sierra. Il est conseillé de suivre un circuit organisé.* La production du café *Pluma* pour la consommation nationale et l'exportation est très importante dans l'économie de cette région. Les premiers plants de café ont été introduits à l'époque coloniale par les pirates anglais. À la fin du 19e s. les Allemands ont donné une grande impulsion à la culture caféière, transformant la région en une des zones les plus productives. Vers le milieu du 20e s., les exploitations allemandes ont été expropriées et les villageois des environs se sont approprié cette activité rentable. Dans cette région, la culture du café se fait exclusivement à base de produits organiques. Elle a une autre particularité : au moment de la récolte, les plantations emploient un grand nombre d'habitants de la région, rassemblant ainsi plusieurs ethnies du Oaxaca : Mixes, Zapotèques, Chontales, Huaves, Triquis, parmi d'autres.

La zone que l'on visite s'étend sur plus de 50 000 ha. Certaines propriétés sont très retirées et on ne peut s'y rendre qu'en jeep. Le circuit est très intéressant, non seulement à cause de ce que l'on apprend en visitant une plantation de café, mais aussi pour le paysage naturel qu'on découvre en chemin, lorsque la végétation tropicale si diversifiée fait subitement place au décor typique de la sierra.

Puerto Ángel – *1 journée. Route fédérale 200 vers Puerto Escondido. 45 km de Bahías de Huatulco.* La baie principale de Puerto Ángel n'est pas très grande mais elle est superbe. L'eau est turquoise, parfaitement cristalline, les vagues légères ; c'est l'endroit idéal pour se baigner et faire de la plongée. La baie partage son territoire avec la **Playa del Panteón**, qui s'appelle ainsi à cause du cimetière que l'on voit enclavé dans la colline.

Un peu plus loin se trouve **Zipolite**, une plage nudiste. Au long de cette merveilleuse plage ouverte sur la pleine mer, une grande quantité de huttes de palmes sont prêtes à héberger le visiteur pour un tarif très économique.

Centro Mexicano de la Tortuga – *1 heure. À environ 10 km de Zipolite, sur la plage de Mazunte. Visite guidée (1 heure), toute l'année, du mardi au dimanche de 10 h à 16 h 30. $4. ✗ E ☎ (958) 430-551.* Pendant presque trente années la vente des œufs, de la chair et des carapaces de tortue a été un commerce fructueux de cette région. Ceci a conduit le gouvernement à interdire en 1990 la chasse à la tortue. En 1992, s'associant aux initiatives de ce genre menées dans le monde entier pour éviter l'extinction de l'espèce, il a ordonné la création du centre de Mazunte. Le centre a été ouvert au public en 1994, avec pour objectif de faire naître une conscience écologique chez les visiteurs. Parmi les activités proposées, qui sortent vraiment de l'ordinaire, on organise des excursions pour assister à la ponte des tortues.

Puerto Escondido – *1 journée. 110 km. Sortir à l'Ouest de Huatulco par la route 200.* Connu précédemment comme Punta Escondida, il abrite une dizaine de plages splendides, qui vont de la petite baie de **Puerto Angelico** jusqu'à la plage de **Zicatela**, étendue et impressionnante, où les vagues peuvent atteindre 7 m de hauteur. C'est ici que sont organisées chaque année deux compétitions internationales de *surf* (l'une pour amateurs et l'autre pour professionnels). De l'embarcadère principal partent souvent des bateaux qui emmènent les visiteurs pour des promenades inoubliables, où l'on rencontre dauphins et tortues avant de découvrir les plages de la baie. Le sentier touristique qui longe les rochers offre de belles vues de la mer et c'est un agréable point de rencontre.
Malgré l'absence d'une infrastructure touristique développée, l'atmosphère de cet endroit est tout à fait internationale. La beauté naturelle du site suffit pour attirer les visiteurs.

★ **Parque Nacional Lagunas de Chacahua** – *1 journée. Route fédérale 200 vers Acapulco. Environ 70 km de Puerto Escondido. Il est conseillé de suivre un circuit organisé. Ouvert toute l'année, tous les jours de 8 h à 17 h. $160 (voyage en bateau). ✗ E ☎ (951) 648-28 et (01-800) 903-9200.* C'est une des excursions les plus fascinantes de la côte pacifique. L'aventure commence au premier arrêt, encore à terre, où l'on découvre un phénomène naturel très étrange avec les « arbres de l'amour ». Une fois en bateau sur les lagunes de la Pastoría et Chacahua, la traversée d'une jungle épaisse au milieu d'étranges et sympathiques oiseaux migrateurs inspirera l'aventurier qui se cache dans tout visiteur. Surtout lorsque les passagers se retrouveront face à des crocodiles à l'air féroce et affamé, menaçants même derrière les grilles de leur parc. Après tant d'aventures, une pause pour goûter les recettes typiques de la région sera la bienvenue.

Zona arqueológica MITLA★★

Oaxaca

Carte des principales curiosités p. 7

ℹ ☎ (956) 803-16

L'agglomération de San Pablo Mitla cache en son cœur le dernier centre religieux de l'époque préhispanique, un lieu où l'on inhumait exclusivement seigneurs et hauts dignitaires. Plus que la majesté des constructions, c'est leur ornementation qui rend le site remarquable. Le décor de grecques qui a rendu Mitla célèbre se compose de milliers de petits blocs de pierre parfaitement taillés et polis, rassemblés sans liant aucun sur un mur en terre glaise. Les figures, à la géométrie parfaite, sont associées à d'anciens dieux. Mitla a été fondée autour de l'an 100 après J.-C. On la considère comme la dernière ville zapotèque, bien que sa structure indique une forte influence mixtèque, due à la domination exercée finalement par cette civilisation sur celle des Zapotèques. Le nom de Mitla vient du mot náhuatl **Mictlán**, « lieu des morts », que les Zapotèques nomment **Liobaá** ; elle a un nom náhuatl parce qu'elle a été conquise par les Aztèques vers la fin de son histoire. Mitla était encore habitée à l'arrivée des Espagnols en 1521.

SITE ARCHÉOLOGIQUE *1 h 30*

Route fédérale 190 ; 41 km de Oaxaca. Ouvert toute l'année, tous les jours de 8 h à 17 h. $10. ☎ (956) 803-16.

Le site archéologique s'organise en cinq ensembles : groupes de l'Église, des Colonnes, des Adobes (briques d'argile), de l'Arroyo (ruisseau) et de la zone Sud. Les deux premiers groupes sont les plus importants. Le reste, bien qu'ouvert à la visite, n'a pas encore été entièrement exploré.

© Bob Schalkwijk

Patio des grecques, détail

Grupo de la Iglesia – *Derrière l'église San Pablo Apóstol (16e s.).* Derrière l'église, une rue mène à une cour où l'on voit trois petites constructions aux linteaux décorés de grecques. Cette cour communique avec une autre, plus petite. On aperçoit des vestiges sur les murs extérieurs de l'église, car elle a été bâtie sur d'anciennes constructions préhispaniques.

Grupo de las Columnas – Deux grands ensembles quadrangulaires de structure similaire se rejoignent par un angle. Chacun comprend une cour intérieure avec un petit temple en son centre, bordée sur trois côtés de pièces d'habitation.
Le **Temple des colonnes** se trouve dans le premier ensemble. Il a été construit sur un soubassement de hauteur moyenne flanqué d'un escalier. La partie supérieure présente une salle de 38 m x 7 m, dont l'entrée est divisée en trois parties par deux gros piliers. L'intérieur renferme six énormes colonnes monolithiques. À l'angle de droite, un petit passage conduit au **Patio des grecques.** On estime à plus de 100 000 le nombre de pierres sculptées qui ont été utilisées pour les grecques qui ornent cette cour. Sur les côtés s'ouvrent des chambres étroites qui servaient de tombes.

Pour visiter le deuxième ensemble, revenir au sentier principal et marcher vers le Sud.

Sur le côté Est de la cour, on peut visiter une des tombes ; l'entrée est au niveau du sol, devant le bâtiment. Une partie du toit est soutenu de l'intérieur par un pilier qu'on a appelée « la colonne de la vie ». Une légende raconte que chacun peut connaître le nombre d'années qui lui reste à vivre en l'entourant de ses bras. Une autre personne mesure alors avec ses doigts posés à la verticale l'espace restant entre les mains : chaque doigt compte pour deux ans. Il y a aussi une très grande pierre dont on dit que celui ou celle qui la frappera par trois fois se mariera très prochainement.

Museo Frisell – *Situé à l'entrée de Mitla. Ouvert toute l'année, tous les jours de 10 h à 17 h. $10. ☎ (951) 477-33.* Cette petite maison de la fin du 18e s. présente environ 2 000 pièces précolombiennes des cultures mixtèque et zapotèque.

Zona arqueológica MONTE ALBÁN★★★

Oaxaca

Carte des principales curiosités p. 7 – Plan p. 238

ℹ ☎ (951) 612-15

Des hauteurs de cet impressionnant site précolombien, on contemple la beauté immuable du paysage de l'État d'Oaxaca. Les imposantes constructions de Monte Albán recèlent dans leurs entrailles des secrets et légendes innombrables, dans les dédales desquels sa véritable origine se perd. Malgré des siècles d'abandon, sa présence continue de forcer le respect et l'admiration. Les Zapotèques ont construit Monte Albán de leurs propres mains, sans l'aide d'animaux domestiques ou de machines. Il est si difficile de croire que, seuls, ils ont aplani ce terrain et bâti ce merveilleux site, que l'histoire prend des airs de récit fantastique mettant en jeu des êtres venus d'ailleurs. Monte Albán a été inscrit au Patrimoine culturel de l'humanité en 1987.

Un peu d'histoire

Les origines – Le nom Monte Albán résulte d'une fusion du mot zapotèque **Danibaá**, « montagne sacrée » et de l'appellation « *colinas Albánas* » donnée à la cité par les conquistadores. Les origines de Monte Albán remontent à 500 après J.-C. Pendant presque 1 300 ans elle a été le plus grand centre politique, économique et culturel zapotèque de la région. Entre les années 750 et 800, le site a été inexplicablement abandonné par ses habitants. Un phénomène analogue s'est produit en parallèle dans d'autres cultures préhispaniques. Les historiens n'ont pas encore découvert la raison de cette série d'événements.

Un ancien centre de recherches – Un certain nombre de chercheurs pensent que Monte Albán n'a pas été fondé pour servir de lieu d'habitation, car à proximité ne coule aucune rivière, élément essentiel à la survie des populations. Ils pensent plutôt qu'il s'agissait d'un centre zapotèque d'études de la philosophie de l'existence, de la cosmogonie et des sciences. En revanche, on est certain qu'après avoir été abandonné, Monte Albán a été utilisé à nouveau comme cimetière et forteresse militaire. Les Mixtèques l'ont occupé très longtemps après le départ des Zapotèques. Plus tard, à l'époque des luttes pour la domination des vallées, les deux cultures l'ont utilisé comme quartier militaire.

Les fouilles archéologiques – Pendant une période qui s'étend de la Conquête aux débuts du 20e s, Monte Albán a été oublié. Pourtant, lors des premières fouilles menées par **Leopoldo Batres** en 1902, on s'est rendu compte que le site avait été pillé à de très nombreuses reprises. La plus grande découverte jusqu'à présent, celle de la **Tombe n° 7**, est due à **Alfonso Caso**, qui a exploré par deux fois le site, de 1931 à 1949 et en 1958. L'INAH (Institut national d'anthropologie et d'histoire) a engagé de nouveaux travaux de fouilles en 1996. Monte Albán est l'une des quatre collines qui constituent le site archéologique ; c'est la seule qui ait été explorée à ce jour. Dans la classification chronologique qu'ils ont établie pour étudier les cultures mésoaméricaines, les anthropologues ont divisé l'histoire de Monte Albán en cinq périodes : I, de 500 à 100 avant J.-C. ; II, de 100 avant J.-C. à 250 après J.-C. ; III, de 250 à 800 ; IV, de 800 à 1300 ; V, de 1300 à 1521.

SITE ARCHÉOLOGIQUE *1/2 journée*

Nouvelle route de Monte Albán, 10 km au Sud-Ouest de Oaxaca. Ouvert toute l'année, tous les jours de 8 h à 17 h. $14. ✗ 🅴 ☎ *(951) 612-15.*

Unidad de Servicios Culturales – Ici se trouve un petit musée qui explique l'histoire et l'importance de Monte Albán. Les salles d'exposition montrent des reproductions et des pièces originales. Il y a aussi une librairie et un restaurant. Entre l'unité de services et l'entrée du site se dresse un monument en l'honneur de l'historien et archéologue Alfonso Caso.

La Gran Plaza – L'esplanade du centre cérémoniel public mesure environ 300 m de long sur 200 m de large. Les anciens Zapotèques ont aplani le terrain autant qu'il était possible ; ils ont aussi tiré parti des excroissances rocheuses naturelles, par exemple pour les constructions au centre et celles des plates-formes de la périphérie du site. Pour obtenir un effet de symétrie presque parfaite, quoique le côté Est soit bien plus dégagé que le côté Ouest, ils ont été amenés à aménager des cours et de petits édifices devant les grands bâtiments du côté le plus étroit afin de rééquilibrer l'ensemble.

Ces constructions n'avaient pas de fonction déterminée, ce n'était pas des maisons ; les anciens habitants vivaient sur les versants de la colline.

Le circuit débute sur la plate-forme Nord, à droite de l'entrée et se poursuit dans le sens contraire à celui des aiguilles d'une montre.

Plataforma Norte – L'avant de cet ensemble est formé d'un grand escalier flanqué de deux larges arbalétriers de près de 12 m. Du côté Est (à droite) du soubassement, on voit un petit sanctuaire orné d'une pierre gravée dont le pourtour montre des dessins ; les côtés sont décorés de reliefs, la partie supérieure de figures anthropomorphes. Devant l'escalier, une stèle isolée présente des glyphes sur ses quatre côtés. Sur la partie supérieure, on aperçoit les vestiges de 12 colonnes ; il semble qu'elles soutenaient un toit. Aux alentours se dressent quatre petits temples quadrangulaires. On découvre au centre une cour en contrebas, avec un sanctuaire au milieu.

Sistema IV – Dans cet ensemble se détache le **Templo-Patio-Adoratorio**, une des plus importantes innovations architecturales zapotèques. La partie avant se compose de deux plates-formes séparées par une cour intermédiaire, avec au centre un sanctuaire. Au fond, on voit un bâtiment précédé d'un escalier. Dans la partie supérieure, les restes de quatre colonnes forment un petit vestibule.
À la droite du complexe IV s'élève une stèle de 5 m de haut, qui était bien plus grande à l'origine. Sur sa face Ouest on voit des glyphes calendriers. Certains guides l'appellent **le sablier**, mais en réalité on ne sait pas exactement ce que c'était.

Los danzantes – Le nom de cette construction vient des **figures en relief** que l'on voit sur son côté gauche. Elles semblent être en train d'exécuter des pas de danse rituels, mais les historiens sont divisés à ce sujet. Certains affirment que ce sont des représentations de victimes de sacrifices, d'autres qu'il s'agit de chefs des

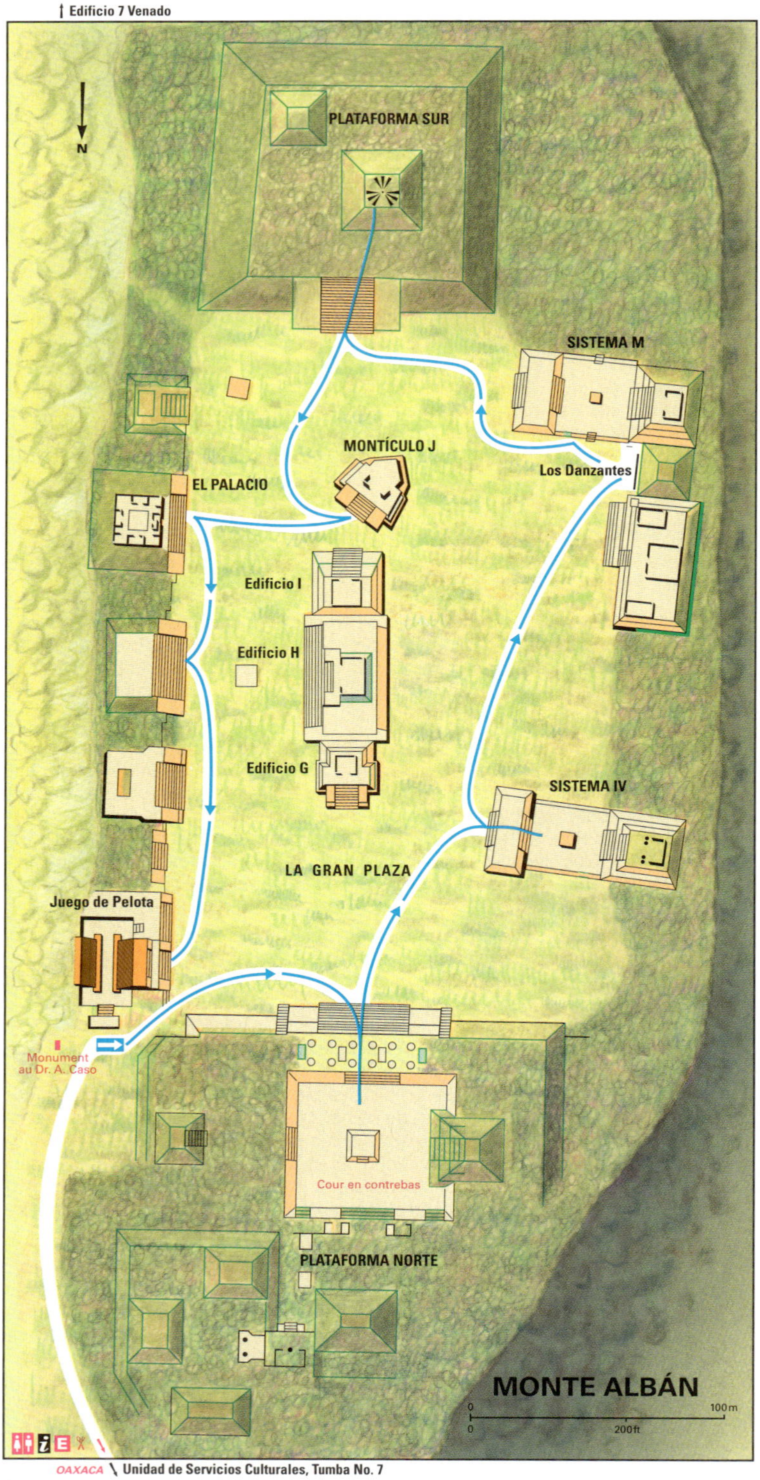

territoires voisins, d'autres encore que ce sont des malades. Certains affirment aussi que ce sont les représentations d'un culte sexuel. Quoi qu'il en soit, les traits de ces personnages présentent indéniablement des caractéristiques de la civilisation **olmèque**, la plus ancienne de Mésoamérique.

Sistema M – Cet ensemble est identique au complexe IV du point de vue de la construction ; il a été élevé ainsi pour donner un équilibre architectural au côté Ouest.

Plataforma Sur – La façade ressemble à celle de la plate-forme Nord, avec son escalier flanqué de grands arbalétriers. La plate-forme a été partiellement explorée. Aux extrémités inférieures de la base, on voit des stèles encastrées gravées de dessins. La partie supérieure porte de petites élévations de terrain, traversées de tunnels creusés par les pillards. D'ici on a une **vue★★★** merveilleuse de l'esplanade et du paysage environnant.

Edificio 7 Venado – *250 m au Sud-Est de l'esplanade. Suivre le chemin qui se trouve sur le côté Est de la plate-forme Sud.* Cet ensemble est constitué de quatre structures groupées autour d'une place ; chacune est orientée vers un des points cardinaux. Le nom *7 Venado* (7 cerfs) provient d'une inscription gravée sur un des linteaux.

Montículo J – C'est le plus intéressant des édifices centraux. On remarquera son orientation Sud-Ouest, sa forme de flèche, et ses tunnels intérieurs. Ces éléments ont laissé penser aux chercheurs que le bâtiment servait d'observatoire astronomique. Sur les côtés, on verra des dalles gravées relatant les conquêtes de Monte Albán.

El Palacio – À l'intérieur de cet édifice se trouvent des chambres en ruines. Du fait de leur conception, on pense qu'elles appartenaient à de hauts personnages. Elles sont groupées autour d'une cour centrale.

Edificios G, H, I – On pense que ces monuments ont été élevés au-dessus d'une excroissance rocheuse. On peut y accéder par trois côtés de l'esplanade. La partie supérieure du bâtiment central (H) présente deux chambres, indiquées par les colonnes des murs latéraux. Devant l'escalier principal, au niveau du sol, se trouve un petit temple où l'on a découvert le célèbre masque de jade en forme de chauve-souris exposé au MUSEO NACIONAL DE ANTROPOLOGÍA de Mexico.

Juego de Pelota – Comme tous les autres dans la région, le jeu n'a pas d'anneaux sur les côtés. Au centre, une grande pierre servait à lancer la balle pour commencer le jeu, comme dans les **jeux de balle mixtèques**, nombreux dans différentes parties du Oaxaca. Sur la partie supérieure de la construction on distingue la sculpture d'une sauterelle ; Côté Ouest, deux monolithes portent des glyphes calendriers.

Alfonso Caso a découvert 170 tombes dans les parages de Monte Albán. La plupart sont de construction zapotèque, mais les offrandes trouvées à l'intérieur sont d'origine mixtèque (on le sait grâce au type de céramique employée à leur confection). La plus connue est la tombe 7, à côté du parc de stationnement. Certaines se visitent, mais elles sont un peu éloignées de la place centrale, et le plus intéressant se trouve dans les musées.

Ensemble IV et ensemble M

MORELIA★★

Michoacán

578 061 habitants

Carte des principales curiosités p. 7 – Plan p. 242

ℹ Nigromante n° 79, Centre ☎ (43) 172-371 et (01-800) 450-2300

Morelia, capitale de l'État du Michoacán, est située sur une petite colline de l'ancienne vallée de Guayangareo. Les nombreuses plates-formes en pierre rose qui l'entourent lui confèrent un air majestueux et imposant, et lui ont valu son inscription au Patrimoine culturel de l'humanité en 1991.
À l'ambiance coloniale qui fait le charme des rues de Morelia vient s'ajouter l'atmosphère estudiantine qui émane des magnifiques édifices coloniaux devenus bâtiments universitaires. Morelia se distingue par ses activités culturelles et sa grande tradition musicale. Parmi les événements annuels les plus attendus ont lieu ici des festivals internationaux de musique et d'orgue.

Un peu d'histoire

Époques préhispanique et coloniale – *(L'Ouest, p. 26)*. À l'époque préhispanique, l'État du Michoacán était habité par les **Mazahuas**, **Otomis**, **Nahuas**, **Matlatzingos** et **Michuacas**. Ces derniers, appelés **Tarasques** (ou **Purépechas**) après la Conquête, ont dominé la plus grande partie du territoire de l'Ouest. On ne sait pas grand chose sur leur origine, mais on les relie à des groupes du Pérou pour des raisons de similitude de langue et de culture. Les Tarasques ont été un des rares groupes qui ont réussi à se défendre avec succès contre les **Mexicas**. Leurs trois royaumes principaux étaient situés à **Pátzcuaro**, **Tzintzuntzan** et **Ihuatzio**.
La conquête de la région par les Espagnols n'a pas été aussi brutale et destructrice que celle de Tenochtitlán, du fait de la soumission pacifique des Indiens. Cependant vers 1530, **Nuño de Guzmán** a entamé une guerre extrêmement violente contre les Indiens, les contraignant à quitter leurs implantations et à fuir vers les montagnes en signe de rébellion. **Vasco de Quiroga** a été mandaté comme médiateur par la seconde cour de Justice de Nouvelle-Espagne pour apaiser la révolte des Indiens. Quiroga a entamé son œuvre d'évangélisation pacifique à Tzintzuntzan en 1538 ; il l'a poursuivie un an plus tard à Pátzcuaro, devenant le justicier protecteur des Indiens, qui l'appelaient respectueusement **Tata Vasco** (« *tata* » signifie papa en purépecha).
Des années plus tard, à l'endroit où se trouve aujourd'hui Morelia, le vice-roi **Antonio de Mendoza** a fondé la ville de Valladolid (1541). Le titre officiel de la ville, et ses armes, ont été attribués par la Couronne espagnole en 1546. Les autorités civiles et ecclésiastiques ont été transférées de Pátzcuaro à Valladolid en 1580. Pendant la période coloniale, le Michoacán est parvenu à une bonne intégration culturelle et a atteint un remarquable niveau de développement économique, grâce au travail acharné des religieux et à la générosité naturelle du sol.

19e et 20e siècles – Le Michoacán a participé activement aux événements marquants de l'Indépendance. On mentionnera simplement José María Morelos y Pavón, originaire de Morelia, qui a rejoint le prêtre Hidalgo et contribué au succès de la cause indépendantiste grâce à son grand talent d'organisateur et à son génie militaire. D'autre part, c'est à Zitácuaro qu'en 1811 López Rayón a fait connaître le Manifeste de la Nation, et c'est à Apatzingán qu'en 1814 le Congrès de Anáhuac a rédigé la première constitution du Mexique.
En 1824 le Michoacán a été déclaré État libre et souverain. Quatre ans plus tard, Valladolid adopte officiellement le nom de Morelia en hommage à Morelos.
Pendant la période révolutionnaire se sont distinguées les figures locales de Salvador Escalante, Francisco Mújica et Lázaro Cárdenas, un des personnages les plus aimés et respectés du Mexique.

★★CENTRE HISTORIQUE *1 journée et 1/2*

★★**Catedral** – *Av. Madero. Ouvert toute l'année, tous les jours de 6 h à 20 h 30. ☎ (43) 172-371.* La cathédrale a été l'un des premiers édifices construits en pierre rose. Son style architectural a imposé un modèle qui sera adopté pour les constructions postérieures. Elle a été édifiée entre 1660 et 1774, sur un dessin original de Vicencio Barroso Escayola, pour remplacer l'ancienne cathédrale détruite en 1640 par un incendie.

La façade principale – De style baroque sobre, elle est curieusement orientée vers la rue, et non vers la place. Encadrée par deux lourdes tours de 62 m, elle présente trois portails, à la manière d'un triptyque ; chacun se divise en trois ordres décorés de panneaux ornés de niches et de pilastres au lieu de colonnes. Le relief central représente la Transfiguration du Christ, celui de gauche l'Adoration des Bergers et celui de droite l'Adoration des Rois Mages. À chaque entrée, les grands et lourds portails de bois cachent de fines **portes★** recouvertes de cuir, ouvragées dans le style de Cordoue.

L'intérieur – Il compte trois nefs, merveilleusement éclairées par la lumière naturelle qui descend du lanterneau de la coupole du transept et des fenêtres supérieures. La décoration intérieure est un mélange des styles baroque et néoclassique, visibles dans le parement du maître autel en argent remarquablement travaillé (18e s.). Au fond de la nef latérale de gauche, le Christ en pâte de tiges de maïs, que les fidèles appellent le Seigneur de la Sacristie, est un don de Philippe II. Au-dessus de l'entrée en hauteur (l'espace réservé au chœur se trouve derrière le maître-autel) trône un orgue d'origine allemande, installé ici en 1905. Il a inspiré la célébration annuelle du **Festival international d'Orgue**, qui se déroule depuis plus de 30 ans au mois de mai. On remarquera la chaire à deux escaliers. Dans le **baptistère**, ouvert seulement pour les baptêmes et à certaines occasions, on verra de superbes **fonts baptismaux**★ en argent sculpté qui ont servi au baptême de José María Morelos y Pavón et d'Agustín de Iturbide. Les murs de **l'ancien couvent** qu'occupent aujourd'hui les bureaux de la cathédrale sont ornés de belles peintures.

Plaza de Armas – *Av. Madero, Zócalo.* Morelia est une des rares villes qui possède deux *zócalos*, car sa cathédrale divise en deux l'esplanade principale. On a côté Est la Plaza Melchor Ocampo, et côté Ouest la Plaza de Armas, appelée aussi Plaza de los Mártires, car ici ont été fusillés les insurgés José Guadalupe Salto (1812), Mariano Matamoros (1814) et un groupe de jeunes défenseurs des idées libérales (1830).

La place des Martyrs a été conçue au 16e s. comme le point de départ du tracé de la ville. Elle est entourée d'une série de porches donnant sur les grandes **demeures** construites au long des 17e, 18e et 19e s. pour les familles les plus riches de la ville, aujourd'hui des hôtels et des restaurants. La variété des styles s'harmonise grâce aux élégantes arcades caractéristiques de Morelia. Au centre de la place s'élève un kiosque à la française construit à la fin du 19e s. C'est un agréable lieu de repos ; on peut s'abriter à l'ombre des arbres en goûtant sucreries, amuse-gueule et la délicieuse *fruta de caña.* Aux accents des boléros, on pourra aussi contempler la cathédrale, majestueuse, et les allées et venues quotidiennes des habitants.

Av. Madero, la cathédrale et la place d'Armes

Palacio de Justicia (A) – *Portal Allende n° 267. Ouvert toute l'année, du lundi au vendredi de 8 h à 20 h. Fermé du 15 au 31 juillet et du 15 au 31 décembre.* ☏ *(43) 121-579.* Le bâtiment date du 17e s. L'intérieur a conservé son agréable style colonial, mais la façade actuelle a été refaite en 1883 par Woddon de Sorinne qui l'a dotée d'éléments néoclassiques et art nouveau. L'extérieur présente des arcs posés sur des pilastres, des fenêtres aux clefs de voûte sculptées et aux balcons ornés de balustrades en ferronnerie. Les angles de la cour intérieure, avec leurs arcs aveugles doubles, lui confèrent volume et rondeur. Dans la cage de l'escalier orné de balustrades en ferronnerie, on voit des peintures murales d'Agustín Cárdenas qui datent de 1976 et célèbrent l'existence du premier tribunal de Justice. Avant sa transformation, l'édifice a hébergé à des époques différentes la maison du conseil, le palais municipal, le palais du gouvernement et un collège.

Museo Regional Michoacano – *Allende n° 305. Ouvert toute l'année, du mardi au samedi de 9 h à 19 h, le dimanche de 9 h à 14 h. Fermé les jours de fête nationale.* ☏ *(43) 120-417.* Cette élégante demeure en pierre de taille est du 18e s. À l'extérieur, on remarquera la décoration baroque du balcon d'angle tourné vers la

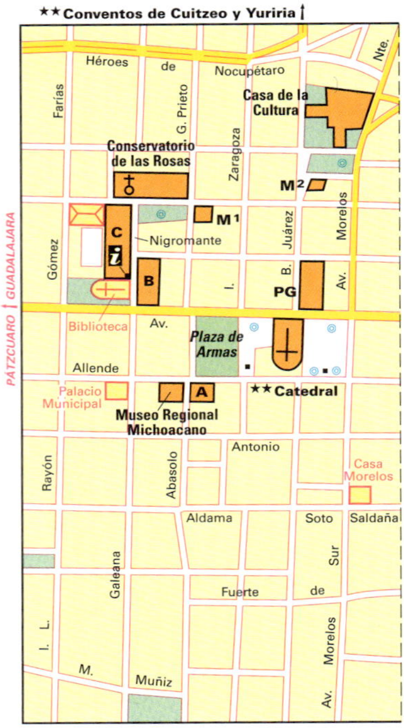

place d'Armes, les fines moulures et les balcons suspendus aux avant-toits en pierre. Dans le hall d'entrée, on notera sur l'arc à moulures la clef en forme de lanterne. Le bâtiment longe une belle cour entourée d'une double arcade. On aperçoit au fond un escalier qui part d'un impressionnant arc aveugle double, couronné d'une sculpture de saint Antoine avec un chérubin ailé à ses pieds. La cage d'escalier présente le mural *Cuauhtémoc y la Historia* d'Alfredo Zalce. À l'origine, la maison appartenait à Don Isidro Huarte, beau-père d'Agustín Iturbide. En 1886, on en a ouvert les portes pour faire connaître l'histoire de l'État, de l'époque préhispanique au 20e s. Dans la salle coloniale on remarque un très grand tableau anonyme du 18e s., illustrant le transfert de religieuses dominicaines d'un couvent à un autre *(voir plus loin Conservatorio de las Rosas)*.

Colegio de San Nicolás Hidalgo (B) – *Francisco I. Madero Ouest. Ouvert toute l'année, du lundi au vendredi de 7 h à 21 h, le samedi de 8 h à 16 h. Fermé les jours de fête nationale. ☎ (43) 123-191.* Ce collège, le premier à accueillir ensemble des étudiants indiens et espagnols, provient de la fusion de deux écoles : celle de San Nicolás, fondée par Vasco de Quiroga dans la ville de Pátzcuaro, et celle de San Miguel, qui était déjà établie ici. La fusion a eu lieu en 1580, à la suite du transfert du siège ecclésiastique de Pátzcuaro à Valladolid (aujourd'hui Morelia). En 1847, on lui a donné le nom de Hidalgo en hommage au héros de la patrie, qui avait été professeur et recteur du collège. Pendant son enseignement, il a eu pour élève José María Morelos y Pavón. Aujourd'hui le collège fait partie de l'université du Michoacán.

Palacio Clavijero (ancienne église et collège de la Compagnie de Jésus) (C) – *El Nigromante n° 79. Ouvert toute l'année, du lundi au vendredi de 8 h à 20, samedi, dimanche et jours fériés de 9 h à 19 h. Fermé le 1er janvier et le 25 décembre. ☎ (43) 172-371.* Cette gigantesque construction en pierre de taille date du 17e s. C'était à l'origine l'église et le collège des jésuites. Le palais a reçu le nom d'un des plus grands maîtres et historiens de l'ordre, Francisco Xavier Clavijero. Il héberge aujourd'hui plusieurs bureaux du gouvernement, dont l'Office de tourisme. L'ancienne église abrite maintenant la belle bibliothèque de l'université du Michoacán.

La porte d'accès au palais se trouve sur un côté de l'église. Sur sa façade modeste, de style baroque sobre, le regard est attiré vers l'écu avec l'aigle impérial, les gargouilles, le couronnement de l'édifice et la tour qui communique avec l'église. L'immense cour intérieure est entourée de grandes arcades au premier niveau. Le deuxième niveau présente 28 fenêtres à claire-voie alignées sur les arcs du rez-de-chaussée ; elles sont ornées de cantonnières et de gargouilles.

Du côté gauche, un arc précédant une voûte à clef sculptée abrite un grand escalier. La cage de l'escalier présente une belle coupole, avec des fenêtres ovales et un lanterneau, que l'on aperçoit dans toute sa splendeur depuis la belle fontaine de la cour.

Conservatorio de Las Rosas (église et ancien couvent de Las Rosas) – *Santiago Tapia n° 334. Ouvert toute l'année, du lundi au vendredi de 9 h à 14 h et de 16 h à 19 h, le samedi de 9 h à 14 h. Fermé les jours de fête nationale. ☎ (43) 121-469.* C'était le premier couvent des religieuses dominicaines. Après l'avoir occupé pendant presque 150 ans, elles ont quitté les lieux à cause de la dégradation du bâtiment. On les a transférées vers un nouveau couvent dans la rue Madero, appelé aujourd'hui **Templo de las Monjas**.

Après avoir été restauré, l'ancien couvent est devenu en 1743 l'école de Santa Rosa María, destinée aux jeunes filles pauvres. Cette école a fourni un modèle de formation musicale aux autres institutions religieuses qui ont occupé le bâtiment jusqu'au 20e s. C'est aujourd'hui un des conservatoires de musique les plus prestigieux du Mexique, qui prépare et forme les **Niños Cantores de Morelia.**

Le **portail★** de l'église date de 1757. Il possède une caractéristique typique des couvents de religieuses, le portail double joint par un contrefort. On y remarque les bas-reliefs de la sainte Famille et de Santa Rosa de Lima, ainsi que les gargouilles

de style médiéval en forme de crocodiles. L'intérieur de l'église conserve encore la grille du chœur. Le regard est attiré par le retable principal de style churrigueresque, chargé d'angelots et d'une ornementation complexe.
L'entrée du **couvent** se trouve à droite de l'église. Le cloître est un bâtiment de plain-pied ; son jardin est orné d'une sculpture d'Alfredo Zalce, *Danza*. La deuxième cour conserve d'anciens lavoirs construits pendant le séjour des dominicaines.

★ **Museo del Estado** (**M**[1]) – *Guillermo Prieto n° 176. Ouvert toute l'année, du lundi au vendredi de 9 h à 14 h et de 16 h à 20 h, samedi, dimanche et jours fériés de 9 h à 14 h et de 16 h à 19 h. Fermé le 1er janvier et le 25 décembre. ☎ (43) 130-629. Photographie interdite.* Cette maison baroque du 18e s. était connue auparavant comme la « Maison de l'Impératrice » ; la tradition populaire dit que l'épouse d'Agustín Iturbide, Ana Huarte, y a vécu. Elle a été transformée dans les années 1980 pour y exposer une riche collection d'objets historiques. À l'entrée se trouve une ancienne **pharmacie**★, ouverte en 1868, qui a conservé son mobilier complet et ses accessoires d'origine. Le premier étage présente une collection de bijoux Tarasques en cristal de roche, jade et turquoise. Le deuxième étage offre un panorama des caractéristiques naturelles et culturelles des huit régions qui composent l'État, à travers une exposition de mannequins, maquettes, costumes et objets d'artisanat.

Museo de Arte Colonial (**M**[2]) – *Benito Juárez n° 240. Ouvert toute l'année, du lundi au vendredi de 10 h à 14 h et de 17 h à 20 h, samedi, dimanche et jours fériés de 9 h 30 à 14 h et de 16 h 30 à 19 h. ☎ (43) 139-260.* Le musée occupe une demeure du 18e s. dans laquelle s'est installée en 1821 la première imprimerie de la ville. Il abrite deux grandes collections. La première est un impressionnant groupe de christs d'époques et de styles différents, utilisant des techniques et des matériaux variés, d'où ressortent particulièrement les christs réalisés en pâte de tige de maïs ; la seconde est une collection de peintures de l'époque coloniale, parmi lesquelles on admire de très belles œuvres du peintre de Oaxaca Miguel Cabrera.

Casa de la Cultura (ancien couvent des carmes déchaussés) – *Av. Morelos Norte n° 485. Ouvert toute l'année, du lundi au vendredi de 10 h à 14 h et de 16 h à 20 h, samedi, dimanche et jours fériés de 10 h à 18 h. Fermé le 1er janvier et le 25 décembre. ✗ ☎ (43) 131-215 poste 233.* Les dimensions gigantesques de cet édifice n'ont pas d'équivalent dans la ville. Une grande partie de cet ancien couvent des carmes est aujourd'hui occupée par la Maison de la culture ; le reste appartient à de petits commerçants.
L'ancien couvent été construit vers la fin du 16e s. Son signe distinctif est qu'il possède trois dômes élevés à des périodes différentes (16e, 17e et 18e s.). Les modifications intérieures opérées au cours des siècles ont déséquilibré pour une grande part les volumes d'origine. Mais il faut visiter l'immense cour principale, l'ancien réfectoire (à côté de l'escalier) qui renferme une chaire en bois du 16e s., et admirer les restes d'une fresque représentant la sainte Famille.

L'étage supérieur mérite une visite, pour découvrir les anciens dortoirs et les cellules, qui servent aujourd'hui de bureaux.
Au rez-de-chaussée, le **musée** présente des masques splendides, que l'on portait uniquement pour les danses régionales. La collection couvre la plupart des États du Mexique, surtout ceux du Michoacán et du Guerrero.

Palacio de Gobierno – *Av. Madero Ouest, n° 63. Ouvert toute l'année, tous les jours de 9 h à 21 h. ☎ (43) 129-182.* Construit entre 1732 et 1778, il a fonctionné d'abord comme le collège-séminaire de Trente, où ont été formés plusieurs des héros de l'Indépendance, parmi lesquels José Maria Morelos y Pavón, Ignacio López Rayón, Melchor Ocampo et Agustín Iturbide. Après les lois de la Réforme, il est devenu palais du gouvernement.
Sur la façade on remarque les balcons aux balustrades en fer forgé ; une reproduction de la **cloche de Dolorès** ; des gargouilles, des pinacles, et de curieuses tours de style asiatique qui couronnent les angles.
L'intérieur renferme trois cours entourées d'arcades sur deux niveaux. Les murs au deuxième niveau de la première cour, ainsi que la cage du superbe escalier, ont été décorés en 1962 par le célèbre peintre du Michoacán Alfredo Zalce. Les peintures murales représentent différentes étapes de l'histoire de l'État du Michoacán, de l'époque préhispanique à nos jours en passant par l'Indépendance, la Révolution et la Réforme.

Templo y Ex convento de San Francisco (Maison de l'artisanat) – *Humboldt et Fray Juan de San Miguel. Ouvert toute l'année, tous les jours de 9 h à 20 h. ☎ (43) 122-486.* Premier complexe religieux de Morelia, il a été fondé par le frère Antonio de Lisboa entre 1525 et 1536, avant que la ville ne trouve son statut sous le nom de Valladolid. Au cours des trois siècles suivants, l'édifice a subi des modifications. Le baroque s'est mêlé au plateresque, le Renaissance au gothique.
La **façade** de l'église montre une nette influence plateresque, visible dans les fines colonnes qui entourent l'arc et la fenêtre de la tribune, ainsi que dans les décorations sculptées de l'arc de l'entrée et de la porte latérale gauche.
À droite de l'église, cinq beaux arcs à moulures réunis par des colonnes cannelées forment un agréable porche qui abrite la porte d'entrée de l'**ancien couvent**. La partie supérieure de la façade présente des fenêtres à arcs en accolade alignées sur les arcs du rez-de-chaussée.
Le **cloître** à deux niveaux est la partie la plus remarquable de ce complexe religieux. Il ne reste aujourd'hui qu'une petite partie de l'ancien cloître, qui était de très grandes dimensions. La cour centrale est entourée de deux niveaux abritant des couloirs avec des voûtes à lunettes séparées par de grands arcs.
L'édifice renferme la **Maison de l'artisanat**. On y expose une grande **collection★** d'artisanat de tout l'État. Au premier étage on peut visiter les ateliers où sont réalisées une partie de ces merveilles.

PLAZA VILLALONGÍN ET ENVIRONS *1/2 journée*

Madero Est et Aquiles Serdán.

Loin de la modernité et du rythme agité de la vie quotidienne s'ouvre ici un paisible refuge agrémenté d'un beau jardin, d'arbres touffus, d'un sol pavé et de bancs en fer forgé. La place, qui doit son nom à l'insurgé Manuel Villalongín, est gardée par la **Fontaine des Tarasques** (**1**), emblème de la tradition et de la sensibilité du Michoacán, et par deux éblouissantes œuvres de l'ancienne Valladolid. Devant la place, un impressionnant **aqueduc** du 18e s. domine la circulation et les voitures. Il a été construit sur ordre de l'évêque Antonio de San Miguel pour assurer l'approvisionnement de la ville en eau et la préserver de la sécheresse qui sévissait alors dans la région. Le précieux liquide était transporté depuis la Hacienda del Rincón au moyen d'un conduit de 8694 m de long. Ce fait historique, et la beauté de l'aqueduc, en font un symbole de la ville. Il compte 253 arcs en pierre rose qui courent sur 1672 m le long du bois de Cuauhtémoc.
La rue pavée sur la gauche des arcs est une des plus anciennes de la ville. Elle porte le nom de **Calzada Fray Antonio de San Miguel** en hommage à l'évêque qui avait financé l'aqueduc, la rue et d'autres ouvrages communaux. Cette voie, garnie de bancs en pierre et d'arbres centenaires, est bordée de demeures anciennes restées fidèles à leur poste, qui recréent la vie et la beauté d'une époque révolue.
La *calzada* donne sur le **Templo de San Diego** du 18e s. *(ouvert toute l'année, tous les jours de 6 h 30 à 20 h ; ☎ (43) 120-981).* **L'intérieur★★** de l'église a été remarquablement décoré par Joaquín Orta Menchaca. L'ancien couvent abrite la faculté de Droit de l'université du Michoacán.

EXCURSIONS

Angangueo – *115 km à l'Est de Morelia par la route 15, en passant par Aporo. 205 km de Mexico par l'autoroute de Morelia ; à l'embranchement de Maravatío, prendre la route de Ciudad Hidalgo et se diriger vers Angangueo en passant par Aporo.* Au milieu des bois de sapins oyamels et de pins, sur les rues en pente d'Angangueo (9705 habitants), on voit de belles maisons colorées aux balcons de bois fleuris. Quand on a trouvé au 18e s. du minerai sur les terres de l'ancienne ferme, Angangueo s'est développé sans plan défini, au gré des vicissitudes de l'activité minière et près des sites préservés où des millions de **papillons monarques** hivernent chaque année.

★★ **Santuario Sierra el Campanario** – *6 km au Sud de Angangueo par le chemin de terre. Visite guidée (3 h 30), du 10 février au 1er avril, tous les jours de 9 h à 15 h. $10. X ☎ (715) 600-44, poste 22 et (01-800) 450-2300.* Sur 2 km, le long d'un sentier clôturé, on peut voir en permanence d'innombrables papillons orangés. Premier site de ce genre à être ouvert au public, il est prévu pour accueillir jusqu'à 100 000 visiteurs par an.

★★ **Santuario Sierra Chincua** – *Sortir au Nord-Est d'Angangueo par la route de San José del Rincón. 8 km jusqu'à l'entrée du site. Visite guidée (3 h), du 15 décembre au 30 mars, tous les jours de 9 h à 15 h. $15. ☎ (715) 600-40, poste 22 et (01-800) 450-2300.* Après une marche de 2,4 km au milieu des bois, on découvre le site. Réservé autrefois uniquement aux chercheurs, il reçoit aujourd'hui plus de 650 visiteurs par jour. Pour protéger les nombreux papillons qui se posent sur le sol dès le lever du soleil, on ne peut avancer de plus de 100 m à l'intérieur du site.

★★ **Convento de Cuitzeo Santa María Magdalena** – *2 heures. Route Morelia-Salamanca, 45 mn. Les départs pour Cuitzeo se font toutes les 15mn de la gare routière. Ouvert toute l'année, du lundi au samedi de 10 h à 18 h, le dimanche de 10 h à 17 h. Fermé le 1er janvier, le 4 mars, le 1er mai, le 4 juin, le 4 septembre, le 5 et le 25 décembre. $10. ☎ (435) 701-75.* L'entrée du village de Cuitzeo est marquée par un superbe lac paisible qui porte le même nom. Sur la place principale de ce petit village s'élève fièrement, semblable à une forteresse, une des plus remarquables constructions du 16e s. (et l'une des mieux conservées), le gigantesque complexe religieux de Santa María Magdalena, fondé par les augustins en 1550.

Le portail – Il présente trois ordres dont les éléments centraux, l'arc d'accès, la fenêtre du chœur et la niche supérieure, sont entourées de colonnes composites. La décoration de style plateresque montre la nette influence des mains indigènes. L'ornementation des colonnes comprend des entrelacs, des pampres et des aigles bicéphales. Le portail est orné de cœurs de Jésus, emblèmes des augustins, de chérubins et de motifs floraux. Du côté gauche se dresse la tour d'origine ; celle de droite a été construite plus tard.

L'intérieur – Dans cette église sans coupole, on admire la voûte en berceau de la nef, avec ses gros piliers moulurés. L'abside présente des nervures caractéristiques du gothique ; la tribune abrite des orgues parmi les plus anciennes de l'État.

Le cloître – Sur un des côtés de l'église, six arcs donnent accès au cloître. Ce porche servait autrefois de chapelle ouverte. On voit sur les murs des restes des fresques d'origine, à thèmes religieux. À l'intérieur du cloître s'ouvre d'abord une cour avec un puits au milieu ; c'était un moyen de récupérer de l'eau douce à la saison des pluies, car il y a une grande quantité de sel dans les nappes phréatiques de la région. Les gargouilles du premier étage, comme celles de la façade, sont en pierre sculptée et représentent des animaux fantastiques. Au rez-de-chaussée on remarque les arcades et leurs puissants contreforts, et au deuxième niveau les arcs doubles. Les voûtes des galeries conservent des traces de leurs fresques d'origine. L'ancien réfectoire loge un petit musée qui expose l'histoire de la gravure mexicaine du 16e au 19e s.

★★ **Ex convento de Yuriria** – *1 heure. État du Guanajuato. 64 km. Sortir au Nord de Morelia par la route 43.* *Voir p. 166.*

OAXACA★★★

Oaxaca

244 827 habitants

Carte des principales curiosités p. 7 – Plan p. 248

Av. Independencia n° 607, Centre ☎ (951) 477-33
et Av. 5 de Mayo n° 200, angle de Morelos ☎ (951) 648-28

La beauté de la ville d'Oaxaca peut être qualifiée de magique et de surréelle à cause de la foule de symboles et de personnages qui lui sont liés. C'est une ville de contrastes : traditions et coutumes ancestrales côtoient rythme moderne et animation touristique, de la même manière que les vestiges des majestueuses cités précolombiennes côtoient couvents et constructions coloniales grandioses. Mais c'est ce mélange qui fait la beauté et la richesse de la ville et des régions voisines. À Oaxaca, tout se passe avec le naturel des choses évidentes. Chaque lieu respire la paix et la beauté. En même temps qu'il est impressionné par la grandeur du passé, le visiteur est surpris aussi par le talent inné des centaines d'artisans qui animent les rues. Parmi les personnalités du monde artistique contemporain qui sont nées dans le pays d'Oaxaca, on citera l'écrivain **Andrés Henestrosa** et les peintres **Rufino Tamayo, Rodolfo Morales** et **Francisco Toledo**. Ce dernier est aujourd'hui une des personnalités les plus importantes de la ville, qui lui doit le développement continuel de sa vie culturelle. Oaxaca a été inscrite au Patrimoine culturel de l'humanité en 1987.

Renseignements pratiques .... Indicatif téléphonique 951

Comment s'y rendre – **Aéroport International Xoxocotlán** : 8 km au Sud de la ville ; Information ☎ 150-40 *(tous les jours de 8 h à 20 h)*. Transports vers le centre : Transportes Terrestres ASA *($45)* ☎ 443-50. À l'aéroport, agences de location de voitures *(p. 360)*. Gare routière : Av. Niños Héroes de Chapultepec n° 1036.

Transports locaux – **Autobus** : Transportes Guelatao et Choferes del Sur *(tous les jours de 7 h à 21 h ; $1,50)*. **Taxis** ☎ 565-75. **Stationnement** public : rue La Noria n° 621, Centre ☎ 470-77 *($ 6/h)*. *Les centres d'intérêt touristiques sont assez proches les uns des autres et on peut les rejoindre à pied.*

Information touristique – **Secretaría de Desarollo Turístico**, Av. Independencia n° 607, Centre, C.P. 68000 ☎ 477-33 et **Módulo de Información Turística** : Av. 5 de Mayo n° 200, Centre ☎ 648-28 *(ouvert toute l'année, tous les jours de 8 h 30 à 20 h. Renseignements sur les sites touristiques, cartes et prospectus gratuits.)*. **CEPROTUR** (Centre de protection du Touriste), 4a Macedonio Alcalá, Plaza Santo Domingo n° 13, PB, Centre, C.P. 68000 ☎ 672-80 *offre un service de protection et de réclamations destiné aux touristes, mexicains ou étrangers.*

Hébergement – Renseignements et réservation d'hôtels au **Secretaría de Desarollo Turístico et au Módulo de Información** Turística *(ci-dessus)*. Les tarifs (pour deux personnes) varient de l'hôtel de luxe *($900)*, à la catégorie moyenne *($500)* et économique *($200)* ; *ils sont indicatifs, et sujets à modifications.* Il est possible de se loger dans une des neuf « unités écologiques » **Tourist Yu'u** *($40)* ; pour plus ample information, s'adresser au Módulo de Información Turística *(ci-dessus)*.

Visites guidées – Les agences mentionnées ici proposent des promenades dans la ville et des excursions en groupe ou individuelles aux sites archéologiques (Mitla, Monte Albán), aux villages (San Bartolo Coyotepec, Teotitlán del Valle) et aux marchés (Zaachila), transport et guide compris (en plusieurs langues) : Turismo El Convento d'Oaxaca ☎ 618-06 ; Cantera Tours ☎ 605-12 ; Viajes Turísticos Mitla ☎ 661-75. Toutes organisent des circuits à Monte Albán *(toute l'année, tous les jours de 8 h 30 à 17 h 30, toutes les heures ; aller simple $12)*.

Artisanat et marchés – La Mano Mágica, Alcalá n° 203, Centre ☎ 642-75 ; Artesanías Oaxaca, petite place Adolfo C. Gurrión ; FONART, Manuel M. Bravo n° 116 ☎ 657-64 ; Artesanías e Industrias Populares (ARIPO), García Vigil n° 810 ☎ 440-30. En plus des marchés Benito Juárez et 20 de Noviembre *(p. 248)*, les *tianguis* des environs se visitent le matin : **Tlacolula** (dimanche) ; tissus, peaux, sombreros ; **Teotitlán del Valle** (lundi) : tapis, métiers à tisser la laine ; **Santa Ana del Valle** (mardi) : tapis, articles en laine ; **Etla** (mercredi) : *quesillos*, pain de maïs ; **Zaachila** (jeudi) : céramique, bijoux ; **Ocotlán** (vendredi) : tissus ; et **Oaxaca** (samedi) qui présente toute la production de l'État.

Guelaguetza (Lunes del Cerro, lundi de la colline) – L'origine de la fête, dont on a deux versions différentes, remonte aux temps préhispaniques. Les deux versions se rapportent à deux fêtes qui se déroulaient au Cerro del Fortín. À partir du 19 juillet, différentes ethnies se réunissaient dans la ville de Huayacac pour fêter et honorer les « grands seigneurs », c'est-à-dire les Aztèques, qui dominaient à l'époque la région. Les célébrations proviendraient aussi d'un rituel mexica consacré à **Centeotl**, déesse du maïs, célébré les deux derniers lundis de juillet. Quoi qu'il en soit, les fêtes indiennes

© Bob Schalkwijk

Fête de la Guelaguetza

se sont toutes mélangées aux rites chrétiens pendant la colonisation, en raison de l'influence des missionnaires, et du fait qu'ils ont bâti leurs églises sur les anciens centres cérémoniels précolombiens. On sait par exemple que vers la fin du 19e s., la fête de la Vierge du Carmel avait lieu en même temps que la fête indigène du Lunes del Cerro. Cette tradition a été reprise dans les années 1970 ; depuis, la fête est célébrée sous le nom de **guelaguetza**, mot zapotèque désignant toute activité mettant en œuvre une coopération entre voisins de différentes régions. Les habitants de tout l'État y participent, vêtus de costumes typiques, pour faire connaître leur traditions, leurs musiques et leurs danses populaires.

★★ZÓCALO ET ENVIRONS *1 journée*

Zócalo – On admire le splendide décor d'arbres touffus qui entoure ce beau jardin. L'après-midi, l'harmonie de l'État joue dans le kiosque au centre de la place. Aux chaleureux accents de la musique, les plus timides s'abandonnent au rythme en frappant dans leurs mains, les plus hardis se mettent à danser. Sur **l'Alameda** toute proche s'installent marchands de ballons, artisans, bouquinistes, vendeurs de sucreries et même des kiosques de propagande politique. Le *zócalo* accueille les fêtes locales, accompagnées de musique traditionnelle, allant des danseurs déguisés en poupées géantes jusqu'aux danses rituelles dans lesquelles se mêlent cultes préhispaniques et chrétien.

Catedral – *Av. Independencia n° 700. Ouvert toute l'année, tous les jours de 7 h 30 à 14 h et de 16 h à 21 h. ☎ (951) 648-28.* Fondée en 1535 sous le pontificat de Paul III, la cathédrale a été reconstruite et réparée à plusieurs occasions après les grands tremblements de terre survenus au cours des 17e, 18e et 20e s. C'est la raison pour laquelle elle ne s'élève pas sur une grande hauteur. En août 1994, ce sont ses cloches qui ont sonné le **premier carillon d'Amérique**, événement devenu annuel.

La façade principale – L'actuelle façade à trois ordres a été élevée entre 1702 et 1728. Le plus beau bas-relief, au centre du deuxième ordre, représente la Vierge de l'Assomption à qui est dédiée la cathédrale, à l'imitation d'un tableau du célèbre peintre italien de la Renaissance Titien. L'horloge du clocher Sud, don du roi Ferdinand VI d'Espagne en 1752, ornait auparavant la cathédrale de Venise. À chiffres romains, elle possède la singularité d'indiquer quatre par IIII.

L'intérieur – De plan basilical, la cathédrale est un vaste espace silencieux. La **nef centrale** commence à l'**autel du pardon**, dans le vestibule de l'entrée principale. Derrière l'autel s'élève un gigantesque **orgue** à sept corps du 17e s. fabriqué en Allemagne. Au pied de ses tuyaux argentés, l'espace réservé au **chœur** présente 65 stalles en bois. Il communique avec le maître-autel par un passage protégé par des balustrades en ferronnerie. Sur l'autel, posée sur un piédestal de marbre noir importé de Grèce, on peut admirer une splendide statue en bronze du 19e s. réalisée en Italie par Tadollini. Derrière le **maître-autel** s'ouvre l'entrée de la crypte des évêques. La nef centrale aboutit à l'**autel du Saint-Esprit**, sous des vitraux colorés représentant saint Pierre et saint Paul, réalisés également en Italie. Les nefs latérales abritent 13 chapelles et la sacristie. Les plus beaux tableaux se trouvent sur les murs latéraux. À l'entrée, du côté gauche, on verra une peinture représentant *saint Christophe* (1726, Marcial de Santaella). En face, du côté droit, une autre peinture du même artiste représente *Les sept Archanges en gloire.* Au fond, entre les niches abritant petites statues et reliques, et les portes des chapelles principales, douze médaillons peints par Miguel Cabrera représentent les Apôtres.

Palacio de Gobierno (**PG**) – *Bustamante et Guerrero. Ouvert toute l'année, tous les jours de 9 h à 15 h et de 16 h à 20 h. ☎ (951) 663-88.* On a posé la première pierre de cet édifice en 1576. Pendant plusieurs siècles il a abrité un chapitre de l'église. Comme la plupart des constructions de la ville, il s'est écroulé lors des tremblements de terre et a été reconstruit plusieurs fois. En 1832 on a entrepris des travaux de restauration pour en faire le Palais du gouvernement, travaux qui ont duré jusqu'à 1882 par manque de moyens. La dernière restauration date des années 1930, après les tremblements de terre de 1928 et 1931. À l'intérieur se trouvent de grandes peintures murales de l'artiste Arturo García Bustos, élève de Frida Kahlo.

Iglesia de la Compañia de Jesús – *Flores Magón, angle de Valentín Trujano. Ouvert toute l'année, du lundi au samedi de 10 h à 13 h 30 et de 17 h à 19 h. ☎ (951) 621-25.* Cette église a été construite par les jésuites autour de 1579. Elle faisait partie du collège Casa Fuerte, qui pendant 180 ans a formé des centaines de jeunes gens, jusqu'à l'expulsion des jésuites en 1767. L'église actuelle leur a été retournée en 1867, ainsi qu'un patio, où se sont installés depuis les pères jésuites. Le complexe religieux d'origine comprenait tout le groupe de bâtiments. Aujourd'hui une partie de la Casa Fuerte est occupée par des commerces et des habitations. On peut encore voir quelques vestiges de colonnes.

★ **Mercados Benito Juárez et 20 de Noviembre** – Les marchés d'Oaxaca jouissent d'une réputation internationale. On y trouve de tout. Les spécialités que tout visiteur se doit de goûter sont les **moles** de toutes sortes, le quesillo, les chapulines (sauterelles grillées), le tasajo (viande séchée) et le **chocolat.** Sur le marché **Benito Juárez** *(ouvert toute l'année, tous les jours de 8 h à 20 h ; ☎ (951) 648-28)* à côté des spécialités gastronomiques, on vend toutes sortes d'objets d'artisanat régional : terres cuites noires et vertes, broderies, tissus ajourés et articles en peau. Le marché **20 de Noviembre** fonctionne comme restaurant populaire *(ouvert toute l'année, tous les jours de 6 h à 10 h ; ☎ (951) 648-28).*

Iglesia de San Felipe Neri – *Av. Independencia, angle de Tinoco et Palacios. Ouvert toute l'année, tous les jours de 7 h à 8 h 30, de 10 h à 14 h et de 17 h à 19 h. ☎ (951) 648-28.* La façade baroque de cette église date de 1733. Elle retient l'attention avec ses niches vides : la seule figure représentée sur le portail est celle de saint Philippe Neri, sur un énorme retable. À l'intérieur, le beau **retable** principal de style churrigueresque représente la Vierge du Patronage et saint Philippe Neri.

Sur la série des huit retables du même style, répartis au long de l'église, on remarquera le travail pictural d'Agustín Santaella et de José de Páez, artistes du 18e s. L'église renferme des caveaux derrière le retable principal.

★ **Basílica de la Soledad** – *Av. Independencia et Galeana. Ouvert toute l'année, tous les jours de 10 h à 14 h et de 16 h à 19 h. $1. ☎ (951) 401-69.* Cette merveilleuse église consacrée à la Vierge de la Soledad, patronne d'Oaxaca, accueille tous les jours des centaines de paroissiens. En 1959 elle a été élevée au rang de basilique mineure par le pape Jean XXIII. L'après-midi, après avoir rendu hommage à la Vierge, les habitants d'Oaxaca se réunissent sur la place principale pour bavarder et déguster les glaces traditionnelles. Année après année, le 18 décembre, on y célèbre la fête de la Vierge de la Soledad. Des milliers de fidèles en provenance de tout l'État viennent ici accomplir un vœu, laisser des offrandes ou demander des grâces. Autrefois, lorsque les Aztèques ont établi à cet endroit la garnison de Huayacac, ils vouaient un culte à un rocher d'où l'eau jaillissait en permanence. Ensuite, sous les vice-rois, les Espagnols ont construit un ermitage consacré à saint Sébastien à l'endroit où se trouvait cette pierre. La légende raconte qu'autour de 1620, par une froide nuit d'hiver, une mule solitaire chargée d'une caisse est arrivée à l'ermitage. L'animal s'est abattu au pied de la porte ; en essayant de se relever, elle est retombée, morte. La caisse contenait un christ et une vierge dont il ne restait que la tête et les mains, avec l'inscription « Notre-Dame de la Soledad au pied de la Croix ». La tête et les mains de la Vierge ont été conservés pendant longtemps à l'ermitage. En 1682, le vice-roi **Antonio Manrique** a fait construire l'église et le couvent dédiés à **La Soledad**.

La façade – C'est un des meilleurs exemples d'architecture baroque de l'époque coloniale. Le portail principal mesure 24 m et se divise en trois ordres. Le deuxième montre la **Vierge de la Soledad** au pied de la croix, telle que l'indique l'inscription de la légende.

L'intérieur – À droite de l'entrée se trouve la **pierre sacrée**. Certains affirment qu'il s'agit d'un morceau du sol où la mule légendaire serait morte ; d'autres disent que c'est un symbole de la pierre vénérée par les Aztèques. Le transept présente des tableaux et des retables du 19e s.

★ **Museo de Arte Prehispánico Rufino Tamayo** (**M**1) – *Morelos n° 503. Ouvert du 16 au 31 juillet et du 15 au 31 décembre, le lundi, et du mercredi au samedi de 10 h à 19 h, le dimanche de 10 h à 17 h. Le reste de l'année, le lundi et du mercredi au samedi de 10 h à 14 h et de 16 h à 19 h, le dimanche de 10 h à 15 h. Fermé le 1er janvier, le Vendredi saint, le 1er mai, le 16 septembre, le 2 novembre et le 25 décembre. $12. ☎ (951) 647-50.* Ce musée, situé dans une modeste maison du 18e s., expose une très belle **collection★** d'objets précolombiens provenant de tout le Mexique. Elle a été offerte au musée par Rufino Tamayo en 1974, pour que ses qualités esthétiques et archéologiques soient dûment mises en valeur. L'excellente présentation est due à Fernando Gamboa.

PROMENADE TOURISTIQUE – SANTO DOMINGO

1 journée

Macedonio Alcalá et Morelos

La rue Macedonio Alcalá est la plus touristique de la ville. Elle est bordée de boutiques d'artisanat, de galeries, de restaurants et de toutes sortes de services destinés aux visiteurs.

Museo de Arte Contemporáneo d'Oaxaca (MACO) (**M**2) – *Macedonio Alcalá n° 202. Ouvert toute l'année, du mercredi au lundi de 10 h 30 à 20 h. Fermé les jours de fête nationale. $10. ✗ ☎ (951) 410-55.* Sur la partie supérieure de la porte d'entrée de cette demeure du 18e s. figurent encore les armoiries des premiers propriétaires, titulaires du Majorat de Pinelo y Lazo de la Vega. On découvre aussi à l'intérieur les trois patios d'origine.
Le musée a ouvert ses portes au public en 1992 à l'initiative de l'artiste Francisco Toledo. Son principal objectif est de préserver, promouvoir et diffuser les arts plastiques du Oaxaca et du Mexique, mais aussi l'art international. Outre les salles d'exposition où les collections sont présentées en alternance, le musée comprend une vidéothèque, un restaurant et une boutique. Le projet original s'est développé progressivement, incluant conférences, tables rondes, concerts, présentations de livres, cycles cinématographiques et ateliers pour enfants.

★ **Templo de Santo Domingo** – *Macedonio Alcalá. Ouvert toute l'année, tous les jours de 7 h à 13 h et de 16 h à 20 h. Respecter le culte. ☎ (951) 637-20.* Cette belle architecture est due aux frères dominicains. La construction de ce bâtiment colonial, le plus grand d'Oaxaca, a pris environ trente ans entre 1575 et 1608. Vers le milieu du 19e s., en application de la loi de nationalisation des biens du clergé promulguée sous la Réforme, le complexe religieux a été transformé en quartier général de l'armée. La colère populaire à l'égard des propriétés du clergé, qui a explosé au Mexique à cette époque, a entraîné la destruction d'une grande partie de l'intérieur de l'église. Plusieurs retables et autels ont été sérieusement endommagés. Dans les années 1950 les principaux retables ont été restaurés et l'atrium reconstruit. Aujourd'hui une partie de l'ancien couvent loge encore les dominicains ; l'autre partie abrite le **musée régional d'Oaxaca** *(voir plus loin)*.

La façade – La sobriété et l'élégance de la façade contrastent avec l'extrême complexité ornementale de l'intérieur. Le deuxième ordre du portail présente les figures en relief de saint Dominique et de saint Hippolyte, portant une église sur laquelle se pose le Saint-Esprit. L'emblème de l'ordre dominicain, entouré des trois vertus théologales, couronne l'ensemble. Les tours latérales supportant les clochers font 35 m de haut.

★★★ **L'intérieur** – Le dessous de la tribune présente une voûte de 11m de large que soutiennent les arcs et les piliers des quatre chapelles latérales. La partie basse de la voûte présente huit figures de cardinaux. L'**arbre généalogique** en stuc, restauré au 19e s., occupe la majeure partie de la coupole : il commence avec Don Domingo de Guzmán, fondateur de l'ordre dominicain et, par des ramifications ornées de feuilles et de fruits, relie les trente membres de cette famille. Une image de la Vierge le couronne.

La **nef** compte sept chapelles : quatre du côté gauche, trois du côté droit. La voûte est ornée de trente-six représentations de la Vierge. Les vingt médaillons ovales représentent des scènes de la vie de Jésus et de Marie. Huit tableaux montrent des épisodes de l'Ancien Testament.

Le retable principal, doré, est orné de colonnes salomoniques ajourées, dont le modèle a été relevé à l'église de YANHUITLÁN. La plupart des peintures sont du 17e et du 18e s. La superbe chaire et la balustrade ajourée retiennent aussi l'attention. *(Voir photo ci-après)*.

Église Santo Domingo, l'arbre généalogique

★★ **Capilla del Rosario** – *Côté droit de la nef.* Dans cette chapelle construite au 18e s., on retrouve le même type d'ornementation. La décoration de la voûte qui recouvre la nef met en valeur un bas-relief de la Vierge entourée de cinq médaillons qu'entrelacent les ramures d'un arbre. Le retable principal est dédié à la Vierge du Rosaire, fêtée au mois d'octobre. À cette occasion la statue de la Vierge est transférée de cette chapelle au maître-autel, sur lequel elle demeure pendant les 31 jours du mois.

★ **Museo Regional d'Oaxaca INAH (ancien couvent Santo Domingo) (M³)** – *Macedonio Alcalá. Ouvert toute l'année, du mardi au dimanche de 10 h à 20 h. $14.* ☎ *(951) 629-91.* À la fin des années 1960, l'armée a cédé une grande partie du couvent à l'Institut national d'archéologie et d'histoire (INAH), qui l'a restauré pour y loger en 1970 le musée actuel. Ici sont exposées les meilleures collections précolombiennes des cultures zapotèque et mixtèque. L'extraordinaire **collection**★★ d'objets trouvés dans la **Tombe n° 7** de Monte Albán est la plus intéressante. En 1994, on a entrepris des travaux de restauration pour reconstituer le modèle architectural d'origine et restaurer les fresques. Aussitôt ces travaux terminés, le musée ouvrira de nouvelles salles. L'ancien couvent loge aussi la **bibliothèque « Francisco de Burgoa »** qui possède un fonds du 16e s. et contient plus de 23 000 ouvrages.

Instituto de Artes Gráficas d'Oaxaca (IAGO) (A) – *Macedonio Alcalá n° 507. Ouvert toute l'année, du mercredi au lundi de 9 h 30 à 20 h. Fermé le 1er janvier, le 21 mars, le 1er mai, le 16 septembre, et le 2 novembre.* ✂ ☎ *(951) 669-80.* Ce centre culturel réalise souvent de remarquables expositions d'arts graphiques,

© Robert Frerck/Odyssey

mexicains et internationaux. Il possède aussi une bibliothèque publique avec un fonds de plus de 10 000 ouvrages, que l'artiste Francisco Toledo a mis à la disposition de tous les visiteurs.

Ex convento de Santa Catalina de La Siena **(Hotel Camino Real)** – *5 de Mayo n° 300. Ouvert toute l'année, tous les jours 24 h/24 h. ☎ (951) 606-11.* Ce couvent, construit vers le milieu du 16ᵉ s., a été habité par les religieuses de l'ordre de l'Immaculée Conception jusqu'à l'entrée en vigueur des **lois de la Réforme**. Plus tard, il a logé une prison et le Palais Municipal, entre autres. Il a été transformé en hôtel en 1976 ; la structure et la décoration d'origine ont été en partie respectées. La chapelle et les anciens **lavoirs★** du jardin Nord-Ouest méritent une visite. Les lavoirs, construits en pierre sur une base octogonale, sont recouverts d'une coupole. Le système hydraulique fonctionne au moyen d'une fontaine centrale, de petits bassins et de citernes.

★★ **Teatro Macedonio Alcalá** – *5 de Mayo et Independencia. Ouvert uniquement pendant les spectacles. ☎ (951) 648-28.* Cet édifice du début du 20ᵉ s. porte le nom d'un célèbre musicien et compositeur d'Oaxaca. Son architecture, comme celle de beaucoup d'autres constructions du *Porfiriato*, imite le style classique parisien du 19ᵉ s. Les façades qui partent du portail arrondi sont parfaitement symétriques. L'intérieur de style rococo présente un bel escalier en marbre blanc.

Templo de San Agustín – *Armenta et Guerrero, angle de Guerrero. Ouvert toute l'année, tous les jours de 7 h à 20 h 30. ☎ (951) 648-28.* L'église actuelle (1699-1722) a été construite par les augustins. Comme on peut l'observer, c'est une des rares églises qui ne possède ni coupole ni clocher, mesure préventive contre les tremblements de terre. Le portail principal en pierre jaune est un excellent exemple du baroque d'Oaxaca. Le **bas-relief★** central représente saint Augustin qui porte une église dans la main gauche et protège de son manteau les frères qui l'entourent. L'intérieur abrite trois **retables** baroques.

EXCURSIONS

La ville d'Oaxaca est entourée d'une multitude d'endroits merveilleux à visiter, allant des villages d'artisans aux majestueuses ruines préhispaniques. Trois circuits sont proposés ici.

Circuit 1 *1 journée*

Templo de San Andrés, Huayapan – *9 km d'Oaxaca. Sortir à l'Est par la route fédérale 190 ; 3 km plus loin prendre à gauche la route 175 vers Tuxtepec. Parcourir 4 km jusqu'à l'embranchement en Y. Prendre à gauche et poursuivre sur 2 km. Ouvert toute l'année, tous les jours de 9 h à 14 h et de 16 h à 18 h. ☎ (951) 648-28.* Cette église possède un des plus beaux retables baroques du 17ᵉ s. Le travail de sculpture sur bois est un des plus fins et des mieux réussis. La chapelle latérale dédiée au **Seigneur des Eaux du Ruisseau** est aussi très belle. Elle conserve un grand nombre d'ex-voto peints par les habitants pour remercier les saints et la Vierge des miracles et des grâces obtenues, qui lui donnent un caractère particulier.

Santa María el Tule – *14 km d'Oaxaca. Sortir à l'Est par la route fédérale 190.* Près de l'église Santa María de la Asunción (17ᵉ s.) se trouve une surprenante merveille de la nature. L'**arbre de tule ★**, sorte de genévrier géant, est un témoin très ancien de l'histoire ; vieux de 2 000 ans, il pèse 509 tonnes, est haut de 40m ; son tronc fait 42m de circonférence, son volume est d'environ 705m³. Les racines de cette variété de sabine présentent à l'imagination un foisonnement de figures d'animaux, d'objets, de fruits, de personnages. Le deuxième lundi d'octobre, les habitants célèbrent une fête en l'honneur de l'arbre avec de la musique et des danses.

Zona arqueológica Dainzú – *21 km d'Oaxaca. Sortir à l'Est par la route fédérale 190. Ouvert toute l'année, tous les jours de 8 h à 18 h. $8. ☎ (951) 648-28.* Ce petit centre zapotèque dont le nom signifie « Colline des orgues (une espèce de cactus) « est contemporain de Monte Albán. Il s'est implanté vers l'année 600 avant J.-C. et a été habité jusqu'à environ 1200 après J.-C. On y a construit des bâtiments jusqu'en 250 après J.-C. La principale caractéristique de cette implantation est son mode de construction à base de terrasses et d'espaces ouverts, qui a permis aux habitants de s'installer sur les versants de la colline. Le **jeu de balle** est un des plus anciens de la région. **L'édifice A** est une plate-forme étagée composée de trois terrasses. Les bas-reliefs de la partie inférieure représentent des joueurs de balle ; on remarquera leur posture et le mouvement qui les anime. On y voit aussi des prêtres et des hommes vêtus en jaguars. Au Nord-Ouest de **l'édifice B** se trouve la **tombe 7** qui, à la différence de celle de Monte Albán, a été entièrement pillée avant sa découverte. Le cadre de la porte d'entrée est orné d'une sculpture de jaguar. Sur la petite terrasse de **l'édifice C**, qui sert de passage aux constructions voisines, on a retrouvé intacte la **tombe 3** et ses offrandes. **Le jeu de balle** se situe dans **l'édifice D** ; la partie Sud a été reconstruite ; du côté Nord il n'en reste que le soubassement. Comme tous les jeux de balle du Oaxaca, il ne possède pas non plus d'anneaux de pierre pour faire passer la balle.

Templo y Ex convento de San Jerónimo, Tlacochahuaya – *23 km d'Oaxaca. Sortir à l'Est par la route fédérale 190. Ouvert toute l'année, tous les jours de 9 h à 14 h et de 16 h à 18 h. $2. ☎ (951) 648-28.* Ce couvent a été construit par les dominicains entre la fin du 16e s. et le début du 17e s. Dans l'atrium on voit encore les chapelles de procession *(capillas posas)* et la croix, qui veillent sur le complexe religieux. Sur la façade principale on remarque saint Jérôme, saint Augustin et saint Dominique. Devant l'entrée latérale de gauche se trouve un ancien cadran solaire en pierre. **L'intérieur★★** est très beau ; il est décoré de fresques très simples, de fleurs et de chérubins peints par des mains indigènes. Le retable principal porte une huile de Juan de Aurré représentant saint Jérôme. À droite de l'entrée, une petite porte cache l'escalier en spirale qui conduit à la tribune. En haut se trouve un merveilleux **orgue** du 16e s. qui a repris son activité en 1994 après un long silence. La porte du fond, à droite, conduit au cloître, un des plus petits et plus simples de l'État d'Oaxaca.

Orgue (16e s.), église San Jerónimo, Tlacochahuaya

Zona arqueológica Lambityeco – *27 km d'Oaxaca. Sortir à l'Est par la route 190. Ouvert toute l'année, tous les jours de 8 h à 18 h. $8. ☎ (951) 648-28.* Son nom signifie « colline d'alambics » ou « coteau creux ». Lambityeco a été une importante ville zapotèque du fait de sa production de sel. Née en 700 avant J.-C., elle a été abandonnée en 750 après J.-C. à cause des guerres entre habitants de la région. La plus grande partie de sa population s'est installée à **Yagul** *(voir plus loin)*. Lambityeco a eu son heure de gloire lorsque le pouvoir de Monte Albán a décliné, car une des familles royales apparentées aux gouverneurs a habité ici.

Sur le parement de l'autel qui se trouve à l'intérieur de la **structure 195**, connue aussi comme la « casa del Coqui » (grand seigneur), on peut admirer les figures des seigneurs de Lambityeco et de leurs épouses, ainsi que les symboles de leurs noms calendaires. Devant l'autel se trouve la **tombe n° 6**. Sur la façade on voit les visages du *señor 1 Terremoto* (seigneur 1 Tremblement de terre) et de la *señora 10 Caña* (dame 10 Roseau), derniers dirigeants de la ville et ancêtres du *señor 8 Muerte* (seigneur 8 Mort), inhumé dans cette tombe. La **structure 190** est aussi appelée « Patio de los Cosijos », patio des intempéries, à cause des deux grands masques identiques représentant Cosijo, dieu de la pluie, du tonnerre et de l'éclair. Les masques couvrent presque entièrement le visage du dieu ; ils portent des parures en plumes et le glyphe C. Chaque figure porte un récipient rempli d'eau à la main droite, et dans la main gauche des éclairs et des tonnerres.

Teotitlán del Valle – *28 km d'Oaxaca. Sortir à l'Est par la route fédérale 190.* Dans cette bourgade (5 330 habitants) dont le nom signifie « terre des dieux », on confectionne de traditionnels tapis en laine. Partout on peut voir travailler les artisans assis devant leurs métiers, reproduisant des motifs d'artistes célèbres, des dessins préhispaniques, ou créant des œuvres belles et originales. Certains de ces artisans utilisent encore des teintures naturelles traditionnelles.

Iglesia del Santo Cristo, Tlacolula de Matamoros – *30 km d'Oaxaca. Sortir à l'Est par la route fédérale 190. Ouvert toute l'année, tous les jours de 7 h à 12 h et de 17 h à 20 h, samedi et dimanche de 7 h à 20 h. ☎ (951) 477-33.* Pendant sa construction au 17e s., on a ajouté à cette église la **chapelle latérale★★** dédiée au

Seigneur de Tlacolula. On l'appelle aussi **chapelle du Rosaire** ou des Martyrs. C'est une des plus jolies chapelles de l'époque coloniale, un des bijoux du baroque. La décoration intérieure attire le regard par le travail de ses stucs dorés et ses reliefs polychromes. On remarque la beauté minutieuse des fers forgés réalisés à la main, surtout sur la grille du chœur et la chaire. La belle balustrade, les deux candélabres du presbyterium et les lustres du plafond sont en argent. On appelle aussi ce lieu la **chapelle des glaces** à cause du grand nombre de miroirs qui couvrent la partie supérieure de la nef.

Zona arqueológica Yagul – *36 km d'Oaxaca. Sortir à l'Est par la route fédérale 190. Ouvert toute l'année, tous les jours de 8 h à 18 h. $8. ☎ (951) 648-28.* Yagul signifie « arbre » ou « vieux bout de bois ». Ces ruines sont probablement celles d'un des centres d'habitation qui ont pris de l'importance après l'abandon de Monte Albán. L'absence d'un centre de pouvoir hégémonique, l'instabilité et les guerres successives qui en ont résulté expliquent la construction de fortifications dans certains de ces centres. C'est le cas de Yagul, qui se divise en quatre sections. Le **centre civil** ou cérémoniel présente entre autres choses trois tombes, dont l'une est décorée de grecques et de figures anthropomorphes. Le **jeu de balle** est le deuxième plus grand de Mésoamérique (le premier se trouve à CHICHÉN ITZÁ, dans le Yucatán). On a trouvé ici, encastrée dans le mur Sud, une tête de serpent qui est exposée au Musée régional d'Oaxaca INAH. Le **palais des six cours** se divise en trois groupes, chacun doté de deux cours. On a découvert des tombes dans certaines de ces cours, ce qui confirme l'hypothèse qu'il s'agissait d'un ensemble d'habitations. La coutume voulait en effet qu'on enterre les morts devant la porte de la maison.
En retournant à l'entrée du palais par un couloir décoré de grecques dans le style de Mitla, on verra une sente qui conduit à la **salle du conseil**. Cette construction est divisée en trois parties par deux colonnes. Son entrée se trouve au Sud. Ici se réglaient les affaires publiques et administratives. On pense que cette salle a servi de modèle pour la construction du Groupe des Colonnes à Mitla.

★★**Zona arqueológica Mitla** – *42 km d'Oaxaca. Sortir à l'Est par la route fédérale 190.* *Voir p. 235.*

Circuit 2 *1 journée*

★★★**Zona arqueológica Monte Albán** – *10 km d'Oaxaca. Sortir au Sud-Ouest par la nouvelle route de Monte Albán.* *Voir p. 236.*

Templo y Ex convento de Santiago Apóstol, Cuilapan de Guerrero – *12 km d'Oaxaca. Sortir au Sud-Ouest par la route fédérale 196. Ouvert toute l'année, tous les jours de 8 h à 18 h. $7. ☎ (951) 648-28.* Cette gigantesque construction a été commencée par les dominicains en 1555. Elle a été interrompue en 1560, on ne sait pas exactement pourquoi, et, malgré plusieurs tentatives de reprise, n'a jamais été terminée. On verra du côté gauche la chapelle ouverte, et à droite le porche des pèlerins, composé de neuf arcs, abritant en son milieu l'entrée de l'église inachevée.
L'emblème dominicain, sur le deuxième ordre du portail, accueille le visiteur dans la **chapelle ouverte**★ de plan basilical. Les trois nefs sont séparées par deux rangées de grosses colonnes qui servent d'appui aux arcs en plein cintre, qui auraient dû soutenir le toit. Les murs latéraux présentent de grands arcs ouverts qui gardent encore des traces des peintures d'origine. Sur le mur du fond, à droite, on verra la reproduction de signes du calendrier mixtèque ainsi que la date chrétienne 1555. On entre dans l'église inachevée par le flanc de droite ; on remarquera les nervures gothiques de ce qui aurait dû être la coupole. Au fond on verra le baptistère avec ses fonts baptismaux sculptés en pierre. Les dimensions du **cloître** contrastent de manière frappante avec celles de la structure extérieure. De belles peintures décoratives sont conservées à l'intérieur. Au rez-de-chaussée on visite la cuisine, le réfectoire, la salle de prières et la salle capitulaire. Cette dernière a servi de prison au général **Vicente Guerrero** peu avant son exécution. Un monument en hommage au héros a été élevé dans une des cours, juste à l'endroit où il a été fusillé. C'est aussi en son honneur que Cuilapan a adopté le nom de Guerrero. À l'étage supérieur se trouvent les anciennes chambres des moines (une partie de l'étage appartient maintenant à un centre d'études historiques).

Zona arqueológica Zaachila – *17 km d'Oaxaca. Sortir au Sud-Ouest par la route fédérale 196. Ouvert toute l'année, tous les jours de 8 h à 18 h. $8. ☎ (951) 648-28.* Zaachila, qui reflète une forte influence mixtèque dans cette région, a été une des dernières capitales zapotèques (1100-1550 après J.-C.). Cette cité était très grande, mais seule une des élévations, sur le « Cerrito » au Nord-Ouest de la place principale, a été partiellement explorée. Les deux tombes qui se trouvent au milieu de l'esplanade sont l'élément le plus important du site. Le reste se compose des soubassements de ce qui aurait été des édifices.

Circuit 3 : Excursion à Mixteca *1 journée*

Dans cette région se trouvent trois des complexes religieux dominicains les plus beaux du Oaxaca. Ils sont assez retirés de la ville, mais l'aller et retour en voiture peut se faire dans la journée. Un service de transports est assuré par les agences de voyages et certains hôtels. S'informer à la réception.

★**Templo y Ex convento de Santo Domingo, Yanhuitlán** – *119 km d'Oaxaca vers le Nord-Ouest par la route fédérale 190. Ouvert toute l'année, du mardi au dimanche de 8 h à 18 h. $7. ☎ (951) 648-28.* Deuxième couvent en importance de l'ordre dominicain, sa construction a pris 25 ans (1541-1566), temps relativement court par rapport au résultat. La majestueuse église conserve ses peintures et sculptures d'origine. Les objets les plus remarquables de l'église sont le **retable principal**, réalisé en 1570 par le peintre sévillan Andrés de la Concha, et les **fonts baptismaux**. L'**ancien couvent** est aujourd'hui un musée de sculpture religieuse et de photographies des églises de la région. La cage de l'escalier qui conduit au deuxième niveau présente un très grand **mural** de saint Christophe. On remarquera le fin travail de la pierre des balustrades de l'escalier, des niches des couloirs, et des linteaux des cellules.

Templo y Ex convento de San Pedro y San Pablo, Teposcolula – *149 km d'Oaxaca et 30 km de Yanhuitlán. Sortir au Nord-Ouest d'Oaxaca par la route fédérale 190 ; tourner à gauche (Sud) à l'embranchement de la route 125 (route de Tlaxiaco et Pinotepa). 12 km jusqu'à l'église. Ouvert toute l'année, du mardi au dimanche de 8 h à 18 h. $7. ☎ (951) 648-28.* Cet ensemble religieux construit par les dominicains au 16e s. a été déclaré Monument historique colonial en 1986. La **chapelle ouverte**★★ est remarquable pour sa beauté et ses dimensions colossales qui la distinguent de l'ensemble. On notera l'existence de deux tribunes : l'une destinée aux chanteurs, l'autre aux musiciens. À l'intérieur de l'église on peut admirer des œuvres d'Andrés de la Concha et de Simón Pereyns. L'ancien couvent montre d'intéressants tableaux.

★**Templo y Ex convento de San Juan Bautista, Coixtlahuaca** – *169 km d'Oaxaca vers le Nord-Ouest par la route fédérale 190. Tourner à droite (Nord) à l'embranchement sur la route de Tejupan-Coixtlahuaca et continuer sur 22 km. Ouvert toute l'année, du mardi au dimanche de 8 h à 18 h. $7. ☎ (951) 648-28.* La façade de l'église construite entre environ 1570 et 1576 a la particularité de présenter 32 niches vides, disposées le long des différents ordres et autour de la rosace centrale. On pense que ces niches n'étaient pas destinées à loger des statues, mais à créer un effet de clair-obscur. Le portail latéral présente des figures de saints et des symboles de la Passion qui montrent une nette influence indienne. Le retable principal de l'église occupe toute l'abside ; il date du 17e s., mais conserve des éléments du retable d'origine.

L'arc principal du chœur de la **chapelle ouverte**, soutenu par deux grosses colonnes, présente trois panneaux peints de motifs floraux et ornés de frises sculptées de têtes de dragons ou de serpents entrelacés. Ils sont encadrés d'écus portant des pélicans. Ce travail illustre aussi le savoir-faire artistique des Indiens.

■ Isthme de Tehuantepec

Le Sud-Est du Oaxaca est une région éloignée du tourisme et de l'agitation de la capitale de l'État. Ici, traditions et coutumes anciennes se vivent au quotidien. Une des particularités des communautés qui habitent cette région est l'importance et la présence des femmes dans les rues et sur les marchés. Les coloris de leurs vêtements de tous les jours, leurs rapports avec les gens, la manière dont elles s'expriment révèlent une société où la femme joue un rôle prépondérant. La plupart des femmes travaillent à l'égal des hommes, ce qui leur confère un statut respecté à l'intérieur de la famille ainsi que des droits sociaux à l'intérieur de la communauté. Cette ouverture sociale s'étend aux homosexuels, qui sont traités avec respect et dignité.

Pendant les mois de mai et de septembre, l'isthme célèbre la **Fiesta de las Velas** (fête des veillées) une des plus belles et plus anciennes du Mexique. Cette fête a des origines préhispaniques, mais elle s'est modifiée pendant la colonisation en incorporant les éléments nouveaux qui la caractérisent aujourd'hui. La célébration consiste à veiller, plusieurs jours d'affilée, les saints patrons de chaque village. C'est l'événement le plus important pour les communautés de l'Isthme, et toute la population participe à son organisation. Pendant ces jours de veillée, on peut admirer le folklore régional dans toute sa splendeur : musique, danses, gastronomie et costumes typiques de toute beauté, parmi lesquels le célèbre **vestido de tehuana**.

Zona arqueológica PALENQUE★★★

Chiapas

Carte des principales curiosités p. 8 – Plan p. 258

ℹ ☏ (967) 865-70 et (01-800) 280-3500

Un des sites mayas les plus extraordinaires, Palenque démontre avec fierté le savoir et la complexité de cette passionnante culture préhispanique. L'incomparable architecture de ses édifices, les secrets qu'ils occultent et le grand nombre de hiéroglyphes déchiffrés jusqu'à présent ont permis à l'homme moderne de découvrir une part des mystères ancestraux cachés ici pendant des siècles sous les ombres de la nature.

Fondé autour de 100 avant J.-C., Palenque était un village d'agriculteurs. La cité a vécu une époque florissante entre 600 et 700 après J.-C., période de multiples conquêtes, à laquelle ont été construits la plupart des édifices. On croit que la chute de Palenque est due à une rébellion des classes inférieures, qui avaient cessé de croire en leurs gouvernants et leurs dieux. Après une longue période de guerres internes, la ville s'est dépeuplée. Avec le temps, temples et bâtiments n'ont pas résisté à la puissance de la nature, et ont été inexorablement dévorés par la forêt.

Les premières indications de l'existence de cette ancienne cité remontent à la fin du 18e s. et au début du 19e s., grâce au récit qu'un capitaine espagnol, Antonio del Río, a fait parvenir à l'Audience royale. Des années plus tard, ce texte a été traduit en anglais et illustré par J. Frederick Waldek. La première exploration officielle du site a été menée en 1839 par John Lloyd Stephens et Frederick Catherwood. Palenque a été inscrite au Patrimoine culturel de l'humanité en 1987.

SITE ARCHÉOLOGIQUE *3 h*

Route Ruinas de Palenque, 8 km de la ville de Palenque. Il est préférable de partir de San Cristóbal de las Casas (188 km), avec une agence de tourisme ou en autocar. On peut aussi s'y rendre depuis les villes de Mérida (Yucatán) et Villahermosa (Tabasco). Ouvert toute l'année, tous les jours de 8 h à 17 h. $16. ☏ (967) 865-70.

Museo de Sitio – *1 km du site, à côté du guichet.* Le musée expose une grande quantité d'objets découverts lors des fouilles. On remarquera les dalles sculptées, les figures en stuc et céramique, les brûle-parfums, ainsi que les bijoux luxueux en obsidienne, en jade et en nacre trouvés parmi les offrandes funéraires. Les têtes en stuc révèlent l'idée que les Mayas se faisaient de la beauté : crâne élargi, yeux en amande, nez aquilin, front très large et menton petit.

Le Palais et le groupe Nord

Templo de las Inscripciones – Cette grandiose pyramide a été élevée à la fin du 7e s. Pour les archéologues, elle a représenté une véritable mine de découvertes et d'informations. Le temple doit son nom aux trois parements de la partie haute, qui portent des inscriptions hiéroglyphiques sculptées en très fins bas-reliefs. La chambre au centre de la construction présente au ras du sol des escaliers qui conduisent à une **crypte funéraire**, découverte en 1952 par l'archéologue mexicain Alberto Ruz Lhuillier.

La chambre funéraire mesure 9 m de long, presque 4 m de large et 7 m de hauteur. Sur les murs, neuf prêtres symbolisent les mondes souterrains de la cosmogonie maya. Au centre se trouve un sarcophage monolithique de 13 tonnes, sépulture de Pakal, important gouvernant de Palenque entre 680 et 720 après J.-C. La partie inférieure des bas-reliefs de la dalle recouvrant le sarcophage représente le grand masque du dieu Itzamná, appelé aussi Monstre de la Terre ; la partie centrale montre une figure humaine, le torse et la tête renversés en arrière, le regard porté vers la croix foliée de la partie supérieure. Ruz Lhuillier interprète ce dessin de la manière suivante : la partie inférieure symbolise la mort, en haut figurent la vie et l'espoir, et au milieu l'homme, qui se tient dans une position indéterminée entre ces deux éléments. On voit une excellente reproduction de cette tombe au MUSEO NACIONAL DE ANTROPOLOGÌA de Mexico.

En 1994 on a découvert une autre tombe dans le temple. Elle se trouve du côté droit de la façade principale. Elle renfermait un corps de femme, que l'on suppose être la mère de Pakal. On ne peut voir actuellement qu'une cavité dans la paroi, car tout ce qui a été trouvé à l'intérieur est encore en cours d'examen.

El Palacio – Cette construction de plus de quatre siècles est un des plus beaux et plus complexes exemples d'architecture maya. Le soubassement échelonné en forme de trapèze sur lequel repose la structure mesure 100 m de long, 80 m de large, et 15 m de haut de la place au sommet de la tour. Les nombreux petits édifices et chambres qui entourent la grande tour et les quatre courettes conservent encore leurs éléments architecturaux et décoratifs : couloirs, galeries souterraines, corridors recouverts d'un toit, système de drainage, fenêtres en forme de T (le signe du vent), murs sculptés et *tableros* décorés de sculptures et hiéroglyphes riches en significations.

À l'Ouest on voit l'escalier d'accès au site, au Sud l'entrée des souterrains. Dans la cour Nord-Est, les statues en pierre sculptée de 3 m de haut représentent des chefs en position agenouillée.

© Bob Schalkwijk

À l'extrémité Sud-Est de cette zone, au-delà du ruisseau Otolum, s'étend une somptueuse place, avec de très beaux temples qui semblent vouloir atteindre le ciel. Pour y accéder, emprunter le chemin de droite qui monte au milieu des broussailles.

Templo del Sol – Du côté Ouest, s'élevant sur un haut soubassement échelonné, on remarquera la crête faîtière de temple la mieux conservée du site, d'une hauteur de 4 m. À l'intérieur du sanctuaire, le mur du fond porte le **Tablero del Sol**, finement sculpté dans le calcaire, considéré comme une des meilleures œuvres de la sculpture maya. Le masque du Soleil, posé sur deux lances croisées, est représenté au centre sur une sorte d'autel, symbolisé par une double barre cérémonielle couronnée de deux têtes de serpent, avec en son centre un masque de jaguar. De chaque côté se tient un prêtre apportant des offrandes à l'astre solaire. Quatre colonnes de hiéroglyphes complètent le *tablero*.

Templo de la Cruz – Au Nord de la place, sur un soubassement pyramidal à plusieurs corps, s'élève la plus haute structure de l'ensemble. L'entrée du sanctuaire est encadrée de deux parements sculptés représentant deux hommes richement parés ; l'un d'eux est jeune, l'autre est un vieil homme qui fume une pipe et porte une coiffe de feuilles de tabac. On suppose que le premier est le gouvernant Jaguar-Serpent, le second une divinité des mondes souterrains.

Le tablero d'origine est au MUSEO NACIONAL DE ANTROPOLOGÍA de Mexico. Mais sur la reproduction qui l'a remplacé, on distingue au centre le masque du Monstre de la Terre. Une figure en forme de croix jaillit de cette représentation ; elle symbolise le plant de maïs, sur lequel est posé un quetzal, ou un oiseau fantastique. Deux prêtres encadrent la scène, l'un est porteur d'offrandes, l'autre se tient debout sur un crâne ou un masque.

Templo de la Cruz Foliada – En utilisant le relief naturel du côté Est, les Mayas ont bâti sur une petite colline le temple de la croix foliée. La façade principale et la crête faîtière se sont entièrement effondrées.

Mais on peut encore voir un tablero sculpté dans une des galeries supérieures. Le dessin de cette construction est assez semblable à celui du temple de la Croix.

En quittant la place, traverser de nouveau le ruisseau et marcher vers le Nord.

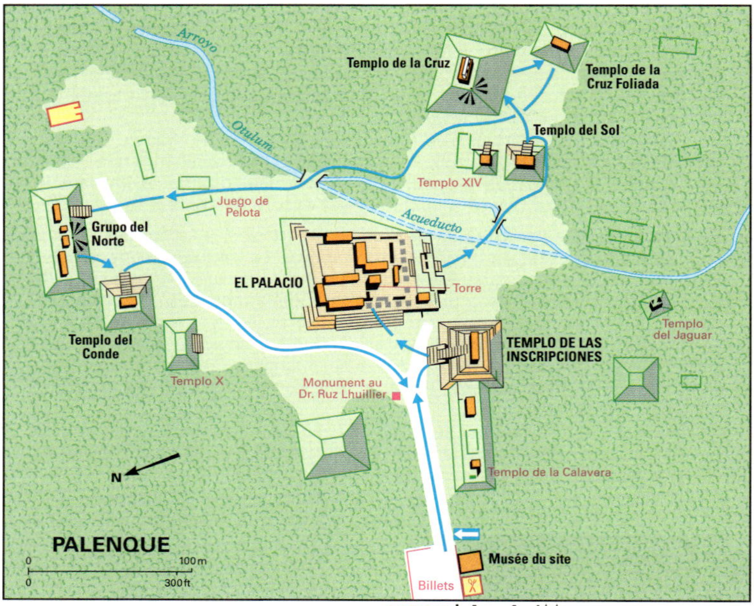

PALENQUE \ Agua Azul★★

Avant d'atteindre les édifices du Groupe Nord, on passe près d'un petit Jeu de Balle.

Grupo del Norte – Ce groupe est formé de cinq édifices alignés sur un même soubassement, mais construits sur différents niveaux et en plusieurs étapes. Certains conservent les restes de leur décoration d'origine, sculptures en pierre et inscriptions hiéroglyphiques.

Templo del Conde – À l'Ouest du Groupe Nord on aperçoit une plate-forme à cinq corps. Au sommet se dresse un petit temple qui a conservé une grande partie de son architecture d'origine, à l'exception de la crête faîtière. On a retrouvé sur ce site plusieurs tombeaux où les offrandes funéraires n'avaient pas été volées.

EXCURSION

★★ **Agua Azul** – *2 heures. 64 km de Palenque par la route d'Ocosingo. Il est préférable de ne pas y aller pendant la saison des pluies (mai-octobre).* Cette spectaculaire cascade du Río Shumulijá tombe d'une grande hauteur, formant de petites piscines naturelles encadrées de rideaux écumants. Pendant les plus grandes chaleurs, l'eau prend une merveilleuse tonalité turquoise qui, contrastant avec le vert de la végétation, offre un spectacle fantastique et original. Cela vaut la peine d'aller le plus haut possible en longeant la rivière, car plus on monte, plus le paysage est beau. La baignade est possible au niveau inférieur.

Pour trouver la description d'une curiosité,
l'évocation d'un souvenir historique,
le plan d'un monument,
consultez l'index à la fin du volume.

PÁTZCUARO★★★

Michoacán

75 264 habitants

Carte des principales curiosités p. 7

ℹ Portal Hidalgo n° 1, Centre ☎ (434) 202-15, poste 16

Pátzcuaro signifie en tarasque « emplacement des Cúes, ou temples ». Les anciens habitants croyaient que ce site était la porte du ciel, le lieu par où descendaient et remontaient les dieux. Son histoire remonte à l'an 1100, lorsque des groupes venant du Nord se seraient intégrés aux peuplements déjà établis ici. Il est probable que les fondateurs de Pátzcuaro aient été les Indiens pahuacume et hueapani, qui se sont mêlés aux Cúes autochtones. Ce village a obtenu le statut de *ciudad* lorsque le pouvoir ecclésiastique a été transféré à Pátzcuaro. Il est alors devenu capitale de la province du Michoacán, titre qu'il a porté jusqu'à 1580, date où les pouvoirs politique et religieux ont été transférés à Valladolid, aujourd'hui Morelia, par ordre du vice-roi.
Aujourd'hui, Pátzcuaro est une jolie ville du centre de l'État du Michoacán. Elle doit son intense activité touristique à ses maisons pittoresques couvertes de toits rouges, à l'amabilité de ses habitants, à sa paisible atmosphère et à l'attrait de son artisanat, ainsi qu'aux îles du lac.

★★CENTRE DE LA VILLE *1 journée*

★**Plaza Vasco de Quiroga** – *Encadrée au Sud par Nicolás Romero et Ponce de León ; à l'Est par Portugal et Quiroga ; au Nord par Dr. Benito Mendonza, Iturbe et Ahumada ; à l'Ouest par Ibarra et Ponce de León. Prendre la navette « Centro » (un minibus) à la gare routière.* Cette intéressante place quadrangulaire de 160 m de long et 130 m de large a probablement été construite ainsi pour permettre l'organisation de jeux à l'époque coloniale. Il n'y a aucune église autour, ce qui est surprenant ; on y voit seulement ce qui était des maisons particulières, transformées aujourd'hui en commerces et bureaux. La place est délimitée par des bancs en pierre qui permettent aux passants de se reposer et de déguster les crèmes glacées typiques de l'endroit, tandis que les voyageurs admirent les rues pavées, les maisons aux toits rouges qui donnent ses couleurs à la ville, ou bien la sculpture de Vasco de Quiroga sur la fontaine principale.

La Casa de los 11 Patios (ancien couvent des religieuses dominicaines) – *Madrigal de las Altas Torres, entre Dr. José Ma. Coss et Lerín. En partant de la Plaza Vasco de Quiroga, se diriger vers le Sud par Dr. José Ma. Coss ; emprunter à gauche le Madrigal de las Altas Torres et parcourir la moitié de la rue. Ouvert toute l'année, tous les jours de 10 h à 18 h. ☎ (434) 209-67, poste 16.* Ce couvent de dominicaines a été construit entre 1745 et 1747 dans l'ancien hôpital sainte Marthe fondé par Vasco de Quiroga. Il ne reste que cinq des onze cours d'origine, partiellement détruites au moment de la construction des rues avoisinantes.
L'entrée de cette demeure présente deux arcs à colonnes corinthiennes, une fontaine centrale et, dans le fond, un mural réalisé par José Luis Soto en 1979 représentant le bienfaiteur de Pátzcuaro, **Tata Vasco**.
À gauche de l'entrée, on voit une des cours, intacte, avec de belles arcatures à colonnes corinthiennes, dont les clefs sont ornées de motifs végétaux, ainsi qu'une fontaine centrale. À l'Ouest s'ouvre une fenêtre ronde en forme de soleil ; elle éclaire l'intérieur d'une **baignoire★** construite dans un creux de la pierre et décorée de deux figures qui servent à l'écoulement de l'eau. La porte intérieure de style baroque est finement sculptée. L'existence de cet ouvrage est très surprenante, car, sous les vice-rois, il n'était pas coutume d'avoir un endroit réservé à cet usage. Les anciens logements des religieuses sont aujourd'hui occupées par des commerces d'artisanat typiques de la région.

El Sagrario – *Lerín, entre Madrigal de las Altas Torres et Portugal. De Madrigal de las Altas Torres se diriger à gauche par Lerín. Le Sagrario se trouve quelques pas plus loin. Ouvert toute l'année, tous les jours de 7 h à 18 h 30. ☎ (434) 212-14.* Une sorte de fortification se dresse sur la rue de Lerín, avec un mur formé de petites arcades surmontées de couronnements en forme de cloches. Protégée par cette structure, la modeste église du Sagrario du 17e s. possède un portail et un intérieur néoclassiques.
Le *Sagrario* a été aussi appelé *Santuario* ou *Parroquia de Nuestra Señora de la Salud*, jusqu'au transfert de la statue de la Vierge à la basilique actuelle. Il est composé d'une nef unique et d'une entrée latérale. À l'intérieur, la chapelle latérale renferme un **retable★** baroque churrigueresque dédié à Notre Dame de la Solitude. Il a été réalisé au 18e s. en bois doré, avec quatre pilastres *estipites* qui encadrent la statue de la Vierge. C'est le seul de ce genre dans la ville de Pátzcuaro.

Templo de la Compañia – *Lerín et Portugal. De Madrigal de las Altas Torres emprunter à gauche la rue Lerín, jusqu'à la rue Portugal. Ouvert toute l'année, tous les jours de 7 h à 18 h 30. ☎ (434) 233-68.* La construction de cette église, sur ordre de Vasco de Quiroga, s'est achevée en 1546. Elle a fonctionné comme cathédrale jusqu'à 1573, lorsqu'elle a été remise aux jésuites qui l'on conservée presque deux siècles. Cette église en bois au toit à deux pentes, au portail de style baroque sobre et à la voûte en berceau tout en bois, abrite les sépultures de hauts personnages indiens, de notables jésuites et de nobles espagnols. Les reliques de Vasco de Quiroga s'y trouvaient aussi, jusqu'à leur transfert à l'actuelle basilique. L'église, tout comme d'autres dans le reste du pays, a été élevée sur une plate-forme préhispanique, le Grand Temple tarasque. On verra à droite l'ancien collège jésuite, aujourd'hui centre culturel.

★**Museo de Artes Populares** **(ancien collège San Nicolás)** – *Lerín, angle d'Alcantarilla. Continuer par la rue Lerín jusqu' à la fontaine qui délimite la rue Alcantarilla. Ouvert toute l'année, du mardi au samedi de 9 h à 19 h, le dimanche de 9 h à 14 h 30. Fermé le 1er janvier, le 1er mars, le 1er juin, le 1er septembre, le 1er et le 25 décembre. $14. ☎ (951) 210-29.* Ce bâtiment abritait l'ancien collège San Nicolás, fondé en 1540 sur ordre de Vasco de Quiroga, qui voulait en faire une école pour les prêtres indiens. Il est à l'origine du collège San Nicolás de Hidalgo à Morelia.
On notera son intéressant **portail** octogonal qui suit le dessin de l'angle, sur lequel on verra un campanile avec deux niches vides et trois arcs, celui du milieu étant plus haut que les deux autres. Ces transformations ont été réalisées au 18e s.
Dans l'entrée se présentent deux sculptures, l'une à motifs préhispaniques, l'autre à motifs coloniaux. Le musée compte dix salles, qui présentent une vaste **collection**★ d'artisanat régional : terres cuites et laques, textiles, masques, vases et récipients, ustensiles de cuisine, sculptures et peintures religieuses, ainsi que des ex-voto et des christs en pâte de tiges de maïs.
La salle abritant le mobilier d'une salle à manger du **Michoacán**★ donne sur un jardin intérieur, où l'on découvre les ruines d'une grande plate-forme, vestiges d'un centre cérémoniel purépecha sur lequel a été établi l'ancien collège.
Dans la rue Alcantarilla, on voit un bassin orné d'une statue de la Vierge sur un piédestal octogonal. On l'appelle fontaine de Don Vasco à cause de la légende qui l'entoure. On dit que, frappés par une pénurie d'eau, les habitants du lieu se seraient plaints auprès de Don Vasco ; celui-ci aurait alors frappé à plusieurs reprises de son bâton un rocher, d'où l'eau aurait jailli.

Basílica de Nuestra Señora de la Salud – *Arciga, angle de La Paz, une rue après le musée. Arciga est la prolongation d'Enseñanza, à son tour prolongement de Lerín. On peut aussi s'y rendre par la rue La Paz, au départ de la place Gertrudis Boca Negra. Ouvert toute l'année, tous les jours de 6 h à 19 h 30. ☎ (434) 212-14.* Avec le projet de construire une cathédrale à cinq nefs, la construction, a débuté au 16e s. Mais le projet a rencontré des oppositions, et une seule nef a pu être achevée. Le bâtiment a été élevé au rang de cathédrale à l'arrivée des jésuites, auxquels on a attribué l'ancienne cathédrale, maintenant église de la Compagnie de Jésus.
La basilique, à façade néoclassique ornée de colonnes corinthiennes, a subi des modifications aux 17e et 18e s., et a souffert de grands dommages à l'occasion des tremblements de terre, qui ont contraint en 1845 à la fermer au culte, après que l'ancien clocher ait commencé à s'effondrer et à briser la toiture de l'église.
À l'intérieur, de style néoclassique également, on remarque le **maître-autel**★★ dédié à Notre-Dame-du-Salut ; en haut de la lanterne, la coupole représente le pouvoir du pape, avec au-dessus la figure du Christ. La sacristie renferme une intéressante collection de peintures coloniales.
À gauche de l'entrée on voit le mausolée de l'évêque Vasco de Quiroga, bienfaiteur de la ville, qui avait conçu cette église comme une grande cathédrale. Quatre siècles après sa mort, en 1924, le Pape Pie XI a élevé cette église au rang de Basilique Mineure.

Biblioteca Gertrudis Boca Negra **(église San Augustín)** – *Zaragoza, sur la Plaza Gertrudis Boca Negra. En quittant la basilique, poursuivre par Buena Vista et descendre Padre Lloreda jusqu'à l'angle de Títere. Ouvert toute l'année, du lundi au vendredi de 9 h à 19 h. Fermé les jours de fête nationale, pendant la Semaine sainte, de juillet à août, et la deuxième quinzaine de décembre. ☎ (434) 202-15, poste 16.* La bibliothèque a été installée dans ce qui a été l'église San Agustín bâtie au 16e s., mais l'édifice actuel date du 18e s. Dans le vaste espace intérieur, on remarque la voûte de bois en berceau, et le **mural**★ de l'aile Nord réalisé par Juan O'Gorman ; il a pour thème l'histoire du Michoacán, et illustre des épisodes de l'arrivée des Indiens, de la Conquête, de l'Indépendance et de la Révolution.
Devant le bâtiment s'étend la place Gertrudis Boca Negra, nom d'une héroïne de l'Indépendance, que les gens appellent plutôt **Plaza Chica**, car elle est petite à côté de la place Vasco de Quiroga. Au Nord, un marché local de fruits et légumes, de poisson, de petits ustensiles et d'artisanat, permet aussi de goûter à la nourriture typique de la région. Le vendredi, l'activité commerciale s'anime encore plus, car un grand nombre d'artisans et de pêcheurs d'autres régions se réunissent à Pátzcuaro pour y vendre leurs produits.

AUTRES CURIOSITÉS *1/2 journée*

Lago de Pátzcuaro – À 10 mn du centre de Pátzcuaro on rejoint le lac, autour duquel se sont développés plusieurs villages, ainsi que six bourgades dans ses îles. Un des sites les plus connus pour ses festivités du jour des Morts est l'îlot de **Janitzio**, terme tarasque qui signifie « barbes d'épi de maïs ». Selon la légende, son histoire remonterait à l'ancien empire tarasque : les rois seraient venus y cacher leurs trésors d'or et d'argent. Parmi les curiosités du site, le gigantesque **monument à José María Morelos y Pavón** haut de 40 m, œuvre du sculpteur Guillermo Ruiz, avec à l'intérieur des peintures murales illustrant la vie du héros de l'Indépendance. Du monument, on a aussi une belle vue du lac et de la ville de Pátzcuaro. Les îles voisines de **Tecuena**, **Pacanda** et **Yunuén** fêtent aussi le jour des Morts. Yunuén est une petite île habitée par des Indiens tarasques, propriétaires d'un petit centre touristique avec des cabanes et des restaurants, où les touristes peuvent résider et jouir du paysage.

★ **Volcán El Estribo Grande** – En suivant un chemin pavé bordé de grands arbres, on parvient à une petite place ornée d'un kiosque, d'où on a une belle **vue**★★ de l'ensemble de Pátzcuaro et de ses environs, avec le lac et les îles. Un escalier de près de 300 marches conduit au cratère du volcan éteint.

© Gustavo Gatto

■ Día de Muertos (Jour des Morts)

Depuis l'époque préhispanique, les rites funéraires du Mexique marquent fortement la culture du pays. Lorsque la religion catholique a été introduite, ces célébrations ont subi des modifications, et la mort a pris la redoutable apparence d'un crâne. À la fin du 18e s. cette image a peu à peu pris des traits plus humains, jusqu'à ce que le célèbre graveur **José Guadalupe Posada** (19e s.) la transforme en un personnage humoristique et populaire. Depuis, la mort est devenue pour les Mexicains une figure familière, avec laquelle ils jouent et plaisantent. Ils la traitent familièrement de *calada* (percée), *patas de hilo* (pattes de fil) et *huesuda* (osseuse) entre autres surnoms.

Cette vision si particulière de la mort atteint son plus haut degré d'expression au cours de la traditionnelle célébration du jour des Morts. On croit que le 1er et le 2 novembre, les défunts reviennent de l'au-delà pour cohabiter avec les êtres chers restés sur terre. La fête a lieu aussi bien dans les villes que dans les campagnes, dans les cimetières et les maisons, dans les bureaux et les écoles. Partout on dresse des autels où l'on offre à boire et à manger aux morts, en préparant ce qu'ils aimaient le plus lorsqu'ils étaient en vie, ainsi que des plats traditionnels. Les autels sont ornés de photos des défunts et d'images des saints, d'œillets d'Inde, de bougies, de figures en papier découpé, de pains et de sucreries en forme de têtes de mort.

Bien que le jour des Morts soit une fête nationale, les célébrations varient dans chaque région. Dans certains villages, elles commencent dès le 31 octobre, jour de *la veillée des petits anges*, destinée à l'accueil des âmes des enfants décédés. Les plus belles et pittoresques de ces **fêtes**★★ ont lieu à **Mixquic**, dans la banlieue de Mexico, au cimetière de **Tzintzuntzan** et à **Pátzcuaro** dans le Michoacán.

EXCURSIONS

Villa Escalante (Santa Clara del Cobre) – *1/2 heure. 16 km par la route 120 vers Ario de Rosales. La gare routière assure des transports à Santa Clara del Cobre.* Dans ce village pittoresque aux toits rouges, les habitants se consacrent au travail artisanal du cuivre, que l'on découvre même sur le kiosque de la place principale, autour de laquelle se vendent beaucoup d'objets artisanaux. C'est la principale activité de la population, et chaque maison ressemble à un atelier. La population de Villa Escalante a été la première à recevoir le prix national d'Art Populaire pour la fabrication d'objets en cuivre martelé, tradition qui remonte à l'époque de Don Vasco.

★ **Museo Nacional del Cobre** – *1/2 heure. Av. Morelos, angle de Pino Suárez. Une rue après la place principale, par l'Av. Morelos. Ouvert toute l'année, du mardi au samedi et les jours fériés de 10 h à 15 h et de 17 h à 19 h, le dimanche de 10 h à 16 h. Fermé le 1er janvier, le 1er mai et le 25 décembre. $2. ☏ (434)302-54.* Ce musée expose les œuvres en cuivre qui ont gagné des prix dans les foires annuelles. Les récipients, jarres et coupes montrent le talent et la grande habileté des artisans pour sculpter des formes géométriques sur la surface du métal.

★ **Templo de Santiago Caballero, Tupátaro** – *1/2 h. 18 km à l'Est de Pátzcuaro par la route 120. Parcourir 15 km et prendre la route de Cuanajo. Suivre les indications. Ouvert toute l'année, le lundi et le mardi de 8 h à 15 h, le mercredi, le samedi et le dimanche de 8 h à 19 h, le jeudi et le vendredi de 12 h à 19 h. ☏ (434) 202-15, poste 16.* Ce petit édifice sobre achevé en 1725 présente une **toiture**★★ de bois en forme de trapèze, ornée d'impressionnantes figures polychromes réalisées en 1761 par des artisans indiens. On y compte 33 anges, nombre évoquant l'âge du Christ à sa mort, et chacun porte un symbole de la Passion. Au milieu du plafond sont représentés les six Mystères de la Vierge Marie et les six Mystères de Jésus-Christ. À l'intérieur, le **retable principal**★, recouvert de feuilles d'or et orné de motifs d'épis de maïs et d'avocats, porte des huiles du 18e s. illustrant la Passion et l'Adoration des Mages. L'ensemble est couronné d'une statue du Christ qu'on appelle « Le Seigneur du petit pin ». La légende raconte qu'elle aurait été découverte par un bûcheron au cœur d'un tronc de pin. On verra aussi un christ du 19e s. qui, selon les habitants, aurait grandi avec le temps. Mesurant à l'origine 1,50 m à l'origine, il fait aujourd'hui 1,65 m. Le musée annexé à l'église présente des objets de culte du 17e au 19e s.

Tzintzuntzan – *1/2 heure. 17,5 km au Nord-Ouest par la route 15 qui va à Morelia. De la gare routière partent des autocars vers Quirogá.* Tzintzuntzan (12408 habitants) signifie en tarasque « lieu des colibris ». C'était jusqu'à l'arrivée des Espagnols dans la région le centre de l'empire tarasque précolombien. C'est ici que Vasco de Quiroga a commencé son œuvre d'évangélisation, après avoir pacifié la rébellion indigène provoquée par les excès de Nuño de Guzmán.
C'est une autre des agglomérations sur les rives du lac de Pátzcuaro, qui a conservé sa couleur provinciale et ses toitures typiques en tuiles rouges. Son activité principale est la création et la vente d'un artisanat riche de formes, de couleurs et de matériaux.

Templo de San Francisco – *1/2 heure. À gauche du marché d'artisanat. En entrant au village, descendre vers le marché situé sur la rue Lázaro Cárdenas. Ouvert toute l'année, tous les jours de 10 h à 18 h. $10. ☎ (434) 209-67.* Un grand atrium ombragé par des oliviers sert d'entrée à cette église du 17e s. au portail plateresque. L'église d'origine a été construite au 16e s. mais il en reste peu de vestiges. On remarque sur la façade la fenêtre de la tribune à double arc.
À gauche de l'église, la chapelle ouverte San Camilo présente un arc orné d'intéressants voussoirs sculptés de motifs d'anges et de coquillages. À droite de l'atrium s'élève l'église de la Virgen de la Soledad, où l'on peut voir une statue articulée de Christ, du 16e s., en pâte de tige de maïs.
Par la porte latérale de cette église, on accède à une autre chapelle ouverte, qui appartenait à l'ancien hôpital. Réalisée au 17e s., elle conserve des fresques, les restes d'un retable et trois arcs. Celui du milieu est orné d'une sculpture de coquillage ; ceux des côtés portent les figures du Soleil et de la Lune.

★ **Zona arqueológica Yácatas** – *1/2 heure. 1 km au Sud du village. Lorsqu'on arrive à Tzintzuntzan par la route 15 qui va à Morelia, on rencontre l'embranchement qui monte vers le site archéologique. Si l'on n'a pas de voiture on doit s'y rendre à pied, car il n'existe pas de transport organisé. Depuis l'église San Francisco, suivre tout droit l'Av. Las Yácatas où l'on voit des sculptures en bois faites par les Indiens. Ouvert toute l'année, tous les jours de 10 h à 17 h. $10. ☎ (43) 128-838.* Le site archéologique tarasque est situé sur un petit plateau au Sud du village. Il est formé d'une base rectangulaire longue de 400 m, reliée à cinq corps circulaires réalisés avec des pierres superposées couvertes d'autres pierres, à la manière d'une mosaïque.
Sur la partie supérieure des corps circulaires s'élevaient des temples en bois et en chaume. Au Sud de l'ensemble architectural s'étend une place qui avait probablement un usage cérémoniel.

Uruapan – *1/2 journée. 60 km de Pátzcuaro par la route 14.* La deuxième ville (250794 habitants) de l'État se situe près du Río Cupatitzio, sur les terres fertiles du plateau purépecha. Déjà à l'époque des Purépechas, Uruapan était une région généreuse, dominant par l'agriculture la région voisine aux terres torrides. Aujourd'hui c'est la « capitale mondiale de l'avocat ». On dit que plus d'un million d'avocatiers y ont été plantés. On découvre ici parmi d'autres curiosités le **Parque Nacional Eduardo Ruiz★★** dont la végétation est si exubérante qu'elle gêne le passage des rayons du soleil *(calzada Fray Juan San Miguel n° 1, huit rues à l'Ouest de la place centrale ; ouvert toute l'année, tous les jours de 8 h à 18 h ; $2 ; ☎ (452) 401-97).* L'eau court le long des chemins empierrés où l'on découvre fontaines, sources et ponts nimbés de légendes. On doit aussi visiter le Museo Regional de arte popular La **Huatapera★** *(place principale, près du Templo de la Inmaculada ; ouvert toute l'année, du mardi au dimanche de 9 h 30 à 13 h 30 et de 15 h 30 à 18 h ; fermé les jours de fête nationale ; ☎ (452) 434-34),* une belle construction aux murs blancs couverte de tuiles, avec un sol de terre battue et un portail de style plateresque. Le bâtiment a été construit en 1533 par le frère Juan de San Miguel. C'était un hôpital et un lieu de réunion destiné aux Indiens. Le musée compte six salles où l'on expose l'artisanat de la région. On remarquera les pièces en laque caractéristiques de cet endroit.

Cascada Tzaráracua – *2 heures. 10 km au Sud d'Uruapan par la route d'Apatzingan. Puis 800 m à pied, dont environ 700 marches à descendre.* Au fond d'une gorge, le Río Cupatitzio tombe de 60 m en cascadant, se faufilant entre les rochers qui forment un tamis ou **tzaráracua**, « toile à travers laquelle passe l'eau ».

Angahuan – *1 journée. 37 km d'Uruapan. Sortir au Nord par la route 37 ; 16 km plus loin, prendre la bretelle qui conduit à Los Reyes. 21 km jusqu'à Angahuan.* C'est un vieux village où les greniers en bois paraissent modestes et l'environnement bien terne, par contraste avec les robes colorées des femmes, qui tranchent sur le sol de sable gris foncé qu'a laissé l'éruption du volcan Paricutín voisin.
Le **Templo de Santiago Apóstol**, sur la place principale, mérite une visite *(ouvert toute l'année, tous les jours de 6 h à 20 h ; ☎ (452) 503-83).* C'est une église franciscaine du 16e s. de style plateresque. Son portail présente un riche **bas-relief★★** dans le style mudéjar qui illustre, tout comme la croix de l'atrium, la belle interprétation indigène de l'architecture des Espagnols. Sur un des côtés de l'église, une inscription sur la porte en bois d'une maison relate l'éruption du Paricutín.

Volcán Paricutín et ruines de San Juan Parangaricutiro – *Les cabanes qui servent de point de départ à ce circuit sont à 1 km d'Angahuan. Compter 45 mn pour arriver aux ruines, et 8 heures aller-retour pour le cratère du volcan. La durée est la même qu'on soit à pied ou à cheval. Il est conseillé de mettre de bonnes chaussures de marche à semelles épaisses.* Le matin du 20 février 1943, un paysan nommé Dionisio Pulido a vu sous sa charrue s'ouvrir une trouée ardente. À cinq heures de l'après-midi, le volcan se réveillait, à une vitesse effrayante. Un mois plus tard, l'écrivain José Revueltas écrit dans sa chronique *Visión del Paricutín* : « Dionisio Pulido est la seule personne au monde qui peut se vanter d'être le propriétaire d'un volcan, mais il n'est propriétaire de rien. » Un an plus tard, résignés, les habitants de **San Juan Parangaricutiro★** ont abandonné tout à fait leur village, fondé au 16e s. Aujourd'hui on n'aperçoit sur le sol dévasté par la lave que les tours et une partie de l'autel de l'église construite en 1618. Du village on voit le volcan qui s'élève sur 410 m, et dont le cratère fait 250 m de diamètre. Pendant neuf ans, onze jours et dix heures, jusqu'au 4 mars 1952, il a vomi continuellement laves et cendres sur la région.

★**Costa de Michoacán** – *3 jours. Sortir au Sud d'Uruapan par la route 37 jusqu'à Guacamayas (265 km). Les plages se trouvent à l'Ouest par la route 200.* Cette côte, qui s'étend sur 300 km, relie les extrémités des États du Guerrero et du Colima. Le littoral compte un grand nombre de plages qui vont de Lázaro Cárdenas jusqu'à Boca de Apiza, près de Colima. Parmi elles se trouve la **Playa Azul**, un des principaux centres touristiques de l'État. En suivant la route qui part vers l'Ouest on découvre des paysages paradisiaques, des plages encore inexplorées, des îles et des criques merveilleuses, ainsi qu'une grande variété de faune exotique. On peut goûter à une infinité de mets succulents. Parmi les sites les plus attrayants, **Manzanilla** et **Rangel**, deux criques avec des sources d'eau douce ; **Caletilla de Mexcalhuacan**, point de départ de bateaux de plaisance, et où l'on produit les plus grosses noix de coco du Pacifique ; **Bahía de Bufadero** ou **Caleta de Campos**, idéales pour le camping et la pêche ; et **Bahía de Maruata★**, qui possède les plus belles plages de la région. De mai à novembre, la tortue de mer vient sur le littoral du Michoacán pondre ses œufs à Playa Azul, Boca de Apiza et Cololá.

SAN CRISTÓBAL DE LAS CASAS★★★

Chiapas

116729 habitants

Carte des principales curiosités p. 8

Miguel Hidalgo n° 2, bureau 10 ☎ (957) 865-70

et Palacio Municipal, Plaza 31 de Marzo ☎ (967) 806-60, poste 126

San Cristóbal de las Casas est l'endroit le plus enchanteur de l'État du Chiapas. Son nom est un hommage au **frère Bartolomé de las Casas** qui, malgré son court séjour dans cette région, s'est toujours posé en défenseur des Indiens. San Cristóbal a été la capitale de la région de l'époque des vice-rois jusqu'à 1829. Pendant les 16e, 17e et 18e s., la ville a souvent changé de nom et a fait partie de différents territoires, y compris du Yucatán et du Guatemala. Son charme est dû à son ambiance coloniale, que ses habitants ont su mêler discrètement, tranquillement et silencieusement à la magie incompréhensible des fortes traditions ancestrales indiennes. Le riche passé maya est encore très présent, et la frontière avec le Guatemala semble n'exister que sur les cartes de géographie.

CURIOSITÉS *1/2 journée*

San Cristóbal de las Casas se trouve à seulement 89 km de Tuxtla Gutiérrez, la capitale du Chiapas. Nul besoin de véhicule pour visiter la ville, on peut se rendre partout en marchant à travers de jolies ruelles qui invitent à fouiner.

Catedral – *Plaza 31 de Marzo. Ouvert toute l'année, tous les jours de 10 h à 13 h et de 16 h à 19 h 30. ☎ (967) 865-70.* Cette église a été construite entre 1528 et 1533. Sept ans plus tard, elle est devenue siège du diocèse, avec comme premier évêque Juan de Arteaga et, plus tard, Bartolomé de las Casas. Aux siècles suivants, surtout au 17e s., la construction a subi des modifications qui ont apporté une touche baroque sobre à tout l'édifice. Sur la partie supérieure de la façade principale, on voit saint Michel et les quatre évangélistes ; plus bas, saint Jacques entouré de deux aigles bicéphales ; et sur l'arc principal la Vierge de la Conception. Au fond de l'église, à gauche on remarquera sur le retable les **tableaux★** peints par **Juan Correa**. On découvre dans la sacristie une œuvre superbe de **Miguel Cabrera**, le dernier tableau sur le mur de droite.

Suivre la rue 20 de Noviembre ; cinq rues au Nord, on rejoint l'église Santo Domingo.

★**Templo de Santo Domingo** – *20 de Noviembre et Comitán. Ouvert toute l'année, tous les jours de 7 h à 20 h. ☎ (967) 865-70.* La construction d'origine date du 16e s., mais l'église que l'on voit aujourd'hui a été reconstruite à la fin du 17e s. La façade a été faite en mortier à l'imitation d'un retable baroque à trois registres, décoré d'une profusion de motifs végétaux et de colonnes salomoniques. Sur le fronton domine la statue de saint Dominique, flanqué de deux aigles bicéphales, emblèmes du pouvoir espagnol. À l'intérieur, on remarque la chapelle du Rosaire, et les retables en cèdre doré, ornés de remarquables peintures et sculptures d'artistes guatémaltèques. La plus belle pièce de l'église est sans doute le **chaire**★ en bois sculpté recouverte d'or.
L'ancien couvent abrite le **Museo de Los Altos de Chiapas** *(ouvert toute l'année, du mardi au dimanche de 10 h à 17 h ; $14 ; ☎ (967) 816-09).* Ce musée des hautes terres du Chiapas expose une grande diversité d'objets allant de l'époque préhispanique au 19e s. On y verra aussi une splendide collection de tissages indiens.

★★**Mercado Abierto de Artesanías Indígenas** – *Autour de l'église et de l'ancien couvent San Domingo. Ouvert toute l'année, tous les jours de 8 h à 19 h. ☎ (967) 865-70.* Des dizaines d'Indiens viennent des villages voisins et même du Guatemala pour vendre des produits d'artisanat très divers, caractérisés par leurs

Renseignements pratiques ....Indicatif téléphonique 967

Comment s'y rendre – **Aéroport de Tuxtla Gutiérrez** (Ocozocuautla) : 33 km au Sud-Ouest de la ville. **Renseignements** *(lundi au vendredi de 7 h à 20 h).* Il y a des agences de **location de voitures** *(p. 360)* dans l'aéroport ; on peut aussi prendre les **Autocars** de Tuxtla Gutiérrez à San Cristóbal de las Casas : **Gare routière** Cristóbal Colón, Av. 2a Nord-Ouest, Centre ☎ 216-39.

Transports locaux – Central de Autobuses ☎ 802-91 et Central Autotransportes Tuxtla Gutiérrez ☎ 848-69 assurent un service de luxe et de première classe en direction de Palenque et autres destinations. **Taxis** ☎ 806-60. **Parc de stationnement** : 5 de Febrero, Plaza Central, Centre ☎ 806-60 *($6/h). Les sites touristiques sont proches les uns des autres et on peut s'y rendre à pied.*

Informations touristiques – **Delegación de Turismo Región II Altos**, Av. Miguel Hidalgo n° 2, bureau 10, Centre, C.P. 29200 ☎ 865-70 *(lundi au vendredi de 9 h à 21 h, samedi de 9 h à 20 h, dimanche et les jours fériés de 9 h à 14 h)* et **Oficina Municipal de Turismo**, Palacio de Gobierno, Plaza Central, C.P. 29200 ☎ 806-60, poste 126 *(du lundi au samedi de 9 h à 20 h, le dimanche de 9 h à 14 h). Renseignements, cartes et dépliants gratuits ; protection civile ; réception des plaintes et réclamations des touristes mexicains et étrangers.*

Hébergement – **Secretaría de Desarollo Turístico II Altos** et **Oficina Municipal de Turismo** *(ci-dessus)* fournissent renseignements et assistance pour la réservation d'hôtels dans la ville. Les tarifs des chambres varient : catégorie luxe *($345)*, moyenne *($235)* et économique *($135). Ces tarifs moyens par jour en chambre double sont sujets à modifications.*

Visites guidées – À San Cristóbal de las Casas, les agences de tourisme suivantes offrent promenades dans la ville, excursions en groupe ou individuelles aux sites archéologiques (Yaxchilán, Palenque, Toniná), aux villages (San Juan Chamula, Zinacantán) et aux sites naturels (Cañon del Sumidero, Cascadas de Agua Azul, Lagos de Montebello), transports et guides compris (en plusieurs langues) : ATC ☎ 825-50 ; Viajes Pedrero Villanueva ☎ 811-40 ; Viajes Navarra ☎ 856-26 ; Pakal Viajes ☎ 828-18 ; Museo Na Bolom *(voir plus loin)* ☎ 855-86.

Artisanat et marchés – **Textiles** : Sna Jolobil, ancien couvent Santo Domingo ☎ 826-46 *(du lundi au samedi de 9 h à 14 h)* ; J'pas Joloviletik, Av. Général Utrilla n° 43 ☎ 828-48 ; Casa de las Artesanías, Av. Hidalgo et Niños Héroes, Centre ☎ 811-80. **Ateliers d'artisanat** : Kun Kun (mosaïques, métiers à tisser), Real de Mexicanos n° 21, Barrio de Mexicanos ☎ 814-17 ; La Albarrada (tapis et peaux), Av. De la Juventud, Barrio de María Auxiliadora ☎ 865-80 ; Plaza de la Calle Real (textiles et bijoux), Real de Guadalupe n° 5, Centre ☎ 809-92. **Marchés** : Mercado de las Artesanías (textiles et peaux), à côté de l'église Santo Domingo *(tous les jours de 8 h à 15 h, voir ci-dessus)* ; Mercado de Artesanías de San Juan Chamula *(tous les jours de 9 h à 14 h ; voir plus loin).*

superbes coloris et par leur travail très élaboré. Ces mêmes objets sont vendus dans les commerces et boutiques de la ville le double ou le triple du prix proposé par leurs créateurs. Le simple fait de se promener au milieu des étals, en fouinant et en écoutant les conversations des Indiens dans leurs différents dialectes est un véritable plaisir.

★ **Museo Na Bolom (La Casa del Jaguar)** – *Av. Vicente Guerrero n° 33. Neuf rues à l'Est par la rue de Comitán. Visite guidée (1 h 30) du mardi au dimanche à 11 h 30 et 16 h 30. $15. ✗ ☎ (967) 814-18. Le musée organise des promenades dans la forêt des Lacandons et des excursions à Yaxchilán et Bonampak.* Cette vieille demeure a appartenu à l'archéologue Frans Blom et à son épouse, la photographe Gertrudis Blom, qui ont consacré leur vie à l'étude de la culture maya. Leur travail leur a permis d'établir une relation d'amitié très étroite avec les indiens **lacandons**. Ensemble, ils ont lancé une série de projets culturels et écologiques, notamment le reboisement de la forêt des Lacandons. Leur maison était toujours ouverte aux étudiants et aux chercheurs en quête de logement, ainsi que leur **bibliothèque★** qu'on visite aujourd'hui, riche de plus de 5000 ouvrages sur la culture maya. À l'occasion de visites guidées, on découvre quelques-unes des pièces archéologiques découvertes par Blom sur différents sites au cours de ses treize années de recherches. On peut aussi voir ses films et les photos de Gertrudis. Une des salles du musée est consacrée aux Lacandons.

EXCURSIONS

★★★ **Cañon del Sumidero** – *2 heures. 68 km. Sortir à l'Ouest de San Cristóbal par la route 190 et rejoindre Chiapa de Corzo, point de départ du circuit organisé en bateau.* *Voir p. 273.*

San Juan Chamula et Zinacantán – *1 journée. 11 km au Nord-Ouest de San Cristóbal. À côté du marché municipal de San Cristóbal on peut prendre un des autocars directs qui desservent fréquemment chacun des deux sites. Dans ces deux villages il est interdit de photographier les confréries religieuses et l'intérieur des églises.* Il est intéressant de se rendre à Chamula les **jours de fête★★** ou le dimanche, jour de marché *(voir photo p. 230-231)*. Il faut visiter les **musées communautaires** de ces deux localités pour se faire une idée de l'importance des costumes traditionnels.

★ **San Juan Chamula** – Dans cette ville (52 942 habitants) d'origine **tzotzile**, d'anciennes traditions politico-religieuses et sociales se mêlent, de façon peu compréhensible pour le visiteur. Les habitants parlent toujours leur langue d'origine et ont conservé leur ancien système social, basé sur une hiérarchie qui se reflète dans leurs vêtements. Le costume de cérémonie comporte un sombrero rayé de trois couleurs représentant chacun des trois quartiers et trois saints protecteurs des Chamulas, un collier avec flot de rubans, des **caite** (sortes de sandales d'usage quotidien chez les anciens Mayas, utilisées encore aujourd'hui), un bâton de commandement et un **chuj** (sorte de sarape en laine noire teint de couleurs naturelles). Les membres des confréries religieuses (comme les *mayordomes*, responsables des statues des saints, ou les *alférez*, organisateurs des fêtes) portent un foulard ou turban blanc. Les femmes sont exclues des hautes fonctions officielles, mais pas des postes religieux et peuvent être également **iloles**, guérisseuses.

★ **Templo de San Juan Bautista** – *Pour entrer, il faut se munir d'un laissez-passer délivré par l'Office de tourisme municipal. Ouvert toute l'année, tous les jours de 8 h à 18 h. $3. ☎ (967) 865-70.* Cette église est une véritable merveille. Enveloppés par l'odeur de l'encens, les rites païens mayas fusionnent magiquement avec la religion catholique, brisant tous les schémas établis par l'Église occidentale. À l'intérieur, on découvre tout au long des murs une quarantaine de statues de saints, couverts d'ornements provenant d'anciennes traditions indiennes, comme les rubans de couleur et les miroirs qu'ils portent suspendus au cou. Ces miroirs symbolisent l'œil sacré qui voit tout.
Il n'y a ni prêtres ni messes. Chacun est libre d'aller prier son saint préféré quand il le souhaite. Toutefois, l'église sert surtout aux exorcismes et guérisons des chamans, dont les rituels mêlent d'étranges gestuelles, litanies et breuvages, et différentes sortes d'aliments. Les bougies ont une extrême importance, et leur couleur dépend du type de bienfait ou de guérison attendu. À cet amalgame de croyances est venu aujourd'hui s'ajouter le Coca-Cola : avec les gaz qu'elle provoque, cette boisson contribue à expulser les mauvais esprits des corps des malades...

Zinacantán – *8 km de San Juan Chamula et 11 km de San Cristóbal. Acheter le billet d'entrée aux églises à l'Office du Tourisme, situé devant le nouveau Palais Municipal.* La commune de San Lorenzo Zinancantán (24631 habitants) appartient aussi au groupe ethnique maya des Tzotziles. À l'époque préhispanique, c'était un important centre de commerce. Aujourd'hui elle se consacre surtout à la culture et à l'exportation de fleurs. Les habitants conservent leurs habitudes et leurs coutumes traditionnelles comme à San Juan Chamula et dans toutes les communes tzetzales

© Robert Frerck/Odyssey

Femme tzotzile, Zinancantán

et tzotziles des Altos, hautes terres du Chiapas. Dans leur habillement quotidien ressortent les chemises et châles roses portés par les hommes, les femmes et même les enfants. Le costume cérémoniel porté par les membres des confréries présente des caractéristiques différentes de celui des Chamulas.
Les visites de l'**Iglesia de San Lorenzo** et de l'**Ermita del Señor de Esquipulas** ne sont pas autorisées pendant les fêtes civiles et religieuses.

Sites archéologiques de Chinkultic et Tenam Puente – *2 heures. Circuit complet 392 km. On conseillera de prendre un circuit organisé.*

Zona arqueológica Chinkultic – *1 heure. Prendre la route Panamericana 190 vers le Sud-Est. Rouler 88 km de San Cristóbal à Comitán de Domínguez ; prendre ensuite la direction Sud vers le Parc national Lagos de Montebello, pour 49 km. Ouvert toute l'année, tous les jours de 8 h à 17 h. $10. ☎ (01-800) 280-3500.* Chinkultic a connu une période florissante pendant le classique tardif (600 à 900 après J.-C.). La population a définitivement quitté les lieux peu avant 1200.
Le site de Chinkultic n'a été que partiellement exploré, mais il présente des vestiges qui méritent d'être vus. Ses principales richesses sont la **pyramide principale**, dont le sommet offre une vue spectaculaire de la région ; le **jeu de balle**, d'où provient le beau bas-relief représentant un joueur exposé actuellement au MUSEO NACIONAL DE ANTROPOLOGÍA de Mexico ; et le **cenote bleu**, d'où l'on a retiré des pierres précieuses, jetées là à l'occasion de sacrifices. Les fouilles ont également permis de retrouver de nombreux supports d'inscriptions hiéroglyphiques, appartenant à la période faste de Chinkultic. On voit certaines de ces pièces au cours de la visite.

Zona arqueológica Tenam Puente – *1 heure. 59 km de Chinkultic. Revenir à Comitán de Domínguez et se diriger vers le Sud-Est par la Panamericana 190. Ouvert toute l'année, tous les jours de 8 h à 17 h. $10. ☎ (01-800) 280-3500.* Ce site contient les vestiges de ce qui était un énorme complexe maya, à caractère résidentiel, civil et religieux. Cette cité a connu ses heures de splendeur à la période classique et au début du postclassique, après que les Mayas aient abandonné leur centre d'implantation au Petén. Tenam Puente a été édifié stratégiquement sur une montagne d'où l'on domine la plaine. La visite du site impressionne plus par l'étendue et le nombre de ses édifices que par leur complexité architecturale.

★★ **Zona arqueológica Toniná** – *3 heures. À 117 km de San Cristóbal de Las Casas. Suivre la Panamericana 190 vers l'Est et prendre à gauche (direction Nord-Est) la route 199 jusqu'à Ocosingo. 16 km vers l'Est jusqu'au site. Ouvert toute l'année, tous les jours de 8 h à 17 h. $10. ☎ (967) 865-70. On conseillera de prendre un circuit organisé.*
L'apogée de Toniná se situe entre les années 600 et 900 après J.-C. C'est un des sites archéologiques les plus remarquables de la culture maya. L'énorme travail de fouilles effectué à partir des années 1980 a mis au jour une grandiose **pyramide** de 70 m de haut, un **jeu de balle** de 72 m de long et une multitude d'objets, bas-reliefs et sculptures à la remarquable qualité plastique, présentés pendant la visite.
La pyramide se compose de sept plates-formes, dix temples et quatre palais. Dans presque toutes les constructions, on retrouve l'arc maya. La plupart des structures communiquent entre elles au moyen d'escaliers et de labyrinthes de couloirs étroits. D'immenses *tableros* surgissent des fondations. Ornés de grecques, ils appartiennent au **Palacio de las Grecas y la Guerra** (palais des Grecques et de la Guerre). Au

premier niveau, abrité dans une des constructions du côté droit, le sarcophage de **Tzotz-Choj**, gouvernant de Toniná, montre sur son couvercle son image sculptée. Sur la sixième plate-forme, au pied du **Templo del Monstruo de la Tierra** se trouve la plus belle pièce du site, le **Mural de las Cuatro Eras**★★ (mural des quatre ères) de 4 m de haut et 16 m de large, entièrement mis au jour en 1992. Il date de 790 à 840 après J.-C. C'est un codex de quatre pages, qui représente les principales divinités mayas de la légende des quatre soleils (ou ères cosmogoniques).

★★ **Parque Nacional Lagos de Montebello** – *1 journée. À 140 km de San Cristóbal de las Casas par la Panamericana 190. Ouvert toute l'année, tous les jours de 7 h à 16 h. ☎ (967) 393-96. On conseillera de s'adresser à une agence de tourisme. Éviter de s'y rendre à la saison des pluies (mai-octobre).* À la frontière du Guatemala, au milieu des bois de pins et de chênes verts et de la forêt tropicale peuplée d'une faune exotique, se cache la plus belle des régions lacustres de tout le Mexique. Elle compte plus de 50 lacs et étangs, dont les couleurs couvrent une palette fantastique de verts et de bleus. Ces plans d'eau spectaculaires proviennent de réseaux d'anciens **cenotes** que le temps a réunis. Les tons de l'eau varient avec la composition chimique du sol, la végétation et la réfraction de la lumière.

TAXCO★★★

Guerrero

95 144 habitants

Carte des principales curiosités p. 7 – Schéma p. 104 (**AZ**)

ℹ Centre Culturel de Taxco et Av. Plateros n° 1 (à l'entrée de la ville)

☎ (762) 266-16

Sur les versants de la montagne d'Atachi qui signifie « Seigneur des pluies », nom dû aux pluies torrentielles qui arrosent la région, Taxco, entourée de belles **églises** et **chapelles**, se présente comme une ville coloniale qui a su, au fil des années, conserver son style et ses traditions. Ses petites maisons blanches aux toits rouges et ses ruelles pavées et sinueuses lui confèrent simplicité et caractère.

Un peu d'histoire

Taxco Viejo – À l'époque préhispanique, cette région était habitée par les indiens **tlahuicas**, établis à l'origine dans ce qui est aujourd'hui Taxco Viejo. À cette époque la ville s'appelait **Tlachco**, « lieu du jeu de balle ». Les Tlahuicas ont été dominés, comme beaucoup d'autres peuples, par les Aztèques ; grâce à la générosité du sous-sol, ils payaient leur tribut avec des barres d'or et d'argent. Au début de la Conquête, les Espagnols ont entendu l'histoire de ces richesses, et ont décidé d'exploiter la région. En 1522 ils ont découvert la première mine près de Tlachco ; ils l'ont appelée **Socavón del rey**, et Hernán Cortés s'en est attribué la propriété. Un peu plus tard, vers 1528, les explorateurs sont arrivés jusqu'à Tlachco, et y ont établi un campement, le temps de trouver un endroit au climat moins rigoureux à 12 km au Nord. Le nouvel emplacement a été appelé **Real de Minas**. Comme le travail de la mine exigeait un nombre croissant de travailleurs, indiens pour la plupart, on a établi petit à petit de nouveaux villages, qui se sont regroupés en 1570 sous le nom de Taxco.

La grande époque minière – Aujourd'hui la ville s'appelle Taxco de Alarcón, parce qu'elle a été le berceau du célèbre écrivain **Juan Ruiz de Alarcón**. L'exploitation du minerai a connu un grand essor au 18e s. grâce à Don **José de la Borda**. Ce propriétaire minier d'origine française a donné son impulsion à l'industrie et contribué au développement économique de la ville. Borda a financé beaucoup de projets d'ouvrages publics. On lui doit la **Parroquia de Santa Prisca y San Sebastián**, principal monument de Taxco, qu'il a fait construire avec les bénéfices de sa mine de La Lajuela, près de Tehuilotepec.

Les années de crise – Au cours des premières décennies du 19e s., Taxco a traversé des moments difficiles ; l'activité minière a complètement cessé à cause des combats pour l'Indépendance qui gagnaient tout le Mexique. De crainte qu'elles ne passent aux mains des insurgés, les exploitants espagnols ont alors saboté leurs mines. Aussi, à la proclamation de l'Indépendance, la ville s'est elle retrouvée dans la misère. Pendant la période de troubles, elle avait été le théâtre d'événements marquants : l'exécution du capitaine García par Morelos, le séjour d'Agustín de Iturbide et la préparation de l'Accord d'Iguala par les royalistes au **couvent San Bernardino**. À la fin du 19e s. et au début du 20e s., plusieurs entreprises étrangères ont essayé de faire revivre l'industrie de Taxco, mais la Révolution mexicaine les en a empêchées.

De nouveaux horizons – En 1928 l'inauguration de la route reliant Taxco à la capitale du Mexique a ouvert de nouvelles perspectives commerciales. **William Spratling**, un architecte américain, est arrivé un an plus tard ; il a bouleversé le mode de vie des habitants de Taxco en faisant dans le monde entier la promotion de l'artisanat en argent. Il a formé dans son atelier de **Las Delicias** des élèves qui conservent et transmettent son enseignement jusqu'à aujourd'hui. Son travail a apporté à la population tout entière d'innombrables bénéfices au plan économique.

Inscrite au Patrimoine national, Taxco est l'une des villes les plus visitées du Mexique. L'industrie minière est encore son point fort ; des tonnes d'argent, de cuivre et de zinc sont extraites quotidiennement de ses mines et expédiées dans différentes villes du pays. 80% de la population se consacre au travail artisanal de l'argent et commercialise ses produits, aussi bien au Mexique qu'à l'étranger.

PLAZA BORDA ET ENVIRONS *1 journée. Plan plus loin.*

On conseillera de se munir de chaussures de marche confortables et d'éviter les semelles lisses.

La **Plaza Borda**, dont le nom est un hommage à José de la Borda, est le cœur de la ville de Taxco. C'est un point de rencontre obligé, où se conjuguent beauté architecturale et animation quotidienne. Toutes les manifestations populaires locales et les grandes fêtes ont lieu ici. Le centre de la place est orné d'un joli kiosque entouré d'arbres luxuriants qui offrent ombre et tranquillité aux marcheurs épuisés, aux marchands infatigables et aux couples d'amoureux.

Parroquia de Santa Prisca y San Sebastián

★★★ **Parroquia de Santa Prisca y San Sebastián** – *Plaza Borda n° 1. Ouvert toute l'année, du lundi au samedi de 6 h à 20 h, le dimanche de 5 h 30 à 21 h.* ☎ *(762) 201-83.* La populaire église paroissiale Santa Prisca a été construite à l'initiative de Don José de la Borda, à l'endroit où se trouvait une modeste église délabrée déjà dédiée à cette sainte. Sa construction a pris 10 années, de 1748 à 1758, et le résultat est une des plus remarquables œuvres baroques de l'époque. Borda l'a fait construire en remerciement de sa réussite dans l'exploitation des mines. Les plans seraient dus à Cayetano de Sigüenza ; Miguel Custodio Durán et Juan Caballero ont été chargés de la direction des travaux ; les retables ont été réalisés par Luis et Vicente Balbás, fils de Jerónimo Balbás, créateur du célèbre retable de Los Reyes de la CATHÉDRALE METROPOLITAINE de Mexico. Sainte Prisca et saint Sébastien sont des martyrs romains du 3e s. : Santa Prisca avait été élue patronne de l'ancienne église, car elle est la sainte protectrice contre la foudre et les orages, très fréquents à Taxco ; et San Sebastián, protecteur des chrétiens persécutés et évangélisateur des païens, a été choisi, aux dires de certains chroniqueurs, au cours d'une « loterie de saints ». Le fils de Borda, qui était prêtre, a pris en charge l'église à partir de 1759, accomplissant ainsi le rêve du riche exploitant minier, qui pendant des années a été aussi propriétaire de Santa Prisca.
On notera que son architecture présente des traits uniques et nouveaux pour son époque. La construction a dû être adaptée à l'exiguïté du terrain ; on remarquera l'étroitesse du plan en croix latine et la hauteur des tours élancées. D'autre part, sa conception et son ornementation obéissent au style néohispanique, qui lui donne un aspect différent de celui des églises européennes.

La façade – Remarquer ses colonnes, torses ou classiques. Les tours sont ornées de sculptures d'apôtres, de vierges et de martyrs. Le côté gauche menait aux anciennes cryptes et à l'ossuaire commun ; c'est pour cela que l'on voit encore un squelette au-dessus de la porte. Deux coupoles recouvertes d'azulejos colorés coiffent l'église, la plus grande sur la nef principale et la plus petite sur la chapelle intérieure.

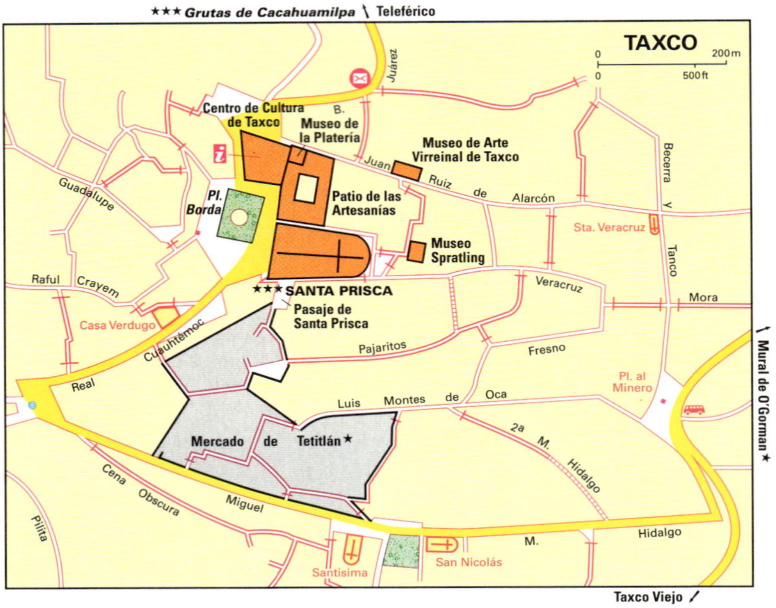

Le portail – Le **Baptême du Christ** rappelle l'importance de ce sacrement ; sainte Prisca et saint Sébastien sont témoins du sacrifice du Christ pour le salut des hommes ; et les apôtres soulignent l'importance de l'écriture et de la tradition orale de l'Évangile.

Les retables de la nef – Les majestueux retables de la **nef** sont disposés par paires le long des murs latéraux. Chacun est de forme identique à celui qui lui fait face, mais présente une iconographie différente. De l'entrée principale à l'autel, ils sont rangés en ordre croissant suivant la hiérarchie ecclésiastique : à gauche, saint Isidore Laboureur, saint Jean Népomucène et saint Joseph ; à droite, sainte Lucie, la Virgen del Pilar et la Virgen de Dolores.

Le maître-autel – Son superbe **retable** porte une statue baroque en bois sculpté de l'Immaculée Conception, entourée de sainte Prisca et saint Sébastien. L'ostensoir présenté aujourd'hui en avant du retable avait été découpé à la scie vers le milieu du 19e s. La plupart de ses pièces ont été conservées dans la sacristie, d'autres ont été dispersées dans l'église, certaines se sont perdues. En 1987, à l'occasion de travaux de restauration minutieux, les experts se sont donné pour tâche de l'assembler à nouveau. Ils ont retrouvé 70 % des pièces d'origine et ont fait fabriquer le reste suivant les techniques de l'époque des vice-rois. Ils ont fait ajouter les miroirs et les figures des trois vertus théologales qui se trouvaient auparavant dans la sacristie. L'ostensoir a enfin été rendu à sa place d'origine en 1990, bien que la restauration de l'église n'ait été achevée qu'en 1992.

La chapelle latérale gauche – À l'origine, cet oratoire s'appelait **chapelle des Indiens**, parce qu'au moment de la construction de Santa Prisca, une partie du terrain appartenait aux Indiens, qui l'ont cédée à Borda à condition qu'il fasse élever une chapelle pour eux. Ce nom a été perdu avec les années, et la chapelle s'appelle aujourd'hui **chapelle de Notre-Père-Jésus-de-Nazareth**. Le retable central est dédié aux âmes du Purgatoire. À droite se trouve l'autel de la Vierge, à gauche celui de Jésus de Nazareth.

Les peintures de Cabrera – Un des peintres les plus connus du 18e s., Miguel Cabrera est l'auteur de la plupart des peintures des retables et tableaux de Santa Prisca. De son pinceau proviennent aussi les peintures qui ornent la demi-coupole de l'entrée latérale, et celle de l'accès à la chapelle de Notre Père Jésus de Nazareth ; ils représentent le martyre des saints patrons de l'église. La **sacristie** contient plusieurs autres de ses peintures.

L'orgue – Cet ouvrage merveilleux que l'on voit au-dessus de la tribune a été fabriqué en Espagne au milieu du 18e s. et transporté ici à dos d'âne depuis Veracruz.

Museo de la Platería Antonio Pineda – *Plaza Borda n° 16. Ouvert toute l'année, tous les jours de 10 h 30 à 17 h. $5. ✂ ☎ (762) 206-58.* Situé dans le **Patio de las Artesanías**, le musée appartient à un membre d'une des grandes familles représentant la tradition du travail de l'argent à Taxco, Antonio Pineda. Le musée possède trois petites salles où sont exposées une cinquantaine de pièces d'orfèvrerie et de bijouterie. Certaines de ces créations ont obtenu des prix à la **Foire Nationale de l'Argent**, un des événements annuels les plus typiques de la ville.

Centro de Cultura de Taxco **(ancienne maison Borda)** – *Plaza Borda n° 14. Ouvert toute l'année, du mardi au dimanche de 10 h à 15 h et de 17 h à 19 h, le dimanche et les jours fériés de 10 h à 16 h. ☎ (762) 266-17.* Cet édifice construit en 1750 faisait partie de la maison de Don José de la Borda. Quand il est parti de Taxco pour Zacatecas, le bâtiment a appartenu à différents particuliers pendant presque deux siècles. En 1992 on a inauguré le centre culturel, qui n'occupe qu'une partie de la maison ; c'est un musée de dix salles où sont organisées des expositions mensuelles de toutes sortes, mexicaines et étrangères : photographie, sculpture, peinture, artisanat, etc. Depuis ses grands balcons couverts de plantes on peut admirer l'agréable place Borda. Au rez-de-chaussée se trouve le Salon de la photographie.

Museo de Arte Virreinal de Taxco **(ancienne maison Humboldt)** – *Juan Ruiz de Alarcón n° 12. Ouvert toute l'année, du mardi au samedi de 10 h à 17 h, le dimanche de 9 h à 15 h. $10. ☎ (762) 255-01.* Cette charmante maison de la fin du 18e s. a été habitée par le baron Alexander von Humboldt, explorateur et savant allemand. Voyageant d'Acapulco à la capitale après 16 mois d'exploration en Amérique, il a passé quelques jours ici en 1803. La façade conserve encore son architecture mudéjar. Le musée a été inauguré en 1992 ; il compte 14 salles d'expositions permanentes qui présentent une grande collection d'art sacré colonial provenant des églises de Taxco, surtout de Santa Prisca. Une des terrasses s'orne d'une authentique fontaine du 18e s.

Museo Guillermo Spratling – *Porfirio Delgado n° 1 (Plaza Hidalgo). Ouvert toute l'année, du mardi au samedi de 10 h à 17 h, le dimanche de 9 h à 15 h. $10. ☎ (762) 266-16.* Le musée a été construit en 1975 en hommage à William Spratling, enfant chéri de Taxco. On y expose une partie de son immense collection d'objets précolombiens. Spratling a légué la plupart des œuvres au MUSEO NACIONAL DE ANTROPOLOGÌA de Mexico.

★**Mercado de Tetitlán** – *Accès par Barrio de Tetitlán et Plaza Borda. Ouvert toute l'année, tous les jours de 8 h à 18 h. ☎ (762) 266-16.* C'est un des plus beaux marchés du Mexique. Du fait du dénivellement du terrain, les quatre étages du marché sont décalés et possèdent plusieurs voies d'accès. La disposition du marché est digne d'un labyrinthe de conte de fées, avec une profusion d'étals de toutes sortes, fruits, légumes, vêtements, accessoires, tissages et artisanat. Du côté gauche de la Plaza Borda et à côté de l'église Santa Prisca, le marché communique avec le **Pasaje de Santa Prisca** *(ouvert toute l'année, tous les jours de 10 h à 19 h ; ☎ (762) 266-16)* où se trouvent des boutiques de marchands d'argent **en gros**, qui vendent surtout de la bijouterie.

AUTRES CURIOSITÉS *2 h*

★**Mural de O'Gorman, a Nuestro Rey y Señor Cuauhtémoc** – *Cerro de la Misión n° 32 (à l'intérieur des bâtiments de l'Hôtel Posada La Misión).* Connu aussi sous le nom de *Homenaje a Cuauhtémoc*, ce mural a été réalisé entre 1954 et 1956 par Juan O'Gorman. Il est fait de tesselles de pierre de couleurs naturelles, recueillies dans différentes régions de l'État de Guerrero. Cuauhtémoc, dernier roi aztèque, est debout sur les têtes de deux serpents qui symbolisent Quetzalcóatl. L'aigle au-dessus de la tête de Cuauhtémoc est l'emblème national. Derrière lui on voit les habitants de **Tlachco** en train de jouer à la balle. À droite de Cuauhtémoc se trouvent le jaguar et la Lune : le passé, et l'obscurité. Les personnages que l'on voit de ce côté appartiennent à l'époque préhispanique : une femme, un guerrier, un danseur déguisé en coyote et en dernier lieu Tláloc, dieu de la pluie. À gauche on voit le Soleil et le héron : la lumière, et l'espoir. Les figures qui suivent représentent le Mexique d'aujourd'hui : l'ouvrier, le paysan, la femme de la campagne avec son enfant et, pour terminer, Vicente Guerrero et le drapeau national, formant ensemble une allégorie du Mexique indépendant.

Teleférico – *D'un côté des bâtiments de l'UNAM. Ouvert toute l'année, tous les jours de 8 h à 19 h. Circuit complet $26. ☎ (762) 214-68.* Le départ du téléphérique se trouve près de Los Arcos à l'entrée de la ville. De là on peut aussi visiter le centre des Congrès et les installations de l'université nationale Autonome du Mexique (UNAM) dans l'ancienne hacienda del Chorillo (16e s.). Le téléphérique conduit à l'hôtel de luxe **Monte Taxco**. Le téléphérique et la terrasse de l'hôtel offrent une **vue**★★ admirable sur Taxco.

EXCURSIONS

Taxco Viejo – *1/2 journée. Route fédérale 95 vers Iguala ; 13 km de Taxco.* Un étroit et court chemin environné de nature harmonieuse, d'animaux et de petites maisons aux rares habitants conduit les promeneurs de l'entrée de la ville à la place où se dresse encore l'**Iglesia de San Francisco**, la première église de la région, construite au 16e s. *(ouvert toute l'année, tous les jours de 7 h à 18 h ; ☎ (762) 266-16).*

On admire le clocher dont on dit qu'il a servi de modèle pour **Santa Prisca**, la porte en bois sculpté et les anciens fonts baptismaux qui se trouvent à l'intérieur de la sacristie. Dans ce petit village tranquille se trouve aussi **l'ancienne hacienda San Juan Bautista** construite vers 1543, qui abrite aujourd'hui le centre culturel universitaire de l'université autonome du Guerrero (UAG). De retour à Taxco, on peut visiter le **Rancho La Cascada**, joli atelier et boutique d'artisanat où l'on travaille l'argent, l'or, le cuivre et le laiton *(ouvert toute l'année, du lundi au vendredi de 9 h à 13 h et de 14 h à 18 h, le samedi de 9 h à 13 h ; ☎ (762) 210-16 ; il est préférable de prendre rendez-vous)*. Ses propriétaires, la famille Castillo, font partie de la tradition du travail de l'argent à Taxco depuis plus de 60 ans, et sont parmi les plus réputés au niveau national et international.

★★★ **Grutas de Cacahuamilpa** – *2 heures. 31 km. Sortir de Taxco au Nord par la route 95 vers Cuernavaca. 22 km plus loin tourner à gauche ; 9 km jusqu'aux grottes qui se trouvent sur la droite. Visite guidée (2 heures) toute l'année, tous les jours d'heure en heure entre 10 h et 17 h. $25 ✗ ☎ (762) 222-74.* Ces grottes sont les plus grandes et les plus spectaculaires du Mexique. Elles ont été découvertes en 1834 par Manuel Sáenz de la Peña, un riche propriétaire terrien de la région. On croit qu'elles étaient connues des anciens habitants préhispaniques, à cause de vestiges retrouvés sur le site. On dit aussi qu'elles ont servi de refuge et de cachette aux insurgés pendant l'Indépendance, et qu'elles ont reçu la visite de Don Porfirio Díaz, Antonio López de Santa Anna, Adolfo López Mateos et du baron Alexander von Humboldt.

L'entrée de la grotte mesure 21 m de haut et 42 m de large ; la première salle fait 24 m de profondeur. On peut parcourir 2 km à l'intérieur des grottes qui sont convenablement équipées d'un passage en béton et d'éclairage artificiel ; on pourra découvrir sans danger les impressionnantes figures formées par les stalactites et stalagmites de toutes tailles et toutes formes.

TUXTLA GUTIÉRREZ

Chiapas

386 135 habitants

Carte des principales curiosités p. 8

ℹ Belisario Domìnguez n° 950, Edificio Plaza de las Instituciones, PB, Centre

☎ (961) 393-96 (97, 98, 99) et (01-800) 280-3500

Le nom de la ville de Tuxtla, capitale de l'État du Chiapas, vient du terme náhuatl **Tuchtlán** ou **Tochtla**, « lieu des lapins ». Sous les vice-rois, le Chiapas et le Guatemala formaient une seule province. À cette époque, la ville s'appelait *Villa de San Marcos Tuxtla*. Au moment de l'Indépendance, le Chiapas a déclaré son indépendance de l'Espagne et du Guatemala, pour s'intégrer au Mexique trois mois plus tard. En 1848, en hommage au général Joaquín M. Gutiérrez, homme politique indépendantiste de renom et fervent partisan de l'annexion du Chiapas au Mexique, Tuxtla a pris son nom actuel et le statut officiel de *ciudad*. Elle est capitale de l'État depuis 1892, mais pendant un certain temps elle a disputé le siège du pouvoir à San Cristóbal de las Casas, chacune jouant tour à tour le rôle de capitale.

CURIOSITÉS *3 h*

Tuxtla Gutiérrez se trouve à seulement 89 km de San Cristóbal de las Casas.

Museo Regional de Chiapas – *Calzada de los Hombres Illustres. Ouvert toute l'année, du mardi au dimanche de 9 h à 16 h. $14. ☎ (961) 344-79.* La salle d'archéologie, au rez-de-chaussée, présente une intéressante collection de pièces authentiques provenant des civilisations olmèque et maya de l'État du Chiapas. On prêtera une attention particulière au travail des objets sculptés en céramique, au fragment de stèle portant la date la plus ancienne de Mésoamérique, aux pièces d'os gravées, aux tissages et aux objets découverts dans la grotte *Tapesco del Diablo*.

★★★ **Zoológico Miguel Álvarez del Toro** – *Callejón Cerro Hueco. Ouvert toute l'année, du mardi au dimanche de 8 h 30 à 17 h 30. ☎ (961) 237-54.* C'est l'un des plus beaux zoos d'Amérique latine ; il se distingue par le fait qu'il n'héberge qu'une faune régionale. Le soin et le respect accordés au traitement des animaux est remarquable ; ils vivent dans de très grands espaces reproduisant autant que possible leur habitat naturel. Les animaux qui ne présentent aucun danger circulent librement partout : *ocofaisanes* (sortes de faisans), *chachalacas* (gallinacés du Mexique), iguanes, *guaqueques* (rongeurs) et les célèbres *monos saraguatos* (singes hurleurs) au cri si étrange.

La **volière** et les salles consacrées aux **serpents** et aux **animaux nocturnes** méritent une attention particulière pour la diversité des espèces présentées et la précision des explications qui les accompagnent.

EXCURSIONS

Chiapa de Corzo – *1/2 heure. Route 190 ; 15 km à l'Est de Tuxtla Gutiérrez.* Sur la place centrale de cette ville (58825 habitants), fondée par les Espagnols au 16e s., se trouve une énorme fontaine de style mudéjar, **La Pila★**. Sa forme imite celle de la couronne des Rois Catholiques.

★★★ **Cañon del Sumidero** – *2 heures. Route 190 vers Chiapa de Corzo (point de départ du circuit en bateau). 15 km de Tuxtla Gutiérrez. Départs de la jetée de Chiapa de Corzo et de Cahuaré en Nandambua (circuits de 2 heures) toute l'année, tous les jours de 8 h 30 à 17 h. Circuit complet $50. ☎ (961) 393-96 et 212-70.* Cette faille impressionnante est une des plus belles œuvres de la nature. Ses immenses parois rocheuses, qui s'élèvent parfois de plus de 1000 m, enserrent les eaux du Río Grijalva.

Le circuit en bateau sur la rivière *(35 km aller et retour)* est une promenade sensationnelle. Le paysage et les impressions que l'on éprouve au fond du canyon sont uniques et sans pareils. Au fil du parcours, on voit des spécimens étonnants de la faune du Chiapas, comme des crocodiles ; on admire les surprenants phénomènes créés par la nature au cours de millions d'années et, avec un peu de chance, on entend d'anciennes légendes. La plus courante raconte que les Espagnols ont eu beaucoup de difficultés à soumettre les Indiens qui habitaient cette région. Lorsqu'ils ont enfin atteint leur objectif, les indigènes, hommes, femmes et enfants, se sont jetés dans le canyon, préférant mourir que se plier à la domination espagnole.

La promenade aboutit au **barrage Manuel Moreno Torres**, appelé aussi **Chicoasén**, qui doit à la proximité de la zone sismique et aux failles du terrain son énorme mur de 260 m.

Si le circuit se fait en voiture, on aura une superbe **vue★★** de ce site au bout de la route.

Cañon del Sumidero

Les sites les plus importants sélectionnés dans ce guide sont mis en évidence :
– sur la carte des principales curiosités ;
– par le descriptif des villes et curiosités.
Mais l'examen des cartes, plans et schémas,
le dépouillement du chapitre Principales manifestations,
la consultation de l'index et la lecture de l'introduction
donneront un surcroît d'intérêt à votre voyage.

Zona arqueológica YAXCHILÁN★★

Chiapas

Carte des principales curiosités p. 8

ℹ ☎ (967) 865-70

Au milieu de la **forêt des Lacandons**, un épais maquis forestier peuplé de chants d'oiseaux, de hurlements de singes et d'énormes lézards, se dresse une des plus impressionnantes anciennes villes mayas. Yaxchilán était florissante entre 350 et 810 après J.-C. C'était le port de la région de Palenque, et elle a été capitale pendant quelque temps.

SITE ARCHÉOLOGIQUE *2 h*

Le site archéologique s'étend sur les berges du Río Usumacinta, à la frontière du Guatemala. Les circuits à Yaxchilán (et Bonampak) peuvent être effectués au départ de San Cristóbal de las Casas, de Palenque (Chiapas) et de Villahermosa (Tabasco). Il est préférable de contacter un service d'avions-taxis : 1 heure de vol. Il y a aussi des circuits terrestres qui durent deux jours, avec de longues marches et des trajets en bateau. Ouvert toute l'année, tous les jours de 8 h à 17 h. $14. ☎ (967) 865-70.

L'accès aux ruines, que ce soit en bateau par le Río Usumacinta ou par avion, offre des **panoramas**★★ splendides et inoubliables. En arrivant au site, on marche à travers un étroit **labyrinthe** de couloirs souterrains qui conduisent à de petites chambres. On pense que cette construction était destinée à simuler un voyage dans les mondes inférieurs au cours des rites d'initiation des prêtres.

La Gran Plaza (ensemble de gauche) – Il reste de modestes vestiges de l'entrée de cette place, où se dressent un grand nombre de constructions et de stèles gravées de hiéroglyphes et de figures. Sur l'esplanade, du côté gauche, on verra d'abord l'**édifice 14** ou **jeu de balle**, avec des panneaux portant encore des inscriptions. Au milieu, on verra les ruines d'une série de constructions qui formaient un palais semblable à celui de PALENQUE, ornés de figures en pierre et de bas-reliefs. Au fond se trouve l'**édifice 6** ou **temple rouge**, qui abrite un grand nombre de céramiques lacandones. Des siècles après l'abandon de la cité par ses premiers habitants, les Indiens lacandons ont utilisé ce lieu pour procéder à leurs rites.

L'ensemble de droite – De l'autre côté de la place, autour de l'escalier d'une grande plate-forme, on verra des structures présentant des stèles et des **linteaux sculptés**★★ d'une grande beauté. Les marches conduisent à la grande acropole.

Gran Acrópolis – En gravissant une pente raide, on verra cette structure constituée de vastes chambres. L'édifice ou **structure 33** contient une statue décapitée représentant le gouvernant Oiseau-Jaguar IV. Un mythe des Lacandons affirme que le jour où la tête retrouvera sa place, ce sera la fin du monde.

Acrópolis Sur – Un étroit sentier au milieu de la forêt conduit au point le plus élevé de Yaxchilán. Ici se dresse avec majesté un groupe de trois bâtiments, dont les entrées présentent des autels et des stèles sculptés. Une de ces structures conserve encore une partie de sa crête faîtière et, à l'intérieur, des restes des peintures murales originelles.
Le chemin de retour conduit à l'**Acropole Ouest**, formée de petites places et d'un groupe de constructions. On verra sur l'une d'elles des linteaux dont la face inférieure est ornée de bas-reliefs très bien conservés.

★BONAMPAK *1 h*

Vallée du Río Lacanhá. Ouvert toute l'année, tous les jours de 8 h à 17 h. $14. ☎ (967) 865-70.

Le site de Bonampak date de 250-792 après J.-C. Il couvre au total 4 km^2. Malheureusement, seule une petite partie a été explorée, celle qui comprend la grande place et l'acropole.

Gran Plaza – On y voit une **stèle** de 5 m de haut et 2 m de large représentant un des plus importants gouvernants de la ville, *Chaan Muan II*, élégamment paré, une lance cérémonielle à la main droite, et à la main gauche un bouclier avec la figure du dieu jaguar du monde inférieur. Les hiéroglyphes au bas de la stèle indiquent la généalogie de ce personnage, de même que les inscriptions des stèles de l'escalier de l'acropole. Une de ces stèles représente deux femmes, dont on suppose qu'il s'agit de la mère et de l'épouse du chef ; elles l'accompagnent dans un rite d'autosacrifice. Sur l'autre apparaît, prostré à ses pieds, un personnage barbu, figure peu courante dans les représentations précolombiennes.

Acrópolis – Ce qui a le plus de valeur dans cet ensemble, ce sont les trois chambres du **temple des Peintures**★, situées à l'extrémité droite de la première plate-forme. La face inférieure des linteaux qui couronnent les portes d'entrée est sculptée de scènes racontant la capture de plusieurs personnages. Les chambres sont ornées de très belles peintures murales. Malheureusement, les couleurs de la première de ces peintures se sont en partie effacées, et dans les deux autres, les méthodes de conservation les rendent difficiles à voir. Au MUSEO NACIONAL DE ANTROPOLOGÍA de Mexico, on pourra admirer de fidèles reproductions grandeur nature de ces peintures.

Dans la **chambre n° 1★★** *(la première à gauche)*, les scènes peintes décrivent la cérémonie de présentation de l'héritier d'une famille gouvernante. Le long des murs apparaissent des personnages de haut rang, qui se préparent à l'événement ; des musiciens jouant de différents instruments égayent la présentation ; un homme porte dans les bras un petit enfant. En haut des murs, on voit de grands masques des divinités et de symboles religieux. La **chambre n° 2** illustre le déroulement d'une féroce bataille, et la **chambre n° 3** les festivités de la victoire.

Région 9

YUCATÁN

Itinéraire maya, plages aux eaux cristallines et étonnante gastronomie

Artisanat et gastronomie p. 49. Il y a des milliers d'années s'est soulevée du fond de la mer la grande plaque qui forme actuellement la péninsule du Yucatán, un coin de terre à part, sans relief ni rivières, où s'est développée l'ancienne civilisation maya. Sous le sol calcaire, support d'une épaisse forêt dans la partie Sud, aride dans la partie Nord, circulent des courants d'eau souterrains. Lorsque la mince croûte du sol s'effondre apparaissent les cenotes, puits naturels autour desquels les Mayas ont élevé d'extraordinaires cités entre les années 400 et 1200 après J.-C. L'éloignement et le manque de communications, aussi bien au plan géographique que politique, entre la péninsule et le reste du pays, ont eu pour conséquence des tentatives séparatistes au cours du 19e s. Cette période s'est caractérisée par le développement de la culture du **henequén**, agave fournissant la fibre de sisal dont on fait des cordes. Mais elle a aussi été marquée par la longue **guerre des Castes**, au cours de laquelle les Indiens mayas, las des mauvais traitements infligés par les propriétaires terriens, se sont soulevés contre eux. À cette même époque, la péninsule a été divisée politiquement en trois États. Voyageurs et explorateurs découvraient le riche héritage archéologique laissé par les Mayas.

La région est habitée par environ 900 000 Indiens, qui parlent toujours la langue maya. L'œuvre de leurs prédécesseurs et la richesse naturelle de la zone ont donné un nouvel essor économique à l'une des régions les moins industrialisées du Mexique. À partir de l'important développement de Cancún, au cours des années 1970, des milliers de personnes du monde entier sont venues visiter ce lieu paradisiaque.

Les ruines des anciennes cités mayas ; les plages de sable blanc ; les îles de l'Est de la péninsule, baignées d'eaux transparentes, où affleure la deuxième barrière de corail du monde ; les réserves écologiques ; les couvents franciscains ; les vestiges des grandes *haciendas henequeras* ; les grottes ; les villages bâtis dans le style des cabanes où vivaient les Mayas il y a mille ans : tout cela, auquel on ajoute une gastronomie variée, fait du Yucatán l'endroit idéal pour entamer un parcours à travers le monde magique des Mayas.

© Robert Frerck/Odyssey

Le quadrilatère des Nonnes, la pyramide du Devin et le jeu de balle.

CAMPECHE

Campeche

204 533 habitants

Carte des principales curiosités p. 8 – Plan p. 279

Place Moch-Cohuo, av. 16 de Septiembre, Centre ☎ (981) 667-67

Capitale de l'État au chaud climat, sur les bords du golfe du Mexique, Campeche a été fondée en 1540 sur l'ancienne cité maya **Ah Kin Pech**, « lieu du soleil », par l'Espagnol Francisco de Montejo (fils), qui l'a baptisée *Villa de San Francisco de Campeche*. Grâce à l'exportation vers l'Europe de bois précieux, principalement le *palo de tinte*, appelé aussi bois de Campeche, le port de Campeche est devenu dans la seconde moitié du 16e s. le plus important de la péninsule du Yucatán. Avec l'essor commercial ont débuté peu de temps après les attaques des pirates européens. Ils ont dévasté, pillé et incendié la ville à plusieurs reprises, jusque vers le début du 18e s. C'est la raison pour laquelle a été entreprise au 17e s. la construction d'un système défensif formé d'une muraille reliant des bastions et des portes. Des forteresses se sont élevées sur les collines, des batteries ont été installées en bord de mer. Aujourd'hui, les vestiges des fortifications hexagonales séparent l'ancienne muraille de la ville moderne. Grands hôtels et édifices publics occupent des terrains pris sur la mer, alors que les rues pavées du centre sont bordées de grands bâtiments aux hautes toitures permettant la circulation de l'air, aux vastes façades sobres ornées de frises à motifs généralement géométriques, rappelant l'époque coloniale.

★VIEILLE VILLE *1 journée*

★**La Muralla** – En 1686 commence la construction de cette enceinte de pierre, d'environ 2,5 km de périmètre et percée de quatre portes. Autour se dressaient huit bastions, dont sept demeurent aujourd'hui.

Puerta de Mar – *Calle 8, en face de Calle 59.* C'était autrefois le seul accès de la ville par la mer.

★**Baluarte de la Soledad** – *Calle 8, en face du Parque Central. Ouvert toute l'année, du mercredi au dimanche de 8 h à 14 h et 17 h à 20 h. 4$ ☎ (981) 681-79).* Il abrite depuis plus de trente ans le **Museo de las Estelas** (musée des Stèles) où sont exposés des monolithes finement sculptés par les anciens Mayas, trouvés sur les sites archéologiques de l'État. Grâce à la rampe extérieure qui mène à la dernière terrasse, on peut se promener le long du chemin de ronde et découvrir d'un côté la vue sur la cathédrale et la place de l'Indépendance, et de l'autre un panorama sur les bâtiments modernes, la jetée *(Malecón)* et le golfe du Mexique.

Baluarte de Santiago – *Angle des rues 8 et 49. Ouvert toute l'année, du lundi au samedi et les jours fériés, de 8 h à 14 h et de 17 h à 20 h, le dimanche de 8 h à 13 h. ☎ (981) 668-29.* Plus de 250 variétés de plantes sont cultivées dans le petit jardin circulaire du **Jardín Botánico Xmuch´Haltun** que l'on traverse par un petit chemin empierré, coin de verdure et refuge écologique cerné par la forteresse.

RENSEIGNEMENTS PRATIQUES

Transport – **Par avion** : les principales lignes aériennes internationales et nationales (comme Aeroméxico ☎ (01-800) 90999 et Mexicana ☎ (01-800) 502-20) offrent des vols et des correspondances pour Mérida, Cancún, Cozumel, Campeche et Chetumal. Aerocaribe/Aerocozumel, Cancún ☎ (98) 842-000 assurent la correspondance pour Chichén Itzá, Cozumel, Playa del Carmen et d'autres destinations dans la région.
Service de taxis dans tous les aéroports. Les principales agences de **location de voitures** *(p. 360)* sont présentes dans tous les aéroports.

En autocar : dans les gares routières des villes principales, des compagnies proposent lignes directes et circuits vers les endroits les plus intéressants : Campeche ☎ (981) 123-81 ; Cancún ☎ (981) 841-378 ; Chetumal ☎ (983) 278-89 ; Mérida ☎ (99) 249-518. *Ces téléphones donnent des renseignements sur les cars, les destinations, les tarifs et les horaires de toutes les compagnies.*

Par bateau : de Cancún à **Isla Mujeres** : Puerto Juárez – Isla Mujeres *(tous les jours, toutes les demi-heures, de 6 h à 20 h ; 30 mn)* ; Playa Tortugas – Isla Mujeres, par navette ☎ (98) 834-448 *(tous les jours, 4 départs entre 9 h 15 et 15 h 45 ; 4 retours entre 10 h et 17 h. Durée de la traversée 45 mn ; 112$ aller-retour)* ; Punta Sam – Isla Mujeres *(voitures et passagers, 5 départs par jour entre 8 h et 20 h 15 ; 5 retours entre 6 h 30 et 19 h 15. Voyage aller 40 mn ; 12.50$ par personne, voiture 51$, camping-car 66$ (le billet du chauffeur n'est pas compris)*. Cancún à **Cozumel** : Playa Tortugas – Cozumel, navette ☎ (98) 834-448 *(en bus jusqu'à Playa del Carmen, puis par bateau jusqu'à Cozumel ; tous les jours, 8 h 45, 11 h 30. Retour à 18 h. Voyage aller 1 h 45. 245$ aller-retour)*. Puerto Morelos – Cozumel ☎ (987) 100-08 *(voitures et passagers, tous les jours de 5 h à 19 h ; trajet aller 2 h ; 40$/personne, 305$ voiture et conducteur, prix aller simple)*. **Playa del Carmen** -Cozumel ; Cruceros Marítimos del Caribe ☎ (987) 215-08 *(14 départs tous les jours entre 5 h et 23 h. 14 retours entre 4 h et 22 h. Voyage aller 45 mn. 80$ aller-retour)*.

Renseignements touristiques et hébergement – *www-wotw.com/Mundo Maya.* Les bureaux de tourisme officiels renseignent sur les hôtels, les agences de voyage et les tours-opérateurs et fournissent des brochures et des cartes. **Campeche** : Coordinación General de Turismo, Plaza Moch Couoh, av. 16 de Septiembre, Centro Campeche C.P. 22000 ☎ (981) 667-67 ; **Mérida** : Módulo de Información Turística, Calle 60, entre 57 et 59, Centro, Yucatán C.P. 97000 ☎ (99) 249-290 ; Cancún : Oficina de Turismo, av. Tulum, N° 26, Centro, Quintana Roo C.P. 77500 ☎ (98) 848-073 ; **Chetumal** : Módulo de Turismo, av. Héroes et Privada Efraín Aguilar, Centro, Quintana Roo C.P. 77000 ☎ (983) 236-63.

Les principales chaînes d'**hôtels** *(p. 360)* sont présentes à Mérida, Cancún et Cozumel ; on y trouve également des petits hôtels et des appartements *(p. 360)*. Mayaland Resorts, Mérida ☎ (99) 250-621, Cancún ☎ (98) 867-902 et États-Unis (800) 235-4079, possèdent des hôtels à Uxmal et à Chichén Itzá. On trouve les hôtels Misión Park Plaza Internacional ☎ (5) 207-0768, (01-800) 900-3800, à Cancún, Mérida, Chichén Itzá et Uxmal. Il y a des **auberges de jeunesse** *(p. 360)* à Campeche ☎ (981) 618-02, Chetumal ☎ (983) 234-65 et Playa del Carmen ☎ (987) 315-08. *Pour toute information concernant le climat et les fuseaux horaires, voir p. 355, 364.*

Loisirs – Les plages offrent toutes sortes de possibilités pour pratiquer les **sports nautiques, voile, plongée, nage** avec masque et tuba. On peut louer directement des équipements dans les marinas des hôtels, ou bien contacter, à Cancún, Wet n'Wild ☎ (98) 813-000, Aqua Tours ☎ (98) 830-400, Aqua World ☎ (98) 852-288 ; à Cozumel, Dzul-ha Water Sports ☎ (987) 213-85. Pour **nager avec les dauphins**, voir Xcaret *(p. 282)* et Dolphin Discovery, Isla Mujeres ☎ (98) 830-777. Plusieurs agences organisent des visites aux **îles** proches, aux **sites archéologiques** et aux **monastères** ; possibilité de renseignements et d'achat de billets dans les hôtels. Visite de Chichén Itzá, Uxmal et Tulum avec des guides spécialisés : Mayaland Resorts *(voir plus haut)* ; Uniterra, Cancún ☎ (98) 848-606 ; Tourismo Bolontikú, Mérida ☎ (99) 281-480, qui organise aussi les circuits de la **Route Puuc** et de la **Route des Monastères**. Pour **Edzná** : Picáz, Campeche ☎ (981) 644-26. Pour **Chicanná**, **Xpuhil** et la **Route Río Bec**, ainsi que **Dzibanché** et **Kinichná** : Agencia Ecoturística Xcalak, Chetumal ☎ (983) 216-61. Pour le **tourisme d'aventure et l'écotourisme**, *voir p. 366*.

Artisanat et marchés – **Campeche** : Casa de las Artesanías de Campeche ☎ (981) 690-88 *(céramique, textiles, chapeaux dans le genre panama, artisanat de la région)*.

Cancún : Mercado de Artesanías. **Mérida** : El Tixcocob ☎ (99) 286-210 *(hamacs et artisanat)* ; El Aguacate ☎ (99) 231-838 *(hamacs)* ; El Becaleño *(chapeaux dans le genre panama)* ; textiles, hamacs, artisanat traditionnel : Casa de las Artesanías del Gobierno del Estado de Yucatán ☎ (99) 286-676 ; Mercado García Rejón et Bazar Lucas de Galves.

Baluarte de San Pedro – *Angle Nord-Est du circuit des Bastions. Ouvert toute l'année de 9 h à 13 h et de 17 h à 20 h.* ☎ (981) 655-93. L'ancienne prison de l'Inquisition abrite aujourd'hui un magasin d'exposition et de vente d'objets d'artisanat.

★ **Puerta de Tierra** – *Calle 18, face Calle 59. Ouvert toute l'année du lundi au samedi de 10 h à 21 h, le dimanche de 10 à 15 h. Fermé les jours de fête nationale. 2 $. ☎ (981) 667-67. Spectacle son et lumière le vendredi et le samedi à 20 h.* Reliée par le pan de muraille le plus long qui soit encore debout, cette porte, flanquée au Nord-Est du bastion de San Francisco et au Sud-Ouest du **bastion de San Juan**, se distingue par sa construction et sa grande arche. D'ici, la vue sur la Puerta de Mar toute proche permet de se faire une idée assez précise des dimensions de la ville à l'époque des vice-rois. Le vendredi et le samedi, l'histoire de Campeche est illustrée ici par un spectacle son et lumière.

Baluarte de Santa Rosa – *Calle 67, entre Calle 12 et Calle 14. Ouvert toute l'année et tous les jours de 8 h à 14 h et de 17 h à 20 h. ☎ (981) 673-64.* Ce bastion protégeait le quartier de San Román, un des plus anciens de la ville. Il abrite aujourd'hui un bureau d'information touristique.

Baluarte de San Carlos – *Angle des rues 8 et 65. Ouvert toute l'année, du mardi au samedi de 9 h à 20 h, le dimanche de 9 h à 18 h. ☎ (981) 655-93.* Ce bastion renferme un petit musée de la Ville. Il expose maquettes, photos, cartes et des renseignements sur l'histoire de Campeche. On visite aussi les caves humides où l'on stockait la poudre.

Catedral – *Angle des rues 55 et 10, en face de la Plaza Central. Ouvert toute l'année, tous les jours de 6 h 45 à 12 h et de 15 h 30 à 20 h 45. ☎ (981) 655-93.* La pierre blanche de cette cathédrale du 18ᵉ s. aux belles proportions donne sa luminosité au portail de simple facture, grâce aussi aux cinq niches, abritant des statues de saints, qui créent un effet de clair-obscur. Sur les côtés, les deux tours élégantes, « l'espagnole » à gauche et « la campechana » à droite, sont couronnées de gracieuses lanternes. À l'intérieur, à gauche du chœur, on voit une statue de Christ en bois avec des incrustations d'argent. On enferme cette statue dans une structure de verre à l'occasion du **Santo Entierro**, célébration de la mise au tombeau.

AUTRES CURIOSITÉS *2 h 30*

Iglesia de San Román – *Calle Bravo, angle de Calle 10, Quartier San Roman. Ouvert toute l'année de 7 h à 12 h et de 15 h à 21 h. ☎ (981) 655-93.* Sur le maître-autel, on vénère un célèbre Christ Noir, statue en ébène dont les miracles et la protection sont pris en grande considération par les *Campechanos*. La fête en l'honneur de ce Christ se déroule au mois de septembre ; c'est la plus importante de l'État.

Fuerte de San Miguel – *Prendre l'avenue Ruiz Cortines et la rue Justo Sierra vers le Sud sur 2,5 km, puis suivre à gauche le Camino Escénico sur 300 m. Ouvert toute l'année, du mardi au samedi et les jours fériés, de 8 h à 20 h, le dimanche de 9 h à 13 h. 4 $. ☎ (981) 655-93.* Perchée au sommet d'une colline, cette forteresse du 18ᵉ s., une des dernières constructions du système défensif de la ville, a conservé fossé, pont-levis, rampe, terrasse et tours de guet. Les salles de l'intérieur renferment des pièces précolombiennes trouvées sur les sites archéologiques de l'État, en particulier des bijoux et des masques de jade provenant de la zone archéologique de Calakmul.

Reducto de San José (El Alto) – *Suivre l'avenue Ruiz Cortines et la rue Pedro Saínz de Barranda au Nord-Est, tourner à droite sur la place 4 de Octubre et continuer jusqu'à Morazán ; tourner ensuite à droite et faire encore environ 100 m après le monument à Benito Juarez. Ouvert toute l'année, du mardi au samedi et les jours fériés de 9 h à 20 h, le dimanche de 9 h à 13 h. 4 $. ☎ (981) 655-93.* De cette construction militaire carrée, on jouit d'une vue magnifique sur la mer et la ville, surtout au coucher du soleil. À l'intérieur, dans les salles du rez-de-chaussée, on découvre une maquette de la ville, des répliques à échelle réduite des bateaux qui s'amarraient jadis dans le port, des armes anciennes, ainsi que divers objets de l'époque des vice-rois.

EXCURSIONS

★**Zona arqueológica Edzná** – *3 heures. À 55 km. Sortir par l'avenue Central vers l'Est et prendre la route fédérale 180 en passant par le village de Chiná. Traverser le village et continuer jusqu'au croisement ; tourner à gauche et rouler 10 km sur la route fédérale 188. Ouvert toute l'année, tous les jours de 9 h à 17 h. 14$. ☎ (981) 667-67.* Au centre d'une vallée verdoyante se dresse Edzná, « la maison des Itzás », un important centre cérémoniel maya qui a connu son apogée entre 600 et 900 après J.-C. Il était habité par des prêtres, des commerçants et des artisans. À cette époque, temples et autres édifices étaient recouverts d'une couche de stuc, généralement peinte en rouge. Certaines de ces constructions conservent encore des traces de cette décoration.

Outre son architecture conçue en relation avec les phénomènes célestes et les dates significatives des Mayas, Edzná possédait un ingénieux système hydraulique utilisant la courbe du terrain, qui permettait de recueillir, de stocker et de relâcher l'eau de pluie. La cité a été découverte en 1906 par des paysans. L'exploration a débuté en 1927, et les premières fouilles archéologiques ont été effectuées en 1958. On peut visiter une vingtaine d'édifices et d'espaces dégagés distribués sur environ 8 ha.

Plataforma de los Cuchillos – *En entrant, prendre la direction Ouest.* Dans cet édifice de style architectural Puuc a été découverte une riche offrande de couteaux *(cuchillos)* de pierre. À chaque extrémité se trouvaient des chambres voûtées, sans doute destinées à des dignitaires.

Pequeña Acrópolis – *Prendre vers le Sud et traverser jusqu'au fond la place centrale et ses édifices.* Dans ce complexe, où ont été trouvées la plupart des stèles mayas, on remarque en particulier le **Templo de los Mascarones**. On y voit deux masques en stuc modelé représentant le dieu Soleil : astre levant à gauche et astre couchant à droite. À l'Est du temple, un autre édifice présente des escaliers ornés de différents bas-reliefs anthropomorphes, de jaguars aux aguets et de figures géométriques.

Gran Acrópolis – *Revenir sur la place centrale et gravir les escaliers du côté Est.* Ce centre de l'ancienne cité est composé de grands soubassements sur lesquels s'élèvent des temples et des palais disposés symétriquement. L'intérieur de ce siège de gouvernement théocratique abrite une petite place centrale avec une plateforme cérémonielle.

★★★**Templo de los Cinco Pisos** – Majestueuse construction de 31,5 m de hauteur, le « temple aux cinq étages » servait probablement, avec ses 27 chambres en enfilade, de logement pour de hauts personnages mayas. En montant, on remarque sur les quatre premiers degrés des hiéroglyphes portant la date 652, certainement en rappel d'un événement majeur. Une immense crête faîtière ajourée couronne le temple en son sommet. Elle est incomplète parce qu'elle a été frappée par la foudre à plusieurs reprises. Sur le côté Nord de l'édifice on note différentes caractéristiques de l'architecture maya, des styles de Petén, Chenes, Puuc et Chontal (ou tardif).

★**La Ruta Río Bec (Sites archéologiques de Xpuhil, Becán, Chicanná et Kohunlich)** – *1 journée. À 292 km de Campeche. Prendre la direction Sud de Campeche par la route 261 jusqu'à Escárcega (139 km) ; prendre à l'Est la route 186 ; Xpuhil est à 135 km.* *(Voir p. 299).*

Temple aux Cinq Étages

CANCÚN★★

Quintana Roo

300 000 habitants

Carte des principales curiosités p. 8

ℹ Av. Tulum, N° 26 ☎ (98) 848-073

Cette île des Caraïbes mexicaines de 17 km de longueur et 2 km de large est réunie à la péninsule par deux ponts, à Punta Nizuc et Punta Cancún, facilitant l'accès à l'aéroport et au centre ville. La construction du complexe touristique a débuté en 1970, permettant à un grand nombre de visiteurs de profiter de ses eaux cristallines et de son sable blanc.
Entre l'île et la terre ferme s'étend la lagune de **Nichupté★** où l'on trouve un grand nombre d'hôtels, de restaurants et de magasins d'équipement pour les sports nautiques.

CURIOSITÉS *1 journée*

★★★**Plages** – *Le long du boulevard Kukulcán.* La douceur du sable blanc, le vert émeraude et le bleu turquoise de l'eau sont une magnifique invitation à la détente. Du kilomètre 3 au kilomètre 19 s'étende une infinité de plages ; les plus fréquentées sont **Linda, Langosta, Caracol, Tortugas, Chac-mool, Ballenas et Delfines.**

Museo Arqueológico de Cancún – *Boulevard Kukulcán, km 9,5. Annexe du Centro de Convenciones. Ouvert toute l'année, du mardi au samedi de 9 h à 19 h, dimanche de 10 h à 17 h Fermé pendant les fêtes nationales. 10$. ☎ (98) 830-305.* Cette construction à un seul étage renferme des pièces représentatives de la culture maya : poteries, stèles et une sculpture appelée la Tête de Roi, qui a donné son nom à un site archéologique. On pourra y voir également des dessins et photos illustrant l'histoire de la civilisation maya, la conquête espagnole et les traditions culturelles de la région.

Zona arqueológica El Rey – À *10 km au Sud du Centro de Convenciones. Entrée au km 18,5 du boulevard Kukulcán, dans la zone hôtelière. Ouvert toute l'année, tous les jours de 8 h à 17 h. 10$. ☎ (98) 833-671.* C'est le plus grand site archéologique de Cancún. Il mesure 520 m de long sur 70 m de large. Il se compose de deux places fermées par des constructions.
Les vestiges appartiennent à la dernière période du postclassique (1200-1550 après J.-C.). Comme pour d'autres enclaves côtières, sa situation a permis les échanges de produits de la mer et d'objets utilitaires et ornementaux. Sur la première place se trouve une plate-forme en L avec un escalier et deux rangées de colonnes.
Sur un côté de cette structure se trouve un temple à colonnes, flanqué d'un autre temple. La construction pyramidale attenante fait 5,5 m, et sur sa partie supérieure on peut voir des vestiges de murs extérieurs, ainsi que deux petits autels. Le long de la chaussée Nord s'élèvent plusieurs plates-formes à usage d'habitation.

EXCURSIONS

★★**Isla Mujeres** – *1 journée. Accès par avion ou bateau à partir de Cancún.* Cette île a été explorée par les Espagnols en 1517 ; Francisco Hernández de Córdoba l'a baptisée « île des femmes « parce qu'on y vénérait la déesse Ixchel et d'autres idoles féminines. Aujourd'hui, l'île abrite 8750 habitants et une vie touristique animée, grâce à ses récifs magnifiques et aux possibilités qu'elle offre pour la nage avec tuba et la plongée. À **Playa Cocos** *(qui va du centre jusqu'au bout de l'avenue Hidalgo)* où les eaux sont tranquilles et transparentes, sont organisées des activités nautiques. Au **Parque Nacional El Garrafón★** situé en face de l'un des grands récifs de l'île *(Punta Azul, km 6 ; ouvert toute l'année, tous les jours de 9 h à 17 h ; 15$ ☎ (987) 700-98)*, on peut nager avec masque et tuba au milieu de la grande diversité d'espèces marines qui peuplent cet extraordinaire habitat, ou bien faire une promenade en canot jusqu'à **Los Manchones,** zone de récifs en haute mer qui offre un excellent site pour la plongée. Dans la partie Sud de l'île, on rejoint les ruines de ce qu'on appelle communément **Observatorio Maya**, sans doute un ancien sanctuaire remontant au 14e ou au 15e s.

★★**Cozumel** – *1 journée. Accès par ferry-boat du port de Morelos, par bateau au départ de Playa del Carmen, ou en avion (aéroport international).* La plus grande île des Caraïbes mexicaines avec 52 km de long et 18 Km de large, Cozumel (48 385 habitants) se trouve à 19 km au large de Playa del Carmen. Elle est entourée de récifs qui lui ont donné sa réputation mondiale auprès des plongeurs professionnels et des amoureux de la nature. Aujourd'hui un grand complexe touristique, elle lutte pour préserver ses richesses naturelles en dépit du grand nombre de constructions qui s'y élèvent de jour en jour. Les eaux y sont claires, les plages blanches, avec une assez forte houle sur la côte orientale de l'île. Découverte en 1518 par Juan de Grijalva, l'île était à l'époque préhispanique un important centre cérémoniel très fréquenté par les Mayas, consacré à la déesse Ixchel, ainsi qu'un lieu d'échanges commerciaux.

Cancún

Il faut visiter le parc naturel **Chankanab★** *(à 10 km au Sud par la route principale ; ouvert toute l'année, de 7 h à 18 h. 50$; ☎ (987) 209-14)* qui protège le récif du même nom et une lagune unique au monde avec son manteau de corail intérieur. C'est un endroit merveilleux pour la découverte avec masque et tuba et la plongée ; **la Playa San Francisco** *(à 14 km au Sud par la route principale)*, une crique aux eaux tranquilles, qui tout comme la **Playa Sol** *(km 12)* est idéale pour se baigner ou se reposer au soleil dans un paysage de palmiers. À **Palancar★** *(à 21 km au Sud par la route principale et à 1,7 km de la plage du même nom)* s'étire sur 9 km le récif de corail qui a fait la renommée mondiale de Cozumel auprès des plongeurs, professionnels ou amateurs. La visibilité sous l'eau va de 150 à 250 m, ce qui offre une luminosité parfaite pour la photographie. Le commandant **Cousteau** a effectué plusieurs expéditions scientifiques à cet endroit. À partir d'ici on peut emprunter la route principale vers l'Ouest, et visiter Laguna Colombia et Punta Celarain.

Zona arqueológica San Gervasio – *À 14 km vers la côte Est de l'île par la route transversale. 8 km vers l'Est jusqu'à l'embranchement à gauche, et suivre le chemin sur 6 km. Ouvert toute l'année de 8 h à 16 h. 7$. ☎ (987) 205-28.* Ce site se trouve sur une importante nappe aquifère. Les structures les plus importantes sont le **Groupe III**, constitué par la Plaza Manitas, appelée ainsi à cause d'un édifice décoré de petites mains de couleur rouge, ainsi que le **Groupe II** ou **Murciélagos**, qui appartient à la fin de la période classique (800-1000 après J.-C.), composé de la plate-forme de l'édifice Murciélagos et d'une maison ronde. Les deux groupes appartiennent à deux périodes différentes : fin de la période classique, et post-classique tardif. À travers un « chemin blanc », ou **sacbé**, on arrive sur la **Plaza Central**, qu'on appelle aussi **Los Nichos** à cause des niches qui ornent le pourtour d'un des édifices. Avec le **Ka'an Nah** et le **Nohoch Nah** (maison grande), on découvre d'autres bâtiments importants, reliés aux autres constructions par des chemins serpentant dans la forêt exubérante.

De Playa del Carmen à Tulum – *Parcours total 131 km. Tous les points indiqués sont au Sud de Cancún, et signalés sur la route de Chetumal.*

Playa del Carmen (Solidaridad) – *2 heures. 68 km au Sud de Cancún par la route de Chetumal.* Point de départ de ce qu'on appelle le « couloir touristique », ce village paisible aux plages magnifiques est animé chaque jour d'un grand nombre de visiteurs qui le transforme en important centre de tourisme.

★★ **X'Caret** – *1/2 journée. 72 km au Sud de Cancún par la route de Chetumal. Ouvert tous les jours de 8 h 30 à 22 h d'avril à octobre ; de 8 h 30 à 21 h de novembre à mars. 255$. ☎ (98) 833-144.* Ce magnifique parc naturel abrite des cenotes, une rivière souterraine et des plages de rêve, où les visiteurs peuvent voir de près la faune marine de la réserve ; visiter un aquarium, des élevages de papillons et d'oiseaux, et voir le spectacle nocturne qui se déroule sur le site archéologique et au théâtre du village.

Akumal – *1 heure. À 104 km au Sud de Cancún par la route de Chetumal. Entrée par le Club Maya Akumal.* Grande crique bordée par un grand complexe touristique, où l'on peut profiter de la plage ou nager avec un tuba dans la magnifique lagune **Yal-ku★** *(ouvert toute l'année, de 8 h à 17 h ; 45$; ☎ (987) 590-60).*

© Robert Frerck/Odyssey

★★Xel-Ha – *1/2 journée. À 122 km au Sud de Cancún par la route de Chetumal. Ouvert toute l'année, tous les jours de 8 h à 18 h. 120$* ✂ ☎ *(98) 849-422.* Crique dont le nom signifie « où naît le soleil », c'est aujourd'hui une réserve écologique où l'on se baigner avec masque et tuba, ou s'enfoncer dans la forêt à la découverte d'un cenote, en suivant la berge de la rivière. À environ 100 m du parc, de l'autre côté de la route, s'étend le **site archéologique Xel-Ha** *(ouvert toute l'année, de 8 h à 17 h ; 10$; ☎ (98) 833-671).* Son établissement date de 300 après J.-C. Il a été abandonné en 1527, après avoir traversé diverses péripéties. L'ensemble se compose de la structure Las Pilastras et, en suivant le *sacbé* on parvient à la Casa del Jaguar et à la structure Las Alfardas ; à gauche de cette plate-forme s'ouvre un énorme cenote aux eaux azur.

★★Zona arqueológica Tulum – *1/2 journée. 131 km au Sud de Cancún. Voir p. 300.*

★★★Zona arqueológica Chichén Itzá – *1/2 journée. 201 km à l'Ouest de Cancún. Voir p. 285.*

★★★Guatemala – *Par avion charter au départ de Cancún. Voir p. 310.*

★★★Belize – *Par avion au départ de Cancún. Voir p.* 336.

CHETUMAL

Quintana Roo

200 000 habitants

Carte des principales curiosités p. 8

ℹ Route de Calderitas, N° 622 ☎(983) 208-55

Sur la baie où débouche le Hondo, rivière qui marque la frontière avec le Belize, Chetumal, capitale du jeune État, a été fondée en 1898 pour contrôler la contrebande du bois de Campeche et celle des armes qui arrivaient aux mains des Indiens révoltés pendant la guerre des Castes. Peuplée avec certaines difficultés, la ville a été détruite à plusieurs reprises par les cyclones, raison pour laquelle il reste très peu de maisons de bois traditionnelles. Une forêt épaisse où foisonnent vestiges archéologiques et remarquables sites naturels entoure la ville. Chetumal a été surnommée **Cuna del Mestizaje,** berceau du métissage ; l'Espagnol **Gonzalo Guerrero** s'est marié ici en 1511 suivant le rite maya, et a eu des enfants, avec une femme de haut rang de la cour du cacique de la région.

CURIOSITÉ *2 h*

★Museo de la Cultura Maya – *Av. Héroes, angle de Mahatma Gandhi. Ouvert toute l'année, du mardi au jeudi et les jours fériés de 9 h à 19 h ; le vendredi et le samedi de 9 h à 20 h, le dimanche de 9 h à 14 h. Fermé le 1er janvier, le 1er mai, le 25 décembre. 15$ ☎ (983) 268-38.* Sur trois niveaux consacrés à la vie terrestre, au monde inférieur et à la voûte céleste, traversés par une représentation de l'arbre sacré (un fromager), le visiteur parcourt la civilisation précolombienne maya. Grâce à des copies de pièces importantes, d'impressionnantes maquettes, des écrans interactifs et des **présentations électroniques** à manipuler soi-même, on trouve une mine d'informations sur les caractères physiques, la vie quotidienne, l'architecture et la science des anciens Mayas.

EXCURSIONS

★Bacalar – *1/2 journée. À 38 km au Nord-Ouest de Chetumal. Prendre la route 186 ; après environ 18 km emprunter la route 306 ; après 20 km, on arrive à Bacalar.* Petite ville tranquille sur les rives de la lagune du même nom, c'est ici qu'a été fondée l'ancienne cité Bakjala des Itzás. La domination entière des Espagnols sur la région, amorcée à l'époque de la conquête, ne s'est achevée qu'au tournant du 20e s., bien qu'au 18e s. Bacalar ait été reconstruite pour arrêter les incursions des pirates anglais. Pendant la Guerre des Castes, le fort est passé sous la domination des Indiens révoltés, qui ont contrôlé cette région éloignée du Mexique du milieu du 19e s. jusqu'à 1901, date à laquelle l'armée à réussi à faire une percée par Chetumal.

★★ **Cenote Azul** – *Ce cenote est à l'entrée de Bacalar. Ouvert toute l'année, de 8 h à 19 h ✗ ☎ (983)208-55.* C'est un profond trou d'eau de 250 m de diamètre, dont la transparence laisse apercevoir les racines tordues des petits arbres qui l'entourent. On ressent à nager dans cet endroit une fraîche sensation de vertige quand on pense à sa profondeur : à ce jour, on l'a exploré jusqu'à 90 m. Un restaurant s'est ouvert sur la berge.

★★★ **Laguna de Bacalar** – *Du côté Est de la ville.* Palmiers et palétuviers s'inclinent sur cette lagune d'eau douce de 68 km de long, comme s'ils voulaient caresser ses eaux tranquilles et transparentes. Elle est également connue sous le nom de **Laguna de los siete colores**, à cause de la palette de couleurs qu'offrent ses différentes profondeurs ; les plus foncées marquent les sept cenotes qui alimentent la lagune. Plusieurs chenaux la relient à la baie de Chetumal et au Río Hondo.

★ **Fuerte de San Felipe** – *Av. Tres, Est de la Plaza Principal. Ouvert toute l'année, du mardi au dimanche de 9 h à 18 h. Fermé les jours de fête nationale. 5$. ☎ (983) 236-00.* Pour protéger la ville des attaques des pirates et des trafiquants de bois de Campeche, on a commencé en 1729 à édifier cette forteresse, gardienne de la lagune. Elle est faite d'épais murs avec quatre bastions, chacun d'eux consacré à un saint patron, avec aux angles des canons et une haute tour de guet, le tout entouré d'un fossé de 4 m de profondeur. C'est l'une des rares constructions de l'époque des vice-rois dans l'État, ce qui témoigne de la faiblesse du contrôle espagnol dans cette zone éloignée. Le **musée** qui se trouve à l'intérieur présente un parcours historique de la région, des Mayas précolombiens à la fin de la Guerre des Castes, durant laquelle les Indiens rebelles ont pris possession du fort.

Zonas arqueológicas Dzibanché y Kinichná – *1 h30. À 81 km de Chetumal. Prendre à l'Ouest la route 186 pour 58 km, puis l'embranchement à droite pour 17 km, et un chemin goudronné sur 6 km. Le site se trouve 34 km avant le site archéologique de Kohunlich (voir la Ruta Río Bec plus loin).* Les deux sites ont été ouverts au public en 1994, dans un environnement de hautes collines boisées, au-dessus desquelles volent toujours des nuées de perruches et une grande variété d'oiseaux de toutes les couleurs.

Dzibanché – *Ouvert toute l'année de 8 h à 17 h. 10$. ☎ (983) 208-55.* Ce nom signifiant « écriture sur bois » vient des linteaux gravés de hiéroglyphes de **l'Edificio 6**. Cette construction se compose de quatre corps de bâtiment à *talud-tablero*. Dans l'embrasure Sud du temple supérieur, on voit encore le linteau d'origine, portant une inscription calendaire indiquant 733 après J.-C. Au Sud de l'édifice 6 s'étendent deux places ; celle de l'Est est entourée de grands **palais** et de l'**Edificio 2**, le plus haut du site. Il s'agissait probablement de monuments funéraires, car on y a trouvé des tombes avec de riches offrandes.

© Robert Frerck/Odyssey

Lagune de Bacalar

Kinichná – *Mêmes conditions de visite que pour Dzibanché.* Les habitants de Dzibanché se sont établis sur 40 000 km² dans cette région, y élevant des lieux de culte en hommage aux dieux et à leurs gouvernants. À 2 km de Dzibanché, **Kinichná** a probablement fait partie de l'un de ces complexes. Cet ensemble architectural se compose de trois corps de bâtiment superposés, sur lesquels ont été élevés des temples à caractère cérémoniel et funéraire. Le temple supérieur abritait la tombe de deux personnages, inhumés avec des objets en jade qui comptent parmi les plus fins trouvés dans la région. Sur les côtés des escaliers on voit des vestiges de grands masques.

★ **La ruta Río Bec (Sites archéologiques de Xpuhil, Becán, Chicanná et Kohunlich)** – *1 journée. À 124 km à l'Ouest de Chetumal par la route 186 ; on recommandera de commencer la visite par Kohunlich et de la terminer par Xpuhil. (Voir p. 299).*

★★★ **Guatemala** – *Accès par avion charter ou autocar. Voir p. 310.*

★★★ **Belize** – *Accès par avion ou autocar. Voir p. 336.*

Zona arqueológica CHICHÉN ITZÁ★★★

Yucatán

Carte des principales curiosités p. 8 – Plan p. 287

ℹ ☎ (985) 101-24

Chichén Itzá est l'une des cités anciennes les plus fascinantes du monde. Ses ruines majestueuses dominent la plaine crayeuse qui forme le paysage caractéristique de la péninsule du Yucatán, sous un soleil implacable, au milieu d'une végétation basse poussant sur un sol calcaire où s'infiltre l'eau.
Les populations se sont installées autour des *cenotes*, puits naturels qui se sont ouverts au moment de l'affaissement de la croûte calcaire du sol, et ont construit ce centre cérémoniel, inscrit en 1988 au Patrimoine culturel de l'humanité.
Chichén Itzá, « la cité au bord du puits des sorciers de l'eau », a été la plus grande capitale de la zone maya entre 750 et 1200 après J.-C. Bien qu'elle soit au nombre des sites archéologiques mayas les plus étudiés, la ville sacrée n'a toujours pas dévoilé tous ses secrets. *(Voir les Mayas, p. 28, 290).*

Un peu d'histoire

Chichén Viejo et les Itzás – Des légendes fabuleuses et contradictoires ont été créées autour de Chichén Itzá, aussi bien par les Mayas que par les Espagnols. Ces histoires se sont démenties à partir du 19e s., après que de nombreux voyageurs aient entrepris l'étude du site, certains plus par esprit d'aventure que par esprit scientifique. Les grandes fouilles archéologiques ont débuté en 1924.
Sur un territoire occupé depuis 300 avant J.-C. par une petite population d'agriculteurs, Chichén, « bouche du puits », qui ne s'appelait pas encore Itzá, est fondée au 5e s. après J.-C. Elle connaît une première période de gloire entre le 7e et le 9e s., au moment de la construction de ce que l'on appelle aujourd'hui le *Chichén Viejo*. Au 9e s. elle passe par une période de déclin qui touche toute la région maya. Mais Chichén n'est pas abandonnée, et au début du 10e s. apparaissent les traits culturels différents de ceux des premiers Mayas.
Les Itzás, Mayas-Chontales originaires de Campeche qu'on appelait « sorciers de l'eau », sont arrivés à Chichén vers 918. Du fait de leurs relations commerciales étendues, ils possédaient une culture hybride aux diverses influences, en particulier celle du Haut Plateau Central.

Kukulcán et la guerre civile – Vers 980, Chichén Itzá accueille une nouvelle vague d'habitants d'origine toltèque, menée probablement par **Kukulcán** (traduction maya de Quetzalcóatl, le serpent à plumes), roi-prêtre expulsé de Tula. Ce groupe impose une théocratie militariste, le culte du serpent à plumes, et les sacrifices humains à finalité sacrée. Chichén Itzá est en position dominante, et c'est à cette époque que s'élèvent les constructions voisines d'El Castillo. Vers 1185, sans doute suite à une guerre civile entre Uxmal, Mayapán et Chichén Itzá, les habitants abandonnent la ville et s'installent dans la forêt du Petén (aujourd'hui au Guatemala), où ils sont finalement dominés en 1697 par les Espagnols, sous le commandement de Joaquín de Ursúa.

SITE ARCHÉOLOGIQUE *1/2 journée.*

Ouvert toute l'année de 8 h à 17 h (services ouverts de 8 h à 22 h). 30$ ☎ (99) 440-033. Il est recommandé d'arriver la veille pour assister au spectacle son et lumière (voir plus loin Luz y sonido).

Les édifices ont été construits en groupes bien définis sur une aire de 3 km de long et 1,5 km de large, avec des esplanades consacrées au culte. Au Sud d'El Castillo se trouve l'ancienne cité, appelée Chichén Viejo, dont les constructions présentent des caractéristiques Puuc. Les constructions de la zone proche d'El Castillo, groupées sous le nom Chichén Nuevo, sont d'un style architectural plus austère, moins décoré, avec une influence toltèque manifeste.

El Castillo (Pyramide de Kukulcán) – Sur la grande place se dresse un édifice imposant, d'influence toltèque, avec des éléments de style maya classique. Il se compose de trois structures superposées. La base fait 60 m de côté. Elle est surmontée de neuf corps de bâtiment qui s'élèvent en diminuant progressivement de taille. Cette disposition fait que la construction apparaît plus haute qu'elle ne l'est en réalité (24 m). Les murs en *talud* présentent des moulures saillantes. Sur chaque façade courent des escaliers. La façade principale se distingue par ses arbalétriers, qui prennent au niveau du sol la forme de têtes de serpents.
La construction est orientée de telle sorte qu'aux équinoxes de printemps (21 mars) et d'automne (22 septembre), le jeu des ombres et de la lumière y projette une série sinueuse de triangles qui aboutit à la tête du serpent au pied de l'arbalétrier : Kukulcán sous forme de serpent descend sur la terre pour la féconder, en passant par un des murs latéraux des escaliers. Obtenue grâce aux rayons du soleil de l'après-midi, cette illusion renforce le mystère de l'endroit, auquel on attribue une fonction astronomique ; chaque escalier est formé de 91 marches, nombre qui, multiplié par les quatre côtés, donne avec la marche du temple supérieur un total de 365, associé au calendrier civil (18 mois de 20 jours, plus cinq jours considérés comme funestes). De plus, chaque côté de la pyramide porte 52 *tableros* correspondant aux 52 années du cycle toltèque.

Adoratorio – Au sommet de la pyramide, le temple présente une décoration sobre. Sa façade principale a trois embrasures avec des piliers en forme de serpents à plumes ; la tête en constitue la base, et la queue munie de sonnettes couronne le pilier qui supporte le linteau. À l'intérieur se trouvent deux colonnes ornées de bas-reliefs de guerriers toltèques qui se répètent sur les poutres en bois.
D'ici on a une **vue★★★** magnifique sur tout le site archéologique et sur le plateau, qui s'étend jusqu'à l'horizon comme un grand tapis vert.

Le Caracol et le Castillo

Templo interior – *Ouvert tous les jours de 11 h à 15 h et de 16 h à 17 h.* Un tunnel, où même les pierres transpirent, mène à la pyramide interne au-dessus de laquelle on a élevé El Castillo. En son sommet on découvre une statue de Chac-mool, face à un trône en forme de jaguar d'un rouge profond, avec des incrustations de jade figurant les yeux et les ocelles du pelage.
À partir de l'édifice suivant, on pénètre dans l'ancienne cité, Chichén Viejo.

El Osario (Ossuaire, ou Tombe du Grand Prêtre) – Ce soubassement pyramidal montre quatre escaliers ornés d'arbalétriers en forme de serpents dont les têtes ornent le pied des marches. Cette structure a été élevée au-dessus d'une grotte profonde, dans laquelle on a découvert des tombes modestes contenant des ossements et des offrandes. Les colonnes du sommet sont sculptées de figures de guerriers.

Casa Colorada – On a appelé ainsi cette maison à cause des vestiges de peinture rouge trouvés à l'intérieur. Les murs des façades sont lisses, avec des frises sans ornements, et deux crêtes faîtières de style Puuc portant des visages de Chaac. On dénomme aussi la maison « Chichanchoob », qui signifie petits trous, à cause de ces couronnements ajourés. Dans cet ensemble on voit d'autres édifices en ruines, comme la **Casa del Venado,** ainsi baptisée parce qu'une peinture sur l'un de ses murs représente un cerf.

Edificio de las Monjas – Les conquistadores l'ont nommé « édifice des Nonnes », à cause du grand nombre de pièces qu'il comporte, qui leur rappelait les cellules d'un couvent. Au départ, c'était un vaste palais qui s'étendait sur la place. Par la suite, on lui a ajouté de hautes plates-formes, et un deuxième niveau décoré de peintures murales et de mosaïques de pierre, dans le style Puuc tardif. Les différentes étapes de la construction sont apparentes sur le côté droit de l'escalier principal, car les premiers explorateurs y ont dynamité la paroi pour découvrir ce qu'il y avait derrière.

Annexe – Cet édifice constitue en réalité la première étape de construction de l'édifice des Nonnes. Il est formé d'une suite de pièces et de couloirs communiquant en équerre. La décoration des façades l'apparente au style Chenes. On remarque la façade principale à l'Est, décorée de masques du dieu Chaac et d'une figure sur un trône de plumes, dieu, ancêtre ou dirigeant. Au-dessous s'ouvre une entrée qui prend la forme de la bouche de cette divinité.

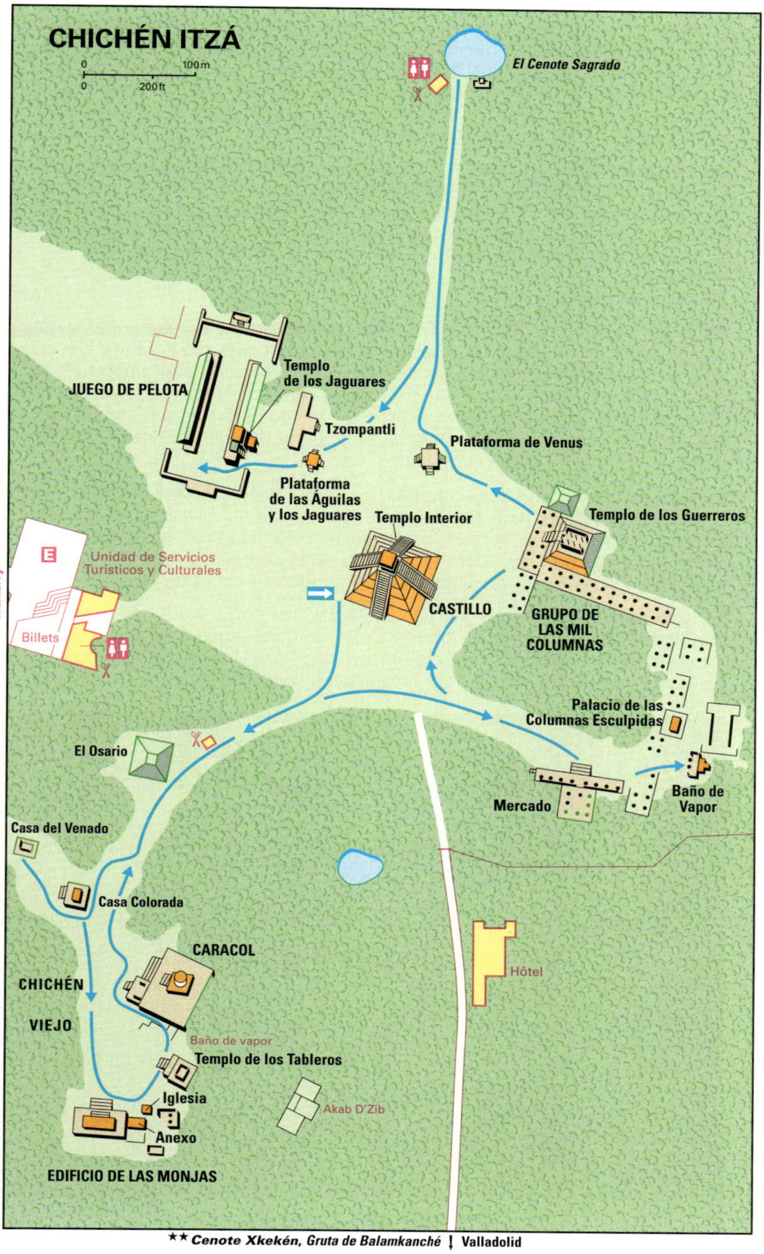

Iglesia – Ce petit appartement d'une seule pièce est un véritable joyau de style Puuc. Les murs lisses du premier ordre de la façade équilibrent l'exubérante décoration des deux ordres supérieurs. Les corniches sont ornées de serpents ondulants et les frises portent des représentations de Chaac, avec un personnage assis ajouté sur le nez du masque central. Sur les panneaux latéraux, on voit les figures des quatre porteurs du ciel *(bacabes)*, qui délimitaient les quatre coins du monde. La crête faîtière décorée de grandes grecques en relief rehausse encore la beauté de ce monument.

Templo de los Tableros – Son nom lui vient des panneaux sculptés des parois Nord et Sud de la colonnade, qui montrent des scènes avec de nombreux personnages, animaux et plantes. Le relief de la sculpture murale n'est pas très visible aujourd'hui. Du côté Est se trouve l'Akabdzib, un édifice en ruines.

El Caracol – Cette structure circulaire, posée sur deux plates-formes superposées, est aussi appelée l'observatoire ; à cause de sa forme, on l'a associée à l'étude des astres. On remarquera les trois ouvertures ou fenêtres de la partie supérieure, et un ensemble d'alignements qui se rattachent probablement à des manifestations astronomiques comme Vénus ou le coucher du Soleil aux équinoxes. Le Caracol (colimaçon) est ainsi nommé à cause de l'escalier en spirale qui menait à la partie supérieure. Il ne reste plus à l'intérieur que deux pièces rondes autour d'une colonne centrale. L'édifice appartient à une étape de transition entre les périodes classique et postclassique : il a été construit vers 900 après J.-C. Il présente de notables caractères puuc et toltèques.

Grupo de las Mil Columnas – À partir d'ici, l'influence toltèque sur les constructions du Nord de Chichén Itzá est manifeste. Ce groupe est délimité par les rangées de colonnes qui supportaient les poutres de soutènement des voûtes, dont la couverture était faite de matériaux périssables. En forme de quadrilatère, le complexe architectural renferme les ruines de 50 bâtiments partiellement explorés. À l'extrémité Ouest du groupe se trouve **El Mercado**. Dans sa cour centrale s'élèvent 25 colonnes élancées.

Baño de Vapor – *À 150 m à l'Est d'El Mercado.* Ce bâtiment, doté d'une salle d'attente, est le seul du groupe dont la fonction soit nettement déterminée. L'accès aux bains se faisait par un couloir étroit. L'une des pièces était aménagée en four pour chauffer les pierres, qui, au contact de l'eau, produisaient la vapeur. On utilisait ces bains pour se purifier le corps en vue de certaines cérémonies, ou à des fins curatives. Appelé aussi temascal, c'est l'une des particularités culturelles les plus anciennes des peuples mésoaméricains.

Palacio de las Columnas Esculpidas – À *50 m au Nord-Ouest du Baño de Vapor, colonnade Nord-Est.* Cet édifice avait des fonctions civiles et religieuses. Les colonnes et les jambages sont ornés de magnifiques bas-reliefs. Remarquer les petits segments qui décoraient les trois façades de l'édifice, avec des motifs géométriques et des masques de Chaac, mis au jour au cours des fouilles.

Templo de los Guerreros – Derrière 200 pilastres portant des bas-reliefs de guerriers toltèques, sur un ancien temple dédié au Chac-mool, s'élève une pyramide à quatre niveaux échelonnés, aux murs ornés d'aigles et de jaguars dévorant des cœurs humains. Ces images sont représentatives des pratiques sanglantes des

Chac-mool, Temple des Guerriers.

Toltèques. L'escalier présente des arbalétriers en forme de serpents à plumes, dont les têtes, qui servent de base à des porte-étendards, ressortent sur la plate-forme supérieure.
Au sommet de la pyramide se trouve un Chac-mool qui semble contempler El Castillo. Derrière, deux colonnes en forme de serpent flanquent l'accès central du temple dont le toit était soutenu par des pilastres toujours debout, décorés de bas-reliefs de guerriers et de prêtres.

Plataforma de Venus – Du fait de son emplacement entre El Castillo et le **sacbé** qui mène au *Cenote Sagrado*, puits sacré, ce podium haut de 4 m était probablement utilisé pour les grandes cérémonies. Les décorations du *talud* figurent la planète Vénus, tantôt en relief de fleur avec un glyphe représentant de nombreuses années, tantôt sous la forme de Quetzalcóatl-Kukulcán sortant de la bouche d'un serpent à plumes avec des griffes de jaguar.

El Cenote Sagrado – *À 500 m au Nord de la plate-forme de Vénus.* Selon la croyance populaire, des dieux habitaient ce puits circulaire de 60 m de diamètre, dont les parois descendent à pic sur 22 m jusqu'à la surface de l'eau. Les pèlerinages se rendaient au cenote en suivant le chemin blanc sacré ou sacbé, prêts à y laisser une terrible offrande. Après s'être purifiés dans un *temascal* (bain de vapeur), dont il reste des vestiges sur la rive, les sacrifiés, en général des enfants, étaient jetés, tout habillés et ornés de bijoux, dans les profondeurs du cenote, considéré comme la bouche du monde inférieur. La plupart des objets retrouvés au fond du cenote, pour l'essentiel des bijoux en jade et en or, ont été sortis illégalement du pays au début du 20e s. par Edward Thompson, consul des États-Unis en poste à Mérida. Il avait acheté le domaine de Chichén pour 520 dollars et entrepris le dragage du cenote. Il a découvert un grand nombre d'objets qu'il a donnés au musée Peabody de Harvard. Le musée régional de MÉRIDA possède une petite collection de pièces de jade.

Plataforma de las Águilas y los Jaguares – Assez semblable à celle de Vénus. Les murs latéraux des quatre escaliers sont couverts de représentations de serpents à plumes dressés dont les têtes couronnent la partie supérieure de l'édifice. Sur les murs, on remarque des personnages couchés, qui pourraient être des représentations de Quetzalcóatl-Kukulcán, et au-dessous, des aigles et des jaguars figurant probablement des guerriers, prêts à dévorer des cœurs.

El Tzompantli – Sur cette plate-forme étaient exhibés les crânes décharnés des ennemis et des prisonniers sacrifiés. Cette macabre coutume toltèque était pratiquée pour laisser un souvenir durable des guerres et des sacrifices, et pour inspirer la terreur aux ennemis de Chichén Itzá. Sur le mur courent des bas-reliefs avec trois rangées de crânes, des aigles dévorant des cœurs, des guerriers et des serpents à plumes.

Juego de Pelota – Ce terrain de 168 m sur 70 m symbolisait l'univers. On y pratiquait le rite sacré de la lutte entre la lumière et l'obscurité. C'est le plus grand terrain de jeu de balle mis au jour en Mésoamérique, reflet de la splendeur de Chichén Itzá au 11e s. L'esplanade en forme de double T est délimitée par de hauts murs parallèles d'où le public suivait le jeu. Ces murs communiquaient avec l'extérieur par de grands escaliers. Aux extrémités, où s'élèvent deux temples, se produit un curieux phénomène acoustique ; une personne située à l'une des limites entend parfaitement ce que chuchote une deuxième, placée à l'autre bout.
Les six **bas-reliefs** au bas des murs illustrent la cérémonie de la décapitation, liée au jeu. Au centre on voit une balle avec un crâne, auprès de laquelle deux équipes de sept joueurs chacune sont témoins de la scène où le chef du groupe de gauche empoigne d'une main un couteau et de l'autre la tête de l'adversaire. Ce dernier a un genou à terre et de son cou jaillissent des flots de sang qui se transforment en serpents, symboles de fécondité. Sur les anneaux de pierre sertis au milieu des murs, un autre bas-relief intéressant présente des serpents entrelacés. La hauteur des anneaux, 8 m au-dessus du sol, et les dimensions du terrain, font douter de l'application des règles du jeu connues à l'époque de la Conquête, suivant lesquelles il fallait faire passer la balle au travers d'un anneau de pierre en la lançant seulement avec la hanche.

Templo de los Jaguares – Dominant le jeu de balle, on voit deux grosses colonnes en forme de serpent, couronnées d'un panache, entre lesquelles on pénétrait dans le temple.

Au niveau de la place, face au Tzompantli et entre les escaliers ornés de motifs de Kukulcán, la **Capilla de Kukulcán** abrite un intérieur minutieusement sculpté de figures de chefs, guerriers et prêtres mayas. La sculpture d'un jaguar semble protéger la scène.

★★★ **Son et lumière** – *D'avril à octobre, tous les jours à 20 h (en espagnol), à 21 h (en anglais) ; de novembre à mars, tous les jours à 18 h (en anglais) 40$, à 19 h (en espagnol) 25$, à 20 h (en anglais) 35$. Il est recommandé d'acheter ses billets à l'avance. ☎ (985) 101-24.* Ce spectacle nocturne illustre l'histoire de Chichén Itzá et des Mayas à travers les siècles.

EXCURSIONS

Grutas de Balamkanché – *1 heure. À 6 km de Chichén Itzá, prendre la route 180 à l'Est (après Chichén Itzá, direction Valladolid) : à 6 km prendre à droite un chemin pavé. Visite guidée des grottes (1/2 h) toute l'année, de 9 h à 16 h (en espagnol à 9 h, 12 h, 14 h, 16 h : en anglais à 11 h, 13 h et 15 h : en français à 10 h) 22$. ☎ (99) 249-495* à cause du manque d'eau dans cette région, les Mayas considéraient naturellement les sources souterraines comme des endroits sacrés, symbolisant les mondes inférieurs : comme le séjour de Chaac, dieu de la pluie, dont les larmes en forme de stalactites s'écoulent dans les grottes. En 1959, sur ce parcours d'environ 1 km, on a découvert une rivière-cenote, ainsi qu'un autel avec des vases et des brûle-parfums à l'effigie des divinités de l'eau. Il y a un petit jardin botanique à l'entrée de la grotte.

Cenote Xkekén

■ Le monde maya

(Voir les Mayas p. 28). De toutes les cultures mésoaméricaines, la culture maya est celle qui a atteint le plus haut niveau d'évolution. C'est également celle qui a suscité le plus d'intérêt de la part des chercheurs, à cause de son système numérique, de ses calendriers et de ses hiéroglyphes. Elle s'est développée sur un territoire qui englobe actuellement les États du Tabasco et du Chiapas, la péninsule du Yucatán, le Belize, le Honduras et le Salvador.

Les origines de cette civilisation ne sont pas bien connues. On a découvert des vestiges datant de la période préclassique dite formative (2000 avant J.-C. à 100 après J.-C), et sa disparition a eu lieu pendant la période postclassique (800 à 1500).

Au cours de la période classique (100 à 800 après J.-C.), la culture maya, alors sous un système théocratique, a atteint son apogée dans les sciences et les arts, alors que la religion devenait de plus en plus complexe, avec une prolifération de dieux et divinités.

Au cours de la période postclassique, la sécheresse aurait frappé une grande partie de la Mésoamérique, entraînant des conflits politiques et sociaux au sein du peuple maya. À la même époque se produisit l'invasion des Toltèques en provenance de Tula (État de Mexico), peut-être motivée par la pénurie d'eau. Les Toltèques ont dominé les Mayas et se sont mêlés à eux. Cette période a vu le grand développement des valeurs guerrières, tandis que les arts cultivés par les anciens Mayas disparaissaient.

Actuellement, les gouvernements du Mexique, du Guatemala, du Belize, du Honduras et du Salvador ont développé la **ruta Maya**, un itinéraire conçu pour faire connaître et préserver le monde maya. Il permet de visiter les sites les plus remarquables, non seulement pour les vestiges précolombiens qu'ils renferment, mais aussi pour leur richesse et leur diversité naturelle et biologique.

★★**Cenote Xkekén** – *1 heure. À 39 km à l'Est de Chichén Itzá sur la route 180, on rejoint l'embranchement qui conduit à Dzitnup ; poursuivre sur 2 km. Ouvert toute l'année de 7 h à 17 h. 8$. ☎ (99) 249-290.* Ce magnifique cenote a été découvert grâce à un porcelet (Xkekén en maya) qui s'était perdu et qu'on a retrouvé tout mouillé. C'est l'un des rares cenotes qui conserve encore la majeure partie de sa voûte. La lumière naturelle y pénètre, teintant de turquoise cette nappe profonde et hospitalière où l'on se baigne sous d'énormes stalactites.

Valladolid – *1/2 journée. À 42 km de Chichén Itzá. Prendre vers l'Est la route 180.* Cette ville de l'époque coloniale (52 496 habitants) est un important centre de commerce de produits agricoles et artisanaux. Deuxième ville de l'État, elle est réputée pour sa cuisine régionale. Fondée en 1543 par Francisco de Montejo (le neveu), elle laisse dans l'histoire l'image d'une ville belliqueuse, cadre de nombreux épisodes sanglants comme la **guerre des Castes**, déclenchée en 1847 par la révolte des Indiens qui voulaient améliorer leurs conditions de vie. Cette guerre civile a pris fin vers 1912 ; la population du Yucatán, qui avant la guerre se montait à 500 000 habitants, était descendue à seulement 200 000. Il faut visiter l'**église et l'ancien couvent San Bernardino de Sisal** *(prendre la calle 41 vers l'Ouest, passer deux rues et emprunter à gauche la calle 41-A ; passer encore quatre rues. Ouvert toute l'année, tous les jours, de 8 h à 12 h et de 17 h à 20 h ; ☎ (99) 249-290)*. Ce monastère a été fondé en 1552, au beau milieu de controverses et de difficultés. Il conserve son aspect de forteresse avec son portail austère, sans campanile ni tour. Le monastère, le cloître du côté Nord et la chapelle ouverte au Sud, aujourd'hui chapelle de San Antonio, sont aussi d'aspect très austère. Le **Cenote Zací** *(calle 36, entre la 37 et la 39) ; ouvert toute l'année, de 8 h à 18 h ; 4$; ☎ (985) 621-07)* fait partie des points d'eau sans lesquels les Mayas n'auraient pas pu s'implanter dans la région. Avec 45 m de diamètre et 80 m de profondeur, c'est l'un des plus grands du Yucatán.

MÉRIDA★

Yucatán

649 770 habitants

Carte des principales curiosités p. 8 – Plan p. 292

ℹ Calle 60, entre les rues 59 et 57 (à côté du théâtre) ☎ (99) 249-290

Capitale de l'État, la « Ville blanche » s'étend paisiblement sur un plateau calcaire que les flamboyants éclaboussent de tons orangés. Mérida a été fondée en 1542 par Francisco Montejo y León et son fils, sur les ruines de l'ancienne cité maya d'**Ichcansihó**, ou **T'ho**, dont la vue rappelait aux conquistadores les ruines romaines de Mérida en Espagne. Après la période difficile de la colonisation, le 19ᵉ s. a été une époque agitée, au cours de laquelle la région a connu plusieurs tentatives de sécession du reste de la république. C'est également à cette époque qu'a débuté le long et cruel conflit appelé **guerre des Castes**. A la fin du 19ᵉ s., l'essor de la culture du **henequén** a rendu l'aisance à un petit groupe d'habitants du Yucatán. Les feuilles de cet agave fournissent des fibres servant à faire des cordes, exportées dans presque toutes les parties du monde. Avec ce commerce, les Yucatèques ont rapporté de voyage un certain nombre d'usages encore en vigueur aujourd'hui ; à l'époque, on disait communément ici que Paris était plus facile d'accès que Mexico.
Le mélange des différentes cultures (le commerce était contrôlé par des Arabes) a enrichi la tradition, qui se reflète dans la cuisine de la région, aux spécialités riches et variées, comme le poulet *pibil (photo p. 49)*, qu'on arrose d'une bière portant le nom d'un conquistador, ou la *horchata* de riz. Pour la musique, on pourra entendre la **chanson de troubadour yucatèque**, un peu grivoise en dépit de son nom romantique, ou se risquer à danser la vaquería au rythme de la **jarana**.

★CENTRE DE LA VILLE *1 journée*

Plaza de la Independencia (Zócalo) – *Calles 60, 61, 62, 63.* Cette place, construite sur l'ancien centre cérémoniel de T'ho, offre son refuge ombragé à l'abri de la chaleur de Mérida. C'est un endroit bruissant de vie et de conversations, notamment celles des amoureux qui occupent les bancs en forme de S appelés **confidents**. Les promenades en calèche, les vendeurs d'éventails, de hamacs, de sombreros ou les cireurs de chaussures, la cérémonie quotidienne du drapeau *(à 18 h)*, l'indispensable dégustation d'une glace et la lecture du journal, telles sont les occupations au milieu des bâtiments anciens qui entourent la place, comme le **Palacio Municipal** (**PM**) du 18ᵉ s.

Catedral – *Angle des rues 60 et 61. Ouvert toute l'année de 6 h à 12 h et de 16 h à 19 h. ☎ (99) 285-279.* Construite entre les années 1561 et 1598, c'est la plus ancienne du Nouveau Monde continental. Œuvre de l'architecte Juan Miguel de Agüero, elle a été élevée sur le temple principal de l'ancienne cité d'Ichcansihó. La **façade**★ à cinq ordres est dans un sobre style Renaissance. Le portail est encadré de pilastres corinthiens, sur lesquels reposent les statues des saints Pierre et Paul.

Au-dessus de la fenêtre de la tribune on voit un blason en bas-relief. Il portait des armoiries royales, qui ont été remplacées en 1822 par l'aigle couronné et le serpent de l'empereur Iturbide.

L'intérieur est formé de trois nefs. Des colonnes toscanes soutiennent les coupoles sur pendentifs. Le Christ du maître-autel, appelé Christ de l'Unité, est la plus grande statue en bois du continent (7,65 m), sur une croix haute de 12 m en acajou. La sacristie et les chapelles latérales ont été détruites au début du 20e s. Dans la chapelle Nord-Est, on vénère la statue populaire du Christ aux Ampoules, sauvée au cours d'un incendie qui avait entièrement ravagé la petite église d'Ichmul. Miracle, la statue avait seulement été noircie par la fumée et présentait quelques boursouflures, d'où son surnom. L'orgue de cette cathédrale est l'un des meilleurs du pays.

Museo de Arte Contemporáneo de Yucatán (MACAY) – *Pasaje de la Revolución, N° 1907, entre les rues 58 et 60. Ouvert toute l'année, du mercredi au lundi de 10 h à 18 h. Fermé les jours de fête nationale. 20$.* ✗ ☎ *(99) 283 258.* Ce musée a été aménagé dans un bâtiment du 17e s., ancien palais de l'Archevêché où vécut l'évêque Diego de Landa, personnage assez controversé. Ce palais était attenant à la cathédrale avant 1916, date à laquelle on a ouvert le passage de la Révolution. L'étage supérieur montre, parmi d'autres, des œuvres de peintres yucatèques comme Fernando Castro Pacheco (né en 1918), Fernando García Ponce (1933-1987) et Gabriel Ramírez Aznar (né en 1938), ainsi que des broderies typiques du Yucatán.

Casa de Montejo – *Calle 63, N° 506, au Sud de la Plaza de la Independencia.* Cette demeure construite vers le milieu du 16e s. a été la résidence des fondateurs de Mérida. Elle conserve encore sa **façade**★★ d'origine, considérée comme le chef-d'œuvre du plateresque mexicain. Réalisée par des indigènes, elle se présente sur deux ordres : l'ordre supérieur, moins raffiné mais aussi riche que l'inférieur, porte en son centre le blason des Montejo flanqué de conquistadores piétinant des têtes de Mayas. Les bustes de la frise supérieure sont probablement ceux du conquistador, de son épouse et de son fils.

Palacio de Gobierno – *Calle 61, entre les rues 60 et 62. Ouvert toute l'année, tous les jours, de 8 h à 20 h. Fermé les jours de fête nationale.* ☎ *(99) 231-944.* Cet édifice élégant d'aspect classique, au vaste portail en arcature, a été bâti au 19e s. à l'emplacement des anciennes Maisons royales. Les trois peintures murales de l'escalier principal, qui représentent la création de l'homme, la cosmogonie et le symbolisme mayas, sont de Fernando Pacheco, tout comme les dix-sept toiles du **Salon de l'Histoire**. Ces dernières illustrent des épisodes de l'histoire yucatèque, par exemple la sévérité de l'évêque Landa ou le supplice de l'Indien rebelle Canek. Le salon offre une belle vue sur la place.

Templo de la Tercera Orden (Iglesia de Jesús) – *Angle des rues 60 et 59, une rue au Nord du Zócalo.* Entre le Jardín Hidalgo et la Plaza de la Maternidad, se dresse cette église édifiée par les jésuites en 1618. La façade principale que couronne un fronton courbe se distingue par son ornementation à motifs végétaux et ses colonnes sculptées à chapiteaux corinthiens. À l'arrière de l'église se trouve la **Pinacothèque** de l'État *(ouvert toute l'année du mardi au samedi de 8 h à 20 h, le dimanche de 8 h à 14 h ; 10$;* ☎ *(99) 245- 233).*

Paseo de Montejo

En face du Jardin Hidalgo, le Café Express est un lieu de rencontre des touristes et des habitants de la ville. À côté de la Plaza de la Maternidad s'élève le **Théâtre José Peón Contreras**, construction du début du 20e s. au style néoclassique français. Son immense terrasse donne sur le **bâtiment de l'Université autonome du Yucatán** *(ouvert toute l'année, tous les jours de 7 h à 22 h. ☎ (99) 248-000)*. Récemment restaurée, cette construction du 18e s. possède une belle cour centrale entourée d'arcades dans le style mudéjar. Tous les vendredis à 21 h, le Ballet folklorique de l'université y présente un spectacle.

★PASEO DE MONTEJO *3 h*

Au Nord du centre ville commence la Calle 47, entre les rues 58 et 56. On peut s'y promener dans l'une des calèches stationnées à côté de la cathédrale.

La période de prospérité liée au *henequén*, surnommé « l'or vert », a vu commencer à partir de 1890 la construction de somptueuses résidences sur cette promenade plantée d'arbres. Depuis la Seconde Guerre mondiale, les fibres synthétiques ont remplacé les fibres naturelles dans la fabrication des cordes, mais les villas demeurent, souvenirs des grands propriétaires *henequeneros*, des militaires enrichis et des grandes familles qui avaient adopté, à leur façon, la vie européenne. Réaménagées, ces villas abritent aujourd'hui des agences de voyages, des commerces ou des restaurants. Certaines ont été remplacées par des édifices modernes, des hôtels et des banques. Le long des 1 700 m de cette élégante avenue se trouvent plusieurs monuments : à Felipe Carrillo Puerto, énergique gouverneur de l'État fusillé en 1924, aujourd'hui symbole de la gauche yucatèque ; à Justo Sierra, historien et grand éducateur mexicain ; et au Nord l'Autel de la Patrie, élevé entre 1945 et 1956 par le sculpteur et poète colombien Rómulo Rozo.

Museo Regional de Antropología (Palacio Cantón) (**M**') – *À l'angle de Calle 43 et Paseo de Montejo. Ouvert toute l'année, du mardi au samedi et les jours fériés de 8 h à 20 h, le dimanche de 8 h à 14 h. 14$. ☎ (99) 230-557.* Bel **édifice**★ construit dans la première décennie du 20e s. sur ordre du général Francisco Cantón, d'après un projet de l'ingénieur italien Enrico Deserti, qui a mêlé éléments Renaissance et néoclassiques. On admirera l'escalier intérieur en marbre. Le musée donne un aperçu général de la civilisation maya précolombienne, de ses coutumes et de ses inventions, comme par exemple la découverte de la notion de zéro. Parmi les pièces archéologiques exposées, on remarquera la **stèle de Tabi**, sur laquelle figurent deux chasseurs et un cerf, et l'**assiette Blom**, céramique qui représente dans une scène colorée un épisode du *Popol Vuh*, livre sacré des Mayas quichés.

LA MEJORADA *2 h 30*

Templo y Ex convento de la Mejorada – *Calle 59, entre les rues 48 et 50. Ouvert toute l'année, tous les jours de 7 h à 12 h et de 16 h à 20 h. ☎ (99) 281-835.* Le monastère franciscain a été fondé en 1640 à la limite de l'ancienne ville. L'église possède des formes simples et une façade austère, avec deux campaniles à deux niveaux. À l'intérieur, les murs énormes donnent une impression de pureté que soulignent encore les chapelles latérales et le petit retable baroque. Avec la sécularisation des biens ecclésiastiques en 1820, l'ancien couvent est resté le seul refuge franciscain de la ville. Pendant la Révolution, il a servi de quartier militaire. Aujourd'hui, ses immenses salles et patios invitent au recueillement et à la lecture à l'ombre des arbres, en écoutant le chant des oiseaux. Les bâtiments abritent actuellement l'École d'Architecture.

Parroquia de San Cristóbal – *Calle 50, cinq rues au Sud de l'ancien couvent de la Mejorada. Ouvert toute l'année, tous les jours de 5 h 30 à 12 h et de 15 h à 19 h 30. ☎ (99) 285-682.* L'église du quartier indigène du même nom est assez semblable à la cathédrale, avec son arc en plein cintre et ses deux tours. Le bâtiment aux formes baroques, à l'aspect majestueux, fait partie d'une série d'églises qui ont été restaurées au 18e s. L'intérieur d'une grande beauté est doté d'une voûte ornée de caissons. Un retable en pierre de style néoclassique orne l'abside.

SAN JUAN BAUTISTA *2 h.*

Templo de San Juan Bautista – *Calle 62, entre les rues 67A et 69. Ouvert toute l'année, du mardi au samedi de 7 h à 10 h et de 17 h à 19 h, le dimanche de 7 h à 12 h et de 16 h à 19 h. ☎ (99) 249-290.* Cette église du 17e s. est assez particulière. La façade présente un mouvement ondulant. Elle est dotée d'un porche, dont l'arc en plein cintre est décoré de motifs végétaux. Des colonnes engagées, posées en contreforts, lui confèrent un rythme dynamique. À **l'intérieur**, on ressent cette même impression de mouvement avec les poutres de bois qui soutiennent la voûte, et qui produisent un effet assez inquiétant rarement rencontré dans la région. Sur le côté s'ouvre le porche du presbytère, avec des arcs en accolade de style mauresque supportés par des colonnes en pierre. Au fond du chœur s'élève un retable gothique portant trois niches. À l'avant du retable se trouve une urne dorée, percée de trois ouvertures en ogive, et d'autres éléments ornementaux.
En face de l'église s'étend un parc boisé portant le même nom, et de l'autre côté de la place l'une des huit arches de la ville, appelée **arco de San Juan**.

Ermita de Santa Isabel – *À l'angle des rues 76 et 77. Après l'église San Juan, prendre Calle 64 vers le Sud ; quatre rues plus loin, dans Calle 77, tourner à droite. La chapelle est en cours de restauration et les horaires de visite ne sont pas fixés. ☎ (99) 238-987. Le jardin est ouvert toute l'année de 6 h à 24 h.* Cette chapelle du 18e s. a été édifiée sur une colline à l'extérieur de la ville dans l'ancien quartier de San Sebastián. Elle est couronnée par un campanile à trois ouvertures. L'intérieur, où l'on vénère la statue de Notre-Dame du Bon Voyage, était un lieu de repos et de recueillement pour les voyageurs arrivant de Campeche par l'ancienne route royale, ou qui repartaient par le même chemin. Sur le côté, l'ancien cimetière s'est transformé en un jardin tranquille planté d'arbres avec des spécimens de la flore yucatèque et des vestiges archéologiques parsemés dans cet agréable lieu de détente.

EXCURSIONS

Zona arqueológica Dzibilchaltún – *2 heures. À 20 km de Mérida. Prendre au Nord la route 261 ; à 15 km prendre l'embranchement à droite sur 5 km. Ouvert toute l'année, tous les jours de 8 h à 17 h. 22$ ✗ ☎ (99) 249-495.* Site archéologique d'une enclave commerciale et religieuse maya qui a atteint son apogée entre les 8e et 10e s., mais a connu un renouveau soudain au 13e s. Le lieu a été déclaré Parc national en 1987.

Museo del Pueblo Maya – *Ouvert toute l'année, du mardi au dimanche de 8 h à 16 h. ☎ (99) 249-495.* Ce musée illustre largement la culture maya, qui pendant 2 500 ans s'est implantée dans un périmètre de 350 000 km². Sa cosmogonie, représentée par le fromager sacré qui soutient le monde maya, ses dieux principaux, ses calendriers et son écriture, dont on a déchiffré 800 hiéroglyphes, sont expliqués dans la première salle, où l'on remarque un brûle-parfum cylindrique du 7e ou 8e s. La deuxième salle donne un aperçu de la vie des Mayas, depuis la Conquête jusqu'à l'époque actuelle. En sortant, emprunter le sentier écologique qui traverse la forêt sur 350 m jusqu'au site archéologique.

El Templo de las Siete Muñecas – *Extrémité Est du site.* Son nom de « temple des sept poupées » lui vient de sept figurines difformes retrouvées devant l'édifice. Cette construction carrée présente une caractéristique assez peu courante dans l'architecture maya : des fenêtres à côté des portes qui s'ouvrent sur chacun de ses quatre murs. Au travers des portes Est et Ouest, on peut contempler aux équinoxes le **lever du soleil**, et celui de la lune aux environs du 21 mars et du 21 septembre.

La Capilla Abierta – *Au milieu de la place.* Construite entre 1590 et 1600, elle présente une voûte en berceau et une sacristie d'une seule pièce.

Cenote Xlacah – À l'extrémité Ouest du *sacbé* principal, un des douze chemins repérés sur le site, s'ouvre un bassin naturel aux eaux limpides. Une première exploration de sa profondeur s'est arrêtée à 44 mètres. Six espèces de poissons endémiques du Yucatán y vivent, dont trois exclusivement dans ce cenote.

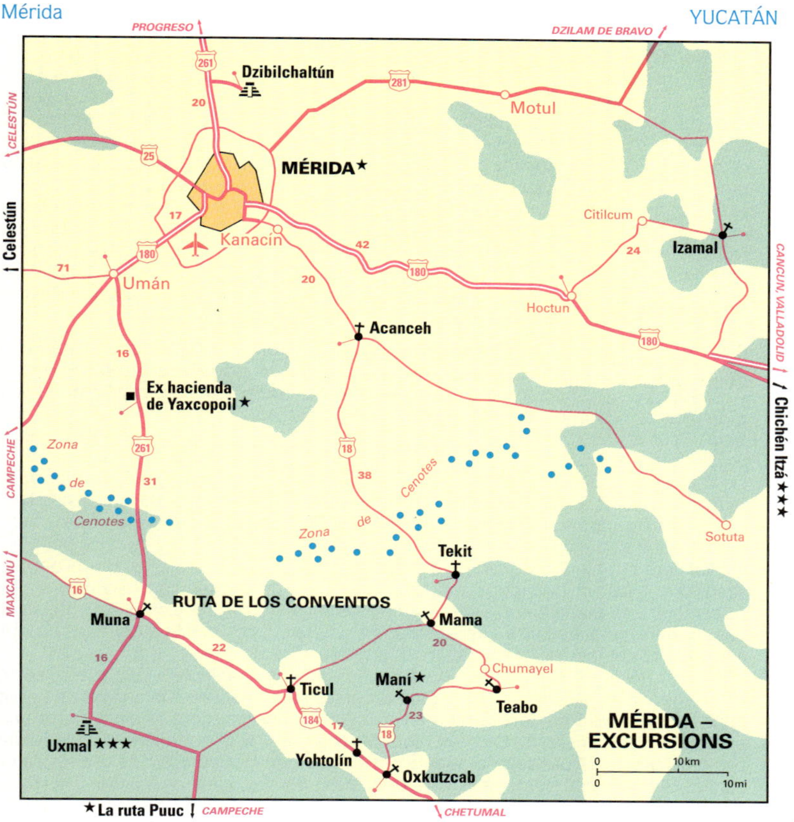

Celestún – *1 heure 1/2. À 98 km de Mérida. Prendre à l'Ouest la route 180 jusqu'à Umán (18 km), poursuivre sur 22 km jusqu'à Kinchil, traverser le village et continuer par la route 281 sur 49 km jusqu'à Celestún. Il est recommandé d'arriver assez tôt le matin pour pouvoir observer les oiseaux, qui volent très nombreux au lever du jour.* Port de pêche de 5 228 habitants, Celestún est bordé au Nord par le golfe du Mexique, et au Sud par un marais de 25 km de long. C'est l'endroit idéal pour découvrir une faune et une flore sylvestres représentatives de l'habitat dit tropical sec. Une promenade en bateau permet d'observer de près les colonies de flamants qui viennent s'installer ici de mars à août, trouvant leur subsistance dans cette vaste étendue riche en plancton et en larves de crevettes. C'est un **spectacle★** sensationnel que de voir l'envol de ces oiseaux emplir le ciel de nuages roses. On peut également se baigner dans un étang d'eau claire au milieu de la mangrove.

★★★ **Zona arqueológica Chichén Itzá** – *1/2 journée. À 119 km de Mérida. Prendre à l'Est la route 180 ; à 69 km, à Cantunil, on peut emprunter l'autoroute à péage ou poursuivre sur la route nationale. Voir p. 285.*

Izamal – *2 heures. À 66 km de Mérida. Prendre à l'Est la route 180 vers Tixcocob (où l'on confectionne des hamacs), à 24 km on traverse les villages d'Euan, Calcachén et Citilcum, où commence un chemin étroit qui mène en 11 km à Izamal.* On surnomme cette ville de 23 630 habitants, aux maisons jaunes et ocre, « la ville des trois cultures » : ici se mêlent traits précolombiens, coloniaux et modernes. Son nom signifie « lieu d'Itzámná », créateur de la vie et divinité la plus importante des anciens Mayas, et c'était probablement le principal centre cérémoniel après Chichén Itzá. La ville est encore aujourd'hui un important centre de pèlerinage. Quelques imposantes constructions précolombiennes subsistent encore, orientées vers les quatre points cardinaux autour d'une grande place. Au Sud se trouvait la pyramide la plus haute, **Ppapp-Hol-Chac**, « maison des têtes et des éclairs ». Les moines ont utilisé son énorme soubassement pour bâtir un monastère. Au Nord, **Kinich-Kak-Moo**, « l'œil solaire de l'ara de feu », est le deuxième temple en importance. Avec une base de 200 m sur 180 m, c'est le troisième en volume de toute la Mésoamérique. L'une de ses extrémités offre une belle vue sur la ville. Vers l'Est se dresse la pyramide d'Itzámatúl consacrée au dieu Zamná, et à l'Ouest se trouvait celle de **Kabul**, aujourd'hui disparue.

★**Convento de Izamal** – *Ouvert toute l'année, tous les jours de 5 h 30 à 20 h 30. ☎ (995) 400-53.* Du fait de son importance comme centre cérémoniel maya, les Espagnols ont élu cet endroit pour y bâtir entre 1549 et 1562, sous la supervision du controversé **frère Diego de Landa** (1524-1579), le plus grand monastère franciscain du Mexique. Élevé sur un soubassement pyramidal, le complexe, œuvre du moine-architecte Juan de Mérida, forme un ensemble majestueux, avec ses trois rampes donnant accès au **parvis**★★ (de 120 m par 60 m) et ses chapelles aux angles, encadrant l'église dont la belle façade est orientée à l'Ouest. Il comprend également un vaste monastère dans la partie Nord, et une chapelle ouverte au Sud, transformée plus tard en chapelle latérale de l'église. Après celui de Saint-Pierre de Rome, c'est le deuxième parvis fermé du monde pour son étendue. L'intérieur de l'église abrite un retable de la Vierge d'Izamal, patronne du Yucatán. C'est le plus important sanctuaire marial du Sud-Est mexicain.

Ruta de los Conventos – *1 journée. Circuit des couvents, 148 km de Mérida à Muna. Prendre dans la direction Sud-Est la route 18 jusqu'à Acanceh (20 km) ; continuer vers le Sud sur 38 km jusqu'à Tekit, et rouler 7 km pour Mama, 13 km pour Teabo, 12 km pour Maní, 11 km pour Oxcutzcab, 5 km pour Yohtolín, 12 km pour Ticul et 22 km jusqu'à Muna.* Les couvents franciscains qui jalonnent cette route présentent une unité architecturale caractéristique des monastères du 16e s. De manière générale, ils sont bâtis sur les soubassements pyramidaux d'anciens temples mayas ; ils sont délimités par le mur de leur atrium ; dans certains cas, les angles du parvis sont dotés de chapelles ; l'église est orientée à l'Ouest avec un monastère et une chapelle ouverte ; à l'arrière se trouvent en général le potager, le cimetière et une noria (puits). Les constructions sont très austères, d'une grande simplicité, avec un mur dominant le vide et doté de grands contreforts, qui fait ressembler ces monastères à des forteresses médiévales. Ces complexes n'étaient pas destinés uniquement à l'évangélisation, ils étaient construits aussi dans un but éducatif, et comme point de départ d'une structure urbaine.

L'élément décoratif le plus répandu dans la région est le **campanile** *(espadaña)* sorte de clocher ajouré dont la fonction était purement ornementale. On en voit de petite taille, comme celui de la chapelle de Guadalupe à **Acanceh**, dont la place porte une pyramide ; certains sont décorés, comme ceux de **Tekit**, qui a été le théâtre de combats sanglants pendant la guerre des Castes ; on trouve aussi de grands campaniles qui couvrent toute la façade principale, comme ceux de **Yohtolin** ; certains sont reliés par des frontons aux formes compliquées simulant des tours, comme ceux de Ticul ; il y en a des triples, au décor travaillé, comme ceux de **Muna**.

Malgré sa simplicité, la façade de la **Parroquia de la Asunción**, à **Mama** *(ouverte toute l'année, tous les jours de 8 h à 12 h et de 16 h à 20 h ; ☎ (997) 202-72)*, reste l'une des plus ornementées. Le campanile échelonné a été rajouté au 18e s. Le baptistère abrite d'énormes fonds baptismaux en pierre taillée. On voit la noria sur un côté du monastère.

Le plus important de la région, le monastère de la **Parroquia de San Miguel Arcángel**, à **Mani**★ *(ouvert toute l'année du lundi au samedi, de 9 h 30 à 12 h et de 17 h à 21 h, le dimanche et les jours fériés de 6 h à 20 h ; ☎ (99) 249-290)*, abrite la plus grande des chapelles ouvertes, aux dimensions proches de celles de l'église elle-même. Les **retables** y sont, avec celui de **Teabo**, les plus beaux de la péninsule du Yucatán. À Maní se trouve une représentation de l'autodafé au cours duquel le frère Diego de Landa a réuni, pour les juger devant la population, les treize principaux caciques de la région. Il les a fait mutiler en châtiment de leurs pratiques païennes, puis a donné l'ordre de brûler des milliers d'idoles et des anciens manuscrits mayas.

© Robert Holmes

Femme Maya en costume typique

Sur la **Parroquia de San Francisco de Asís, Oxcutzab** *(ouvert toute l'année, du lundi au samedi de 7 h à 13 h et de 16 h à 20 h, dimanche et jours fériés de 7 h à 20 h ; ☏ (99) 249-290)* se détachent la silhouette des campaniles en forme de tours, les ornements de la façade et le double arc mauresque qui conduit à l'ancien cimetière.

★**Ex hacienda de Yaxcopoil** – *1 heure. À 33 km de Mérida. Prendre à l'Ouest la route 180 jusqu'à Umán, puis au Sud la route 261 ; le site se trouve à 15 km. Ouvert toute l'année du lundi au samedi de 8 h à 18 h, le dimanche de 9 h à 13 h. 20$. ☏ (99) 272-606.* Sous les vice-rois, des haciendas se sont développées au Yucatán. Au début c'étaient des fermes d'élevage de bétail et de culture du maïs. Au 19ᵉ s. elles se sont converties en haciendas *henequeras*. Yaxcopoil, « l'endroit des peupliers verts », est un exemple caractéristique de ces centres de développement. Cette propriété fondée au 17ᵉ s. était considérée comme l'une des plus grandes pour ses dimensions et sa richesse. Dans cette hacienda-musée de style néoclassique, on visite l'habitation principale, la chapelle, le potager, les écuries, la noria, la fabrique renfermant les machines pour le traitement industriel du henequén, les magasins, les ateliers, le bureau de paye, l'école et l'infirmerie. Ces bâtiments étaient indispensables au fonctionnement en autarcie de la hacienda.

★★★**Zona arqueológica Uxmal** – *3 heure. À 80 km de Mérida. Prendre au Sud-Ouest la route 180 jusqu'à Umán (à 18 km) ; prendre ensuite la route 261. Uxmal se trouve à 16 km après Muna.* *Voir p. 302.*

La ruta PUUC★

Yucatán

Carte des principales curiosités p. 8 – Schéma p. 295

ℹ ☏ (99) 249-290

Sur l'une des rares hauteurs de la péninsule, presque cachées par la forêt basse emplie de senteurs et d'oiseaux, se trouvent les ruines d'importants centres cérémoniels, construits entre les années 600 et 900 après J.-C., époque de l'apparition du style architectural Puuc *(voir p. 302)*. Le style particulier de cette région a inspiré des artistes pour des œuvres récentes, notamment la décoration du palais des Beaux-Arts de Mexico.

SITES ARCHÉOLOGIQUES *1 journée 1/2.*

Circuit de 38 km au départ d'Uxmal.

★★★**Zona arqueológica Uxmal** – *Voir p. 302*

★**Zona arqueológica Kabah** – *À 23 km d'Uxmal. Prendre à l'Est la route 261 jusqu'à Santa Elena, (15 km), rouler vers le Sud pendant 8 km. Ouvert toute l'année, tous les jours de 8 h à 17 h. ☏ (99) 440-033.* Par ses dimensions, c'est le deuxième centre cérémoniel de la zone Puuc. Son nom signifie « le seigneur à la main forte et puissante ». Cet ensemble situé en bord de route se caractérise par l'abondante décoration de ses façades. Dans la partie Est se trouvent trois groupes de constructions très proches les unes des autres.

Palacio de los Mascarones (Codz Pop) – *Premier édifice à droite, de l'autre côté de la route.* Construit sur une vaste plate-forme, cet édifice qui ressemble à un palais possède l'une des **façades**★★★ les plus extraordinaires de toute l'aire maya : le Codz Pop. On y voit une version baroque du style Puuc, remarquable pour la qualité et l'abondance (250 à 300) des masques de Chaac, dieu de la pluie, avec son nez allongé, caractéristique qu'on a associée aux éclairs. La répétition du motif est une envoûtante invocation à la pluie. Sur la toiture restent des vestiges de crête faîtière ajourée, et devant l'édifice ceux d'un **chultún** (citerne) toujours utilisé. Sur le côté Est du bâtiment on voit deux curieuses statues de personnages portant des pagnes et des colliers de perles, coiffés de panaches sculptés. Les jambages de l'entrée du côté gauche portent des scènes de combat sculptées en relief.

El Palacio – *Situé au Nord-Est du Palais des masques.* Sur une haute esplanade quadrangulaire à l'excellente acoustique, l'édifice a encore quelques vestiges de crête faîtière. Il est entouré de constructions en mauvais état.

Tercera Casa (Templo de las Columnas) – *300 m à l'Est du Palais.* Le visiteur doit emprunter un chemin qui traverse la forêt pour trouver cet édifice, portant plusieurs colonnes sur la façade supérieure. Devant le bâtiment, un *chultún* à deux ouvertures servait à recueillir et stocker l'eau de pluie.

Revenir sur ses pas et traverser la route.

De l'autre côté de la route, la majeure partie du centre cérémoniel est partiellement détruite, mais si on y pénètre sur environ 200 mètres apparaît une **arche**★ majestueuse de 10 m de haut. Elle servait probablement à indiquer le début du sacbé de 18 km qui reliait Kabah à Uxmal.

Palais des masques, détail

Zona arqueológica Sayil – *À 9 km de Kabah. Prendre la direction Sud. Après 5 km, tourner à gauche et poursuivre sur 4 km. Ouvert toute l'année, tous les jours de 8 h à 17 h. 10$. ☎ (99) 440-033.* Ces terres rouges, oasis de silence, ont été habitées entre les années 700 et 1000 après J.-C. Leur nom en langue maya signifie « maison des fourmis ». À demi envahi par la forêt, le **Palacio★** est un édifice élégant à trois étages qui compte près de 50 appartements à double chambre. On remarque la frise du deuxième étage, ornée de colonnettes alternant avec des masques du dieu Chaac, et deux étranges figures, tête en bas, flanquées de reptiles fantastiques. Le chemin qui part vers le Sud mène à des ruines dont seul le **Mirador** a conservé sa crête faîtière.

Zona arqueológica Xlapak – *À 5 km de Sayil. Ouvert toute l'année, tous les jours de 8 h à 17 h. 7$. ☎ (99) 440-033.* Ce petit site, dont le nom signifie « murs attachés », a connu une époque de splendeur entre les années 600 et 1000. Principale construction encore debout, **El Palacio** est assez similaire à deux autres temples contigus. Il se compose de neuf pièces voûtées. La décoration se concentre sur la frise des entrées, ornée de trois rangées de masques superposés de Chaac. Au centre de la façade Sud on voit deux masques de ce dieu au long nez, sensiblement plus grands que ceux de la façade Nord.

★**Zona arqueológica Labná** – *À 4 km de Xlapak. Ouvert toute l'année, tous les jours de 8 h à 17 h 10$. ☎ (99) 440-033.* Les traces les plus anciennes d'un établissement humain à Labná, « la vieille maison » en langue maya, remontent à l'an zéro. Mais ses édifices principaux ont été élevés entre les années 750 et 1000 après J.-C. La zone appartenait probablement à une entité politique plus vaste ayant pour capitale Uxmal ou Sayil. Un large **sacbé** bien conservé mène aux différents édifices.

★**El Palacio** – *Premier bâtiment à gauche.* Ce « palais » ressemble à celui de Sayil, bien qu'il soit plus grand. C'est un bâtiment à deux niveaux et 67 pièces, avec sept cours intérieures et plusieurs escaliers qui offrent des vues intéressantes. Dans l'angle Ouest de l'édifice, devant un masque de Chaac, on voit une tête de serpent présentant entre ses mâchoires un visage humain. Cette image symbolise peut-être l'astronomie ou le monde souterrain. Le masque de Chaac qui orne la façade Nord-Ouest est la plus grande représentation du dieu de la pluie au long nez découverte à ce jour. Sur le toit, le *chultún* est toujours en service.

El Mirador – *Au fond, à gauche du sacbé.* Ce temple conserve encore sa fragile crête faîtière. Dans l'angle Sud-Ouest reste la partie inférieure d'une figure qui semblerait être un guetteur, ce qui confirmerait qu'il s'agissait d'une tour de guet.

★★★**Arco** – À *droite du mirador.* Cette arche élégante à l'abondante décoration est l'un des arcs mayas les plus représentatifs. Elle marquait l'entrée de ce qui semble être l'ensemble résidentiel d'une famille de haut rang. Sur la façade Ouest, au-dessus des accès latéraux, on peut voir deux représentations stylisées de huttes mayas, semblables à celles utilisées encore aujourd'hui. Les embrasures étaient décorées de figures humaines assises, dont on ne voit plus que les panaches emplumés. Dans l'angle Nord-Ouest veille un masque de Chaac. Les vestiges de trois crêtes faîtières, ajourées et échelonnées, invitent à imaginer l'édifice dans son intégralité.

EXCURSION

★★**Grutas de Loltún** – *1 heure 1/2. À 14 km au Nord-Est de Labná on rencontre l'embranchement pour Loltún (5 km). Visite guidée (1 h), toute l'année, tous les jours à 9 h 30, 11 h, 12 h 30, 14 h, 15 h, 16 h. 22$ ☎ (99) 440-033.* Ces grottes, dont on estime que douze ont été habitées à partir de 3000 avant J.-C., s'étirent sur 2 km. Leur nom signifie « fleur de pierre ». Dans ces cavernes obscures, les anciens Mayas procédaient à des rituels invoquant les mondes inférieurs. Aujourd'hui, les stalactites (qu'ils prenaient pour les larmes de Chaac) et les stalagmites sont illuminées en couleurs. On peut voir des peintures rupestres et des sculptures en écoutant des légendes sur les **aluxes**, idoles en argile figurant des petit lutins, qui, lorsqu'elles sont invoquées, peuvent créer de curieux courants d'air frais à l'intérieur des grottes. Pendant la guerre des Castes, les Indiens rebelles ont trouvé refuge dans ces cavernes profondes, au plafond desquelles, comme autant d'yeux vers l'extérieur, s'ouvrent les trous creusés par les puissantes racines des arbres en quête d'eau.

La ruta RÍO BEC★

Campeche

Carte des principales curiosités p. 8

ℹ ☎ (98) 667-67

Dans le Campeche, des villes de l'ancienne civilisation maya comme Santa Rosa, Xtampak, Edzná, Becán et Calakmul (autrefois ville puissante qui a lutté contre TIKAL pour la domination de la région à la période classique, aujourd'hui au cœur de la **réserve de la biosphère de Calakmul**) exerçaient leur pouvoir sur de vastes sous-régions culturelles, classées aujourd'hui, de par leur situation et le style de leur architecture, sous la dénomination **Río Bec**. Dans ce territoire, situé à moins de 100 km de la frontière du Guatemala, plus de 50 sites archéologiques ont été inventoriés, autant de cités florissantes entre les années 500 à 800 après J.-C. L'architecture Río Bec est un mélange des styles Petén (Guatemala) et Chenes (Nord du Campeche). Elle se caractérise par de hautes tours dotées de faux escaliers qui flanquent les édifices principaux, des structures élevées sur de vastes plates-formes, de grandes constructions aux angles arrondis, des motifs décoratifs cruciformes et des masques du dieu **Itzámná**, appelé aussi le Monstre de la Terre, rappelant un reptile à la gueule ouverte. Malgré la chaleur et la pénurie d'eau dans cette région où poussent les piments ou *chiles*, la nature a fait croître une forêt qui a caché pendant plus de 1 200 ans cette grande richesse archéologique.

SITES ARCHÉOLOGIQUES *1 journée.*

A 124 km à l'Ouest de Chetumal par la route 186, ou à 290 km de Campeche par Escárcega, à 155 km à l'Ouest de Xpuhil.

Zona arqueológica Xpuhil – À *116 km à l'Ouest de Chetumal par la route 186. Ouvert toute l'année, tous les jours, de 8 h à 17 h. 10$. ☎ (981) 691-11.* Sur une grande plate-forme se dresse la **structure 1**, de 18 m de hauteur. On remarquera la verticalité périlleuse de ses tours érodées. La tour centrale, exemple atypique de l'architecture Río Bec, est la mieux conservée. Comme les autres tours, elle était couronnée d'un faux temple et dotée d'un vaste escalier de 6 m de large, décoré de trois masques fantastiques dont il reste quelques vestiges. Aux côtés inférieurs subsistent encore quelques traces d'ornements en stuc représentant le dieu Chaac. Xpuhil signifie « queue de chat ».

★**Zona arqueológica Becán** – À *6 km à l'Ouest de Xpuhil, prendre l'embranchement en direction du Nord (500 m). Ouvert toute l'année, tous les jours de 8 h à 17 h. 13$. ☎ (981) 691-11.* De la route, on a un aperçu de la grande dimension de l'ancienne cité. Les constructions principales étaient protégées par des fossés de 5 m de profondeur et de 16 m de large qui entouraient la ville sur un périmètre de 1 890 m. Les sept entrées munies de ponts démontrent la permanence du danger d'invasion qui caractérise la période classique. Becán, dont le nom signifie « canyon formé par l'eau », a été capitale de la province appelée aujourd'hui Río Bec. Sur la **place A**, l'autel circulaire est associé à Kukulcán, le dieu du vent. Au Sud se dresse la **structure I** dont les tours de 15 m, avec leurs ouvertures de la partie supérieure, étaient sans doute utilisées comme observatoires astronomiques. Au Nord-Ouest s'ouvre un **passage voûté**★ qui était une rue de l'ancienne cité de Becán. Sur 60 m de longueur, doté d'un toit avec une fausse voûte, il mène à la **place B**, que délimite à l'Ouest la **structure VIII**. Dans cette monumentale construction flanquée de deux tours à ses extrémités Nord et Sud, on a trouvé dix chambres obscures de 8 m de hauteur, destinées probablement à des cérémonies religieuses. L'édifice le plus haut du site avec ses 32 m, la **structure IX**, au Nord, n'a pas encore été entièrement fouillé. À l'Ouest se trouve la **structure X**, dont la partie supérieure porte un temple. Sa façade est ornée d'une représentation d'Itzmaná. Derrière s'étend le **Jeu de Balle**.

Zona arqueológica Chicanná – *Quitter Becán et reprendre la route 186. Continuer vers l'Ouest pour 2 km et emprunter à gauche un chemin de terre sur 500m. Ouvert toute l'année, tous les jours de 8 h à 17 h. 10$. ☎ (981) 691-11.* Les archéologues ont appelé ce site « la maison de la bouche du serpent », Chicanná en langue maya, à cause de la **façade★★** de la structure II, où l'on voit l'une des représentations les plus complètes et les mieux conservées d'Itzmaná. L'ouverture de la porte simule la gueule ouverte d'un serpent, dont les crochets menaçants sortent du linteau. Cette représentation symbolise le passage dans les entrailles de cette puissante divinité, créatrice de toutes choses selon la mythologie maya. La partie supérieure porte des restes de crête faîtière, sur lesquels on voit des représentations d'idoles et, à côté du masque, quelques hiéroglyphes peints.

★**Zona arqueológica Kohunlich** – *Quitter Chicanná et reprendre la route 186 vers Chetumal. À 64 km, prendre l'embranchement sur la droite qui mène à Kohunlich. On peut aussi s'y rendre en 69 km au départ de Chetumal : prendre à l'Ouest la route 186, puis à 60 km un embranchement à gauche sur 9 km. Ouvert toute l'année tous les jours de 8 h à 17 h. 10$. ☎ (983) 208-55.* Ces ruines entourées de palmiers à corozo (ivoire végétal) ont été baptisées par les archéologues « Colline couverte de corozos ». D'importants liens existaient entre ce centre cérémoniel et celui de Petén, au Guatemala. Les hautes tours de **l'acropole**, et les motifs décoratifs, sont caractéristiques de l'architecture Río Bec.
À l'extrémité du site, l'édifice principal a été découvert par un chasseur maya dans les années 1960. La façade est décorée de cinq énormes **masques★★** de 1,5 m en stuc, qui portent encore des traces de peinture rouge. Ils représentent le visage solaire de *Kinich Ahau*, l'une des divinités les plus importantes du monde maya. Le hiéroglyphe sur ses yeux est le symbole *Kin* du soleil, du jour et du temps.
À 400 m au Sud on rencontre la **structure des 27 marches**, récemment consolidée (en réalité, il n'y en a que 22). Elle est constituée des vestiges d'un énorme complexe résidentiel bâti entre 600 et 1200. De la partie supérieure on a une vue magnifique sur quelques-uns des 200 édifices repérés sur le site, autrefois entièrement occultés par l'épaisse végétation qui recouvrait aussi l'édifice des masques.

Zona arqueológica TULUM★★

Quintana Roo

Carte des principales curiosités p. 8 – ℹ ☎ (98) 848-073

Tulum, « clôture » en langue maya, fait probablement référence à la muraille qui entoure le site. Son nom originel **Zamá**, « aube », s'inspirait certainement de son orientation qui lui permettait de voir chaque jour se lever le soleil. La cité s'étire sur 6 km le long de la côte. Elle est entourée d'une muraille rectangulaire qui mesure 380 m du Nord au Sud. Cette fortification, composée de trois murs, constituait une protection contre l'ennemi et délimitait les secteurs cérémoniel et commercial. Grâce à son accès à la mer, la cité est devenue un important centre d'échanges maritimes.

SITE ARCHÉOLOGIQUE

1/2 journée.

Ouvert toute l'année, tous les jours de 8 h à 17 h. 16$. ☎ (98) 833-671.

Ici se trouvent temples, tombes, édifices réservés aux autorités, et quelques plates-formes d'habitations. La cité a été habitée durant la période postclassique tardive (1200-1521 après J.-C.), peut-être même avant. Les fouilles ont permis la découverte d'objets en obsidienne et en jade et de grelots de cuivre, témoignage des échanges commerciaux qui s'effectuaient avec l'Amérique centrale.

Templo de las Pinturas – *À côté de la plate-forme funéraire.* L'une des chambres de ce temple est décorée de fresques et abrite un petit autel. La façade avant présente au premier niveau quatre piliers, des masques aux angles et trois niches avec des sculptures. Dans la partie supérieure, une représentation du « dieu descendant », sans doute associé à la planète Vénus.

El Castillo

El Castillo – *Tournant le dos à la mer.* Bâti en utilisant la falaise rocheuse qui domine aussi bien la mer que la terre environnante, cet édifice est le plus grand de l'ensemble architectural. La construction a été réalisée à plusieurs époques. Le temple supérieur est formé de deux pièces voûtées percées de trois entrées. Le linteau est soutenu par deux colonnes en forme de serpent. La façade était décorée de sculptures, et les angles portent encore des vestiges de masques.
À l'étage, de part et d'autre de l'escalier, deux petits temples renferment des autels sur lesquels on déposait des offrandes. Derrière le Castillo, on a une **vue★★★** magnifique sur la mer des Caraïbes.

EXCURSIONS

Zona arqueológica Cobá – *1/2 journée. À 47 km à l'Ouest de Tulum. Ouvert toute l'année, tous les jours de 8 h à 17 h. 16$. ☎ (98) 833-671.* L'ancien complexe cérémoniel dont le nom signifie « eau agitée par le vent » s'étend sur la rive du lac du même nom, au cœur d'une épaisse forêt. Le site couvre 70 km², et les principaux ensembles architecturaux se trouvent près des lacs Cobá et Macanxoc. La cité est parcourue d'un extraordinaire réseau de **chemins** (sacbés) qui la relie à d'autres complexes préhispaniques, par exemple Yaxuná près de Chichén Itzá, à 100 km de là.
Le centre religieux se divise en quatre groupes : Cobá, Pinturas, Nohoch Mul et Macanxoc. Le style architectural de Cobá, qui s'est imposé du classique précoce (300-600 après J.-C.) au classique tardif (900-1000), empreint d'une certaine rusticité, ressemble davantage au style guatémaltèque de Petén qu'à celui de Chichén Itzá. Il est particulièrement repérable dans le groupe Cobá et celui de Nohoch Mul.

La Iglesia – Élevée au centre d'une place, elle fait partie du groupe Cobá. On y trouve une stèle sur laquelle les habitants du lieu font encore des offrandes de fleurs et de cierges. Cette pierre sculptée représenterait pour eux une vierge appelée Colebí. La pyramide se compose de neuf corps aux angles arrondis ; l'ensemble mesure 24 mètres de hauteur.

Nohoch Mul – Le nom de cet édifice qui signifie « grand monticule » lui vient de sa hauteur (42 m), qui en fait le plus haut au Nord du Yucatán. Il se compose de sept corps aux angles arrondis et de deux volées de marches. L'escalier principal monte jusqu'au sommet, où s'élève un temple orné d'éléments dans le style de celui de la côte Est, c'est à dire de niches et de représentations du « dieu descendant ».

© Robert Frerck/Odyssey

★★ **Reserva de la Biósfera Sian-Ka'An** – *1 journée. À 10 km au Sud de Tulum par le chemin de Boca Paila/Punta Allen. Visite guidée (5 h) toute l'année le lundi, jeudi et samedi. Réservation indispensable. 360$ (visiteurs en voiture), 450$ (sans voiture).* ⚠ ✂ 🅴 ☎ *(98) 849-583.* Le nom maya de la réserve signifie « le commencement du ciel ». Elle a été inscrite au Patrimoine de l'humanité en 1987 pour la grande diversité d'animaux qui y vivent ; 350 espèces d'oiseaux, tortues, jaguars, singes, cerfs, fourmiliers et autres animaux en danger d'extinction pourront ainsi être protégés. Sur une superficie de 6 000 km², elle couvre aussi un riche éventail de biotopes, allant du récif corallien à la forêt tropicale.
Le village de pêcheurs de Punta Allen (environ 1 000 habitants) offre aux visiteurs, sur réservation, la possibilité de pratiquer la pêche sportive ou de faire des promenades en canot. On y organise aussi des randonnées pour découvrir la réserve, qui abrite aussi des ruines mayas. L'accès à certaines zones est réservé aux chercheurs.

Zona arqueológica UXMAL★★★

Yucatán

Carte des principales curiosités p. 8 – Schéma p. 295

ℹ ☎ (99) 239-674

Appelée Puuc, « région montagneuse », cette région est l'une des zones qui possède la plus forte concentration de sites archéologiques d'Amérique. C'est un domaine de forêt basse, très fertile, où l'on cultive aujourd'hui les agrumes. Ici s'élèvent sur d'harmonieuses dénivellations les imposantes ruines d'Uxmal, un important centre cérémoniel.
Uxmal, « trois fois construite », a atteint son apogée entre 600 et 900 après J.-C., époque à laquelle ont été construits ses grands édifices. La plupart d'entre eux sont horizontaux, avec des crêtes faîtières ornementales, et disposés autour de quadrilatères, caractéristiques de l'architecture Puuc. *(Voir les Mayas, p. 28, 290).*
Ce style, dominant dans la région, se caractérise également par l'arc maya triangulaire, les murs dont la partie inférieure est lisse et la partie supérieure porte des frises ornementales en stuc, ainsi que par l'abondance des masques de Chaac, dieu de la pluie qu'on reconnaît à son nez crochu.
Le culte omniprésent de Chaac reflète la préoccupation de ce peuple d'agriculteurs pour la rareté de la pluie et des cenotes, qui les a aussi conduits à construire des *chultunes*, citernes pour le stockage de l'eau.
Après avoir dominé cette région et fait du commerce leur activité principale, les habitants d'Uxmal abandonnent la ville en 1200, probablement à cause d'une guerre civile.
L'exploration des ruines a été entreprise vers 1840 par John Lloyd Stephens et Frederick Catherwood ; leurs dessins aujourd'hui très prisés sont exposés et vendus un peu partout dans le Yucatán. Les fouilles archéologiques ont été entreprises un siècle plus tard, en 1940, sous la direction de Frans Blom. Le site a été inscrit au Patrimoine culturel de l'humanité en 1996.

SITE ARCHÉOLOGIQUE *3 h Plan p. 304*

Voir photo p. 276. Ouvert toute l'année, tous les jours de 8 h à 17 h. 30$ ✂ ☎ *(99) 440-033. Il est recommandé d'arriver la veille pour assister au spectacle son et lumière (voir p. 305)*

Casa del Adivino – La « pyramide du Devin » est l'un des plus beaux édifices du monde préhispanique. À partir d'un plan ovale, le bâtiment s'élève à 35 m de hauteur. D'après la légende, il aurait été construit par un nain, devenu roi après avoir joué des instruments de percussion *tunkul* et *soot* et trouvé la solution de plusieurs énigmes. Pour monter par l'escalier Est qui est très raide, un tunnel a été récemment percé par les archéologues.

Templo Superior – C'est la dernière étape des cinq qu'a comportées la construction de la pyramide. Comme pour le reste de l'édifice, la façade Ouest est minutieusement décorée. D'ici on a une **vue**★★★ magnifique sur l'agencement séduisant du reste des bâtiments. En descendant par l'escalier Ouest, on voit sur le premier palier un temple avec des bas-reliefs en pierre représentant le visage du dieu Chaac. Sur la façade Ouest, la bouche d'un imposant masque zoomorphe forme l'entrée du temple. On peut s'imaginer la frayeur de la population à la vue du prêtre porteur d'un message des dieux sortant par la bouche de cet énorme Chaac. En descendant, on découvre la première phase de la construction, une sorte de palais qui faisait partie d'un quadrilatère démoli. On y trouve aussi la **Casa de los Pájaros**, « maison des oiseaux » dont la frise est décorée de représentations d'oiseaux, en liaison avec la récolte du maïs.

Cuadrángulo de las Monjas – Le « quadrilatère des Nonnes « est un ensemble de quatre édifices, situés à différents niveaux autour d'une cour dont l'acoustique est extraordinaire. Pensant que cet édifice avait abrité des prêtresses mayas, les colonisateurs espagnols lui ont donné ce nom. Dans ce type de construction, le bas

Détail de la pyramide du Devin

des façades est en général lisse et sans ornements, alors que le haut des porches montre une décoration foisonnante qui, avec la répétition de motifs géométriques et zoomorphes porteurs d'un symbolisme fantastique, créent un hallucinant jeu visuel.

Edificio Este – Ici, la frise présente une trame de bandes croisées ou treillis, qui ressemblent aux écailles de la peau d'un reptile et donnent en s'entrecroisant l'impression d'un glissement ondulant de serpents. À l'accès principal et aux angles de la structure, on voit une colonne et trois masques de Chaac ; sur le reste de la frise, six groupes de huit serpents bicéphales, allant du plus petit au plus grand, sont couronnés de têtes de hiboux, animal symbole de nuit et de mort dans la culture maya.

Edificio Norte – La plate-forme élevée sur laquelle ont été construites ses 26 chambres met en valeur l'importance de l'édifice. Sur la façade supérieure ornée de grecques, de figures humaines, d'oiseaux et de singes, ressortent sept colonnes avec quatre masques de Chaac. Intercalées à ces colonnes, on trouve des représentations de huttes en feuilles de palmier aux toits stylisés décorés de serpents à deux têtes. Deux annexes, au niveau de la cour, complètent l'ensemble. Sur la gauche on remarque le temple de Vénus, avec ses piliers monolithiques et sa frise portant des représentations de cette planète.

Edificio Oeste – La partie haute de la façade est ornée d'une véritable mosaïque en pierre où figurent des personnages. En particulier au-dessus de la porte centrale, un dignitaire coiffé de plumes est assis sur un trône sculpté. Ces sculptures alternent avec des colonnes décorées de trois masques et des huttes en feuilles de palmier, portant sur le toit une représentation de Chaac. On a ajouté à une époque

Arc maya, quadrilatère des Nonnes

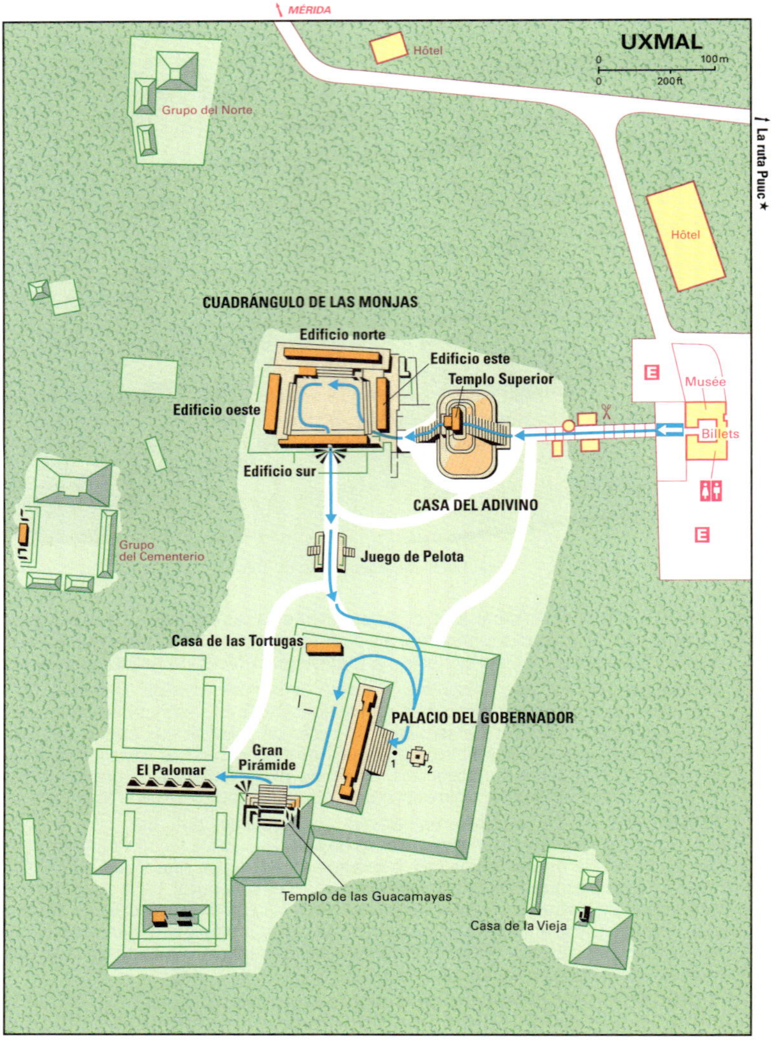

plus récente les deux serpents à plumes qui glissent le long de la frise. À l'horizontale, les corps sont disjoints. À la verticale ils s'entrelacent. Aux extrémités figurent d'un côté la queue à sonnettes, de l'autre la tête du serpent. De la gueule des serpents sortent des visages humains.

Edificio Sur – Comme l'édifice Est, il présente un motif de treillis et des groupes de colonnes, avec des attaches qui rappellent peut-être le système de construction des cabanes en feuilles de palmier des Mayas. Le *tablero* est décoré d'un motif de huttes avec des masques de Chaac. Des yeux du dieu jaillissent des motifs ondulants, larmes de pluie que la divinité verse sur les maisons du village. En sortant du quadrilatère sous le grand arc, on a une vue du complexe cérémoniel qui semble jaillir du sol.

Juego de Pelota – Dans cette enceinte, deux équipes s'affrontaient au cours d'une cérémonie rituelle divinatoire, qui conférait aux joueurs un grand prestige social. On pense qu'ils devaient faire passer la balle en caoutchouc au travers des anneaux placés le long des édifices latéraux, et sur lesquels on voit des hiéroglyphes et des bas-reliefs de serpents à plumes.

Palacio del Gobernador – Cet édifice de 100 m de long sur 12 m de large et 9 m de hauteur, s'élève sur une plate-forme gigantesque en trois corps. Les 24 chambres du « palais du Gouverneur » étaient consacrées exclusivement aux cérémonies et à l'administration, ce qui se reflète sur sa façade, superbe exemple de la symétrie et de la précision de l'art maya, invitant à admirer chacun de ses éléments. Le mur inférieur, lisse et percé par les ouvertures des portes d'entrée, met en valeur la frise encadrée d'une double corniche, celle du haut étant en forme de serpent ondulant. La mosaïque de pierre imite la peau d'une vipère. À cette rigoureuse géométrie s'ajoute la présence obsédante de Chaac, le dieu au grand

nez, qui alterne avec des grecques échelonnées et des compositions de dés, et couronne les angles. Au-dessus de la porte centrale, on remarque un dignitaire coiffé d'un panache et une composition trapézoïdale de serpents à deux têtes. Les immenses arcs mayas, murés par la suite, encadrent l'entrée de deux passages qui partagent ce palais en trois sections.
En face de cette construction, on voit à l'Est l'**adoratorio de la picota** (**1**), temple du pilori appelé aussi poteau de la flagellation, et un peu plus loin, le **trono del jaguar** (**2**) avec ses deux têtes. Au Sud-Est, à environ 100 m de la plate-forme du palais du Gouverneur, se trouve l'ensemble appelé **Casa de la Vieja**.

Casa de las Tortugas – Ce temple consacré au culte de l'eau se trouve dans l'angle Nord-Ouest de la grande plate-forme du Gouverneur. La construction, assez simple, se compose de trois pièces centrales, avec des entrées des quatre côtés. Le linteau supérieur est décoré d'une série de sculptures de tortues de formes et dimensions différentes. Cet animal était associé à la pluie.

La Gran Pirámide (Templo Mayor) – Au sommet de cette construction de neuf étages échelonnés se dresse le **Temple des Guacamayas**, oiseaux associés au culte du Soleil qui forment le motif principal décorant sa façade. Le temple offre une **vue**★★ magnifique du site. La pyramide a été partiellement restaurée.

El Palomar – Les ouvertures de la crête faîtière de cet ensemble architectural en ruines semble prêtes à accueillir des pigeons, d'où son nom de « pigeonnier ». Comme beaucoup d'autres vestiges du site, ce groupe formé de places quadrangulaires n'a pas encore été entièrement exploré.
Comme pour la plupart des édifices d'Uxmal, la crête faîtière était couverte de bas-reliefs en stuc peint.

★★★**Son et Lumière** – *D'avril à octobre, tous les jours à 20 h (en espagnol), et à 21 h (en anglais) ; de novembre à mars, tous les jours à 19 h (en espagnol), et à 20 h (en anglais). 25$ et 35$. Il recommandé d'acheter les billets à l'avance. ☎ (99) 239-674.* Sous les étoiles qu'observaient jadis les Mayas, les pyramides se dressent à nouveau dans toutes leurs couleurs, dues aujourd'hui aux lumières des projecteurs. Au son du *tunkul* et des *soot*, on revit les anciennes cérémonies d'Uxmal, comme l'incantation à Chaac pour obtenir la pluie, « Chaac, Chaac, Chaac... ». On entendra aussi la légende de l'enlèvement par le cacique de Chichén Itzá de Sac Nicté, fille du roi de Mayapán, avant la cérémonie du mariage de cette princesse avec un prince d'Uxmal. Une guerre s'ensuivit, après laquelle Uxmal fut désertée par ses dieux et ses habitants.

EXCURSION

★**La ruta Puuc** – *1 journée. À 23 km d'Uxmal.* *Voir p. 297*

Guatemala

Semaine sainte, Zunil – © Robert Frerck/Odyssey

LA MAGIE ET LA COULEUR

Au Sud-Est du Mexique et au Nord-Ouest de l'Amérique centrale, le Guatemala, pays aux montagnes abruptes, présente une grande diversité de climats et d'écosystèmes. Cette terre offre au visiteur de splendides richesses naturelles, mais aussi les particularités de ses coutumes, issues du creuset de plusieurs cultures, et dans lesquelles se détache la présence indienne, avec ses traditions ancestrales magiques et colorées. Le visiteur peut facilement assister à leurs cérémonies religieuses, où les volutes de la fumée du copal enveloppent rites et participants dans une ambiance mystique. Les couleurs éclatantes des costumes indigènes contrastent avec le vert de la forêt tempérée et de la sylve tropicale et la blancheur des nuages accrochés aux montagnes. Les habitants de cette terre ont conservé leurs anciennes coutumes et leur langue. Les Guatémaltèques sont des gens chaleureux, et leur grand sens de l'hospitalité s'exprime dans leur sourire. Le Guatemala est la terre du quetzal, oiseau exotique national, au plumage vert, orange et rouge.

Nature et géographie

Sur une superficie de 108 900 km², le Guatemala se compose de deux systèmes montagneux, la **sierra Madre** et la cordillère des **Cuchumatanes**. La première s'étire parallèlement à la côte pacifique, la deuxième traverse le centre du pays pour aboutir à la mer des Caraïbes.
Le pays est parsemé d'une trentaine de volcans, dont les plus hauts sont le **Pacaya** (2 552 m) au Sud du lac Amatitlán ; le **de Agua** (3 765 m), à 16 km de LA ANTIGUA GUATEMALA ; **l'Acatenango** (3 975 m) et le **de Fuego** (3 763 m), tous deux situés à l'Ouest de La Antigua. Autour du LAC D'ATITLÁN se dressent le **Tolimán** (3 134 m), **l'Atitlán** (3 536 m) et le **San Pedro** (3 020 m).
Le Guatemala se divise en deux régions hydrographiques déterminées par le système montagneux : l'une se déverse dans l'océan Pacifique, l'autre dans la mer des Caraïbes. Les grandes rivières qui se jettent dans l'océan Pacifique s'appellent Suchiate, Naranjo, Samalá, Michatoya, Paz et los Esclavos. Rejoignent la mer des Caraïbes le Polochic, le Río Dulce, le Motagua et le Sarstún. Dans la région du Petén coulent les **Usumacinta** (frontière naturelle du Mexique), Pasión, Salinas et Río Azul, sur lesquels on pratique la pêche et le raft.

Flore et faune – La forêt couvre 41% du territoire, soit 44 600 km² qui se partagent en conifères, peuplements mixtes et latifoliés (arbres à grandes feuilles, qui sont les plus nombreux). On trouve aussi une zone de forêt tropicale, et une de mangrove. La faune guatémaltèque est très variée et présente beaucoup d'espèces menacées d'extinction, vivant dans des zones protégées. **Lamantins, crocodiles** et **loutres** vivent dans la mangrove du Río Dulce, dans le département d'Izabal et le Biotope Chocón Machacas. **Jaguars** et **pumas** habitent la zone protégée du Petén ; **singes-araignées** et **saraguatos** (singes hurleurs) le Parc national de Tikal, où l'on a répertorié 300 espèces d'oiseaux, du minuscule **colibri** au grand rapace. Les reptiles, en particulier les serpents, peuplent aussi cette partie du Guatemala. Sur la commune de Purulhá (département de Baja Verapaz), existe un parc naturel consacré à la protection du **quetzal**. Le Biotope Mario Dary Rivera, (1 000 ha) est une des forêts de zone humide où l'on trouve une grande diversité de latifoliés et de conifères, ainsi que des orchidées, des mousses et des fougères. La richesse de ses ressources naturelles, la conservation de ses écosystèmes et son climat agréable ont valu au Guatemala le nom de Pays de l'éternel Printemps.

Diego Molina/Guatemala Tourist Commision
Quetzal

Un peu d'histoire

L'époque préhispanique – Le Guatemala possède des vestiges de la civilisation maya qui remontent à 2000 avant J.-C., mais le comptage maya du temps commence ici en l'an 3113 avant J.-C. Cette civilisation a duré presque trente siècles, et a trouvé son apogée à la période classique (100-800 après J.-C.).

La Conquista – En 1524, lorsque les Espagnols arrivent au Guatemala, sous le commandement du capitaine **Pedro de Alvarado**, ils rencontrent les ethnies héritières de la culture maya : Quichés, Cakchiquels, Tzuhiles, Pocomchis, Pocomanes, Itzas, Lacandons, Mams et Chortis.
Après avoir pacifié les indigènes du Soconusco, le capitaine Alvarado, connu pour sa cruauté envers les Indiens, livre une terrible bataille contre les Quichés à Quetzaltenango. Plus tard, la capitale du royaume des Cakchiquels est choisie par le

■ La Légende de Tecún-Uman

Une ancienne croyance des Indiens du Guatemala veut que chaque être humain ait un correspondant spirituel animal, appelé NAHUAL. Il faut veiller particulièrement sur lui, car si l'animal souffre d'un mal donné, l'homme en souffrira aussi. Cette loi peut s'appliquer à l'inverse. Tel fut le cas pour le héros indien Tecún-Uman, qui mourut la poitrine percée d'une lance au cours d'une terrible bataille contre les conquistadores. La gorge d'un quetzal qui volait dans le voisinage se teignit de rouge, et l'oiseau rendit l'âme en même temps que le guerrier.

conquistador pour y établir la première ville espagnole. Mais les Indiens se rebellent, et les Espagnols doivent abandonner la ville, qu'ils avaient déjà renommée Santiago de Guatemala (*voir* CIUDAD GUATEMALA).

Période coloniale et indépendance – En 1542 est créée l'**Audiencia de los Confines**, qui gère toutes les provinces de l'isthme de Tehuantepec jusqu'à l'isthme du Darién au Panama, c'est à dire toute l'Amérique centrale actuelle. En 1564, l'Audiencia cesse d'exister. Les provinces se rallient à la vice-royauté de la Nouvelle-Espagne, jusqu'à sa restauration en 1568.
Deux cents ans plus tard, au 18e s., le roi Charles III d'Espagne accorde des libertés au commerce de la **capitainerie générale**, ce qui entraîne l'essor de l'industrie de la toile et de la **cochenille**, utilisée en teinture. Mais à la mort du roi, son fils Charles IV revient sur ces réformes. Les nouvelles dispositions freinent l'industrie textile naissante, et beaucoup d'habitants se retrouvent sans emploi, faisant naître un mécontentement général parmi la population. Cela, ajouté aux nouvelles des mouvements sécessionnistes qui se propagent en Amérique au début du 19e s., encourage un esprit de lutte indépendantiste, qui trouve son point culminant le 15 septembre 1821 avec l'Indépendance.
Au moment de l'Indépendance, certaines des provinces se déclarent autonomes, ce qui engendre un désordre total. Récemment autoproclamé empereur du Mexique, ITURBIDE tente de protéger l'**ancien royaume du Guatemala**, mais après son renversement en 1822, les provinces déclarent leur indépendance du Mexique. En 1823 Le Chiapas, qui faisait auparavant partie du Guatemala, rejoint le Mexique, tandis que les autres territoires forment les **Provinces Unies d'Amérique centrale**.

19e siècle – Au cours de la première moitié du 19e s., les États de la nouvelle fédération deviennent cinq pays indépendants : Guatemala, Salvador, Honduras, Nicaragua et Costa Rica (le Panama restera territoire colombien jusqu'à la fin du 19e s.). De 1838 à 1871, le Guatemala est gouverné par des conservateurs qui cherchent à revenir aux anciens systèmes coloniaux. On a appelé cette période le **Gouvernement des 30 ans**, au cours de laquelle est signé un accord avec l'Angleterre, cédant le territoire du BELIZE en échange de l'aide des Anglais pour l'ouverture d'une route.

Le Guatemala

Superficie	108 900 km² distribués en 22 départements.
Population	10 517 448 habitants (statistiques de 1997), dont 22 groupes d'origine maya et un groupe garifuna qui vit dans la zone caraïbe.
Heure officielle	GMT - 6
Langues	Espagnol (langue officielle), 23 dialectes indigènes (le quiché, le cakchiquel et le mam sont les plus importants) ; le groupe garifuna parle créole.
Capitale	Ciudad Guatemala.
Gouvernement	République fédérale, démocratie parlementaire avec trois pouvoirs, exécutif, législatif et judiciaire.
Religion	Catholicisme ; les ethnies indiennes pratiquent des rites syncrétiques ; protestantisme évangélique.
Climat	Tempéré, avec une moyenne annuelle des températures de 20°C . On atteint 37°C dans les zones côtières, et il peut geler dans les régions montagneuses ; **précipitations** : chiffre variant de 500 à 5 000 mm par an ; **saison des pluies** de mai à octobre (surtout l'après-midi et la nuit).
Économie	Agriculture et tourisme ; **principales exportations** : café, bananes, maïs, haricots rouges, coton et cacao. Il existe également une importante industrie de confection textile.

RENSEIGNEMENTS PRATIQUES .... Indicatif du pays 502

Quand se rendre au Guatemala ?

Le climat change suivant l'altitude et la région. La côte et la région Nord sont chaudes toute l'année, alors qu'en altitude le climat est plus tempéré. La température moyenne la plus haute est de 24°C, la plus basse de 13°C. La **saison des pluies** a lieu de juin à octobre. Aux zones les plus humides correspond une végétation tropicale dense. La période de plus grande affluence touristique va de novembre à mai. Les températures sont assez fraîches la nuit. On recommande des **vêtements** légers en coton pour la journée, et pour le soir une veste ou un pull en laine légers. On conseille aussi d'emporter des chaussures confortables pour la visite des sites archéologiques.

Avant le départ

Les ressortissants de la CEE, du Canada, du Mexique, des États-Unis, d'Amérique centrale et d'Amérique du Sud doivent être en possession d'un **passeport** en règle et de leur billet de retour. Pour les ressortissants d'autres pays, ainsi que pour les séjours de plus de 30 jours, un **visa** pourra être nécessaire. Les formalités d'entrée changent constamment et sans préavis. Il vaut mieux consulter l'ambassade du Guatemala de son pays d'origine avant de partir. Les **vaccins** ne sont pas obligatoires, mais dans certaines régions la malaria est endémique (moins de 1 500 m d'altitude). Pour circuler dans la forêt tropicale, on recommande l'application d'un produit éloignant les **insectes**, avec une formule à base de DEET. Dans Ciudad Guatemala l'eau est potable, mais ailleurs il est recommandé de ne boire que de l'eau en bouteille.

Comment s'y rendre

En avion – **Aéroport International La Aurora** : à 7 km au Sud de Ciudad Guatemala. Le bureau d'information touristique se trouve près du bureau de l'immigration ☎ 331-4256 *(du lundi au vendredi de 6 h à 21 h ; samedi et dimanche de 8 h à 20 h) ; bureau de change (du lundi au dimanche de 6 h à 19 h)* ; agences de location de voitures. Transport pour le centre ville : autobus au premier niveau *(toutes les 30 mn, 1Q$)*, taxis *(40 Q$)*. Certains vols internationaux desservent l'**aéroport de Santa Elena**, dans la région du Petén (location de voiture possible). Certains aéroports accueillent des **lignes aériennes locales** : Aeroquetzal, ☎ 337-3469 ; Aviateca ☎ 331-8222 ; Aerovias ☎ 334-7935 ; Tapsa ☎ 331-4860 ; Tikal Jets ☎ 332-5070. Un grand nombre de vols charters existe également. Liaisons **Guatemala et Belize** : Aviateca ☎ 334-7722, escale au Salvador ; Aerovias ☎ 334-7935. Il est recommandé d'arriver en avance à l'aéroport. Au départ, tous les passagers acquittent une **taxe** d'aéroport de 50 Q$.

En voiture – Départ du **Mexique** par San Cristobal de las Casas et Tapachula, péninsule du Yucatán, ou via le **Belize**. L'autoroute Panaméricaine relie le Mexique au Salvador en traversant le Guatemala. Un grand nombre d'autoroutes relient le Honduras, le Salvador et le Guatemala.

En bateau – Un grand nombre de compagnies de navigation internationales font escale à Puerto Barrios sur la mer des Caraïbes et à Puerto Quetzal, sur l'océan Pacifique.

Transport local

En voiture et en taxi – Les autoroutes importantes sont goudronnées et en général bien entretenues. L'INGUAT *(voir plus loin)* vend des cartes indiquant les sites et les stations-essence. Sur les voies de moindre circulation, les pompes à essence sont rares ; il est recommandé d'emporter carburant, eau et outillage de base. Les chemins peu fréquentés sont recouverts de gravier, ce qui rend la circulation difficile, surtout à la saison des pluies. La route qui relie Ciudad Guatemala à la région du Petén est assez difficile à négocier en voiture ; en autocar, le trajet peut durer jusqu'à 24 h. Il est recommandé de ne pas rouler de nuit. Les compagnies **Avis, Budget, Dollar, Hertz, National** ont des agences à Ciudad Guatemala. Dans les grandes villes et les zones touristiques, des compagnies locales louent aussi des voitures ; il est recommandé de réserver à l'avance. Les conducteurs doivent être en possession d'un permis de conduire en règle et d'une carte de crédit ; les prix commencent à *40 $US par jour, kilométrage illimité + taxe de 10%.* **Taxis** de Ciudad Guatemala : Taxis jaunes ☎ 332-1515 ; Corporación Blanco Rotativo ☎ 444-0950. On peut également les louer à l'heure.

En bus – Ciudad Guatemala possède un important réseau de bus, qui sont toujours pleins. Les autocars desservant d'autres régions partent toujours très tôt le matin. Il existe également des navettes de première classe reliant la ville aux sites touristiques. Contacter l'INGUAT pour connaître les itinéraires et les horaires *(voir plus loin)*.

En train – La voie ferrée du Pacifique va de Ciudad Guatemala à Tecún Uman, près de la frontière du Mexique. Il existe une autre voie qui relie Puerto Barrios sur la côte des Caraïbes. Les prix sont modestes, mais les trains ne sont pas très confortables et la durée du trajet peut être plus longue qu'en autocar.

Informations générales

Information touristique – **S'adresser à l'Institut guatémaltèque du Tourisme (INGUAT)** 7e avenida 1-17, Zona 4, Centro Cívico, 01004 Guatemala, CA ☎ 331-1333 *(du lundi au vendredi de 8 h à 16 h, le samedi de 8 h à 13 h)*, pour toute information sur les hôtels, le transport, les achats, les loisirs, les tours-opérateurs et agences de voyages. L'INGUAT diffuse également des brochures touristiques.

Hébergement – Au Guatemala existe un grand choix d'établissements, des chaînes d'hôtels internationales dans Ciudad Guatemala et les zones touristiques aux petits établissements familiaux dans les grandes villes. À l'intérieur du pays, l'hébergement est un peu plus modeste, pensions de famille ou habitations rustiques au toit recouvert de chaume. Dans les zones retirées, l'eau et l'électricité sont parfois coupées de 22 h à 6 h. Dans les hôtels, on doit acquitter une taxe d'hébergement de 20 %. Pour obtenir une liste des établissements, se mettre en rapport avec l'INGUAT *(ci-dessus)*. Le paiement par carte de crédit est surtout limité aux grandes villes. Il est possible de **camper** dans tout le pays.

Change – La monnaie officielle du Guatemala est le **Quetzal**. Les banques, telles que Banco del Quetzal, Lloyd's Bank et Banco Internacional de Guatemala *(ouverts du lundi au vendredi de 9 h à 15h)* acceptent les devises étrangères et les chèques de voyage. Les compagnies aériennes, les hôtels et les restaurants de Ciudad Guatemala acceptent les cartes de crédit *(MasterCard/ EuroCard, Visa, American Express, Diner's Club)* et les chèques de voyage. Dans l'intérieur du pays, il est recommandé d'emporter de la monnaie locale. La plupart des biens et services sont majorés d'une TVA de 10 %. Les hôtels appliquent une taxe d'hébergement de 20 % *(voir ci-dessus)*. Dans les restaurants, il est recommandé de laisser un pourboire de 10 % pour le service.

Visites guidées – Les circuits en groupe sont le meilleur moyen de visiter le pays. Ils sont de plus faciles à arranger. Clark Tours du Guatemala (Ciudad Guatemala) ☎ 339-2888 organise des visites de certaines régions en autobus climatisé avec des guides parlant anglais. Unitours Guatemala (Ciudad Guatemala) ☎ 231-4166 organise des visites des sites archéologiques et parcs naturels, ainsi que des promenades en bateau sur les rivières, où les touristes peuvent pratiquer la pêche ; les guides parlent anglais. Un voyage en canot au **Biotope de Monterrico** permet de découvrir les **oiseaux** de la mangrove et les lagunes. Au Nord de cette région se trouve la **station balnéaire** d'Iztapa. On peut aussi plonger dans l'histoire en faisant des **randonnées** à pied : Antigua Tours (Antigua) ☎ 832-0140 *(toute l'année du lundi au samedi ; espagnol et anglais ; 12 $US, sur réservation)*. On peut se rendre à Flores en avion, et prendre ensuite la route qui mène à **Tikal** *(les hôtels sont nombreux à Flores, mais il y en a peu à Tikal)*.

Loisirs – Les visiteurs pourront s'adonner au ski nautique, à la baignade et à la promenade en bateau. Dans les montagnes du centre, on peut pratiquer le raft et explorer des **grottes**. Il est possible de faire du raft sur le Montagua et le Cabón au départ de Ciudad Guatemala. La meilleure saison pour visiter le pays est de novembre à mai. Maya Expeditions, 15 calle 1-91, Zone 10, Cd. Guatemala, Guatemala, CA ☎ 363-4955, organise des circuits d'un week-end ou de plusieurs jours, avec transport, hébergement, guide et équipement. Les spécialistes de tourisme vert proposent une variété de services, y compris du raft et des expéditions en kayak dans la forêt tropicale (1 à 5 jours). Renseignements sur les horaires et les réservations : s'adresser à Área Verde Expeditions, 4e Avenida Sur, n° 8, Antigua ☎ 832-3863 *(du lundi au samedi de 9 h à 18 h)*.

Numéros utiles – Police ☎ 120 ; Pompiers/Ambulance ☎ 123 ; Assistance (locale) ☎ 124 ; Standard international ☎ 171.

Jours fériés

Nouvel An :	1er janvier	**Fête de la Révolution :**	20 octobre
Jeudi saint :	mars-avril	**Fête des Morts :**	1er novembre
Vendredi saint :	mars-avril	**Veille de Noël :**	24 décembre
Fête du Travail :	1er mai	**Noël :**	25 décembre
Fête de l'Armée :	30 juin	**Veille du Nouvel An :**	31 décembre
Fête de l'Indépendance :	15 septembre		

Les dictateurs et le 20e s. – La révolution de 1871 met fin au Gouvernement des 30 ans et donne le départ de la **Réforme** sous la direction de Miguel Garcia Granados, qui crée le drapeau et le blason nationaux. Son successeur **Justo Rufino Barrios** met fin aux privilèges requis pour entrer à l'université, exproprie les biens de l'Église, supprime les ordres monastiques et promulgue la Constitution de 1879.

Les années qui suivent sont très agitées : des présidents successifs prennent le pouvoir après des coups d'État, et se font réélire par la force. Ainsi surgissent les grands dictateurs **Manuel Estrada Cabrera** (au pouvoir de 1898 à 1920) et le général **Jorge Ubico** (au pouvoir de 1931 à 1944). Ce dernier est renversé en 1944 par un mouvement populaire lancé par les étudiants et les professeurs de l'université, menés par Jorge Torielo, Francisco J. Arana et Jacobo Arbenz. En 1945, ces derniers forment une junte de gouvernement et proclament la nouvelle constitution.

Le gouvernement d'Arbenz – Pour la première fois, le pouvoir est remis pacifiquement en 1950 à un nouveau président, **Jacobo Arbenz**. Son gouvernement se caractérise par une attitude de franche hostilité à l'égard des États-Unis et des sociétés américaines implantées au Guatemala, surtout l'**United Fruit Company.** Deux ans plus tard, Arbenz met en place une nouvelle loi agraire qui dessert largement les propriétaires terriens. En 1954, Carlos Castillo Armas, un général exilé au Honduras, soutenu par ce pays et les États-Unis, envahit le Guatemala, provoquant la chute d'Arbenz. Castillo Armas prend le pouvoir et abroge la Constitution de 1945 et la loi agraire d'Arbenz.

L'époque moderne – Au cours des décennies 1960 et 1970, le Guatemala vit dans un climat d'insurrection permanent. L'Amérique centrale est secouée par la guerre civile du Salvador, et un peu plus tard, celle du Nicaragua. Les militaires se succèdent au pouvoir : Fernando Romeo Lucas, Aníbal Guevara et Ríos Montt, jusque vers le milieu des années 1980, où après 30 ans de gouvernement militaire s'instaure un deuxième gouvernement civil, mené par **Vinicio Cerezo**. Ces dernières années, le Pays de l'éternel Printemps a encore une fois été ensanglanté par une guerre civile qui a déchiré les provinces et dont les principales victimes ont été les Indiens, qui représentent 80% de la population. La répression et les persécutions continuelles ont contraint des milliers d'Indiens et de paysans à se réfugier au Mexique.

Au cours de la dernière décennie du 20e s., plusieurs tentatives de conciliation entre la guérilla et le gouvernement ont eu lieu et, quoique le dialogue ait été rompu de nombreuses fois, la paix a finalement été signée en décembre 1996, ce qui a permis à des centaines de réfugiés de retourner chez eux.

Culture

Personnalités remarquables – Au nombre des personnages illustres de l'époque coloniale, on citera le moine **Bartolomé de las Casas**, grand défenseur des Indiens, ainsi que le frère **Pedro de Betancourt**, un franciscain qui a consacré sa vie à aider les plus démunis. L'évêque **Francisco Marroquín** a fondé la première École des lettres espagnoles, et consacré son héritage à la création de l'université. Le père **Rafael Landívar** est un grand poète du 18e s., **Quirio Cataño**, un sculpteur renommé, auteur du *Christ d'Esquipulas* (grand centre religieux d'Amérique centrale). Au 19e s., on retiendra en particulier le peintre **Francisco Cabrera** et l'écrivain **José Milla**, auteur de La *Hija del Adelantado*, histoire de Pedro de Alvarado.
Au 20e s., on distinguera pour leur travail littéraire **Miguel Ángel Asturias** (prix Nobel de littérature 1967), **Luis Cardoza y Aragón**, et **Augusto Monterroso** ; pour les arts plastiques, le peintre **Carlos Mérida**, et **Efraín Recinos** (architecte, sculpteur et peintre) ; enfin, il faut citer pour son action humanitaire **Rigoberta Menchú Tum**, qui a obtenu le prix Nobel de la paix en 1992.

Artisanat – L'artisanat est un secteur important de l'économie du pays. Les textiles guatémaltèques sont très réputés à l'étranger, ainsi que la céramique, la vannerie, les chapeaux de palme, et les objets en bois sculpté.

Gastronomie – Tout comme au Mexique, la **tortilla** et le **frijol** forment la base de la nourriture guatémaltèque. Parmi les plats typiques on retiendra les **rellenitos**, bananes frites farcies aux haricots doux ou au fromage ; les **chuchitos**, petits pâtés à la viande ou aux herbes comme le chipilín ; les **dobladas**, petites tortillas farcies au poulet ou à la viande et aux légumes ; le **fiambre**, une sélection de viandes froides servies avec des légumes, plat que l'on prépare en particulier le jour de la fête des Morts ; le **ponche** aux fruits, élaboré en particulier au moment de Noël ; on prépare aussi **l'atol de elote** et les **tamales de carne**.
Dans les grandes villes on trouve des restaurants servant des menus internationaux. Il y a plusieurs restaurants chinois à Ciudad Guatemala, du fait de l'influence économique de cette communauté.

Musique et danse traditionnelles – Chacun des 22 groupes ethniques qui composent la majeure partie de la population guatémaltèque possède ses danses traditionnelles. Les représentations ont lieu en général les jours de fête ou à l'occasion de cérémonies religieuses. De même, chaque groupe indien porte un costume particulier qui le distingue des autres ethnies, avec une tenue spéciale pour les jours de fête.
Au Centre culturel Miguel Angel Asturias (Ciudad Guatemala) le **ballet** de l'Institut guatémaltèque du Tourisme (INGUAT) présente les danses traditionnelles de tout le pays.
L'un des instruments incontournable de la musique traditionnelle est la **marimba**. Il y a aussi la musique populaire, tropicale ou moderne, que diffusent les radios du pays.

Patrimoine culturel de l'humanité

Ville de la ANTIGUA GUATEMALA (1979)

Site archéologique de TIKAL (1979)

Site archéologique de COPÁN (1980) au Honduras

Site archéologique QUIRIGÁ (1985)

Six jours au Guatemala

1er jour

Ciudad Guatemala – Vols au départ de Mexico, de Cancún, de Belize City et d'autres aéroports internationaux.

2e et 3e jours

Zona arqueológica Tikal – À 548 km au Nord de Ciudad Guatemala, dans le département du Petén. Des vols partent de Ciudad Guatemala, de Cancún ou du Belize. Le vol entre Ciudad Guatemala et Tikal dure 30 mn ; il existe également des vols internationaux directs.

4e et 5e jours

La Antigua Guatemala – À 45 km à l'Ouest de Ciudad Guatemala, dans le département de Sacatepéquez. Des autocars de tourisme partent de Ciudad Guatemala.

6e jour

Lago de Atitlán – Ce lac se trouve à 80 km de la Antigua Guatemala, dans le département de Sololá. Des autocars de tourisme partent de Ciudad Guatemala.

La ANTIGUA GUATEMALA★★★

Dpt. de Sacatepéquez

34 168 habitants

Carte p. 313 – Plan p. 317

Palacio de los Capitanes Generales, Plaza Central ☎ 832-0763

Cette ville magnifique a été inscrite au Patrimoine culturel de l'humanité en 1979. Ses majestueuses constructions, aujourd'hui en ruines, font ressortir la beauté de la vallée et des trois volcans (de Agua, de Fuego et Acatenango) qui l'entourent en formant un magnifique **cadre**★ naturel.

Un peu d'histoire – C'est la troisième capitale établie par les Espagnols après l'inondation catastrophique d'Almolonga, le 11 septembre 1541. Fondée en 1543, baptisée **Ciudad de Santiago de los Caballeros de Guatemala** en 1566, la ville a été continuellement ravagée par des catastrophes naturelles ; d'où peut-être la solidité de ses constructions, et l'orgueil de ses habitants. Après les épidémies de peste, les tremblements de terre, les éruptions volcaniques et les inondations, un séisme a fini par la détruire définitivement en 1773. La ville a été alors condamnée à l'abandon, et une nouvelle capitale a été créée *(voir* CIUDAD GUATEMALA*)*. Mais ses habitants sont peu à peu revenus donner vie à la cité, dont l'atmosphère coloniale en fait aujourd'hui l'un des endroits les plus touristiques du Guatemala.

★PLAZA MAYOR ET ENVIRONS *1/2 journée.*

À 45 km à l'Ouest de Ciudad Guatemala. Emprunter vers l'Ouest l'avenue Roosevelt, qui devient ensuite la Panaméricaine CA-1 ; au km 29, prendre le pont sur la droite en direction de San Lucas Sacatepéquez, et poursuivre jusqu'à La Antigua.

Plaza Mayor – *Carré formé par 5ª et 4ª Avenidas et les 5ª et 4ª Celles.* Au centre de cette esplanade carrée plantée d'arbres s'élève la **Fuente del Conde de la Gomera** (ou des **Sirènes**) (**1**). Le comte la fit construire pour rappeler une légende populaire selon laquelle les filles d'un roi avaient refusé d'allaiter leurs enfants. Alors, le roi ordonna qu'elles soient liées à un poteau au milieu d'un point d'eau, où elles moururent de faim et de soif. Sur la fontaine, quatre sirènes tenant leurs seins entre les mains approvisionnent la ville en eau.

Mercado de Artisanía – *6ª Avenida Sur et 4ª Calle Poniente, à une rue de la Plaza Mayor. Ouvert toute l'année, tous les jours de 10 h à 18 h.* Les visiteurs de la Antigua s'y retrouvent pour découvrir toutes sortes d'objets d'artisanat, allant des tissus aux sculptures, en passant par les jouets et les articles en cuir, dans un magnifique déploiement de formes et de couleurs.

Palacio de los Capitanes Generales – *Au Sud de la Plaza Mayor. Ouvert toute l'année, tous les jours de 8 h à 17 h.* Cette construction a fière allure avec sa double arcade de grandes colonnes toscanes. Aux 17ᵉ et 18ᵉ s., elle a servi de résidence aux représentants du roi dans ces territoires. Aujourd'hui, les bureaux de l'administration départementale en occupent l'étage, et l'Office de tourisme le rez-de-chaussée.

Palacio del Ayuntamiento – *Au Nord de la Plaza Mayor.* Construit en 1743, ce palais a été le siège du Conseil municipal. Comme le palais des Capitaines Généraux, il présente une double arcade de pierre. Ce robuste édifice a aussi servi de prison. C'est également ici que s'est établie la première imprimerie du royaume du Guatemala. Il abrite aujourd'hui les bureaux de la mairie et ceux de la police touristique. Le petit **musée Santiago** présente une collection d'armes, de peinture, sculpture et mobilier de l'époque coloniale *(au rez-de-chaussée ; ouvert toute l'année, du mardi au vendredi de 9 h à 16 h, samedi et dimanche de 9 h à 12 h et de 14 h à 16 h ; (contribution laissée à l'appréciation des visiteurs) ; ☎ 832-2868).* D'un côté se trouve le **musée du Livre Ancien** *(ouvert toute l'année du mardi au vendredi, de 9 h à 16 h, samedi et dimanche de 9 h à 12 h et de 14 h à 16 h. 10Q$; ☎ 832-0763)* où sont exposés quelques originaux de livres du 16ᵉ au 18ᵉ s. et des fac-similé d'œuvres imprimées au Guatemala. Dans cette collection figure le premier livre imprimé au Guatemala et le matériel universitaire de l'époque. Le musée expose également un fragment original du *Catholicon* imprimé par Gutenberg en 1460.

Catedral metropolitana – À *l'Est de la plaza Mayor. Ouvert toute l'année, tous les jours de 9 h à 12 h et de 14 h à 17 h. 2Q$. ☎ 832-0909.* Visible de la Plaza Mayor, cette église a été inaugurée en 1680. La façade baroque d'une seule pièce, recouverte de mortier blanc, a le style caractéristique des églises de La Antigua, avec des colonnes lisses, et un campanile reconstruit après le tremblement de terre de 1773.

Dans la partie arrière on voit les ruines de la cathédrale, dont il reste les colonnes de la coupole et ses **pendentifs**★ décorés d'anges sculptés, ainsi que quelques vestiges qui donnent une idée de la beauté de l'édifice. Il est possible de visiter les catacombes dans le sous-sol des ruines.

★★**Museo de Arte Colonial** (**M**) – *5ª Calle Oriente N° 5, du côté Sud de la Cathédrale. Ouvert toute l'année, du mardi au vendredi de 9 h à 16 h ; samedi, dimanche de 9 h à 12 h et de 14 h à 16 h. 25Q$. ☎ 832-0429.* Le musée occupe l'ancien siège de l'université de San Carlos de Borromeo, fondée en 1767. L'édifice a conservé son magnifique **patio★** avec ses arcades de style mudéjar, associées à des éléments baroques caractéristiques de La Antigua, comme les colonnes à bossages. Le musée expose des peintures religieuses du 18e s. et des sculptures des 17e et 18e s. On admire en particulier quatre magnifiques **tableaux★** représentant la présentation de Jésus à Hérode, son arrivée devant Pilate, sa condamnation à la crucifixion et une scène de la Passion. La salle 6 abrite une remarquable **collection★** de tableaux de Cristóbal de Villalpando.

★ANCIEN COUVENT DES CAPUCINES ET ENVIRONS

2 h 30

Ex convento de Capuchinas – *2a Avenida Norte, entre Calle 2a Poniente et 1e Poniente. Ouvert toute l'année de 9 h à 17 h. 10Q$.* Le monastère de Nuestra Señora del Pilar de Zaragoza, construit en 1736, a été le dernier couvent de femmes de la ville. L'ensemble architectural est l'œuvre de Diego de Porres, grand architecte de La Antigua Guatemala. À l'intérieur s'ouvre une cour circulaire à arcades, autour de laquelle se trouvent les cellules des religieuses, qu'on appelait Torre del Retiro. Une deuxième cour avec une fontaine centrale et des arcades à colonnes toscanes formait le cloître principal. Dans la rue suivante, en allant vers l'Ouest, on rencontre les ruines du **Templo de Santa Teresa.**

Templo del Carmen – *3a Avenida Norte, entre Calle 2a Poniente et 3a Poniente. Ouvert toute l'année de 9 h à 17 h.* La **façade★** de cette église, ornée de groupes de colonnes sur les deux ordres, est l'un des plus beaux exemples du style baroque de La Antigua. Les colonnes du deuxième ordre conservent encore une décoration bigarrée avec des motifs végétaux. Rompant avec le style des façades traditionnelles, les entablements décalés créent un effet de mouvement

Ex Convento de Santa Catalina – *5e Avenida Norte, entre Calle 2e Poniente et 1e Poniente. Ouvert toute l'année, tous les jours de 9 h à 17 h.* Le couvent a été construit en 1613 et l'église en 1647. Quelques années plus tard, à cause du grand nombre de religieuses qu'il abritait, les autorités ecclésiastiques ont demandé la fermeture de la rue afin de pouvoir relier la propriété située en face à celle des religieuses. Les riverains ayant refusé, on a construit une arche avec un passage. Du bâtiment original ne subsistent que quelques pans de murs et cette **arche** avec son horloge, qui est illuminée la nuit et baigne les rues voisines d'une agréable lumière orangée.

Iglesia de la Merced – *6a Avenida Norte et 1a Calle Poniente. Ouvert toute l'année, du lundi au samedi de 6 h 30 à 12 h et de 15 h à 19 h 30 ; le dimanche de 7 h à 19 h 30.* Cette église construite en 1546 a été agrandie à trois nefs en 1688. Détruite en 1717, restaurée en 1765, elle a été de nouveau ravagée en 1773 par le tremblement de terre. Sa magnifique **façade★★** baroque ornée de feuilles de vigne en stuc blanc contraste avec le jaune des murs. À l'intérieur au plan en croix latine, les colonnes montrent des chapiteaux rectangulaires. Dans l'abside, les arcs et la base de la petite coupole sont décorés de courbes mixtilignes et de motifs végétaux. Les retables baroques ont été démontés et transportés dans l'église du même nom à Ciudad Guatemala.
A gauche de l'entrée, une façade similaire permet d'accéder à l'ancien couvent, où se trouve une immense **fontaine★★** ornée d'un monument de style baroque et d'anges à la base du bassin, dont les bords conservent encore des vestiges de peinture rouge.

★**Hotel Santo Domingo** – *3a Calle Oriente, N° 28.* Ce magnifique hôtel occupe l'ancien couvent de Santo Domingo, détruit par le tremblement de terre de 1773. À la réception se trouve une **anda** du 18e s., sorte de table massive en bois servant à transporter les statues au cours des processions de la Semaine sainte, la statue d'un archange et un retable baroque. Le soir, l'hôtel est illuminé aux bougies, créant une ambiance mystique, et ramenant les passants à l'époque coloniale.

SAN FRANCISCO ET ENVIRONS *1/2 journée.*

Casa Popenoe – *5a Calle Oriente et 1a Avenida Sur. Ouvert toute l'année, tous les jours de 14 h à 16 h. 4Q$.* Ce musée rassemble du mobilier et divers objets, ainsi que la cuisine d'une maison de La Antigua des 18e et 19e s. La maison a été achetée par le docteur Wilson Popenoe en 1929, qui l'a fait restaurer pour permettre au public de visiter une demeure aristocratique d'époque.

Ex convento de Santa Clara – *6a Calle Oriente et 2a Avenida Sur. Ouvert toute l'année, tous les jours de 9 h à 17 h.* Ce couvent a été fondé par des religieuses de Puebla, au Mexique. La construction a débuté en 1699 et l'église a été consacrée en 1734. Malgré le séisme de 1773, certaines parties du couvent sont demeurées intactes, comme la **façade★** et le cloître, avec son joli **jardin★** et sa fontaine centrale.

Hospital de San Pedro – *6a Calle Oriente et 3a Avenida Sur. Ouvert toute l'année, tous les jours de 8 h à 12 h et de 15 h à 18 h.* Cet hôpital, fondé en 1663, doit

Ancien couvent Santa Clara et église San Francisco

son nom au frère Pedro de Betancourt, qui y a recueilli et soigné les indigents. La façade de l'église est ornée de figures géométriques et de niches en forme de coquillage. Le bâtiment est toujours utilisé comme hôpital.

Iglesia de San Francisco – *Calle de los Pasos et 7ª Calle Oriente. Ouvert toute l'année, tous les jours de 6 h à 17 h 30.* Cette église entourée d'une muraille crénelée a été construite en 1579. Le **porche** du côté Ouest est absolument remarquable, avec de magnifiques colonnes torses à bossages. Du parvis, on admire la façade principale, ponctuée de 12 niches. L'intérieur (accès par une porte latérale) abrite de splendides **retables**★★ baroques avec des figures mixtilignes dorées à la feuille. Dans la chapelle repose le corps de Pedro de Betancourt, moine vénéré par les habitants de La Antigua.

Calle de los Pasos – *Elle va de l'église de San Francisco au Calvaire.* Bordée de **chapelles** où sont représentées des scènes de la Passion du Christ sur le chemin du calvaire, c'est cette voie qu'emprunte la procession du chemin de croix pendant la Semaine sainte. Ici se suivent sept chapelles de procession. Il y en a quatorze en tout, ouvertes seulement pendant la semaine de Pâques. Dans la rue se trouvent également l'église et le couvent de San Felipe Neri (ou Escuela de Cristo), la **parroquia de Los Remedios**, (17ᵉ s.) et, à son extrémité, la **Iglesia de El Calvario**, où s'achève la procession.

Iglesia de San José el Viejo – *5ª Avenida Sur, entre le Callejón de San José et 9ª Calle Oriente. Ouvert toute l'année, tous les jours de 9 h à 17 h.* Avec ses petites dimensions, cette église terminée en 1761 est représentative de l'architecture antisismique de La Antigua. La façade porte des colonnes cannelées et à bossages et des pilastres, également à bossages. Le portail montre un tympan en creux bordé de moulures. Le campanile est percé d'une fenêtre pour la tribune et de deux ouvertures pour les cloches. Une bande de pierre à laquelle des éléments striés confèrent un aspect ondulant couronne le mur extérieur.

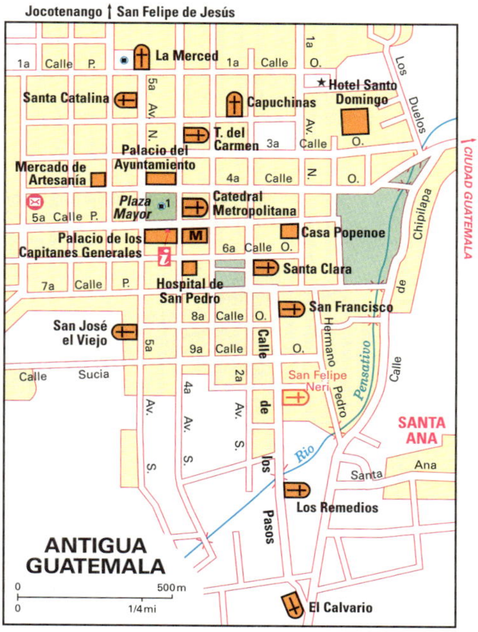

EXCURSIONS

Jacotenango – *2 heures. À 2 km au Nord-Ouest de La Antigua. Prendre en direction du Nord-Ouest la Calle Ancha de los Herreros.* Cette petite ville dont les habitants sont par tradition maçons ou éleveurs de porcs a été fondée en 1541 par des Indiens après la destruction de la ville d'Almolonga, seconde capitale du Guatemala. Sur la place, l'église de **Nuestra Señora de la Asunción** élevée au 17e s. possède une belle façade baroque et de remarquables colonnes torses, dont quatre à bossages. Remarquer la fenêtre octogonale de la tribune. Jacotenango était le point d'arrivée de la malle postale en provenance de la Nouvelle-Espagne (Mexique) ; c'était aussi une étape obligée pour les dignitaires de l'Église à leur arrivée à la Capitainerie Générale de l'ancien royaume du Guatemala.

San Felipe de Jesús – *2 heures. À 700 m au Nord-Ouest de Jacotenango.* Une petite ville agréable avec un marché, où l'on pourra acheter des produits artisanaux et goûter aux spécialités guatémaltèques, comme l'**atol de elote**, les **rellenitos** et les **dobladas**. Autour des cuisines ambulantes se réunissent visiteurs et paroissiens de l'église de San Felipe.

Lac d'ATITLÁN★★

Dpt. de Sololá

Carte p. 312

Calle Santander, Edificio Rincón Sai, Panajachel ☎ 762-1392

A 1560 m d'altitude, ce lac de 125 km² est l'un des endroits les plus attirants du Guatemala. Il s'est formé il y a plus de 85 000 ans, à la suite d'une éruption volcanique qui a effacé toute trace de vie depuis le Sud-Est du Mexique jusqu'au Costa Rica. Au cours des siècles, l'eau accumulée dans ce bassin et recouverte par la lave a commencé à couler des volcans nouvellement formés de Tolimán, Atitlán et San Pedro. Aujourd'hui, le lac est entouré de douze villages, parmi lesquels on retient Santa Catarina Palopó, Santiago Atitlán, San Lucas Tolimán, San Pedro La Laguna et Panajachel. Tous ces villages offrent un magnifique **panorama**★★ sur le lac, où la silhouette des volcans se détache sur l'azur limpide du ciel. Il faut voir ici en été les couchers de soleil aux splendides nuances orangées.

Les costumes de la région sont particulièrement pittoresques avec leurs vifs coloris, en particulier la coiffure des femmes **cakchiquel**, une bande de tissu de 10 m de long.

CURIOSITÉS

Panajachel – *1 journée. À 80 km à l'Ouest de La Antigua. Prendre la route de Ciudad Guatemala ; après environ 9 km, prendre à San Lucas l'embranchement vers Chimaltenango, direction Los Encuentros, puis la direction du village de Sololá. Panajachel se trouve 9 km après Sololá sur cette même route.* Dans cette paisible bourgade, plusieurs hôtels et restaurants préparent une cuisine internationale pour les visiteurs du lac d'Atitlán qui, tout en profitant de la tranquillité de l'endroit, peuvent acheter des objets d'artisanat sur les marchés ou dans les petites boutiques du village. Le soir on peut aller danser dans une discothèque, ou prendre un verre dans un bar. Il est possible également de louer un canot ou d'emprunter une navette pour découvrir les villages qui bordent le lac.

© Edward Thomas

Lac d'Atitlán

EXCURSIONS

De Chichicastenango à San Francisco el Alto *3 jours*

Chichicastenango – *À 37 km au Nord de Panajachel. Retourner à Los Encuentros et prendre la route nationale 15 vers Chichicastenango.* Chef-lieu du département de Quiché avec 75 797 habitants, Chichicastenango est relié par une route moderne qui traverse un merveilleux **paysage★★★** de montagnes toujours vertes. La place centrale est le lieu de rencontre des Indiens de cette agglomération et de ceux de villages plus éloignés, comme Santiago Atitlán, pour y vendre leurs marchandises. C'est un endroit animé, empli de couleurs et de bruit. Le **marché★★** de Chichicastenango *(toute l'année, le jeudi et le dimanche de 8 h à 16 h)* est le plus grand du Guatemala, et l'un des plus renommés. Dans l'**iglesia de Santo Tomás** *(ouvert toute l'année, tous les jours de 7 h à 18 h)* se pratiquent des **rites★★** syncrétiques des cultures maya et espagnole, auxquels on peut assister si l'on se montre extrêmement respectueux de ces traditions.

© Edward Thomas

Marché de Chichicastenango

Quetzaltenango – À *94 km à l'Ouest de Chichicastenango. Retourner à Los Encuentros et prendre la Panaméricaine (CA-1) qui mène à Huehuetenango. Poursuivre sur 60 km jusqu'à Cuatro Caminos, puis prendre l'embranchement de Quetzaltenango, qui se trouve à 14 km (sur la route nationale N° 1).* Cette ville qui a donné son nom au département est également connue sous le nom maya de **Xela**. Dans sa grande vallée, les habitants conservent encore les traditions de la population maya-quiché. La place principale, **Parque Centroamérica**, est environnée de beaux jardins dans lesquels s'élève un hémicycle aux colonnes stylisées. D'importants édifices bordent le parc : la **cathédrale**, dont il ne reste plus que la façade, la **Maison de la Culture** *(ouvert toute l'année, tous les jours de 8 h à 12 h et de 14 h à 18 h ; ☎ 761-4931)*, qui abrite aussi l'Office de tourisme, et le **Pasaje Enríquez**.

San Andrés Xecul – *À 14 km au Nord-Est de Quetzaltenango. Reprendre la route vers Cuatro Caminos pour 14 km ; en arrivant à la station essence, tourner à gauche, emprunter la piste en terre et poursuivre sur 3 km jusqu'à la place de l'église.* Dans ce petit village du département de Totonicapán se trouve une église du 16e s., dont la **façade★★** est probablement un exemple unique de l'art des Indiens. On y voit des saints, des anges, des fleurs et des plants de maïs, dans une fantaisie de couleurs où se détachent le bleu, le vert et le rouge contrastant avec le jaune des murs. Bien que ce style soit très particulier, il n'est pas sans rappeler celui de l'église de TONANTZINTLA, dans l'État de Puebla au Mexique.

San Francisco el Alto – *À 22 km au Nord-Est de San Andrés Xecul. Retourner sur ses pas par la piste en terre pour 3 km, et prendre la route nationale 1 vers Cuatro Caminos (environ 2 km) ; suivre ensuite la Panaméricaine (CA-1) pour 7 km, direction Huehuetenango, et tourner à droite au panneau Totonicapán-San Francisco el Alto. Poursuivre 1 km dans cette direction.* San Francisco est un petit village tranquille qui s'anime le vendredi, jour où les Indiens viennent nombreux vendre leurs marchandises sur le **marché★** *(ouvert toute l'année le vendredi de 03 h à 12 h).*

Le marché se divise en sections, et on y trouve un peu de tout, animaux, épices, ou meubles. **L'église** du 16e s. a été restaurée récemment *(ouvert toute l'année, tous les jours de 6 h à 12 h et de 15 h à 19 h ; les jours de marché, on peut accéder au toit pour 1Q$)*. Du toit de l'église, on admire la **vue**★ du paysage de cette région de l'Ouest du Guatemala.

Zunil et Abaj Takalik *1 journée*

Zunil – *À 14 km au Sud-Est de Quetzaltenango. Prendre la route nationale 9S, dite « de la terre chaude », pour 14 km en direction du Sud-Est. Zunil se trouve après Amolonga, (voir photo p. 307)*. Au milieu d'un superbe **paysage**★ de montagnes auréolées de nuages, ce village à majorité indienne montre la **façade** blanche de son église *(ouvert toute l'année, tous les jours de 8 h à 12 h et de 14 h à 18 h, ☎ 761-4931)*, finement ornée sur ses deux ordres de colonnes torses à bossages et à motifs végétaux, et de niches parées de sculptures et d'un foisonnement complexe de courbes et de rinceaux. Dans l'intérieur assez austère, on voit au maître-autel un **retable** baroque, ainsi qu'une très grande **croix**★ d'argent repoussé.

★**Zona arqueológica Abaj Takalik** – *De Zunil par la route CITO à 50 km au Sud en direction de Retalhuleu ; en arrivant à Retalhuleu, prendre la première rue à droite et rejoindre la Centroamericana 2 (CA-2) ; continuer pendant 14 km et tourner à droite jusqu'à l'entrée du village d'El Asintal (4 km) ; rouler 4 km sur Le chemin de terre 6W. En arrivant à l'entrée du site, tourner à gauche et continuer sur 500 m. On peut également s'y rendre au départ de Ciudad Guatemala par la route CA-2 (200 km). Ouvert toute l'année, tous les jours de 7 h à 17 h 30 ; 25Q$ ☎ 331-1333 poste 206.* Son nom en langue quiché signifie « pierre levée ». C'est l'un des sites archéologiques les plus importants du pays, où l'on a découvert des vestiges des cultures olmèque et maya. Les constructions sont de deux styles : préclassique moyen (800–300 avant J.-C.) avec des édifices en terre (jeu de pelote), et préclassique tardif (300 avant J.-C. à 250 après J.-C.) avec des constructions en terre et galets qui correspondent à l'époque florissante d'Abaj Takalik.

Les structures au Sud du groupe central sont du préclassique tardif. La pyramide principale, **estructura ceremonial** 12, est bordée de monolithes zoomorphes ou anthropomorphes de style **olmèque**, en forme de crapauds ou de têtes de jaguars, et de style **maya**, comme **l'autel 8** et la **stèle 5** (126 après J.-C.), qui représentent des personnages debout, séparés par une colonne de glyphes. Parmi d'autres, le **monumento 67** montre un personnage sortant de la gueule d'un jaguar.

Le parcours mène aux vestiges d'un temple recouvert aujourd'hui de feuilles de palmier **(estructura 10)**. Sur la base Sud-Est, on découvre le **monumento 99** en forme de tête humaine dotée d'oreillettes, appelé « baby face » par les anthropologues. Sur la base centrale à l'Ouest, on découvre l'**autel 28**, avec une tête de mort sur laquelle apparaissent deux empreintes de pieds. Peut-être figure-t-elle un personnage en train de passer de la lumière à l'obscurité ; les empreintes symboliseraient son cheminement.

Un peu plus loin, la structure Nim-Ja, « grande maison », sans doute la demeure d'un haut dignitaire, abrite le **monumento 93**, à visage humain et corps de jaguar, tourné vers l'Ouest.

À quelques mètres à l'Ouest du site, de récentes découvertes archéologiques ont eu lieu dans la zone appelée « El Escondite », une enceinte cérémonielle consacrée à l'eau.

Église de San Andrés Xecul

CIUDAD GUATEMALA★

Dpt. de Guatemala

823 301 habitants

Carte p. 313 – Plan p. 323

7ª Avenida 1-17, Centro Civico (Zona 4) ☎ 331-1333, poste 206

Fondée il y a plus de deux siècles, Ciudad Guatemala est la ville la plus peuplée et le centre politique et économique du Guatemala. À la différence d'autres pays d'Amérique latine, les Indiens en costume traditionnel cohabitent ici avec les Métis qui forment la grande majorité de la population.
Cette ville de contrastes a survécu aux catastrophes naturelles qui se sont abattues sur la région, comme le tremblement de terre de 1976 qui a obligé à la reconstruire.

Un peu d'histoire

Les deux premières capitales – Après la conquête de la région, les Espagnols choisissent en 1524 le chef-lieu du territoire cakchiquel, **Iximché**, pour y fonder la première ville du Guatemala. À la suite de révoltes indiennes, ils doivent rechercher un endroit plus paisible pour bâtir une nouvelle ville. Ils jettent leur dévolu sur la vallée d'Amolonga, et y fondent en 1527 la capitale de l'ancien royaume du Guatemala. Mais 14 ans après sa fondation, elle subit, à cause de son emplacement à l'Ouest du volcan de Agua, une terrible inondation qui oblige ses habitants à l'abandonner.

La Antigua et l'actuelle capitale – En 1543, les Espagnols fondent la ville de Santiago de Guatemala (aujourd'hui LA ANTIGUA GUATEMALA) dans la vallée de Panchoy, où se développe la société coloniale. Elle devient le centre administratif du pays et connaît une période artistique florissante. En 1773, 230 ans plus tard, cette troisième capitale de l'ancien royaume du Guatemala, située encore dans une zone fortement sismique, est entièrement détruite par le tremblement de terre. Après cette nouvelle destruction, et devant la menace de nouvelles catastrophes, la ville est déclarée interdite. Les habitants se divisent alors en deux factions, d'un côté les *terronistas*, partisans de reconstruire la capitale au même endroit, et de l'autre les *translacionistas*, habitants sans terres ou dont les propriétés avaient été hypothéquées, qui veulent bâtir une capitale ailleurs. Ce sont ces derniers qui l'emportent, et la quatrième et dernière capitale du pays est fondée le 2 janvier 1776 dans le *Valle de la Ermita*, sur ordre du roi d'Espagne Charles III, qui lui donne le nom de **Nueva Guatemala de la Asunción**.
Le tracé de Ciudad Guatemala se divise en 19 secteurs urbains. On retrouve souvent ces zones comme références dans les indications de direction.

PLACE DE LA CONSTITUTION ET ENVIRONS *1/2 journée.*

Plaza de la Constitución – *Au centre de la ville, entre 6ª et 7ª Avenidas.* Cette place rectangulaire où les arbres sont rares, est pendant la semaine le lieu de passage de nombreux Guatémaltèques. Le dimanche c'est un régal pour les yeux, avec les beaux tissages colorés qu'exposent les marchands, et les femmes en vêtements traditionnels confectionnés avec des **tissus** typiques. Vers l'Ouest s'étend le **Parque Centenário**, où a été signée l'Indépendance en 1821.

Palacio Nacional – *Au Nord de la place de la Constitution. Ouvert toute l'année, du mardi au vendredi, de 8 h à 16 h.* Achevé par l'ingénieur Rafael Pérez de León en 1943, ce bâtiment dans les tons de vert est un exemple d'éclectisme. Remarquer le blason sculpté du Guatemala arborant le quetzal, l'oiseau national, ainsi que les cinq fenêtres rondes représentant les pays de l'ancienne fédération des Provinces-Unies d'Amérique centrale.
L'intérieur renferme de beaux vitraux et des peintures murales illustrant l'histoire de la Création dans la tradition maya.

Catedral Metropolitana – *À l'Est de la place de la Constitution. Ouvert toute l'année, du mardi au vendredi de 8 h à 16 h.* La construction de cette cathédrale de style néoclassique, commencée en 1781, ne s'est achevée qu'en 1815. Les tours ont été élevées entre 1863 et 1868. L'intérieur renferme des peintures coloniales, ainsi que la plus vieille cloche de la ville, appelée familièrement *la Chepona* par les habitants.

Mercado Central – *Derrière la cathédrale, entre les 8ª et 9ª Avenidas. Ouvert toute l'année, du mardi au samedi, de 8 h à 19 h ; le dimanche de 8 h à 13 h.* Construit en 1869 sur l'ancien cimetière de la ville, il a été très endommagé par le tremblement de terre de 1976. On l'a alors démoli et reconstruit sous terre. On recommande la visite du secteur des légumes, des fruits et de la viande, ainsi que ceux des plats préparés et de l'artisanat.

Iglesia de la Merced – *Angle de 11ª Avenida et 5ª Calle. Ouvert toute l'année, tous les jours de 8 h à 12 h et de 15 h à 18 h.* De style néoclassique, elle abrite des **retables★** baroques provenant de l'église de la Merced de LA ANTIGUA GUATEMALA, récupérés après le tremblement de terre de 1773. Le style baroque « **antigüeño** »

© Robert Frerck/Odyssey

Cathédrale Métropolitaine

de ces œuvres, où le travail complexe des formes combine lignes droites et courbes, est absolument remarquable. La chaire, qui présente également des formes mixtilignes colorées, est surmontée d'une couronne en bois doré.

Iglesia de Santo Domingo – *Angle de 12ª Avenida et 10ª Calle. Ouvert toute l'année de 8 h à 12 h et de 15 h à 18 h.* Cette église de style néoclassique à façade rose et blanche a été construite en 1792. L'intérieur abrite des statues du 18ᵉ s. et une collection de **tableaux★** de Zurbarán représentant des scènes bibliques. Le monastère a été détruit par les séismes de 1917 et 1918.

Iglesia de San Miguel de Capuchinas – *Angle de 10ª Avenida et 10ª Calle. Ouvert toute l'année du lundi au vendredi de 9 h à 12 h et de 15 h à 18 h ; le samedi de 7 h 30 à 12 h et de 15 h 30 à 19 h ; le dimanche de 9 h à 19 h 45.* Inaugurée le 7 août 1789, cette église se détache des édifices qui l'entourent avec sa belle **façade** baroque aux étranges colonnes à bossages, uniques dans la ville. On voit à l'intérieur des **retables★★** baroques restaurés, de style **antigüeño**, où abondent les formes mixtilignes et les colonnes serliennes ou galbées. Les statues dans les niches des retables sont de remarquable facture, comme la plupart de celles du 18ᵉ s.

Palacio de la Policia – *Angle de 6ª Avenida et 14ª Calle.* Cette construction à quatre étages à allure de forteresse est dotée de deux tours et d'une arcature de style mudéjar, couronnées de créneaux pointus de style arabe.

CENTRO CÍVICO *1 h*

Centro civicó – *7ª Avenida (Zone 4).* Ce complexe réunit le Palais Municipal (**PM**), le bâtiment du Crédit hypothécaire national, la Banque du Guatemala et l'Institut Guatémaltèque de Sécurité Sociale (IGSS). La partie supérieure des façades est décorée de bas-reliefs dus à Carlos Mérida, Guillermo Grajeda Mena et Dagoberto Vásquez, artistes guatémaltèques de renom. Dans cette même rue se trouve le bâtiment de l'**Institut guatémaltèque du Tourisme (INGUAT)**.

Centro Cultural Miguel Ángel Asturias – *24ª Calle, nº 3-81 (Zone 1). Ouvert uniquement pendant les spectacles. ☎ 232-4042/44.* Une partie du centre culturel a été construite sur le terrain occupé auparavant par le fort de San José. Ce centre, dû à l'architecte et artiste Efraín Recinos, rassemble Gran Teatro, Le Teatro de Cámara et le Teatro al Aire Libre. Sa forme de navire ressort au milieu des édifices voisins.

ZONES 9 ET 10 *3 h*

La Torre del Reformador – *Angle de 7ª Avenida et 2ª Calle (Zone 9), surplombant un important carrefour.* Inspirée par la tour Eiffel, cette tour de 85 m a été inaugurée le 19 juillet 1935 à l'occasion du centenaire du réformateur Justino Rufino Barrios. On a placé dans sa partie supérieure une cloche offerte en 1986 par le gouvernement belge.

★★ **Museo Popol Vuh** – *6ª Calle Final (université Francisco Marriqui ; Zone 10). Ouvert toute l'année du lundi au vendredi, de 9 h à 17 h ; le samedi de 9 h à 13 h. 15Q$ ☎ 361-2311.* Ce musée abrite une importante collection d'objets précolombiens et d'art colonial. Dans la salle consacrée à la période préclassique, on voit, entre autres, une stèle provenant du site archéologique de Kaminal Juyú, et une sculpture surnommée *el barrigón* (le ventru). Dans la partie réservée à la période classique se trouvent un encensoir cylindrique à trois pointes, un pot à base circulaire avec un rebord, une **maquette** de l'acropole Nord de TIKAL, montrant sa construction et les couleurs des autels, ainsi qu'un **vase polychrome** muni d'un couvercle, dans le style *chamá*. La salle du **postclassique**★ présente diverses urnes funéraires en provenance de Nebaj, Cotzal et Chajul dans le département de Quiché, et de Zaculeu et Huehuetenango. La **salle coloniale**★ présente une collection de couronnes, de bannières portant l'image du Christ et de plaques ornementales en argent, de belles sculptures religieuses du 18e s., des croix de procession en argent et un **retable** baroque du 18e s.

★ **Musée Ixchel** – *6a Calle Final (université Francisco Marroquí : Zone 10). En face du Musée Popol Vuh. Ouvert toute l'année du lundi au vendredi de 8 h 10 à 17 h 50 ; le samedi de 9 h 10 à 12 h 50. Fermé le 1er janvier, pendant la Semaine sainte, le 30 juin, le 15 août, le 15 septembre, le 20 octobre, le 1er novembre, le*

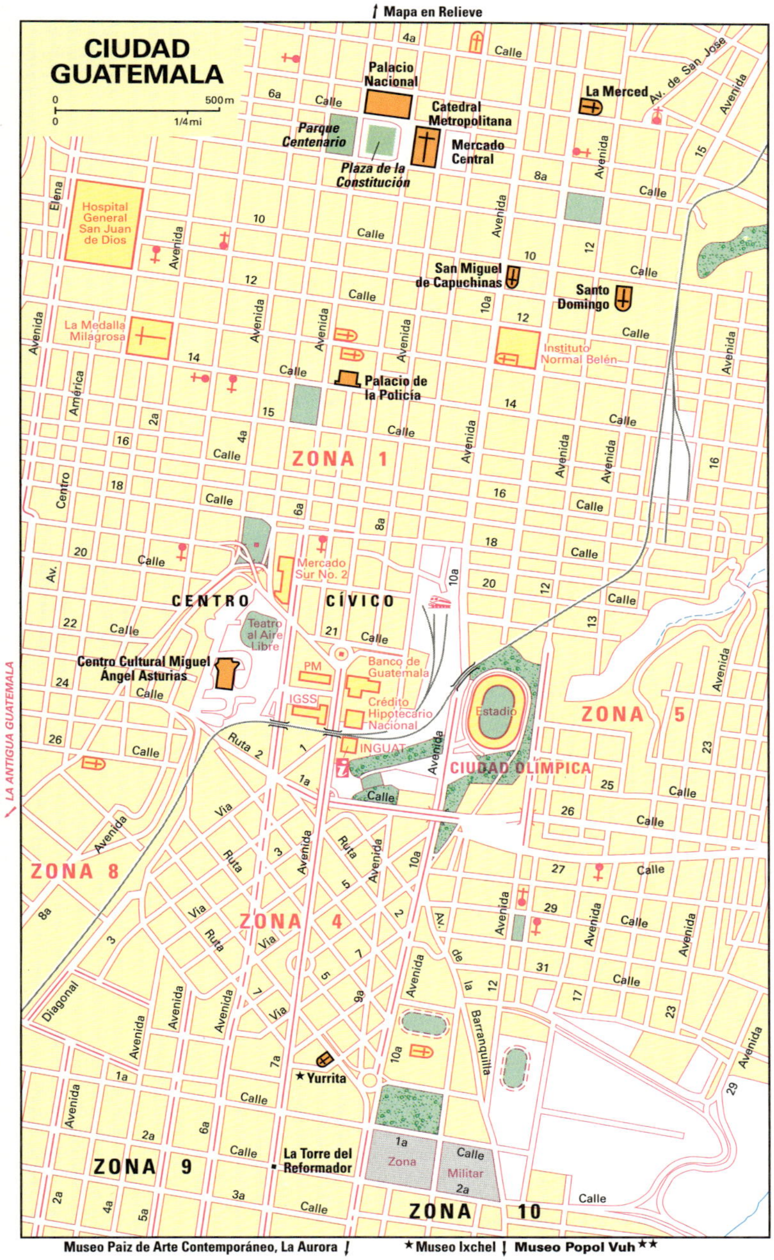

24 décembre (1/2 journée), le 25 et le 31 décembre. 15Q$. ✗ ☎ *331-3739.* Le musée renferme un riche ensemble de costumes des différentes ethnies indiennes du Guatemala, ainsi qu'une collection d'art populaire et de tableaux de Carmen Pettersen. L'artiste a su rendre sur la toile tout l'éclat des costumes régionaux. Au cours de la visite, le musée propose une vidéo de 15 minutes sur l'histoire des textiles à travers le pays.

Museo Paiz de Arte Contemporáneo – *7ª Avenida, nº 8-35 (Zone 9). Ouvert toute l'année du mardi au samedi de 9 h à 17 h ; le dimanche de 9 h à 14 h.* ☎ *334-1040.* Tous les ans, le groupe Paiz organise un concours d'art, et fait exposer ici les œuvres des lauréats. Outre des travaux de jeunes artistes guatémaltèques, on voit des œuvres d'Efraín Recinos, Grajeda Mena et Carlos Mérida.

LA AURORA (Zone 13) *3 h*

Museo de Historia y Etnologia – *Edifice Nº 5, Finca La Aurora (Zone 13). Ouvert toute l'année du mardi au vendredi, de 9 h à 16 h, le samedi de 9 h à 12 h et de 13 h 30 à 16 h. 30Q$.* ☎ *472-0489.* Ce musée, fondé en 1931, rassemble une importante **collection★★** de pièces précolombiennes, parmi lesquelles on remarquera particulièrement celles en provenance des sites archéologiques de Kaminal Juyú, Santa Rosa, Malacatán et Uaxactún.
Dans la salle où l'on peut voir une vitrine consacrée à Río Dulce se trouve une collection de magnifiques **encensoirs★** d'Amatitlán, ainsi qu'un autre, décoré d'une figure de femme, provenant de la côte Sud du Guatemala. Dans la salle suivante, on découvre une **maquette** de TIKAL.

Dans l'une des salles du musée, consacrée aux **jades** et aux **stèles mayas★**, est aussi exposé le **Trône nº 1★** rapporté de Piedras Negras. Un secteur est réservé à l'ethnologie, où l'on peut admirer céramiques et sculptures populaires.

Sur le côté gauche de l'édifice, le musée d'Histoire Naturelle renferme une importante collection d'animaux naturalisés provenant de diverses parties du monde.

Museo de Arte Moderno – *Edifice nº 6, Finca La Aurora (Zone 13). Ouvert toute l'année du mardi au vendredi, de 9 h à 16 h. 10Q$.* ☎ *472-0467.* Cet édifice de style néoclassique renferme des œuvres d'artistes modernes parmi les plus importants du Guatemala. L'exposition permanente couvre trois périodes : de 1900 à 1950, de 1950 à 1970 et de 1970 à aujourd'hui. Les peintures murales **Glorificación del Quetzal** de Carlos Mérida, et **El Pintor** d'Efraín Recinos sont à voir. Le musée expose également des sculptures en plâtre, pierre ou bois, comme la **Música Grande** et le **Caballero Quetzal** d'Efraín Recinos, ainsi que le très beau **Cristo Arcaico** de Guillermo Grajeda Mena.

Mercado de Artesanías – *11a Avenida (Zone 13). Ouvert toute l'année du mardi au samedi, de 8 h à 18 h, le dimanche de 9 h à 13 h.* ☎ *232-4042/44.* À proximité du quartier des musées, ce centre commercial est un marché permanent. Dans ses boutiques colorées groupées autour d'une petite place, le visiteur trouvera tissus, céramiques, pièces en bois sculpté et articles de sellerie typiques du pays.

AUTRES CURIOSITÉS *1 h*

★**Iglesia de Yurrita** – *Route 6, nº 8-52 (Zone 4). Ouvert toute l'année du mardi au dimanche de 8 h à 12 h et 14 h à 16 h.* Cette église, consacrée à Nuestra Señora de las Angustias, a été édifiée en 1928 par la famille Yurrita, en action de grâces à la suite de l'éruption du volcan Santa María. C'est une construction assez particulière, unique dans la ville par son aspect éclectique, mêlant les styles Art Nouveau, mudéjar et gothique. On remarque surtout les tours aux balcons coniques ornés de coquilles et de statues. Les portes en bois sculpté représentent des bâtiments historiques de La Antigua. On y voit aussi la figure de Pedro de Alvarado, conquistador du Guatemala, et celle de Pedro de Betancourt, moine réputé pour sa charité.

L'intérieur★ est une explosion d'imagination. Les portes latérales sont de style mudéjar. Le deuxième niveau est orné de balcons de pierre taillée en facettes. Les colonnes se terminent par des couronnes aplanies. Et le milieu de chaque mur latéral s'orne d'un arc triple, avec une couronne au sommet.

Mapa en Relieve – *Avenida Simeón Cañas Final. Hipódromo del Norte (Zone 2).* Une grande maquette à l'échelle (1809 m²) présente la géographie tourmentée du Guatemala. Inaugurée en 1905, la maquette a nécessité 18 mois de travail sous la direction de l'ingénieur Claudio Urrutia, inventeur, géographe et scientifique, à qui on doit aussi le tracé de l'avenue de la Reforma et l'Observatoire national.

EXCURSIONS

★★★**Belize** – *Par avion, voir* 333

Zona arqueológica QUIRIGUA★

Dpt. d'Izabal

Carte p.313

ℹ ☏ 331-1333 poste 206

Après avoir traversé une bananeraie, on arrive au site de Quiriguá, inscrit au Patrimoine culturel de l'humanité en 1985, qui renferme de magnifiques stèles à la hauteur surprenante, uniques dans le monde maya.

Un peu d'histoire – Ce site archéologique a connu une période de splendeur à la fin de la période classique. Quiriguá est longtemps resté sous la domination de la grande cité de COPÁN (Honduras) qu'elle a fini par conquérir. Dans les deux sites, on trouve la trace des noms des dirigeants des deux villes sur les stèles taillées. Par exemple, ce fait assez curieux : sur la stèle L de Quiriguá, Humo Jaguar, le 12e dirigeant de Copán, est représenté comme protecteur du gouverneur de la ville. Six ans après, le 18-Lapin, (737 après J.-C.), les descendants du roi de Quiriguá envahissent Copán et décapitent le successeur de Humo Jaguar. Par cette victoire, Quiriguá obtient l'autonomie tant attendue et connaît une période d'explosion artistique, au cours de laquelle sont taillées ces magnifiques stèles à la gloire du roi qui a libéré la cité du joug de Copán. Quiriguá est resté caché jusqu'au 19e s., et a été découvert vers 1840 par trois guatémaltèques, les frères Peyés. Frederick Catherwood et John L. Stephens y ont ensuite entrepris des fouilles. Depuis 1930, le site a été partiellement restauré par l'université de Pennsylvanie.

SITE ARCHÉOLOGIQUE *1/2 journée.*

A 210 km de Ciudad Guatemala. Prendre la route Centroamericana 9 (CA-9) pour 206 km jusqu'au village de Quiriguá ; au panneau tourner à droite et rouler 4 km sur une piste. Ouvert toute l'année, tous les jours de 7 h 30 à 17 h, 25Q$.

Dans ce parc très bien conservé se trouvent des **stèles★★★** qui datent du classique tardif. Ces monolithes sont abondamment sculptés sur leurs quatre faces. Les sculptures du devant et de la partie arrière représentent un dirigeant ou un roi, celles des côtés portent des glyphes relatant des événements historiques. Les personnages barbus sculptés sur les stèles sont particulièrement curieux. La sculpture sur pierre a atteint un haut niveau de sophistication à Quiriguá, où les artistes sont parvenus à maîtriser la technique du haut-relief.

Sur le site on découvre neuf stèles, six autels et sept figures zoomorphes richement sculptées.

Estela E – Cette stèle de 10,63 m, probablement la plus haute du monde maya, date de 711 après J.-C. Sur la partie avant, on voit une figure humaine portant une coiffure, et sur la partie arrière un dirigeant arborant un sceptre.

Estela T – La plus ancienne du site (692 après J.-C.) est aussi la plus petite. Le travail de la pierre est assez rudimentaire, et le visage représenté est plus arrondi.

Altares – Certains autels comme L et M représentent des figures zoomorphes. Mais l'un d'eux, proche de l'entrée de la place principale, montre un personnage qui semble démembré.

Plaza principal – Place quadrangulaire bordée de constructions en pierre. Les temples ont perdu leurs voûtes, mais ils laissent clairement imaginer leur fonction et ont conservé des décorations en stuc polychrome.

Juego de Pelota – Les vestiges du jeu de balle se trouvent sur l'une des places ; on le reconnaît aux escaliers qui flanquent trois de ses côtés.

EXCURSIONS

Castillo de San Felipe et Livingston

2 jours. À 47 km au Nord de Quiriguá, sur la rive Nord du Río Dulce. De Quiriguá, reprendre la Centroamericana CA-9 et poursuivre sur 43 km au Nord-Est en direction de La Ruidosa ; Là, emprunter l'embranchement qui mène en 34 km à Río Dulce.

★★**Castillo de San Felipe** – *2 heures. Au village de Río Dulce, traverser le pont et prendre la première rue à gauche ; continuer 4 km sur la piste en suivant les indications. Ouvert toute l'année de 8 h à 17 h 10. Q$. ☏ 331-1333, poste 206.* Cette forteresse s'élève sur les rives du **Río Dulce★**, rivière de 30 km de long qui relie le lac Izabal, le plus grand du Guatemala, au golfe du Honduras. Bâti en 1651, cet édifice à allure de château fort a servi de défense contre les attaques des pirates anglais, qui l'ont brûlé en 1686. Après sa reconstruction, les attaques se sont succédé jusqu'à l'époque où Espagnols et Anglais ont mis fin à la piraterie.

La forteresse de pierre possède magasins, canons, pont-levis, cour centrale, et deux grosses tours d'où l'on a très belle **vue** sur la ville.

Livingston – *1 journée 1/2. Du Castillo de San Felipe, retourner au pont, d'où partent les navettes pour Livingston (300 Q$ environ ; on recommande de traiter directement avec les patrons des bateaux). On peut aussi s'y rendre au départ du Castillo de San Felipe (44 km au Nord-Est en passant le Río Dulce) ou bien de Puerto Barrios par la baie d'Amatique (25 km au Nord-Ouest).* Livingston, ville de 39 051 habitants, se trouve tout près de la mer des Caraïbes ; la plus grande partie de la population est **garifuna**, issue du métissage d'Indiens des Caraïbes et d'Africains. Ils parlent le créole, langue mélodieuse résultant du mélange de l'anglais, de l'espagnol et du hollandais.
Construites dans le style caraïbe, les maisons sont en bois, peintes de couleurs vives et recouvertes de feuilles de palmier. Il y a peu de voitures et les rues sont étroites. Le soir, la bourgade offre un grand nombre de distractions. Dans les bars et les restaurants, on écoute la musique garifuna, par exemple le **punta rock**. De Livingston, on peut faire des excursions à **Playa Blanca**, à la cascade des **Siete Altares** ou au **Biotope Chocón Machacas**, dans la zone appelée EL GOLFETE où le Río Dulce s'élargit. Pendant le voyage de retour sur la rivière, on voit défiler un inoubliable **paysage**★ de palétuviers, où vivent de nombreux oiseaux.

Monument à Quiriguá
par Frederick Catherwood,
vers 1840

Zona arqueológica TIKAL★★★

Dpt. du Petén

Carte p .313 – Plan p. 327

ℹ ☎ 926-0669 – 331-1333 poste 206

La région du Petén où se trouve Tikal abrite la **Réserve de la Biosphère Maya** et ses 1 844 900 ha de territoire protégé. Tikal, où ont été élevées les plus belles pyramides de cette civilisation, est l'une des villes les plus importantes du monde maya, inscrite au Patrimoine culturel de l'humanité en 1979. Le département du Petén renferme d'autres sites archéologiques de moindre importance, comme Uaxactún, Yaxha, Nakun, Río Azul et El Mirador. Les deux premiers ne présentent pas de difficultés d'accès, mais il n'en est pas de même pour les autres, surtout à la saison des pluies. *(Mayas, p. 28).*

Un peu d'histoire

Naissance et splendeur – Vers l'an 800 avant J.-C., les Mayas se sont installés dans cette zone du Petén, probablement à cause de l'abondance du silex, qui leur permettait de fabriquer des pointes de flèches et des couteaux. Dès leur établissement, ils ont commencé à élever des constructions cérémonielles. En 200 avant J.-C., ils construisent le complexe de l'Acropole Nord. Au début de l'ère chrétienne, la Gran Plaza prend l'apparence qu'on lui connaît actuellement. En 250 après J.-C., Tikal est une importante cité commerçante, culturelle et religieuse, atteignant 100 000 habitants. Dans les années 500, la ville est envahie par le seigneur Agua, qui venait de la zone du CARACOL, aujourd'hui au Belize. Dans les années 700, grâce au seigneur **Ah-Cacao**, la ville retrouve sa puissance militaire et connaît une époque de splendeur. Certaines stèles du site archéologique commémorent ce roi, qui a fait construire la Plaza Mayor. Vers 900 après J.-C., le déclin de la culture maya a entraîné aussi celui de cette grandiose cité.

Fouilles archéologiques – Le site n'a été découvert qu'en 1848, au cours de la première expédition officielle menée par Modesto Méndez, Ambosio Tut et le dessinateur Eusebio Lara, qui a reproduit plusieurs stèles et linteaux.

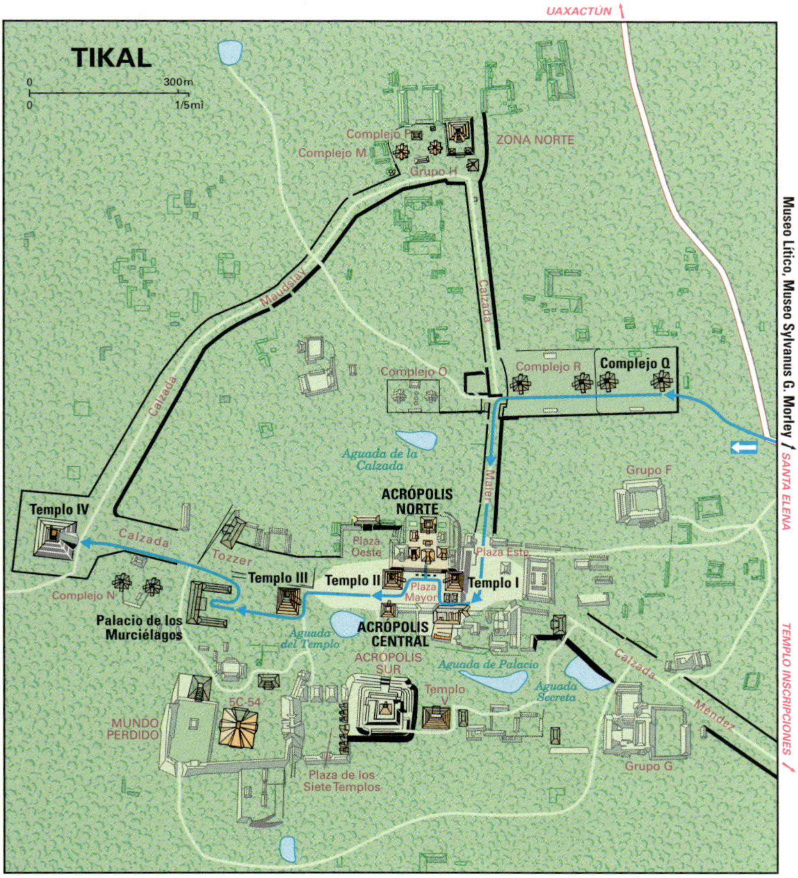

Plaza Mayor

En 1877, le docteur Gustav Bernoulli visite Tikal, dont il rapporte des linteaux en bois sculpté appartenant aux portes des temples I et IV, ensuite expédiés à Bâle, en Suisse. En 1895 et en 1904, l'Allemand Teobert Maler explore le site, sur commande du musée Peabody de l'université de Harvard. Plus tard, Sylvanus G. Morley s'y rend à plusieurs reprises pour effectuer un relevé des inscriptions des monuments. En 1956, le musée de l'université de Pennsylvanie inaugure un programme d'une durée de onze ans consacré à l'étude et aux fouilles de Tikal. À partir de 1965, avec la création du PROYECTO NACIONAL TIKAL, les recherches et la restauration des édifices sont financées par le gouvernement guatémaltèque.

SITE ARCHÉOLOGIQUE *2 jours*

Départ de Ciudad Guatemala par avion. Il est recommandé de s'adresser à une agence de tourisme. Ouvert toute l'année, tous les jours de 5 h à 17 h. 50 Q$. ☎ 926-0669.

Sur 16 km^2, la cité de Tikal comprend 3000 constructions différentes, temples, palais, plates-formes et voies. La période de construction couvre le préclassique, le classique et le postclassique. C'est à partir de la période classique, en particulier le classique tardif, que Tikal connaît son Âge d'or.

Complejo Q – On découvre ici deux pyramides jumelles, ainsi qu'un faux arc, derrière lequel se dressent la **stèle 22★** et l'**autel 10**. La stèle, qui conserve encore sa couleur d'origine, montre un personnage sculpté qui a été mutilé au cours de la période postclassique. Sur l'autel on voit une représentation d'un personnage attaché, probablement un prisonnier.

Templo I – *Sur la Plaza Mayor.* Ce temple, tourné vers l'Ouest, a été édifié au 8e s. Il mesure 500 m de côté et 52 m de hauteur. On l'appelle **Temple du Jaguar** à cause d'un motif gravé sur l'un des linteaux. On remarque la crête faîtière qui, comme sur d'autres monuments, semble couronner la pyramide. Ici elle est surmontée de blocs de pierre qui forment la figure, à peine visible, d'un personnage assis, flanqué de serpents et de volutes. Ce temple renfermait la tombe du roi Ah-Cacao, dans un espace voûté de 4,5 m sur 2,4 m et 4 m de hauteur, où l'on a trouvé 180 pièces de jade, des perles, des céramiques, des objets en albâtre et 90 outils en os. Certains de ces objets sont exposés au musée Sylvanus G. Morley *(voir plus loin).*

Templo II – En face du temple I. Aussi appelé Temple des Masques, à cause de sa façade ornée de ces motifs. Il y en avait deux de chaque côté de l'escalier, aujourd'hui effacés, et un, en forme de visage, sur la crête faîtière.
Aujourd'hui le temple s'élève à 38 m, mais il était probablement plus haut.

Acropólis Central – L'ensemble mesure environ 215 m de long d'Est en Ouest, et se compose d'édifices qu'on appelle « palais », plus petits que les temples, situés à différents niveaux. Ils correspondaient à diverses étapes de la construction, mon-

© Robert Frerck/Odyssey

trant que les Mayas élevaient leurs édifices sur des terrasses, en les superposant à leurs anciennes constructions. Cette acropole est dotée de six cours, ou espaces ouverts, reliés entre eux par des escaliers et des couloirs. Tous ne sont pas ouverts aux visiteurs.

Acrópolis Norte – Elle se dresse sur une plate-forme d'environ un hectare, à 12 m au-dessus de la Plaza Mayor. Tout comme l'acropole centrale, elle se compose d'une grande variété d'édifices, dont des temples construits au cours de périodes antérieures, remontant à 200 avant J.-C. La configuration actuelle de cette partie de Tikal date de 250 après J.-C. Sur la plate-forme qui se trouve à gauche de l'escalier d'accès à l'un des temples de l'Acropole, on peut voir un extraordinaire **mascaron★★** représentant un visage humain au long nez, auquel l'on peut descendre par un escalier.

Templo III – *À l'Ouest de l'Acropole Nord.* Connu sous le nom de **Temple du Prêtre Jaguar** à cause d'une scène figurant sur un linteau à l'intérieur, ce temple de 55 m de hauteur, en partie couvert par la végétation, a été construit au cours de la période classique tardive, vers 810 après J.-C. L'accès, assez difficile, se fait par le côté Est.

Palacio de los Murciélagos – *Dans le complexe des palais, à gauche du Temple III.* Dans la partie supérieure du palais des Chauves-souris, on voit une galerie aux voûtes échelonnées, et des bancs dans les chambres reliées entre elles.

Templo IV – Suivre le chemin en direction de l'Ouest qui mène au pied de la structure la plus haute de Tikal, appelée Temple du Serpent à Deux Têtes à cause du motif représenté sur un linteau. Cet édifice du classique tardif s'élève sur 64,5 m à partir de la plate-forme. Il a été construit en 741 après J.-C. dans le même style que les temples I et II. L'accès au sommet est assez difficile ; il faut monter par des marches en bois et en métal installées dans l'angle Nord-Est. Du sommet on a une **vue★★** impressionnante sur la forêt qui s'étend comme un gigantesque tapis vert, sur les crêtes du Temple III à droite, et sur les Temples I et II au fond.

Le Temple V et l'Acropole Sud se trouvent au Sud de l'Acropole centrale. Pour y accéder, il faut emprunter un sentier qui traverse la jungle. Il est donc recommandé de prendre un guide, ou de ne pas perdre de vue le chemin.

Museo Litico – *À l'entrée du site. Ouvert toute l'année, tous les jours de 9 h à 14 h 50 ☎ 926-0669.* Ce musée expose des stèles retrouvées à Tikal, et d'autres provenant de sites voisins. Remarquable, la **stèle n° 16** présente un magnifique bas-relief d'Ah Cacao, également connu sous le nom de el señor « A ». Ce monolithe provient du Temple I. On voit devant la stèle 16 l'**autel n° 5**. Sur cet autel sont représentés deux personnages, debout derrière une plate-forme, et entre eux on distingue un crâne, des ossements et 31 glyphes. Remarquer aussi la stèle sculptée en pierre rose rapportée du site archéologique d'El Ceibal, qui représente un personnage debout, un bâton à la main, arborant une élégante coiffure.

Museo Sylvanus G. Morley – *Ce musée se trouve à droite du Museo Litico. Ouvert toute l'année : du lundi au vendredi de 9 h à 17 h, samedi et dimanche de 9 h à 16 h. 10 Q$ ☏ 331-1333, poste 206.* Le musée expose des céramiques découvertes à Tikal. Sont particulièrement remarquables les poteries polychromes de la vitrine nº 7, ainsi qu'un **encensoir** du « dieu du sacrifice et de la guerre » et un **vase polychrome** doté d'un couvercle. La vitrine nº 13 présente une collection de **poteries polychromes** provenant de la tombe d'Ah Cacao, représentant des personnages portant des costumes mayas. Dans le musée, on remarque une seule stèle (455 après J.-C.) où figure le dirigeant Cielo Tormentoso richement habillé. La partie arrière est recouverte de glyphes et sur les côtés figure un personnage.

EXCURSION *1 journée 1/2*

Isla de Flores – Dans une péninsule, à 65 km de Tikal. Le chef-lieu du département (17 878 habitants) se trouve dans une petite péninsule du lac Petén Itzá. Les personnes qui visitent Tikal trouvent ici hôtels et restaurants de bonne qualité. Des bateaux font la navette avec les villages voisins ou le zoo.

Zoológico Petencito – *Dans l'île d'El Petencito, à 3 km au Nord-Est d'Isla de Flores. Ouvert toute l'année, tous les jours de 8 h 30 à 17 h. 10Q$ ☏ 926-0669.* Ce zoo abrite des animaux originaires de la région. C'est également un centre éducatif, où les enfants apprennent à respecter l'environnement. En été, ils peuvent se baigner dans un lac.

■ Zona arqueológica Copán★★★

Plusieurs avions par jour au départ de Ciudad Guatemala ; carte p. 313. Cette région du Honduras à 10 km de la frontière du Guatemala était associée à Quiriguá. Tout comme Tikal, Copán a été un important centre cérémoniel, pouvant réunir jusqu'à vingt mille personnes. Il est probable que ce nombre élevé d'habitants a provoqué l'épuisement des ressources de la forêt environnante, entraînant le déclin de la ville.

Inscrite au Patrimoine culturel de l'humanité en 1980, Copán a été appelée l'Athènes du Nouveau Monde par l'archéologue Sylvanus G. Morley. Le site se compose de trois ensembles : le groupe principal, la zone résidentielle d'El Bosque et la zone résidentielle de Las Sepulturas.

On ne visite aujourd'hui que le groupe principal, qui comprend la Grande Place et l'Acropole. Sur la **Gran Plaza** on voit de belles **stèles**. Dans une autre partie de l'ensemble se trouve une œuvre d'art impressionnante, **l'escalier des Hiéroglyphes**, sur lequel on a représenté des gouvernants de la ville ainsi que des scènes de batailles.

À l'Est de **l'Acropole** s'élève le Temple 10L-16, à la base duquel on voit **l'Autel Q** (763 après J.-C.), l'un des monuments les plus remarquables de Copán, avec 16 figures assises représentant les gouvernants de la ville et leurs successeurs.

Ambergris Caye

Belize

© Fernando García Aguinaco

Panorama naturel et social

Au Sud de la péninsule du Yucatán, à l'Est du Guatemala, se niche au cœur du monde maya le Belize, aux étonnantes ressources naturelles. Dans ce petit pays appartenant à la fois à l'Amérique centrale et aux Caraïbes, la société présente, tout comme la flore et la faune, une extraordinaire diversité. Perdues dans sa forêt, s'élèvent les trois constructions les plus hautes du pays, trois pyramides érigées par les Mayas. En face de ses côtes, caressées par les eaux bleues des Caraïbes, des dizaines d'îles dessinent un labyrinthe paradisiaque d'où l'on souhaiterait ne plus jamais sortir. Dans ce pays, où se rencontrent les influences naturelles et sociales les plus diverses, le visiteur en quête d'aventure rencontre des possibilités infinies.

Nature et géographie

Avec ses 280 km de long et 109 km de large, le Belize est vingt-trois fois plus petit que la France. Son relief, généralement plat, compose un paysage de terres basses tropicales. Plus de 20 rivières, dont la plupart montrent une eau cristalline, traversent son impressionnante forêt vierge, ses bois de conifères et ses savanes. Une abondante végétation recouvre les pentes des chaînes **Mountain Pine** à l'Ouest et **Maya Mountains** le long de la côte Sud, où culmine le **Victoria Peak** (1120 mètres), plus haut sommet du pays.

À quelque 20 km de la côte du Belize, bordée sur presque toute sa longueur de mangroves, s'étend la deuxième plus grande **barrière de corail** du monde. D'une longueur de 298 km, elle n'est dépassée que par celle de l'Australie. Elle est flanquée de chaque côté de près de 200 îlots rocheux ; certains sont couverts de mangroves, tandis que les autres forment autant d'îles paradisiaques de sable blanc et de palmiers.

À l'Est de la barrière de corail, on trouve trois des quatre **atolls** que compte l'hémisphère occidental. Ces immenses récifs, formés par les dépôts calcaires des coraux accumulés au cours de milliers d'années, sont parsemés d'îlots d'une incroyable beauté, de lagons qui communiquent avec la mer par d'étroits chenaux, et habités par une riche faune marine, tout ceci faisant du Belize un des endroits les plus fascinants du monde pour la plongée sous-marine.

© Lynn M. Stone

Jaguar

La forêt – Bien que jusque dans les années 1950 son principal produit d'exportation ait été le bois précieux provenant de ses forêts tropicales, le Belize a conservé 75% de sa forêt. C'est une situation exceptionnelle pour l'Amérique centrale où, selon les prévisions des écologistes, il ne subsistera en l'an 2000 que 10% des forêts dans le reste de la région. Cette situation a été rendue possible grâce à l'exploitation sélective, principalement des acajous et des cèdres, qui a laissé intacte le reste de la végétation. Aujourd'hui, en comptant les bois de conifères et les marais, la forêt couvre 70% du territoire du Belize et constitue avec la barrière de corail, les îlots et les atolls, le principal attrait touristique du pays.

Sur près de la moitié de la superficie du Belize, on compte une quarantaine de réserves protégées. Certaines sont des pionnières au niveau mondial et des modèles en matière de protection de l'environnement.

Flore et faune – À l'exception de son drapeau et de son hymne national, les emblèmes du Belize sont issus de la forêt : l'**orchidée noire** est l'une des 72 variétés présentes, et **l'acajou**, une des 700 essences indigènes ; le **toucan** est l'une des 533 espèces d'oiseaux qui sillonnent les ciels clairs du Belize ; le **tapir** et le **jaguar** sont deux des 155 mammifères qui, avec les 107 espèces de reptiles, peuplent silencieusement la végétation du pays où cohabitent jusqu'à 4000 variétés de plantes à fleurs.

Sous la mer, le paysage n'est pas moins fascinant : ce sont des jardins multicolores où l'on rencontre jusqu'à 50 variétés de coraux, des **dauphins** joueurs, de majestueuses **raies mantas**, des **requins** inoffensifs que l'on peut tenter d'attraper, d'agiles **barracudas** qui filent en zigzaguant et de paisibles **tortues marines**, sans oublier les 400 espèces de poissons.

Un peu d'histoire

Connu sous le nom de Honduras britannique jusqu'à 1973, l'origine de son appellation actuelle n'est pas claire. Trois versions principales s'affrontent : une transformation des expressions mayas **Belikin** « chemin vers l'Est », ou **Belize**, « eaux boueuses » ; la déformation du nom de Peter Wallace, un pirate écossais qui aurait été le premier à chercher refuge dans les récifs du Belize ; ou encore l'évolution des mots espagnols *bella isla*, belle île, qui font référence à ses îlots rocheux.

Les Mayas – Au nord du Belize se trouve le site maya de Cuello, qui remonte à 2500 avant J.-C., et qui est l'un des plus anciens du monde maya. Selon les archéologues, trois mille ans après, au cours de la période classique (100 à 800 après J.-C.), le territoire qui comprend actuellement le Belize a été le centre de la civilisation maya. La plupart des nombreux centres cérémoniels situés au Belize ont connu leur période de gloire à cette époque, alors que la population comptait un million de Mayas, quatre fois plus que le nombre actuel d'habitants. À la fin de l'époque classique, cette région a traversé une période de décadence générale, mais certains sites sont tout de même restés occupés, même après l'arrivée des Espagnols.

Espagnols, pirates et esclaves – Du fait de la densité de la forêt, de la rareté des mines et de la présence des récifs qui présentaient un danger pour leurs embarcations, les Espagnols ne sont arrivés que tard dans cette région, et ne sont jamais parvenus à la contrôler.
En revanche, pour les pirates anglais des 17e et 18e s., ces récifs constituaient une base idéale pour le pillage des galions espagnols en pleine mer. Ces flibustiers ont commencé à établir leurs colonies dès le milieu du 18e s., malgré la résistance des Mayas et des Espagnols. Utilisant les esclaves africains comme main-d'œuvre, ils se sont lancés dans l'exploitation d'un fructueux marché des bois précieux vers l'Angleterre, où ils servaient à l'élaboration de teintures pour l'industrie textile, en plein essor, et à la fabrication de meubles.
Les querelles incessantes entre Anglais et Espagnols pour la domination de ce territoire se sont prolongées jusqu'en 1798, année de la bataille de Saint-George, où les Espagnols ont finalement été vaincus. Au cours de cette bataille qu'on commémore le 10 septembre, les esclaves ont joué un rôle décisif : ils constituaient à l'époque près de la moitié de la population du territoire. L'autre moitié était faite d'esclaves libérés ; 10% seulement de la population était d'origine européenne.

Descriptif du Belize

Superficie :	22 965 km², dont 688 km² d'îles et 386 km de côtes.
Population :	222 000 habitants
Heure officielle :	GMT : -6
Langues :	anglais (officiel), espagnol (de plus en plus populaire), maya, garifuna et dialecte *créole*.
Capitale :	Belmopan
Districts :	Belize, Cayo, Corozal, Orange Walk, Stann Creek et Toledo.
Gouvernement :	Démocratie parlementaire, présidée par le premier ministre. L'Assemblée Nationale est formée de deux chambres : la chambre des représentants (29 membres), et celle des sénateurs (8 membres).
Religions :	Catholiques (62 %), protestants (30 %) ; la liberté de culte est respectée.
Climat :	Subtropical humide. Températures entre 24°C et 29°C. **Précipitations** : 4 250 mm par an dans le Sud, et 1 250 mm dans le Nord ; **époque des pluies** : entre mai et octobre.
Économie :	Agriculture et tourisme ; **principales exportations** : agrumes, sucre, banane et bois.

Au 19e s., le territoire du Belize a été officiellement déclaré colonie britannique. En 1884, il a reçu le nom de Honduras britannique. Il a conservé ce nom jusqu'à 1973, date où il a été nommé Belize.

Une nation en devenir – Le Mexique a reconnu la souveraineté anglaise sur le territoire vers la fin du 19e s. quand, pour obtenir la reconnaissance du gouvernement britannique et la cessation de vente d'armes aux Indiens du Yucatán révoltés pendant la GUERRE DES CASTES, le président mexicain PORFIRIO DÍAZ a signé des traités établissant les limites entre le Mexique et le Honduras Britannique. Le Guatemala en revanche a

RENSEIGNEMENTS PRATIQUES indicatif téléphonique du pays : 501

Quand visiter le Belize ?

Le climat est subtropical, et les vents dominants des Caraïbes maintiennent la température annuelle moyenne autour de 26°C. Le taux d'humidité moyen est de 85 %. La saison des pluies s'étend de mai à octobre, avec des températures moyennes de 22° à 30°C ; les précipitations peuvent être fortes, mais brèves. La période d'affluence touristique va de novembre à mai. La région se trouve sur la route des cyclones ; les orages se produisent surtout d'août à octobre. L'eau est potable dans les grands complexes touristiques ; on recommandera de ne consommer que de l'eau en bouteille pour le voyage dans le reste du pays.

Avant de partir

Les ressortissants de l'Union européenne, du Canada, des États-Unis, du Mexique, de l'Australie et du Commonwealth doivent être en possession d'un **passeport** en cours de validité et d'un billet de retour. Pour les citoyens d'autres pays et pour les séjours dépassant trente jours, un **visa** peut être nécessaire. Consulter l'ambassade ou le consulat du Belize dans son pays d'origine avant d'entreprendre le voyage. Les **vaccins** ne sont pas obligatoires, mais le paludisme existe dans les régions situées à moins de 400 m d'altitude. Avant de circuler dans la forêt, il convient de s'enduire d'une lotion éloignant les moustiques contenant la formule DEET.

Comment se rendre au Belize ?

En avion – **Aéroport International Philip Goldson** : à 16 km au Nord-Ouest de Belize City. Les lignes aériennes qui desservent le Belize sont Mexicana (de Cancun et Chetumal), American Airlines (Miami), Continental Airlines (Houston), Taca International Airlines (Houston et Miami). Le trajet jusqu'au centre ville en taxi dure 15 mn, pour BZ$30. **Liaison entre le Belize et le Guatemala** : Tropic Air ☎ 262-012. Autres compagnies locales : Maya Airways ☎ (2) 523-36 ; Island Air ☎ (2) 624-35. En quittant le pays, tout visiteur doit s'acquitter à l'aéroport ou à la frontière d'une taxe de BZ$30.

En autocar – Plusieurs lignes proposent des liaisons depuis Cancun, Mérida et Campeche pour Chetumal. De Chetumal, des autobus assurent le transport jusqu'à Belize City (3 heures 1/2, BZ$10) : Venus Bus Lines ☎ (2) 733-54 *(toutes les heures de 4 h à 10 h 30)* ; Batty Brothers Bus Service ☎ (2) 720-25 *(voyage de 4 h ; toutes les heures de 10 h 30 à 18 h 30 ; BZ$9)*. Les passagers doivent descendre à la frontière. Depuis Santa Elena (El Petén, Guatemala) : Línea Dorada, ☎ (502) 926-0070 *(tous les jours à 5 h ; USD$20)*.

En voiture – Du Mexique, on y accède par Corozal Town, et du Guatemala par Benque Viejo. L'assurance automobile est obligatoire, et peut être souscrite à n'importe quel point de la frontière.

Par bateau – Un service quotidien assure le transport entre Punta Gorda (Belize) et Puerto Barrios (Guatemala). Pour réservations et horaires ☎ (7) 220-70.

Transport local

En voiture et taxi – Les autoroutes Northern Highway et Western Highway sont bien entretenues. Les villes les plus importantes sont reliées par des routes asphaltées, qui peuvent être dégradées pendant les fortes précipitations. Il est recommandé d'utiliser des véhicules 4x4 pour voyager au Sud de Belize City et pour emprunter d'autres routes que les deux principales. **Avis, Budget, Hertz et National** possèdent des bureaux de location de voitures à Belize City. Il est recommandé de réserver à l'avance. Ces loueurs ne proposent que des véhicules 4x4 *(à partir de BZ$126 par jour, kilométrage illimité, plus 15 % de taxes et assurances)*. Les conditions de circulation peuvent être difficiles, surtout sur les autoroutes Hummingbird Highway, Southern Highway et le Camino Manatee. Ravitaillement en **carburant** sur les grandes autoroutes et dans les principaux villages. La conduite de nuit est déconseillée. La brochure *Emory King's Driver's Guide to Beautiful Belize* est une aide précieuse pour parcourir le pays. Il existe un service de **taxis** dans les villes et les sites touristiques ; on les reconnaît à leurs plaques vertes. Les tarifs sont réglementés par le gouvernement. Les taxis ne disposant pas de compteurs, il est recommandé de demander une estimation du prix de la course au chauffeur avant la prise en charge *(une course dans Belize City coûte BZ$5 par personne)*.

En autocar – Un service régulier est assuré entre les villes principales et les frontières du Mexique et du Guatemala par les compagnies Venus Bus Lines, ☎ (2) 733-54 ; Batty Brothers Bus Service, ☎ (2) 720-25 ; Novelo's Bus Service, ☎ (2) 733-72 et (9) 320-54 ; Z-line Bus Service, ☎ (2)739-37.

Informations générales

Informations touristiques – **Belize Tourist Board** (Office du tourisme du Belize) PO Box 325, North Front Street, N° 83, Belize City, Belize CA *www.belizenet.com* ☎ (2) 772-13 *(lundi au jeudi de 8 h à 12 h et 13 h à17 h, vendredi de 8 h à 17 h 30)* donne des renseignements sur l'hébergement, le transport, les achats, les loisirs, et aussi sur les bateaux charters, les tour-opérateurs et les agences de voyages. Depuis les États-Unis et le Canada, ☎ (800) 624-0686.

Hébergement – De petits hôtels proposent des chambres propres avec salle de bains individuelle. Certains sont climatisés, mais la plupart disposent simplement de ventilateurs. Les hôtels de luxe sont rares, à l'exception de Belize City et de certaines zones touristiques. À l'intérieur du pays et sur la côte, on trouve de petites chambres d'hôtes et des auberges, dont certaines très pittoresques. Dans les hôtels, le prix des chambres est majoré de 7 % de taxes et 6 % de service. Entre décembre et mars, il est recommandé de réserver. Pour obtenir la liste des établissements, contacter l'Office du tourisme du Belize (voir plus haut) ou la Belize Hotel Association, 4 Fort Street, Belize City, ☎ (2) 301-16. Le camping est autorisé sur la côte et dans les îles, mais pas sur les plages mêmes.

Taux de change – Le dollar du Belize a une parité de change fixe de BZ$2 pour US$1. Les banques suivantes proposent un service de change à Belize City : Atlantic Bank Ltd., Scotia Bank et Belize Bank *(ouvertes du lundi au jeudi de 8 h à 13 h, le vendredi de 8 h 30 à 16 h 30)*. Il est préférable de se munir de dollars du Belize, mais on peut aussi régler en dollars américains. La plupart des hôtels, restaurants, magasins et tour-opérateurs acceptent les chèques de voyage. Les cartes de crédit *(American Express, Master Card-Eurocard, Visa)* ne sont acceptées que dans les grands établissements. Un supplément de 5 % peut être prélevé pour le règlement par carte. La majorité des restaurants et hôtels incluent le service dans la note, mais dans le cas contraire, le pourboire est habituellement de 10 à 15 %.

Visites guidées – Le circuit organisé est la meilleure option pour découvrir le pays et nombre de ses centres d'intérêt, généralement situés dans des endroits difficiles à trouver. Les agences de voyages locales, ainsi que les tour-opérateurs, proposent des forfaits incluant transport, hébergement et activités. La plupart des îlots sont accessibles par des navettes maritimes. Les **taxis aquáticos** pour San Pedro (Caye Ambergris) et Caye Caulker partent du terminal maritime de Belize City, ☎ (2) 319-69 ; Belize City – San Pedro (départ à 9 h, trajet de 60 à 70 mn ; BZ$30 ; retour à Belize City à 14 h 30). Belize City – Caye Caulker (départ toutes les heures, de 9 h à 17 h ; trajet de 45 à 60 mn, BZ$15 ; retour à Belize City de 6 h 45 à 15 h). Pour visiter les **autres îles**, on peut louer un bateau avec son capitaine. Henry Menzies Travel & Tours, Box 210, Corozal District, ☎ (4) 237-25 et 234-14 propose des **circuits organisés à l'intérieur** du Belize, ainsi que des voyages en minibus bien équipé aux **sites archéologiques** du Guatemala. Discovery Expeditions Belize Ltd. propose des voyages à partir de Belize City, San Pedro et San Ignacio ☎ (2) 307-48 et 49. Pour obtenir une liste plus complète des agences, contacter l'Office du tourisme du Belize (voir plus haut) ou la Belize Tour Operators Association ☎ (2) 305-15.

Loisirs – Parmi les activités, on a le choix entre le bateau, la découverte avec masque et tuba, la **plongée**, le surf, le canoë ou le kayak. Les plongeurs confirmés pourront explorer des sites sous-marins le long des récifs de corail et des atolls. Out Island Divers, ☎ (2) 739-37 propose des sorties à la journée, des sorties de nuit et des voyages de quatre jours. Caye Ambergris compte plusieurs clubs de plongée, entre autres Hustler Tours ☎ (2) 625-38 et Blue Hole Dive Center ☎ (2) 629-82. La **pêche** est un autre passe-temps agréable. Se renseigner auprès des hôtels ou contacter directement les pêcheurs. Dans le Cayo District, des **excursions** à pied, à bicyclette, à bord d'un canoë ou à cheval permettent de découvrir rivières, grottes et petits sites archéologiques. Pour plus de renseignements, voir la réception des hôtels.

Numéros utiles au Belize – Police ☎ 911. Pompiers/Ambulances ☎ 90. Renseignements téléphoniques (locaux) ☎ 113.

Jours fériés

Nouvel An	1er janvier	**St. George's Cay Day**	10 septembre
Baron Bliss Day	9 mars	**Fête nationale (jour de l'indépendance)**	21 septembre
Vendredi saint	mars ou avril	**Pan American Day**	12 octobre
Lundi de Pâques	mars ou avril	**Garifuna Settlement Day**	19 novembre
Jour du travail	1er mai	**Noël**	25 décembre
Commonwealth Day	24 mai	**Boxing Day**	26 décembre

revendiqué la possession de ce territoire, même après l'indépendance du Belize en 1981, et ne l'a reconnu qu'en 1991. En 1961, un gouvernement ministériel a été instauré, des élections organisées. Même le sens de circulation des véhicules a été modifié, abandonnant la conduite à gauche des Britanniques pour adopter la conduite à droite qui prévaut dans le reste du monde. Cette année-là, le cyclone Hattie s'est abattu sur l'ancienne capitale de BELIZE CITY. C'est la raison principale du transfert, dix ans plus tard, de l'administration à BELMOPAN, ville fondée en 1971.
En 1981, l'indépendance a été déclarée, et le Belize est devenu un membre indépendant du Commonwealth. La reine d'Angleterre demeure à titre symbolique le chef de l'État.

Société et économie

Depuis ses origines, le Belize est un pays d'immigration. Trois groupes de Mayas y coexistent (Kekchi, Mopán et Yucatèques), ainsi que les Bélizéens d'origine africaine, créole et garifuna. Ici cohabitent Métis, Chinois, Britanniques, Américains et communautés mennonites. À l'inverse de ses voisins, le Belize n'a pas eu à subir de violents

conflits intérieurs, raison pour laquelle il abrite un nombre élevé de réfugiés des guerres d'Amérique centrale. De ce fait, les Métis sont devenus le groupe ethnique majoritaire (44 % d'après le recensement de 1991), avant les Créoles (30 %), les Mayas (11 %) et les Garifunas (7 %).
Si l'agriculture constitue la base de l'activité économique, le tourisme prend une importance croissante. L'objectif à l'horizon 2000 est d'attirer 200 000 visiteurs par an, autant que d'habitants. Une autre source de revenus non négligeable pour le Belize est l'apport des devises expédiées à leurs familles par les Bélizéens qui travaillent aux États-Unis.

Culture

Artisanat – Dans l'ensemble du pays, les visiteurs peuvent acheter tout un éventail d'objets d'artisanat. Parmi les plus recherchés, les ardoises taillées à la main, les reproductions de reliques mayas, les sculptures en bois de zeracote, les paniers tressés en latanier, les meubles en bois exotique, les poupées de chiffon et tambours de bois fabriqués par les Garifunas, les chapeaux de paille, les tissages mayas et les tee-shirts peints à la main ou sérigraphiés.

Gastronomie – La base des repas au Belize se compose de **riz** et de **haricots rouges**. Ce plat est généralement accompagné de bananes frites, de poulet rôti et de salade de chou. Les poissons et fruits de mer sont présents en abondance, en particulier le bigorneau et la langouste. Sur la côte Sud, les produits de la mer sont cuisinés au lait de coco. **L'escabeche** (soupe à l'oignon au poulet), les **tamales**, les **garnachas** (omelettes frites à la viande et au piment) et les **empanadas** farcies sont autant de plats métis. Parmi les spécialités les plus exotiques figurent **l'iguane** (en saison), la **tortue** (les plus communes sont les tortues d'eau douce *Bucatora* ou *Hicatee*), le **tatou** et le *gibnut*, un rongeur dont la chair « délicieuse » a été servie à la reine Elizabeth lors d'une de ses visites au Belize. Les sauces piquantes sont réputées. On trouve aussi un grand nombre de restaurants chinois.

Musique traditionnelle et danses – Connu au-delà même de l'Atlantique, le **punta rock** est un rythme basé sur la musique traditionnelle garifuna, caractérisé par le son des carapaces de tortues et des tambours garifunas (réalisés dans une seule pièce de bois). Le musicien le plus connu à l'étranger est **Andy Palacio**. Les rythmes de la **soca** et du **calypso** sont également répandus ; le reggae résonne partout, et à toute heure. Dans le Nord du Belize, on écoute aussi la musique de groupes mexicains. Métis et Mayas jouent de la musique **marimba** dans leurs communautés. Les **danses garifunas** sont spectaculaires et séduisantes. Depuis 1993, il existe un Ballet national, qui se produit également à l'étranger.

Remarque
Pour faciliter le séjour au Belize, les noms des curiosités ont été conservés en anglais, langue officielle du pays.

Cinq jours au Belize

Jour 1

Belize City – Visite de Swing Bridge, Government House Museum, St. John's Cathedral et Fort George Area. Prenez l'excursion au Zoo de Belize.

Jour 2

Site archéologique de Lamanai – Excursions possibles à partir de Belize City et de San Pedro (Ambergris Caye).

Jour 3

Northern Cayes : Ambergris Caye – À 70 minutes en bateau ou à 15 minutes en avion, à partir de la ville Belize City. Prenez les excursions à **Hol Chan Marine Reserve, Shark Ray Alley et Caye Caulker.**

Jour 4

Southern Coast : Péninsule de Placencia – À une heure par avion de Belize City. Prenez l'excursion à **Laughing Bird Caye National Park.** Au retour, visitez **Placencia Village.**

Jour 5

Cockscomb Basin Wildlife Sanctuary – À 63 km/39,3 miles de Placencia.

Dangriga – À 42 km/26 miles de Cockscomb.

BELIZE CITY

Belize District
52 700 habitants
Carte p. 338
North Front Street, No. 83, ☏ (2) 772-13

En bord de mer, à l'embouchure de la rivière Belize se situe la plus grande ville de ce petit pays de l'isthme d'Amérique centrale, seul pays de langue et de culture britanniques dans la région. Bien qu'ayant perdu son statut de capitale au profit de Belmopan en 1971, après les dégâts causés par le cyclone Hattie en 1961, Belize City reste le pôle commercial et culturel de cette jeune nation indépendante. Malgré les ouragans et les incendies qui ont ravagé la ville, la plupart de ses maisons sont des constructions en bois, typiques des Caraïbes, peintes en blanc, avec des toits rouges et d'agréables vérandas où les habitants se protègent de la chaleur des tropiques et saluent les passants.
On voit les plus jolies maisons dans **Albert Street** et **Regent Street**, considérées comme le centre de la ville, ainsi que dans le **quartier de Fort George**, au Nord de Haulover Creek, la rivière qui traverse la ville.

CURIOSITÉS *5 h*

Swing Bridge – *Sur Haulover Creek.* Ce pont, qui date de 1900, est le seul au monde qu'on ouvre manuellement pour laisser passer les bateaux qui circulent sur la rivière. Deux fois par jour, à 5 h 50 et 17 h 30, si des bateaux attendent le passage, un groupe d'hommes actionne la manivelle qui ouvre lentement le pont.

Court House – *Regent Street, deux rues au Sud de Swing Bridge.* On accède par un escalier à deux rampes à cet élégant bâtiment aux colonnes de fer forgé. C'est le siège actuel du Palais de Justice. Il a été reconstruit après la destruction de l'édifice d'origine par un incendie en 1918. La tour est dédiée à la mémoire du gouverneur William Hart Bennetles, qui fut tué par la chute de la hampe du drapeau au cours de l'incendie.

Government House Museum – *Au Sud de Regent Street, face à l'embouchure de la rivière. Ouvert toute l'année, du lundi au vendredi de 8 h 30 à 16 h 30. BZ$5. ☏ (2) 732-55.* Cette **demeure**★★ du 19e s. érigée sur le front de mer est recouverte de bois suivant le style typique des Caraïbes. De 1815 à 1993, elle a accueilli les gouverneurs successifs qui ont veillé aux intérêts de la Couronne britannique. Actuellement, ce musée expose une partie du mobilier et des objets usuels d'origine, ainsi que des photographies qui témoignent de l'importance de cette résidence dans la vie sociale, économique et politique du pays.

St John's Cathedral – *Albert Street, face au Government House Museum. Ouvert toute l'année, du lundi au vendredi de 9 h à 12 h et de 14 h à 16 h ; le samedi de 9 h à 12 h. BZ$ 5. ☏ (2)721-37.* Cathédrale protestante construite par des esclaves au début du 19e s., elle a été le témoin du couronnement de trois rois de la tribu indigène de la côte des Moustiques, qui s'étire entre le Honduras et le Nicaragua.

Belize City

Marine Museum and Terminal – *North Front Street, N° 89. Traverser le Swing Bridge vers le Nord, puis tourner à droite. Ouvert toute l'année, tous les jours de 9 h à 17 h. BZ$4. ☏ (2)319-69.* Construction blanche en bois, cette ancienne caserne de pompiers héberge aujourd'hui un **musée** sur la vie marine. À partir de ce terminal, des bateaux partent pour les îles CAYE CAULKER, St George's Caye et SAN PEDRO (Ambergris Caye).
En face, le **Paslow Building**, construction traditionnelle de bois, abrite le bureau de poste.

Fort George Area – *À l'Est du Marine Museum and Terminal.* Ce quartier de la ville au Nord du port abrite des bâtiments de toute beauté, comme les pensions **Colton House** et **Fort Street Guest House**, face à laquelle se trouve le centre d'artisanat **National Handicraft Center** *(ouvert toute l'année, du lundi au vendredi de 8 h à 17 h, le samedi de 8 h à 13 h ; ☏ (2) 233-636)*. Dans le même quartier, on découvre le **fort George**, un môle situé face à l'hôtel Radisson, ainsi que le monument-phare **Baron Bliss Light house**, où repose l'aristocrate anglais Victor Bliss, bienfaiteur du Belize.
Au Nord, sur Gabourel Lane, près de l'ancienne prison, l'**ambassade des États-Unis** est un beau bâtiment de bois qui a une longue histoire, puisqu'il a été fabriqué en Nouvelle-Angleterre (USA) en 1866, pour être assemblé ici.

EXCURSIONS

★**Community Baboon Sanctuary** – *2 heures. À 42 km/26,2 miles de Belize City. Emprunter la Northern Highway ; à 21,5 km/13.5 mi, tourner à gauche sur un chemin asphalté, traverser Burrell Boom et continuer vers l'Ouest par le chemin de terre sur 14,4 km/9 mi. Ouvert toute l'année, tous les jours de 8 h à 17 h. BZ$10. ✗ ⚠ ☏ (2) 772-13.* Des singes hurleurs, appelés baboons (babouins) au Belize, peuplent les branches des arbres de cette forêt. Pour protéger cette espèce, que les anciens Mayas considéraient comme sacrée, une réserve a été instaurée en 1985 avec le soutien des communautés de la région. Elle abrite aujourd'hui jusqu'à 2 000 singes hurleurs. Un bref passage par la forêt ôtera au visiteur le moindre doute quant aux auteurs des hurlements que l'on entend de loin.

★**Site archéologique Altun Ha** – *2 heures. À 54,4 km/34 miles de Belize City. Quitter la ville par la Northern Highway, puis à 32 km/20 mi, tourner à droite pour emprunter la Old Northern Highway ; après 19 km, suivre la bifurcation à gauche et continuer sur 3 km/2 mi. Ouvert toute l'année, tous les jours de 9 h à 17 h. BZ$10. ☏ (2) 772-13.* Les ruines de ce centre religieux de la période classique s'étendent autour de deux places, avec deux temples du haut desquels la vue court sur les cimes de l'épaisse forêt environnante, le **temple du Tombeau Vert**, où des pièces de jade ont été découvertes, et le **temple du Dieu du Soleil**★, la construction la plus élevée du site (18m).
C'est dans l'une des sept tombes de ce temple qu'a été trouvée, en 1968, la célèbre tête de jade de 15 cm de haut représentant Kinich Ahau, le dieu du soleil. Cette pièce fait maintenant partie d'une exposition itinérante, et il est donc difficile de voir l'original. Mais une représentation de cette sculpture souriante apparaît dans le coin supérieur gauche des billets de banque du Belize, et une image du temple orne l'étiquette de la Belikin, la populaire bière locale.

Crooked Tree Wildlife Sanctuary – *1/2 journée. À 55 km/34 miles de Belize City. Emprunter la Northern Highway ; après 51 km prendre à gauche et poursuivre pendant 5,6 km/3.5 mi. Ouvert toute l'année, tous les jours de 8 h à 17 h. BZ$8. ✗ ⚠ ☏ (2) 350-04.* Aux alentours du petit village tranquille de Crooked Tree, abrité sous de grands arbres, on découvre cette réserve créée pour la protection des oiseaux résidents et des migrateurs, qui s'y rassemblent en grand nombre entre novembre et avril.

★**Belize Zoo** – *2 heures. À 46 km/29 miles à l'Ouest de Belize City par la Western Highway. Ouvert toute l'année, tous les jours de 9 h à16 h 30. Fermé le vendredi, le 21 septembre et le 25 décembre. BZ$15. ✗ ⚠ ☏ (81) 300-4.* Sur son vaste domaine couvert d'une végétation abondante, ce parc zoologique héberge plus de 100 animaux originaires du Belize, dont les habitudes et le mode de vie sont expliqués sur des panneaux amusants. À noter plus particulièrement le tapir, le toucan et la panthère, dont une noire, animaux nationaux du Belize.

★★★**Guatemala** – *Accès par avion.* *Voir p. 307.*

Participez à notre effort permanent de mise à jour.
Adressez-nous vos remarques et vos suggestions :

Cartes et Guides Michelin
46, avenue de Breteuil
75324 PARIS CEDEX 07

BELMOPAN

Cayo District
6550 habitants
Carte p. 338
ℹ ☎ (2) 732-55

Belmopan se situe au centre géographique du pays, entre San Ignacio et Belize City. Elle a été créée en 1971 pour être la capitale, dix ans après que le cyclone Hattie ait dévasté l'ancienne capitale Belize City. Elle abrite les bâtiments gouvernementaux, et sa population est essentiellement constituée de personnel administratif et de réfugiés des autres pays d'Amérique centrale. Celle que l'on a appelée « une capitale moderne pour une nation en devenir » n'a cependant jamais supplanté la ville très animée de Belize City.

La route **Hummingbird Highway★** prend naissance aux abords de la ville, pour continuer sur 88 km de paysages splendides, traversant les Maya Mountains avant d'atteindre la côte Sud.

EXCURSIONS

Guanacaste National Park – *2 heures. À 2 km/1.4 miles au Nord de Belmopan, au croisement des Hummingbird Highway et Western Highway ; à 36 km à l'Est de San Ignacio. Ouvert toute l'année, tous les jours de 8 h à 17 h. BZ$5. ☎ (2) 350-04.* Deux sentiers d'une longueur totale de 3 km parcourent la forêt de ce petit parc national, créé en 1990 dans le but de préserver plus de 100 espèces d'oiseaux qui habitent la région. Il doit son nom au gigantesque **arbre Guanacaste★**, âgé de 150 ans, qui se trouve dans la partie Sud-Ouest du parc.

★**Blue Hole National Park** – *2 h. De Guanacaste National Park, continuer sur 20 km/12,5 miles en direction du Sud par la Hummingbird Highway. Ouvert toute l'année, tous les jours de 8 h à 17 h. BZ$8. ⛺ ☎ (2) 350-04.* C'est une vaste étendue de forêt (230 ha) peuplée d'une faune abondante. Dans cette zone protégée, la grotte **St Herman's Cave★** était utilisée comme site sacré par les anciens Mayas. À 2 km de celle-ci, un **bassin naturel★** à l'eau bleu saphir donne son nom au parc.

CAYO DISTRICT★★

Carte p.338
ℹ ☎ (8) 92-4236

Cette région montagneuse est restée isolée jusque dans les années 1940, quand a été construit la route qui relie désormais ce district à Belize City. Auparavant, il fallait parfois jusqu'à 21 jours de voyage le long de la rivière Belize, sur laquelle l'on acheminait les troncs de bois précieux vers le port d'où ils partaient pour l'exportation.
Aujourd'hui à moins de deux heures de Belize City, cette région aux sommets boisés, équipée d'agréables **auberges** à bungalows, offre des attraits de toutes sortes, comme les ruines mayas, dont un grand nombre est encore inexploré, des rivières où l'on peut nager et pagayer, et des prairies pour galoper à cheval. On peut également se rendre à la zone archéologique de TIKAL au Guatemala, dont la frontière est à 15 km au Sud-Ouest de San Ignacio.

SAN IGNACIO ET ENVIRONS *1 journée*

San Ignacio – À 107 km à l'Ouest de Belize City. Après avoir traversé **Hawksworth Bridge**, étroit pont suspendu qui enjambe la rivière Macal, on rejoint au cœur du Cayo District cette petite ville tranquille (11 290 habitants) aux maisons colorées. Pendant des générations, elle a servi de centre principal de commerce pour les cargaisons d'acajou et de chicle (gomme de sapotillier utilisée pour le chewing-gum), bases de l'économie de cette région. Aujourd'hui elle accueille de nombreux touristes qui trouvent dans **Burns Avenue**, sa rue principale, des hôtels bon marché, des agences d'excursions et des restaurants.

Site archéologique de Cahal Pech (A) – *À 1,6 km/1 miles au Sud de San Ignacio par la route Buena Vista. Ouvert toute l'année, tous les jours de 9 h à 17 h BZ$5. ☎ (8) 221-06.* Sur une colline d'où l'on a une vue magnifique sur la forêt, on découvre les ruines restaurées d'un site de type acropole, occupé entre 1000 avant J.-C. et 800 après J.-C.

★★**Site archéologique de Xunantunich (B)** – *À 11 km/6.6 miles à l'Ouest de San Ignacio, on rejoint le bac qui assure la traversée de la rivière. Poursuivre ensuite sur 1,6 km/1 mi. Ouvert toute l'année, du lundi au vendredi de 9 h à 17 h, samedi et dimanche de 9 h à 16 h. BZ$10. ☎ (8) 221-06.* Après avoir traversé la rivière Mopán par un **bac** manœuvré à la main, on arrive sur un plateau au beau milieu de la forêt, où subsistent les ruines de ce très important centre religieux de la période classique. Il a probablement subi la domination de son site voisin El Naranjo, qui appartient aujourd'hui au Guatemala. Autour de trois places se répartissent les principales structures, construites entre 600 et 1000 après J.-C.

★★ **El Castillo** – *Au Sud des trois places principales.* D'une hauteur de 40 m, couronné par des vestiges de créneaux, ce temple est le second du Belize pour la hauteur. Sa partie supérieure présente les restes d'une grande **frise**★★ qui ornait à l'origine les quatre côtés de la pyramide, avec des figures de dirigeants, des masques et des symboles des astres. On n'en aperçoit plus aujourd'hui que des fragments du côté Est, ainsi qu'une réplique de la frise du côté Ouest. Depuis le sommet, on contemple la forêt qui s'étend à perte de **vue**★.

Chaa Creek Natural History Center (**C**) – *Quitter San Ignacio, rouler jusqu'à Benque Viejo Road. Se diriger vers l'Ouest, et après 7,7 km/4,8 miles tourner à gauche (suivre les panneaux indicateurs) et continuer sur 5 km. Visite guidée (1 heure) toute l'année, tous les jours de 7 h à 16 h. BZ$10.* ✗ ⛺ ☎ *(92) 203-7.* Sur le domaine de l'hôtel Chaa Creek Cottages, une cabane sur la colline héberge ce centre d'information sur l'histoire naturelle et archéologique de la région, premier de ce type au Belize. Le centre organise des visites guidées d'un **élevage de papillons**★ où on peut observer les différentes étapes du développement d'un magnifique papillon aux ailes bleues typique des forêts du Belize.

★ **Ix Chel Farm Rainforest Medicine Trail** – *200 m à l'Est du Chaa Creek Natural History Center. Ouvert toute l'année, tous les jours de 8 h à 17 h. BZ$11,50.* ☎ *(92) 387-0.* Sur le domaine de la ferme Ix Chel, ce parcours suit les berges de la rivière Maca et traverse la forêt, à la découverte des usages et des propriétés médicinales de plus de 35 plantes, dont un grand nombre a été découvert par le chaman maya don Elijio Pani (1891-1996).

★ MOUNTAIN PINE RIDGE FOREST RESERVE *1 journée*

À 11 km/7 miles à l'Est de San Ignacio, emprunter le chemin Chiquibul vers le Sud ; après environ 16 km, on rejoint la guérite d'entrée.

Sur un sol rouge, la forêt tropicale se transforme en un bois de conifères. Les pins, mais aussi le brouillard envahissent cette réserve arborée qu'entoure l'exubérante forêt néotropicale. Cascades, rivières et immenses grottes calcaires sont accessibles en véhicule 4x4 ou bien à cheval.

Dans cette région montagneuse, on trouvera quelques-unes des **auberges**★★ les plus agréables et les plus fréquentées du Belize. Certaines sont très luxueuses, comme *Blancaneaux Lodge*, propriété du célèbre réalisateur Francis Ford Coppola. En raison de la présence d'un camp militaire dans cette remarquable réserve, autrefois exploitée par les forestiers, on y voit circuler des véhicules militaires britanniques.

Hidden Valley Falls (**D**) – *Suivre le chemin Chiquibul et passer la guérite ; 6 km plus loin, prendre la bifurcation à gauche. Après 11 km/7 mi, tourner à gauche et continuer sur 4,5 km/3 mi.* Dans le domaine de 7 200 ha de l'hôtel Hidden Valley Inn, un belvédère permet d'admirer une gigantesque chute d'eau de 480 mètres, la plus haute du pays. On l'appelle aussi Cascada de los Mil Pies, **cascade des mille pieds**. D'ici, par temps clair, on aperçoit Belmopan.

Río On Pools (**E**) – *Après avoir repassé la guérite, suivre le chemin Chiquibul ; à 18,5 km/11,5 mi, une bifurcation poursuit sur la droite sur 400 m.* Dans le lit de la rivière Río On, la plus importante du domaine, des bassins naturels se sont formés, offrant d'agréables endroits pour se baigner pendant les périodes de sécheresse, lorsque l'eau est limpide.

★ **Río Frío Cave** (**F**) – *Du Río On, prendre le chemin Chiquibul et continuer vers le Sud ; à 4,4 km/3,6 mi, on arrive à la station forestière Douglas D'Silva. Tourner à droite, rouler sur 2 km. Ouvert toute l'année, tous les jours, 24 h sur 24 h.* ☎ *(92) 328-0.* Le Río Frío court sous cette impressionnante caverne de 800 m de long formée dans le calcaire, ouverte à ses deux extrémités. En saison sèche, on peut nager dans les mares d'eau bleue qui se forment sous les stalactites de la grotte.

★★ SITE ARCHÉOLOGIQUE CARACOL *1 journée*

De la guérite de la Mountain Pine Ridge Forest Reserve, poursuivre sur le chemin Chiquibul vers le Sud ; à 23 km/14 mi, on rencontre la station forestière Douglas D'Silva ; prendre alors à gauche ; après 16 km, traverser le Río Macal, puis continuer sur 19 km/12 miles vers le Sud-Ouest. Ouvert toute l'année, tous les jours de 8 h à 17 h. BZ$10. ☎ *(8) 221-06. Il est recommandé de ne visiter ce site que pendant la saison sèche, et de se renseigner sur l'état du chemin à San Ignacio, d'où partent les excursions vers le site.*

À l'intérieur du parc national **Chiquibul Forest Reserve** s'étendent les ruines d'une immense ville maya, qui sont restées dissimulées pendant un millénaire sous une épaisse forêt. Découverte en 1936 par des chicleros (exploitants de la gomme de sapotillier), Caracol a révélé son importance après des décennies de fouilles approfondies. En 1986, on a découvert sur un **jeu de balle** un autel sculpté du

7e s. décrivant la victoire de Caracol sur TIKAL. Après cette bataille, survenue en 562 après J.-C., Caracol a conservé le pouvoir sur la région de Petén pendant un peu plus d'un siècle, et la population du centre urbain et religieux a atteint le chiffre de près de 200 000 habitants *(les Mayas, p. 28, 290)*.
Caracol est caractérisée par le tracé complexe du **sacbé**, réseau de chemins qui reliait différents ensembles architecturaux et des champs cultivés sur un rayon de 8 km. Le centre de la cité s'étend sur un plateau à 490 m d'altitude. C'est là que se trouvent les principales structures, comme la pyramide de 45 m de hauteur, la plus haute du Belize.
On distingue aujourd'hui le **Complexe Caana**, considéré comme l'un des ensembles les plus importants de Mésoamérique, qui rassemble des pyramides, des places et des palais ; l'**Acropole Sud**, où a été découverte une tombe somptueuse en excellent état de conservation ; et la **Place A**, avec son **observatoire astronomique**, dans lequel deux stèles marquent le lever du soleil aux équinoxes d'hiver et d'été. Les fouilles archéologiques se poursuivent encore aujourd'hui.

COROZAL TOWN

Corozal District
7 960 habitants
ℹ ☎ (4) 231-76

Bourgade tranquille aux maisons de bois colorées, qui s'étend en bord de mer à seulement 14 km de la frontière avec le Mexique, elle a été fondée en 1849 par des Indiens fuyant le Yucatán après la tuerie de Bacalar, pendant la guerre des Castes. L'industrie du sucre naissante et déjà prospère a bénéficié de cette main-d'œuvre de réfugiés, devenus d'efficaces cultivateurs. Cette activité, avec celle de l'extraction du chicle du sapotillier, a prédominé dans la région jusqu'à 1955, quand le **cyclone Janet** a modifié la vie et la physionomie du village. Le cyclone, et aussi les fluctuations du prix du sucre, ont entraîné une diversification des cultures.

CURIOSITÉS *1 journée*

Corozal Town est à 139 km au Nord de Belize City

Corozal Tourism and Cultural Centre – *Coronation Park. À deux rues de Santiago Ricalde Central Park, sur Costera Street. Ouvert toute l'année du mardi au dimanche de 9 h à 16 h 30. BZ$3. ☎ (4) 231-76.* Ce pittoresque **édifice**★ en bois construit en 1886 a été occupé par un marché jusqu'à 1959. Aujourd'hui, le centre culturel dispense des renseignements touristiques et héberge des expositions temporaires. Il présente aussi une collection d'objets liés à l'histoire de Corozal. La figure de **San Narciso** attire l'attention, ainsi qu'une collection de **bouteilles anciennes** retrouvées dans la mer. Appelées chaparras, ces bouteilles autrefois jetées à la mer une fois vides constituent aujourd'hui un objet d'ornement typique du Belize.

City Town Hall Mural – *Au Sud de Santiago Ricalde Central Park. Ouvert toute l'année, du lundi au jeudi de 8 h à 17 h, le vendredi de 8 h à 16 h 30. ☎ (4) 220-72.* À l'intérieur de l'hôtel de ville se trouve un **mural** de Manuel Villamor Reyes. Cette œuvre, réalisée en 1953, repeinte en 1986, raconte l'histoire de Corozal. Une des scènes représente le massacre de Bacalar (1848), après lequel de nombreux Indiens du Mexique ont traversé la frontière.

Site archéologique de Santa Rita – *À 1,5 km au Nord-Ouest de Corozal, derrière les entrepôts de Coca-Cola. Ouvert toute l'année, tous les jours de 9 h à 17 h (bien qu'on puisse le visiter à toute heure, puisqu'il n'y a pas de grilles). BZ$10. ☎ (8) 221-06.* On y voit les vestiges d'une construction qui faisait partie d'une ancienne cité maya, occupée entre 2000 avant J.-C. et 1550 après J.-C., et qui a probablement donné naissance à la ville de Chetumal, au Mexique. L'essentiel de cet ancien centre de commerce demeure enfoui sous la ville de Corozal.

EXCURSION

★**Site archéologique de Cerros** – *2 heures. À 15 mn en bateau de la pointe Sud de la baie de Corozal. Ouvert toute l'année, tous les jours de 9 h à 17 h. BZ$5. ☎ (8)221-06.* Sur la côte, on découvre les vestiges des trois temples principaux de cet important carrefour de commerce, actif entre 300 avant J.-C. et 100 après J.-C.

Zona arqueológica LAMANAI★★★

Orange Walk District

Carte p. 338

ℹ ☎ (2) 772-13

Le trajet en bateau sur la New River pour Lamanai est une **promenade★★** pittoresque permettant d'apercevoir de minuscules chauves-souris et des petits oiseaux de couleur jaune qui se posent sur les feuilles flottant à la surface de l'eau. On profitera aussi de la diversité de la forêt, on pourra même en goûter les fruits sucrés. Avec un peu de chance, le spectacle inclura crocodiles, tortues et lamantins.

SITE ARCHÉOLOGIQUE *1 journée*

Au Nord de Belize City, sortir par la Northern Highway. Après 83,5 km/52 miles on rejoint Toll Bridge, d'où partent les bateaux pour une traversée de 2 heures jusqu'à Lamanai. Des excursions sont organisées à partir de Belize City et San Pedro (Ambergris Caye). On peut également s'y rendre par un chemin de terre, en traversant Orange Walk Town et San Felipe. Ouvert toute l'année, du lundi au vendredi de 8 h à 17 h, du samedi au dimanche de 8 h à 16 h. BZ$10. ☎ (8) 221-06.

Les ruines de cet ancien centre religieux, dont le nom signifie « crocodile sous l'eau », occupent les berges de la New River au cœur d'une haute forêt pleine de parfums et de fruits exotiques, au milieu des appels des singes hurleurs et des acrobaties des singes-araignées. Les constructions que l'on y voit encore ont été érigées entre 100 et 900 après J.-C. En dépit du déclin de la majorité des sites Mayas en 900 après J.-C., Lamanai est resté occupé pendant 10 siècles encore, jusqu'au 19e s., bien après l'arrivée, au cours du 16e s., des Espagnols à la recherche de l'or. *(Les Mayas, p. 28 et 105).*

Musée – Dans une petite cabane sont exposées des figurines trouvées dans la zone archéologique, pour la plupart en céramique, datant d'une période antérieure à notre ère.

Temple du Masque – Élevé entre le 3e et le 4e s., il doit son nom à l'énorme **masque★★** de 4 m de haut taillé dans le calcaire qui se trouve sur la droite de l'escalier central. On a découvert dans la tombe de ce temple 87 pièces de jade.

Structure recouverte (N 10-43) – C'est le temple le plus élevé de Lamanai. Il était probablement consacré au culte du soleil, car la partie frontale de la construction présente des restes de masques de Kinich Ahau, dieu du Soleil. D'une hauteur de 34 m, c'est le troisième du pays. De son sommet, on a une **vue★★** impressionnante sur le lac, la forêt et les montagnes guatémaltèques et mexicaines. Face au temple s'étendent les ruines du **jeu de balle,** que l'on appelait ici **pok-ta-pok.** On trouve ici encore des traces de mercure, qui aurait servi, de même que l'obsidienne, comme miroir pour intensifier le reflet des astres.

★**Stèle 9** – À *l'Est du jeu de balle.* Cette pierre taillée montre un dirigeant dont le visage émerge de la gueule ouverte de son géniteur céleste, le crocodile. Cet animal était la principale figure sacrée de la cité, probablement la dernière que les anciens Mayas aient abandonnée.

NORTHERN CAYES★★★

Belize District

Carte page 338

ℹ ☎(2) 732-55

Longeant la côte du Belize sur 300 km, la **barrière de corail★★★** la plus étendue de l'hémisphère Ouest est inscrite depuis 1996 au Patrimoine culturel de l'Humanité. Elle protège un archipel formé par des centaines de cayos (îles) éparpillés sur les eaux bleues des Caraïbes bélizéennes. Beaucoup d'entre elles ont l'aspect idéal d'îles paradisiaques : loin de tout, elles étirent de belles plages de sable blanc bordées de palmiers. Au-delà de cette barrière, des atolls ont été formés par des récifs millénaires qui abritent une vie marine extraordinaire, avec plus de 50 types de coraux et 400 espèces différentes de poissons. Certaines de ces îles servent de base pour faire de la plongée dans des sites réputés, en particulier au Nord-Ouest de Belize City. Les attraits du monde sous-marin vont des bancs de poissons exotiques, des coraux et formations géologiques, jusqu'aux requins et aux épaves. Le soleil, la mer, la musique, les fruits de mer, un hamac et la gentillesse des Bélizéens, tout invite à visiter et à savourer ce paradis. Il y a des hôtels sur les îles éloignées et des bateaux avec tous les services à bord qui offrent des villégiatures de plusieurs jours dans les îles.

★★AMBERGRIS CAYE

Cette île de 32 km de long est séparée de la péninsule du Yucatán par un chenal qui marque la frontière du Belize avec le Mexique. Une abondante végétation, où domine la mangrove, borde les **plages★★** tranquilles de l'île, où l'on peut entendre le fracas sourd des vagues contre la barrière de corail.

★★**San Pedro** – *1 jour. À 56 km/35 miles au Nord-Est de Belize City (70 mn en bateau, 15 mn en avion).* L'unique village d'Ambergris (3 340 habitants) se blottit au Sud de l'île. Fondé au milieu du 19e s. par des émigrants des côtes du Yucatán qui fuyaient la GUERRE DES CASTES, ce paisible village de pêcheurs s'est transformé en mecque de la plongée sous-marine pour le monde entier. C'est la principale destination touristique du Belize. San Pedro est formé d'innombrables **quais** d'où l'on part de bonne heure pour les différents récifs.
Des voiturettes de golf, le moyen de transport le plus utilisé avec la bicyclette, circulent dans les rues sableuses de San Pedro. Dans ce petit village, on remarquera le cimetière en bord de mer, et la charmante architecture caribéenne de l'**hôtel Barrier Reef**, l'un des plus anciens de San Pedro. On trouvera également des magasins, des restaurants et des agences de voyages.
De là, des excursions à l'intérieur des terres sont également organisées vers les différents centres d'intérêt du pays. Beaucoup de ces circuits ne durent qu'une journée, de sorte qu'on peut revenir à San Pedro pour dîner ou profiter de sa vie nocturne détendue. Plusieurs hôtels sont implantés aux extrémités du village. Pour rejoindre les plus isolés, au Nord, on doit traverser un canal au moyen d'un bac rustique, et marcher ou longer la plage à bicyclette.

★★**Hol Chan Marine Reserve** – *1 heure. Sur la pointe Sud d'Ambergris Caye, à 10 mn en bateau au départ de San Pedro. On peut aussi s'y rendre à partir de Caye Caulker.* Aux alentours de la barrière de corail, on découvre dans cette réserve sous-marine corallienne de 8 km² de superbes poissons-perroquets et d'énormes mérous, ainsi que quelques-unes des murènes qui ont élu domicile dans les creux de corail.

★★★**Shark Ray Alley** – *2 heures. À 20 mn en bateau de San Pedro, ou à 10 mn de la Hol Chan Marine Reserve. On y accède aussi par Caye Caulker.* Il est conseillé d'emporter un appareil photo étanche. Dans cette zone protégée de 2 m de profondeur seulement, on peut nager avec masque et tuba aux côtés de requins (sharks) inoffensifs et de raies (rays) de près d'un mètre d'envergure.

AUTRES ÎLES, ATOLLS ET RÉCIFS

★**Caye Caulker** – *1 journée. À 16 km/10 miles au Sud de San Pedro (25 mn en bateau). De Belize City, des bateaux partent régulièrement pour effectuer en 50 mn la traversée de 32 km.* Au Sud de cette île de 7 km de long et 800 m de large, on découvre un charmant petit **village**★, habité à l'origine par des pêcheurs de coquillages et de langoustes. À côté des empilages de casiers à langoustes, on propose des masques et des palmes aux touristes, de plus en plus nombreux à avoir choisi cette île parce qu'elle est plus tranquille et moins chère que San Pedro. Aux alentours, plus de 20 sites permettent de plonger avec un tuba ou des bouteilles. Les rues paisibles du village sont bordées de bars et de restaurants animés, et de salles de projection de diapositives sur les richesses naturelles du Belize.

★**The Cut** – Au Nord du village. Ce canal aux eaux cristallines qui partage l'île en deux a été créé par le cyclone Hattie en 1961. C'est aujourd'hui un site recherché pour la nage avec masque et tuba et les bains de soleil.

★★★**Turneffe Islands** – *1/2 journée. À 40 km/25 miles au Sud-Est de San Pedro (1 heure en bateau).* Ces îles forment le plus grand des trois atolls que compte le Belize, avec près de 200 îlots qui entourent trois **lagunes**★ d'eau cristalline, composant un labyrinthe marin. Cela va de l'îlot minuscule, autour duquel viennent se nourrir les lamantins, jusqu'à **Caye Bokel**, avec son phare et ses trois hôtels.

Les courants qui longent cet atoll, où la mer peut atteindre 300 m de profondeur, ainsi que l'abondance des mangroves, riches en éléments nutritifs, favorisent l'existence d'une abondante faune marine. On peut y voir des requins-marteaux solitaires, de majestueuses raies mantas, ainsi que des tortues marines et des dauphins. On peut aussi faire de la plongée sous-marine autour de l'épave d'un bateau qui a sombré en 1793.

★★★**Lighthouse Reef** – *1 journée minimum. À quelque 80 km/50 miles au Sud-Est de San Pedro (2 h 1/2 en vedette rapide).* Le plus éloigné des atolls offre aux plongeurs les attraits sous-marins de ses récifs, où l'on admire la vie des profondeurs, et une île tropicale de rêve qui abrite une réserve d'oiseaux. Six bateaux ont fait naufrage aux abords du récif. L'un d'eux a servi de cible d'exercice militaire, mais il est possible de plonger autour des cinq autres. Sur Northern Caye, une des six îles de l'atoll, un hôtel héberge surtout des plongeurs.

★★★**Blue Hole** – Au centre du récif. Un magnifique cercle presque parfait de 400 m de diamètre marque l'entrée de cette grotte sous-marine d'une profondeur de 145 m. Sa couleur bleu intense a donné son nom à ce « trou », devenu le site le plus célèbre du monde pour la plongée grâce à ses formations géologiques. Il a été exploré par Jacques Cousteau en 1972. Les stalactites qu'il renferme indiquent que cette grotte, dont le plafond s'est effondré il y a des millions d'années, a été inondée vers la fin de l'ère glaciaire, lorsque le niveau des océans s'est élevé.

© Norbert Wu/Tony Stone Images

Le Blue Hole

★★★ **Half Moon Caye Natural Monument** – Dans la partie Sud-Est du récif. Cette petite île paradisiaque est habitée par une colonie de 4 000 guillemots et par 98 autres espèces d'oiseaux, et pour cette raison a été déclarée parc national en 1982, le premier du Belize. Sur ses **plages**★, deux espèces de tortues marines menacées d'extinction viennent pondre leurs œufs. Le phare du 19e s. fonctionne aujourd'hui à l'énergie solaire.
Les eaux qui entourent la réserve sont suffisamment claires pour permettre la visibilité jusqu'à 50 m de profondeur, offrant un lieu merveilleux pour la plongée. On peut y faire la rencontre de gigantesques raies mantas. Plusieurs circuits offrent la possibilité de passer la nuit sur cette île tropicale idyllique

RIO BRAVO CONSERVATION AREA★

Orange Walk District

Carte p. 338

☎ (2) 756-16

Au Nord-Ouest du Belize, cette zone de forêt tropicale protégée est administrée par l'Organisation *Programme for Belize*. On peut apprécier sa richesse naturelle et archéologique grâce à un réseau de **sentiers**★★. On projette de réunir ce domaine avec les réserves de la Biosphère Maya au Guatemala et de Calakmul au Mexique, dans l'objectif d'établir un parc multinational de 2 millions d'hectares qui serait alors la plus vaste réserve de l'hémisphère occidental.

CURIOSITÉS

La Milpa Field Station (G) – *1 journée minimum. À 150 km/94 miles de Belize City. À Orange Walk Town, prendre à l'Ouest la route de 38,4 km/24 miles vers San Felipe ; là, tourner à droite et se diriger au Nord-Ouest vers Blue Creek. 10 km/6,5 miles après ce village, prendre vers le Sud et poursuivre sur 10,5 km/6,5 miles. Ouvert toute l'année, tous les jours, 24 h/24 h. Il est nécessaire de réserver ou de s'annoncer. BZ$40. ☎ (2) 756-16.* De cette étape qui offre un hébergement, la plupart des **sentiers** partent pour rejoindre en 5 km le **site archéologique La Milpa** (mêmes conditions de visite que La Milpa Field Station) encore en cours d'exploration, un des soixante sites mayas que compte la région.

★★★ **Chan Chich Lodge** – *2 jours. À 37 km/23 miles au Sud de La Milpa Field Station se trouve le village Gallon Jug ; à partir de là, emprunter à l'Ouest le chemin de 8 km/5 miles qui mène à Chan Chich. Ouvert toute l'année, tous les jours 24 h/24 h. il est nécessaire de réserver ou de s'annoncer. ☎ (2) 756-34, 344-19. États-Unis et Canada, ☎ (800) 343-8009.* Au Sud de la région du Río Bravo, dans une réserve privée, se dresse cet hôtel unique au monde, bucolique mais luxueux, enclavé au milieu d'un ancien centre religieux maya. Il est entouré d'une épaisse forêt traversée par de nombreuses rivières, et peuplée de plus de 300 espèces d'oiseaux. Un réseau de **chemins**★★ couvrant au total 13 km permet d'avoir un aperçu de la diversité de cette forêt. Pour les visiteurs, des excursions sont organisées avec des guides, même la nuit, car c'est à ce moment que l'on peut observer le plus d'animaux. Le réveil sonne avant 6 heures, avec les cris des singes hurleurs et le bavardage des perroquets.

© Fernando García Aguinaco

Chan Chich Lodge

*Les cartes Michelin sont constamment tenues à jour.
Ne voyagez pas aujourd'hui avec une carte d'hier.*

SOUTHERN COAST★★

Districts : Stann Creek et Toledo

Carte p. 338.

ℹ ☎ (2) 772-13

Aux pieds de la cordillère des **Maya Mountains**, et face à la mer des Caraïbes aux **îles** merveilleuses, c'est l'une des régions les plus sauvages, mais aussi les plus attirantes du Belize. Des villages au charme très particulier, comme **Dangriga**, **Placencia Village** et le discret hameau de **Punta Gorda**, animent le littoral de la côte Sud du Belize, et sont les départs d'excursions fascinantes, tant vers les profondeurs des mers que dans les terres, en pénétrant au cœur de la forêt.
Ces villages sont accessibles assez lentement par la Southern Highway, piste en terre d'une longueur totale de 160 km, ou plus rapidement à bord de petits avions, ce qui offre des vues magnifiques.

DANGRIGA *2 h*

À 120 km/75 miles de Belize City. Prendre vers l'Ouest. Après 50 km/31 mi, dans le village La Democracia, emprunter l'embranchement vers le Sud et poursuivre sur 58,4 km/36,5 miles en direction du croisement avec la Hummingbird Highway ; continuer sur cette voie jusqu'à la côte. 11 km/7 mi.

Au bord de la mer apparaît cette petite ville (6 630 habitants), principalement peuplée de **Garifunas** ou Caraïbes Noirs, fiers descendants d'une population noire qui s'est établie dans cette région au 19e s. Dangriga semble être une copie en réduction de Belize City. On peut apprécier ici le travail des artistes locaux.
À partir de Dangriga, on peut visiter la barrière de corail et les îlots les plus proches, comme **South Water Caye**, qui offre des possibilités d'hébergement (pour plus de renseignements, s'adresser à l'hôtel Pelican Beach Resort ☎ (5) 220-44).

★★ **Cockscomb Basin Wildlife Sanctuary** – *1 journée. Sortir de Dangriga vers l'Ouest ; à 7 km/4,5 miles tourner à gauche sur la Southern Highway ; 25 km/15,5 miles après, on rencontre le Maya Centre ; là, emprunter le chemin vers la droite sur 10 km/6 miles jusqu'à la réserve Cockscomb. Ouvert toute l'année, tous les jours de 8 h à 17 h. BZ$10. ✗ ⛺ ☎ (2) 350-04.* Il est recommandé de visiter la forêt tôt le matin ou dans la soirée pour avoir plus de chances de voir des animaux. Cette réserve exubérante de forêt tropicale est peuplée de 55 espèces de mammifères, parmi lesquels le silencieux **jaguar** (il est rare de le voir, car il a des habitudes nocturnes), et de 290 espèces d'oiseaux. 26 km de chemins la parcourent, et l'on peut surprendre des cervidés, des singes hurleurs, des colibris et des reptiles, et observer une flore abondante. Établie dans un bassin autrefois exploité par les marchands de bois, la réserve est traversée par des rivières où l'on peut se baigner, et entourée de hautes montagnes, au nombre desquelles le **Victoria Peak** (1 120 m), point culminant du Belize.

★★PÉNINSULE DE PLACENCIA *2 jours minimum*

De Cockscomb Basin Wildlife Sanctuary, suivre la route Southern Highway et tourner à droite en direction du Sud. Après 13 km/8 mi, tourner à gauche et poursuivre sur 40 km/25 miles jusqu'à Placencia.

Cette péninsule de 26 km de long est baignée par la mer et une lagune bordée de mangroves. Refuge des boucaniers au 17ᵉ s., et habitée par les pêcheurs depuis le 19ᵉ s., c'est aujourd'hui l'un des sites touristiques les plus agréables du Belize. Sur ses **plages** de sable blanc, caressées par la mer des Caraïbes, s'ouvrent des hôtels isolés et tranquilles.

★**Placencia Village** – Ce plaisant village de la pointe Sud de la péninsule possède un charme que lui confèrent ses habitants, aimables et souriants. Sa rue principale est une voie exclusivement piétonnière de 1 m de large et de plus de 1 500 m de long. Elle est bordée de constructions typiquement caribéennes en bois : maisons d'habitation, restaurants, hôtels, boutiques de cadeaux et bars où, même la nuit, l'on peut écouter la musique rythmée de la **punta**, la **soca** ou du **calypso**.
Placencia propose toutes sortes d'activités, des kayaks pour pagayer sur la **lagune** où l'on peut voir des lamantins, aux circuits en mer pour plonger près de la barrière de récifs ou pratiquer la pêche sportive.
Plus tranquilles encore que le village, on peut se rendre aux îles presque vierges de la pleine mer ; il est possible d'y passer la nuit, dans des cabanes ou en camping.

★★★**Laughing Bird Caye National Park** – *1 journée. À 20 km/12,4 miles de la côte (1 h en bateau à partir de Placencia). Ouvert toute l'année, tous les jours, 24 h/24. Il est nécessaire de réserver ou de s'annoncer. BZ$40. ☎ (2) 732-55.* Entourée de jardins de coraux et d'une riche faune marine, cette île offre des **plages**★★ magnifiques.

Excursion à Punta Gorda – *2 jours. À 138 km/86 miles de Placencia, à l'extrême Sud de la Southern Highway. De Punta Gorda, des bateaux partent à destination du Guatemala et du Honduras.* Cette bourgade (4 270 habitants), la plus importante du Toledo District, est située en bord de mer dans la région la plus isolée du Belize. Punta Gorda est entourée d'une forêt épaisse, où l'on peut visiter des grottes et des rivières, les ruines archéologiques de **Lubaantun** et **Nim Li Punit**, et des villages mayas, où on peut faire l'expérience de partager la vie des indigènes.

■ Les Garifunas

L'origine des Garifunas remonte au 17ᵉ s., lorsque deux bateaux chargés d'esclaves provenant d'Afrique se sont échoués dans les Caraïbes. Certains des esclaves ont atteint l'île de San Vicente, où ils ont trouvé refuge auprès des Indiens. De cette fusion est née la culture garifuna, caractérisée par un esprit d'émancipation qui a conduit les Garifunas à se déplacer pendant des années jusqu'à atteindre cette côte.
Les autres particularités de cette culture sont ses rituels religieux aux racines africaines, sa nourriture, la musique punta, et ses danses séduisantes. Le meilleur jour pour les découvrir est le 19 novembre, date où les Garifunas commémorent leur première implantation.

Garífunas

Renseignements pratiques

Boulanger à Mexico

© Bob Schalkwijk

Principales manifestations

Voir Traditions, p. 42. Au Mexique, chaque jour de l'année fait l'objet d'une célébration. Les fêtes peuvent durer d'un jour à deux semaines. Les foires sont organisées tous les ans, et peuvent durer jusqu'à deux mois. Voici les principales :

Date	Événement	Ville/État
6 janvier	**Jour des rois (Dia de Los Santos Reyes – cadeaux aux enfants)**	*Tout le pays*
17 janvier	**San Antonio Abad (bénédiction des animaux)**	*Coyoacán, District Fédéral*
18 janvier	**Santa Prisca et San Sebastián (danses)**	*Taxco, Guerrero*
Fin janvier	**Festival de San Sebastián (Parachicos)**	*Chiapa de Corzo, Chiapas*
31 janvier	**Immaculée Conception**	*Morelia, Michoacán.*
Début février	**Carnaval de Campeche**	*Campeche*
2 février	**Chandeleur (Dia de la Candelaria)**	*Tout le pays*
2-9 février	**Encuentro de Jaraneros (« rencontre des chahuteurs ») (p. 222)**	*Tlacotalpan, Veracruz*
3 février	**Fête des Charros Taurinos**	*Colima*
Fin février	**Carnaval (p. 219)**	*Veracruz*
Fin mars	**Foire internationale du cheval (charreria)**	*Texcoco, État de Mexico*
Mars-avril	**Semaine sainte (représentation de la Passion du Christ)**	*Taxco, Guerrero*
	Mercredi des Cendres (pèlerinage, danses)	*Amecameca, État de Mexico*
	Dimanche des Rameaux	*Tout le pays*
	Vendredi saint (procession en silence)	*San Luis Potosí*
	Sábado de Gloria (on brûle un Judas en carton)	*Tout le pays*
	Jeudi de Corpus Christi (Fête-Dieu)	*District Fédéral*
début avril	**Fête des fleurs**	*Cuernavaca*
mi-avril	**Foire nationale de San Marcos (p. 42, et 149)**	*Aguascalientes*
3 mai	**Jour de la Sainte Croix (feux d'artifice, danses)**	*Tepozotlán*
mi-juin	**Fête de juin et foire de la poterie**	*Tlaquepaque, Jalisco*
24 juin	**Saint Jean**	*Tlayacapan, Morelos*
15-18 juillet	**Fête de la danse (voladores, folklore)**	*Cuetzalan, Puebla*
mi-juillet	**Fête de la Gelaguetza (p. 246)**	*Oaxaca*
17-20 août	**Foire de Saint Bernard**	*Vicente Guerrero, Durango*
mi-août	**Fête de la Vierge de la Charité (artisanat)**	*Huamantla, Tlaxcala*
15 août	**Foire de la Cajeta et Assomption**	*Celaya, Guanajuato*

27-29 août	**Fête de la Morisma (maures et chrétiens)**	*Pradera del Bracho, Zacatecas*
3-5 septembre	**Fête des bougies**	*Juchitán, Oaxaca*
7 septembre	**Danses indiennes dans les ruines**	*Tepozteco, Morelos*
14 septembre	**Fête de la Virgen del Patrocinio (danses indiennes)**	*Zacatecas*
29 septembre	**Fête de l'Archange Saint Michel**	*San Miguel de Allende, Guanajuato*
4 octobre	**Fête d'octobre (foire, expositions)**	*Guadalajara, Jalisco*
12 octobre	**Procession de la statue de la Vierge de Zapopán**	*Guadalajara, Jalisco*
mi-octobre	**Festival Cervantes (p 159)**	*Guanajuato*
1-2 novembre	**Jour des Morts (p. 42, 261)**	*Tout le pays*
Fin novembre	**Fête du Mariachi**	*Zapotitlán, Jalisco*
Début décembre	**Foire de l'argent (bijoux, objets de toutes sortes)**	*Taxco, Guerrero*
1er décembre	**Fête de Saint-André (procession)**	*Coyutla, Veracruz*
12 décembre	**Fête de Notre-Dame de Guadalupe (processions, danses)**	*Tout le pays*
16-24 décembre	**Posadas (procession de maison en maison)**	*Tout le pays*
31 décembre	**Procession du Saint Sacrement**	*Sta Clara del Cobre, Michoacán*

■ Consulter les chapitres Renseignements pratiques particuliers des lieux suivants : Ciudad de México *(p. 54)*, Guadalajara *(p. 153)*, Basse-Californie *(p. 188)*, Oaxaca *(p. 246)*, San Cristóbal de las Casas *(p. 265)*, Yucatán *(p. 278)*, Guatemala *(p. 310)* et Belize *(p. 336)*.

Carnaval, Tenosique

Avant de partir

Renseignements touristiques – **Secrétariat du Tourisme (Sectur)** Av. Presidente Masryk, N° 172, P.B., Col. Polanco, C.P. 11587, Mexique, D.F. *www.mexico-travel.com* ☎ (5) 250-0123/0151 et ☎ (01-800) 903-9200 *(du lundi au vendredi de 8 h à 19 h)* propose des informations sur les tarifs, l'hébergement et les visites guidées, ainsi que des brochures. Depuis les États-Unis ☎ (1-800) 44-Mexique (44-639426), *(interlocuteur parlant anglais et espagnol ; on peut obtenir des brochures en français, anglais et espagnol ; lundi-vendredi 9 h-23 h, samedi-dimanche 10 h-18 h, heure Est des États-Unis).* **FaxMeMexico** ☎ (541) 385-9282 *(24 h/24 h ; à l'aide des touches, on peut obtenir immédiatement par fax des informations touristiques en anglais sur le Mexique.)*

Chaque État mexicain a son office du tourisme propre *(carte des régions et des États p. 44-45).*

Région 1 : Mexico

Distrito Federal	Amberes, N° 54, P.B., Col. Juárez, C.P. 06600, México, D.F. ☎ (5) 525-9380

Région 2 : Centre du Mexique

Hidalgo	Carretera Mexico-Pachuca, km 93,5, Col. Venta Prieta, C.P. 42000, Pachuca, Hgo. ☎ (771) 138-06
État de Mexico	Av. Urawa, no. 100, Pta. 110, Izcalli Ipiem, C.P. 50150, Toluca, Edo. Mex. ☎ (72) 195-190, 196-158
Morelos	Av. Morelos Sur, N° 802, Col. Las Palmas, C.P. 62050, Cuernavaca Mor. ☎ (73) 143-794
Puebla	5 Oriente, N° 3, Col. Centro, C.P. 72000, Puebla, Pue. ☎ (22) 461-285
Querétaro	Pasteur Nte., N° 4, Centro Histórico, Col. Centro, C.P. 76000, Querétaro, Qro. ☎ (42) 121-412
Tlaxcala	Av. Juárez, au coin de Lardizaval, derrière l'ancien Palais Législatif, C.P. 9000, Tlaxcala, Tlax. ☎ (246)200-27

Région 3 : Centre-Ouest

Aguascalientes	Av. Universidad, N° 1001, edif. Torreplaza Bosques, 8e étage, C.P. 20127, Aguascalientes, Ags. ☎ (49) 123-511
Colima	Portal Hidalgo, N° 20, Col. Centro, C.P. 28000, Colima, Col. ☎ (331) 375-40
Guanajuato	Plaza de la Paz, no. 14, C.P. 36000, Guanajuato, Gto. ☎ (473) 282-75
Jalisco	Morelos, N° 102, Plaza Tapatía, C.P. 44100, Guadalajara, Jal. ☎ (3) 613-0306/658-2222/(01-800) 363-2200
Nayarit	Av. México y del Ejército, s/n, Ex Convento de la Cruz, C.P. 63168 , Tepic, Nay. ☎ (321) 480-71/73

Région 4 : Nord-Ouest

Chihuahua	Libertad y Venustiano Carranza, Palacio de Gobierno, 1er étage, Zona Centro. C.P. 31000, Chihuahua, Chih. ☎ (14) 101-077 / (01-800) 495-248
Durango	Hidalgo, N° 408 Sur, Zona Centro, C.P. 34000, Durango, Dgo. ☎ (18) 112-139
Sinaloa	Av. Camarón Sábalo y Tiburón, N° 4, Edif. Banrural, 4e étage, Fracc. Sábalo Country Club, C.P. 82110, Mazatlán, Sin. ☎ (69) 165-160/65
Sonora	Centro de Gobierno, Comonfort y Paseo Canal, Ala Norte, 3e étage, C.P. 83280, Hermosillo, Son. ☎ (62) 170-044

Région 5 : Basse-Californie

Basse- Californie	Blvd. Díaz Ordaz y Av. Las Américas, Edif. Plaza Patria, 3e étage, Zona K, C.P. 22400, Tijuana, B.C. ☎ (66) 819-493/94
Basse-Californie du Sud	Carretera Norte, Km. 5,5, Edif. Fidepaz, Apdo. Postal 419, C.P. 23090, La Paz, B.C.S. ☎ (112) 401-00 / 402-03

Région 6 : Nord-Est

Coahuila	Blvd. Luis Echeverría Álvarez, N° 1560, Edif. Torre Saltillo, 11e étage, C.P. 25286, Saltillo, Coah. ☎ (84) 151-714/154-053/ (01-800) 718-422

Nuevo León	Zaragoza, N° 1300 Sur, Edif. Kalos, Nivel A-1, desp. 137, Col. Centro, C.P. 64000, Monterrey, N.L. ☎ (8) 345-0870 / 345-0902
San Luis Potosí	Álvaro Obregón, N° 520, Col. Centro, C.P. 78000, San Luis Potosí, S.L.P. ☎ (48) 129-906 / 122-357 / 129-939
Tamaulipas	Rosales 15 y 16, N° 272 Ote, Col. Centro, C.P. 87000, Cd. Victoria, Tamps. ☎ (131)270-02/210-57
Zacatecas	Prolongación González Ortega, angle de Castorena, C.P. 98000, Zacatecas, Zac. ☎ (492) 405-52 / 403-93

Région 7 : Golfe du Mexique

Tabasco	Paseo Tabasco, N° 1504, Centro Admin. Tabasco 2000, C.P. 86035, Villahermosa, Tab. ☎ (93) 162-890
Veracruz	Blvd. Cristóbal Colón, N° 5, Torre las Animas, Fracc.Las Animas, C.P. 91190, Jalapa, Ver. ☎ (28) 128-500 / (01-800) 712-6666

Région 8 : Côte Pacifique

Chiapas	Blvd. Belisario Domínguez, N° 950, Edif. Plaza de las Instituciones, P.B., C.P. 91800, Tuxtla Gutiérrez, Chis. ☎ (961) 344-99 / (01-800) 280-35
Guerrero	Costera Miguel Alemán, N° 4455, Centro de Convenciones, C.P. 39850 Acapulco, Gro. ☎ (74) 844-416 / (74) 844-583
Michoacán	Nigromante, N° 79, Palacio Clavijero, C.P. 58000, Morelia, Mich. ☎ (43) 136-387/156-412
Oaxaca	Av. Independencia, N° 607, angle de Garca Vigil, Col. Centro, C.P. 68000, Oaxaca, Oax. ☎ (951) 477-33/648-28

Région 9 : Yucatán

Campeche	Av. Ruiz Cortínez, s/n, Plaza Moch-Couhuo, Col. Centro, C.P. 24000, Campeche, Camp. ☎ (981) 655-93
Quintana Roo	Carr. Calderitas, N° 622, Col. Centro, C.P. 77100, Chetumal,Q. Roo ☎ (983) 209-42
Yucatán	Calle 59, N° 514, Col Centro, C.P. 97000, Mérida, Yuc. ☎ (99) 249-290/461-300

Quand visiter le Mexique ? – Le Mexique est situé entre les 14e et 32e parallèles, ce qui le place sous l'influence de deux bandes climatiques de l'hémisphère boréal, désertique au Nord, tropicale au Sud, avec des variations liées aux accidents du relief et à l'influence de l'air marin du Pacifique et du golfe du Mexique, qui induisent d'innombrables modifications dans le climat et la végétation. Le séjour y est ainsi agréable en toute saison. Sur la côte comme dans l'intérieur du pays, le climat est chaud ; la température moyenne annuelle est de 25-28°C, avec des pointes à 38°C, et même 41°C dans certaines parties de la côte comme le Yucatán. La zone tempérée se situe aux altitudes 900-1 900 m avec 17-21°C. A partir d'une altitude de 2 000 m et plus, on enregistre des températures moyennes de 15-16°C. La **saison des pluies** se situe entre les mois de mai et d'octobre. L'hiver, d'octobre à janvier, est la meilleure saison sur la côte pacifique, avec des températures qui oscillent entre 24 et 31°C et une moyenne mensuelle des précipitations de 8 mm. Il en va de même pour la péninsule du Yucatán, avec des températures de 21 à 32°C et des précipitations de 80 à 200 mm. Les **périodes de plus grande affluence touristique** sont la Semaine sainte, juin-juillet-août et décembre.

Visiteurs étrangers

ORGANISER SON VOYAGE

En tant que visiteur étranger, on peut obtenir des informations sur le Mexique auprès de l'ambassade ou du consulat du Mexique de son pays d'origine, des agences de voyages, ou de **Sectur** *(voir ci-dessus)*.

France : Consulat du Mexique 4, rue Notre-Dame-des-Victoires 75002 Paris ☎ 01 42 86 56 20.

Belgique : Ambassade du Mexique 94 avenue Franklin Roosevelt 1050 Bruxelles ☎ (2) 644 36 88.

Suisse : Ambassade du Mexique, Bernstrasse 57, 3005 Bern ☎ (31) 357 47 47.

Canada : Consulat du Mexique 2000, rue Mansfield, Suite 1015 H3A 2Z7 Montréal, Québec ☎ (514) 288 25 02 / 288 49 16.

Formalités d'entrée – les **citoyens de la CEE et de Suisse** séjournant au Mexique pour moins de 90 jours doivent être en possession d'un passeport en cours de validité. Même chose pour ceux du **Canada** et des États-Unis, qui peuvent aussi présenter une copie certifiée de leur acte de naissance, une carte de séjour permanente ou une carte d'électeur (les documents d'identité ne comportant pas la photo du titulaire devront être présentés avec un permis de conduire). Les voyageurs qui traversent le Mexique en automobile pour rejoindre un autre pays d'Amérique centrale doivent être porteurs de leur passeport et du visa du pays où ils se rendent. Aucun **vaccin** n'est obligatoire. Avant de voyager, demander à l'ambassade ou au consulat du Mexique le règlement d'immigration. Tout visiteur souhaitant rester plus de 72 heures doit demander à la frontière une carte touristique provisoire (durée six mois). Ces **cartes** sont délivrées par l'Office d'immigration, les agences de voyages ou les compagnies aériennes. Pour un voyage d'affaires, demander un formulaire de voyage d'affaires (Forma Migratoria de Negocios, FMN). Les mineurs (moins de 18 ans) seuls ou accompagnés, doivent être porteurs d'une autorisation signée de leurs deux parents, et d'une pièce d'identité. Les cartes touristiques sont à remettre au service d'immigration à la sortie du pays.

Conditions pour l'importation d'un véhicule – *Voir Comment se rendre au Mexique, ci-après.*

Douane – On peut introduire dans le pays des objets personnels, trois litres de boissons alcoolisées et 400 cigarettes ou 20 cigares (le porteur doit être majeur), ainsi que des cadeaux dont la valeur n'excède pas USD$300. **Sont interdits** les drogues illégales, tous biens ou articles périssables, tous types de plantes. Pour le règlement relatif aux armes à feu et à l'exportation d'antiquités, se renseigner auprès de l'ambassade ou du consulat du Mexique. Les **pièces archéologiques** ne peuvent pas sortir du pays.

Assurance médicale – Avant de partir, vérifier si son assurance couvre les urgences, les frais médicaux, les médicaments et l'hospitalisation pendant le voyage. Tout **médicament prescrit** doit obligatoirement figurer sur une ordonnance médicale, dont on doit avoir copie sur soi. Certaines compagnies d'assurances, par exemple celles des cartes de crédit, proposent des formules d'assistance pour les voyageurs (Europe Assistance pour Visa, Global Assistance pour American Express...).

À SAVOIR

Devises, cartes de crédit et chèques de voyage – *Voir Informations générales ci-après.* L'unité monétaire du Mexique est le **peso**, en pièces et en billets.

Les principales banques mexicaines sont **Banamex** et **Bancomer**. Elles ont des distributeurs automatiques de billets (DAB) partout dans le pays, connectés au système Cirrus y Plus. Les **bureaux de change** acceptent toutes les devises *(9 h-16 h 30)*. Les principaux établissements commerciaux, restaurants et hôtels acceptent les cartes de crédit internationales (American Express, Diners Club, Mastercard/Eurocard et Visa). Les chèques de voyage sont acceptés dans la plupart des établissements. Certains hôtels acceptent de les échanger contre des espèces. Se renseigner au préalable auprès de l'établissement.

Ambassades et consulats – On trouve les ambassades et tous les consulats à Mexico. Certains consulats sont établis dans plusieurs États de la République. Pour en connaître les adresses et numéros de téléphone, se reporter aux pages jaunes de l'annuaire téléphonique.

Appareils électriques – La distribution électrique du pays suit les normes américaines : 110 Volts alternatif, fréquence 60 Hz. Certains appareils électriques étrangers nécessitent un adaptateur (fiches plates).

Poste – La poste fonctionne de manière satisfaisante. Les bureaux sont ouverts de 9 h à 19 h. Envois à l'étranger par transport terrestre : $1 pour une carte postale de 10 g, et $2,30 pour un courrier de 20 g. Courrier international par avion : $3-4. Courrier international de plus de 20 g par transport terrestre : $3,40, par avion : $3-5. On peut aussi se faire expédier du courrier en s'inscrivant poste restante *(Lista de Correos)*. Pour plus d'informations, consulter directement la poste dans chaque État, ou l'Oficina Central de Servicio Postal Mexicano à Mexico ☎ (5) 722-9500.

Des sociétés privées proposent des services d'expédition au Mexique et à l'étranger : UPS ☎ (5) 228/7900 / (01-800) 902-9200, Federal Express ☎ (5) 228-9904 / (01-800) 900-1100, DHL ☎ (5) 227-0299. Pour les numéros de téléphone, les adresses, et les renseignements sur les messageries, se reporter aux pages jaunes.

Poids et mesures – Au Mexique, on utilise le système métrique. Les distances et les limites de vitesse sont indiquées en kilomètres, et les températures se mesurent en degrés Celsius (centigrades).

Téléphones et télégrammes – *Voir p. 363*

Fuseaux horaires – *Voir p. 364*

Comment se rendre au Mexique

En avion – Des vols internationaux et nationaux desservent les aéroports des principales villes de la République. La taxe d'aéroport change fréquemment pour les aéroports nationaux et internationaux. Elle est incluse dans le prix du billet par l'agence de voyages ou la compagnie aérienne.

En bateau – Certaines croisières dans la mer des Caraïbes ou le long de la côte pacifique font escale dans les principaux ports du Mexique. **Cozumel** : Clipper, Cunard, Norwegian, Royal Caribbean, Celebrity, Princess, Carnival, Holland, Royal Olympics ; **Acapulco** : Princess, Holland, Seabourn, Royal, Carnival, Celebrity ; **Cancún** : Norwegian ; **Mazatlán, Puerto Vallarta et Cabo San Lucas** : Carnival. Pour plus de renseignements, contacter directement les compagnies de navigation.

En autocar – La **frontière Nord** du Mexique jouxte la frontière des États-Unis. La ligne d'autobus **Greyhound** dessert toutes les villes de la frontière (Tijuana, Mexicali, Ciudad Juárez, Nogales, Nuevo Laredo, Reynosa, Matamoros). Pour plus de renseignements, appeler la compagnie Greyhound du Mexique, dans les gares routières ou au ☎ (5) 592-3766 / 546-8759. Pour circuler à l'intérieur du pays, emprunter les autocars des lignes mexicaines *(Voir Se déplacer au Mexique, ci-après)*. Certaines comme ADO traversent directement la frontière à partir des villes frontalières, pour rejoindre Brownsville et McAllen au Texas. **Informations et réservations** : ADO, Terminal Norte (Mexico) ☎ (5) 567-1577.

Sur la **frontière Sud**, les lignes d'autobus de San Juan et Mundo Maya franchissent la frontière du Guatemala. La ligne d'autobus Batty Brothers traverse la frontière du Belize. Pour plus d'**informations et les réservations**, contacter directement la gare routière de Chetumal (Yucatán), Grupo ADO ☎ (983) 251-10.

En train – Au Nord, la ville de Nuevo Laredo est reliée aux villes frontalières des États-Unis. Au Sud, Tapachula est reliée au Guatemala. Si l'on souhaite poursuivre son voyage en train sur le territoire mexicain, on doit acheter un billet dans une des gares du Mexique. Consulter les pages jaunes, contacter les offices de tourisme ou se renseigner à la gare de Buenavista à Mexico ☎ (5) 547-1097 / 547-1084.

En voiture – *Voir Se déplacer au Mexique, ci-après.* La **Asociación Mexicana Automovilística** (AMA), à l'angle d'Orizaba 7 et de l'avenue Chapultepec, Col. Roma, México, D.F. C.P. 07000 ☎ (5) 208-8329, propose des brochures, des conseils pratiques pour le voyage, des cartes et des services d'assistance routière ☎ (5) 588-7055 / (01-800) 010-71.

Asociación Automovilística ☎ (5) 527-5160 et 3808, s'occupe des démarches auprès des services gouvernementaux, des permis et licences pour les membres de l'association automobile américaine (AAA) et l'association automobile canadienne (CAA).

Conditions d'importation d'un véhicule – Les personnes qui souhaitent entrer au Mexique en automobile pour une distance de plus de 24 km doivent demander une autorisation temporaire d'importation de véhicule (formulaires disponibles dans les bureaux AAA, CAA ou FIA). Présenter obligatoirement une pièce d'identité, un permis de conduire en cours de validité, les papiers du véhicule et la carte grise. Pour tous ces documents, qui doivent être au nom du conducteur, on doit présenter l'original plus une copie.

On doit acquitter USD$15 pour les droits de licence d'importation du véhicule, uniquement par carte de crédit internationale (VISA, Mastercard, American Express, Diner's Club). A la sortie du Mexique, on remet aux autorités douanières tous les documents correspondants à l'autorisation temporaire d'importation du véhicule. En **Basse-Californie**, aucun permis d'entrée n'est requis pour un véhicule particulier, sauf si celui-ci est transporté ensuite par bateau vers un autre territoire mexicain.

Assurance automobile – L'assurance automobile mexicaine est obligatoire. On peut souscrire une police auprès de n'importe quelle compagnie mexicaine d'assurances à l'arrivée dans le pays. Les assurances des États-Unis, d'Amérique centrale et d'Amérique du Sud ne sont pas valables au Mexique. Les bureaux de l'AAA peuvent aider les visiteurs à obtenir une assurance avant le départ des États-Unis, ou bien ils peuvent contacter Sanborns, P.O. Box 310, McAllen, Texas 78505 ☎ (956) 686-3601. Les automobilistes canadiens doivent se renseigner auprès de leur bureau CAA local avant de partir.

Se déplacer au Mexique

En avion – Au Mexique, plusieurs compagnies aériennes desservent les villes principales. Elles présentent toutes l'avantage de proposer escales et correspondances avec les lignes aériennes nationales et internationales.

Certaines lignes aériennes proposent des forfaits ou des prix spéciaux. Pour plus de renseignements, contacter une agence de voyages. *Réserver à l'avance pour la haute saison : Semaine sainte, juin-juillet-août et décembre.*

Compagnies aériennes	Principaux vols intérieurs au départ de Mexico ☎ Réservations
Aeroméxico	Acapulco, Campeche, Cancún, Chihuahua, Durango, León, Mazatlán, Monterrey, Veracruz. ☎ (5) 133-4010 / (01-800) 021-4010
Mexicana	Acapulco, Cancún, Cozumel, Durango, Guadalajara, Huatulco ☎ (5) 448-0990 / (01-800) 502-2000
Aeromorelos	Huatulco, Oaxaca et Puerto Escondido ☎ (73) 175-582
AeroCalifornia	Ciudad Juárez, Colima, Guadalajara, Los Cabos, Manzanillo, Mazatlán, Monterrey, San Luis Potosí, Tijuana ☎ (5) 207-1392
Aerolíneas Internacionales	Aguascalientes, Culiacán, Guadalajara (depuis Cuernavaca), Hermosillo, Monterrey et Tijuana ☎ (5) 543- 1223 / (01-800) 004-1700
Taesa	Acapulco, Aguascalientes, Cancún, Ciudad Juárez, Culiacán, Hermosillo, León, Monterrey, Morelia ☎ (5) 227-0700 / (01-800) 904-63

En train – Le Mexique dispose d'un réseau de 25 000 km de voies ferrées qui couvre presque tout le pays. Pour toute réservation ou information sur les horaires, les itinéraires et les tarifs, contacter directement la **gare centrale de Buenavista**, Insurgentes Norte, Mexico D.F., C.P. 06358, Col Buenavista ☎ (5) 547-1084. Les services les plus importants sont Ferrocarril Chihuahua-Pacífico ☎ (14) 157-756 ; Los Mochis ☎ (68) 120-853 ; Guadalajara ☎ (3) 650-0570 ; Veracruz ☎ (29) 322-570 ; Mérida ☎ (99)

235-944. Il n'est pas nécessaire de réserver pour voyager en **segunda clase** (avec toilettes). Les trains circulent tous les jours à partir de 6 h. Les prix varient suivant la destination et le type de service souhaité, par ex. : Mexico-Guadalajara (612 km), $128 en **primera preferente** ; $427 en **salon-cabine** (camarote) ou **chambre** (camerín) pour 2 personnes ; $1 005 pour un compartiment pour 4 personnes. *De manière générale, les trains ne sont pas conçus pour le tourisme. Pour le confort et la sécurité, on recommandera plutôt de voyager en autocar.*

En autocar – Chaque État de la République a des lignes d'autocars proposant des prix raisonnables, un service rapide et de qualité. C'est le mode de transport le plus employé au Mexique. Plusieurs lignes offrent la catégorie **Primera Plus** ou **Primera de Lujo** (première luxe) avec climatisation, service de boissons, sanitaires, TV/vidéo, steward et sièges inclinables ; **Ejecutivo** (classe affaires) ou Primera Clase, avec climatisation, sanitaires, TV/vidéo et sièges inclinables ; **Pullman** : climatisation et sanitaires ; **Clase Económica** (seconde classe) : certains sont pourvus de la climatisation et de sanitaires.

Suivant la destination, on propose des services de première ou de seconde classes. Pour plus de renseignements, contacter les gares routières.

Lignes	Quelques destinations au départ de Mexico / ☎ Réservations
ADO	Chiapas, Jalapa, Pachuca, Palenque, Poza Rica, Puebla, Oaxaca, Mérida, Tampico, Veracruz, Villahermosa ☎ 133-2424 (01-800) 702-80
AU	Chiapas, Oaxaca, Tabasco, Veracruz ☎ (5) 133-1100
ETN	Aguascalientes, Celaya, Colima, Guadalajara, Guanajuato, Irapuato, Manzanillo, Puerto Vallarta, Querétaro ☎ (5) 567-9466
Estrella de Oro	Acapulco, Cuernavaca, Taxco et Zihuatanejo ☎ (5) 549-8520/29
UNO	Cancún, Córdoba, Oaxaca, Puebla, Tampico, Tapachula, Veracruz, Villahermosa, Xalapa ☎ (5) 522-1111 (01-800) 702-80
Estrella Blanca	Ciudad Juárez, Hermosillo, Manzanillo, Matamoros, Monterrey, Nogales, Nuevo Laredo, Saltillo, Tampico, Tijuana ☎ (5) 729-0707

En taxi – Chaque ville a sa flotte de taxis, de couleur différente. Les aéroports et les gares routières et ferroviaires ont leurs centrales de taxis. Les hôtels de grand tourisme quatre et cinq étoiles disposent d'un service de taxis touristiques pour la ville et les sites les plus proches. Les tarifs varient en fonction de la catégorie de l'hôtel et de la destination. On peut les contacter par l'intermédiaire de l'hôtel, ou bien s'adresser directement au conducteur.

En voiture – Des routes modernes, sûres et bien entretenues sillonnent le pays en reliant les villes principales. Avant de prendre la route, vérifier l'état de son véhicule, emporter l'outillage de base et attacher les ceintures de sécurité.

Des patrouilles d'assistance veillent sur les routes, avec un service bilingue anglais et espagnol : Ángeles Verdes, Presidente Masaryk, N° 172, Col. Chapultepec, México, D.F., C.P. 11570 ☎ (5) 250-8221 (centre de localisation par radio). Avec l'aide de Sectur, on peut obtenir les services des *Ángeles Verdes* dans tout le pays. ☎ (01-800) 903-92 *(de 8 h à 20 h)*. Ils assurent l'assistance mécanique, le remplacement des pneus, les premiers secours, l'information touristique et la protection. Le service est gratuit, le conducteur devant uniquement rembourser les frais d'essence et de réparation. Certaines routes principales disposent de bornes d'appel d'urgence, reconnaissables à leur logo, un téléphone jaune, et au sigle S.O.S.

© Edward Thomas

On trouve du carburant (payable en espèces) dans n'importe quelle station PEMEX, en ville comme sur les routes. Le prix au litre varie suivant la nature du carburant, par exemple Magna Sin (sans plomb, pompes de couleur verte) ou la Premium de qualité supérieure (modèles récents équipés de pots catalytiques ; pompes de couleur rouge). La plupart des stations sont ouvertes de 6 h à 22 h. Il est de coutume de laisser un pourboire de $1 ou $2 au pompiste.

Location de voitures – Le conducteur doit avoir plus de 25 ans, présenter un permis de conduire en cours de validité, un passeport et une carte de crédit internationale (les espèces ne sont pas acceptées). Les tarifs sont établis au jour, à la semaine, avec kilométrage illimité, suivant le modèle du véhicule. Si l'on rend la voiture à un endroit différent de celui où on l'a prise, on doit acquitter un supplément *(drop-off)*. Le contrat d'assurance est obligatoire. En cas d'accident ou de vol, spécifier le type de couverture de l'assurance, totale ou partielle (l'agence de location couvre 90% et le conducteur 10%). Pour plus de renseignements sur les agences, consulter les pages jaunes. Réserver avant de partir.

Avis .... ☏ (5) 762-3262, 3688 (01-800) 707-77
Budget .... ☏ (5) 566-6800 (01-800) 700-1700
Fresno .... ☏ (5) 588-3819 / 7628-572
Hertz .... ☏ (5) 592-6082
National .... ☏ (5) 575-2279 / 762-8426/ (01-800) 003-95

Code de la route et assurance – Au Mexique on conduit à droite, et les dépassements se font uniquement à gauche. Les limites de vitesse sont indiquées sur toutes les routes en km/h. La vitesse maximale autorisée est de 50 km/h en zone urbaine ; sur la route, 100 km/h le jour et 90 km/h la nuit. Attention, ralentir pour la traversée des voies ferrées. Il est interdit de se garer en double file, sur le trottoir ou devant une entrée de véhicule. Éviter de stationner dans la rue, opter plutôt pour les parcs de stationnement *($5-$12 l'heure)*. L'**assurance automobile** *(Voir p. 358)* et la **ceinture de sécurité** sont obligatoires.

En cas d'accident – En cas d'incident mineur ou de simples dommages matériels, contacter l'agent d'assurances. S'il s'agit d'une voiture de location, appeler l'agence de location. Si l'accident est sans gravité, ou en cas de panne mécanique, appelez les *Ángeles Verdes (voir plus haut)* ou demander assistance aux autres automobilistes ; garer le véhicule sur un côté de la chaussée et signaler sa présence. Le conducteur impliqué dans un accident grave est détenu jusqu'à l'arrivée de l'autorité compétente ; dans ce cas, il est recommandé de se mettre en contact avec son ambassade.

Où loger ?

Au Mexique, on trouve de grandes chaînes hôtelières, des centres de thermalisme et de remise en forme, des villages de vacances, et aussi des campings. Le prix des chambres ou les forfaits dépendent de la saison, haute ou basse, et de la politique de l'établissement. On doit ajouter au prix 15 % de TVA *(IVA)*, plus un pourcentage supplémentaire pour la taxe d'hébergement (2 %, pour l'État). Pour le téléphone, noter que les communications internationales sont majorées d'une taxe de 10 à 15 %. Les réservations ne se font que par carte de crédit. Toute annulation doit être signalée 48 h à l'avance pour éviter des frais ; passé ce délai, la première nuit est facturée. En l'absence de carte de crédit, l'hôtel réserve la chambre pour une durée limitée, à sa convenance. On règle à l'arrivée. Les heures d'arrivée et de départ sont fixées par l'hôtel.

Service de réservations – Pour réserver son hébergement à partir de l'étranger, appeler **Sectur** *(voir Avant de partir)* ☏ (5) 255-1006 ou (5) 255-3112 *(24 h/24 - À partir de la France, composer d'abord le 00 52)*. A partir des États-Unis et du Canada ☏ (800) 492-9832. **Turismo Sendetur**, Av. Hospital Benito Juárez, Col. Magdalena de las Salinas C.P. 07760 ☏ (5) 328-2474 propose un service de réservation d'hôtels au niveau national, avec des bureaux d'information et de réservation à Mexico, aux Central de Autobuses del Norte ☏ (5) 368-5775 et Central Sur ☏ (5) 549-6378. *Il est recommandé de réserver à l'avance pour la haute saison : Semaine sainte, juin-juillet-août et décembre.*

Hôtels – **Gran Turismo (de luxe)** : *chambres doubles $850 à $2000 la nuit*. Restaurants et bars privés internationaux, discothèques, salles de banquets et de conférences, équipements de loisirs, centre commercial, personnel bilingue, autres services (aménagements pour handicapés, garderie, poste, agence de voyages, salle de jeux et aire de jeux pour enfants, médecin), installations sportives, taxis, service d'étage, service hôtelier 24 h/24 h. **Primera Clase** : *chambres doubles $450-890 la nuit*. Restaurants-cafétérias et bars, équipements de loisirs, boutiques, personnel bilingue, services divers (installations pour handicapés, garderie, laverie, aire de jeux, agence de voyages, réservations, médecin), installations sportives, service d'étage, service hôtelier de 16 h ou 24 h/24 h suivant l'hôtel. **Comerciales et Económicos** : *chambres doubles $100-500 la nuit.* Restaurants-cafétérias, personnel bilingue (parfois), service médical, réservations, coffre-fort, poste, service d'étage.

En règle générale, les hôtels grand tourisme sont situés à proximité ou à l'intérieur des centres touristiques très fréquentés (plages, centres des villes) ; les établissements de première classe sont éloignés des sites touristiques ; et les hôtels économiques sont à l'extérieur des villes.

Chaînes principales	☎ Réservations / Informations
Camino Real	(5) 203-2121 / (01-800) 901-23
Club Med	(5) 203-3086 / (01-800) 901-70
Fiesta Inn ou Americana	(5) 326-6900 / (01-800) 504-50
Holiday Inn	(5) 627-0299 / (01-800) 009-99
Hyatt	(5) 626-7870 / (01-800) 005-00
Krystal	(5) 605-9695 / (01-800) 903-33
Marriott	(5) 207-1016 / (01-800) 900-88
Sheraton	(5) 207-3933 / (01-800) 903-2500
Westin	(5) 230-1777 / 227-0555 / (01-800) 902-23

Motels – On en trouve dans tous les États de la République, en général en bord de route ou à la sortie des villes. Ceux de première classe acceptent les cartes de crédit et les réservations, mais de manière générale, les motels ne prennent que les paiements en espèces. Le prix d'une chambre en classe économique avec climatisation est de $200 à $400.

Hôtels coloniaux et haciendas – Certains bâtiments historiques comme les haciendas, les couvents, les maisons coloniales et les anciens édifices administratifs ont été transformés en hôtels. Le service offert et le prix dépendent de la catégorie *($600-1200)*. En majorité du 19e s., les bâtiments sont équipés de mobilier en bois massif sculpté. Certains ont encore leurs peintures d'origine sur les murs et les plafonds et de ravissants jardins exubérants. Il est recommandé de réserver, car certains de ces hôtels n'ont qu'un petit nombre de chambres.

État	Hôtel	☎ Réservations
Ciudad de México	**Hotel de Cortés** *(p. 76)*	(5) 518-2181/85
Guadalajara	**El Francés**	(3) 613-1190
Guanajuato	**Museo Posada Santa Fe**	(473) 2-0084
Monterrey	**Radisson Plaza Gran Hotel Ancira** *(p. 197)*	(8) 345-7575
Morelia	**Virrey de Mendoza**	(43) 124-940
	Hotel Villa Montana	(43) 140-231
Querétaro	**Mesón de santa Rosa**	(42) 242-623
		(42) 242-781
Oaxaca	**Ancien couvent de Santa Catalina de la Siena** *(p. 252)*	(951) 606-11
San Miguel de Allende	**Casa de Sierra Nevada**	(415) 204-15
Taxco	**Monte Taxco** *(p. 271)*	(762) 213-00
	Hacienda del Solar	(762) 205-87
	Hotel Posada la Misión	(762) 205-33
Yucatán	**Hotel Hacienda Chichén**	(99) 242-150
Zacatecas	**Quinta Real Zacatecas** *(p. 211)*	(492) 291-04
	Mesón de Jobito *(p. 209)*	(492) 417-22

Centres de remise en forme et de thermalisme – Certaines chaînes d'hôtels proposent des programmes de remise en forme. Tous les clients y ont alors accès sans coût supplémentaire. Les soins de beauté (massages, régime spécial et soins du visage) sont facturés sur la note de la chambre. Les hôtels assurant ces services sont dans la catégorie grand tourisme *(chambre double avec climatisation, $1300-2500)*. Réservations avec carte de crédit. Annulations 24 heures à l'avance sans frais.

On trouve des centres exclusivement réservés à ce type de services, dont certains sont équipés d'installations sportives et offrent des forfaits de remise en forme : amincissement, relaxation, etc. Par exemple, Misión del Sol, Cuernavaca ☎ (73) 210-999 ; Ixtapán de la Sal, Toluca ☎ (5) 264-2613 ; et Avándaro, Valle de Bravo ☎ (726) 603-66. Pour plus de renseignements, contacter Sectur *(p. 354)* ou son agence de voyages.

Centres de vacances – Les meilleurs centres proposent des services et des installations relevant de la catégorie grand tourisme (salles de jeux, centres de conférence, chambres de luxe, activités de loisirs, location d'équipements nautiques, agence de pêche, loca-

© Robert Frerck/Odyssey

tion de voiliers, plongée avec masque et tuba ou avec bouteille, jet-ski, discothèques, et parfois jacuzzi, sauna, hammam et gymnase). *Chambre double : $2500-3200*. Les chaînes d'hôtels comme Sheraton ou Presidente disposent de plusieurs complexes hôteliers sur les grandes plages. Les réservations se font exclusivement par carte de crédit ; toute annulation doit avoir lieu 48 heures à l'avance.

Villas et appartements – Les familles ou groupes peuvent louer des cabanes, des bungalows ou des appartements, soit en individuel, soit dans un grand ensemble *(condominio)*, avec salle de bains, kitchenette, salon, chambres, salle à manger, télévision (certains ont le câble ou une antenne parabolique) et, parfois, téléphone et climatisation. Il faut réserver un mois ou deux à l'avance ; seule la carte de crédit est acceptée. Les annulations se font 72 h à l'avance, sans frais. Les prix dépendent de la saison : pour un appartement en *condominio* avec trois chambres, en haute saison, $1200-2000 par jour. Pour une villa avec trois chambres : $2500-4500 par jour. Pour un bungalow de deux chambres avec climatisation, $250-400 par nuit. Pour plus de renseignements, contacter son agence de voyages ou **Sectur** *(p. 354)*. Depuis les États-Unis : Condo & Villa Authority 305N. Pontiac Trail, Walled Lake MI 48390 ☎ (248) 669-7500 ou Villas of Mexico, P.O. Box 3730, Chico CA, 95927 ☎ (800) 456-3133.

Auberges de jeunesse – L'association Causa Joven Red de Turismo Juvenil, Serapio Rendón N° 76, Col. SanRafael, México, D.F., C.P. 06470 *www.causajoven.gob.mx* ☎ (5) 705-6072 et (01-800) 600-92, fournit à toute personne de 12 à 29 ans, résidente ou étrangère, la carte Causa Joven *($28,75)* qui permet d'obtenir des tarifs spéciaux d'hébergement dans les auberges de jeunesse, *villas juveniles*, hôtels et campings, ainsi que pour d'autres services. La chambre double dans les auberges ou *villas* est de USD$10 par personne. Il n'est pas nécessaire de posséder la carte pour s'y loger, mais on n'obtiendra pas de réduction. Il est recommandé de se renseigner sur les auberges de jeunesse, au nombre de 5 000 dans tout le pays. **Causa Joven** appartient à la Fédération internationale des Auberges de Jeunesse (FIAJ).

Camping et parcs de camping-cars – Certains campings et parcs de camping-cars proposent eau potable, raccordement à l'égout, stationnement, points d'eau et laverie ; certains offrent d'autres services, avec supplément. Certains acceptent les cartes de crédit internationales. Il est recommandé de réserver, surtout en haute saison et pour les mois de décembre et janvier. On trouve dans certains **campings** des hébergements pour deux personnes *($70-200 par personne)*. D'autres offrent seulement des emplacements de camping. Les États et les régions de Quintana-Roo, Ixtapa-Zihuatanejo, Jalisco, Loreto, Durango, Guerrero, Morelos sont équipés de campings. Dans les parcs de camping-cars, l'emplacement coûte $30 à $50. Pour les campeurs, en tente ou en camping-car, compter $8 à 40$ par personne suivant l'État, le terrain et les services. Pour plus de renseignements, consulter directement **Sectur** *(p. 354)* ou **Causa Joven Red de Turismo Juvenil** *(voir plus haut)*.

Pour tout ce qui fait l'objet d'un texte dans ce guide (villes, sites, curiosités isolées, rubriques d'histoire ou de géographie, etc.), reportez-vous à l'index.

Informations générales

Heures d'ouverture – Les commerces et les boutiques ouvrent du lundi au samedi de 9 h à 20 h 30, les restaurants et les cafétérias de 9 h à 22 h. Les horaires des administrations sont du lundi au vendredi de 8 h 30 à 19 h, sauf les jours fériés. Les démarches administratives se font entre 8 h 30 et 14 h. Les heures de travail varient en fonction des États ou des régions du pays. Dans certaines villes, les commerces ferment entre 12 h et 14 h.

Cartes bancaires – *Voir p. 356.* Au Mexique, magasins, hôtels, compagnies d'assurances, agences de location de voitures, compagnies aériennes et restaurants acceptent les cartes internationales (MasterCard/EuroCard, Visa ou American Express). Certains établissements préfèrent les cartes au paiement en espèces. Avec une carte Visa ou Mastercard, Bancomer et Banamex proposent des distributeurs automatiques d'argent liquide dans toute la République, reliés au réseau Visa International. Ne pas oublier son code confidentiel.

Pour d'autres services, par exemple signaler la perte ou le vol d'une carte bancaire ou d'un chèque de voyage : Diners Club ☎ (01-800) 500-30 ; American Express ☎ (01-800) 005-55.

Téléphones et télégrammes – **Urgences** : 060. Appel local $0,50 la minute. **Opératrice pour un appel national** : 020. **Opératrice pour l'international** : 090. **Numéro direct pour le Mexique** : 01 + indicatif de la région + numéro. **Appel direct pour l'international** : 00 + indicatif du pays + numéro. (ex : France : 00 33 +numéro à 9 chiffres, sans le premier 0). Pour connaître l'indicatif d'une région mexicaine, consulter les pages jaunes de l'annuaire. Les communications internationales sont majorées d'une taxe de 15%. Les **téléphones publics** fonctionnent avec une **carte téléphonique Ladatel** *($30 ou $50)* qu'on achète dans les pharmacies, supermarchés, stations de métro, restaurants, cafétérias, magasins et aéroports, entre autres. Dans certains établissements, les téléphones fonctionnent avec des pièces *($1 et 2)*. Les numéros de téléphones précédés de **(01-800)** sont gratuits, et ne fonctionnent que sur le territoire mexicain. On peut envoyer des **télégrammes** des bureaux Telecom (lundi au vendredi 8 h à 16 h 45, samedi et dimanche 9 h à 21 h). Les télégrammes au Mexique peuvent aussi être envoyés par téléphone ☎ (5) 709-8500 (lundi au vendredi, 8 h à 21 h) $1,15 le mot ; les **télégrammes internationaux** ☎ (5) 709-8625 (lundi au vendredi, 9 h à 13 h) $1,20 le mot. On peut recevoir des virements au Mexique par Western Union, par l'intermédiaire des boutiques Elektra ☎ (5) 447-3001 / (01-800) 505-57, présentes dans tout le pays.

Législation sur la consommation d'alcool – L'âge légal pour consommer de l'alcool est 18 ans. Tous les types de boissons alcoolisées se vendent dans les magasins self-service et les *vinaterias*. Une loi d'interdiction de vente appelée « ley seca » s'applique pendant les fêtes nationales (notamment élections, fête du travail, 16 septembre), soit toute la journée, soit pendant quelques heures. Conduire en état d'ébriété est interdit.

Taxes et pourboires – Au Mexique, la **taxe à la valeur ajoutée** *(IVA)* appliquée aux biens et services est de 15 % dans toutes les régions, sauf à Cancún, Isla Mujeres et Cozumel, où elle est de 10 %. Dans l'ensemble du pays, la taxe d'hébergement est de 17% (15 % d'*IVA* + 2% pour l'État, *voir Où loger ?*). En général, les prix comprennent *l'IVA*, mais certains établissements la calculent à part, donc il vaut mieux se faire préciser si le prix du bien ou du service comprend bien *l'IVA*. Les pourboires varient suivant l'endroit ; dans les hôtels de luxe, le pourboire des garçons d'étage et des femmes de chambre est de 15 à 20%. Dans les restaurants, il est de 15% de la note. On acquitte une taxe de 10 à 15% sur les appels téléphoniques internationaux

Jours fériés et fêtes nationales – Les banques, les administrations, les écoles et certains établissements ferment pour les fêtes officielles.

Nouvel An	1er janvier
Anniversaire de la Constitution de 1917	5 février
Fête du drapeau	24 février
Anniversaire de la naissance de Benito Juárez	21 mars
Semaine sainte (jeudi et vendredi)	mars-avril
Journée mondiale du travail	1er mai
Bataille de Puebla	5 mai
Fête de l'Indépendance	16 septembre
Toussaint et Rapport présidentiel	1er novembre
Jour des Morts	2 novembre
Fête de la Révolution	20 novembre
Noël	25 décembre

Brigitta L. House

Achats – *Voir Artisanat et gastronomie, pour des informations sur l'artisanat par État et par région.* Dans chaque région, les habitants produisent des objets d'artisanat. Des Indiens de villages éloignés viennent en ville un jour ou deux par semaine pour vendre leurs produits. On peut acheter ces articles directement sur les marchés ou *tianguis (voir Traditions).* On les trouve aussi dans les grandes villes, dans les boutiques des hôtels, des aéroports et des centres commerciaux, ou dans les magasins Fonatur. Les marchandises proposées par les **vendeurs ambulants** ne sont pas de bonne qualité, surtout les bijoux. Si on achète des objets en verre taillé ou soufflé, demander s'ils peuvent contenir du liquide, car certains perdent leur couleur ou ne sont pas étanches.

Langue – La langue officielle est **l'espagnol**. Mais il n'est pas rare de rencontrer des personnes bilingues, parlant aussi l'anglais, le français ou l'italien. Si on ne parle pas espagnol, il convient d'emporter un dictionnaire avec les phrases ou les mots de base.

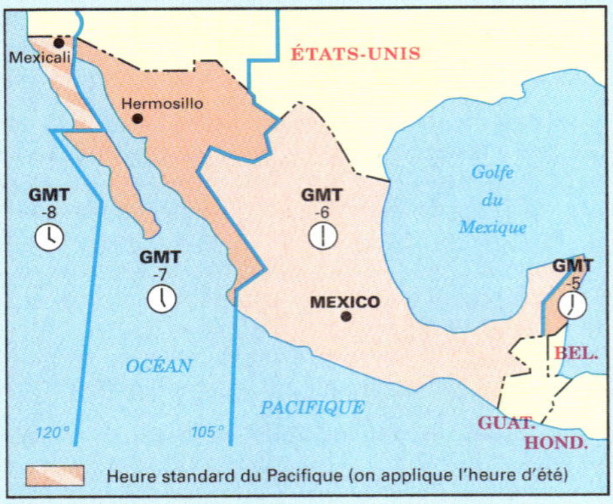

Fuseaux horaires – Au Mexique, il y a **quatre fuseaux horaires** : Basse-Californie (Nord - aligné sur la Californie aux USA ; méridien 120° ; 2 heures de moins en hiver et 1 heure de moins en été qu'au centre du Mexique ; heure d'été du premier dimanche d'avril au dernier dimanche d'octobre : il faut avancer sa montre d'une heure) ; Basse-Californie du Sud, Chihuahua, Nayarit, Sinaloa et Sonora (méridien 105° : 1 heure de moins qu'au centre du Mexique) ; centre du Mexique (méridien 90°) ; Quintana Roo (méridien 75° : 1 heure de plus qu'au centre du Mexique).

Nature et sécurité personnelle

Quel que soit son itinéraire, on doit tenir compte des mises en garde diffusées sur les lieux visités. En cas d'urgence, prendre contact avec le Centre national de Communications de la Direction générale de Protection Civile (CENACOM) ☎ (01-800) 004-13. Consulter les pages jaunes de chaque région pour connaître les numéros des services de protection civile dans chaque État. En voici quelques-uns : **Mexico** ☎ (5) 550-1485 / 683-1142 ; **Basse-Californie (Nord)** ☎ (65) 554-996 ; **Basse-Californie Sud** ☎ (112) 111-67 ; **Guerrero** ☎ (747) 270-42 ; **Nayarit** ☎ (321) 316-07 ; **Jalisco** ☎ (3) 675-3060 ; **Oaxaca** ☎ (951) 470-41 ; **Chiapas** ☎ (961) 379-70 ; **Veracruz** ☎ (281) 176-312 / (01-800) 260-13 ; **Yucatán** ☎ (99) 234-597.

Cyclones – Les cyclones sont très fréquents sur les côtes de l'Atlantique, le golfe du Mexique et le Yucatán pendant une période allant à peu près de juin à septembre. Sur les côtes du Pacifique, de forts orages tropicaux s'abattent au mois de mai. En général, ils n'occasionnent pas de dégâts, mais il est recommandé de suivre les mesures de sécurité. Pendant un cyclone ou une alerte, il est interdit de naviguer ou de se baigner, en mer comme dans les piscines. Suivre les recommandations suivantes :

- Avoir toujours à portée de main une lampe de poche, une radio et des piles de rechange
- Rester à l'écoute des messages diffusés par les autorités à la radio
- Rester chez soi à l'hôtel, ou de préférence dans les refuges
- Se munir de flotteurs, par exemple chambres à air ou bouées de sauvetage, d'une trousse de premiers secours, d'aliments en conserve et de bouteilles d'eau potable
- Ne pas tenter de traverser une rivière en crue ou un lac

Éruptions volcaniques – Certains volcans sont toujours en activité au Mexique, notamment le Popocatépetl, situé sur les États de Puebla, México et Morelos. Il faut se montrer particulièrement prudent pendant les pluies de cendres :

- Fermer les portes et les fenêtres
- Disposer des serviettes humides sur les seuils des portes
- Avoir sous la main un masque ou un linge humide, une trousse de premiers secours, des aliments en conserve et des bouteilles d'eau potable (un litre par personne et par jour minimum)
- Se munir de bougies, lanternes ou lampes de poche avec des piles de rechange
- Prévoir des couvertures et des produits de nettoyage
- Emporter une radio avec ses piles de rechange

Tremblements de terre – La ville de Mexico, comme les côtes du Oaxaca et du Guerrero, est sujette aux tremblements de terre. Si un séisme se déclare, rester à l'écoute des alertes d'urgence émises sur toutes les stations de radio. Lorsqu'on se trouve dans un immeuble, suivre les recommandations suivantes :

- Garder son calme
- Éliminer toute source potentielle d'incendie
- S'éloigner des fenêtres et de toute pièce lourde pouvant tomber
- Ne pas utiliser les ascenseurs
- Repérer les parcours d'évacuation
- Rejoindre les zones de sécurité
- Se munir d'une trousse de premiers secours, d'aliments en conserve et de bouteilles d'eau potable
- Emporter une radio avec ses piles de rechange

Sécurité sur les plages – Les visiteurs ont souvent à souffrir de brûlures liées à l'exposition prolongée au rayonnement solaire sans protection solaire ou écran total. Porter lunettes de soleil, chapeau ou casquette, et emporter toujours une quantité suffisante d'eau minérale. Éviter de s'exposer au soleil en milieu de journée, moment où le rayonnement ultraviolet est le plus intense.

© Robert Holmes

Respecter les indications de sécurité concernant la baignade et la navigation, ainsi que les bouées limitant les zones protégées pour la baignade. Tenir compte du drapeau rouge signalant les zones interdites et très dangereuses. Surveiller les enfants, ne jamais les laisser seuls. En cas d'accident, avertir immédiatement le maître-nageur ou la réception de l'hôtel. Ceux qui voyagent en bateau doivent éviter de naviguer seuls. Toujours emporter des gilets de sauvetage, de l'eau potable, une trousse de premiers secours et aussi des feux de détresse. En cas d'orage tropical, des signaux interdisent la navigation et/ou la baignade. Sur certaines plages, les méduses peuvent provoquer des brûlures ; se méfier également des oursins, des murènes et des requins. Pour la plongée, se faire accompagner par quelqu'un qui connaît bien la région.

Tourisme d'aventure et tourisme vert

Le Mexique possède aujourd'hui plus de 8 millions d'hectares en réserves écologiques, dont 70 zones se divisant en 24 **réserves de la biosphère**, 44 **parcs nationaux**, les **zones protégées** pour la flore et la faune et les **parcs marins**.
Le Mexique offre d'innombrables possibilités d'activités, qui constituent autant d'expériences remarquables pour établir un contact direct avec la nature et la culture de la terre mexicaine.
Les **tarifs des activités** dépendent de chaque organisme et du lieu concerné. Tous les prix s'entendent par personne (inclure la TVA, ou IVA). Un nombre minimum de personnes est parfois requis pour organiser une activité.
Pour plus de renseignements sur les agences organisatrices, contacter la **Asociación Mexicana de Turismo de Aventura y Ecoturimo (AMTAVE)**, Av. Insurgentes Sur, N° 1971-251, Col. Guadalupe Inn, C.P. 01020. ☎ (5) 661-9121.

TOURISME D'AVENTURE

Excursions, randonnées et cyclotourisme

Al Aire Libre Expediciones	Boulevard Interlomas, N° 5, Centro Comercial L-2122, Col. Lomas Anáhuac, C.P. 52760, État de Mexico ☎ (5) 291-9217 *Randonnées dans Jalcomulco, Veracruz*
Amigos de Sian Ka'an	Apartado Postal no . 770, Cancún, C.P. 77500, Q. Roo ☎ (98) 849-583 *Excursions dans les différents habitats de la réserve de la biosphère de Sian-Ka'an*
A.T.C. Touroperadores	Av. 16 de Septiembre 16, C.P. 29200, San Cristóbal de las Casas, Chiapas. ☎ (967) 825-50 *Excursions dans le parc écologique Yumka' (Tabasco) et les sites archéologiques Yaxchilán et Bonampak, dans la forêt des Indiens Lacandons (Chiapas)*
Bike Mex	Guerrero, no. 361, Centro, C.P. 48300, Pto. Vallarta, Jal. *www.vivamexico.com* ☎ (322) 316-80 *VTT dans la Baie de Banderas*
Biodiversidad Mexicana	Antonio Narro, N° 70, Col. Centro, Quinta Trinidad, C.P. 25000 , Saltillo, Coah. ☎ (84) 149-690 et 128-490 *Randonnées à pied et VTT à Cuatro Ciénegas*
Coscatl (Villa Calmecac)	Zacatecas, N°. 114, esq. Tanque, Col Buenavista, C.P. 62130, Cuernavaca, Mor *www.giga.com/~meliton.mx* ☎ (73) 132-146 *Randonnées à pied et VTT aux alentours de Morelos*
Ecocolors	Uxmal, N° 36, A-1, Super Manzana 2A, Cancún, C.P. 77500, Q. Roo *www.cancun.com.mx/ecocolors.* ☎ (98) 849-580 *Excursions dans la réserve de la biosphère de Sian-Ka'an, Yum Balam, Jardin Botanique, cenotes (puits naturels), sites archéologiques, grottes, rivières et sites coloniaux de toute la péninsule*
Eco-Discover Tours Huatulco	Paseo Benito Juárez, s/n, Plaza las Conchas L-6, Col. Bahía de Tangolunda, C.P. 70989, Bahías de Huatulco, Oax. ☎ (958) 706-78 *VTT dans les baies de Huatulco*

Ecogrupos	Centro Comercial Plaza Inn, Insurgentes Sur, N° 1971-271, Col. Guadalupe Inn, C.P. 01020, México, D.F. ☎ (5)661-9121 et Ignacio L. Vallarta, N° 243, Col. Emiliano Zapata, Pto. Vallarta, C.P. 48380, Jalisco ☎ (322) 266-06 *Excursion à Barrancas del Cobre (Chihuaha), dans la réserve écologique de Mazunte (Oaxaca), à Palenque, Yaxchilán, Bonampak, Agua Azul, Cañón del Sumidero, aux lacs de Montebello et la forêt des Lacandons (Chiapas), et Catemaco et Nanciyaga, dans les Tuxtlas (Veracruz)*
Ecoturismo Yucatán	Calle 3, N° 235, entre 32A y 34, Col. Pensiones, C.P. 97219, Mérida, Yuc. *www.imagenet.com.mx* ☎ (99) 252-187 et 202-772 *Excursions au cenote de Dzitnup, aux grottes de Balamkanché, à Celestún, aux sites archéologiques, et plus largement dans toute la péninsule et le Belize*
Iguana Expediciones	Tiburón, N° 1516, Costa de Oro, C.P. 94299, Boca del Río, Ver. ☎ (29) 211-550 *VTT au port de Veracruz. Randonnée archéologique à Cotlamani et au site archéologique d'El Zapotal ; bains de vapeur aux plantes (temascal) à Dos Bocas (Veracruz)*
Intercontinental Adventures	Homero, N° 526-801, Col. Polanco, C.P. 11560, México, D.F. ☎ (5) 255-4400 *Excursions vers différents sites mexicains, en particulier les missions de la Sierra Gorda, la route de Cortés (Veracruz) et les villes coloniales*
Kamino Tours	Calzada las Águilas, N° 1075, Col. San Clemente las Águilas, C.P. 01740, México, D.F. ☎ (5) 635-5845 *Circuits d'aventures, randonnées, VTT dans les montagnes et sur les plages du Oaxaca*
Quinto Sol	Mexicali, N° 36, Col. Condesa, C.P. 06100, México, D.F. ☎ (5) 211-8130 *Parcours dans la Sierra Mazateca, la ville d'Oaxaca et sa côte, en passant par les baies de Huatulco, Mazunte et Zipolite, jusqu'aux lagunes de Chacahua*
Reserva Ecológica El Edén	Teocaltiche, N° 207, Super Manzana 45, Manzana 4, Lote 3, Cancún, Q.Roo. ☎ (98) 805-032 *Circuit vert dans la réserve écologique El Edén et la réserve Yum Balam (Quintana Roo) et à Ría Lagartos (Yucatán)*

Alpinisme, varappe et escalade

Al Aire Libre Expediciones	(voir plus haut) *Varappe et escalade à Querétaro (Bernal)*

Ravins du Cuivre

Río y Montaña Expediciones	Prado Norte, N° 450-T, Col. Lomas de Chapultepec, C.P. 11000, Méx, D.F. ☎ (5) 520-2041 *Haute montagne sur les volcans Iztaccíhuatl, Pic de Orizaba et La Malinche. Varappe à Santa María (San Luis Potosí)*

Plongée sous-marine et exploration avec masque et tuba

Asociación Nacional de Operatours de Actividades Acuáticas y Turísticas (ANOAAT)	15 Avenida Norte, N° 299-B, C.P. 77600, Cozumel (Q.Roo). www.cozumel.net/diving/anoaat ☎ (987) 259-55 *Plongée à l'île de Cozumel*
Ecocolors	(voir plus haut) *Plongée dans les îles : Akumal, Isla Mujeres , Contoy, Holbox, Chinchorro, Cozumel, et les cenotes du « couloir touristique » Cancún-Tulum*
Expediciones Cielo Abierto	Guerrero N° 339, Centro, CP 48300, Puerto Vallarta, Jal. www.vivamexico.com/open/eco.html ☎ (322) 233-10 *Plongée et nage avec masque et tuba dans la baie de Banderas*

Canoë, kayak et raft

Coscatl (Villa Calmecac)	(voir plus haut) *Kayak et raft sur les rivières Dos Bocas (Morelos) et Amacuzac (Guerrero)*
Ecogrupos	(voir plus haut) *Raft sur les rivières Antigua, Pescados et Filobobos (Veracruz)*
Expediciones Cielo Abierto	(voir plus haut) *Kayak à Bahía Banderas, Puerto Vallarta (Jalisco)*
Expediciones México Verde	José María Vigil, N° 2406, Col. Italia Providencia, C.P. 44640, Guadalajara, Jal. ☎ (3) 641-5598 *Raft sur les rivières Filobobos, Pescados et Antigua (Veracruz)*
Expediciones Tropicales	Magdalena, N° 311-10, Col. del Valle, C.P. 03100, México, D.F. ☎ (5) 543-7984 *Canoë sur la rivière de Santa María et raft sur les rivières Tampaon-Santa María (San Luis Potosí) et Antigua, Pescados et Actopan (Veracruz)*
Iguana expediciones	(voir plus haut) *Raft sur les rivières Actopan, Filobobos et Pescados ; kayak autour de l'Isla de los Sacrificios (Veracruz)*
Kayak	Carrillo Puerto, N° 76-A, Col. Coyoacán, C.P. 04000 México, D.F. ☎ (5) 554-8487 *Spécialité d'expéditions en kayak sur les rivières et près des côtes du Chiapas, du Veracruz, du Puebla et du San Luis Potosí*
Pápero Aventuras	41 Poniente, N° 2120, Col. Ancienne Hacienda la Noria, C.P. 72410, Puebla, Pue. ☎ (22) 406-455. *Raft sur les rivières Filobobos, Antigua, Pescados et Actopan (Veracruz), Amacuzac (Guerrero); et Pahuatlán (Puebla)*
Río y Montaña Expediciones, D.F.	(voir plus haut) *Raft et canoë sur les rivières Pescados, Tonto, Antigua, Actopan (Veracruz) Santa María et Gallinas (San Luis Potosí)*
Veraventuras	Santos Degollado, N° 81, int 8, Xalapa, Col. Centro, C.P. 91000, Ver. ☎ (28) 189-579 et Av. Ejército Nacional, N° 1136, 1er piso, Col. Chapultepec Morales, C.P. 11570, México, D.F. *www.dpc.com.mx/veraventuras* ☎ (5) 557-1277 *Descente en radeau des rivières Filobobos, Antigua, Pescados et Actopan (Veracruz)*

Vol en ballon

Al Aire Libre Expediciones	(voir plus haut) *Vol en ballon au départ de l'ancienne hacienda d'Apulco à Hidalgo et de la vallée de Bravo (État de Mexico)*

Globo Aventuras	Canteras de Oxtopulco, N° 20-22, Col. Oxtopulco Universidad, C.P. 04310, Mexico D.F. ☎ (5) 661-2691 *Vol en ballon à Tenancingo, État de Mexico (à 14 km de Malinalco)*

TOURISME VERT

Dans ce type d'itinéraires, on recommandera de respecter le règlement de chaque site pour en protéger la faune et la flore ; d'éviter crèmes ou produits solaires quand on se baigne dans la nature ; de porter des vêtements pratiques, une protection solaire et un chapeau pour les excursions dans la forêt ou la jungle ; de ne jamais jeter d'ordures, et de ne passer qu'aux endroits indiqués par le guide.

Observation des baleines *voir p.189 et 191*

Al Aire Libre Expediciones	(voir plus haut) *Découverte des baleines à bosse dans la baie de Banderas (Nayarit)*
Ecogrupos	(voir plus haut) *Découverte des baleines à bosse dans la baie de Banderas (Nayarit) et de la baleine grise à San Ignacio (Basse-Californie du Sud)*
Expediciones Cielo Abierto	(voir plus haut) *Découverte des baleines à bosse dans la baie de Banderas (Nayarit)*
Kuyima	Morelos, Col. Centro, C.P. 29930, San Ignacio, BCS. ☎ (115) 400-70. Découverte des baleines grises à San Ignacio
Malarrimo Tours	Blvd. Emiliano Zapata, s/n, Col. Fundo Legal S. Malarrimo, Guerrero Negro, C.P. 23940, BCS ☎ (115) 701-00 *Découverte des baleines grises à Guerrero Negro*
Mario's Tours	Blvd. Emiliano Zapata, s/n, Guerrero Negro, C.P. 23940, BCS ☎ (115) 708-88 *Découverte des baleines grises à Guerrero Negro*
Museo de Ciencias	Calle Obregón, N° 1463, Centro, C.P. 22800. Ensenada, BC ☎ (61) 787-192 *Découverte des baleines grises dans la baie Todos Santos, Ensenada (Basse-Californie)*

Papillons monarques

Observation des oiseaux

Amigos de Sian-Ka'an	(voir plus haut) *Dans la réserve de la biosphère Sian-Ka'an (Quintana Roo)*
Ecogrupos	(voir plus haut) *Dans les îles Marietas (baie de Banderas, Nayarit) et au sanctuaire des papillons las Mariposas Monarca (Michóacan)*
Ecoturismo Yucatán	(voir plus haut) *Réserve de la biosphère de Calakmul (Campeche) et Celestún (Yucatán)*
Expediciones Cielo Abiert	(voir plus haut) *À Punta Mita et dans les îles Marietas, baie de Banderas (Nayarit)*
Pan American Holidays	Super Manzana 32, Manzana 6, lote 2, Dpto. A, Av. Kabah, C.P. 77500, Cancun, Q.Roo ☎ (98) 849-063 *Dans la réserve de la biosphère de Sian-Ka'an (Quintana Roo)*

Découverte de la faune et de la flore en forêt tropicale

Biodiversidad Mexicana	(voir plus haut) *Découverte de la richesse géologique, paléontologique, archéologique et naturelle du Nord-Est du Mexique*
Ecocolors	(voir plus haut) *Dans la réserve de la biosphère de Sian-Ka'an, le jardin botanique, la réserve de l'Edén, Punta Laguna (Quintana Roo)*
Ecogrupos	(voir plus haut) *Dans la réserve de la biosphère de Sian-Ka'an (Quintana Roo) ; à Cuajilote (Veracruz)*
Expediciones Cielo Abierto	(voir plus haut) *Dans les îles Marietas, baie de Banderas (Nayarit)*
Parque Ecológico de Xochimilco	Périphérique Sud, entre le canal de Chalco et le canal de Cuemanco, México, D.F. ☎ (5) 673-8061 *Découverte des oiseaux et de la flore à Xochimilco (District Fédéral)*

Indiennes tarahumaras

GLOSSAIRE

Quelques termes espagnols apparaissant dans le guide :

avenida (av.)	avenue
bahia	baie
barranca	canyon, ravin
barrio	quartier
cabo	cap, promontoire
calle	rue
calzada	avenue
capilla	chapelle
capilla abierta	chapelle ouverte (en plein air)
capilla posa	chapelle de procession
carretera (carr.)	route
carretera federal	autoroute fédérale
carr. de cuota	autoroute à péage
casa	maison
cascada	chute d'eau, cascade
cerro	colline
ciudad	ville
claustro	cloître
colegio	collège, séminaire
conjunto	complexe architectural
convento	couvent, monastère
edificio	bâtiment, édifice
estructura	édifice, structure
fachada	façade
fray	frère, moine
fuente	fontaine
fuerto	fort
gruta	grotte
hacienda	grand domaine, ferme, ranch ou ancienne fabrique
iglesia	église
isla	île
jardín	parc, jardin
lago	lac
laguna	lagune, lagon
mercado	marché
mestizo	métis de sang indien et espagnol
mina	mine
mirador	belvédère
museo	musée
nevado	sommet enneigé
palacio gubernamental	palais du gouvernement
palacio municipal	hôtel de ville
palapa	parasol en feuilles de palmier
parque nacional	parc national
parroquia	église paroissiale
paseo	promenade
patio	cour, patio
piso	étage, niveau
plaza (principal)	place principale
planta (baja, alta)	étage (rez-de-chaussée, étage)
portada	porte, entrée
portales	arcades
sierra	chaîne de montagnes
sor	sœur, religieuse
templo	église, temple
tezontle	pierre de construction rouge ou rose
tianguis	marché, quartier de commerce
valle	vallée
zócalo	grand-place
zona arqueológica	site archéologique
zoológico	parc zoologique

EXPRESSIONS UTILES

Espagnol	**Français**
No hablo español	Je ne parle pas espagnol
Hable más despacio, por favor.	Parlez plus lentement, s'il vous plaît.
¿Dónde está el baño?	Pouvez-vous m'indiquer les toilettes ?
¿Dónde hay una cabina telefónica?	Pouvez-vous m'indiquer une cabine téléphonique ?
¿Dónde está el banco más cercano?	Pouvez-vous m'indiquer la banque la plus proche ?
Quisiera cambiar unos dólares.	Je souhaiterais changer des dollars.
¿A cuánto está el tipo de cambio?	Quel est le taux de change ?
¿Acepta usted tarjetas de crédito o cheques de viajero?	Acceptez-vous les cartes de crédit ou les chèques de voyage ?
Tengo una reservación.	J'ai une réservation.
Quisiera un cuarto con baño y ducha.	Je voudrais une chambre avec bains/douche.
¿Tiene usted una mesa para dos?	Avez-vous une table pour deux ?
Quisiera... (una cerveza bien fría).	J'aimerais... (une bière bien fraîche).
La cuenta, por favor.	L'addition, s'il vous plaît !
¿Está incluido el servicio?	Est-ce que le service est compris ?
Me siento mal.	Je ne me sens pas bien.

Index

Acapulco *Gro*................ *Villes, curiosités, États (Carte des États et abréviations p. 44)*
Vélasco (José Maria) ..... Noms historiques ou termes faisant l'objet d'une explication.

Cet index est présenté en trois parties : **Mexique, Guatemala** et **Belize.**

Les curiosités isolées sont répertoriées sous leur propres noms. Seules sont regroupées les curiosités de la ville de **Mexico**, les **sites archéologiques** (Site Arch.) et les **bahias**.

Mexique

A

B

C

D – E – F

G

H

I

J – K – L

M

N

O

P

Q – R

S

T

U – V

X – Y – Z

Guatemala

Belize

Notes

Manufacture Française des Pneumatiques Michelin
Société en commandite par actions au capital de 2 000 000 000 de francs
Place des Carmes-Déchaux – 63000 Clermont-Ferrand (France)
R.C.S. Clermont-Fd B 855 200 507

Michelin et Cie, Propriétaires-éditeurs, 1999

Dépôt légal mai 1999 – ISBN 2-06-057801-9 – ISSN 0293-9436

Printed in the EU 04-99/1

Illustration de la couverture par Richard BATSON